DIREITO EMPRESARIAL
BRASILEIRO

TEORIA DA EMPRESA E TÍTULOS DE CRÉDITO

O GEN | Grupo Editorial Nacional – maior plataforma editorial brasileira no segmento científico, técnico e profissional – publica conteúdos nas áreas de concursos, ciências jurídicas, humanas, exatas, da saúde e sociais aplicadas, além de prover serviços direcionados à educação continuada.

As editoras que integram o GEN, das mais respeitadas no mercado editorial, construíram catálogos inigualáveis, com obras decisivas para a formação acadêmica e o aperfeiçoamento de várias gerações de profissionais e estudantes, tendo se tornado sinônimo de qualidade e seriedade.

A missão do GEN e dos núcleos de conteúdo que o compõem é prover a melhor informação científica e distribuí-la de maneira flexível e conveniente, a preços justos, gerando benefícios e servindo a autores, docentes, livreiros, funcionários, colaboradores e acionistas.

Nosso comportamento ético incondicional e nossa responsabilidade social e ambiental são reforçados pela natureza educacional de nossa atividade e dão sustentabilidade ao crescimento contínuo e à rentabilidade do grupo.

GLADSTON MAMEDE

DIREITO EMPRESARIAL
BRASILEIRO

TEORIA DA EMPRESA E TÍTULOS DE CRÉDITO

14.ª *edição* revista e atualizada

1

- **Atendimento ao cliente: (11) 5080-0751 | faleconosco@grupogen.com.br**

- Direitos exclusivos para a língua portuguesa
  Copyright © 2022 by
  Editora Atlas Ltda.
  Uma editora integrante do GEN | Grupo Editorial Nacional
  Al. Arapoema, 659, sala 05, Tamboré
  Barueri – SP – 06460-080
  www.grupogen.com.br

- Capa: Danilo Oliveira

- **CIP – BRASIL. CATALOGAÇÃO NA FONTE.**
  SINDICATO NACIONAL DOS EDITORES DE LIVROS, RJ.

M231t
Mamede, Gladston

Teoria da empresa e títulos de crédito / Gladston Mamede. – 14. ed. – Barueri [SP]: Atlas, 2022.
(Direito empresarial brasileiro; 1)

Inclui bibliografia e índice
ISBN 978-65-5977-221-6

1. Direito empresarial – Brasil. 2. Títulos de crédito – Brasil I. Título. II. Série.

22-75676   CDU: 347.7(81)

Meri Gleice Rodrigues de Souza – Bibliotecária – CRB-7/6439

Respeite o direito autoral

Aos meus pais, Antônio e Elma Mamede,
e meus filhos, Filipe, Roberta e Fernanda Mamede.
Eu tenho um tesouro valioso que não posso esconder dos outros:
meus pais e meus filhos.

À minha esposa, Eduarda Cotta Mamede,
"Wise men say only fools rush in
But I can't help falling in love with you.
Shall I stay? Would it be a sin
If I can't help falling in love with you?
Like a river flows surely to the sea,
Darling so it goes: some things are meant to be.
Take my hand, take my whole life too,
For I can't help falling in love with you."
(George Weiss – Hugo Peretti – Luigi Creatore)

Deus nos dê – a toda a humanidade –
paz, luz e sabedoria,
saúde, felicidade e amor.

Trabalhos do Autor

Livros jurídicos

1. *Manual prático do inquilino*. Belo Horizonte: Edição dos Autores, 1994. 68 p. (em coautoria com Renato Barbosa Dias.)

2. *Contrato de locação em* shopping center: abusos e ilegalidades. Belo Horizonte: Del Rey, 2000. 173 p.

3. *O trabalho acadêmico em direito*: monografias, dissertações e teses. Belo Horizonte: Mandamentos, 2001. 192 p.

4. *IPVA*: imposto sobre a propriedade de veículos automotores. São Paulo: Revista dos Tribunais, 2002. 183 p.

5. *Fundamentos da legislação do advogado*: para o curso de ética profissional e o exame da OAB. São Paulo: Atlas, 2002. 174 p.

6. *Agências, viagens e excursões*: regras jurídicas, problemas e soluções. São Paulo: Manole, 2003. 178 p.

7. *Código Civil comentado*: penhor, hipoteca e anticrese: artigos 1.419 a 1.510. São Paulo: Atlas, 2003. v. 14, 490 p. (coleção coordenada por Álvaro Villaça Azevedo.)

8. *Férias frustradas*: manual de autoajuda para o turista. São Paulo: Abril, 2003. 98 p.

9. *Direito do turismo*: legislação específica aplicada. 3. ed. São Paulo: Atlas, 2004. 176 p.

10. *Direito do consumidor no turismo*. São Paulo: Atlas, 2004. 198 p.

11. *Manual de direito para administração hoteleira*: incluindo análise dos problemas e dúvidas jurídicas, situações estranhas e as soluções previstas no Direito. 2. ed. São Paulo: Atlas, 2004. 200 p.

12. *Comentários ao Estatuto Nacional da Microempresa e da Empresa de Pequeno Porte*. São Paulo: Atlas, 2007. 445p. (em coautoria com Hugo de Brito Machado Segundo, Irene Patrícia Nohara e Sergio Pinto Martins.)

13. *Semiologia do Direito*: tópicos para um debate referenciado pela animalidade e pela cultura. 3. ed. São Paulo: Atlas, 2009. 280p.

14. *Mais de 500 questões de Ética Profissional para passar no Exame de Ordem*. São Paulo: Atlas, 2013. 377p.

15. *Entenda a Sociedade Limitada e enriqueça com seu(s) sócio(s)*. São Paulo: Atlas, 2014. 167p. (em coautoria com Eduarda Cotta Mamede.)

16. *Divórcio, dissolução e fraude na partilha dos bens*: simulações empresariais e societárias. 5. ed. São Paulo: Atlas, 2022. 200p. (em coautoria com Eduarda Cotta Mamede.)

17. *Empresas familiares*: o papel do advogado na administração, sucessão e prevenção de conflitos entre sócios. 2. ed. São Paulo: Atlas, 2014. 204p. (em coautoria com Eduarda Cotta Mamede.)

18. *A advocacia e a Ordem dos Advogados do Brasil*. 6. ed. São Paulo: Atlas, 2014. 324 p.

19. *Direito empresarial brasileiro*: teoria geral dos contratos. 2. ed. São Paulo: Atlas, 2014. vol. 5, 463p.

20. *Blindagem patrimonial e planejamento jurídico*. 5. ed. São Paulo: Atlas, 2015. 176p. (em coautoria com Eduarda Cotta Mamede.)

21. *Planejamento sucessório*: introdução à arquitetura estratégica – patrimonial e empresarial – com vistas à sucessão *causa mortis*. São Paulo: Atlas, 2015. 175p. (em coautoria com Eduarda Cotta Mamede.)

22. *Manual de redação de contratos sociais, estatutos e acordos de sócios*. 6. ed. São Paulo: Atlas, 2021. 568p. (em coautoria com Eduarda Cotta Mamede.)

23. *Direito Empresarial brasileiro*: títulos de crédito. 11. ed. São Paulo: Atlas, 2019. 344p.

24. *Teoria Geral da Empresa e dos Títulos de Crédito*. 14. ed. São Paulo: Atlas, 2022. 512p.

25. *Direito Societário*. 13. ed. São Paulo: Atlas, 2021. 544 p.

26. *Direito Empresarial brasileiro*: falência e recuperação de empresas. 13. ed. São Paulo: Atlas, 2022. 376p.

27. Holding *familiar e suas vantagens*: planejamento jurídico e econômico do patrimônio e da sucessão familiar. 13. ed. São Paulo: Atlas, 2021. 240p. (em coautoria com Eduarda Cotta Mamede.)

28. *Manual de Direito Empresarial*. 15. ed. São Paulo: Atlas, 2022. 512p.

Livros de ficção

1. *Enfim*. São Paulo: Salta: Atlas, 2014. 138 p.

2. *Eu matei JK*. São Paulo: Longarina, 2016. 154p.

3. *Uísque, por favor*. São Paulo: Longarina, 2017. 285p.

4. *Pique-Esconde*: tanto vivo ou morto faz. São Paulo: Longarina, 2017. 180p.

5. *Ouro de Inconfidência*. São Paulo: Longarina, 2018. 238p.

6. *As pessoas lá de fora*. São Paulo: Longarina, 2018. 165p

7. *Inferno verde*. 2. ed. São Paulo: Longarina, 2019. 131p.

8. *Bah!* crônicas ligeiras (ou não) de tempos e temas diversos. São Paulo: Longarina, 2019. 182p.

Outros

1. *Memórias de garfo & faca*: de Belo Horizonte ao mundo, aventuras na cata de um [bom] prato de comida. Belo Horizonte: Instituto Pandectas, 2020.

Coordenação de obras

1. *Responsabilidade Civil Contemporânea*: em homenagem a Sílvio de Salvo Venosa. São Paulo: Atlas, 2011. 766p. (em conjunto com Otavio Luiz Rodrigues Junior e Maria Vital da Rocha.)

2. *Direito da Arte*. São Paulo: Atlas, 2015. 449p. (em conjunto com Otavio Luiz Rodrigues Junior e Marcílio Toscano Franca Filho.)

Nota do Autor

No dia 27 de setembro de 1947, um rapaz com pouco mais de 20 anos chegou à capital das Minas Gerais. Antônio Mamede da Silva era um jovem com pouco dinheiro, mas com muita vontade e coragem. Vinha de um rincão chamado *Morro das Onças*, nas cercanias de Crucilândia, então distrito do município de Bonfim. Primogênito de sete filhos, deixou os pais no interior, Antônio Mamede Matozinhos e Geraldina Maria da Glória (Dona Gela) – que Deus os tenha –, e veio fazer a vida. Quando chegou, tinha o curso primário incompleto. Aceitou o primeiro emprego que encontrou: servente de pedreiro numa obra na Rua dos Tamoios. Não foi outro o segundo emprego: carregar concreto, massa e tijolos na obra do Edifício Residencial Automóvel Clube, na Praça Afonso Arinos – a mesma da Faculdade de Direito da UFMG. Enquanto trabalhava, empenhou-se nos estudos: concluiu o primário, cursou o ginasial e o científico. Os estudos lhe permitiram tornar-se vigia noturno, depois guarda civil, enfim escrivão de polícia.

Em 1956, prestou vestibular para Odontologia na Faculdade Federal de Diamantina, sendo aprovado. Foi transferido para aquela cidade, como escrivão de polícia, conciliando os estudos com o trabalho. Muitos amigos daquele tempo, com quem tive ocasião de conversar, contaram-me que os livros de Odontologia eram mais caros que os vencimentos da Polícia Civil, tendo visto, por diversas vezes, meu pai economizar o almoço, deixando de comer para comprar os manuais. Em 1958, era o mais velho (33 anos de idade) entre aqueles que se graduaram *cirurgiões-dentistas* e receberam o diploma das mãos do então Presidente da República, Juscelino Kubitschek de Oliveira.

Na virada entre as décadas de 1950 e 1960, uma jovem nascida em Jeceaba, cidade mineira às margens do rio Paropeba, foi trazida à Belo Horizonte com sua família. Filha de Antônio Gomes e de Jandyra de Souza Gomes – que Deus os tenha –, regulava os 15 anos e uma infância de pobreza e privação, na qual, muitas vezes, a comida fora apenas o angu, temperado com pedaços de um queijo velho que se conseguira. Aqui, trabalhou para ajudar a família, aceitando o trabalho digno que fosse possível: operária numa fábrica de balas, balconista de perfumaria.

Em 1965, o país já estava em plena ditadura militar. Foi quando se casaram, Antônio Mamede da Silva e Elma Gomes Mamede. Ele tinha, então, 40 anos; ela, 20. Foram morar na Avenida do Contorno, em Santa Efigênia, onde nasceram os quatro filhos: Gladston (eu!), Anderson Antônio, Rejane Elisa e Gislane Andréa. Don'Elma tinha pouco estudo, apenas o primário, mas foi a verdadeira artífice da educação de seus filhos, participando e estimulando. Como irei esquecer a enorme caixa, cheia de figuras, que ela guardava para nos ajudar a fazer os trabalhos escolares, sempre elogiados pelas professoras?

A cada ser humano, um tempo e um lugar. A sociedade, por uma perspectiva diacrônica, ou seja, considerada na sequência do tempo, é um encadeamento de fatos e situações acolhidas pelo humano, que muito cedo manifestou a tendência da preservação de relatos, percebendo – no mínimo intuitivamente – que cada ser presente é um artifício produzido pela história. O passado é da essência do *ser em sociedade*. Mas, por um prisma nostálgico, próprio dos poetas, há que reconhecer que a melhor dimensão da história corresponde não ao que a historiografia pode narrar, mas à Vida que flui em cada ser humano, partícipe daqueles fatos. A historiografia está aquém da Vida, deixando escapar os momentos mais importantes do passado e do presente: o apaixonar-se, o enamorar-se, a saudade, as boas relações entre pais, mães, filhos e filhas, os atos de amizade, solidariedade, perdão. A historiografia está aquém e não poderá jamais registrar, pois não pode traduzir, as tantas oportunidades em que, com orgulho, fiquei olhando para o meu pai, a gratidão com que abraço os meus filhos, a alegria de ver e brincar com minha mãe. Nem o dia mágico em que renasci: dia 4 de março de 1999, dia em que me enamorei por Eduarda, que até então era apenas uma conhecida na qual, por pura cegueira, eu não tinha percebido todos os traços e atributos característicos da divindade. Nem se poderá contar, jamais, a alegria do dia 7 de outubro de 2000, quando, tarde demais para mim, cedo demais para ela, tornamo-nos cônjuges; conjugamo-nos.

Obrigado, papai e mamãe, não só pelo dom da vida, mas também pelo caráter que cunharam em minha educação. Obrigado, Eduarda, por ser o melhor perfume que eu poderia querer no ar que, mais do que me manter vivo, me faz feliz. Obrigado, Filipe, Roberta e Fernanda, meus queridos filhos, por justificarem a minha vida, por me presentearem com o seu sorriso, por rimarem – tão bem – comigo. Obrigado, Senhor: "A minh'alma exulta o Senhor; o meu espírito transborda de alegria, em Deus, o meu salvador".

Com Deus,
Com Carinho,

Gladston Mamede

APRESENTAÇÃO

A pandemia de 2020, confinando-nos em casa, colocou-nos diante de um interlocutor incômodo: aquele que se encontra logo cedo na pia e, vez ou outra, ao longo do dia. Encolhidos o quanto era possível para não deixar circular a Covid-19 (e, depois, suas mutações), líamos e ouvíamos as notícias dos mortos diários. Partindo do pressuposto que um avião comercial para voos domésticos transporta 200 pessoas, em média, assistíamos dois, três, quatro, cinco aviões caindo todos os dias, enquanto mais e mais pessoas iam tomando lugar nas filas de embarque. E, no pano de fundo dessa cena angustiante, uma disputa política em torno da doença, seu tratamento e uma possível imunização. Foram tempos pesados: éramos a personagem de um filme *noir*, quiçá realismo fantástico existencialista.

Por isso falei dele: aquele chato que vejo no espelho. Se na correria ordinária dos dias sãos dava para fugir dele ou, quiçá, nem saber da sua existência, sua opinião, seus palpites, suas acusações etc., a pandemia deu voz a esses caras: o *eu*, *supereu*, *altereu* ou no nome e perspectiva diversa que se lhe queira dar. Vi gente enlouquecendo com isso. Eu? Sou do tipo que adora uma DR, acredita? Mesmo? Gosto de "discutir a relação" e isso quase enlouquece a patroa; mas isso a gente conversa noutra oportunidade. Aceitei a prosa e saí revendo um bocado de coisas. Inclusive uma análise sobre a eficácia didática dos meus livros didáticos. Daí essa novidade: o grupamento de dois volumes (*Empresa e Atuação Empresarial* e *Títulos de Crédito*) num só (*Teoria da Empresa e dos Títulos de Crédito*). E me explico:

Sou de um tempo, o século XX, em que o cabra começava com um manual, evoluía para uma coleção que ia crescendo aos poucos e, enfim, tornava-se um tratado. Mas era um tempo de economia menos dinâmica e exigências diversas de conhecimento. Noutras palavras: um tempo em que não se exigia do autor que se questionasse sobre a eficácia de seus livros (e, portanto, de seu magistério – por que livros didáticos são ou deveriam ser uma forma de aula: o primeiro ensino a distância, nunca percebeu isso? Pois é...). E me pareceu que a forma anterior mais tumultuava do que cumpria a função de ensinar sobre instrumentos jurídicos de uso corrente. Não foi uma conclusão fácil. Mas era o melhor a fazer e, por isso, fiz. Aliás, fizemos: não sou eu, somos uma editora: Atlas e eu, há 20 anos.

O resultado desse esforço está na sequência: manteve-se muito, alterou-se muito. A estrela-guia foi a serventia, a atenção à essência, a preocupação em ser mais proativo e ampliar a compreensão. Sei da responsabilidade de carregar a mensagem e procurei tornar o livro mais hábil a tanto. Espero que tenha alcançado essa meta e, sim, seguirei tentando melhorar. Quando me chamam de professor, depositam uma responsabilidade sobre os meus ombros. Preciso me esforçar para cumprir a função.

Com Deus,
Com Carinho,

Gladston Mamede

Sumário

1
Histórico

1 A INVENÇÃO DO COMÉRCIO E DO MERCADO

A história da humanidade pode ser contada como a história do desenvolvimento econômico. Não se resume a isso, mas é uma perspectiva e permite, sim, uma narrativa e uma análise. Afinal, os esforços individuais para auferir riqueza e benefícios pessoais acabaram beneficiando toda a humanidade, dando-lhe desenvolvimento e prosperidade, no amplo espaço do comércio e do mercado. A *livre-iniciativa*, mesmo tendo por motor a ambição, produziu resultados espantosos como a matemática, o arado, os diques e a irrigação, a siderurgia, a navegação comercial etc.

Sim, é possível contar a história da humanidade sob a ótica do comércio e da empresa (da organização dos meios e processos de produção). O comércio e o mercado são fenômenos humanos vitais. Seu estabelecimento criou um ciclo de prosperidade, superando o isolamento dos grupos e lançando-os numa dimensão universalista do intercâmbio, com suas múltiplas vantagens: não só a circulação de recursos necessários para a subsistência mínima, mas mesmo recursos úteis para o estabelecimento de uma existência confortável, vencendo a mera sobrevivência. A qualidade material de vida do ser humano contemporâneo é uma prova eloquente da importância do comércio na história da humanidade: um amplo mercado mundializado fornece aos seres humanos toda a sorte de benefícios: alimentos, roupas, medicamentos, educação, entretenimento etc.

Nos primeiros momentos da evolução, o aspecto jurídico relevante é o disciplinamento dos trabalhos de extração vegetal e animal, bem como o regramento do acesso aos recursos que se apresentem ao grupo. Milhares de anos depois, registram-se as primeiras criações de animais para corte – bovinos, ovinos, caprinos e suínos –, além das primeiras manifestações de agricultura. Então, o início de um crescimento nas técnicas de cultivo e pecuária, mas já as primeiras permutas: no escambo de bens, trocam-se ideias, notícias, experiências. A humanidade cresce no mercado. Essa revolução agropecuária instaura um tempo de previdência, de autocontrole e perseverança, tornando o ser humano *um sócio ativo da natureza, em vez de continuar como parasita*, além de exigir uma divisão de trabalho; a revolução seguinte será o estabelecimento de técnicas otimizadoras da produção, além de técnicas de armazenamento de recursos materiais de alimentos, permitindo o surgimento de atividades especialíssimas, exercidas por pessoas que eram sustentadas por tais excedentes, a exemplo dos mineradores, fundidores, carreteiros e, com eles, uma revolução tecnológica: metalurgia, roda, carro de boi, navio, barco a vela etc.[1] O palco geográfico e historiográfico dessa revolução tecnológica da humanidade foi a região entre os rios Tigre e Eufrates, região a qual os gregos atribuíram o nome de Mesopotâmia: terra entre rios. Mais precisamente, trata-se da civilização sumérica (de *Sumer*), onde o ser humano aprendeu a controlar os cursos de água por meio de canais e diques, permitindo tirar proveito do potencial econômico das terras; a produção de excedentes e a capacidade de armazená-los foi o vetor de superação dos limites da mera subsistência, viabilizando a formação de conglomerados organizados de pessoas – as cidades –,[2] cuja estrutura evoluída é o Estado, inicialmente manifestado sob a forma de cidade-Estado.

Embora não seja possível asseverar que os sumérios sejam os criadores do comércio e, com ele, do mercado (sua ideia e sua prática social), a precedência historiográfica dos documentos jurídicos ali encontrados (hoje, o Iraque) torna aquela civilização o ponto de partida da *História do Direito*: o fim de sua pré-história. Aliás, o próprio ambiente de sua proto-história: a fase ainda anterior à escrita, mas da qual há relatos e vestígios que permitem alguma compreensão do que se passou como parte da evolução jurídica e mercantil da humanidade.

O comércio nasce pelo escambo, pela troca de necessidades. Com o passar do tempo, já há bens – as chamadas *commodities*, mercadorias primárias de circulação mais fácil – que são utilizados como matéria intermediadora das relações: cereais (designadamente trigo e cevada) e metais (destacando-se a prata) são usados para permitir a fixação de um preço, como fica claro nos mais antigos documentos legais hoje conhecidos: as *Leis de Ur-Nammu* (c. 2.100 a.C.), *Leis de Lipt-Ishtar* (c. 1.930 a.C.), *Leis de Eshnunna* (c. 1.770 a.C.) e *Leis de Hamurábi* (c. 1.750 a.C.), todas da

---

[1]   TOYNBEE, Arnold Joseph. *Um estudo da história*. Tradução de Isa Silveira Leal e Miroel Silveira. Brasília: Editora Universidade de Brasília; São Paulo: Martins Fontes, 1987. p. 51.

[2]   LEICK, Gwendolyn. *Mesopotâmia*: a invenção da cidade. Tradução de Álvaro Cabral. Rio de Janeiro: Imago, 2003. p. 14. Além da cidade (e do urbanismo), a civilização sumérica é também a criadora da burocracia (estatal, governamental), da escrita, da matemática e da astrologia.

Mesopotâmia;[3] esses metais eram pesados para definir a prata necessária para um pagamento; a unidade habitual era o *siclo* (*shekel*; correspondente a aproximadamente 8 gramas), sendo que 60 gramas correspondiam a uma mina de prata. Aliás, como deixam claro as Leis de Hamurábi, um outro conceito e prática jurídica já haviam sido assimilados por esse tempo, com importantes reflexos sobre o comércio: o crédito. Isso, porém, sem que se possa falar ainda em *título de crédito*, em sentido estrito. Por fim, sabe-se hoje que, no século VII a.C., os Lídios (reino existente na Anatólia, ou seja, no planalto central do que hoje é a Turquia) inventaram a cunhagem de moedas, primeiro em eletro (liga de ouro e prata), depois, durante o reinado de Creso (c. 560 a 546 a.C.) de ouro puro: lingotes padronizados de peso, com símbolos reais que lhe atestavam a qualidade.[4]

2 ANTIGUIDADE

A cidade e, depois, a cidade-Estado são invenções sumérias,[5] ficando claro ter sido aquela região mesopotâmica, o berço da cisão definitiva entre Direito e Moral; aquele como instrumento do exercício do poder de Estado, esta como dimensão normativa da própria sociedade, desprovida da coercitividade estatal. Os registros mais antigos informam da existência, nos alvores do V milênio a.C., de comunidades dispersas, verdadeiras aldeias constituídas entre regiões alagadiças e zonas desérticas, governadas por um conselho de anciãos cujo poder era limitado pela assembleia popular (composta por todos os homens adultos livres), onde vigiam amplamente as prerrogativas da *vox populi*.[6] Neste contexto, especial atenção se dá, na modernidade, ao sítio arqueológico de *Eridu*, na qual se encontraram fragmentos de cerâmicas datados de 3.800 a.C., além de uma capela ritual datada de 4.900 a.C., a tendência mesopotâmica de valorizar a cidade como espaço social e sagrado, cujo primeiro edifício é um templo. A cidade mantinha-se como estrutura de apoio para uma população que, entre o aluvião, o deserto e os pântanos, mantinha um controle sobre o seu ecossistema, explorando-o por lavoura, pastoreio nômade e pesca, mas centrada no templo que foi reconstruído diversas vezes (foram encontradas mais de 18 níveis de ocupação), até tornar-se uma requintada construção, mais de mil anos após a construção da pequena capela inicial.

---

[3]   Conferir ROTH, Martha T. *Law collections from Mesopotamia and Asia Minor*. 2. ed. Georgia: Scholars Press, 2000.

[4]   Conferir DAVIES, Glyn. *A history of money*: from ancient times to the present day. Cardiff (Great Britain): Universit of Wales, 1994.

[5]   LEICKY, Gwendolyn. *Mesopotâmia*: a invenção da cidade. Tradução de Álvaro Cabral. Rio de Janeiro: Imago, 2003. p. 14.

[6]   EPSZTEIN, Léon. *A justiça social no antigo oriente médio e o povo da Bíblia*. Tradução de M. Cecília de M. Duprat. São Paulo: Paulinas, 1990. p. 11.

Esse desenvolvimento social, atestado pela evolução arquitetônica do templo, se reflete nos cemitérios, nos quais a descoberta de uma cerâmica mais elaborada, produto de elite, imprópria para um modo nômade de viver, bem como outros bens de prestígio, como joias, tecidos mais elaborados, o que *pode* sinalizar para a constituição de uma hierarquia social, mas *certamente* demonstra a existência de um *comércio*, pois alguns objetos (como contas de pedra) eram de origem estrangeira. A presença de alimentos e outros indícios de libações ritualísticas a bem dos mortos também é um indício de preferências sociais, a indicar que as pessoas enterradas naquele cemitério eram de algum modo especiais, já que os comuns não se encontraram, podendo ter sido cremados ou deixados no deserto, entre outras práticas fúnebres igualmente utilizadas na antiguidade; somem-se a descobertas de sinetes que permitem concluir que algumas pessoas tinham a prerrogativa (o poder ou a responsabilidade) de concluir as transações comerciais.[7]

Os sumérios, como nós, hoje em dia, compreendiam o Direito como uma técnica, que era estudada e cultivada pelos escribas, ao ponto de comportar discussões jurisprudenciais; prova-o a descoberta de duas versões de um mesmo documento – o que atesta ter sido objeto de estudos –, narrando um caso judiciário celebrizado como "a mulher silenciosa": *Nin-dada* fora condenada à morte por não ter noticiado às autoridades que seu marido fora assassinado; o tribunal (a Assembleia de *Nipur*),[8] no entanto, acolheu a tese de defesa, reconhecendo que a mulher tinha motivos para manter-se calada, concluindo que a justiça seria satisfeita se os assassinos fossem executados.[9]

Por volta de 2.400 a.C., *Ur-Uinim-Enmgina* ou, como se disse no passado, *Urukagina*, soberano (*ensi*) de *Lagash*,[10] inicia um conjunto de reformas,[11] todas narradas em documento que chegou até nós. Num primeiro momento, são narrados os abusos que precederam seu reinado e no segundo os editos que promulgou para remediar os males vividos pela sociedade. Entre as medidas narradas, listam-se diversas que visam eliminar abusos cometidos por credores contra devedores, além da produção dos operários (*se um pobre constrói um tanque, seu peixe não lhe será retirado*); ar-

---

[7] LEICKY, Gwendolyn. *Mesopotâmia*: a invenção da cidade. Tradução de Álvaro Cabral. Rio de Janeiro: Imago, 2003. p. 24 -35.

[8] Cidade que se localizava às duas margens do rio Eufrates, ao norte de Sumer, dedicada ao deus Enlil; seu templo, Ekur, foi sucessivamente reformado e mantido até a época neobabilônica (I milênio a.C.) (*Grande enciclopédia Delta Larousse*. Rio de Janeiro: Delta: Larousse, 1976. p. 4811).

[9] EPSZTEIN, Léon. *A justiça social no antigo oriente médio e o povo da Bíblia*. Tradução de M. Cecília de M. Duprat. São Paulo: Paulinas, 1990. p. 12.

[10] Cidade-Estado localizada no sudeste da Suméria e que teve grande importância no período entre 2.300 a 1.450 a.C. (EPSZTEIN, Léon. *A justiça social no antigo oriente médio e o povo da Bíblia*. Tradução de M. Cecília de M. Duprat. São Paulo: Paulinas, 1990. p. 13).

[11] Aliás, ele se autointitula o primeiro reformador da história; segundo Epsztein, com razão (*A justiça social no antigo oriente médio e o povo da Bíblia*. Tradução de M. Cecília de M. Duprat. São Paulo: Paulinas, 1990. p. 13).

remata o documento: *Ur-Uinim-Enmgina baniu dos habitantes de Lagash tudo o que era usura, monopólio, fome, roubos e assaltos e instaurou-lhes a liberdade.*[12]

Em aproximadamente 2.340 a.C., toda a região é submetida ao poder de um único soberano: Sargão (ou *Sargon*, para os que preferem o galicismo) constitui o primeiro império de que se tem notícia, submetendo todo o crescente fértil, do que hoje é o Golfo Pérsico até bem próximo do litoral do Mediterrâneo (se não o alcançou). Dá-se início ao que se chamou de período acadiano (*Acad* ou *Acau*, foi a cidade construída por Sargão para ser a capital de seu império), fase em que se misturaram elementos culturais das culturas suméria e semítica.[13] Esse império dura aproximadamente dois séculos, desmantelando-se. As cidades-Estado da região voltam a fragmentar-se até que, no século 21 a.C., surge um novo império, ainda que bem menor que o anterior, liderado pelos caldeus, da cidade de Ur. Conhecida como "*Ur* dos Caldeus", essa cidade-Estado foi um importante centro urbano da Suméria; basta lembrar que mesmo antes da 1ª dinastia (cerca de 2.500 a.C.) já era um centro comercial de destaque.[14] Situava-se junto à antiga foz do rio Eufrates, que era distante cerca de 16 quilômetros da atual, a cerca de 225 quilômetros de onde se construirá, séculos depois, a Babilônia, sendo que sua fundação remontaria ao quarto milênio a.C., quando ali se instalaram camponeses vindos do norte da Mesopotâmia.[15]

Em 1952, uma inscrição pertencente ao Museu de Istambul foi identificada como um fragmento de um Código Legal instituído por *Ur-Nammu*, revelando um conteúdo que certamente influenciou o Código de *Hamurabi*, estabelecido cerca de três séculos depois.[16] *Ur-Nammu*, em cujo reinado foi erguido o grande zigurate

---

[12] EPSZTEIN, Léon. *A justiça social no antigo oriente médio e o povo da Bíblia*. Tradução de M. Cecília de M. Duprat. São Paulo: Paulinas, 1990. p. 13-14. Epsztein narra diversas teorias que se esforçam por explicar as causas motivadoras da reforma levada a cabo pelo *ensi* de *Lagash*. Leemans cogita ter sido Urukagina um usurpador dos domínios estatais que, muito mal recebido pelas classes superiores, teria buscado a simpatia e o apoio da massa popular para melhor enfrentar seus poderosos inimigos; próxima é a posição de Diakonoff, que acredita na ocorrência de hostilidades entre o clero e a aristocracia, a conduzir o *ensi* a reforçar sua posição política e econômica na mesma proporção em que enfraquecia a situação do Templo. Deimel acredita que as medidas justificaram-se pela necessidade de manter a adesão militar de camponeses, pescadores e pastores, que em grande parte compunham o grosso do exército (Idem, p. 23). Essas medidas, porém, não teriam conseguido marcar a vida de *Lagash*, vez que foram editadas dois anos antes da queda de *Ur-Uinim-Enmgina*, tendo, então, sido levadas pelo vento (Idem, p. 26).

[13] *The Columbia encyclopedia*. 5. ed. Columbia University Press, 1993. Disponível em: <http://www.infoplease.com>.

[14] Idem.

[15] *Nova enciclopédia Barsa*. Rio de Janeiro: Encyclopaedia Britannica do Brasil, [s.d.]. p. 256.

[16] *The Columbia encyclopedia*. 5. ed. Columbia University Press, 1993. Disponível em: <http://www.infoplease.com>.

de Sin, iniciou a chamada 3ª dinastia, que vigeu entre os séculos XXII a XXI a.C.,[17] havendo controvérsias sobre a data deste início: se em cerca de 2.060 a.C.[18] ou 2.112 a.C. Considera-se o Código de *Ur-Nammu* um elo entre as reformas sumerianas, instauradas em *Lagash* por *Ur-Uinim-Enmgina* e, depois, *Gudea*, e os diplomas legais de *Eshnunna*, de *Lipt-Ishtar* e, até mesmo, de *Hamurabi*; aliás, o prólogo do Código de *Ur-Nammu* lembra muito o texto das reformas daqueles príncipes-pontífices: *Ur-Nammu* declara-se soberano (*ensi*) pela vontade dos deuses e, sob a proteção do deus *Nanna*, afirma o restabelecimento da equidade e da justiça. Alinha-se, assim, numa tradição de prevalência do Direito Público sobre os interesses e acordos privados que Klima, citando Epsztein, acredita compor uma tradição Suméria (ou mesopotâmica, privilegiando a região em sua sucessão de povos e Estados), repetida na legislação de *Lipit-Ishtar*, tanto quanto por *Hamurabi*, alguns séculos depois; isso apontaria para a provável existência de uma linhagem de escribas, formados por uma mesma pedagogia que se manteve no tempo, e prestando seus serviços às diversas Administrações Públicas:[19]

> "Eu estabeleci liberdade para os acadianos e estrangeiros em Sumer e Akad, para aqueles conduzindo trocas marítimas no exterior (livres) dos capitães marítimos, para os pastores (livres) daqueles que apropriam (?) touros, ovelhas e Burros. [...] Naquele tempo, [eu regulei] o tráfego de barcos no banco do rio Tigris, nos bancos do rio Euphrates, nos bancos de todos os rios."[20]

O Código de *Ur Nammu* fixa relações estáveis entre diversas unidades monetárias (como a prata e o bronze), afastando fraudulentos e prevaricadores; mais, atesta ter garantido que o homem de um *siclo* não fosse explorado pelo homem de uma *mina*,[21] protegendo também os órfãos e as viúvas.[22] Sobre este último aspecto, porém, Klima realça que o princípio da proteção às viúvas e aos órfãos, assim como aos pobres, parece repetir-se de um modo estereotipado nas legislações mesopotâ-

---

[17] *Nova enciclopédia Barsa*. Rio de Janeiro: Encyclopaedia Britannica do Brasil Publicações, [s.d.]. p. 256.

[18] *The Columbia encyclopedia*. 5. ed. Columbia University Press, 1993. Disponível em: <http://www.infoplease.com>.

[19] EPSZTEIN, Léon. *A justiça social no antigo Oriente Médio e o povo da Bíblia*. Tradução de M. Cecília de M. Duprat. São Paulo: Paulinas, 1990. p. 14-24.

[20] Apud ROTH, Martha T. *Law collections from Mesopotamia and Asia Minor*. 2. ed. Tradução de Filipe Regne Mamede. Georgia: Scholars Press, 2000. p. 15-16.

[21] Ambos são medidas de peso, sendo que uma *mina* (aproximadamente 500 gramas) contém 60 *siclos*.

[22] EPSZTEIN, Léon. *A justiça social no antigo oriente médio e o povo da Bíblia*. Tradução de M. Cecília de M. Duprat. São Paulo: Paulinas, 1990. p. 15.

micas, talvez a indicar uma enunciação vazia, visando agradar a opinião pública.[23] Sobre a padronização das medidas, lê-se:

> "Eu fiz a medida-bariga para cobre e a padronizei em 60 silas. Eu fiz a medida- seah para cobre, e a padronizei em 10 silas, eu fiz a medida-seah normal do rei para cobre e a padronizei em 5 silas. Eu padronizei (todos) os pesos de pedra (daqueles?) Puros(?) 1-siclo (peso) para o 1-mina (peso). Eu fiz 1-sila medida do bronze e a padronizei em 1-mina."[24]

Segundo Szlechter, a grande inovação do Código de *Ur-Nammu* seria a instituição de um sistema de composição legal para a solução de litígios fundados em ilícitos penais, preferindo-a ao talião, que seria utilizado quatro séculos depois no Código de Hamurábi.[25] Importa observar, neste contexto, a proteção que é dada às fontes de produção, então designadamente agrárias, deixando claro que o Estado, por seus detentores, preocupa-se com a preservação das fontes que abastecem e garantem o mercado; vejam-se os seguintes fragmentos do Código de *Ur-Nammu*:

> "§ 30. Se um homem violar os direitos de outro e cultivar o campo de outro homem, e ele processar [para assegurar os direitos de fazer a colheita, alegando que] ele [o proprietário] abandonou [o campo] [...] aquele homem deve ser privado de suas despesas.
>
> § 31. Se um homem inundar [?] o campo de outro homem, ele deverá medir e entregar 900 silas de grão por 100 sars de campo.
>
> § 32. Se um homem der um campo para outro homem cultivar, mas este não cultiva e permite o terreno se tornar uma área devastada, ele deverá medir 900 silas de grão por 100 sars."[26]

A segunda legislação mais antiga que se conhece é o chamado Código de Lipt--Ishtar, que antecederia as Leis de Hamurábi em cerca de 150 anos,[27] sendo datada por volta de 1930 a.C. A autoridade real por trás dessa coleção de leis é Lipit-Ishtar (r. 1938-1924), quinto governante da primeira dinastia de Isin (fundada após o co-

---

23   Apud EPSZTEIN, Léon. *A justiça social no antigo oriente médio e o povo da Bíblia.* Tradução de M. Cecília de M. Duprat. São Paulo: Paulinas, 1990. p. 26.

24   Apud ROTH, Martha T. *Law collections from Mesopotamia and Asia Minor.* 2. ed. Tradução de Filipe Regne Mamede. Georgia: Scholars Press, 2000. p. 16.

25   Apud EPSZTEIN, Léon. *A justiça social no antigo oriente médio e o povo da Bíblia.* Tradução de M. Cecília de M. Duprat. São Paulo: Paulinas, 1990. p. 14-15.

26   Apud ROTH, Martha T. *Law collections from Mesopotamia and Asia Minor.* 2. ed. Tradução de Filipe Regne Mamede. Georgia: Scholars Press, 2000. p. 20-21.

27   CONTENAU, Georges. *A vida quotidiana na Babilônia e na Assíria.* Tradução de Leonor de Almeida et al. Lisboa: Livros do Brasil, [s.d.]. p. 357.

lapso da terceira dinastia de Ur).[28] *Isin* (ou *Issin*) localizava-se na baixa Mesopotâmia. Seu sítio arqueológico, na divisão geopolítica hodierna, localiza-se no Iraque, ao sul da cidade de *Afaj*.[29] Ali, no século XIX a.C.,[30] teria vivido *Lipt-Ishtar*, quinto rei da dinastia de *Isin*, e autor de um Código de leis que leva o seu nome: o Código de *Lipt--Ishtar*.[31] Documentos outros descrevem o pai de *Lipit-Ishtar*, chamado *Ismedagan*, como o propagador do direito e da justiça. Do denominado Código de *Lipt-Ishtar* tem-se atualmente nove tablitas, num total de 43 artigos, aos quais se acrescentam um prólogo e um epílogo, enunciando a origem do poder real e princípios sobre o seu exercício. Aliás, o preâmbulo anuncia que *"Lipt-Ishtar*, pastor obediente, foi chamado por *Nunamnir* para estabelecer no país a imparcialidade, para extirpar pela 'palavra' a corrupção, para desmantelar pela 'força' a maldade e a animosidade."[32] O Código de *Lipt-Ishtar* consagra toda uma seção de sua primeira parte aos escravos, cuidando de sua fuga, das contestações relativas ao estado de escravatura, casamento de escrava e emancipação de filhos nascidos de relações entre senhor e uma escrava que seja sua concubina; em uma de suas disposições, prevê que, mesmo "considerando o escravo um bem patrimonial", faculta-se "comparecer em juízo nos processos relativos à sua liberdade".[33] A reunião dos fragmentos até encontrados da codificação de Lipt-Ishtar permite supor que ela continha cerca de uma centena de artigos.[34]

Outro importante documento dessa época são as *Leis de Eshununna*, que alguns chamam de *Código de Bilalama*, cuja data é objeto de alguma controvérsia, havendo quem a fixe por volta de 1.950 a.C.,[35] mas também quem a situe cerca de 1790 a.C,[36] e que vigeu em *Eshnunna*, cidade-Estado situada ao norte do que hoje é Bagdá, no vale do rio *Diyâla*, um afluente do rio Tigre; a região é hoje cha-

---

[28] ROTH, Martha T. *Law collections from Mesopotamia and Asia Minor*. 2. ed. Georgia: Scholars Press, 2000. p. 23.

[29] *Grande enciclopédia Delta Larousse*. Rio de Janeiro: Delta: Larousse, 1976. p. 3600.

[30] Consta que entre c. 1969 a 1735 a.C. teria a cidade-Estado vivido sobre o comando de uma dinastia de origem amorrita (*Grande enciclopédia Delta Larousse*. Rio de Janeiro: Delta: Larousse, 1976. p. 3.600).

[31] EPSZTEIN, Léon. *A justiça social no antigo oriente médio e o povo da Bíblia*. Tradução de M. Cecília de M. Duprat. São Paulo: Paulinas, 1990. p. 15.

[32] Apud EPSZTEIN, Léon. *A justiça social no antigo oriente médio e o povo da Bíblia*. Tradução de M. Cecília de M. Duprat. São Paulo: Paulinas, 1990. p. 16.

[33] Idem, ibidem.

[34] CONTENAU, Georges. *A vida quotidiana na Babilônia e na Assíria*. Tradução de Leonor de Almeida et al. Lisboa: Livros do Brasil, [s.d.]. p. 357.

[35] *Enciclopédia Mirador Internacional*. São Paulo, Rio de Janeiro: Encyclopaedia Britannica do Brasil, [s.d.]. p. 5.655.

[36] Szlechter apud EPSZTEIN, Léon. *A justiça social no antigo oriente médio e o povo da Bíblia*. Tradução de M. Cecília de M. Duprat. São Paulo: Paulinas, 1990. p. 16.

mada de Tell Ashmar,[37] localizada mais próxima do Irã do que do Golfo Pérsico. Sua autoria também é objeto de controvérsia, afirmando Szlechter ser autor *Ipiq Addad* II ou *Dadusha*, filho desse. As Leis de *Eshnunna* constam de um prólogo e de 60 artigos, trazendo elementos do Direito sumério (i. e., dos Códigos de *Ur--Nammu* e *Lipt-Ishtar*),[38] junto com elementos que lhe parecem estranhos.[39] São distinguidas, na legislação, três classes sociais. Uma classe superior, os *awilu*, era formada pelos patrícios que gozam de plena liberdade e de plenos direitos civis. Segue-se uma classe intermediária, os *mushkenu*, que eram homens livres (provavelmente escravos alforriados e pessoas de origem estrangeira), mas que não gozavam da plenitude dos direitos. Constituem uma classe inferior aos *awilu*, mas eram dela livres e independentes, gozando para tanto de proteção do poder central. Exemplificam-no alguns dispositivos; assim, lê-se o artigo 35 garantir-lhes a faculdade de manter crianças que tenham recebido de uma escrava do palácio, bastando indenizar o palácio; já o art. 50 dá ao soberano poder de perseguir, mesmo fora das fronteiras do Estado, escravos (*wardu*) fugitivos, bem como os animais desgarrados que pertençam ao palácio, aos *awilu* e aos *mushkenu*. Há também norma a garantir que não poderia o palácio agregar *mushkenu* ao seu serviço (seja como servos, seja como funcionários assalariados). Por fim, estavam os *wardu*, ou seja, os escravos.[40] Como usual nas legislações desse tempo e lugar, verifica-se nas Leis de *Eshnunna* uma vigorosa intervenção do Estado no domínio econômico. Há normas fixando preços de gêneros de primeira necessidade, preços para os serviços mais comuns, preços para os serviços de transportes (especialmente dos barqueiros), regulamentação de empréstimos e do pagamento de dívidas, além da fixação de uma relação estável entre os metais utilizados para trocas e grãos habitualmente comercializados:[41]

"Um *gur*[42] de cereais [grãos] por um *siclo*[43] de prata.

Três *ca*[44] de óleo de ungir por um *siclo* de prata.

---

[37] EPSZTEIN, Léon. *A justiça social no antigo oriente médio e o povo da Bíblia*. Tradução de M. Cecília de M. Duprat. São Paulo: Paulinas, 1990. p. 16.

[38] Supondo-se, na grande controvérsia sobre datas, ser esse anterior; do contrário, a influência seria das Leis de *Eshnunna* sobre o Cód. de *Lipt-Ishtar*.

[39] EPSZTEIN, Léon. *A justiça social no antigo oriente médio e o povo da Bíblia*. Tradução de M. Cecília de M. Duprat. São Paulo: Paulinas, 1990. p. 17.

[40] Idem, ibidem.

[41] EPSZTEIN, Léon. *A justiça social no antigo oriente médio e o povo da Bíblia*. Tradução de M. Cecília de M. Duprat. São Paulo: Paulinas, 1990. p. 17.

[42] Nesse tempo, provavelmente, cerca de 300 *ca*, ou seja, 300 litros.

[43] Nesse tempo, pouco mais de 8 gramas.

[44] Nesse tempo, cerca de 1 litro.

Um *sut*[45] e dois *ca* de óleo de sésamo por um *siclo* de prata.

Um *sut* e cinco *ca*, de gordura de porco por um *siclo* de prata.

Quatro *sat*[46] de óleo do rio [betume] por um *siclo* de prata.

Seis *minas*[47] de lã por um *siclo* de prata.

Dois *gur* de sal por um *siclo* de prata.

Um *gur* de potassa por um *siclo* de prata.

Três *minas* de cobre por um *siclo* de prata.

Duas *minas* de cobre trabalhado por um *siclo* de prata."[48]

Não é norma única. O segundo artigo da legislação prossegue com essa intervenção pública no domínio privado, tabelando o preço de óleo de sésamo, gordura de porco, betume; e os artigos seguintes definem preço para os serviços de transporte com *carro de bois e seu condutor* (por um *dia inteiro*), barco e barqueiro (incluindo a responsabilidade civil do barqueiro, que deverá *restituir tudo que afundou*, se foi negligente na condução do barco). São definidos, ainda, limites de juros para os empréstimos:

"18a – Por um siclo de prata deve-se acrescentar um sexto de siclo e seis grãos [she][49] como juros; por um *gur* de cevada deve-se acrescentar um pan e quatro sat de cevada como juros."[50]

Fica claro, fazendo as contas, que os juros permitidos para o empréstimo de metais eram de 20% ao ano, ao passo que os juros permitidos para o empréstimo de cereais eram de 33,3% ao ano. Estipula-se a época e o lugar de pagamento, garantias para os empréstimos, contrato de depósito, entre outras normas para a regulamentação do comércio.

Cito, ainda, as *Leis de Hamurábi*, famoso *edito princeps* que, por décadas, se considerou, equivocadamente, a primeira legislação escrita da história da humanidade. *Hamurábi* foi o sexto soberano da primeira dinastia babilônica, que unificou sua soberania sobre toda a Mesopotâmia, através de guerras e alianças políticas

---

[45] Nesse tempo, o *sut* ou *sutum* equivalia a aproximadamente 10 litros. Um *sut* e dois *ca* são, portanto, cerca de 12 litros.

[46] Plural de *sut*. 4 *sat* são iguais a 40 litros.

[47] Uma *mina* valia 60 *siclos*, portanto, cerca de 500 gramas. Seis minas correspondem a cerca de 3 quilogramas.

[48] Apud BOUZON, Emanuel. *Uma coleção de direito babilônico pré-hamurabiano*: leis do reino de Ešnunna. Petrópolis: Vozes, 2001. p. 62-63.

[49] Um *she* (ou *še*) traduz-se por "um grão"; cada siclo divide-se em 180 grãos.

[50] Apud BOUZON, Emanuel. *Uma coleção de direito babilônico pré-hamurabiano*: leis do reino de Ešnunna. Petrópolis: Vozes, 2001. p. 92.

com os reinos vizinhos,[51] fazendo daquela cidade uma espécie de capital política, religiosa, econômica e intelectual da Ásia anterior,[52] e por isso é considerado um dos mais importantes monarcas que governaram a Mesopotâmia.[53] A localização de seu reinado no tempo oferece uma grande dificuldade para pesquisadores, não obstante a engenhosidade de arqueólogos e historiógrafos: inicialmente, os indícios sugeriam algo em torno dos séculos XX e XIX a.C.; porém, um documento legal do 10º ano de seu reinado menciona um rei assírio (*Shamshi-Adad*), o que poderia localizar seu reinado dois séculos antes; o prosseguimento dos estudos sanou essa dúvida, mas não superou outras, levando a três datações distintas: o assirólogo Weidner estimou entre 1955 e 1913 a.C.; o arqueólogo norteamericano Albright sugeriu 1868 a 1828 a.C.; o alemão Ungnad apostou em 1801 a 1759 a.C.; por fim, o professor francês Parrot obteve relativo consenso na comunidade internacional, fixando o reinado entre 1728 e 1686 a.C.[54] Epsztein, em edição mais recente,[55] discorda; após narrar um impasse entre uma cronologia longa (1848 a 1806 a.C.), uma média (1792 a 1750 a.C.) e uma curta (1728 a 1686 a.C.), afirma um consenso em torno da cronologia média, ou seja, 1792 a 1750 a.C,[56] sendo provável que as Leis de Hamurábi sejam de 1752 a.C., ou seja, de dois anos antes de sua morte.

O denominado Código de *Hamurábi* foi descoberto a partir de uma estela de diorito negro (que se encontra no Museu do *Louvre*, em Paris) de 2,25 m de altura, 1,6 m de circunferência e 2 m de base, onde encontram-se gravadas suas normas, descoberta por Jaques Morgan nas ruínas da cidade de Susa, na Pérsia.[57] Na parte superior do monumento, vê-se *Shamash*, o deus Sol e deus da justiça,[58] entregando o código a *Hamurábi*, representado de forma séria, reverente e contemplativa. Na parte inferior estão as normas, dispostas em 46 colunas e 3.600 linhas, contendo 18

---

[51] LIMA, João Batista de Souza. *As mais antigas normas de direito*. 2. ed. Rio de Janeiro: Forense, 1983. p. 1.

[52] EPSZTEIN, Léon. *A justiça social no antigo oriente médio e o povo da Bíblia*. Trad. M. Cecília de M. Duprat. São Paulo: Paulinas, 1990. p. 18.

[53] CERAM, C. W. *O segredo dos hititas*. 5. ed. Trad. Milton Amado. Belo Horizonte: Itatiaia, 1973. p. 169; a exemplo de outros, o autor denomina Hamurábi de "o rei legislador".

[54] CERAM, C. W. *O segredo dos hititas*. 5. ed. Trad. Milton Amado. Belo Horizonte: Itatiaia, 1973. p. 169 ss.

[55] A edição original, francesa, é de 1983.

[56] EPSZTEIN, Léon. *A justiça social no antigo Oriente Médio e o povo da Bíblia*. Trad. M. Cecília de M. Duprat. São Paulo: Paulinas, 1990. p. 18.

[57] LIMA, João Batista de Souza. *As mais antigas normas de Direito*. 2. ed. Rio de Janeiro: Forense, 1983. p. 1.

[58] EPSZTEIN, Léon. *A justiça social no antigo oriente médio e o povo da Bíblia*. Trad. M. Cecília de M. Duprat. São Paulo: Paulinas, 1990. p. 19.

capítulos e 282 artigos, muitos mutilados e ilegíveis.[59] Entre esses artigos, citam-se normas sobre contratos agrícolas (artigos 35 e seguintes), incluindo medidas de proteção ao agricultor, arrendante de terras, permitindo-lhe a prorrogação unilateral do contrato para conseguir recuperar o seu investimento:

> "Artigo 47. Se o agricultor, porque não tirou seu investimento do ano anterior e disse: 'eu quero cultivar o campo', o proprietário do campo não o impedirá; o agricultor cultivará seu campo e na colheita ele levará o grão conforme os juros daquele ano."[60]

Somem-se normas sobre empréstimos e juros, sobre o contrato de sociedade, a exemplo do artigo 106:

> "Artigo 106. Se um comissionado recebeu prata de um mercador e contestou seu mercador, esse mercador diante de deus e de testemunhas comprovará que o comissionado recebeu prata e o comissionado dará ao mercador até três vezes mais toda a prata que recebeu."[61]

Mesmo normas que apontam para uma primitiva proteção ao consumidor podem ser identificadas, sendo exemplo o artigo 108, como se verifica:

> "Artigo 108. Se uma taberneira não recebeu grão como pagamento de cerveja, mas recebeu prata em peso grande ou diminuiu o equivalente de cerveja em relação ao equivalente de grão, comprovarão isso contra a taberneira e a lançarão n'água."[62]

Como se só não bastasse, também nas Leis de Hamurábi se leem tabelamento de preços e regras sobre a responsabilidade civil dos mais diversos profissionais, incluindo médicos, barbeiros, construtores, barqueiros etc.

Adiante, para o primeiro milênio a.C., Bulgarelli e Requião destacam a importância da atuação mercantil de fenícios, gregos e romanos, lembrando, porém, que não tiveram um conjunto de normas especialmente destinadas ao comércio, embora façam menção à *Lex Rhodia de Iactu*, lei romana de inspiração fenícia, que cuidava do alijamento, ou seja, do lançamento da carga (ou parte desta) ao mar para evitar o naufrágio, chamado pelo Código Comercial de *avaria grossa*, ou o instituto da *foenus*

---

[59] LIMA, João Batista de Souza. *As mais antigas normas de direito*. 2. ed. Rio de Janeiro: Forense, 1983. p. 2.

[60] Apud LIMA, João Batista de Souza. *As mais antigas normas de direito*. 2. ed. Rio de Janeiro: Forense, 1983. p. 8.

[61] Apud LIMA, João Batista de Souza. *As mais antigas normas de direito*. 2. ed. Rio de Janeiro: Forense, 1983. p. 12.

[62] Apud LIMA, João Batista de Souza. *As mais antigas normas de direito*. 2. ed. Rio de Janeiro: Forense, 1983. p. 13.

nauticum, relativo ao câmbio marítimo.[63] Os fenícios, aliás, possuíam um comércio variado, incluindo madeira, tecidos tingidos de púrpura, além da distribuição dos mais diversos e, não raro, exóticos produtos trazidos pelas caravanas, bem como bens de primeira necessidade; não possuíam um governo nacional, organizando-se em cidades-Estado, sendo comum a administração pelos comerciantes mais prósperos,[64] a permitir caracterizá-los como uma talassocracia (governo de marinheiros) ou mesmo uma plutocracia (governo de ricos).

Roma, citada acima pela influência fenícia, não teve, efetivamente, um Direito do Comércio, sendo certo que sua jurisprudência não criou mais do que algumas normas dispersas; aliás, sequer uma palavra específica para comércio tinha o latim: *commercium* é o ato de troca entre vivos; *negotiatio* é o exercício de qualquer ato de indústria; mercatura é o tráfico de mercadorias, em sentido estrito, como afirma Alfredo Rocco, destacando, em acréscimo, que os romanos não foram um povo de comércio, atividade que era vista com certo preconceito, exercida por escravos e servos ou, ainda, por estrangeiros (gentios). Ainda assim, o *corpus iuris* registra normas sobre barqueiros, estalajadeiros etc.[65]

3 IDADE MÉDIA E MODERNA

A existência de normas esparsas não caracteriza um Direito Mercantil, ou seja, um corpus jurídico próprio. Será durante a Idade Média que se consolidará esse Direito. Embora seja o grande período dos feudos e dos senhores feudais, período da lei da terra (*the law of the land*, ou mesmo *lex terrae*), a Idade Média não viu o fim do comércio. Ainda que o centro político-econômico estivesse nos feudos – e sua autossuficiência –, as cidades e o comércio continuaram a existir. Funda-se aí a dicotomia no Direito Privado: o Direito Civil é próprio de senhores e da Igreja; mas há um Direito para o comércio, sem influência religiosa ou feudal. Um Direito que nasce do ajuste reiterado, dos costumes mercantis que se reconhecem como devidos, como bons, como adequados. E já aí se percebe que o Direito Mercantil (Comercial, Empresarial) é uma das grandes revoluções no coração do medievalismo.

O comércio internacional conhece um grande impulso ao final da Idade Média, com a liberação do monopólio árabe sobre o mediterrâneo, e, daí em diante, ao longo da Idade Moderna, onde a busca pela mercancia mais lucrativa levou, inclusive, aos chamados descobrimentos. Bulgarelli chama a atenção para o papel essencial

---

[63] REQUIÃO, Rubens. *Curso de direito comercial*. 15. ed. São Paulo: Saraiva, 1985. v. 1, p. 8-9. BULGARELLI, Waldirio. *Direito comercial*. 16. ed. São Paulo: Atlas, 2001. p. 26-28.

[64] PETIT, Paul. *História antiga*. Trad. Moacyr Campos. 4. ed. São Paulo: Rio de Janeiro: Difel, 1979. p. 55.

[65] ROCCO, Alfredo. *Princípios de direito comercial*. Tradução de Ricardo Rodrigues Gama. Campinas: LZN, 2003. p. 10-12.

desempenhado pelas associações de comerciantes, constituídas para resistir aos achaques de senhores feudais, e que assumem um papel predominante na nova ordem, transformando os Municípios em verdadeiras confederações comerciais, a exemplo de Gênova, Pisa, Florença e Veneza; foi esse o período de formação de um Direito do Comércio (ou Direito Comercial), um conjunto de normas ágeis que se contrapunham ao formalismo das normas do Direito Canônico, valorizando os costumes empresariais, redigindo seus próprios estatutos (o que explica a utilização do termo *Direito Estatuário*), bem como juntas de julgamento próprias para o arbitramento de controvérsias entre comerciantes. O autor, citando Carvalho de Mendonça, dá exemplos de consolidações de costumes mercantis que tiveram importância destacada na antiguidade, quando alcançaram uma autoridade próxima à da lei: o *Consulato del Mare* (Espanha, século X), as *Consuetudines* (Gênova, 1056), o *Constitutum usus* (Pisa, 1161), o *Liber consuetudinum* (Milão, 1216), as decisões da Rota Genovesa sobre comércio marítimo, o *Capitulare Nauticum* (Veneza, 1255), a *Tabula Amalfitana*, também chamada de *Capitula et Ordinationes Curiae Maritimae Nobilis Civitatis Amalphe* (Amalfi, século XIII), *Ordinamenta et Consuetudo Maris Edita per Consules Civitatis Trani* (Trani, século XIV) e *Guidon de la Mer* (Rouen, século XVI).[66]

Assim, forjaram-se as condições históricas para a constituição de um *direito de classe*, ocupado especificamente do fenômeno mercantil. Essas autonomias disciplinares, no Direito, nem sempre atendem a aspectos epistemológicos mais profundos, nem sempre apontam para a necessidade de regimes jurídicos distintos, ao contrário da percepção, já entre os romanos, da distinção entre o regime jurídico do Direito Público e o regime jurídico do Direito Privado. Em muitas ocasiões, dentro do mesmo regime jurídico torna-se relevante a criação de um direito de classe, de um conjunto de princípios jurídicos, teorias e normas que deem suporte a determinado fenômeno humano, em face de sua importância, significância e repercussão. A criação do Direito Financeiro e do Direito Tributário, no âmbito do Direito Administrativo, é um exemplo. A criação de um direito para a mercancia, no plano do Direito Privado, destacando-se da grande massa do que se entende por Direito Civil, é um outro exemplo. Em alguns casos, devo frisar, esse seccionamento pode, sim, conduzir a regimes próprios ou, no mínimo, a regimes intermediários, do que é exemplo, acredito, o Direito do Trabalho, assentado tanto sobre bases privatísticas (o contrato e as obrigações convencionais) e publicistas (a intervenção estatal na liberdade de contratar o trabalho, como meio de proteção ao trabalhador); exemplo, também, é o Direito do Consumo, igualmente revelando bases privatísticas (o Direito Empresarial, o Direito Obrigacional e, no âmbito deste, o Direito Contratual) e bases publicistas (o Direito Econômico), a traduzir, no âmbito das relações contratuais de consumo, uma intervenção estatal no domínio econômico que pode revelar-se tópica (uma relação jurídica singular, a exemplo da relação entre *João e a loja de*

66 BULGARELLI, Waldirio. *Direito comercial*. 16. ed. São Paulo: Atlas, 2001. p. 29-33.

sapatos) ou sistêmica (todo um conjunto difuso de relações havidas ou por haver, a exemplo do ajuizamento de ações civis públicas).

Neste contexto, há quem pretenda ser italiano o surgimento do Direito do Comércio, como um ramo jurídico autônomo, afirmando ter sido ali que se deu o passo essencial para a afirmação e desenvolvimento da disciplina, pela valorização da reserva normativa da sociedade, os costumes mercantis assentados, hábeis a melhor traduzir a efetividade das operações efetivamente estabelecidas entre os agentes econômicos, bem como sua evolução, cuja valorização acabou por determinar o reconhecimento de um direito consuetudinário mercantil, um *consuetudo mercatorum* ou *stylus mercatorum*.[67] Outros chamam a atenção para o fato de que a codificação do Direito Comercial surge na França com duas ordenanças de Luiz XIV, datadas de 1673 (sobre comércio terrestre) e 1681 (sobre comércio marítimo), normas que seriam a base do Código Comercial de 1808.[68]

Foi esse o cadinho no qual se fundiram os elementos que constituíram as bases para que, na modernidade – e seu apego aos purismos disciplinares –, se pudesse afirmar a existência autônoma de um Direito Comercial, quero dizer, de um Direito para o Comércio ou Direito para as atividades dos Comerciantes. Um Direito, aliás, que tinha por elemento fundamental o ato de comércio, elevado à qualidade de elemento epistemológico capaz de distinguir, no plano do Direito Privado, uma ciência jurídica do comércio de uma ciência jurídica civil. Nesse sentido, Rubens Requião destaca a afirmação histórica do Direito Comercial como disciplina dos atos de comércio, ou seja, da valorização de uma identidade acadêmica fundada num elemento objetivo (o ato) e não num elemento subjetivo (o comerciante), tendência que teria sido inaugurada pelo Código de Savay (1673), sendo repetido pelo Código Civil francês de 1807, dito *Código Napoleônico*, a quem serviu como elemento hábil a garantir a ideia de igualdade, já que evitava distinções fundadas na pessoa.[69] Aliás, uma vez extintas as corporações de ofício pela Revolução Francesa, a própria definição de comerciante se tornava difícil, sendo mais fácil adotar a definição do ato de comércio, a partir de listas elaboradas pelos tribunais de comércio – o que levou Delamare e Le Poitvin a denunciar que nada mais se fez do que definir como comerciais alguns atos civis.[70] Entretanto, assim foi feito: um Código Civil e um Código Comercial, estrutura jurídica que se expandiu, sendo copiada e reafirmada pelas legislações dos mais diversos países ao longo do século XIX.

---

[67] ROCCO, Alfredo. *Princípios de direito comercial*. Tradução de Ricardo Rodrigues Gama. Campinas: LZN, 2003. p. 12-15.

[68] DUARTE, Ronnie Press. *Teoria da empresa à luz do novo Código Civil brasileiro*. São Paulo: Método, 2004. p. 36.

[69] REQUIÃO, Rubens. Curso de direito comercial. 15. ed. São Paulo: Saraiva, 1985. v. 1, p. 11.

[70] MENDONÇA, José Xavier Carvalho de. *Tratado de direito comercial*. 5. ed. Rio de Janeiro, São Paulo: Freitas Bastos, 1953. v. 1, p. 67.

3.1   Direito comercial no Brasil

Seguindo essa tendência, editou-se no Brasil, em 1850, a Lei 556, criando o Código Comercial Brasileiro e, assim, adotando a Teoria dos Atos de Comércio, nos moldes do Código Comercial francês. Estabeleceu-se assim, também no Direito Brasileiro, uma dicotomia no Direito Privado, entre Direito Civil e Direito Comercial. O prestígio dos comerciantes brasileiros está na raiz da edição do Código Comercial, em 1850, bem como a constituição de um Tribunal do Comércio, composto por magistrados togados (bacharéis em Direito) e por comerciantes, com existência entre 1850 e 1875. Basta lembrar que o Direito Civil foi basicamente regido, até 1917, pelas Ordenações Filipinas do Reino de Portugal, editadas por volta de 1600, e que já haviam sido revogadas na Europa, com edição do Código Civil português de 1868.

Com efeito, ao longo do Império, os grandes comerciantes diversificaram suas atividades por vários negócios, inclusive o crédito, definindo-se como um estrato social próprio: uma elite urbana composta por capitalistas e financistas (chamados de *homens de negócio*) e por atacadistas (*grossistas* ou *negociantes do grosso* ou *mercadores de grosso trato*), distinguindo-se dos comerciantes menores (*retalhistas* ou *comerciantes de retalho* ou *mercadores de sobrado*). Esse *patriciado mercantil* aproximou-se da Coroa, chegando, em muitos casos, a transformar suas riquezas em bens de raiz, adquirindo terras e até títulos nobiliárquicos. Essa elite comercial, ao tempo da chegada da família real, denominava-se *Corpo de Comércio*, assumindo, no início do Império, a forma de *Sociedade de Assinantes da Praça* e, enfim, *Associação Comercial do Rio de Janeiro*, sendo que seus esforços para se incorporar à aristocracia agrária, até por meio de laços matrimoniais entre os descendentes, tinham por objetivo facilitar o acesso ao governo.[71]

Explica-se, assim, a convivência entre um Código Comercial moderno e uma legislação civil arcaica, fundada nomeadamente nas Ordenações. "O atendimento da demanda desses negociantes implicava a montagem de uma ordem jurídica abalizada no avanço do capitalismo mundial. Contudo, interessava garantir os reclames da ordem anterior, o que gerou uma produção jurídica original no Brasil, articulando os interesses de setores tradicionais, pautados nas Ordenações Filipinas, com os pautados nos mais avançados códigos existentes nos países europeus *civilizados*. Para a inserção do império brasileiro no mercado internacional capitalista, tornava-se crucial a montagem jurídica e política da sociedade para acompanhar as transformações que ocorriam nas economias centrais."[72]

---

[71]   NEVES, Edson Alvisi. *Magistrados e negociantes na corte do Império do Brasil*: o Tribunal do Comércio. Rio de Janeiro: Jurídica do Rio de Janeiro: Faperj, 2008. p. 7, 20-23, 42-43, 53-55.

[72]   NEVES, Edson Alvisi. *Magistrados e negociantes na corte do Império do Brasil*: o Tribunal do Comércio. Rio de Janeiro: Jurídica do Rio de Janeiro: Faperj, 2008. p. 46.

Ainda em Edson Alvisi Neves, aprende-se que o modelo híbrido chancelado por Napoleão Bonaparte, constituindo uma *estrutura judiciária mercantil* composta não só por bacharéis, mas também por comerciantes, garantindo a assimilação das novidades nos costumes e práticas mercantis, descambou, no Brasil, por uma disputa entre negociantes e bacharéis (poder econômico *versus* poder burocrático), ao final vencida por esses últimos, com a extinção do Tribunal do Comércio, em 1875. Aliás, uma disputa que se repetiu entre juízes de paz (leigos) e juízes togados (bacharéis), também vencida pelos diplomados. Em fato, como magistralmente ensina Edson Alvisi Neves, os bacharéis em Direito desempenharam, tanto no Estado português, quanto no Estado brasileiro, a importante função de dar sustentação do poder, estruturando o aparato burocrático que dá base ao Direito racional, no qual funções permanentes (organizacionais) são exercidas conforme normas positivadas e por meio de órgãos de autoridade que se estruturam em cadeia hierárquica, com competências definidas. Os bacharéis predominavam na estrutura estatal e viabilizavam as ações estatais, sendo que sua importância facilmente se demonstra pela preocupação com a criação de cursos jurídicos no Brasil.[73]

De outra face, a legitimação oferecida pelo recurso à burocracia jurídica racional, dá ao poder central um mecanismo eficaz de controle ideológico político e social. "A escolha dos novos juízes dava-se por indicação, de forma que o curso de Direito, conquanto necessário, não era suficiente para se candidatar ao cargo de juiz. Como a nomeação dava-se por intermédio do Ministro da Justiça, necessariamente um bacharel, mormente um magistrado, também nesse processo estava garantida a autoperpetuação e o controle ideológico."[74]

A vitória dos bacharéis sobre os comerciantes, ainda no século XIX, acaba com o Tribunal do Comércio, mas não foi suficiente para extinguir a dicotomia que se estabelecera no Direito Privado, artificialmente dividido em Direito Civil e Direito Comercial. Esforços houve, no Brasil, para fazê-lo, ainda na década de 50 do século XIX, mas coube aos italianos, como se estudará na sequência.

4 UNIFICAÇÃO DO DIREITO PRIVADO

Ainda nos bancos da vetusta Casa do Conselheiro Afonso Augusto Moreira Pena, a Faculdade de Direito da Universidade Federal de Minas Gerais, com o jeito e os professores que tinha na década de 1980, ouvi que no dia do Juízo Final a luta dos *justos* contra os *pecadores* não seria a única; estariam se golpeando, igualmente, os

---

[73] NEVES, Edson Alvisi. *Magistrados e negociantes na corte do Império do Brasil*: o Tribunal do Comércio. Rio de Janeiro: Jurídica do Rio de Janeiro: Faperj, 2008. p. 14, 17-19, 27, 31-35.

[74] NEVES, Edson Alvisi. *Magistrados e negociantes na corte do Império do Brasil*: o Tribunal do Comércio. Rio de Janeiro: Jurídica do Rio de Janeiro: Faperj, 2008. p. 55.

civilistas e os *comercialistas*. Gerações foram criadas assim: embora nas varas cíveis do *Forum* juízes cíveis julgassem causas *comerciais* e *cíveis*, e embora a maioria dos advogados trabalhasse constantemente tanto com o Código Comercial, quanto com o Código Civil, pensávamos que eram áreas incompatíveis. Porém, essa distinção fora sustentada, por longos anos, apenas numa tradição disciplinar, inaugurada com a edição dos Códigos Napoleônicos, sendo que o ato jurídico comercial, nele destacado o contrato comercial ou mercantil, nada mais eram do que atos jurídicos privados, submetidos à mesma base normativa inscrita no Código Civil, ainda que interpretadas levando-se em conta os costumes do comércio. Como se só não bastasse, atos jurídicos tidos como comerciais, a exemplo da criação e emissão de títulos de crédito, deixaram as relações meramente entre comerciantes para ganharem o comum das relações jurídicas, ao ponto de alguns denunciarem que apenas na quebra se distinguiam comerciantes, que faliam, e não comerciantes, que se tornavam insolventes.

A busca de uma unificação, contudo, é antiga. Já no século XIX, não obstante o sucesso e a repercussão da legislação francesa, influenciando diversos estados, alguns juristas passaram a notar que a distinção entre um direito comercial e um direito civil não se sustentava plenamente, tratando-se de negócios jurídicos de mesma natureza, apenas distinguidos pelo contexto em que se realizavam. Já em meados daquele século, Teixeira de Freitas já apontava para o artificialismo da separação. Aliás, ele foi o primeiro jurista, em todo o mundo (antecipando-se mesmo aos italianos) a criticar a dicotomia entre Direito Civil e Direito Comercial, inaugurando a defesa da unificação do Direito Privado.[75] Encarregado da redação de um Código Civil brasileiro, por decreto de 11 de janeiro de 1859, escreveu: "hoje minhas ideias são outras, resistem invencivelmente a essa calamitosa duplicação de leis civis, não distinguem, no todo das leis desta classe, algum ramo que exija um Código de Comércio. O Governo só pretende de mim a redação de um projeto de Código Civil; e eu não posso dar esse Código ainda mesmo compreendendo o que se chama direito comercial, sem começar por outro Código que domine a legislação inteira [...] Não há tipo para essa arbitrária separação de lei, a que deu-se o nome de direito comercial ou Código Comercial; pois que todos os atos da vida jurídica, excetuados os benefícios, podem ser comerciais ou não comerciais; isto é, tanto podem ter por fim o lucro pecuniário, como satisfação da existência".[76] E houve tentativas posteriores, como as de Inglês de Souza (1911), Orozimbo Nonato (1941) e Caio Mário do Silva Pereira (1965).

[75]   DUARTE, Ronnie Press. *Teoria da empresa à luz do novo Código Civil brasileiro*. São Paulo: Método, 2004. p. 81. Esse autor dá conta de que mesmo Tullio Ascarelli reconheceu tal precedência, tendo afirmado: "o primeiro fundador do movimento de unificação foi o grandíssimo civilista brasileiro Teixeira de Freitas, que precedeu de muitos anos a Vivante".

[76]   Apud SEABRA, Décio dos Santos. A unificação do direito privado e o projeto do Código das Obrigações. *Revista Forense*, Rio de Janeiro, ano 62, v. 212, p. 5, out./dez. 1965.

Fracassadas as iniciativas que dariam ao Brasil a precedência histórica na positivação de um Direito Privado unificado, embora sem nos tirar a precedência doutrinária na afirmação dessa perspectiva unitária, coube aos italianos positivá-la em primeiro lugar. Vivante já se batera por ela em 1892; mas somente o Decreto Régio de 21 de abril de 1942, instituindo um novo Código Civil italiano, a concretizou.[77] No Brasil, apenas 60 anos depois, com a edição da Lei 10.406/2002, a instituir um novo Código Civil brasileiro, conseguiu-se, enfim, unificar as matérias, o que se fez pelo abandono da *teoria do ato de comércio* e a opção pela *teoria da empresa*, tomada como elemento central do tratamento jurídico mercantil.

Poder-se-ia afirmar que tal movimento representa uma derrota do Direito Comercial, o que não me parece adequado; a bem da verdade, a unificação do Direito Privado, entre nós, era inevitável justamente pela percepção de uma mercantilização dos atos civis. Em 1916, eram reduzidas as chances de uma mulher de 60 anos ter tomado parte numa relação cambiária, seja como emissora, tomadora, portadora, endossatária ou avalista de um título de crédito. Em 2002, pelo contrário, tornaram-se reduzidas as chances de uma mulher de 20 anos não ter tomado parte numa relação cambiária, em qualquer daquelas situações. Isso para não falar em cartões de débito e um sem-número de outros contratos que, hodiernamente, polvilham o dia a dia de todos os cidadãos. Compreende-se, assim, porque o Código Civil vigente deixou de principiar pela família para fazê-lo pelas obrigações. O desenvolvimento da economia brasileira (agrária, depois comercial, industrial e, enfim, financeira) tornou a todos agentes econômicos ativos, tirando tal primazia dos comerciantes.

5   A VALORIZAÇÃO DA EMPRESA

Uma necessidade de mudança de referências jurídicas se fez sentir no Direito Mercantil brasileiro, partindo das primeiras codificações, no século XIX, até as reformulações legislativas do século XX, refletindo-se no Código Civil. Independentemente da dificuldade teórica de se sustentar uma distinção entre o ato jurídico civil e o ato jurídico comercial, a própria identificação do Direito Comercial com o ato de comércio, mormente na forma como estruturada no Direito pátrio, ofereceu enormes dificuldades para os juristas. Com efeito, o Código Comercial (Lei 556, de 25 de junho de 1850) não definira quem seria comerciante, nem o que seria ato de comércio, deixando, portanto, de dar balizas subjetivas ou objetivas para a aplicabilidade de suas normas: não obstante o Título I da Parte Primeira dissesse ocupar-se dos comerciantes, seus capítulos limitavam-se a definir as qualidades para comercializar (quem poderia fazê-lo), as obrigações comuns a todos os comerciantes e as suas prerrogativas. Na sequência, já outros assuntos eram

---

[77]   DUARTE, Ronnie Press. *Teoria da empresa à luz do novo Código Civil brasileiro*. São Paulo: Método, 2004. p. 56-57.

trazidos à regulamentação: praças de comércio, agentes auxiliares do comércio, banqueiros, contratos e obrigações mercantis. No mesmo ano de 1850, em novembro, foram editadas duas normas para regulamentação do Código Comercial: o Regulamento 737, ditando normas sobre o processo comercial, e o Regulamento 738, que cuidava dos Tribunais de Comércio e processo das quebras (hoje chamadas de falência). O artigo 19 do Regulamento 737/1850, todavia, enumerou quais seriam os atos de comércio:

> "§ 1º a compra e venda ou troca de efeitos móveis ou semoventes, para os vender por grosso ou a retalho, na mesma espécie ou manufaturados, ou para alugar o seu uso;
>
> § 2º as operações de câmbio, banco e corretagem;
>
> § 3º as empresas de fábricas, de comissões, de depósito, de expedição, consignação e transporte de mercadorias, de espetáculos públicos;
>
> § 4º os seguros, fretamentos, riscos, e quaisquer contratos relativos ao comércio marítimo; e
>
> § 5º a armação e expedição de navios."

Essa enumeração, por certo, logo engessou a disciplina jurídica e, com o passar do tempo e a evolução da economia, mostrou-se inadequada. O legislador, lhe acrescentou alguns elementos, como a construção civil, por força da Lei 4.068/62, ou as sociedades anônimas, por força da Lei 6.404/76. Mas a cisão verificada na prática jurídica era imensa: uma sacoleira, que revendesse no varejo, de porta em porta, roupas que comprasse no atacado, era considerada comerciante, ao passo que uma grande empresa de corretagem de imóveis não o era, excetuada a hipótese de se tratar de uma sociedade anônima.

Neste contexto, seguindo uma tendência europeia, os juristas chamavam a importância de se abandonar o critério objetivo, ou seja, que atentasse para o objeto da atividade mercantil, o ato de comércio (mormente em face da limitação oferecida pelo artigo 19 do Regulamento 737/1850), e passar-se a um critério subjetivo, isto é, que se considera o sujeito da atividade mercantil, assimilando o fenômeno das empresas, cuja importância para a economia era inequívoca. Dessa forma, criou-se a necessidade de se estabelecer um tratamento jurídico específico para a empresa, considerada como forma organizada de atuação econômica visando a produção de riquezas. A Lei 10.406/2002, instituindo o Novo Código Civil, atendeu a tal carência, referindo ao Direito de Empresa como Livro II de sua Parte Especial. O rótulo, porém, é de somenos importância: *Direito de Empresa*, *Direito Empresarial* ou, respeitadas as influências históricas, *Direito Mercantil* ou *Direito do Comércio* ou *Direito Comercial*; em todos os casos, tem-se a mesma coisa, distinguindo-se apenas os ângulos a partir do qual se concebe o rótulo: o sujeito (a empresa), a atividade (o comércio, em sentido amplo, vencidas as limitações do Regulamento 737/1850) ou o ambiente (o mercado).

A bem da verdade, fizemos uma reforma para trocar o arcaico pelo antigo, perdendo a oportunidade de chancelar a modernidade. A distinção entre atividades empresariais e atividades simples, agora positivada no país, preserva uma diferença ainda medieval que não acredito se justificar mais. Por causa dessa distinção artificial, sociedades simples são registradas em Cartórios e sociedades empresárias são registradas nas Juntas Comerciais, à exceção das sociedades cooperativas que, embora simples, por força de lei, registram-se nas Juntas. Melhor seria dar um passo ainda mais ousado e fazer o Direito Empresarial abarcar toda a atividade negocial, dando fim ao debate infrutífero sobre o que é simples e o que é empresarial. Empresa seria a atividade produtiva, conduzida por pessoas naturais ou jurídicas, todas se submetendo a um regramento básico comum, apesar de distinções pontuais relativas a cada tipo de atividade.

O mais curioso é que, se observamos cuidadosamente, embora não tenhamos dado esse passo de unificação na base, ou seja, nas normas que trazem uma definição conceitual da disciplina, nomeadamente os artigos 966 e seguintes do Código Civil, diversas normas específicas, a exemplo do Estatuto da Microempresa e, mais recentemente, a Declaração de Direitos de Liberdade Econômica (Lei 13.874/2019), constroem-se considerando os atores negociais de forma universal, sem se ater a uma distinção entre atuação simples ou empresária. Isso serve apenas para criar confusão nos estudantes: uma teoria geral que se distancia das normas específicas, deixando patente a péssima qualidade da atividade legislativa contemporânea. Um desafio para a doutrina e, no fim das contas, para cada professor que, em sua sala de aula, acaba cuidando da necessidade de compreensão lógica de seus estudantes.

A dicotomia medieval entre um espaço civil e um espaço negocial não se reflete na sociedade contemporânea. É preciso coragem para superá-la. É preciso reconhecer que toda a sociedade é negocial em nossos dias. A empresa é a regra, não um tipo. É preciso dar disciplina una para todas as relações negociais, chamem-no de Direito Empresarial (de empreender), Direito Comercial ou Direito Negocial.

2
Teoria Geral e Princípios

1 O DIREITO DE EMPRESA

Como visto, a compreensão de um Direito Comercial assentava-se sobre a valorização do ato de comércio: o agir comercial constituía a essência lógica da disciplina. Já a teoria da empresa fixa sua essência lógica na organização dos meios de produção (a empresa) para geração de riqueza. E seria esse o ponto distintivo no plano dos negócios: atividade empresarial versus atividade simples, pessoal, não organizada. Contudo, tal distinção encontra grande dificuldade de aferição na realidade cotidiana. Registrados nas juntas comerciais e, assim, compreendidos como empresas, há bares e mercadinhos tocados pessoalmente por seus titulares; em oposição, a diversas atividades mais complexas que não se definiriam como tal. A definição lógica do Direito Empresarial (Direito Mercantil, Direito Comercial) mostra-se falha.

A sociedade contemporânea, após a segunda metade do século XX, tornou-se essencialmente negocial, submetendo-se a uma ética econômica (quiçá mercantil) generalizada que, sabe-se, alcança mesmo fenômenos como a família. É essa a grande questão: já não dá para compreender o fenômeno mercantil como alheio à sociedade em geral, como um gueto em separado. A sociedade contemporânea se tornou genericamente um grande mercado. A distinção civil e empresarial (mercantil, comercial) não se sustenta para além dos livros. Por isso o artigo 966 do Código Civil oferece dificuldade à compreensão e chega a se desdizer: exclui o trabalho de um intelectual, de um literato ou de um artista plástico, ainda que tenham assistentes (artigo 966, parágrafo único, do Código Civil), salvo se constituem elemento de empresa. A realidade superou a distinção. Melhor evoluirmos para tratar de um Direito dos

Negócios e das atividades empresariais, chamem-nas de empresas, comércios ou o nome que se queira dar. Da salgadeira à grande indústria. A distinção se sustentou na Idade Média e, num país atrasado, conseguiu se sustentar até meados do século XX, protegendo um Direito Civil machista, fundado na figura do cabeça do casal (o patriarca, o *pater familias*).

Para aquém dessa evolução ainda não positivada, resta o regime jurídico da empresa. E é preciso não confundir a empresa nem com o empresário ou sociedade empresária, nem com o estabelecimento empresarial (artigo 1.142 do Código Civil). Empresário ou sociedade empresária são pessoas. Estabelecimento é o complexo de bens organizado para o exercício da empresa. Estabelecimento é o aspecto estático da empresa; sua base patrimonial. Falta-lhe a atividade (aspecto dinâmico). A empresa é a organização de meios materiais e imateriais, incluindo pessoas e procedimentos, para a consecução de determinado objeto, com a finalidade de obter vantagens econômicas apropriáveis: o lucro que remunera aqueles que investiram na formação do capital empresarial. E o maior valor pode estar justo aí: não no patrimônio (estabelecimento ou unidades produtivas), mas na atividade, da qual se tira melhor resultado que outras afins.

A empresa pressupõe a estruturação da atividade produtiva com vistas à execução habitual e regular dos atos negociais. A empresa manifesta-se: (1) como atividade: complexo de atos constantes, desenvolvidos no tempo; não é ato isolado, nem o conjunto de atos simultâneos, mas a atividade; (2) como estrutura estável, humana e procedimental; não se trata da mera reunião de pessoas, eventual e desestruturada, mas de unidade funcional, ainda que desempenhada pelo empresário individual ou por um único empregado; (3) como estrutura material: conjunto de bens organizados para a realização do objeto social e, assim, produção de lucro: imóveis, móveis e bens imateriais; (4) intuito empresarial, que é *animus* específico: intenção empresarial, distinta da intenção dos autônomos, por exemplo; e (5) identificação social como empresa, ou seja, como ente econômico, social e jurídico.[1]

O objeto da atividade negocial é elemento secundário da definição de empresa, embora haja atividades, como a advocacia, que não são compreendidas como empresariais (Estatuto da Advocacia). Mas sua finalidade é econômica e tem por fim a apropriação de resultados positivos por seu titular ou pelos sócios destes, em se tratando de sociedade. A empresa é fenômeno que se submete à Parte Geral do Código Civil: exige titular capaz, objetos lícitos, possíveis e determináveis, bem como forma prescrita ou não defesa em lei. Não há empresa se a atividade é ilícita, impossível ou indeterminada ou indeterminável; proibido o jogo, um cassino não é empresa. Também não é empresa a organização constituída com forma e objeto lícitos, mas por motivação ilícita (artigo 166, III, do Código Civil) ou com a finalidade de fraudar a lei (artigo 166, VI, do Código Civil).

---

[1]   Optei, portanto, por explorar a teoria poliédrica de Alberto Asquini. Conferir MARCONDES, Sylvio. *Questões de direito mercantil*. São Paulo: Saraiva, 1977.

A caracterização da empresa não exige, no Direito brasileiro, complexidade ou grandiosidade. Um boteco é uma empresa: uma atividade negocial organizada, desenvolvida a partir de bens materiais e imateriais estruturados, para a circulação de bens e prestação de serviços, ainda que tocado apenas por uma pessoa (empresário) que, assim, deve inscrever-se no Registro Mercantil; o fato de ser auxiliado por familiares não altera isso. Importa o *intuito empresarial* como elemento caracterizador da empresa. Falha a aplicação da teoria da empresa se amoldada apenas a grandes atividades. Não se pode desprezar a microempresa, nem a *ínfima empresa*, mesmo tocada pelo empresário, sob pena de tornar o Direito Empresarial uma disciplina de ricos, a quintessência da oposição ao Direito do Trabalho e ao Direito do Consumo. Essa antagonização maniqueísta é falsa. O Direito Empresarial não é uma disciplina de ricos.

O Direito Empresarial é uma disciplina transformadora – de transformação pessoal e social. São muitas as histórias de pessoas e comunidades que transformaram sua realidade por meio da empresa. Portanto, empresas podem ser ínfimas e resumirem-se ao trabalho de um ser humano só e, ainda assim, serão empresas e, assim, albergadas no Direito Empresarial. A semente de grandes corporações foi, não raro, o trabalho solteiro de um microempreendedor. Ao registrar-se na Junta Comercial, ele assumiu esse intuito de empresa, confessou essa empresarialidade, deu-lhe conformação jurídica, não sendo lícito a ninguém pretender contestá-la, torná-la coisa controversa (*res controversa*): uma ação declaratória negatória (ou negativa) de empresarialidade deve ser extinta por impossibilidade jurídica do pedido. Com o registro, ele exteriorizou o *intuito empresário*, a *intenção de empresa*: disse do seu horizonte, que é estabelecer, ainda que passo a passo, uma atividade econômica organizada, por mais que ínfima em seu nascedouro.

Assim, a condição de empresário é atribuída àqueles que exerçam profissionalmente atividade econômica organizada para a produção ou a circulação de bens ou de serviços (artigo 966 do Código Civil). É empresário, portanto, a pessoa que empreende, isto é, que dá existência à empresa. Não há identificação entre pessoa e empreendimento, ou seja, entre empresário e empresa, respectivamente sujeito e objeto da relação jurídica empresarial. É no exame do universo subjetivo do empresário que se apura o intuito mercantil, que constitui um dos elementos caracterizadores da empresa: a intenção de agir, habitual e organizadamente, para obter vantagem econômica apropriável. Essa habitualidade no agir econômico caracteriza a *profissionalidade* prevista na lei. Aquele que apenas eventualmente se aventura em determinada iniciativa, ainda que o faça de forma organizada e visando à obtenção de lucro, não é empresário. O *empresário* é aquele que, por sua atuação profissional e com intuito de obter vantagem econômica, torna a empresa possível. É dele a iniciativa e a responsabilidade pela estruturação material e procedimental da empresa, ainda que outros, dentro da organização ou em atividade terceirizada, executem os atos que a concretizam.

De outra face, é preciso afastar o sentido coloquial que se dá à palavra *empresário*, coloquialmente, chama-se de *empresário* todo aquele que empreende, ainda que o faça por meio de sociedade ou sociedades das quais é sócio ou acionista; mesmo o representante de profissionais de certos setores (designadamente artistas e atletas profissionais) é chamado de *empresário*. Esse sentido não encontra reflexo no Direito. Juridicamente, no entanto, não são empresários. Há representação na intermediação de contratos desportivos e artísticos; e o sócio ou acionista não é, em sentido jurídico, *empresário*, já que *não titulariza uma empresa*; titulariza quotas ou ações de uma sociedade empresária, razão pela qual poderia ser chamado de *capitalista*, como era coloquial nos fins do século XIX. E se ocupa função de administração na empresa, será *administrador* e não *empresário*. Reitero: *empresário é o titular de uma empresa*. E, nas hipóteses de pessoas jurídicas, o empresário é a sociedade que é a titular da empresa, como fica claro do artigo 982 do Código Civil.

2 PRINCIPIOLOGIA

É paupérrima e superficial a compreensão do Direito apenas como conjunto de regras positivadas: constituição, leis e, nos estreitos limites dessas, normas regulamentares (decretos, resoluções, portarias, circulares etc.). A melhor compreensão do fenômeno jurídico percebe a existência de um plano *metanormativo* que envolve as normas positivadas e orienta a concreção jurídica. Sua importância é de tal ordem que, em muitas situações, tais princípios chegam a ser positivados em normas constitucionais ou legais, do que são exemplos o artigo 1º da Constituição da República e os artigos 421 e 422 do Código Civil.

O Direito é um fenômeno cultural, uma construção histórica, compondo a ideologia e a práxis (prática social) de nossa sociedade.[2] Os princípios jurídicos resultam da evolução da humanidade e de cada sociedade, estabelecendo-se como referências de juridicidade. As metanormas constituem uma base conceitual e axiológica que dá sustentação ao sistema normativo. Interpretações normativas que não se amoldam aos princípios devem ser preteridas àquelas que seguem a metanormatividade. Como se não bastasse, são referências fortes para a colmatação de lacunas normativas. Não são meras referências programáticas que podem ser desconsideradas pela prática social jurídica. São padrões elementares: cânones que dão norte obrigatório à concreção jurídica.

Estudaremos alguns princípios jurídicos gerais, vale dizer, elementares. Outros há, nomeadamente nas disciplinas mais específicas: Direito Societário, de Direito Cambiário, de Direito Concursal e de Direito Contratual. E não se esqueça, ademais, da incidência de princípios ainda anteriores, próprios do Direito Constitucional,

---

[2] MAMEDE, Gladston. *Semiologia do direito*: tópicos para um debate referenciado pela animalidade e pela cultura. 3. ed. São Paulo: Atlas, 2009.

do Direito Privado, do Direito Obrigacional, entre outros, igualmente aplicáveis a situações e relações empresariais. Exemplo fácil são os princípios da boa-fé e da probidade. Obviamente, em muitos casos, o contexto disciplinar empresarial dará viés específico para uma principiologia mais geral: há uma boa-fé empresarial, há uma socialidade que deve considerar os costumes mercantis.

Na raiz dessa principiologia está o reconhecimento de que o Direito Empresarial é disciplina do Direito Privado: compreende-se no âmbito das ações perpetradas por particulares (pessoas naturais ou jurídicas). A empresa é um fenômeno eminentemente privado da realidade econômica e jurídica. É claro que o Estado pode criar *empresas públicas*, mas é exceção à regra. A submissão da empresa ao regime jurídico do Direito Privado não é apenas uma simples localização temática ou, menos ainda, uma questão meramente teórica. A lógica jurídica e econômica da empresa corresponde ao espaço privado da sociedade, não ao seu espaço público. A empresa atende, imediatamente, ao interesse de seus titulares, servindo à busca do lucro. Apenas mediatamente submete-se ao interesse público, definindo sua função social, como se verá adiante. O Estado está constitucionalmente obrigado a respeitar esse interesse e esse regime, não podendo transferir para o particular, desmoderadamente, os ônus dos interesses públicos; somente pode fazê-lo se respeitadas as garantias constitucionais, sob pena de praticar expropriação ou de criar, por dolo, culpa ou abuso de direito, danos que deverão ser indenizados.

Como se só não bastasse, é preciso estar atento para o fato de a empresa corresponder à faculdade constitucionalmente assegurada de ação livre, agir livre ou, como usual, de livre-iniciativa, que o artigo 1º, IV, da Constituição da República eleva à condição de um dos fundamentos do Estado Democrático de Direito; adiante, a mesma Lei Maior, no seu artigo 170, *caput*, dá à liberdade de agir a condição de fundamento da ordem econômica nacional. Não é correto ou legítimo focar a empresa, os atos e os fatos empresariais, sob a ótica e a principiologia públicas. Isso lhe é estranho e impróprio. Assim, a Segunda Turma do Supremo Tribunal Federal, julgando o Recurso Extraordinário 422.941/DF, embora reconhecesse que o Estado tem poder para intervenção no domínio econômico privado, incluindo pela fixação de preços, pontificou que a "fixação de preços em valores abaixo da realidade e em desconformidade com a legislação aplicável ao setor" seria um "empecilho ao livre exercício da atividade econômica, com desrespeito ao princípio da livre-iniciativa". No corpo do acórdão, lê-se: "o estabelecimento de regras bem definidas de intervenção estatal na economia e sua observância são fundamentais para o amadurecimento das instituições e do mercado brasileiros, proporcionando a necessária estabilidade econômica que conduz ao desenvolvimento nacional".

Obviamente, nos contextos jurídicos consolidados na Constituição de 1988 e, posteriormente, no Código Civil de 2002, esse princípio tem a sua aplicação moderada pela ideia de que o interesse público deve reger até as relações privadas, reduzindo-se os espaços facultados ao arbítrio individual (ou de grupos determinados), evitando-se e punindo-se os abusos dele decorrentes. Ainda assim, preserva-se a condição privada – mesmo mitigada – e os efeitos dela decorrentes, o que deve ser considerado como princípio do Direito Empresarial, excluídas as empresas públicas, submetidas que estão ao regime público e às regras do Direito Administrativo. Exemplo: julgando a Ação Direta de Inconstitucionalidade no 2.649-6/DF, o Supremo Tribunal Federal afirmou mesmo a submissão das empresas (no caso, sociedades empresariais que atuam no transporte internacional, interestadual, intermunicipal de passageiros) aos *valores sociais da solidariedade e do bem-estar e ao valor supremo da sociedade fraterna e sem preconceitos*, resultantes não apenas do que consta do Preâmbulo da Constituição da República, mas também de seu artigo 3o. Na ação, a Associação Brasileira das Empresas de Transporte Rodoviário Intermunicipal, Interestadual e Internacional de Passageiros – Abrati pretendeu que a Lei 8.899/1994, ao conceder passe livre, no sistema de transporte coletivo interestadual, às pessoas portadoras de deficiência, seria inconstitucional por desrespeitar os princípios da *livre-iniciativa* e da *propriedade*; argumentou-se que a medida caracterizaria *ação de assistência social* (artigo 203 da Constituição da República) e, consequentemente, a norma deveria indicar a correspondente fonte de custeio, atendendo ao artigo 195, § 5o, da Carta Política.

3 PRINCÍPIO DA LIVRE-INICIATIVA

São fundamentos da República brasileira os valores sociais do trabalho e da livre-iniciativa, reconhecidos como vetores que viabilizam a realização dos objetivos fundamentais do Estado, designadamente a construção de uma sociedade livre, justa e solidária, a garantia do desenvolvimento nacional, a erradicação da pobreza e da marginalização, bem como a redução das desigualdades sociais e regionais, com a promoção do bem de todos (artigos 1º, IV, e 3º da Constituição). O trabalho não apenas garante a subsistência, mas também permite o crescimento individual e coletivo. É valor fundamental por ser atuação própria, realização pessoal de atos, construção a partir de si mesmo. A liberdade de atuação econômica e jurídica (livre-iniciativa) é valor fundamental de igual importância (artigos 1º, IV, e 170, *caput*). Ambos se equilibram num par dialético. A liberdade de ação permite a indivíduos ou grupos de indivíduos organizarem e executarem empreendimentos, mesmo a partir da contratação de trabalho alheio remunerado. Reconheceu-se na autonomia individual um fator que pode ser benéfico para a sociedade, estimulando e preservando a livre-iniciativa. Mas se teve a preocupação de calibrar esse princípio pela instituição de um par dialético entre *os valores sociais do trabalho e da livre-iniciativa*, ou seja, estabelecendo a ideia de uma *função social da livre-iniciativa*.

A livre ação econômica e jurídica é um dos pilares do Estado Democrático de Direito, ainda que nos limites em que não atente contra o trabalho. Em oposição, a valorização do trabalho também é um dos pilares desse mesmo Estado Democrático de Direito, mas igualmente limitada pelo direito de livre empreender e, mais, de colher os resultados da empresa. Daí parecer-me haver um par conceitual dialético entre conceitos. Assim, a Constituição inaugura um tempo de equilíbrio (a *aequitas* latina) entre esse poder de livre agir e o dever de proteger o trabalho, impedindo eventuais *abusos do capital*. Mas não se deve tolerar, por igual, *abusos das pretensões trabalhistas*, vez que a opção constitucional foi pela valorização da coexistência harmônica entre o par dialético do trabalho e da livre-iniciativa, elevados igualitariamente à condição de valores sociais pelo artigo 1º, IV, da Constituição Federal, ainda que vinculados ao dever de respeitar a soberania nacional, a dignidade do ser humano e o gozo pleno dos direitos e das garantias assegurados aos cidadãos brasileiros (artigo 1º, I e II, também da Constituição).

Cuida-se de uma estratégia que a Constituição repete em outras passagens, a exemplo da garantia do direito de propriedade (artigo 5º, XXII) e de sua função social (artigo 5º, XXIII). A liberdade de atuação econômica e jurídica (livre-iniciativa), na mesma proporção que o trabalho individual, é constitucionalmente reconhecida como um vetor que viabiliza a realização dos objetivos fundamentais do Estado. Trabalho e livre-iniciativa constituem um par dialético que se equilibra: a liberdade de ação permite a indivíduos ou grupos de indivíduos organizarem e executarem empreendimentos, mesmo a partir da contratação de trabalho alheio remunerado. Investidores, empresários e sociedades empresárias desempenham um papel essencial por otimizarem o trabalho individual e potencializarem os seus resultados, a bem de toda a sociedade. Não se sobrepõem ao trabalho individual; mas não são sobrepostos a ele, igualmente. É o que diz a Constituição da República, em seu artigo 1º, IV, e rediz em seu artigo 170, *caput*.

Nesse sentido, a proteção aos atores empresariais (investidores, empresários, sócios e administradores societários) expressa um valor social fundamental que parte do reconhecimento de que tais agentes mobilizam seus recursos a bem da sociedade em geral e do estabelecimento de condições mais favoráveis para a vida: organizam a atuação humana, ainda que sob a forma de trabalho assalariado, para viabilizar a concretização de empreendimentos de envergadura, como fábricas, redes de distribuição, varejo etc. Deve-se, portanto, valorizar o trabalho empreendedor, isto é, a atuação empresarial, pois planeja, investe, estrutura, emprega pessoas, organiza a produção do trabalho individual, remunera-o, inova; o trabalho empresarial que cria condições para que sejam alcançados os objetivos fundamentais da República. A Constituição da República revela uma confiança nos agentes privados e na sua capacidade de empreender iniciativas hábeis a proporcionar o desenvolvimento nacional. Isso justifica a proteção constitucional à iniciativa econômica privada, protegendo desde a liberdade para agir até a propriedade de bens móveis e imóveis, bem como a titularidade de direitos intelectuais etc.

Esteja-se atento para o fato de que não se trata, de maneira alguma, de um princípio essencialmente voltado para o grande capital, como é usual ouvir em discursos fáceis. Durante séculos, quem quisesse abrir um negócio tinha que se submeter aos rígidos critérios de admissão das corporações de ofício que mais impediam do que permitiam a atuação econômica. À sombra da garantia da livre-iniciativa, qualquer pessoa está licenciada a atuar economicamente, desde que atendidos os requisitos constitucionais e legais (bem como as normas regulamentares que não desbordem a autorização dispostas nestes níveis normativos). Por isso, insiste-se, o Direito Empresarial é uma disciplina transformadora: se você quer juntar suas economias para montar uma livraria, uma editora, uma loja de produtos eletrônicos, uma fábrica de cocada, um restaurante, a Constituição da República lhe garante a liberdade para fazê-lo.

4 PRINCÍPIO DA LIVRE MOVIMENTAÇÃO INTERNA DE CAPITAIS

À sombra do princípio da livre-iniciativa, afirma-se uma outra metanorma que orienta o Direito Empresarial brasileiro. É o *princípio da livre movimentação interna de capitais*, garantia de que investimentos lícitos podem ser feitos e liquidados, livremente, sem que haja necessidade de autorização ou aprovação estatal para tanto. Atente-se para o fato de que estou me referindo especificamente à movimentação *interna* de capitais, ou seja, circulação que é estabelecida para o território brasileiro e seu respectivo mercado, tomados em relação aos agentes econômicos brasileiros e aos estrangeiros que atendam aos requisitos para atuarem economicamente aqui, a exemplo das sociedades estrangeiras autorizadas a atuar, por filial, no país. Não estou me referindo à ideia de *livre circulação internacional de capitais*, embora sejam parâmetros avizinhados que, em algumas situações específicas, como o Direito Comunitário, ganhem expressão maior, certo haver todo um esforço para superar as unidades nacionais e consolidar o espaço comunitário.

O *princípio da livre movimentação interna de capitais* instrumentaliza o *princípio da livre-iniciativa*, bem como princípio da *liberdade de locomoção*, inscrita no artigo 5º, XV, da Constituição da República, que não se refere apenas à liberdade de locomoção da pessoa, no território nacional, mas faz expressa referência a *seus bens*. Portanto, a *livre movimentação de capitais* começa pelo direito de se locomover pelo território nacional portando valores, desde que tenham origem e destinação lícitas, atendendo a eventuais requisitos formais e fiscais existentes. Inclui o direito de conservar o dinheiro em papel-moeda, ainda que *embaixo do colchão* ou no cofre, e a faculdade de se locomover com ele, no território nacional, ainda que em malas, nos bolsos ou escondido na roupa íntima.

Para além desses direitos elementares, o *princípio da livre movimentação interna de capitais* garante que investimentos lícitos podem ser feitos e liquidados, livremente, sem que haja necessidade de autorização ou aprovação estatal para tanto. Investimentos, aqui, tomam-se em sentido largo, a incluir a produção e circulação de mercadorias e serviços, operações bancárias, aplicações financeiras, movimentações no mercado de capitais etc. Protegem-se, assim, entre outros, o direito de depósito, saque e transferência de valores, constituição de fundos de investimentos de natureza diversa (direitos creditícios, direitos imobiliários, *private equity*, *venture capital* etc.), aquisição e resgate de quotas desses fundos, constituição e liquidação de sociedades empresárias, aquisição e cessão de quotas e ações, debêntures, bônus de subscrição, negociações com opções e muito mais.

Obviamente, não é um princípio absoluto, mas compreende-se em relação dialética com os fundamentos da soberania estatal, a permitir intervenções pontuais a bem do interesse público, quando razoáveis e proporcionais. Justamente por isso, desde que respeitem os fundamentos constitucionais e os parâmetros legais, não atentam contra o princípio da livre circulação de capitais as intervenções feitas no câmbio, a regulamentação das operações bancárias e financeiras, as medidas que regulam a liquidez financeira, o estabelecimento de regras para a constituição e funcionamento de fundos, definição de regras societárias e muito mais. Somem-se, por óbvio, as medidas indispensáveis para impedir as infrações a suas leis e regulamentos, em particular em matéria fiscal e penal.

Corolário do princípio da livre circulação de capitais é o direito ao sigilo nos investimentos, afirmado à sombra dos princípios constitucionais da privacidade e da inviolabilidade de dados (artigo 5º, X e XII, da Constituição da República). Esse direito à movimentação sigilosa afirma-se em relação ao restante do mercado e se fundamenta na percepção de que o fundamento do investimento é a obtenção de uma vantagem financeira que é buscada num contexto de competição, de concorrência entre os atores econômicos, compreendido como motor do sistema capitalista. Nesse contexto, o *princípio do sigilo da movimentação de capitais* interpreta-se na mesma linha do *princípio do sigilo da escrituração contábil*, ou seja, como uma proteção às estratégias de atuação no mercado, estimulando o estabelecimento de um mercado criativo e dinâmico, com agentes estimulados a encontrar alternativas e aproveitá-las, a bem do desenvolvimento nacional. Entretanto, o *princípio do sigilo da movimentação de capitais* não afasta a possibilidade de monitoramento estatal do trânsito de capitais e dos investimentos, nos limites em que atende aos parâmetros constitucionais e às licenças legais, com objetivos específicos, como o controle monetário, a regulação financeira, a fiscalização tributária e a vigilância contra a prática de crimes (*evasão de divisas, lavagem de dinheiro* etc.).

5 PRINCÍPIO DO LIVRE EMPREENDIMENTO

Previsão anotada no artigo 170, parágrafo único, da Constituição da República assegura a todos o livre exercício de qualquer atividade econômica, independentemente de autorização de órgãos públicos, salvo nos casos previstos em lei. A força inclusiva da palavra *todos*, anotada no parágrafo, deve ser remarcada, pois quer englobar a universalidade dos sujeitos de direitos e deveres, sejam *pessoas naturais* (ditas *pessoas físicas*), sejam *pessoas jurídicas* (ditas *pessoas morais*). Em regra, não importa, sequer, se nacionais ou estrangeiros. Será necessária expressa vedação para que se possa vedar ao estrangeiro acesso a determinadas atividades.

A pretensão, estatal ou não, de limitar o *direito de livre empreendimento*, nesse contexto jurídico, conhece espaço reduzido, apontando para a inconstitucionalidade de previsões que não estejam fortemente lastreadas na própria Lei Maior. E, ainda assim, somente por lei, em respeito ao artigo 5º, II, da Constituição, se poderá fazê--lo; simples decretos ou outras normas infralegais não satisfazem à ressalva anotada no artigo 170, parágrafo único, de *casos previstos em lei*. O Decreto é ato normativo do Poder Executivo, exercício de uma competência legislativa suplementar que é atribuída a toda Administração Pública (incluindo o Judiciário e as Mesas Diretoras do Poder Legislativo). Porém, essa função legislativa suplementar é absolutamente limitada, vale dizer, concretiza-se num espaço curto o suficiente para não comprometer o Estado Democrático de Direito, para o qual é essencial a predominância da atuação dos representantes eleitos pelo sufrágio universal para os assentos das casas legislativas (Senado Federal, Câmara dos Deputados, Assembleias Legislativas e Câmaras de Vereadores). Somente esses representantes (senadores, deputados, federais e estaduais, e vereadores), no âmbito da competência estabelecida pela mesma Constituição da República (Título III: *Da Organização do Estado*) e respeitada a própria Lei Maior, podem dispor sobre o comportamento dos sujeitos de direitos e deveres, ou seja, das pessoas naturais, pessoas jurídicas e, sob um certo ângulo do Direito Civil, os entes despersonalizados (condomínios, massas falidas, sociedades de fato etc.).

O Decreto, assim como outras formas normativas regulamentares concretizadas fora dos Procedimentos Legislativos *stricto sensu* (portarias, circulares, instruções normativas etc.), marcam-se pelo arbítrio e pela *evanescência*. Explico-me: o chefe do Poder Executivo edita um decreto, altera-o ou revoga-o por simples manifestação fundamentada[3] da vontade, devidamente tornada pública. Assim, pode o administrador público, de um dia para o outro, simplesmente alterar qualquer de seus dispositivos. O risco do abuso de poder é evidente, o que recomenda um forte policiamento de tais atos, garantindo-se respeito à Constituição da República e às leis em sentido estrito.

Mesmo a previsão de ressalvas legais à garantia de livre empreendimento (liberdade de exercer qualquer atividade econômica) tem limites. Com efeito, não pode a lei, desarrazoadamente ou desproporcionalmente, criar impeditivos ao gozo de garantias constitucionais. Destarte, deve-se ler a autorização para o estabelecimento de ressalvas legais de forma estrita, exigindo-se da norma que o faça com fundamentação para tanto e, em acréscimo, razoabilidade, ou seja, que a disposição não deixe dúvidas de que a limitação atende aos interesses públicos maiores e que se

---

[3] Fundamentação que nem sempre se vê em nível satisfatório, rompendo com o Estado Democrático de Direito, certo que a ausência de fundamentação impede observar a legalidade, impessoalidade, moralidade e publicidade, afirmados pelo artigo 37, *caput*, da Constituição, da mesma forma que inviabilizam o reexame do disposto pelo Judiciário (artigo 5º, XXXV, LIV e LV, da Constituição), certo que impedem a construção o contra-argumento, para o qual é necessário conhecer as razões (legais e de oportunidade) em que, pretensamente, se baseou o ato administrativo.

concretiza na observância dos princípios inscritos nos incisos I a IX do artigo 170 da Constituição Federal.

O Direito Empresarial constrói-se sobre a sombra da liberdade de ação econômica. O empresário e a sociedade empresária desenvolvem suas atividades protegidos constitucionalmente, desde que sejam lícitos os seus objetos sociais, de direito (aquele que foi inscrito em seus atos constitutivos) e de fato (aqueles que efetivamente são realizados no cotidiano da empresa). Essa proteção constitucional, afirmada sob a forma de fundamento do Estado Democrático de Direito (artigo 1º, IV) e da ordem econômica nacional (artigo 170, *caput*), traduz a regularidade da finalidade econômica da empresa, ou seja, do fim genérico de todas as empresas, que é a produção de sobrevalor, de lucro, e, mais do que isso, a constitucionalidade do investimento de capital, mesmo sem desempenho de trabalho, com o fito de remunerar-se a partir do lucro legítima e licitamente verificado no exercício da empresa, por meio da respectiva *distribuição de dividendos*, segundo as regras que serão estudadas nesta coleção.

6 PRINCÍPIO DA LIBERDADE DE CONTRATAR

Corolário da *liberdade de agir jurídica e economicamente* está a *liberdade de contratar*, o que também constitui um princípio jurídico que orienta do Direito Privado e, em especial, o Direito Empresarial. Trata-se de princípio com raízes constitucionais positivadas, resultante da combinação dos artigos 1º, IV, e 170, *caput*, com o artigo 5º, II (ninguém está obrigado a fazer ou deixar de fazer algo senão em virtude de lei). Tais dispositivos refletem uma penosa evolução histórica, social e política, que tem por resultado o respeito à individualidade, isto é, respeito por cada pessoa, compreendida não apenas como sujeito passivo de manifestações de poder,[4] mas igualmente como sujeito ativo, como agente de ações jurídicas, ainda que essa ação seja limitada nos espaços licenciados pelo Estado, refletindo a vontade da maioria e respeitando os princípios que asseguram o respeito aos direitos da minoria. Esses espaços definem-se pela baliza do citado artigo 5º, II, da Constituição da República: o que é determinado pela lei (o que *deve ser*) e o que é vedado pela lei (o que *não deve ser*). Entre tais balizas, a pessoa tem liberdade para agir juridicamente, podendo mesmo criar normas individuais com validade jurídica. É o que se passa com o negócio jurídico (*contractus*) e com o ato jurídico unilateral (*quasi-contracto*). Não só há uma liberdade para *auto-obrigar-se*, como uma liberdade para fazê-lo independentemente de qualquer previsão legal que predefina aquele tipo de obrigação, isto é, que tipifique aquele negócio jurídico. O artigo 425 do Código Civil expressa essa particularidade, facultando às partes a celebração de contratos atípicos, desde

---

4   Conferir MAMEDE, Gladston. *Semiologia do direito*: tópicos para um debate referenciado pela animalidade e pela cultura. 3. ed. São Paulo: Atlas, 2009.

que respeitadas as normas gerais que regulam o Direito Obrigacional e o Direito Contratual, bem como o restante do Direito.

É princípio jurídico a liberdade (faculdade) de criar obrigações para si, com reflexos sobre o próprio patrimônio, desde que nos espaços licenciados pela Constituição e pelas leis. São obrigações voluntárias, ou seja, resultado da manifestação da vontade do agente: a obrigação privada não pode ser constituída de fora; falece aos demais agentes privados competência para tanto. Excetuam-se, apenas, situações específicas, como o poder disciplinar, que permite a determinadas pessoas, em espaços angustos, definir regras de convivência, a exemplo do que se passa em meios de hospedagem (hotéis, pousadas, pensões etc.), instituições de ensino (escolas, faculdades, cursos), entre outros. Por outro lado, para além da liberdade de se obrigar, coloca-se a liberdade de dar forma à obrigação, liberdade de conteúdo, de definição do contorno do negócio jurídico, desde que respeitada a Constituição, bem como leis e princípios jurídicos, nos moldes do já citado artigo 425 do Código Civil.

7 PRINCÍPIO DA LIVRE CONCORRÊNCIA

A percepção dos riscos de abuso na liberdade de ação econômica privada levou ao desenvolvimento de uma estrutura estatal para a proteção do mercado, procurando garantir uma correspondente liberdade de concorrência, ou seja, procurando estabelecer um ambiente que estimule a concorrência dos agentes privados a bem do mercado. Mercado, aqui, compreendido como espaço negocial de cooperação e concorrência, no âmbito do qual foram definidas obrigações para os atores econômicos, isolados ou em conjunto, voltadas à preservação do interesse público na diversidade de iniciativa e sujeitos mercantis. Trata-se da proteção à livre concorrência, na expressão do artigo 170, IV, da Constituição da República, o que justifica a edição de lei dispondo sobre a prevenção e a repressão às infrações contra a ordem econômica, matéria que é estudada pelo Direito Concorrencial.

A concorrência livre, portanto, é também um princípio que orienta o Direito Empresarial, em sua teoria e em sua prática, exigindo atenção a atividades e práticas comerciais, mormente daqueles que detêm posição dominante em mercado relevante de bens ou serviços, indiferentemente de se tratar de pessoas físicas ou jurídicas de direito público ou privado, bem como a quaisquer associações de entidades ou pessoas, constituídas de fato ou de direito, ainda que temporariamente, com ou sem personalidade jurídica, mesmo que exerçam atividade sob regime de monopólio legal.

Essencialmente, o princípio da liberdade de concorrência não estabelece condições para uma ampla liberdade, onde cada um faria o que bem quisesse. Pelo contrário, não se toleram abusos no mercado, cabendo ao Estado garantir um ambiente de concorrência livre e satisfatória. A limitação de atos individuais, pela responsabilização da empresa e/ou de seus sócios ou administradores, faz-se para garantir um ambiente (mercado) em que haja concorrência livre e equilibrada, sem abusos de direto, infrações legais, atos que caracterizam excesso de poder, fraudes e outros atos ilícitos. Justo por isso, o esforço para garantir o princípio da livre concorrência permite ao legislador infraconstitucional prever atos que caracterizem infração da ordem econômica, independentemente de culpa, manifestem-se sobre qualquer forma, do que são exemplos prejudicar a livre concorrência ou a livre-iniciativa por qualquer forma, inclusive fraudes, dominação artificial ou abusiva do mercado, exercício abusivo de posição dominante, elevação abusiva dos lucros, entre outras.

Para a instrumentalização do princípio – norma constitucional e normas infraconstitucionais – há um órgão público específico, o Conselho Administrativo de Defesa Econômica (CADE), a quem cabe, inclusive, punir condutas que caracterizem infração da ordem econômica, conforme definição legal. De qualquer sorte, reitero, embora seja um princípio jurídico que oriente o Direito Empresarial, mormente no âmbito das práticas mercantis e dos contratos por meio dos quais ela se concretize, a livre concorrência é matéria que se submete especificamente ao Direito Econômico, disciplina jurídica autônoma, e, no âmbito deste, ao chamado Direito Concorrencial.

Todavia, são disciplinas que se avizinham em função do objeto e dos efeitos, sendo indispensável ao jurista *empresarialista*, assim como a empresários, administradores societários, gerentes e outros prepostos, manter em linha de constante consideração que a liberdade para empresariar, incluindo celebrar contratos mercantis, está marcada pelo princípio da concorrência livre, como procurei demonstrar.

8 PRINCÍPIO DA FUNÇÃO SOCIAL DA EMPRESA

A Constituição da República de 1988 consolidou no Direito Brasileiro uma tendência jurídica contemporânea, qual seja a afirmação do interesse público como referência e baliza que definem limite às faculdades individuais. Em suma, recusa-se o abuso do Direito e impede-se que o arbítrio individual possa subverter a *razão de ser* de uma faculdade jurídica. A função social, portanto, é elemento inerente a cada faculdade jurídica e, portanto, sua adequada compreensão exige considerar seus fins econômico e social.

Há um interesse da coletividade na existência e no exercício das faculdades privadas: a cada faculdade, mesmo individual, corresponde uma razão de ser (uma função) dentro da sociedade. Na interpretação jurídica de tal direito e para a solução dos conflitos que lhe dizem respeito, o exegeta deve estar atento à respectiva função social. Isso implica, obrigatoriamente, na redução extremada do arbítrio privado, embora não seja hipótese de extinção do poder discricionário privado. A submissão das faculdades jurídicas privadas aos limites de sua razão de ser no funcionamento da sociedade traduz-se como definição de um conjunto de padrões mínimos que atendem à coletividade, limitando o arbítrio individual.

Todavia, a preservação dos fundamentos do Estado Democrático de Direito e de seus fundamentos, contemplados pelo artigo 1º e incisos da Constituição, além de seus objetivos fundamentais, conforme o artigo 3º e incisos da mesma Carta Política, exige a preservação de um equilíbrio e de uma razoabilidade, preservando e protegendo as faculdades individuais, devidamente contempladas por diversas garantias fundamentais, algumas delas já contempladas nos princípios anteriores, designadamente a proteção ao direito de propriedade e à livre-iniciativa, pois tais referências trabalham a favor das ações e dos empreendimentos privados, estimulando-os.

O princípio da função social da empresa é metanorma que tem essa matriz, demandando seja considerado o interesse da sociedade, organizada em Estado, sobre todas as atividades econômicas, mesmo sendo privadas e, destarte, submetida ao regime jurídico privado. Embora tenha finalidade imediata de remunerar o capital nela investido, atendendo ao interesse de seu titular ou dos sócios do ente (sociedade) que a titulariza, a atividade negocial atende igualmente ao restante da sociedade. Suas atividades e seus resultados desenvolvem a economia e, destarte, acrescentam tanto aos esforços de desenvolvimento nacional, um dos objetivos fundamentais da República, segundo o artigo 3º, II, da Constituição.

O princípio da função social da empresa conduz ao enfoque da livre-iniciativa não por sua expressão egoísta, como trabalho de um ser humano em benefício de suas próprias metas, mas como iniciativa que, não obstante individual, cumpre um papel na sociedade. A iniciativa individual, portanto, deve ser valorizada e protegida por todos os seus Poderes e órgãos, já que funciona a favor da sociedade. Mas, para além do titular da atividade negocial, o princípio também exige a atenção à atividade em si, percebendo-a como unidade de uma estrutura, um sistema no qual todas as atividades se combinam a bem da sociedade.

A proteção da empresa, portanto, não é mera proteção do empresário ou sociedade empresária, mas também proteção da comunidade e do Estado que se beneficiam de sua atuação: trabalhadores, fornecedores, comunidade vizinha etc. Por isso, o *princípio da função social da empresa* reflete-se tanto a favor, quanto em detrimento do empresário ou dos sócios da sociedade empresária, já que se retira deles a faculdade de conservação ou exercício arbitrário da empresa, *temperando* a titularidade desta com interesses públicos, o que pode levar, inclusive, à desapropriação da atividade econômica organizada ou, ainda, à sua transferência compulsória a outrem, como na hipótese de falência. Essa possibilidade, por si só, recomenda cuidado para impedir a verificação de arbítrio estatal sobre os agentes privados; a aplicação do princípio da função social da empresa não pode desrespeitar os direitos dos titulares da empresa – total ou parcialmente –, já que há proteção constitucional para a livre-iniciativa (artigo 1º, IV) e para a propriedade (artigo 5º, XXII), embora deva essa atender à função social (artigo 5º, XXIII), o que fecha o círculo e recomenda ao jurista prudência, bom senso, para equilibrar os valores opostos, exigindo-lhe equidade (*aequitas*).

É fundamental distinguir *empresa* de dois conceitos vizinhos: (1) empresário e/ou sociedade empresária e (2) estabelecimento. O estabelecimento é o complexo organizado de bens para o exercício da empresa (artigo 1.142 do Código Civil). Assim, a função social da empresa não se limita à função social da propriedade dos bens organizados que compõem o estabelecimento. Por outro lado, os interesses do empresário ou sociedade empresária, titular do estabelecimento (conjunto organizado de bens) e da empresa (estabelecimento, atividades produtivas, identidade mercadológica, capital intelectual etc.), não se confundem com o interesse da empresa em si.

Valoriza-se a empresa como célula econômica da sociedade organizada em Estado, sendo um vetor para o desenvolvimento nacional, a erradicação da pobreza e da marginalização, a redução das desigualdades sociais e regionais, permitindo a promoção do bem de todos (artigo 3º da Constituição da República). A empresa é também um vetor eficaz para a dignidade da pessoa humana (artigo 1º, I a III, da Constituição), bastando observar os benefícios materiais e imateriais que resultam de suas atividades.

Por um lado, a função social da empresa se reflete num princípio correlato, que será estudado na sequência: o *princípio da preservação da empresa*. Por outro, concretiza-se na necessidade de respeito aos princípios constitucionais limitadores da livre-iniciativa, dispostos nos incisos do artigo 170. Aliás, tanto a iniciativa livre, quanto o valor do trabalho, devem ser compreendidos tendo em vista aqueles princípios, listados nos incisos do artigo 170, quais sejam: (1) a soberania nacional, (2) a propriedade privada, (3) a função social da propriedade, (4) a livre concorrência, (5) a defesa do consumidor, (6) a defesa do meio ambiente, (7) a redução das desigualdades regionais e sociais, (8) a busca do pleno emprego e (9) o tratamento favorecido para as empresas de pequeno porte constituídas sob as leis brasileiras e que tenham sua sede e administração no país. O desafio, por óbvio, é enorme: não se trata de uma operação hermenêutica fácil; mas, ainda assim, cuida-se de uma exegese vital para o sucesso da República e o bem-estar de seus cidadãos.

Embora se deva reconhecer a magnitude da atuação estatal, concretizada a bem de toda a sociedade, bem como a importância da atuação cooperativa e colaboracional de pessoas e grupos organizados, personificados ou não, a bem de parcelas sociais ou de toda a comunidade, não se pode desconhecer que o desenvolvimento social e econômico é fortemente beneficiário do investimento e da iniciativa privados, que se concretizam sob o motor do autobeneficiamento. Essa ação é legitimamente egoísta, ou seja, feita a bem do agente econômico; o lucro é o seu motor. A história da humanidade pode, sim, ser contada sob as perspectivas desses empreendedores ávidos por vantagens econômicas; histórias pessoais que, em diversas oportunidades, terminaram em tragédias, do que são exemplos os incontáveis barcos que jazem sobre o oceano. Neste enredo, o estorvo às faculdades decorrentes da atuação jurídica e econômica, livre e lícita, tem um custo social específico, sob tal perspectiva. Não são raros aqueles que descartam o esforço e o ônus do empreendimento pela contemplação desse e doutros incômodos. Especificamente no plano das sociedades, é assustadoramente comum a obstinada e veemente recusa de muitos em sequer considerar uma participação, certos dos aborrecimentos decorrentes do convívio social.

É preciso, portanto, ter atenção à empresa e à sua função social. É preciso pôr freios ao egoísmo individual, exigindo respeito aos interesses sociais. Mas é preciso, igualmente e sempre, respeito ao indivíduo, lembrando-se que a sujeição extremada da pessoa à coletividade (principalmente em face da manipulação) está na raiz das mais odiosas tiranias. Não é incomum que os dilemas empresariais, nomeadamente os societários, revelem um contorno similar.

9 PRINCÍPIO DA PRESERVAÇÃO DA EMPRESA

Corolário do *princípio da função social da empresa* é o *princípio da preservação da empresa*, metanorma que é diretamente decorrente daquela anterior: é preciso preservar a empresa para que ela cumpra a sua função social. Pontua-se, assim, a existência de um interesse público na preservação da estrutura e da atividade empresarial, isto é, na continuidade das atividades de produção de riquezas pela circulação de bens ou prestação de serviços, certo que a empresa atende não apenas aos interesses de seu titular, de seus sócios (se sociedade empresarial), e de seus parceiros negociais. *Mutatis mutandis*, sobressai-se a percepção dos efeitos deletérios da extinção das atividades empresariais que, mais do que prejudicar isoladamente o empresário ou sociedade empresária, bem como seus parceiros negociais diretos (trabalhadores, fornecedores, clientes), prejudica à sociedade em geral.

A adequada compreensão do princípio, todavia, exige que se atente para uma distinção entre a empresa e o seu titular, ou seja, o empresário ou sociedade empresária. É incorreto compreender o princípio da preservação da empresa como uma afirmação absoluta de proteção ao patrimônio, aos interesses e aos atos do empresário ou da sociedade empresária, por seus administradores e/ou sócios. Pelo contrário, a conservação da empresa deve ser pensada e considerada mesmo apesar de seu titular, quando isso se fizer necessário e, concomitantemente, juridicamente possível, a exemplo da transferência da empresa na falência, a nomeação de gestor judicial na recuperação de empresas ou, ainda, na hipótese de desapropriação da empresa.

O princípio da preservação da empresa, deve-se frisar, não é absoluto, ou seja, não se traduz por um impedimento de que as atividades empresariais sejam encerradas. Pelo contrário, deve-se reconhecer como algo normal, correspondente ao comum das relações jurídicas, que a empresa encerre suas atividades. Sua percepção e manifestação adequada se dá pela consideração, em primeiro lugar, dos impactos do encerramento das atividades de uma empresa, a implicar um juízo de valor; dessa forma, a ideia de preservação é tributária da constatação de que o encerramento das atividades produzirá os pré-falados efeitos deletérios sobre a comunidade, recomendando atentar para a possibilidade de sua continuidade. É um julgamento de vital importância, pois deve evitar visões simplistas para compreender globalmente o quadro que se apresenta. A determinação do encerramento das atividades de uma empresa que crie grandes danos para o meio ambiente deixa desempregados, reduz negócios etc. Mas a manutenção de suas atividades tem resultados negativos que superam os aspectos positivos de sua manutenção. Tais parâmetros ficaram claros em alguns Estados brasileiros, quando o Ministério Público, demonstrando que casas de bingo estavam sendo usadas para lavagem de dinheiro do crime organizado, pediram o encerramento de suas atividades, ao passo que seus empresários e empregados argumentavam com o número de desempregados. Ora, o interesse na manutenção de empregos não pode superar o interesse no combate ao crime, sob pena de instaurar o caos social.

A constatação da relevância da empresa para a comunidade é apenas o ponto de partida na aplicação do princípio da preservação empresarial. É igualmente fundamental verificar-se se tal continuidade é juridicamente possível, o que nem sempre ocorre. Uma empresa cujo objeto tenha sido considerado ilícito, por lei ou decisão judicial, simplesmente não pode manter suas atividades, por maior que seja o impacto social decorrente. Igualmente não é possível simplesmente desrespeitar, sem expressa e clara previsão legal, os direitos de credores e parceiros contratuais do empresário, que têm na empresa a garantia patrimonial de suas faculdades, sob o argumento da necessidade de preservação da empresa, o que introduziria um elemento econômico desagregador na sociedade, espalhando a desconfiança e, com ela, o enfraquecimento das relações jurídicas e da confiança no Estado. A investigação da possibilidade jurídica do ato (ou procedimento) *preservacional* remete o jurista, não raro, para a pesquisa das atribuições constitucionais e legais dos órgãos estatais ou das pessoas privadas, aferindo-lhes o poder e a competência para a iniciativa jurídica necessária. Dessa forma, devem ser considerados juridicamente impossíveis os atos para os quais não está o órgão estatal juridicamente capacitado a praticar.

Como se só não bastasse, é indispensável proceder-se a uma avaliação de custos e benefícios das iniciativas. Em muitas circunstâncias, os atos jurídicos necessários para a preservação da empresa são de tal ordem custosos que a prudência – e o Direito – recomendam não insistir nos mesmos, pois os danos provocados pela preservação não compensam os respectivos benefícios.

3
Registro Público de Empresas e Atividades Afins

1 ÓRGÃOS REGISTRAIS

Para empresariar, é preciso se registrar, e isso se faz na correspondente Junta Comercial. O exercício da atividade empresária por parte de pessoa natural ou jurídica pressupõe o registro correspondente, feito na forma da Lei 8.934/1994, norma que regula o registro público de empresas mercantis e atividades afins. É uma obrigação do empresário e da sociedade empresária (artigo 1.150 do Código Civil), servindo como meio para externar o *intuito de empresa* ou *intenção empresária*. Com o registro mercantil, qualifica-se a atividade negocial como empresária e a ela se atribui o respectivo regime jurídico, com seus ônus e seus benefícios, a exemplo do regime falimentar, incluindo a possibilidade de pedir recuperação judicial.

Como ocorre com outros registros públicos, a exemplo dos cartórios, o registro mercantil tem por finalidade assegurar a regularidade formal das informações, preservá-las e lhes dar publicidade para a segurança dos envolvidos e de terceiros. Sócios, credores, trabalhadores, clientes e o próprio Estado podem necessitar de informações, atuais ou passadas, socorrendo-lhes o registro mercantil. Justo por isso, as informações ali disponíveis são tidas por públicas e vinculam os terceiros. É um dever checar o registro público para asseverar-se do que ali se encontra arquivado e, portanto, é considerado de ciência entre todos. Operadores jurídicos atentos são ciosos desta realidade, seja para levar a registro o que pretendem ser público e vincular a todos, seja para aferir o que, estando registrado, é público e vincula a seus clientes. É um importante mecanismo para assegurar autenticidade, por igual. No caso de pessoas jurídicas, isto é, de sociedades empresárias, é o arquivamento de seus atos constitutivos o ato por meio do qual passa a ter existência jurídica, embora seja matéria se estudará noutro momento desta coleção.

O Sistema Nacional de Registro de Empresas Mercantis (SINREM) é encabeçado e centralizado pelo Departamento de Registro Empresarial e Integração (DREI), órgão do Governo Federal. A ele cabe coordenar e supervisionar os órgãos estaduais (as Juntas Comerciais), podendo emitir normas que orientam sua atuação. Cada Estado tem a sua Junta Comercial, que é um órgão do Governo Estadual, vale dizer, que são órgãos da Administração Pública Estadual. A submissão ao DREI é meramente técnica; não há hierarquia administrativa entre os órgãos que, repete-se, compõem administrações públicas diversas: federal e estadual, respectivamente. Como se não bastasse a orientação de como devem ser praticados os atos registrais (normas e diretrizes nacionais), o DREI ainda responderá a dúvidas, suprirá e corrigirá falhas, manterá o Cadastro Nacional de Empresas Mercantis (CNE), mediante colaboração mútua com as Juntas Comerciais. Obviamente, sua atuação se submete à Constituição, às leis e aos princípios jurídicos, o que, sim, limita – e deve limitar – o seu poder: sua função é regulamentar, e não inovar juridicamente. É órgão do Poder Executivo e, assim, não pode usurpar as funções dos Poderes Legislativo e Judiciário.

As Juntas Comerciais são órgãos existentes nos Estados e no Distrito Federal, com jurisdição no respectivo território e sede na capital. No plano técnico, estão submetidas ao Departamento de Registro Empresarial e Integração (DREI); todavia, compõem a estrutura administrativa estadual. São elas que realizam os atos registrais, ou seja, são elas que arquivam atos (documentos), a exemplo contratos e estatutos sociais, bem como suas alterações, constituição de consórcios e grupo de sociedades, autenticação de instrumentos de escrituração contábil, emissão de certidões, em conformidade com as normas da Lei 8.934/1994 e as orientações do Departamento de Registro Empresarial e Integração (DREI), repassando-lhe informações, como as necessárias para o Cadastro Nacional de Empresas Mercantis (CNE).

Órgão colegiado, a Junta Comercial é constituída por vogais nomeados entre aqueles que preencham os requisitos previstos na Lei 8.934/1994, desempenhando a função por quatro anos, renováveis por mais quatro. Metade dos vogais (e seus suplentes) – ou o primeiro número inteiro superior à metade, quando ímpar a quantidade de assentos – será escolhida com base em listas tríplices apresentadas pelas entidades patronais de grau superior e pelas Associações Comerciais com sede na jurisdição da Junta Comercial. Na outra metade (ou metade menos um, se número ímpar de vogais), estará um representante (e seu suplente) indicado pela União, bem como um representante (e suplente) para cada uma das seguintes classes profissionais: advogados, economistas, administradores e contadores, indicados em listas tríplices enviadas pelas respectivas entidades corporativas.

A competência judicial para exame dos atos praticados pelas Juntas Comerciais merece atenção redobrada do jurista. Atos que digam respeito à função delegada de registro, como mandado de segurança contra atos de seu presidente, rejeição de arquivamento etc., a competência será da Justiça Federal (artigo 109, VIII, da Constituição Federal). Nos demais casos, a competência é da Justiça Comum; isso inclui litígios entre particulares sobre questões que estão registradas, vez que produzem apenas efeitos secundários sobre o Sistema Nacional de Registro de Empresas Mercantis (conferir o Recurso Especial 678.405/RJ, julgado pelo Superior Tribunal de Justiça). Por exemplo, num conflito sobre nome empresarial levado a registro ou sobre alteração do contrato social dessa ou daquela sociedade, não há interesse da União; a ação tem curso no Judiciário comum.

2 ATOS DO REGISTRO EMPRESARIAL

O Registro Público de Empresas Mercantis e Atividades Afins compreende o arquivamento: (1) de atos constitutivos, alterações e extinções de firmas mercantis individuais (empresas individuais); (2) das declarações de microempresas e de empresas de pequeno porte; (3) dos atos constitutivos e das atas das sociedades anônimas, bem como os de sua dissolução e extinção; (4) dos atos constitutivos e respectivas alterações das demais pessoas jurídicas organizadas sob a forma empresarial mercantil, bem como de sua dissolução e extinção; (5) dos documentos relativos à constituição, alteração, dissolução e extinção de sociedades cooperativas; (6) dos atos relativos a consórcios e grupos de sociedades; (7) dos atos relativos à incorporação, cisão, fusão e transformação de sociedades mercantis; (8) de comunicação de paralisação temporária das atividades e de empresa mercantil que deseja manter-se em funcionamento; (9) dos atos relativos a sociedades mercantis estrangeiras autorizadas a funcionar no país; (10) das decisões judiciais referentes a empresas mercantis registradas; (11) dos atos de nomeação de trapicheiros, administradores e fiéis de armazéns-gerais; dos demais documentos que, por determinação legal, sejam atribuídos ao Registro Público de Empresas Mercantis e Atividades Afins ou daqueles que possam interessar ao empresário ou à empresa mercantil.

Também se inclui no registro empresarial a matrícula – e seu cancelamento – de leiloeiros oficiais, tradutores públicos e intérpretes comerciais, administradores de armazéns-gerais e trapicheiros. As Juntas devem, igualmente, autenticar os instrumentos de escrituração das empresas mercantis registradas e dos agentes auxiliares do comércio, na forma legalmente estipulada. Pelo lado oposto, para manter a função do Registro Público de dar publicidade aos atos ali anotados, qualquer pessoa tem o direito de consultar os assentamentos existentes nas Juntas Comerciais e obter certidões, sem necessidade de provar seu interesse específico nos mesmos, bastando, simplesmente, pagar o preço estipulado na tabela correspondente (artigo 29 da Lei 8.934/1994).

O dever de se registrar na Junta Comercial deve ser cumprido na localidade onde se mantenha o seu respectivo domicílio profissional, isto é, a sede da organização empresarial. Tratando-se de sociedade e Eireli (empresa individual de responsabilidade limitada)[1], a partir desse registro começa a existência legal da pessoa jurídica (artigo 45 do Código Civil). Justamente por isso, assinado o ato constitutivo, mas havendo omissão ou demora no registro, qualquer sócio, ou mesmo pessoa que demonstre legítimo interesse, a exemplo do administrador, poderá requerer o registro, mediante apresentação dos documentos necessários no prazo de 30 dias, contado da lavratura dos atos respectivos (artigo 1.151 do Código Civil).

Os documentos destinados a arquivamento na Junta Comercial deverão ser apresentados por meio de requerimento dirigido ao seu Presidente, dentro de 30 dias contados de sua assinatura, a cuja data retroagirão os efeitos do arquivamento (artigo 36 da Lei 8.934/1994 e no artigo 1.151, § 2º, do Código Civil). A regra encerra uma *presunção relativa* de veracidade temporal dos documentos apresentados à Junta nesse trintídio, lembrando-se que o terceiro não pode alegar ignorância quando o ato está devidamente registrado, tendo sido cumpridas as respectivas formalidades (artigo 1.154, parágrafo único). Mas é possível ao interessado provar que o ato foi praticado em outra data que não aquela que consta do documento. Em oposição, os documentos apresentados após 30 dias da data de sua assinatura consideram-se eficazes perante terceiros de boa-fé a partir da data do despacho que deferir o arquivamento. Justamente por isso, responde por eventuais perdas e danos o responsável pela omissão.

Se um ato está sujeito a registro, não poderá ser oposto a terceiro antes do cumprimento das respectivas formalidades, salvo prova de que, inequivocamente, o terceiro conhecia o ato. Ressalva-se, ainda, eventual disposição em lei especial, fixando a data do arquivamento como *dies a quo* para a contagem de prazo jurídico, a exemplo do artigo 45, parágrafo único, do Código Civil, a prever a decadência do direito de anular a constituição das pessoas jurídicas de direito privado, por defeito do ato respectivo, em prazo de três anos, contado da publicação de sua inscrição no registro. De resto, a publicidade é dispensável para afirmar a eficácia do ato em relação a seus signatários, que estarão vinculados a partir do momento em que firmaram o documento, salvo se sua assinatura, por si só, não completasse a relação jurídica, a exemplo dos atos coletivos que só se completam quando atingem certo quórum ou quando recebem a firma de todos os partícipes.

O instrumento particular, ou a certidão, que sejam apresentados à Junta Comercial não podem conter emendas, rasuras e entrelinhas. Admite-se, porém, que contenham ressalva, isto é, que no próprio corpo do instrumento ou certidão seja disposto um texto (*subscriptum*) fazendo qualquer observação sobre o texto, devendo conter a assinatura de todos aqueles que assinaram, acima, o documento. Ademais, em se tratando de ato constitutivo de sociedade empresária e de cooperativa, bem como de atos que impliquem alterações significativas na estrutura societária, o documento somente poderá ser arquivado se visado por advogado, com a indicação do nome e número de inscrição na Ordem dos Advogados do Brasil; a exigência é dispensável na constituição de microempresas e empresas de pequeno porte (Lei Complementar 123/2006).

---

[1]   A MP 1.085/2021, ainda em tramitação, confirma a extinção da Eireli.

3   DECISÕES REGISTRAIS

Como visto, o Sistema Nacional de Registro de Empresas Mercantis, destacada a atuação das Juntas Comerciais, tem por função dar devido processo administrativo, regularidade e garantir a legalidade da existência escritural de empresários e sociedades empresárias. São – e devem ser – facilitadores. Garantir que a lei seja respeitada, sim: mas atuando em seus limites exatos, sem tolher a criatividade legítima que, à sombra dos princípios da liberdade de agir e contratar, sempre beneficiou o mercado.

Os vogais deliberam sobre os pedidos que são formulados à Junta Comercial. Afinal, todos os atos, documentos ou instrumentos que sejam apresentados para arquivamento são objeto de exame do cumprimento das formalidades legais pela Junta Comercial (artigo 1.153 do Código Civil). A autoridade registradora deverá verificar a autenticidade e a legitimidade do signatário do requerimento, bem como fiscalizar a observância das prescrições legais concernentes ao ato ou aos documentos apresentados; encontrando irregularidades, deverá notificar o requerente, que, se for o caso, poderá saná-las, obedecendo às formalidades da lei. Verificada a existência de vício insanável, o requerimento será indeferido. Se o vício for sanável, o processo aberto para o exame do pedido de arquivamento será colocado em exigência, que deverá ser cumprida em até 30 dias, contados da data da ciência pelo interessado ou da publicação do despacho. Para tanto, o processo em exigência será entregue completo ao interessado; se a devolução se fizer depois do prazo, será considerado como novo pedido de arquivamento, sujeito ao pagamento dos preços dos serviços correspondentes.

Não podem ser arquivados os documentos que não obedeçam às prescrições legais ou regulamentares ou que contiverem matéria contrária aos bons costumes ou à ordem pública, bem como os que colidirem com o respectivo estatuto ou contrato não modificado anteriormente (artigo 35 da Lei 8.934/1994). Também não se podem arquivar documentos de constituição ou alteração de empresas mercantis de qualquer espécie ou modalidade em que figure como titular ou administrador pessoa que esteja condenada pela prática de crime cuja pena vede o acesso à atividade mercantil; por isso, deve-se juntar declaração, sob as penas da lei, datada e assinada pelo titular, administrador, exceto de sociedade anônima, ou por procurador de qualquer desses, com poderes específicos, de que não está condenado por nenhum crime cuja pena vede o acesso à atividade empresarial. Some-se a vedação de arquivamento de atos constitutivos de empresas mercantis que, além das cláusulas exigidas em lei, não designarem o respectivo capital, bem como a declaração de seu objeto.

Não se arquivam, ainda, os atos de empresas mercantis com nome idêntico a outro já existente, ou que inclua ou reproduza em sua composição siglas ou denominações de órgãos públicos, da administração direta ou indireta, bem como de organismos internacionais. Ademais, a alteração contratual, por deliberação majoritária do capital social, quando houver cláusula restritiva, legal ou convencional, não será arquivada, devendo apresentar-se produzida e assinada por sócios titulares de maioria do capital social, nos demais casos. Já no plano da extinção das sociedades, não se admite o arquivamento do distrato social sem a declaração da importância repartida entre os sócios, a referência à pessoa ou às pessoas que assumirem o ativo e passivo da sociedade mercantil, supervenientes ou não à liquidação, a guarda dos livros e os motivos da dissolução, se não for por mútuo consenso.

O poder de deliberação da Junta Comercial sob os atos que lhe sejam submetidos para o registro está limitado à constitucionalidade e legalidade. Às turmas e ao plenário, assim como ao próprio DREI, falece competência para desbordar a Constituição e as Leis empresarialistas para, assim, criar direitos, ou seja, criar faculdades ou obrigações jurídicas. A atenção ao princípio da legalidade é – e deve ser – estrita, não podendo resultar numa limitação ao princípio da livre iniciativa que, sim, inclui a faculdade de criação jurídica quando não haja vedação ou determinação legal em sentido contrário. E, sim, o órgão responde pelos prejuízos advindos de atos ilícitos, inclusive por abuso de Direito, a incluir lucros cessantes e danos decorrentes da perda de uma chance, sempre consideradas as particularidades de cada caso.

Não é lícito à Junta Comercial ingressar no mérito dos atos postos a arquivamento, nem resolver as eventuais pendências havidas entre sócios ou acionistas. Assim, decidiu o Superior Tribunal de Justiça, por sua Terceira Turma, julgando o Recurso Especial 151.838/PE: "a Junta Comercial não cuida de examinar eventual comportamento irregular de sócio, motivador de sua exclusão, devendo limitar--se ao exame das formalidades necessárias ao arquivamento". De qualquer sorte, as decisões que indeferem pedido de arquivamento ou que formulam exigências devem apresentar-se devidamente fundamentadas, pois são atos administrativos. Como se não bastasse, as decisões podem ser objeto de pedido de reconsideração (apreciado pela mesma autoridade que prolatou a decisão originária) e recurso, conforme procedimentos que são minuciosamente detalhados pela Lei 8.934/1994, incluindo prazos e requisitos.

4   AUXILIARES MERCANTIS E USOS OU PRÁTICAS MERCANTIS

As Juntas Comerciais são responsáveis pelos agentes auxiliares do mercado empresarial. Assim, processam a habilitação, nomeação, matrícula e seu cancelamento dos tradutores públicos e intérpretes comerciais; cuidam, ainda, da matrícula e seu cancelamento de leiloeiros, administradores de armazéns-gerais e trapicheiros. Devem, ainda, expedir as carteiras de exercício profissional para agentes auxiliares do comércio, titulares de firma mercantil individual e para administradores de sociedades mercantis e cooperativas, desde que estejam regularmente registradas.

Também cumpre às Juntas Comerciais proceder ao assentamento de usos ou práticas mercantis locais, seguindo uma tradição que remonta à Idade Média e que, entre nós, já estava consagrada no Código Comercial de 1850. Ainda que timidamente, esse poder de assentamento de usos e práticas mercantis pelas Juntas Comerciais consta do artigo 32, II, e da Lei 8.934/1994. Muitos pensam os juristas como valorosos corcéis que conduzem a carruagem da sociedade em direção ao futuro. Nem sempre – ou talvez quase nunca – isso ocorre. Somos mais como os cães que, diante da passagem veloz da carruagem, correm atrás de suas rodas, ladrando enervantemente: "– Não pode! Não pode!" É a própria sociedade quem se inventa e reinventa, sendo o Direito, não raro, o instrumento utilizado pelo Estado para corrigir as distorções verificadas na realidade social. No âmbito do mercado e da economia, esse fenômeno é ainda mais dinâmico, pois há, sempre, muitas pessoas pensando formas novas de *ganhar dinheiro*. Assim, novas práticas são estabelecidas regularmente, sendo assimiladas pelos agentes econômicos: tornam-se costumes aceitos que, se lícitos, não podem ser desconhecidos pelo Direito.

Aliás, os costumes têm uma importância vital para o Direito Privado, como reconhece o artigo 113 do Código Civil, a dizer que os negócios jurídicos devem ser interpretados conforme a boa-fé e os usos do lugar de sua celebração. Em fato, tendo-se certo que as declarações de vontade devem ser interpretadas tendo em vista mais a intenção nelas consubstanciadas do que o sentido literal da linguagem, como estipulado pelo artigo 112 do mesmo Código, tem-se no jeito usual e honesto de se *fazer as coisas* um material riquíssimo para a análise jurídica. Essas afirmações ficam ainda mais nítidas diante do artigo 421 do Código Civil, a disciplinar que a liberdade de contratar será exercida em razão e nos limites da função social do contrato.

Não é qualquer costume ou prática que merece o assentamento; é fundamental que se afira, no mercado, a existência de um hábito sedimentado e generalizado, conhecido e reconhecido pela maioria dos empresários como uma norma do consuetudo mercantil. Os usos ou práticas mercantis devem ser devidamente coligidos e assentados em livro próprio, pela Junta Comercial, *ex officio*, por provocação da Procuradoria ou de entidade de classe interessada. A partir da provação, a Procuradoria verifica a inexistência de disposição legal contrária ao uso ou prática mercantil a ser assentada. Se não há impedimentos legais, é solicitado o pronunciamento escrito das entidades diretamente interessadas, assim como deve ser publicado um convite a todos os interessados para que se manifestem. A proposta segue para o plenário da Junta, que a aprovará, ou não. Aprovado o assentamento, anotar-se-á o uso ou prática mercantil em livro especial, com a devida justificação, efetuando-se a respectiva publicação no órgão oficial da União, do Estado ou do Distrito Federal, conforme a sede da Junta Comercial. Quinquenalmente, as Juntas Comerciais processarão a revisão e publicação da coleção dos usos ou práticas mercantis já assentados.

A Terceira Turma do Superior Tribunal de Justiça, julgando o Recurso Especial 877.074/RJ, reconheceu que, "atualmente, a Lei 8.934/1994 atribui competência às Juntas Comerciais para proceder ao assentamento dos usos e práticas mercantis", mas entendeu haver "desvio de perspectiva na afirmação de que só a prova documental derivada do assentamento demonstra um uso ou costume comercial. O que ocorre é a atribuição de um valor especial – de prova plena – àquela assim constituída; mas disso não se extrai, como pretende a recorrente, que o assentamento é o único meio de se provar um costume. Não é possível excluir, de plano, a possibilidade de que a existência de um costume mercantil seja demonstrada por via testemunhal".

5 REDESIM

Uma tentativa de simplificar e dar razoabilidade ao registro mercantil foi feita pela Lei 11.598/2007. Ao longo de séculos, o aparelho de Estado brasileiro construiu-se sobre o compasso da burocracia. A multiplicação de atos desnecessários, de órgãos, de repartições, além do estabelecimento de procedimentos tortuosos, mesmo absurdos, atende não só a um medo do cidadão, visto como delinquente em potencial, bandido que se aproveitará de qualquer chance para praticar atos ilícitos, como também à necessidade de manter uma estrutura onde se penduraram pessoas que dedicam os dias a um trabalho habitualmente ineficiente, entre carimbos, formulários, certidões, atestados e volteios inúteis nos quais o cidadão pode ser vítima de abusos. Não vivemos num feudalismo agrário, mas num feudalismo burocrático, onde senhores de repartição exercem seus poderes à margem das eleições e, por vezes, apesar do Estado Democrático de Direito.

A Lei 11.598/2007 estabeleceu normas para simplificar e integrar o processo de registro e legalização de empresários (firma individual) e de pessoas jurídicas (sociedades simples e sociedades empresárias), criando o que denominou Redesim. A proposta central da lei é a articulação das competências dos órgãos membros, buscando, em conjunto, compatibilizar e integrar procedimentos de registro e de legalização de atividades negociais, de modo a evitar a duplicidade de exigências e garantir a linearidade do processo, da perspectiva do usuário. Isso inclui a previsão de medidas simples, como a utilização da internet para informação dos processos registrais, quando não se faça a própria virtualização dos procedimentos, para não falar de informações, orientações e instrumentos que permitam pesquisas prévias gratuitas às etapas de registro ou inscrição.

Por força dessa norma, é dever do Estado, por meio de todos os órgãos que sejam direta ou indiretamente envolvidos no processo de criação e/ou extinção de empresas (registro de empresários e sociedades empresárias), facilitar e simplificar exigências sobre localização de empreendimentos, requisitos para licenças etc. O problema central que foi percebido é que, em incontáveis situações, um empreendimento está em plenas condições de entrar em funcionamento, mas permanece parado à espera da realização das mais diversas vistorias e consequentes licenciamentos. Todavia, há um custo de capital correspondente a esse período de espera pelas vistorias, da mesma maneira em que há um custo social, certo que o empreendimento, apesar de pronto, não está empregando trabalhadores, consumindo insumos e produzindo riquezas. É uma conta alta que a sociedade em geral, e os investidores em particular, acabam assumindo em decorrência do burocratismo ineficiente.

O Registro Público de Empresas serve ao mercado: deve ser um facilitador. Se atua como empecilho, rompe com suas funções constitucional e legal. Existe para estimular a economia e o desenvolvimento do país, nos limites definidos pela legislação. Há nisso um princípio e, mais do que isso, há uma referência que deve ser seguida por todos aqueles que estão envolvidos no Sistema Nacional de Registro de Empresas Mercantis.

4

Empresário

1 INSCRIÇÃO

A empresa (atividade econômica organizada para a produção ou a circulação de bens ou de serviços) tem um titular, pessoa natural (empresário) ou jurídica (sociedade empresária). Assim, o empresário é a pessoa natural que exerce profissionalmente a atividade econômica organizada (artigo 966 do Código Civil). A expressão coloquial *empresário individual* contém uma redundância, já que na palavra *empresário* já está expressada a ideia de indivíduo, opondo-se ao conceito sociedade empresária, própria da coletividade (universitas personarum). Mas se atente: não há duplicidade de personalidade: "o empresário individual é a pessoa física que exerce atividade empresária em seu próprio nome, respondendo com seu patrimônio pessoal pelos riscos da atividade", bem esclareceu a Segunda Seção do Superior Tribunal de Justiça (Conflito de Competência 155.390/RS).

O empresário é o sujeito de relações jurídicas referentes à empresa. Relações ativas e passivas, incluindo propriedade, direitos pessoais, crédito etc., bem como o responsável pelas atividades por meio das quais a empresa se concretiza. Não é necessário dedicação exclusiva; o empresário pode ter outra profissão, desde que não listada como impedimento mercantil, como se verá. Como visto, é obrigatória a inscrição no *Registro Público de Empresas Mercantis*, antes do início das atividades negociais (artigo 967 do Código Civil). Mas a inscrição não cria uma outra pessoa, uma outra personalidade jurídica. Distinto, portanto, do que se passa com o registro de sociedades, pois nesse ato há criação de outra pessoa: uma pessoa jurídica, distinta da pessoa dos sócios.

A inscrição do empresário atende a requisitos próprios, devendo o respectivo requerimento conter, segundo o artigo 968 do Código Civil, os seguintes elementos: (1) nome, nacionalidade, domicílio, estado civil e, se casado, o regime de bens; (2) a firma, com a respectiva assinatura autógrafa; (3) o capital; e (4) objeto e a sede da empresa. Essas informações instruirão a inscrição, que será tomada por termo no livro próprio do Registro Público de Empresas Mercantis, obedecendo a uma numeração contínua para todos os empresários inscritos. Se houver alguma modificação nesses elementos, deverá ser ela averbada à margem da inscrição, com as mesmas formalidades.

Coloquialmente, a palavra *firma* é utilizada como sinônimo de empresa; *firma*, porém, é, em sentido próprio, sinônimo de nome e assinatura. A palavra provém do latim *firmare*, a traduzir o ato pelo qual se firma o selo identificador da pessoa na cera ou na laca, servindo igualmente para o ato de firmar a tinta sobre o papel (ou qualquer outra superfície hábil a tanto), em ambos os casos para afirmar o comparecimento da pessoa ao ato. Aqui, compreende-se como o nome empresarial será adotado. Esse nome, embora deva basear-se no nome civil da pessoa natural, com ele não se confunde, mesmo que seja o mesmo, o que é bem comum. Há uma distinção, ainda que para efeitos jurídicos: nome civil e firma empresarial. A firma será constituída por seu nome, completo ou abreviado, podendo, se quiser, aditar-lhe designação mais precisa da sua pessoa ou do gênero de atividade (artigos 1.155 e 1.156 do Código Civil).

As supressões, abreviações ou adições que lhe são feitas não podem ter por resultado ocultar a pessoa. Por princípio, a firma dá a conhecer a pessoa do empresário. Péricles Estratego Ateniense, desejando inscrever-se como empresário do ramo de compra e venda de antiguidades, poderá, assim, indicar por firma o seu nome civil, na totalidade; mas poderá suprimir partes, desde que não ocultem a sua identidade civil: *Péricles Ateniense, P. Estratego Ateniense* ou simplesmente *Estratego Ateniense*. Poderá, ainda, aditar-lhe *designação mais precisa da sua pessoa ou do gênero de atividade*, como *Antiquário Estratego Ateniense* ou *Péricles Ateniense – Antiquário*. O tema, de qualquer sorte, será também desenvolvido no capítulo sobre *nome empresarial*. A assinatura, por seu turno, é a expressão gráfica, de próprio punho, dessa firma. Na esmagadora maioria dos casos, a assinatura para a firma é a mesma usada para os atos civis.

Atente-se para a alteração que a Lei Complementar 147/2014 produziu no artigo 968, II, do Código Civil: a assinatura autógrafa da firma poderá ser substituída pela assinatura autenticada com certificação digital ou meio equivalente que comprove a sua autenticidade. Como se não bastasse, lembre-se de que o inciso I do § 1º do artigo 4º da Lei Complementar 123, de 14 de dezembro de 2006, com as alterações igualmente produzidas pela norma de 2014, permite que o chamado Microempreendedor Individual (MEI) seja dispensado do uso da firma, com a respectiva assinatura autografa, ou seja, que atue com o nome civil. O MEI nada mais é que um empresário individual, como se está estudando, qualificado como microempresário e que goza de vantagens tributárias e previdenciárias. É instituto (e ferramenta) que parte do Direito Empresarial (sem muita coerência conceitual) para dispor de regimes favorecidos junto à Administração Pública (Direito Administrativo, Previdenciário e Tributário).

O requerimento deverá indicar o objeto do qual se ocupará a empresa, ou seja, a atividade econômica que será explorada para a produção ou a circulação de bens e/ou de serviços. Não há limitação temática do objeto empresarial, mas é preciso ser lícito e que, se necessário (nos casos específicos), o pretendente esteja autorizado para explorá-lo. Também deverá ser indicada a sede da empresa, isto é, deverá ser precisada sua localização geográfica, seu endereço. A sede é o núcleo geográfico presumido dos atos jurídicos da empresa, local onde o empresário pode – e deve – ser encontrado para responder por suas obrigações, incluindo ser demandado.

1.1 Capital

A constituição da empresa demanda a destinação de valores, em *montante suficiente e específico* para o cumprimento de seu objeto e de sua finalidade (lucro). Esse investimento é o capital e o empresário deverá declarar, quando de sua inscrição, qual é o capital que investirá em sua empresa (artigo 968, III, do Código Civil), podendo realizá-lo em dinheiro, crédito e/ou bens. A partir desse investimento, irá se formar o patrimônio empresarial. Com efeito, a empresa, em sua qualidade de bem coletivo (ou coletividade de bens), tem unidade e identidade próprias no patrimônio de seu titular. Chega-se a falar em patrimônio da empresa, o que não é correto. Afinal, a empresa não é uma pessoa, mas um objeto de relações jurídicas, um bem; aliás, a empresa é, em si, um patrimônio (*universitas iuris*); um patrimônio especificado por sua função e emprego, cujo titular é o empresário individual (pessoa natural) ou a sociedade empresária (pessoa jurídica). Essa unidade patrimonial da empresa, destacada do patrimônio do empresário – isto é, da pessoa natural –, é garantida, preservada e representada por uma escrituração contábil correspondente, cuja manutenção é obrigatória (artigo 1.179 do Código Civil).

Justamente por isso, quando o empresário (firma individual) pede recuperação judicial ou tem sua falência decretada, todo o seu patrimônio (passivo e ativo: todas as suas dívidas e todos os seus bens e créditos) são atraídos para o juízo universal. Diante do Conflito de Competência 155.294/RS, a Segunda Seção do Superior Tribunal de Justiça examinou controvérsia que girava "em torno de definir se empresário individual em recuperação judicial tem legitimidade para suscitar conflito de competência quando a parte no processo de execução é a pessoa física e, em caso positivo, definir o juízo competente para promover os atos expropriatórios contra empresário individual em recuperação judicial". O colegiado entendeu que "o empresário individual é a pessoa física que exerce atividade empresária em seu próprio nome, respondendo com seu patrimônio pessoal pelos riscos da atividade, não sendo possível distinguir claramente a divisão entre a personalidade da pessoa física e a do empresário individual".

A bem da precisão, não há distinção de personalidade: só há uma pessoa, pequeno deslize da Corte; ela própria já afirmou não haver dupla personalidade (Conflito de Competência 155.390/RS, supracitado). "O fato de a execução ter sido movida contra a pessoa física não retira a legitimidade do empresário individual para a instauração do conflito de competência, já que se tratam de personalidades indistintas". Assim, "o juízo da recuperação judicial é competente para decidir acerca da destinação do patrimônio do empresário em recuperação judicial". Daí ter sido declarada a competência do juízo da recuperação judicial. As relações jurídicas empresárias compõem o patrimônio do empresário, como todas as demais. Há uma só pessoa e seu patrimônio.

O investimento (capital) feito na empresa é o meio para permitir a constituição de um *patrimônio empresarial*. Mas são duas realidades distintas, que não se confundem, o capital e o patrimônio; patrimônio é o conjunto das relações jurídicas positivas (ativo) e negativas (passivo). O *capital registrado* serve ao *patrimônio empresarial*; mas não lhe é igual. Também não se confundem patrimônio empresarial e não empresarial, preservando-se a especialidade do patrimônio empresarial pela respectiva escrituração contábil. O patrimônio empresarial se desenvolverá com história própria, conforme o desenrolar das atividades negociais, incluindo as decisões do empresário. Justamente por isso, é muito comum que o patrimônio empresarial bruto (ou ativo), ou mesmo o patrimônio líquido, supere – e muito – o valor do capital social.

O capital deve ser conservado a serviço da empresa, salvo descapitalização que atenda aos requisitos legais. A lógica do investimento é a lógica da preservação do capital, usado exclusivamente para os fins empresariais. Por isso, como se estudará no Capítulo 9 deste livro, o resultado de um exercício apura-se a partir do patrimônio ativo, do qual se subtraem não apenas o patrimônio passivo, mas também o capital social para, então, chegar-se ao patrimônio líquido. Só há lucro quando o sobrevalor patrimonial preserva o capital investido na empresa, garantindo sua preservação.

2 CAPACIDADE

Para inscrever-se como empresário é preciso ser civilmente capaz (artigos 3º a 5º e 972 do Código Civil); não se franquia a inscrição nem aos absolutamente incapazes, nem aos relativamente incapazes. Especificamente no que se refere à incapacidade relativa dos menores de 18 anos e maiores de 16 anos, colocam-se as possibilidades de emancipação. Embora a inscrição como empresário não seja permitida aos incapazes, permite-se ao incapaz que prossiga na exploração da empresa que (1) era por ele exercida antes de ser interditado ou (2) que recebeu em sucessão, fazendo-o por meio de representante ou devidamente assistido (artigo 974 do Código Civil).

Uma vez transferida a empresa ao incapaz ou sendo o empresário interditado, três soluções se mostram possíveis: (1) o encerramento das atividades da empresa, com sua liquidação e baixa da inscrição do empresário; não sendo o patrimônio ativo suficiente para adimplir o passivo, deverá ser pedida a falência do empresário (do interditado, do autor da herança ou do cedente); (2) a transferência da empresa a terceiro, mediante autorização judicial para tanto, sendo o montante apurado com a transferência incorporado ao patrimônio do incapaz; (3) a manutenção das atividades da empresa, mediante autorização judicial (artigo 974 do Código Civil). Em se tratando de maior de 16 anos e menor de 18 anos, resta a alternativa da emancipação (artigo 5º, parágrafo único, I, do Código Civil), desde que seja tomada no interesse do próprio menor. A questão será submetida ao Judiciário que, com intervenção obrigatória do Ministério Público, avaliará as circunstâncias e os riscos da empresa, bem como a conveniência em continuá-la (artigo 974, § 1º, do Código Civil), tendo em vista o interesse do menor. Se for positiva a avaliação, a autorização será concedida, ficando os pais, o tutor ou o curador na administração da empresa, sendo obrigados a prestar contas ao Judiciário (artigos 1.756 e 1.757 do Código Civil); excetua-se a hipótese do cônjuge, casado pelo regime de comunhão de bens, que seja nomeado curador (artigo 1.783 do Código Civil).

A autorização para a continuidade da empresa implica a alteração da inscrição comercial. Havendo interdição, será ela anotada, junto com a autorização para continuidade da empresa e a indicação do representante ou assistente (pais ou pai, tutor ou curador) a quem caberá o uso da nova firma ou a assistência do incapaz no seu uso. Havendo sucessão para incapaz, será ele inscrito como empresário, transferindo-se-lhe a titularidade da empresa, anotando-se também a autorização para continuidade da empresa e a indicação do representante ou assistente.

Para proteger o incapaz, o artigo 974, § 2º, do Código Civil instituiu uma hipótese extraordinária de limitação de responsabilidade entre o patrimônio pessoal do empresário incapaz e as obrigações oriundas da empresa; uma situação análoga ao *estabelecimento individual de responsabilidade individual*. Segundo a norma, "não ficam sujeitos ao resultado da empresa os bens que o incapaz já possuía, ao tempo da sucessão ou da interdição, desde que estranhos ao acervo daquela, devendo tais fatos constar do alvará que conceder a autorização". Por isso, é fundamental que a condição de *empresário incapaz autorizado* conste do registro mercantil, dando publicidade ao limite patrimonial decorrente de tal situação. Se não consta, o terceiro prejudicado poderá pretender a responsabilização daquele (representante ou assistente, Judiciário ou Junta Comercial) diretamente responsável pela omissão (artigos 186 e 927 do Código Civil).

O uso da firma e a administração da empresa caberão ao representante do incapaz ou ao próprio incapaz, devidamente assistido (artigo 976, parágrafo único, do Código Civil). Se o representante ou assistente estiverem impedidos para o exercício da atividade de empresário, tal situação deverá ser informada ao Judiciário, indicando quem (uma ou mais pessoas) atuará como gerente. Aprovando a indicação, o Judiciário a ratificará, passando o gerente ao uso isolado da firma, se incapacidade absoluta, ou ao uso conjunto, se incapacidade relativa, sempre sob a vigilância do representante ou assistente que, embora impedido, conserva sua responsabilidade pelos atos do gerente ou gerentes nomeados (artigo 975, § 2º, do Código Civil). O § 1º desse artigo permite ao Judiciário, em todo o caso em que entender conveniente, nomear um gerente, afastando o representante ou assistência da administração da empresa; nessa hipótese, porém, não há falar em responsabilidade do representante ou assistente pelos atos do gerente ou gerentes nomeados, já que concretizada à sua revelia.

A autorização é sempre precária, ou seja, o Judiciário pode, a qualquer momento, revogá-la, ouvindo os pais, pai sobrevivente, tutor ou curador do incapaz (artigo 974, § 1º, do Código Civil). Revogada a autorização, deverá a decisão determinar se a empresa terá suas atividades encerradas, com apuração de seus haveres e baixa da inscrição do empresário, ou se será transferida a terceiro, incorporando-se o valor da transação ao patrimônio do incapaz. Em ambos os casos, no entanto, preservam-se os direitos adquiridos por terceiros que tenham estabelecido relações com a empresa enquanto autorizada a funcionar.

2.1   Falecimento do empresário individual

Mais do que a incapacidade do empresário individual, importa observar as consequências de seu falecimento. Em fato, como se afere do artigo 6º do Código Civil, a existência da pessoa natural termina com a morte. No exato momento da morte, finda-se a personalidade, forçando a imediata abertura da sucessão hereditária; o *de cujus* não é um sujeito de direitos e deveres, não pode titularizar a empresa. Daí estipular o artigo 1.784 do Código Civil que "aberta a sucessão [*com a morte*], a herança transmite-se, desde logo, aos herdeiros legítimos e testamentários". Obviamente, a sucessão faz-se apenas no saldo do patrimônio econômico (patrimônio líquido), não havendo sucessão no patrimônio moral, que é um atributo da personalidade.[1]

---

[1]   De acordo com o artigo 91 do Código Civil, *constitui universalidade de direito o complexo de relações jurídicas, de uma pessoa, dotadas de valor econômico*. A norma nos remete para o conceito de *universitas iuris* (universalidade jurídica), juridicamente identificado com a ideia de patrimônio, que para o Direito traduz tanto *o que se tem*, quanto *o que se deve*, isto é, *os haveres* – o que a doutrina habitualmente identifica como faculdades e obrigações conversíveis em pecúnia; hodiernamente, contudo, melhor seria separar, no conceito de patrimônio, dois grandes grupos: patrimônio moral (composto por direitos da personalidade, caracterizados por serem *intransmissíveis e irrenunciáveis, não podendo o seu exercício sofrer limitação voluntária*, a teor do artigo 11 do Código Civil) e patrimônio econômico (composto por bens e obrigações apreciáveis economicamente, vale dizer, que comportam tradução em pecúnia. O patrimônio moral é, a seu modo, inseparável de cada pessoa, designadamente dos seres humanos; é o conjunto de direitos que *enriquece* cada ser humano, por mais miserável que seja no plano comercial. Uma criança recém-nascida, da família mais pobre que

O problema que se coloca na sucessão do empresário individual é a titularidade da empresa. Afinal, não há condomínio de empresa, não se admitindo seu registro. Ou a empresa é titularizada por uma única pessoa natural (empresário) ou por uma pessoa jurídica (sociedade empresária). Por consequência, aberta a sucessão hereditária do empresário, havendo pluralidade de herdeiros, quatro soluções se apresentam: (1) a liquidação da empresa, sendo que, (a) se restarem créditos a pagar, serão eles satisfeitos pelo restante do patrimônio econômico do *de cujus*, até o limite de suas forças; (b) se a totalidade do patrimônio do *de cujus* não for suficiente para satisfazer o passivo, o inventariante deve pedir a falência do empresário falecido; (c) havendo saldo positivo, será ele incorporado ao espólio para ser partilhado; (2) a transferência da empresa a terceiro, incorporando-se ao espólio o valor obtido com a alienação; (3) a destinação da empresa, no inventário, a um único herdeiro que se registrará como empresário e sucederá o *de cujus*; (4) a instituição de uma sociedade empresária entre os herdeiros, cada qual recebendo o número de quotas ou ações, conforme definição da partilha. Nessa hipótese, a integralização se fará com o quinhão, podendo o formal de partilha cumprir a função de documento hábil à transferência da coletividade de bens (inclusive imóveis, se houver), dispensando o uso da escritura pública.

---

vive na desolação material e moral, é titular de um patrimônio moral: ninguém lhe pode tirar – nem ela mesma, quando for absolutamente capaz – seus direitos personalíssimos físicos (a vida, o corpo – em sua totalidade e em suas partes, eventualmente seu cadáver, sua imagem ou efígie, seu tom de voz etc.), seus direitos personalíssimos psíquicos (sua integridade psicológica, sua integridade emocional, sua intimidade, sua liberdade de crença religiosa, filosófica e política, como exemplos), seus direitos personalíssimos morais (seu nome, sua honra, sua privacidade, suas criações intelectuais entre outras). Tem-se, portanto, que o artigo 91 refere-se apenas ao patrimônio econômico, nunca ao patrimônio moral, que tem sua existência decorrente não só da afirmação doutrinária e dos princípios gerais de Direito, mas também da vigência dos artigos 11 a 21 do Código Civil, bem como de seu artigo 186, a prever a possibilidade de dano ao bem exclusivamente moral. Tem-se, no reconhecimento do patrimônio moral, indelevelmente ligado à existência da pessoa (um atributo da personalidade, inclusive das pessoas jurídicas, segundo o art. 52 do Código Civil), o que, no que concerne aos seres humanos, acaba por se tornar a afirmação civil dos Direitos Humanos, numa regra de inclusão geral: todo ser humano é sujeito de direitos e deveres, é pessoa, para o Direito Brasileiro, não importando quem seja ou onde esteja; é sempre titular de um patrimônio que não lhe pode ser retirado. Para mim, essa é uma das afirmações mais óbvias do Estado Democrático de Direito, tal como anotado no art. 1º, *caput*, da Constituição da República.

No plano do patrimônio econômico, o complexo das faculdades, isoladamente consideradas (abstraídas das obrigações que são por ela garantidas), forma um *patrimônio positivo* ou *ativo*, referindo-se aos direitos que o titular pode exigir respeito e cumprimento. O conceito coloquial (não técnico e, assim, usual entre a sociedade leiga) de patrimônio identifica-se com esse, considerando apenas o *patrimônio bruto*, sem a incidência dos débitos. Mas da mesma forma que se podem considerar as faculdades isoladamente, podem-se igualmente considerar as obrigações isoladamente, o que nos remete para o conceito de *patrimônio passivo* ou *patrimônio negativo*, relações jurídicas cujo respeito e cumprimento pode ser exigido da pessoa. O ajuste entre o *patrimônio ativo* e *patrimônio passivo* da pessoa, compensando-se, leva à aferição de um valor final, ao qual se denomina *patrimônio líquido*, que poderá ser, conforme o resultado da conta, *positivo* ou *negativo*. (Conferir RODRIGUES, Silvio. *Direito civil*. 32. ed. São Paulo: Saraiva, 2002. v. 1, p. 117).

3 IMPEDIMENTO

Não podem inscrever-se como empresários aqueles que forem legalmente impedidos (artigo 972 do Código Civil). Por se tratar de um cerceamento de faculdade jurídica, o impedimento decorre de *lei* em sentido estrito: norma aprovada pelo Congresso Nacional e sancionada pela Presidência da República, além das medidas provisórias e tipos normativos que, editados à sombra de outras ordens constitucionais, tenham o *status* jurídico de lei. Não pode haver impedimento decorrente de norma regulamentar, como decretos, resoluções, portarias, provimentos, circulares, regimentos internos etc.

No âmbito do Direito Público, destacam-se quatro hipóteses de impedimento: (1) o artigo 36, I e II, da Lei Complementar 35/79 (Lei Orgânica da Magistratura Nacional – Loman) veda aos magistrados exercer a empresa, além de *cargo de direção ou técnico de sociedade*, o que inclui a administração; (2) o artigo 128, § 5º, II, *c*, da Constituição da República veda aos membros do Ministério Público *participar de sociedade comercial, na forma da lei*; o artigo 44, III, da Lei 8.625/1993 (Lei Orgânica do Ministério Público – Lomp) repete a norma, vedando a inscrição como empresário (firma individual) ou para ser administrador societário; (3) o artigo 117, X, da Lei 8.112/1990 (Regime Jurídico Único dos Servidores Públicos Federais) proíbe o servidor público de *participar de gerência ou administração de empresa privada, sociedade civil*, além de vedar-lhes *exercer o comércio*; e (4) o artigo 29 da Lei 6.880/1980 (Estatuto dos Militares) veda aos militares da ativa *comerciar ou tomar parte na administração ou gerência de sociedade ou dela ser sócio ou participar*; o § 2º do mesmo artigo permite-lhes *exercer, diretamente, a gestão de seus bens, desde que não infrinjam* a regra do impedimento legal.

A *mens legis* de tais disposições, indubitavelmente, não é uma proteção ao mercado, mas garantia de dedicação às respectivas funções públicas. Já que são impedimentos disciplinares, ou seja, impedimentos inscritos no âmbito de leis especiais que se ocupam de carreiras de Estado, haverá consequências próprias dentro das respectivas carreiras, vencendo o limite estrito do Direito Empresarial. Com efeito, sob o prisma do Direito Disciplinar, o impedimento para empresariar e administrar sociedades interpreta-se de forma alargada, a incluir mesmo situações meramente de fato. Refiro-me àquele que, sem estar inscrito como empresário ou sem ter formalizada, no ato constitutivo (contrato ou estatuto social) ou em documento apartado, devidamente inscrito na Junta Comercial, a sua condição de administrador judiciário, dedica-se à condução da atividade negocial, buscando, assim, furtar-se ao impedimento legal. Esse *exercício de fato* é indiferente para o Direito Empresarial, mas não o é para o Direito Disciplinar, permitindo, sim, a punição do magistrado, membro do Ministério Público, servidor público ou militar da ativa, em conformidade com a respectiva legislação de regência.

Completando a lista acima, encontram-se outros impedimentos: (5) o artigo 102 da Lei 11.101/2005 prevê que o falido fica inabilitado para exercer qualquer atividade empresarial a partir da decretação da falência e até a sentença que extingue suas obrigações. O seu artigo 181 prevê ser efeito da condenação por crime nela previsto a inabilitação para o exercício de atividade empresarial e, até, o impedimento para o exercício de cargo ou função em conselho de administração, diretoria ou gerência das sociedades sujeitas àquela mesma lei, desde que tal condenação seja motivadamente declarada na sentença; esse efeito perdurará por até cinco anos após a extinção da punibilidade, podendo, contudo, cessar antes pela reabilitação penal; (6) o *moralmente inidôneo*. De acordo com o artigo 1.011, § 1º, do Código Civil, "não podem ser administradores [*de sociedades empresárias*], além das pessoas impedidas por lei especial, os condenados à pena que vede, ainda que temporariamente, o acesso a cargos públicos; ou por crime falimentar, de prevaricação, peita ou suborno, concussão, peculato; ou contra a economia popular, contra o sistema financeiro nacional, contra as normas de defesa da concorrência, contra as relações de consumo, a fé pública ou a propriedade, enquanto perdurarem os efeitos da condenação". No âmbito específico das sociedades anônimas, o artigo 147, § 1º, da Lei 6.404/1976, disciplina serem "inelegíveis para os cargos de administração da companhia" os que se encaixam nessas hipóteses.

Por fim, é preciso atentar para o fato de que o impedimento é regra que, no âmbito do Direito Empresarial, se interpreta exclusivamente contra o empresário impedido ou a sociedade administrada por quem está impedido. Assim, o artigo 973 do Código Civil, prevê que o exercício da empresa ou da administração societária pelo impedido não lhe permite invocar seu impedimento para furtar-se ao cumprimento das obrigações assumidas com a empresa, devendo responder por todas elas.

4 EMPRESÁRIO CASADO

O artigo 978 do Código Civil permite ao empresário casado alienar os imóveis que integrem o patrimônio da empresa ou gravá-los de ônus real, sem necessidade de outorga conjugal, qualquer que seja o regime de bens do casal. A regra subverte o comum das relações patrimoniais havidas no âmbito do casamento, quando não se tenha uma separação total dos bens. Mas está limitada ao patrimônio especificado da empresa, em conformidade com o que se apure de sua escrituração contábil.

É preciso estar atento para o fato de que a licença do artigo 978 do Código Civil alcança expressamente o inciso I do artigo 1.647 do Código Civil e, implicitamente, o inciso II, dispensando a presença do cônjuge para pleitear, como autor ou réu, acerca de bens imóveis e direitos a eles referentes. Não alcança, devo frisar, os outros dois incisos do artigo 1.647, em nada referidos (expressa ou implicitamente) pelo dispositivo. Dessa forma, mantém-se o direito do cônjuge de pleitear a anulação do aval e da fiança por ele não autorizados, bem como da doação de bens comuns, ou dos que possam integrar futura meação, não sendo remuneratória (dação em pagamento, conforme os artigos 356 e seguintes do Código Civil).

De qualquer sorte, mesmo diante da regra do artigo 978 do Código Civil, não se pode olvidar que a empresa é apenas uma parte do patrimônio da pessoa natural; não há outra personalidade jurídica, nem outro patrimônio, ao contrário do que ocorre com a sociedade empresária, na qual a pessoa jurídica tem personalidade e patrimônios próprios, não se confundindo com a personalidade e o patrimônio de seus sócios. Refletindo essa realidade, o artigo 979 do Código Civil determina sejam arquivados e averbados, no Registro Mercantil, além da inscrição do empresário, "os pactos e declarações antenupciais do empresário, o título de doação, herança, ou legado, de bens clausulados de incomunicabilidade ou inalienabilidade". Busca, assim, preservar os interesses dos terceiros que negociam com o empresário, já que suas operações são garantidas – ou sofrem limitação de garantia – por todo o patrimônio da pessoa natural do empresário, com as suas características jurídicas. O artigo, contudo, não se refere à sanção (punição ou consequência normativa) correspondente à inércia no arquivamento e averbação da informação.

Já o artigo 980, partindo da mesma lógica, dispõe que "a sentença que decretar ou homologar a separação judicial do empresário e o ato de reconciliação não podem ser opostos a terceiros, antes de arquivados e averbados no Registro Público de Empresas Mercantis". A norma, contudo, é inconstitucional num aspecto: na pretensão de fazer o cônjuge (casado em separação de bens, sem arquivamento e averbação do pacto e declarações antenupciais) ou o ex-cônjuge (cuja sentença não tenha sido arquivada e averbada) suportar as obrigações do empresário, quando distintos e separados são e/ou estão os seus patrimônios. Uma iniquidade que, por certo, alcançará apenas as pessoas de boa-fé, simplórias, ao passo que todos os que agirem de má-fé, como terão urdido cuidadosamente suas operações, não se esquecerão de pronta e imediatamente arquivarem e averbarem pactos, declarações e sentenças. Pior: se o registro mercantil é uma obrigação do empresário, não é uma obrigação do cônjuge, nem do ex-cônjuge. É o próprio empresário, ou sócio de sociedade empresária, quem deve sofrer as consequências – inclusive sanções – da recusa em atender ao comando legal de arquivamento e averbação daqueles atos jurídicos, nunca um terceiro (o cônjuge beneficiário do pacto ou declaração antenupcial ou o ex-cônjuge, separado judicialmente ou divorciado). Ademais, a separação e o divórcio são fruto de procedimentos judiciários, afastando a alegação de fraude.

5 ESTABELECIMENTO SECUNDÁRIO

O empresário pode decidir constituir um estabelecimento secundário, ou seja, sucursal, filial ou agência (artigo 969 do Código Civil), deverá fazer a anotação correspondente na inscrição do empresário. Caso tal estabelecimento esteja localizado na circunscrição de outro Registro Público de Empresas Mercantis, será necessário também inscrever o estabelecimento secundário nessa repartição, pois suas atividades estarão igualmente sob a sua jurisdição. Destarte, (1) anota-se a instituição do estabelecimento secundário na inscrição originária do empresário e (2) inscreve-se o estabelecimento secundário no Registro Mercantil da jurisdição onde se localizará, apresentando prova da inscrição originária.

Mesmo nos casos de sociedade empresária, a constituição de um estabelecimento secundário não implica duplicidade de personalidade jurídica. É uma mesma pessoa que atua em mais de um estabelecimento, mais de um lugar: uma sede (ou matriz), uma ou mais filiais. Justo por isso, as obrigações e as faculdades são comuns: o crédito ou débito de uma filial diz respeito a toda a empresa, vale dizer, ao empresário ou sociedade empresária, não havendo falar em incomunicabilidade: não são pessoas diversas, apenas estabelecimentos (unidades produtivas) diversas.

6 EMPRESÁRIO RURAL

Garante o artigo 970 do Código Civil que "a lei assegurará tratamento favorecido, diferenciado e simplificado ao empresário rural [...], quanto à inscrição e aos efeitos daí decorrentes". Aplicando o dispositivo ao julgamento do Recurso Especial 1.800.032/MT, a Quarta Turma do Superior Tribunal de Justiça, por apertada maioria, afirmou que "a legislação nacional, levando em conta a importância, a relevância desse setor econômico para o País, deu um tratamento diferenciado para o empreendedor rural que pode ser um produtor rural regido pelo Código Civil ou pode ser um empresário rural regido pelo regime empresarial, mas em ambos os casos está em situação regular". Assim, reconheceu que o empresário rural é empresário mesmo antes do registro na Junta Comercial. "A qualidade de empresário rural também se verificará, nos termos da teoria da empresa, a partir da comprovação do exercício profissional da atividade econômica rural organizada para a produção ou a circulação de bens ou de serviços, sendo igualmente irrelevante, para tanto, a efetivação da inscrição na Junta Comercial, ato formal condicionante de outros procedimentos". Para os julgadores, isso permitiria mesmo a proposição de recuperação judicial sem ato registral mercantil há dois anos ou mais: "É que, como visto, o registro permite apenas que às atividades do produtor rural incidam as normas previstas pelo direito empresarial. Todavia, desde antes do registro, e mesmo sem ele, o produtor rural que exerce atividade profissional organizada para a produção de bens e serviços, já é empresário".

O artigo 970 do Código Civil é norma programática, sem expressão concreta específica, no âmbito do Direito Empresarial. Todavia, não é previsão de todo inútil, sendo certo traduzir não só uma regra hermenêutica, mas também uma referência aos operadores mercantis (designadamente do Registro Mercantil), que devem tê-la em mente e praticá-la na concretização dos atos jurídicos.

No entanto, a principal particularidade da empresa rural, havida especificamente no plano do Direito Empresarial, é a concessão ao empresário rural de uma faculdade de optar ou não pelo registro mercantil. Assim, aceita-se que o empresário, cuja atividade rural constitua sua principal profissão, simplesmente não se inscreva; lado outro, se desejar fazê-lo, deverá observar as formalidades de que tratam o artigo 968 e seus parágrafos, requerendo a sua inscrição no Registro Público de Empresas Mercantis correspondente à sede de suas atividades, ficando assim equiparado, para todos os efeitos, ao empresário sujeito a registro.

7 EMPRESA INDIVIDUAL DE RESPONSABILIDADE LIMITADA – EIRELI

Está em trâmite a MP 1.085/2021 que aclara a extinção da Eireli. Como pode não ser aprovada, mantenho o tratamento da figura.

Eu discordo. Acho que poderia ficar ao fim do segundo parágrafo. Mas o mesmo texto que ela sugeriu: Está em trâmite a MP 1.085/2021 que aclara a extinção da Eireli. Como pode não ser aprovada, mantenho o tratamento da figura.

Segundo o artigo 44, VI, do Código Civil, incluído pela Lei 12.441/2011, a *empresa individual de responsabilidade limitada* é uma pessoa jurídica de direito privado *sui generis*. Mais se parece, contudo, com um estabelecimento individual de responsabilidade limitada, figura existente no Direito Português por força do Decreto 248/86. Contudo, a norma não dá elementos claros nessa direção. Fundamentalmente, a empresa individual de responsabilidade limitada é constituída por uma única pessoa que será a titular da totalidade do capital registrado; aliás, essa previsão está inscrita no artigo 980-A do Código Civil que usa a expressão *capital social*, elemento que reforça a tese de se tratar de uma sociedade, ainda que com características próprias. Defendo a interpretação de que seu sócio único deverá ser um ser humano.

A Lei 14.195/2021 fez uma lambança: traz uma norma prevendo a transformação das Eirelis existentes em sociedades limitadas unipessoais, mas não revoga os artigos que preveem a existência da própria Eireli. A meu ver, as normas de existência são principais e a de transformação acessória, razão pela qual aquelas devem prevalecer. Mas cada um tem uma opinião e ninguém se entende. Um Estado incompetente que cria confusão e balbúrdia legislativa, em lugar de oferecer segurança jurídica. Por via das dúvidas, vou deixar aqui as considerações sobre esse tipo mercantil. E, sim, reiterar minhas lamúrias: merecíamos que os postos de Estado fossem ocupados por pessoas mais capacitadas, mais comprometidas, mais técnicas. Boa parte das dificuldades do Direito Empresarial deve-se à inabilidade estatal para reger o tema. Uma tristeza enorme.

A empresa individual de responsabilidade limitada pode ser constituída para atuar em todos os setores da economia, produzindo bens, vendendo-os ou prestando serviços. Ressalvam-se, por óbvio, previsões legais específicas. Pode-se, inclusive, atribuir-lhe a remuneração decorrente da cessão de direitos patrimoniais de autor ou de imagem, nome, marca ou voz de que seja detentor o titular da pessoa jurídica, vinculados à atividade profissional (artigo 980-A, § 5º).

O capital registrado da *empresa individual de responsabilidade limitada* deve corresponder a 100 vezes o valor do maior salário mínimo vigente no País, no mínimo (artigo 980-A, *caput*). Como se trata de norma federal, a exigência de capital mínimo igual a cem vezes o maior salário mínimo vigente no País refere-se exclusivamente a valores fixados pela União, não sendo impactada pela existência de *pisos salariais* fixados pelos Estados em conformidade com a Lei 103/2000. Aliás, os *pisos salariais* estaduais não são, em sentido estrito, *salários mínimos*; são apenas *pisos*, com o perdão da reiteração. Portanto, não se aproveitam para a finalidade do artigo 980-A. Esse valor mínimo deve ser apurado exclusivamente no momento da instituição da empresa individual de responsabilidade limitada. A elevação do salário mínimo não exige elevação do capital social, acredito. A interpretação contrária atentaria contra o artigo 7º, IV, da Constituição da República, que veda seu uso como fator de indexação monetária.

O capital mínimo deverá estar *devidamente integralizado* no momento da instituição da pessoa jurídica (artigo 980-A). Não se permite, portanto, a estipulação de tempo diverso para a integralização, mecanismo que é comum entre as sociedades. No momento do registro, o valor mínimo legal já deverá estar integralizado, embora seja lícito estipular integralização futura de valores que superem o mínimo legal. A integralização poderá fazer-se por meio da transferência de dinheiro, crédito ou bens, mas não por meio da prestação de serviços, afastado o artigo 1.006 do Código Civil pela regra inscrita no artigo 1.055, § 1º. Se a integralização se fizer pela cessão de crédito, incluindo o endosso de cambiais, o empresário (único sócio) responderá pela solvência do devedor (artigo 1.005). Se o capital for integralizado por meio da transmissão do domínio, posse ou uso de um bem, o empresário responde pela evicção (artigo 1.005), bem como pela exata estimação de bens conferidos, até o prazo de cinco anos da data do registro da sociedade (artigo 1.055, § 1º). A incidência dos dispositivos acima transcritos deve-se à subsidiariedade prevista no § 6º do artigo 980-A.

A empresa individual de responsabilidade limitada pode adotar, por nome empresarial, firma ou denominação, sendo que, em qualquer caso, é obrigatória a identificação de sua natureza jurídica, o que se fará pela inclusão da expressão "EIRELI" (artigo 980-A, § 1º, do Código Civil), embora não se possa considerar irregular o uso da expressão por extenso: *empresa individual de responsabilidade limitada*, em lugar da abreviatura Eireli. Ademais, acredito que, se for usada a denominação, deve ser aplicado o artigo 1.158, § 2º, do Código Civil, devendo o nome designar o objeto da empresa. Assim, se Armindo Castro decidir constituir uma empresa individual de responsabilidade limitada para explorar um bar na hospitaleira Cuiabá, poderá chamar-se *Armindo Castro EIRELI* (firma) ou *Bar Chips & Chopps EIRELI* (denominação).

Cada pessoa natural só pode constituir uma empresa individual de responsabilidade limitada (artigo 980-A, § 2º), embora possa, simultaneamente, ser sócia de uma ou mais sociedades contratuais ou estatutárias, sem limitação de número. Também se permite que a empresa individual de responsabilidade limitada resulte da concentração das quotas de outra modalidade societária num único sócio, independentemente das razões que motivaram tal concentração (artigo 980-A, § 3º). Assim, pode resultar da concentração das quotas de uma sociedade limitada, ou mesmo de uma sociedade constituída sobre outro tipo. A alteração também pode fazer-se a partir da inscrição como empresário, bastando sejam respeitadas as regras sobre a transformação de tipo empresarial. Pelo ângulo oposto, também respeitados os artigos 1.113 a 1.115, é lícito o movimento contrário: a admissão de um sócio pelo empresário ou na empresa individual de responsabilidade limitada conduzir à constituição de uma sociedade plurilateral de qualquer tipo, contratual ou estatutária, atendidos os requisitos para tanto, como se estudará no volume 2 desta coleção, reitero.

Arremate-se lembrando que qualquer dúvida que surja sobre a regência da empresa individual de responsabilidade limitada, não encontrando solução nas normas que a Lei 12.441/2011 fez inserir no Código Civil, resolve-se pela aplicação das regras previstas para as sociedades limitadas (artigo 980-A, § 6º). A partir da aplicação desta norma, parece-me que melhor estará a constituição da empresa individual de responsabilidade limitada se fizer-se incluindo o arquivamento de ato declaratório que expresse os elementos essenciais da pessoa jurídica: (1) nome, nacionalidade, estado civil, profissão e residência do titular; (2) o nome empresarial (firma ou denominação); (3) o objeto; (4) a sede (e, havendo, os estabelecimentos secundários: sucursais, filiais ou agências); (5) o prazo de existência da pessoa jurídica; (6) capital registrado, expresso em moeda corrente, podendo haver especificação da forma e tempo de integralização, desde que respeitada a regra do *caput* do artigo 980-A (capital mínimo de 100 salários mínimos, devidamente integralizado no ato de registro); (7) as regras sobre a gestão da pessoa jurídica, incluindo a delimitação dos atos que podem ser praticados pelo administrador empresarial; (8) a expressão de que o titular não responde, subsidiariamente, pelas obrigações sociais. Somente o patrimônio social da empresa responderá pelas dívidas da empresa individual de responsabilidade limitada, hipótese em que não se confundirá, em qualquer situação, com o patrimônio do titular que a constitui, ressalvados os casos de fraude (§ 7º do art. 980-A do Código Civil, incluído pela Lei 13.874, de 2019).

5
Micro e Pequena Empresa

1 TRATAMENTO ESPECIAL

O artigo 970 do Código Civil prevê tratamento favorecido, diferenciado e simplificado ao pequeno empresário, quanto à inscrição e aos efeitos daí decorrentes. A norma atende à determinação da Constituição da República que, em seu artigo 170, IX, alinha como um dos princípios da ordem econômica e financeira do país, "tratamento favorecido para as empresas de pequeno porte constituídas sob as leis brasileiras e que tenham sua sede e administração no País". Um pouco adiante, o artigo 179 emenda: "A União, os Estados, o Distrito Federal e os Municípios dispensarão às microempresas e às empresas de pequeno porte, assim definidas em lei, tratamento jurídico diferenciado, visando a incentivá-las pela simplificação de suas obrigações administrativas, tributárias, previdenciárias e creditícias, ou pela eliminação ou redução destas por meio de lei".

O Estatuto Nacional da Microempresa e da Empresa de Pequeno Porte, que é uma lei complementar (Lei Complementar 123/2006), estabelece normas gerais relativas ao tratamento diferenciado e favorecido a ser dispensado a microempresas e empresas de pequeno porte no âmbito dos Poderes da União, dos Estados, do Distrito Federal e dos Municípios, especialmente no que se refere: (1) à apuração e ao recolhimento dos impostos e contribuições da União, dos Estados, do Distrito Federal e dos Municípios, mediante regime único de arrecadação, inclusive obrigações acessórias; (2) ao cumprimento de obrigações trabalhistas e previdenciárias, inclusive obrigações acessórias; (3) ao acesso a crédito e ao mercado, inclusive quanto à preferência nas aquisições de bens e serviços pelos Poderes Públicos, à tecnologia, ao associativismo e às regras de inclusão; e (4) ao cadastro nacional único de contribuintes a que se refere o inciso IV do parágrafo único do artigo 146, *in fine*, da Constituição Federal (artigo 1º, IV, da Lei Complementar 123/2006, com redação dada pela Lei Complementar 147/2014).

2 DEFINIÇÕES

Com a edição do Estatuto Nacional da Microempresa e da Empresa de Pequeno Porte, foram constituídas três figuras distintas no cenário jurídico brasileiro: (1) o pequeno empresário ou *microempreendedor individual* (MEI), (2) as microempresas e (3) as empresas de pequeno porte. O *pequeno empresário*, do qual cuidam os artigos 970 e 1.179, § 2º, do Código Civil, é definido pelo artigo 68 do Estatuto como *o empresário individual caracterizado como microempresa*, na forma daquele Estatuto, *que aufira receita bruta anual de até R$ 60 mil*. Portanto, embora se tenha uma microempresa, trata-se de um tipo especial, restrito: a todo *pequeno empresário* corresponde uma *microempresa* mas, *mutatis mutandis*, nem toda microempresa corresponde a um pequeno empresário; pode corresponder a um empresário individual que tenha *receita bruta anual superior a sessenta mil reais* ou a uma sociedade, simples ou empresária, independentemente de sua receita bruta anual. Nenhuma sociedade, ainda que a sua *receita bruta anual* seja muito inferior a *sessenta mil reais*, caracteriza-se como *pequeno empresário*; a expressão do artigo 970 do Código Civil, nos termos do citado artigo 68 do Estatuto Nacional da Microempresa e da Empresa de Pequeno Porte, interpreta-se restritivamente, aludindo a uma *pessoa natural* (*pessoa física*).

Segundo o artigo 3º do Estatuto Nacional da Microempresa e da Empresa de Pequeno Porte, atualizada pelas Leis Complementares 147/2014 e 155/2016, enquadram-se nestas definições (1) o empresário, (2) a empresa individual de responsabilidade limitada (Eireli)[1], (3) a sociedade empresária, devidamente registrados no Registro de Empresas Mercantis, e (4) a sociedade simples, devidamente registrados no Registro de Empresas Mercantis ou no Registro Civil de Pessoas Jurídicas, desde que sua *receita bruta*, no caso das microempresas, seja igual ou inferior a R$ 360.000,00, em cada *ano-calendário*, e, no caso das empresas de pequeno porte, superior a R$ 360.000,00 em cada ano-calendário, e igual ou inferior a R$ 4.800.000,00. Se a atividade negocial iniciou-se ao longo de um ano--calendário, esse limite será calculado de forma proporcional ao número de meses em que a microempresa ou a empresa de pequeno porte houver exercido atividade, inclusive as frações de meses, por força do § 2º do artigo 3º.

O próprio artigo 3º do Estatuto define, em seu § 1º, o que considera *receita bru-ta*: o produto da venda de bens e da prestação de serviços nas operações de conta

---

[1] A MP 1.085/2021, ainda em tramitação, confirma a extinção da Eireli.

própria, ou seja, operações realizadas pela própria empresa, para seus clientes, mas também o preço dos serviços prestados e o resultado nas operações em conta alheia, ou seja, operações que sejam realizadas a bem de outrem, a exemplo do que se passa no contrato de terceirização ou no contrato de agência. Mas não se incluem nesse conceito as operações que tenham sido canceladas, bem como os *descontos incondicionais* concedidos; a expressão *descontos incondicionais*, por seu turno, refere-se a abatimentos definitivos, vale dizer, que não podem ser, por qualquer forma, revertidos, sendo indiferente expressarem-se em valor certo ou percentual sobre o valor da operação. Incluem-se, também, os reembolsos, embora estes, por definição, só devam ser considerados como contabilizados. Assim, se a operação ocorreu num *ano-calendário*, com o encaixe (entrada de dinheiro no caixa), e o reembolso ocorreu em outro *ano-calendário*, sob a forma de desencaixe (saída de dinheiro do caixa) ou sob a forma de desconto, seu efeito se apurará neste último ano-calendário e, jamais, no anterior.

Atenção especial merece o termo *ano-calendário*, reiterado pelo Estatuto. Embora seja comum adotar-se o ano civil (1º de janeiro a 31 de dezembro) como exercício contábil das entidades (*aziendas*), nada impede que outra referência seja adotada, atendendo ao artigo 175 da Lei 6.404/76, segundo o qual o começo e o término do exercício são fixados no ato constitutivo da pessoa jurídica. Assim, por exemplo, pode-se estabelecer que o exercício inicia-se em 1º de abril e termina em 31 de março, quando se fará o inventário e o balanço patrimonial, como se estudará no Capítulo 9, seção 2, deste livro. O Estatuto, neste contexto, despreza os exercícios contábeis e se atém ao *ano civil*, a quem denomina *ano-calendário*. Dessa forma, independentemente do exercício contábil estabelecido no estatuto, atentar-se-á ao período entre 1º de janeiro a 31 de dezembro (ano-calendário).

O artigo 3º, § 4º, do Estatuto Nacional da Microempresa e da Empresa de Pequeno Porte, lista casos nos quais a sociedade, simples ou sociedade, mesmo se enquadrando nos limites legais de receita bruta anual, não poderá se beneficiar do tratamento jurídico diferenciado e favorecido, para nenhum efeito legal. Assim, está excluída a pessoa jurídica:

1. de cujo capital participe outra pessoa jurídica; é indiferente a natureza jurídica dessa pessoa jurídica: associação, sociedade (simples ou empresária), fundação ou, mesmo, pessoa jurídica de Direito Público;

2. que seja filial, sucursal, agência ou representação, no país, de pessoa jurídica com sede no exterior;

3. de cujo capital participe pessoa física que seja inscrita como empresário ou seja sócia de outra empresa que receba tratamento jurídico diferenciado nos termos do mesmo Estatuto, desde que a receita bruta global (o somatório de ambas as empresas) ultrapasse os limites de receita bruta acima estudados;

4. cujo titular ou sócio participe com mais de 10% (dez por cento) do capital de outra sociedade, ou a titularize empresa individual, sem os benefícios do Estatuto, desde que a receita bruta global (o somatório de ambas as empresas) ultrapasse o limite de R$ 4.800.000,00;

5. cujo sócio ou titular seja administrador ou equiparado de outra pessoa jurídica com fins lucrativos, desde que a receita bruta global (o somatório de ambas as empresas) ultrapasse o limite de R$ 4.800.000,00;

6. constituída sob a forma de cooperativas, salvo de consumo;

7. que participe do capital de outra pessoa jurídica;

8. que exerça atividade de banco comercial, de investimentos e de desenvolvimento, de caixa econômica, de sociedade de crédito, financiamento e investimento ou de crédito imobiliário, de corretora ou de distribuidora de títulos, valores mobiliários e câmbio, de empresa de arrendamento mercantil, de seguros privados e de capitalização ou de previdência complementar;

9. resultante ou remanescente de cisão ou qualquer outra forma de desmembramento de pessoa jurídica que tenha ocorrido em um dos cinco anos-calendário anteriores;

10. constituída sob a forma de sociedade por ações, seja sociedade anônima, seja sociedade em comandita por ações;

11. cujos titulares ou sócios guardem, cumulativamente, com o contratante do serviço, relação de pessoalidade, subordinação e habitualidade. (Incluído pela Lei Complementar 147/2014).

No alusivo à quarta e à sétima hipóteses acima listadas, o § 5º do mesmo artigo 3º do Estatuto Nacional da Microempresa e da Empresa de Pequeno Porte, com a redação que lhe deu a Lei Complementar 128/2008, excepciona a participação no capital de cooperativas de crédito, bem como em centrais de compras, bolsas de subcontratação, no consórcio simples (artigo 50 do Estatuto), em sociedades de propósito específico formada por microempresas e empresas de pequeno porte optantes pelo Simples Nacional (reguladas pelo artigo 56 do Estatuto), e em associações assemelhadas, sociedades de interesse econômico, sociedades de garantia solidária[2]

---

[2] As sociedades de garantia de crédito (SGC), entes comuns em países como Portugal, Itália, Alemanha e Argentina, são pessoas jurídicas constituídas para auxiliar na contratação de financiamento a pequenas e microempresas, oferecendo assessoria técnica e, até, garantias suplementares que, assim, permitam a concretização de operações com juros menores, principalmente junto a cooperativas de crédito. Estão habitualmente ligadas a entidades associativas, como câmaras de diretores lojistas, associações comerciais ou industriais, reunindo recursos privados (embora possam receber aportes públicos), embora sejam sociedades e, nelas, os pequenos e microempresários ocupem a posição de sócios.

e outros tipos de sociedade, que tenham como objetivo social a defesa exclusiva dos interesses econômicos das microempresas e empresas de pequeno porte.

Na hipótese de a microempresa ou empresa de pequeno porte incorrer em alguma das situações acima estudadas, será excluída do regime especial, com efeitos a partir do mês seguinte ao que incorrida a situação impeditiva. Não é só. Se uma microempresa excede o limite de R$ 360.000,00 de receita bruta ao longo do ano-calendário, passará à condição de empresa de pequeno porte, no ano-calendário seguinte. Já a empresa de pequeno porte que, no ano-calendário, não ultrapassar o limite de receita bruta anual de R$ 360.000,00, passará à condição de microempresa no ano-calendário seguinte. Em oposição, se a empresa de pequeno porte excede o limite de R$ 4.800.000,00 de receita bruta ao longo do ano-calendário, ficará excluída, no mês seguinte, do regime diferenciado e favorecido previsto pelo Estatuto, *para todos os efeitos legais*. Mas se o excesso verificado em relação à receita bruta não for superior a 20% a R$ 4,8 milhões, os efeitos da exclusão dar-se-ão no ano-calendário seguinte.

Em todos os casos, no entanto, é preciso atentar para o fato de que o enquadramento do empresário ou da sociedade simples ou empresária como microempresa ou empresa de pequeno porte, bem como o seu desenquadramento, não implicarão alteração, denúncia ou qualquer restrição em relação a contratos por elas anteriormente firmados, como esclarecido pelo artigo 3º, § 3º, do Estatuto. Não é só. A microempresa e a empresa de pequeno porte que no decurso do ano-calendário de início de atividade ultrapassar o limite de R$ 300.000,00 multiplicados pelo número de meses de funcionamento nesse período também estarão excluídas do regime do Estatuto, com efeitos retroativos ao início de suas atividades.

O enquadramento, reenquadramento e desenquadramento de microempresa e empresa de pequeno porte pelas Juntas Comerciais são efetuados, conforme o caso, mediante arquivamento de declaração procedida pelo empresário ou sociedade em instrumento específico para essa finalidade.

As sociedades simples e empresárias que se qualificarem, nos moldes acima estudados, como microempresas ou empresas de pequeno porte estão desobrigadas da realização de reuniões e assembleias em qualquer das situações previstas na legislação civil, as quais serão substituídas por deliberação representativa do primeiro número inteiro superior à metade do capital social, regra que não se aplica às seguintes hipóteses: (1) caso haja disposição contratual em contrário, (2) caso ocorra hipótese de justa causa que enseje a exclusão de sócio ou (3) caso um ou mais sócios ponham em risco a continuidade da empresa em virtude de atos de inegável gravidade. Nesses três casos, realizar-se-á reunião ou assembleia de acordo com a legislação civil. Tais matérias serão estudadas no volume 2 desta coleção, dedicado ao Direito Societário. Ademais, é preciso observar que empresários e sociedades empresárias qualificados como *microatividades negociais* ou *atividades negociais de pequeno porte* estão dispensados da publicação de qualquer ato societário, conforme previsão do artigo 71 do Estatuto Nacional da Microempresa e da Empresa de Pequeno Porte.

A Lei Complementar 147/2014, preocupada com o agronegócio, incluiu o artigo 3º-A na Lei Complementar 123/2006, prevendo aplicar-se ao produtor rural pessoa física e ao agricultor familiar conceituado na Lei 11.326/2006, com situação regular na Previdência Social e no Município que tenham auferido receita bruta anual até o limite de R$ 4.800.000,00, as disposições sobre abertura e fechamento de empresas (artigos 6º e 7º), acesso aos mercados (Capítulo V da Lei Complementar), simplificação das relações do trabalho (Capítulo VI), fiscalização orientadora (Capítulo VII), associativismo (Capítulo VIII), estímulo ao crédito e à capitalização (Capítulo IX), estímulo à inovação (Capítulo X), protesto de títulos (Seção IV do Capítulo XI) e, finalmente, sobre acesso à Justiça (Capítulo XII). No entanto, diz a norma, é preciso ressalvar as disposições da Lei 11.718/2008. Mais do que isso, por expressa disposição do parágrafo único deste artigo 3º-A, não se aplica aos tributos e contribuições, matéria constante do Capítulo IV do Estatuto Nacional da Micro e Pequena Empresa.

3 CONSTITUIÇÃO

A Lei Complementar 123/2006 procurou simplificar os procedimentos de a inscrição e a baixa de microempresas e empresas de pequeno porte, prevendo a unicidade do processo de registro e de legalização de empresários e de pessoas jurídicas, com articulação das competências próprias de cada ente federativo que, em conjunto, devem compatibilizar e integrar procedimentos, de modo a evitar a duplicidade de exigências e garantir a linearidade do processo, da perspectiva do usuário.

O processo de abertura, registro, alteração e baixa da microempresa e empresa de pequeno porte, bem como qualquer exigência para o início de seu funcionamento, deverão ter trâmite especial e simplificado, preferencialmente eletrônico, opcional para o empreendedor, observado que poderão ser dispensados o uso da firma, com a respectiva assinatura autógrafa, o capital, requerimentos, demais assinaturas, informações relativas ao estado civil e regime de bens, bem como remessa de documentos, na forma estabelecida pelo Comitê para Gestão da rede Nacional para simplificação do Registro e da Legalização de Empresas e Negócios – CGSIM (artigo 4º, § 1º, da Lei Complementar 123/2006, com redação dada pela Lei Complementar nº 147/2014).

Ademais, ressalvado o disposto na própria Lei Complementar 123/2006, ficam reduzidos a zero todos os custos, inclusive prévios, relativos à abertura, à inscrição, ao registro, ao funcionamento, ao alvará, à licença, ao cadastro, às alterações e procedimentos de baixa e encerramento e aos demais itens relativos ao Microempreendedor Individual, incluindo os valores referentes a taxas, emolumentos e demais contribuições relativas aos órgãos de registro, de licenciamento, sindicais, de regulamentação, de anotação de responsabilidade técnica, de vistoria e de fiscalização do exercício de profissões regulamentadas. Não é só. O agricultor familiar, definido conforme a Lei 11.326/2006, e identificado pela Declaração de Aptidão ao Pronaf – DAP física ou jurídica, bem como o microempreendedor individual (MEI) e o empreendedor de economia solidária ficam isentos de taxas e outros valores relativos à fiscalização da vigilância sanitária (artigo 4º, § 3º-A, incluído pela Lei Complementar 147/2014).

Segundo o artigo 6º, *caput* e § 1º, da Lei Complementar 123/2006, os requisitos de segurança sanitária, metrologia, controle ambiental e prevenção contra incêndios, para os fins de registro e legalização de empresários e pessoas jurídicas, deverão ser simplificados, racionalizados e uniformizados pelos órgãos envolvidos na abertura e fechamento de empresas, no âmbito de suas competências. Os órgãos e entidades envolvidos na abertura e fechamento de empresas que sejam responsáveis pela emissão de licenças e autorizações de funcionamento somente realizarão vistorias após o início de operação do estabelecimento, quando a atividade, por sua natureza, comportar grau de risco compatível com esse procedimento.

Aliás, a classificação de baixo grau de risco permite ao empresário ou à pessoa jurídica a obtenção do licenciamento de atividade mediante o simples fornecimento de dados e a substituição da comprovação prévia do cumprimento de exigências e restrições por declarações do titular ou responsável (artigo 4º, § 4º). Afinal, exceto nos casos em que o grau de risco da atividade seja considerado alto, os Municípios emitirão *Alvará de Funcionamento Provisório*, que permitirá o início de operação do estabelecimento imediatamente após o ato de registro (artigo 7º). Prevê o artigo 6º, § 3º, com a redação dada pela Lei Complementar 147/2014, que, na falta de legislação estadual, distrital ou municipal específica relativa à definição do grau de risco da atividade, aplicar-se-á resolução do Comitê para Gestão da rede Nacional para simplificação do Registro e da Legalização de Empresas e Negócios – CGSIM. Tal previsão será obviamente inconstitucional sempre que haja expressa atribuição de competência na Carta Política. O parágrafo seguinte, 4º, estabelece que a classificação de baixo grau de risco permite ao empresário ou à pessoa jurídica a obtenção do licenciamento de atividade mediante o simples fornecimento de dados e a substituição da comprovação prévia do cumprimento de exigências e restrições por declarações do titular ou responsável. É vedado aos órgãos e entidades integrados ao sistema informatizado o estabelecimento de exigências não previstas em lei (artigo 8º, § 3º).

O registro dos atos constitutivos, de suas alterações e extinções (baixas), referentes a empresários e pessoas jurídicas em qualquer órgão dos três âmbitos de governo, ocorrerá independentemente da regularidade de obrigações tributárias, previdenciárias ou trabalhistas, principais ou acessórias, do empresário, da sociedade, dos sócios, dos administradores ou de empresas de que participem, sem prejuízo das responsabilidades do empresário, dos titulares, dos sócios ou dos administradores por tais obrigações, apuradas antes ou após o ato de extinção (artigo 9º, *caput*, da Lei Complementar 123/2006). Emenda o § 1º, dispensando o arquivamento, nos órgãos de registro, dos atos constitutivos de empresários, de sociedades empresárias e de demais equiparados que se enquadrarem como microempresa ou empresa de pequeno porte, bem como o arquivamento de suas alterações das seguintes exigências: (1) certidão de inexistência de condenação criminal, que será substituída por declaração do titular ou administrador, firmada sob as penas da lei, de não estar impedido de exercer atividade mercantil ou a administração de sociedade, em virtude de condenação criminal; e (2) prova de quitação, regularidade ou inexistência de débito referente a tributo ou contribuição de qualquer natureza. Também não se exige que os atos constitutivos estejam visados por advogado, não se aplicando às microempresas e às empresas de pequeno porte o disposto no § 2º do artigo 1º da Lei 8.906/1994 (Estatuto da Advocacia e da Ordem dos Advogados do Brasil).

No alusivo à baixa, os órgãos responsáveis têm 60 dias para efetivar a baixa nos respectivos cadastros; passado tal prazo, a baixa será presumida. Note-se, no entanto, que a baixa do empresário ou da pessoa jurídica não impede que, posteriormente, sejam lançados ou cobrados tributos, contribuições e respectivas penalidades, decorrentes da falta do cumprimento de obrigações ou da prática comprovada e apurada em processo administrativo ou judicial de outras irregularidades praticadas pelos empresários, pelas pessoas jurídicas ou por seus titulares, sócios ou administradores (artigo 9º, § 4º). Ademais, a solicitação de baixa do empresário ou da pessoa jurídica importa responsabilidade solidária dos empresários, dos titulares, dos sócios e dos administradores no período da ocorrência dos respectivos fatos geradores (§ 5º). Esses dois parágrafos, no entanto, devem ser interpretados restritivamente: aplicam-se exclusivamente a microempreendedores individuais (MEI), a microempresas e empresas de pequeno porte que se beneficiem do regime previsto na Lei Complementar 123/2006.

Não poderão ser exigidos pelos órgãos e entidades envolvidos na abertura e fechamento de empresas, dos três âmbitos de governo (artigo 10), (1) excetuados os casos de autorização prévia, quaisquer documentos adicionais aos requeridos pelos órgãos executores do Registro Público de Empresas Mercantis e Atividades Afins e do Registro Civil de Pessoas Jurídicas; (2) documento de propriedade ou contrato de locação do imóvel onde será instalada a sede, filial ou outro estabelecimento, salvo para comprovação do endereço indicado; (3) comprovação de regularidade de prepostos dos empresários ou pessoas jurídicas com seus órgãos de classe, sob qualquer forma, como requisito para deferimento de ato de inscrição, alteração ou baixa de empresa, bem como para autenticação de instrumento de escrituração. Mais do que isso, é vedada a instituição de qualquer tipo de exigência de natureza documental ou formal, restritiva ou condicionante, pelos órgãos envolvidos na abertura e fechamento de empresas, que exceda o estrito limite dos requisitos pertinentes à essência do ato de registro, alteração ou baixa da empresa (artigo 11).

4   BENEFÍCIOS DO REGIME ESPECIAL

Ao enquadramento como microempresa ou empresa de pequeno porte correspondem vantagens, seguindo a determinação anotada nos artigos 170, IX, e 179 da Constituição da República. Essas vantagens apuram-se nas mais diversas áreas do Direito. No plano do Direito Tributário, o Estatuto Nacional da Microempresa e da Empresa de Pequeno Porte institui um Regime Especial Unificado de Arrecadação de Tributos e Contribuições devidos pelas Microempresas e Empresas de Pequeno Porte, ao qual atribuiu o codinome *Simples Nacional.*

No âmbito das aquisições de bens e serviços pela Administração Pública, direta ou indireta (incluindo a fundacional), os artigos 42 e seguintes do Estatuto Nacional da Microempresa e da Empresa de Pequeno Porte garantem um regime especial do qual constam, entre outras medidas, a previsão de que a comprovação de sua regularidade fiscal e trabalhista somente será exigida para efeito de assinatura do contrato, bem como a preferência de contratação para microempresas e empresas de pequeno porte como critério de desempate. Note-se que, segundo a lei, entende-se por empate aquelas situações em que as ofertas apresentadas pelas microempresas e empresas de pequeno porte sejam iguais ou até 10% superiores àquelas apresentadas pelas demais empresas, percentual que se reduz para até 5% na modalidade de pregão. Ocorrendo o empate, a microempresa ou empresa de pequeno porte melhor classificada poderá apresentar proposta de preço inferior àquela considerada vencedora do certame, situação em que será adjudicado o contrato em seu favor.

A microempresa e a empresa de pequeno porte beneficiárias do regime de tributação simplificado, previsto na Lei Complementar 123/2006, usufruirão de regime de exportação que contemplará procedimentos simplificados de habilitação, licenciamento, despacho aduaneiro e câmbio, na forma do regulamento. Nesse sentido, destaca-se o julgamento do Recurso Especial 1.695.039/RS, no qual o Superior Tribunal de Justiça confirmou o seguinte acórdão do Tribunal Regional Federal da 4ª Região: "Segundo dita o § 1º do artigo 55 da Lei Complementar 123/2006, será observado o critério da dupla visita para lavratura de autos de infração referente a fiscalizações de ordem trabalhista, metrológica, sanitária, ambiental e de segurança. No caso de pequenas empresas, hipótese em questão, a medida possui natureza prioritariamente orientadora. Pela desconstituição do auto de infração. Precedentes desta Corte". Prevê-se, ademais, simplificação das relações de trabalho, como a dispensa de afixação de Quadro de Trabalho em suas dependências, de anotação das férias dos empregados nos respectivos livros ou fichas de registro, entre outras medidas. Ademais, estabelece-se que a fiscalização, no que se refere a aspectos trabalhista, metrológico, sanitário, ambiental, de segurança, de relações de consumo e de uso e ocupação do solo das microempresas e empresas de pequeno porte, deverá ser prioritariamente orientadora quando a atividade ou situação, por sua natureza, comportar grau de risco compatível com esse procedimento.

O artigo 56, com a redação que lhe deu a Lei Complementar 147/2014, permite que as microempresas ou as empresas de pequeno porte realizem negócios de compra e venda de bens e serviços para os mercados nacional e internacional, por meio de sociedade de propósito específico, nos termos e condições estabelecidos pelo Poder Executivo federal. No entanto, não poderão integrar tal sociedade pessoas jurídicas não optantes pelo Simples Nacional. Essa sociedade de propósito específico terá seus atos arquivados no Registro Público de Empresas Mercantis, sendo que, por força do § 2º do mesmo artigo, terá por finalidade realizar: (a) operações de compras para revenda às microempresas ou empresas de pequeno porte que sejam suas sócias; e (b) operações de venda de bens adquiridos das microempresas e empresas de pequeno porte que sejam suas sócias para pessoas jurídicas que não sejam suas sócias (podendo exercer atividades de promoção desses bens). Segundo o mesmo artigo 56, em seus incisos seguintes, tal sociedade de propósito específico: (IV) apurará o imposto de renda das pessoas jurídicas com base no lucro real, devendo manter a escrituração dos livros Diário e Razão; (V) apurará a Cofins e a Contribuição para o PIS/Pasep de modo não cumulativo; (VI) exportará, exclusivamente, bens a ela destinados pelas microempresas e empresas de pequeno porte que dela façam parte; (VII) será constituída como sociedade limitada; (VIII) deverá, nas revendas às microempresas ou empresas de pequeno porte que sejam suas sócias, observar preço no mínimo igual ao das aquisições realizadas para revenda; e (IX) deverá, nas revendas de bens adquiridos de microempresas ou empresas de pequeno porte que sejam suas sócias, observar preço no mínimo igual ao das aquisições desses bens.

Note-se que a microempresa ou a empresa de pequeno porte não poderá participar simultaneamente de mais de uma dessas sociedades de propósito específico. Ademais, tais sociedades não podem (I) ser filial, sucursal, agência ou representação, no País, de pessoa jurídica com sede no exterior; (II) ser constituída sob a forma de cooperativas, inclusive de consumo; (III) participar do capital de outra pessoa jurídica; (IV) exercer atividade de banco comercial, de investimentos e de desenvolvimento, de caixa econômica, de sociedade de crédito, financiamento e investimento ou de crédito imobiliário, de corretora ou de distribuidora de títulos, valores mobiliários e câmbio, de empresa de arrendamento mercantil, de seguros privados e de capitalização ou de previdência complementar; (V) ser resultante ou remanescente de cisão ou qualquer outra forma de desmembramento de pessoa jurídica que tenha ocorrido em um dos cinco anos-calendário anteriores; e (VI) exercer a atividade vedada às microempresas e empresas de pequeno porte optantes pelo Simples Nacional.

No âmbito do Direito Privado, o Estatuto estabelece, em primeiro lugar, instrumentos de estímulo ao crédito e à capitalização das empresas, melhor acesso aos mercados de crédito e de capitais, redução do custo de transação, elevação da eficiência alocativa, incentivo ao ambiente concorrencial e qualidade do conjunto informacional, em especial o acesso e a portabilidade das informações cadastrais relativas ao crédito. Isso inclui linhas de crédito específicas, programas de treinamento, desenvolvimento gerencial e capacitação tecnológica, tratamento simplificado e ágil, com divulgação ampla das respectivas condições e exigências. (artigo 57 e seguintes). Por exemplo, julgando o Agravo Regimental no Agravo em Recurso Especial 601.929/RS, o Superior Tribunal de Justiça afirmou: "A jurisprudência desta Corte orienta que os bens das pessoas jurídicas são penhoráveis, tendo o artigo 649, inciso V, do CPC/1973 aplicação excepcional somente nos casos em que os bens penhorados se revelem indispensáveis à continuidade das atividades de microempresa ou de pequeno porte".

A Lei Complementar 127/2007 incluiu um artigo 60-A no Estatuto, autorizando o Poder Executivo a instituir um Sistema Nacional de Garantias de Crédito, integrante do Sistema Financeiro Nacional, com o objetivo de facilitar o acesso das microempresas e empresas de pequeno porte a crédito e demais serviços das instituições financeiras, o qual, na forma de regulamento, proporcionará a elas tratamento diferenciado, favorecido e simplificado, sem prejuízo de atendimento a outros públicos-alvo.

O Estatuto ainda se preocupa em estimular a *inovação* no âmbito das microempresas e empresas de pequeno porte, como tal considerada a concepção de um novo produto ou processo de fabricação, bem como a agregação de novas funcionalidades ou características ao produto ou processo que implique melhorias incrementais e efetivo ganho de qualidade ou produtividade, resultando maior competitividade no mercado. Prevê-se que a União, os Estados, o Distrito Federal e os Municípios manterão programas específicos para as microempresas e para as empresas de pequeno porte, inclusive quando estas revestirem a forma de incubadoras, o que poderá ser feito por meio de: (1) agências de fomento, (2) Instituição Científica e Tecnológica (ICT), (3) núcleos de inovação tecnológica, (4) instituições de apoio, ou instrumentos de apoio tecnológico para a inovação, (5) instrumentos de apoio tecnológico para a inovação. Esses programas específicos deverão observar condições de acesso diferenciadas, favorecidas e simplificadas, devendo expressar em seus orçamentos, amplamente divulgados, o montante disponível e suas condições de acesso, conforme se afere dos artigos 64 e seguintes do Estatuto. Por fim, *instrumento de apoio tecnológico para a inovação* é qualquer serviço disponibilizado presencialmente ou na internet que possibilite acesso a informações, orientações, bancos de dados de soluções de informações, respostas técnicas, pesquisas e atividades de apoio complementar desenvolvidas pelas instituições acima listadas (incluído pela Lei Complementar 147/2014).

No plano do protesto de títulos, por força do artigo 73, se o devedor for microempresário ou empresa de pequeno porte, o protesto sujeita-se às seguintes condições: (1) aos emolumentos do tabelião não incidirão quaisquer acréscimos a título de taxas, custas e contribuições para o Estado ou Distrito Federal, carteira de previdência, fundo de custeio de atos gratuitos, fundo especial do Tribunal de Justiça, bem como de associação de classe, criados ou que venham a ser criados sob qualquer título ou denominação, ressalvada a cobrança do devedor das despesas de correio, condução e publicação de edital para realização da intimação; (2) para o pagamento do título em cartório, não poderá ser exigido cheque de emissão de estabelecimento bancário, mas, feito o pagamento por meio de cheque, de emissão de estabelecimento bancário ou não, a quitação dada pelo tabelionato de protesto será condicionada à efetiva liquidação do cheque; e (3) o cancelamento do registro de protesto, fundado no pagamento do título, será feito independentemente de declaração de anuência do credor, salvo no caso de impossibilidade de apresentação do original protestado. Para tanto, o devedor deverá provar sua qualidade de microempresa ou de empresa de pequeno porte perante o tabelionato de protestos de títulos, mediante documento expedido pela Junta Comercial ou pelo Registro Civil das Pessoas Jurídicas, conforme o caso. De resto, se o pagamento do título ocorrer com cheque sem a devida provisão de fundos, serão automaticamente suspensos pelos cartórios de protesto, pelo prazo de um ano, todos os benefícios previstos para o devedor neste artigo, independentemente da lavratura e do registro do respectivo protesto.

Alfim, tenha-se em destaque o artigo 74 do Estatuto, segundo o qual se aplica às microempresas e às empresas de pequeno porte o disposto no § 1º do artigo 8º da Lei 9.099/1995 (dispõe sobre os Juizados Especiais no âmbito da Justiça Estadual), e no inciso I do artigo 6º da Lei 10.259/2001 (institui os Juizados Especiais no âmbito da Justiça Federal), ou seja, as pessoas jurídicas, sociedades simples ou empresárias, passam a ser admitidas como proponentes de ação perante o Juizado Especial, excluídos os cessionários de direito de pessoas jurídicas. Não é só. Por força do artigo 75, microempresas e empresas de pequeno porte deverão ser estimuladas a utilizar os institutos de conciliação prévia, mediação e arbitragem para solução dos seus conflitos, sendo reconhecidos de pleno direito os acordos celebrados no âmbito das comissões de conciliação prévia. Esse estímulo compreenderá campanhas de divulgação, serviços de esclarecimento e tratamento diferenciado, simplificado e favorecido no tocante aos custos administrativos e honorários cobrados.

6
Nome Empresarial

1 NOME

O nome serve à identidade, permitindo que a pessoa seja reconhecida e referida (individualiza) e permite agregar valores sociais, como história, imagem, honra, confiabilidade etc. O mercado reconhece seus agentes por meio de seus nomes, seja nas relações que as empresas mantêm entre si, seja nas relações que mantêm com seus clientes, o que fundamenta, inclusive, o princípio da novidade: os nomes empresariais submetidos a registro devem ser distintos dos nomes já registrados naquele território, evitando confusão. O nome empresarial, portanto, preserva a identidade dos atores mercantis e garante a concorrência entre eles, afastando – e devendo afastar – confusões entre agentes concorrentes, nomeadamente quando intencional, vale dizer, com fins predatórios.

Para o Superior Tribunal de Justiça, cuida-se de um direito da personalidade, mesmo em se tratando de pessoa jurídica. Neste sentido, julgando o Recurso Especial 1481124/SC, reconheceu que "o direito ao nome é parte integrante dos direitos de personalidade tanto das pessoas físicas quanto das pessoas jurídicas, constituindo o motivo pelo qual o nome (empresarial ou fantasia) de pessoa jurídica não pode ser empregado por outrem em publicações ou representações que a exponham ao desprezo público nem tampouco utilizado por terceiro, sem sua autorização prévia, em propaganda comercial".

O nome empresarial pode assumir apresentar forma de firma ou de denominação (artigo 1.155 do Código Civil). A esses dois tipos, acresça-se a permissão anotada no artigo 35-A da Lei 8.934/1994: "O empresário ou a pessoa jurídica poderá optar por utilizar o número de inscrição no Cadastro Nacional da Pessoa Jurídica (CNPJ) como nome empresarial, seguido da partícula identificadora do tipo societário ou jurídico, quando exigida por lei."

1.1   Firma

A *firma* funda-se no *nome civil* do ser humano ou seres humanos responsáveis pela atividade negocial. A firma natural do empresário e a firma social das corporações contratuais, embora seja facultado às sociedades limitas adotar, por nome, tanto a firma social, quanto a denominação. Mais do que dar individualidade e identidade, a firma quer dar informação ao mercado. Orienta-se pelo *princípio da veracidade* (artigo 34 da Lei 8.934/1994): da firma deve constar uma verdade, uma afirmação verdadeira sobre o empresário ou a sociedade.

A *firma natural* constitui-se a partir do nome do empresário (artigo 1.156 do Código Civil), podendo ser mesmo iguais o nome civil e o nome empresarial, o que é mais comum. Podem ser feitas abreviações ou omissões, desde que se conserve o patronímico (ou *sobrenome*). Por exemplo, *Joaquim José da Silva Xavier* pode registrar-se como *JJ Xavier*. É lícito acrescentar ao nome empresarial a designação mais precisa da pessoa, como a alcunha (dito *apelido*), a exemplo de *JJ Xavier, o Tiradentes*. Também é permitido designar o gênero de atividade, como em *José da Silva Editor*. A permissão de adoção de *designação mais precisa da sua pessoa* (artigo 1.156) permite o uso de elementos complementares como "indicadores de relações de parentesco, ou de estado de família, ou de estado civil ou de estado profissional, ou gentílicos, ou pseudônimos, ou mesmo *fantasias*, inclusive aqueles que conformam o título do estabelecimento, ou identificadores do ramo comercial, admitindo-se, tanto que a lei não limitou o número deles, dois ou mais aditivos como, *v. g., Pedro Bichara, o Turquinho, Fazendas em Retalhos (Belo Horizonte)*".[1]

O Direito Brasileiro permite o uso de *firma derivada*, isto é, de firma que informe uma relação de sucessão *causa mortis* (meeiro ou herdeiro) ou *inter vivos* (o trespassatário). Meeiro e herdeiro beneficiam-se da mesma autorização de *designação mais precisa da sua pessoa*, a exemplo de *Viúva JJ Xavier* ou *Rafael Bichara, filho do Turquinho*. Já o trespassatário beneficia-se do artigo 1.164 do Código Civil, permitindo ao adquirente do estabelecimento, se o contrato o permitir, *usar o nome do alienante, precedido do seu próprio, com a qualificação de sucessor*; exemplo: *Robson Gomes Livreiro, sucessor de Daniel Pisserti Machado*. É figura obsoleta, em desuso, que já deveria ter sido deixada de lado pelo Direito Brasileiro.

Na sociedade em que há sócios que respondem pessoal e ilimitadamente pelas obrigações societárias, é dever usar *firma social* (ou *razão social*), composta pelo nome de quem pode ser responsabilizado pelas obrigações sociais (artigo 1.157 do

---

[1] D'ALBUQUERQUE, Aloísio Monteiro. Firma comercial. *Revista Forense*, Rio de Janeiro, v. 182, ano 56, p. 416-430, p. 422-423, mar./abr. 1959.

Código Civil). Coloquialmente, fala-se em *razão social* como sinônimo de *nome da sociedade empresária*, o que não é correto. A *denominação* também é nome empresarial e não é uma *razão social*. A *razão social* é expressão da composição societária no nome empresarial, ou seja, é sinônimo de *firma social*. A lei não exige que todos os nomes dos sócios responsáveis, pessoal e ilimitadamente, pelas obrigações societárias constem da firma. Basta o nome de um ou de alguns, no todo ou em parte (preservado o patronímico). Mas, se não há referência a todos, adita-se a expressão *e companhia* ou sua abreviatura (*Cia.*); também devem ser consideradas válidas outras expressões usuais que, atendendo ao princípio da veracidade, narrem a existência de outros sócios, como *e filhos, e irmãos, e sobrinhos* etc.

Em atenção ao princípio da veracidade, o nome que consta da firma social presume-se responsável pelos atos da pessoa jurídica, com exceção das sociedades limitadas, que podem adotar firma, que será composta com o nome de um ou mais sócios, desde que tais *sócios epônimos*[2] sejam pessoas físicas, de modo a indicar a relação social subjacente à pessoa jurídica empresarial. Nesse caso, a percepção de que se trata de sociedade limitada resulta da presença obrigatória da palavra final *limitada* ou sua abreviatura (*ltda.*); a omissão da palavra *limitada*, por extenso ou abreviada, determina a responsabilidade solidária e ilimitada dos sócios epônimos e dos administradores da sociedade (artigos 1.157, parágrafo único, e 1.158, § 3º, do Código Civil).

Nos demais casos, tratando-se de tipo societário que comporte responsabilidade subsidiária dos sócios, pessoal e ilimitada, a pessoa ou pessoas cujo(s) nome(s) figurar(em) na *firma* (na *razão social*) da sociedade, ficam solidária e ilimitadamente responsáveis pelas obrigações contraídas pela pessoa jurídica (artigo 1.157, parágrafo único, do Código Civil). A regra, contudo, não comporta interpretação inversa: a responsabilidade pessoal, solidária e ilimitada não está limitada àquele ou àqueles cujos nomes componham a *firma social*; aqueles sócios que, não obstante omitidos na razão social, tenham responsabilidade pessoal pelas obrigações societárias, em virtude da lei ou do ato constitutivo, podem ser demandados pelos credores da sociedade, não lhes servindo de defesa a alegação de que seus nomes não constam da firma.

1.2 Denominação

A denominação é um tipo de nome que se forma segundo a conveniência dos sócios, podendo utilizar-se de qualquer palavra ou expressão, desde que atenda ao princípio da novidade, ou seja, desde que seja nova, distinguindo-se de nome já

---

[2] Do grego ἐπώνυμος: "aquele que dá ou empresta o seu nome para alguma cousa" (GALVÃO, Ramiz. *Vocabulário etimológico, ortográfico e prosódico das palavras portuguesas derivadas da língua grega*. Rio de Janeiro, Belo Horizonte: Garnier, 1994. p. 246).

registrado, afastada mesmo a confusão por excessiva similaridade. A denominação pode ser mesmo um termo ou expressão de fantasia, significando algo (*Czar das Juntas – Indústria e Comércio Ltda.*) ou nada (*Pluft Plak – Indústria e Comércio de Juntas S/A*). Mas não há uma liberdade ilimitada para a denominação. Não se admitem, por exemplo, termos que contrariem a moral pública, como palavrões, palavras que firam o pudor (a exemplo de termos, mesmo científicos, para partes mais íntimas do corpo humano, atos considerados obscenos ou ultrajantes) etc.

Não se pode utilizar nome alheio, afirmando-o uma denominação. O nome é direito personalíssimo com proteção legal específica (artigos 16 e seguintes do Código Civil); nem mesmo a alcunha (o apelido), quando inequivocamente ligada a determinada pessoa, pode ser utilizada, já que é, igualmente, sinal de identificação ligado à sua personalidade jurídica. Não devem ser admitidos, igualmente, termos ou expressões que possam enganar ou confundir o público. Também não é lícito utilizar-se de nomes empresariais já registrados, termos ou expressões protegidos por direito autoral de outrem (a exemplo de poemas, músicas etc.) ou termos ou expressões que constituam marca registrada; aliás, há precedente do Superior Tribunal de Justiça nesse sentido: "registrada uma marca, não pode outra empresa industrial, comercial ou de serviços utilizá-la na composição de seu nome comercial, em havendo similitude de atividades" (julgamento do Recurso Especial 210.076/RJ, pela Quarta Turma).

Ademais, a denominação deve designar o objeto da sociedade (artigo 1.158, § 2º, do Código Civil). É o que se vê no exemplo *Pluft Plak – Indústria e Comércio de Juntas S/A*. As sociedades registradas antes da vigência do Código Civil de 2002 conservam o direito do regime anterior, a exemplo de *Gerdau S/A, Klabin S/A* ou *Toyota do Brasil Ltda.* Como corolário da disposição, a alteração no objeto social da empresa implicará a obrigatoriedade de alteração do nome empresarial, permitindo que reflita, o quanto possível, o objeto da sociedade. Aliás, o nome empresarial é o somatório da expressão de fantasia, da designação do objeto social e tipo societário; pode incluir, ademais, a designação da qualidade de microempresa (ME) ou de empresa de pequeno porte (EPP). Note que a omissão da palavra final *limitada* ou a sua abreviatura, nas sociedades limitadas, determina a responsabilidade solidária e ilimitada dos administradores que assim empregaram a firma ou a denominação da sociedade (artigo 1.158, § 3º, do Código Civil).

Sobre a denominação, o Superior Tribunal de Justiça, quando examinou o Recurso Especial 16.923/SP, disse que o "nome comercial não é apenas a expressão de fantasia, mas o conjunto, considerado em toda sua extensão". No caso em concreto, litigavam duas sociedades empresárias: *Tirreno Indústria e Comércio de Produtos Químicos Ltda.* e *Tirreno Veículos Ltda.* O relator, Ministro Cláudio Santos, destacou trecho da decisão recorrida, ponderando que "os nomes comerciais das litigantes trazem em si os elementos que os distinguem, na medida em que a autora se dedica à indústria e comércio de produtos químicos e a ré à comercialização de veículos". A conclusão foi reforçada a partir de outro elemento, a marca, realçando-se que "o próprio INPI, ao deferir os respectivos registros, fê-lo, em relação à autora, na classe 40.15 [...] e relativamente à ré nas classes 7.25, 7.55 e 7.60". Dessa forma, entenderam os julgadores, "não há, efetivamente, confusão possível para o consumidor, em razão do nome *Tirreno*, um patronímico que não pertence a nenhuma das litigantes, pois que se dedicam elas a atividades bem diferentes, como seus nomes comerciais proclamam, aliás".

A possibilidade de se adotar firma ou denominação nas sociedades limitadas permite a manutenção do nome civil do sócio falecido no nome da sociedade. Para tanto, deverá haver autorização expressa, dada pelo titular do nome, ou por seus descendentes, ascendentes, cônjuge e colaterais até o 4º grau (artigos 16 e seguintes do Código Civil). Não lhes é lícito, porém, simplesmente opor-se à utilização do nome civil do *de cujus*, se já há autorização para tanto, excetuada a hipótese de haver *exposição ao desprezo público* (artigo 17). Em qualquer hipótese, jamais poderá haver manutenção se comprovado que, insofismavelmente, provocam engano ou confusão junto ao mercado. Com a manutenção do nome civil do *de cujus* no nome empresarial, passará esse a ter a natureza jurídica de denominação e não mais de firma social. Nessa hipótese, será indispensável acrescentar o objeto social (artigo 1.158, § 2º, do Código Civil).

2 NOME E TIPO EMPRESARIAL

Há uma distribuição do tipo de nome empresarial (firma ou denominação) para cada tipo empresarial, o que justifica o exame caso a caso:

Empresário individual: os empresários que se inscrevem no Registro Mercantil como titulares individuais de empresas devem, obrigatoriamente, indicar sua firma e a assinatura correspondente. A firma tem por base o nome civil do empresário, no todo ou em parte, podendo haver abreviações, desde que permita a sua identificação. Permite-se, ademais, acrescer "designação mais precisa da sua pessoa ou do gênero de atividade" (artigo 1.156 do Código Civil).

Empresa individual de responsabilidade limitada[3]: de acordo com o artigo 980-A, § 1º, do Código Civil, introduzido pela Lei 12.441/11, a empresa individual de responsabilidade limitada pode adotar firma ou denominação por nome empresarial, devendo incluir a expressão "EIRELI". Embora o legislador tenha se referido exclusivamente à forma abreviada, o uso da identificação da natureza jurídica, por extenso, alcança a mesma finalidade, com maior precisão; assim, pode-se acrescer à firma ou denominação, em lugar de *Eireli, empresa individual de responsabilidade limitada*. Ademais, parece-me que, se for usada a denominação, deve ser aplicado o artigo 1.158, § 2º, do Código Civil, devendo o nome designar o objeto da empresa.

---

3   A MP 1.085/2021, ainda em tramitação, confirma a extinção da Eireli.

Assim, se Armindo Castro quer registrar-se como *empresa individual de responsabilidade limitada* para explorar um bar na hospitaleira Cuiabá, poderá adotar a firma *Armindo Castro EIRELI* ou uma denominação como *Bar Chips & Chopps Eireli*. Resta decidir, diante da balbúrdia legislativa criada pela Lei 14.195/2021, se a Eireli ainda existe, ou seja, se a MP 1.085/2021 não foi aprovada. Nossa péssima qualidade legislativa (aprovação legal, sanção e veto) é uma vergonha para a República.

Sociedade em nome coletivo: a sociedade em nome coletivo deve adotar firma (razão social); seu nome deve ser composto a partir do nome civil de um, algum ou todos os sócios, no todo ou em parte (se parte, o patronímico, obrigatoriamente); se o nome de algum ou alguns dos sócios é omitido, torna-se obrigatório indicar a sua existência pela utilização da expressão *e companhia*, por extenso ou abreviada (*e Cia.* ou *& Cia.*), obrigatoriamente colocada ao final do nome empresarial. Embora a lei não o afirme, devem ser aceitas formas alternativas de expressar a existência de outros sócios, coloquialmente reconhecidas pelo mercado, a exemplo de *& filhos*, *& irmãos* (desde que os sócios omitidos na firma sejam, efetivamente, filhos ou irmãos, respectivamente) e, até, *& sócios*. De qualquer sorte, se não há mais pessoas, ou seja, se todos os nomes estão dispostos, por sua totalidade ou em parte, na firma, não se pode utilizar da expressão *e companhia*, por extenso ou abreviada, o que corromperia o princípio da veracidade, fazendo crer, indevidamente, haver alguém mais na sociedade.

Sociedade em comandita simples: o nome também deverá ser uma firma, dele constando apenas o nome daquele ou daqueles que respondem pessoal e ilimitadamente pelas obrigações sociais, ou seja, sócio ou sócios comanditados. Note que a presença no nome empresarial de qualquer sócio comanditário implica sua responsabilização pessoal e ilimitada pelas obrigações sociais, mesmo diante de previsão contrária no ato constitutivo (artigo 1.157, parágrafo único, do Código Civil).

Sociedade limitada: como visto, o nome empresarial da sociedade limitada poderá ser firma social ou denominação, sendo indispensável, em ambos os casos, a utilização da palavra *limitada*, por extenso ou abreviada (*ltda.*), sob pena de descaracterização do limite de responsabilidade. Optando pelo uso de firma, deverá atender ao princípio da veracidade, refletindo a razão social; a firma social, ademais, dispensa a sociedade limitada da indicação de seu objeto social, o que o artigo 1.158, § 2º, do Código Civil reserva à denominação. Optando os sócios pela utilização de denominação, para além da informação de se tratar de empresa submetida ao regime de responsabilidade dos sócios (*limitada* ou *ltda.*), deverá trazer o objeto social.

Sociedade cooperativa: adotará denominação (artigos 1.159 do Código Civil e 5º da Lei 5.764/1971), agregando, obrigatoriamente, o vocábulo *cooperativa* ou a expressão *sociedade cooperativa*, em qualquer posição. O objeto social deverá compor o nome (artigos 1.158, § 2º, do Código Civil e 5º da Lei 5.764/1971), embora não se permita o uso da expressão *banco* (parágrafo único do artigo 5º da Lei 5.764/1971). Não se admite denominação que se assemelhe à firma, o que subverteria a disciplina legal, criando uma pessoalidade que não se harmoniza com os princípios do cooperativismo.

Sociedade anônima: denominação, com identificação do tipo societário: a expressão *sociedade anônima* (ainda que abreviada: *S.A.* ou *S/A*), em qualquer lugar do nome, ou o termo *companhia* (ou abreviada: *Cia.*), desde que colocado no início ou no meio do nome (artigo 3º da Lei 6.404/1976), evitando confusão com a firma social (artigo 1.157, *caput*, do Código Civil), se fosse colocada ao final. É obrigatório esclarecer o objeto social (artigos 1.158, § 2º, e 1.160, *caput*, do Código Civil). Da denominação pode constar o nome civil do fundador, de um acionista ou mesmo de pessoa que haja concorrido para o bom êxito da formação da empresa (artigo 1.160, parágrafo único, do Código Civil e artigo 3º, § 1º, da Lei 6.404/1976).

Sociedade em comandita por ações: poderá ser firma (razão social) ou denominação. Em se tratando de firma, constará do nome empresarial apenas o nome dos acionistas que têm responsabilidade pessoal e ilimitada pelas obrigações sociais, ou seja, diretores ou gerentes. Aqui também aplica-se o artigo 1.157, parágrafo único, do Código Civil, ou seja, a presença no nome empresarial de qualquer acionista implica sua responsabilização pessoal e ilimitada pelas obrigações sociais. Do nome empresarial, ademais, deverá constar a expressão *comandita por ações* (artigo 1.161 do Código Civil). Optando-se por denominação, para além da expressão *comandita por ações*, faz-se necessário designar o objeto da sociedade.

Sociedade em conta de participação: reunião despersonificada de pessoas, com contorno jurídico muito próximo ao mero contrato, a sociedade em conta de participação não pode ter firma ou denominação, como lhe veda o artigo 1.162 do Código Civil. É mais um empreendimento do que uma empresa.

3 NATUREZA JURÍDICA

O nome empresarial, como de resto o nome de toda e qualquer pessoa, natural ou jurídica, é atributo moral de sua personalidade, merecendo proteção específica do Direito das Pessoas, a permitir, inclusive, o aforamento de ações indenizatórias por danos que lhes sejam impingidos, na forma do artigo 52, cominado com os artigos 16 e seguintes, do Código Civil. O artigo 1.164 do Código Civil reforça tal entendimento, afirmando que o nome empresarial não pode ser objeto de alienação. Cite-se, por fim, o artigo 1.162 do Código Civil, vedando que a sociedade em conta de participação tenha nome empresarial (firma ou denominação); ora, a sociedade em conta de participação não tem personalidade jurídica, não podendo ter um nome correspondente.

Pode-se alienar a marca, devidamente registrada no Instituto Nacional de Propriedade Industrial (INPI). Pode-se alienar o título do estabelecimento, junto com o respectivo complexo organizado de bens para o exercício da empresa. Mas o nome empresarial não é passível de ser cedido, mesmo que se trate de denominação.

Podem-se ceder as quotas da sociedade societária; pode-se ceder o estabelecimento ou um estabelecimento secundário em especial; pode-se ceder a marca; mas não é lícito contratar a cessão do nome empresarial, justamente por ser atributo de personalidade, natural (empresário) ou jurídica (sociedade empresária).

Compreendido como *direito de personalidade*, deve-se reconhecer no nome empresarial um bem que compõe o patrimônio moral do empresário ou da sociedade empresária, não comportando transmissão e, portanto, alienação, sucessão hereditária, penhor, penhora etc. Mas o nome empresarial é, a exemplo do nome civil, passível de alteração. Essas alterações, aliás, são necessárias quando haja alterações na estrutura social, tipo societário etc. O artigo 1.167 do Código Civil, quando permite ao prejudicado, *a qualquer tempo*, ajuizar ação para anular a inscrição do nome empresarial feita com violação da lei ou do contrato, é outro indicativo de que se trata de direito que, guardadas as particularidades relativas à pessoa jurídica, segue a lógica própria do regime dos direitos personalíssimos.

4 PROTEÇÃO AO NOME EMPRESARIAL

O nome empresarial deve distinguir-se de qualquer outro já inscrito (empresário) ou registrado (sociedade empresária) *no mesmo registro* (artigo 1.163 do Código Civil); afinal, a inscrição do empresário, ou dos atos constitutivos das pessoas jurídicas, ou as respectivas averbações, no registro próprio, asseguram o uso exclusivo do nome nos limites do respectivo Estado (artigo 1.166). Criou-se, assim, uma limitação territorial para o princípio da novidade (artigo 34 da Lei 8.934/1994), abandonando a universalidade que estava prevista no artigo 8º da Convenção da União de Paris para proteção da Propriedade Industrial (com a Revisão de Estocolmo, 1967), entre nós promulgada pelo Decreto 75.572/1975 (Decreto Legislativo 78/1974), que garantia a proteção ao nome comercial, em todos os países signatários, *sem obrigações de depósito ou de registro, quer faça ou não parte de uma marca*.

À sombra do artigo 8º da Convenção da União de Paris, diversos precedentes jurisprudenciais afirmaram que bastaria o registro mercantil para garantir a exclusividade no uso do nome empresarial em todo o território nacional, independentemente do registro no Instituto Nacional de Propriedade Intelectual. Esse entendimento, contudo, foi superado pelas disposições anotadas nos artigos 1.163 e 1.166 do Código Civil, que fez uma opção pela proteção territorializada. Assim, a proteção ao nome empresarial circunscreve-se à unidade federativa de jurisdição da Junta Comercial que procedeu ao arquivamento da declaração de firma mercantil individual, do ato constitutivo de sociedade mercantil, bem como de eventuais alterações desses atos que impliquem mudança de nome. A alteração não denuncia o tratado, já que houve a ressalva, pelo Brasil, da aplicação a seus artigos 1º a 12, como se lê no Decreto 75.572/1975.

Ao dar cabo do Recurso Especial 1.359.666/RJ, a Terceira Turma do Superior Tribunal de Justiça não discordou: "Atualmente, a proteção ao nome comercial se circunscreve à unidade federativa de jurisdição da Junta Comercial em que registrados os atos constitutivos da empresa, podendo ser estendida a todo território nacional se for feito pedido complementar de arquivamento nas demais Juntas Comerciais. Precedentes". O mesmo entendimento foi esposado pela Quarta Turma, em face do Recurso Especial 1.184.867/SC: "A tutela ao nome comercial se circunscreve à unidade federativa de competência da junta comercial em que registrados os atos constitutivos da empresa, podendo ser estendida a todo o território nacional desde que seja feito pedido complementar de arquivamento nas demais juntas comerciais".

A proteção ao nome empresarial, em âmbito nacional, é uma exceção que demandaria registro específico, na forma de lei especial. Ausente essa lei, aceitam-se normas regulamentares, como decreto e instrução normativa do Departamento Nacional de Registro do Comércio (DNRC). De qualquer sorte, mesmo não havendo registro específico, as Juntas Comerciais devem recusar a adoção de nomes que podem criar confusão no mercado, motivo pelo qual é lícito ao empresário ou à sociedade, com registro anterior em outro território, pedir o cancelamento do registro posterior, ainda que feito em outro território, se demonstra a notoriedade de seu nome na região ou em todo o país, com prejuízo para o mercado (fornecedor e/ou consumidor). Isso para não falar da proteção à marca, quando a denominação pretendida com ela colide, como se verá adiante.

Julgando o Recurso Especial 1.184.867, a Quarta Turma do Superior Tribunal de Justiça afirmou que "a tutela ao nome comercial se circunscreve à unidade federativa de competência da junta comercial em que registrados os atos constitutivos da empresa, podendo ser estendida a todo o território nacional desde que seja feito pedido complementar de arquivamento nas demais juntas comerciais. Por sua vez, a proteção à marca obedece ao sistema atributivo, sendo adquirida pelo registro validamente expedido pelo Instituto Nacional da Propriedade Industrial – INPI, que assegura ao titular seu uso exclusivo em todo o território nacional, nos termos do artigo 129, *caput* e § 1º, da Lei n. 9.279/1996. [...] O entendimento desta Corte é no sentido de que eventual colidência entre nome empresarial e marca não é resolvido tão somente sob a ótica do princípio da anterioridade do registro, devendo ser levado em conta ainda os princípios da territorialidade, no que concerne ao âmbito geográfico de proteção, bem como o da especificidade, quanto ao tipo de produto e serviço. [...] 5. No caso concreto, equivoca-se o Tribunal de origem ao afirmar que deve ser dada prioridade ao nome empresarial em detrimento da marca, se o arquivamento na junta comercial ocorreu antes do depósito desta no INPI. Para que a reprodução ou imitação de nome empresarial de terceiro constitua óbice a registro de marca, à luz do princípio da territorialidade, faz-se necessário que a proteção ao nome empresarial não goze de tutela restrita a um Estado, mas detenha a exclusividade sobre o uso em todo o território nacional. Porém, é incontroverso da moldura fática que o registro dos atos constitutivos da autora foi feito apenas na Junta Comercial de Blumenau/SC".

Uma questão interessante é o uso do nome (ou da marca), pelo concorrente, em publicidade comparativa. A questão foi examinada pela Terceira Turma do Superior Tribunal de Justiça, quando examinou o Recurso Especial 1481124/SC. Cuidava-se de uma "ação indenizatória, por danos morais, movida por editora jornalística em desfavor de concorrente que promoveu a divulgação de pesquisa de opinião indicativa da preferência da comunidade local pela leitura desse mesmo impresso, com menção expressa e não autorizada de seu nome e respectivo desempenho apurado na citada pesquisa"; assim, pretendeu-se "a configuração de danos morais indenizáveis decorrentes do uso não autorizado do nome da autora em notícia veiculada por sua concorrente, sob o fundamento de que tal proceder consistiria em ofensa aos seus direitos de personalidade, concorrência desleal e proibida espécie de publicidade comparativa". Os julgadores reconheceram que "o direito ao nome é parte integrante dos direitos de personalidade tanto das pessoas físicas quanto das pessoas jurídicas, constituindo o motivo pelo qual o nome (empresarial ou fantasia) de pessoa jurídica não pode ser empregado por outrem em publicações ou representações que a exponham ao desprezo público nem tampouco utilizado por terceiro, sem sua autorização prévia, em propaganda comercial". No entanto, decidiram: "(4) A inexistência de norma expressa vedando a modalidade comparativa de publicidade revela sua aceitação pelo ordenamento jurídico brasileiro, mas não isenta o responsável por sua utilização de observar as regras atinentes à proteção dos direitos do consumidor e da propriedade intelectual. (5) Consoante a jurisprudência desta Corte, a publicidade comparativa, apesar de ser de utilização aceita, encontra limites na vedação à propaganda (i) enganosa ou abusiva; (ii) que denigra a imagem ou gere confusão entre os produtos ou serviços comparados, acarretando degenerescência ou desvio de clientela; (iii) que configure hipótese de concorrência desleal e (iv) que peque pela subjetividade e/ou falsidade das informações. (6) Na hipótese vertente, a divulgação objetiva do resultado de pesquisa de opinião, ainda que movida pela intenção de tornar público a apurada predileção dos leitores de determinada municipalidade pelo próprio veículo de comunicação jornalística divulgador frente aos seus concorrentes diretos, não constituiu hipótese de concorrência desleal de que trata o art. 195 da Lei 9.279/1996 e, pela forma como foi promovida em concreto, além de não ter ofendido nenhum direito de personalidade da pessoa jurídica recorrente, também não assumiu natureza de propaganda comercial, pelo que não há falar em dano moral indenizável".

4.1 Tutela do nome empresarial

A proteção do nome empresarial faz-se por meio administrativo, civil e penal. A *tutela administrativa* está a cargo da Junta Comercial, decorrendo direta e automaticamente do arquivamento da declaração de firma mercantil individual, do ato constitutivo de sociedade mercantil, bem como de eventuais alterações desses atos que impliquem mudança de nome (artigo 33 da Lei 8.934/1994), devendo proibir o arquivamento de atos de empresas mercantis com nome idêntico a outro já existente (artigo 35, V). Para cumprir tal função, a Junta está, inclusive, obrigada a responder a consultas formuladas pelos interessados (artigo 29), fornecendo-lhes as certidões pedidas. Assim, é lícito ao empresário ou sociedade empresária, com inscrição anterior, peticionar à junta a anulação do registro de outro empresário ou sociedade empresária, quando desrespeite o princípio da novidade, ou seja, quando seja igual ou semelhante ao seu, podendo criar confusão no mercado.

O empresário ou sociedade empresária, independentemente de prévio processo administrativo, pode recorrer ao judiciário, pedindo a anulação do registro feito em desrespeito ao princípio da novidade (artigo 1.167 do Código Civil). Também pode usar a ação cominatória, pedindo a abstenção do nome (ou do título de estabelecimento), sob pena da imposição de multa diária. Por fim, pode-se manejar a ação de indenização pelos prejuízos experimentados, morais ou econômicos, incluindo lucros cessantes. Contudo, é preciso demonstrar e/ou provar os danos e/ou lucros cessantes, como decidiu a Quarta Turma do Superior Tribunal de Justiça, diante do Recurso Especial 316.275/PR. O dano ou prejuízo não pode ser pressuposto a partir da simples utilização indevida do nome empresarial, entenderam os julgadores.

A tutela penal decorre da tipificação do ato de "usar marca, nome comercial, título de estabelecimento, insígnia, expressão ou sinal de propaganda ou qualquer outra forma que indique procedência que não a verdadeira, ou vender ou expor à venda produto com esses sinais" (artigo 194 da Lei 9.279/1990), com pena de detenção de um a três meses, ou multa. Trata-se de ação penal que somente se procede mediante queixa (artigo 199, parte final). Mas o tipo é doloso.

4.2   Proteção à razão empresarial

A razão empresarial (individual ou social) reflete o nome do empresário ou dos sócios da sociedade empresária; ainda assim, eventuais colidências no nome civil não podem contrariar o princípio da novidade (artigo 34 da Lei 8.934/1994). Assim, a conversão e a adaptação do nome civil para a firma empresarial (artigo 1.156 do Código Civil) torna-se um instrumento útil para garantir a distinção entre nomes empresariais que devem ser diferentes dos já inscritos, firma ou denominação (artigo 1.163). Se há nomes civis colidentes ou similares, deve ser acrescentada designação pessoal ou da atividade que permita uma distinção entre as firmas e, via de consequência, entre as empresas (artigo 1.163, parágrafo único).

A proteção à firma – à razão empresarial – concretiza-se no interesse não só do empresário ou sociedade empresária, mas também da sociedade e do mercado (fornecedor e consumidor). Nesse sentido, afirma-se o princípio da veracidade, anteriormente tratado, a exigir que o nome de sócio que vier a falecer, for excluído ou se retirar, seja retirado da firma social (artigo 1.165 do Código Civil). Se há sucessão universal da empresa individual, deverá haver inscrição do novo empresário, com nome comercial próprio.

4.3   Proteção à denominação

Também a denominação submete-se ao princípio da novidade no âmbito do território da Junta Comercial ou, havendo registro federal, em todo o âmbito da Federação (artigos 1.163 e 1.166 do Código Civil), sendo proibido arquivar atos de empresas mercantis com nome idêntico a outro já existente (artigo 35, V, Lei 8.934/1994). Essencialmente, não se admitem expressões que possam causar dúvida ou confusão no mercado, entre consumidores, fornecedores e parceiros. De qualquer sorte, é preciso cautela com o uso de expressões de uso comum, mormente quando inerentes a determinado setor econômico, evitando-se esforços para apropriação de termos que sejam notoriamente públicos, de utilização comum e, até, necessária pela sociedade e pelo mercado. É o caso de termos como *spa*, *flat*, entre outros.

O Superior Tribunal de Justiça, por sua Quarta Turma, não discorda: "não é de assegurar-se a exclusividade pretendida, desde que, tratando-se de uma expressão de uso comum, designativa da atividade empresarial, inocorre a possibilidade de confusão junto à clientela". O precedente foi extraído do Agravo Regimental no Agravo 25.652/SP, do qual foi relator o Ministro Barros Monteiro. No caso, *Refinações de Milho Brasil Ltda.* insurgia-se contra a denominação de *Refinações Lisboa e Menezes Ltda.*, pretendendo a exclusividade da expressão *refinações*, sendo afirmado pela Corte que "tal expressão não pode ser entendida como individualizadora da empresa autora; é ela de uso comum, não designativa da pessoa jurídica, mas da atividade desenvolvida. Em verdade, por tais razões, as denominações das duas empresas não são idênticas. Não se vislumbra, por isso mesmo, qualquer possibilidade de confusão. É esta última circunstância (perplexidade junto à clientela) que justifica a exclusividade de uso por aquele que agiu com primazia. [...] A prevalecer o intento da autora, nenhuma pessoa poderia jamais, no País, empregar o termo *refinações* em sua denominação".

A utilização de patronímicos (nomes familiares) como elemento central da denominação, pelo oposto, não descaracteriza a exclusividade do uso comercial. Assim, o registro anterior impede que patronímico idêntico seja utilizado posteriormente, como reconheceu a Terceira Turma do Superior Tribunal de Justiça, diante do Recurso Especial 406.763/SP; lê-se no corpo do acórdão: "O que deve prevalecer é a anterioridade do registro. Comprovado que o da autora é anterior, não pode a ré dele fazer uso, pouco importando que seja o patronímico de seus sócios." Assim, se já há o registro de *Metalúrgica Silva Ltda.*, outra pessoa que tenha o mesmo patronímico não poderá adotar nome idêntico ou similar, ainda que sob o argumento de tratar-se de firma (razão social). Terá que fazer alterações, a exemplo de *José Honório Silva & Cia. Indústria Metalúrgica*, entre diversas outras opções que tenham por efeito diferenciar os nomes empresariais.

5 NOME, MARCA E TÍTULO DE ESTABELECIMENTO

É fundamental não confundir (1) nome, (2) marca e (3) título de estabelecimento. O *nome* é um direito personalíssimo que se adquire pelo registro, estando diretamente ligado à pessoa (empresário ou sociedade) como um atributo moral da personalidade jurídica, razão pela qual não pode ser cedido. *Marca* é um sinal distintivo (palavra, imagem, símbolo) cuja propriedade é adquirida por meio de registro no Instituto Nacional de Propriedade Intelectual (INPI), como se estudará no Capítulo 13 deste livro. Já *título do estabelecimento* é o rótulo que se atribui ao ponto em que a atividade negocial se oferece ao mercado; sua aquisição decorre do uso notório, embora seja lícito (e mesmo recomendável) constar do registro mercantil, no qual se faculta ao empresário ou sociedade, para além de definir o nome empresarial, externar sob qual título de estabelecimento os negócios irão girar.

Assim, a *Companhia Brasileira de Distribuição* (nome empresarial) tem estabelecimentos com o título de *Hipermercado Extra*, assim como tem outros com o título *Supermercado Pão de Açúcar*. Nada impede, portanto, que um mesmo empresário ou sociedade empresária tenha vários estabelecimentos, cada qual funcionando com um título diverso, o que não é raro no setor de alimentação e entretenimento: restaurantes, bares ou boates: cada estabelecimento funciona sob um título, mas todos pertencem à mesma sociedade empresária. É possível que o título de estabelecimento seja o nome empresarial ou o seu núcleo. *Carrefour Indústria e Comércio Ltda.* tem estabelecimentos com o título *Carrefour*. E o meu primeiro emprego foi numa loja cujo título, posto no letreiro, era o nome empresarial: *Fermab – ferramentas, máquinas e bombas Ltda.*

A proteção ao título de estabelecimento resulta do *princípio da concorrência leal*, a pressupor respeito à identidade de cada negócio e de cada ator mercantil, impedindo que seus concorrentes confundam o público. Justamente por isso, mais do que proteger apenas o título, protegem-se, também, os sinais distintivos (insígnias), como mascotes e símbolos. Assim, o artigo 124, V, da Lei 9.279/1996 (Lei de Propriedade Industrial) afirma que não é registrável como marca a reprodução ou a imitação de elemento característico ou diferenciador de título de estabelecimento ou nome de empresa de terceiros, suscetível de causar confusão ou associação com estes sinais distintivos. Adiante, o artigo 191 da mesma lei define como crime de *concorrência desleal*, punível com detenção de um a três meses, ou multa, usar, indevidamente, nome comercial, título de estabelecimento ou insígnia alheios; o mesmo crime praticará quem vender, expor ou oferecer à venda produto com essas referências, bem como aquele que o tiver em estoque.

Julgando o Recurso Especial 284.742/SP, a Terceira Turma do Superior Tribunal de Justiça afirmou que "a proteção ao nome comercial impede o registro posterior de marca igual por terceiro, ainda mais quando no mesmo ambiente de mercado". No caso, "o nome da empresa autora foi registrado em 1976, com mais de vinte anos de anterioridade ao registro da marca pela ré, em 1996". Entendeu-se que o registro no INPI, por marca, de nome empresarial que outrem registrou anteriormente na Junta Comercial "conduz a uma verdadeira burla do princípio geral de proteção do nome comercial, ainda mais quando, como no presente feito, há ambiente comum de mercado. [...] Se há um nome comercial registrado, não pode haver o registro de marca por terceiro. Haveria, inevitavelmente, a confusão para o consumidor da origem do produto, que entenderia pertencer ao mesmo nome comercial a marca dispersa em várias classes, considerando que, no caso, estão as marcas dentro do mesmo mercado. Seria, na minha compreensão, expandir a possibilidade de burla ao consumidor, o que não é recomendável". Assim, "havendo conflito entre nome comercial e marca, deve prevalecer o registro efetuado em data anterior", como asseverou a mesma Terceira Turma no julgamento do Agravo Regimental nos Embargos Declaratórios no Agravo de Instrumento 805.623/PR.

Ainda assim, a proteção oferecida ao título de estabelecimento e às insígnias é frágil, capenga de registro peculiar e submetida ao princípio da territoriedade. Mais forte é a proteção conferida à marca, razão pela qual é usual que empresários e sociedades empresárias registrem, como marca, seus títulos de estabelecimento e, por vezes, o próprio núcleo de seu nome empresarial; exemplos são as marcas registradas *Extra*, *Pão de Açúcar* (para supermercados) e *Carrefour*. Aliás, uma mesma pessoa natural ou jurídica pode ter o registro de várias marcas para produtos e serviços diversos que ofereça ao mercado.

Anoto, ao final, que o mercado brasileiro assimilou uma tendência estrangeira: contratos sobre *naming rights*, ou seja, negócios que tem por objeto os direitos relativos a nomes empresariais e títulos de estabelecimento. Algumas empresas perceberam a vantagem de associar suas marcas ao título de estabelecimento (ou mesmo à denominação) de outrem, designadamente estabelecimento de entretenimento. É o que acontece com o *Chevrolet Hall*, em Belo Horizonte, e com o *Credicard Hall*, em São Paulo. A iniciativa procura explorar as vantagens mercadológicas advindas da identificação positiva entre a programação dessas casas e a marca do contratante. Seria muito bom para a marca a notícia de que *Frank Sinatra se apresentará no Chevrolet Hall*, por exemplo. A associação é imediata. Tais situações decorrem de contratos firmados entre as partes: o titular de uma marca que não apenas autoriza o seu uso como título de estabelecimento, como obtém o direito a tal uso. O empresário ou sociedade empresária, assim, está simultaneamente autorizado e obrigado a usar a marca de outrem no título de seu estabelecimento. Voltarei ao tema no Capítulo 13 deste livro.

Por fim, uma última observação: a marca caracteriza propriedade industrial. Desta forma, não se faz necessário que o contrato social faça qualquer menção à marca registrada, ainda que reflita o nome empresarial ou que seja o título do estabelecimento, insígnia ou termo identificador de produto(s). A marca é elemento estranho ao contrato social.

6 EXTINÇÃO

No sistema inaugurado pelo Código Civil de 2002, no qual o nome empresarial (bem como o nome de sociedades não empresárias, associações e fundações) merecem o *status* de direitos da personalidade da pessoa jurídica, devem ser afastados os entendimentos, até aqui vigentes, de prescrição do direito ao nome empresarial. Julgando o Agravo de Instrumento no Agravo em Recurso Especial 1.394.657/ SC, a Quarta Turma do Superior Tribunal de Justiça entendeu que "a pretensão concernente à abstenção de uso de marca ou nome empresarial nasce para o titular do direito protegido a partir do momento em que ele toma ciência da violação perpetrada (princípio da 'actio nata')". O mesmo entendimento da Terceira Turma quando julgou o Recurso Especial 1.696.899/RS. Some-se o Agravo Interno no Recurso Especial 1.729.890/PR: "A pretensão concernente à abstenção de uso de marca ou nome empresarial nasce para o titular do direito protegido a partir do momento em que ele toma ciência da violação perpetrada (princípio da *actio nata*), incidindo sobre ela o prazo prescricional de 10 anos".

Entre os argumentos expendidos na seção 3 deste capítulo, sobre a natureza jurídica do nome empresarial, cumpre aqui destacar o artigo 1.167 do Código Civil, a dizer caber ao prejudicado, *a qualquer tempo*, ação para anular a inscrição do nome empresarial feita com violação da lei ou do contrato. A *qualquer tempo*, destaco, como indicação da imprescritibilidade que é própria dos direitos personalíssimos (com as particularidades necessárias à sua excepcional aplicação à pessoa jurídica, fruto da expressa disposição do artigo 52 do Código Civil). Há, isso sim, prescrição do direito de ver-se indenizado por lesão ao nome empresarial, no prazo de três anos (artigo 206, § 3º, inciso IV ou V, conforme o caso), contado a partir da efetiva lesão.

Afastada a prescrição, afirma-se a extinção do direito ao nome empresarial quando extinta a própria empresa. É o que estipula o artigo 1.168 do Código Civil: "a inscrição do nome empresarial será cancelada, a requerimento de qualquer interessado, quando cessar o exercício da atividade para que foi adotado, ou quando ultimar-se a liquidação da sociedade que o inscreveu". A Lei 8.934/1994, em seu artigo 59, prevê a perda da proteção do nome empresarial quando *expirado o prazo da sociedade celebrada por tempo determinado*. A norma, contudo, esbarra no artigo 1.033, I, do Código Civil, a prever que, se vencido o prazo de duração, sem que nenhum sócio promova a liquidação da sociedade, essa se prorrogará por tempo indeterminado. Afasta-se, assim, a previsão da Lei 8.934/1994, não só pela disposição de lei posterior (Lei 10.406/2002), como também para não desatender à realidade, qual seja, ao direito da sociedade cujo prazo certo de duração foi tacitamente transmudado em prazo indeterminado, à proteção do nome empresarial. Mantém-se válido, porém, o artigo 60 da Lei 8.934/1994, que prevê que a firma individual ou a sociedade que não proceder a qualquer arquivamento no período de dez anos consecutivos deverá comunicar à Junta Comercial que deseja manter-se em funcionamento. Ausente essa comunicação, a empresa mercantil será considerada inativa, devendo a Junta Comercial promover-lhe o cancelamento do registro, com a perda automática da proteção ao nome empresarial.

7
Escrituração Empresarial

1 EXPRESSÃO CONTÁBIL DA EMPRESA

O Código Civil e a Lei 6.404/1976 trazem diversas normas sobre uma questão essencial para o fenômeno empresarial: sua expressão contábil, que agora se estudará. Esse estudo, contudo, se assenta sobre um aspecto desconfortável: traduzindo um momento institucional fraco da história brasileira, em que se percebe que a divisão entre os Poderes não está adequadamente assentada – uns avançando sobre a competência dos outros, em boa medida pela fragilidade (para não falar mediocridade) de todos – criando distorções variadas, designadamente no Direito. Justo por isso, embora se trate de um tema essencial para a qualidade do fenômeno mercantil, há um descompasso visível entre as normas legais e a realidade escritural, mais fundada em regulamentos infralegais do que a refletir o que efetivamente está positivado. Melhor seria se o Poder Legislativo se aviasse e, assumindo seu poder/dever, desse expressão legal atual para o tema. O grande desafio oferecido pelos regulamentos infralegais é que são a expressão do alvedrio do agente público: um decreto, uma portaria, uma instrução normativa se editam e se revogam ao bel prazer do agente, sem devido processo legislativo, sem efetiva manifestação das virtudes de um Estado Democrático de Direito. Há que se resistir a tal microlegislatura e seus pequenos e grandes abusos. Há que se prestigiar o Parlamento pois sua composição reflete a vontade soberana do povo. Dito isso, vamos estudar sobre a escrituração contábil da empresa.

Exige o artigo 1.179 do Código Civil que o empresário e a sociedade empresária mantenham um sistema de contabilidade. Tradicionalmente, esse sistema se fez em livros de papel, mas foi evoluindo em atendimento a normas regulamentares, passando por expressões mecanizadas e chegando às digitais. Esse sistema deve ter por base uma escrituração contábil uniforme e que guarde correspondência com a documentação respectiva. A contabilidade é o registro da vida empresarial, narrando todos os atos patrimoniais e seus valores, permitindo compreender o passado da empresa, seu presente e, mesmo, fazer projeções.

A escrituração contábil lista-se entre os atos formais: há forma prescrita em lei. Aliás, a escrituração é, em si, a expressão formal (uma expressão numérica) da atividade socioeconômica da empresa. O legislador usa essa forma necessária para garantir que a escrituração se apresente fiel à realidade empresarial; há normas legais e regulamentares para garantir a veracidade e a confiabilidade dos registros, impedindo – ou, no mínimo, dificultando – a concretização de fraudes, ou facilitando a sua percepção ou dedução; alcançam aspectos extrínsecos e intrínsecos da escrituração. (1) Extrínsecos são os requisitos referentes aos aspectos exteriores da escrituração, a exemplo de sua base material e da sua apresentação. (2) Intrínsecos são os requisitos alusivos à escrituração em si, à sua concretização.

Os artigos 1.179 e 1.180 do Código Civil ainda trabalham com formas mais antigas e elementares de escrituração contábil, feita em livros, à mão, ou fichas. O sistema normativo, contudo, vai evoluindo a partir de normas regulamentares que estabelecem uma escrituração digital. Em qualquer caso, há uma preocupação que os lançamentos sejam sequenciados cronologicamente para evitar fraudes: não dá para ir lá atrás e introduzir um lançamento entre dois outros. Mais do que isso, a escrituração faz-se em meio oficial (para evitar a adoção de sistemas paralelos) e, se há representação física (como livro ou fichas/folhas encadernadas), com *termo de abertura* e, ao final, *termo de encerramento*.

Os instrumentos de escrituração obrigatória, por disposição do artigo 1.181 do Código Civil, deverão ser autenticados no Registro Público de Empresas Mercantis, salvo as hipóteses de disposição especial de lei. Mas é possível autenticar livros não obrigatórios, hipótese na qual as anotações, guarda e conservação se submeterão às regras aplicáveis aos livros obrigatórios. A prática já foi mais usual e sempre serviu à segurança da empresa e até das relações do empresário ou sociedade empresária com terceiros. A autenticação faz-se antes de os instrumentos serem postos em uso e exige, sempre, que o empresário ou sociedade empresária estejam devidamente inscritos, sem o que não se fará a autenticação. Frise-se que a autenticação é ato externo à escrituração, ou seja, apenas atesta a existência do instrumento como relacionado à contabilidade da empresa, impedindo que sejam forjados outros documentos, permitindo uma duplicidade de escrituração e, assim, fraudes. Não confere veracidade ao que foi escriturado, razão pela qual a Junta Comercial não pode ser responsabilizada pelos fatos e atos escriturados, já que não é sua função conferir-lhes o conteúdo. A responsabilidade das Juntas Comerciais está limitada aos instrumentos de escrituração considerados em si, e não pelo que neles foi escriturado.

A autenticação se fará na Junta Comercial na qual está registrada a empresa (o empresário ou a sociedade empresária). Se a empresa tiver filial em outra unidade federativa, os instrumentos de escrituração desse estabelecimento secundário deverão ser requeridos à Junta Comercial onde estiver situada; nessa hipótese, os dados relativos aos termos de abertura e de encerramento deverão referir-se ao ato de abertura da filial na Junta Comercial da unidade federativa onde essa se localizar.

Os requisitos intrínsecos estão dispostos no artigo 1.183 do Código Civil. Em primeiro lugar, a escrituração deve ser feita em português. Utilizar-se de idioma estrangeiro, ainda que se trate de sociedade estrangeira, é um ato ilícito e torna a escrituração irregular. Mas não é proibido usar palavras ou expressões estrangeiras de uso corrente, a exemplo de *software, shopping center, marketing,* ou de uso específico, sem tradução imediata, como *computer output microfilm,* entre outras. Exige-se, ademais, o uso da moeda nacional. Havendo transação em moeda estrangeira, será lançada em moeda nacional, em valor convertido, pela cotação oficial. Nesse sentido, "se a empresa tiver valores de disponibilidades em moeda estrangeira, os mesmos devem ser registrados em subcontas à parte e seu saldo em moeda nacional deve ser o ajustado, correspondente ao valor em moeda estrangeira convertido para moeda nacional pela taxa cambial de compra corrente na data do Balanço".[1] Se há alteração do padrão monetário, o registro pela moeda vigente ao tempo do lançamento.

Outro requisito intrínseco é a adoção de *forma contábil,* razão pela qual o Código Civil, em seu artigo 1.182, exige que a escrituração esteja a cargo de contabilista legalmente habilitado, excetuando-se a hipótese de não haver nenhum na localidade. A adoção da forma contábil e a exigência de escrituração elaborada por contabilista, por seu turno, levaram o legislador a aceitar a adoção das técnicas já costumeiras de contabilização, que incluem o uso de abreviaturas, ícones e de códigos numéricos, o que não compromete a exigência de adoção de idioma nacional. O parágrafo único do artigo 1.183 do Código Civil, contudo, procura evitar que tais recursos possam dificultar a compreensão dos lançamentos, exigindo que os códigos de números ou de abreviaturas constem de livro próprio, regularmente autenticado; assim, cria e determina uma uniformidade, garantindo a uniformidade de escrituração.

Ainda entre os requisitos intrínsecos, lista-se a necessidade de a escrituração ser disposta em ordem cronológica de dia, mês e ano, sem intervalos em branco, nem entrelinhas. A medida impede a inserção, *a posteriori,* de lançamentos, permitindo fraudar a escrituração. O mesmo objetivo tem a estipulação de que não se admitem borrões, rasuras, emendas ou transportes para as margens. Obviamente, não pretendeu o legislador desconhecer que *errare humanum est;* assim, tendo sido cometido um erro, deverá ser ele corrigido por meio de lançamento de estorno.

Alfim, reitero: à margem do Código Civil, amplia sua importância o Sistema Público de Escrituração Digital – Sped que é um meio eletrônico, *online,* de escrituração

---

[1]   FUNDAÇÃO INSTITUTO DE PESQUISAS CONTÁBEIS, ATUARIAIS E FINANCEIRAS – FIPECAFI. *Manual de contabilidade das sociedades por ações*: aplicável às demais sociedades. 5. ed. São Paulo: Atlas, 2000. p. 82.

contábil. Sua regulamentação é por meio de normas regulamentares, infralegais, que dispõe sobre a recepção, validação, armazenamento e autenticação de livros e documentos que integram a escrituração comercial e fiscal dos empresários e das sociedades empresárias, mediante fluxo único, computadorizado, de informações. De outra face, há regras específicas para o microempreendedor individual (MEI), bem como para a microempresa e a empresa de pequeno porte optante pelo regime tributário denominado Simples, em Conformidade com o Estatuto Nacional da Microempresa e Empresa de Pequeno Porte.

2 GUARDA, CONSERVAÇÃO E VALOR PROBANTE

O empresário ou a sociedade empresária não só estão obrigados a realizar escrituração regular, mas igualmente guardar (conservar) toda a escrituração já elaborada, permitindo sua utilização como meio de prova. É o artigo 1.194 do Código Civil que prevê que o dever de guarda e conservação de toda a escrituração, alcançando a correspondência e mais papéis concernentes à sua atividade, perdurando enquanto não ocorrer prescrição ou decadência no tocante aos atos neles consignados. Não há um prazo mínimo certo, preciso, para a guarda e conservação da escrituração e respectivos documentos comprobatórios. Enquanto não ocorrer a prescrição ou a decadência (conforme o caso) dos os direitos que tenham na escrituração uma prova, mantém-se a obrigação empresarial. Pode-se ter a obrigação de se preservar todo um livro em virtude de um único lançamento. Essa indefinição de prazos acaba por exigir uma guarda prolongada, mormente considerando-se a existência de causas interruptivas e suspensivas da prescrição.

Obviamente, o dever de guarda e conservação não tem o condão de impedir que ocorram eventos que fujam à vontade do empresário ou do administrador da empresa, levando ao extravio, deterioração ou destruição de qualquer dos instrumentos de escrituração mercantil. Para tais hipóteses, as normas regulamentares do Registro do Comércio preveem um procedimento específico para que se dê a conhecer à Junta e ao mercado em geral o infausto, bem como para a recomposição da escrituração em novo instrumento.

A obrigatoriedade de se manter escrituração que atenda, por seus aspectos externos (requisitos extrínsecos) e internos (requisitos intrínsecos), a exigências legais estipuladas para garantir sua adequação à realidade, formando um retrato, uma representação numérica da atividade empresarial, oferece um importante instrumento de comprovação de atos e fatos jurídicos, razão pela qual o legislador, no artigo 226 do Código Civil, afirmou a sua validade como meio de prova, ainda que com algumas cautelas. Em primeiro lugar, coerente com a estipulação de um dever de manter a escrituração, definiu que os instrumentos de escrituração são meios de prova contra o empresário ou sociedade empresarial por eles responsáveis. Afinal, trata-se de documentos de sua autoria – ou produzidos em seu nome e a seu mando

–, caracterizando declaração livre e consciente que, como se sabe, tem o condão de obrigar o emitente (o declarante), a exemplo do que é reconhecido pelo artigo 219 do Código Civil. A regra de que a escrituração prova contra o empresário é repetida pelo Código de Processo Civil, ainda que licenciando ao empresário demonstrar, por outros meios de prova permitidos pelo Direito, que os lançamentos não correspondem à verdade dos fatos; essa licença deve ser interpretada restritivamente, não só para impedir argumentações que tenham por fim apenas retardar o procedimento judicial, como também para evitar o império da torpeza, sendo melhor compreendida quando se lhe reconhece a condição de via apropriada para a alegação de equívocos, imprecisões, erros etc.

A escrituração contábil regular também pode ser empregada como meio de prova em favor do empresário. É um bônus que advém do ônus de atender aos parâmetros formais demandados em lei e regulamentos. Claro que é preciso redobrado cuidado, sabendo tratar-se de declarações unilaterais. No entanto, a inexistência de vício extrínseco ou intrínseco, bem como lastro documental (quando necessário) criam uma pressuposição relativa de regularidade.[2] Mesmo as teorias da boa-fé e da aparência socorrem tal entendimento. Mas, insisto, é presunção relativa: os lançamentos escriturais podem sempre ser ilididos pela comprovação de falsidade ou inexatidão, numa situação de inversão do ônus probatório: pressupõe-se a veracidade do que está formalmente regular, é preciso comprovar a irregularidade, a falsidade, a inexatidão. Não é pouco. Pelo contrário, é tudo: a escrituração contábil é um retrato da empresa. Então, ali se encontrará prova sobre negócios, faturamento, custos e despesas, obrigações, pagamentos, prejuízo e lucro (além de lucratividade), fornecedores e parceiros, só para exemplificar. O exame da contabilidade permite estimar uma empresa, no todo ou em parte (estabelecimentos, unidades produtivas determinadas), definindo-lhe valor médio de mercado e, a partir daí, mesmo perdas e danos e lucros cessantes.

A prova oferecida pela escrituração deve ser compreendida como um todo, como esclarece o artigo 419 do Código de Processo Civil: "se dos fatos que resultam dos lançamentos, uns são favoráveis ao interesse de seu autor e outros lhe são contrários, ambos serão considerados em conjunto como unidade". Não se pode eleger a passagem favorável, mas é preciso alcançar todos os lançamentos que digam respeito ao elemento que se perscruta: o negócio, o fato ou conjunto (mesmo sequência) de fatos, o valor etc. E, sim, é faculdade do julgador, fundamentalmente, afirmar a prevalência de um (ou alguns) lançamento(s) sobre outro(s) para solucionar o litígio, usando para tantos os elementos ordinários da interpretação/aplicação, em concreto, do Direito. E isso inclui o peso que o empresário ou a sociedade carregam de ser o autor das declarações contábeis. Por isso, reitero: o valor probante dos livros não é amplo: há que considerar seus lastros externos: documentos e, principalmente,

---

2   Conferir, entre outros, artigo 226 do Código Civil e artigo 418 do Código de Processo Civil.

fatos jurídicos que exigem meio específico para a sua comprovação, a exemplo da escritura pública.[3]

2.1   Sigilo escritural

O exame da escrituração de uma empresa diz muito sobre a sua atividade: ali encontram-se informações sobre fornecedores, forma habitual pela qual se contrata (preço, prazo etc.), custos, insumos etc. Um concorrente habilidoso, de posse das informações contábeis, pode simplesmente aprender a forma pela qual a empresa é conduzida e mitigar-lhe a respectiva vantagem de mercado. A atividade empresarial, em contextos de livre concorrência, assemelha-se em muito a um jogo, no qual preservar o sigilo das próprias informações é vital. Isso fica claro, por exemplo, na oferta de preço, privada ou pública (licitações), negociações com clientes etc. Justo por isso, a escrituração é protegida por um sigilo jurídico.[4] Daí não ser possível, em regra (excepcionável pela lei), o pedido – principal (na petição inicial) ou incidental – de exame ou exibição dos instrumentos de escrituração, ainda que sob o pretexto de aferir se formalidades legais são observadas. Aliás, o legislador foi mais além, não apenas vedando o pedido, mas também tornando ilícita a decisão em si (judicial ou arbitral), a incluir a determinação *ex officio, sob qualquer pretexto*, a não ser que haja previsão legal para tanto. Dessa forma, salvo para situações alinhadas em texto expresso de lei, há uma presunção de que a escrituração é mantida com regularidade.

Só haverá exibição integral dos instrumentos de escrituração quando, em decisão fundamentada, demonstrar-se sua necessidade para que se resolvam litígios cuja causa de pedir corresponda àquelas anotadas no artigo 1.191 do Código Civil. Em primeiro lugar, demandas que versem sobre sucessão de direitos, o que engloba a sucessão *causa mortis* (hereditária) e ou *inter vivos*, a exemplo das situações de alienação do estabelecimento, alienação de quotas de sociedade comercial, doação, arrematação judicial etc. Também permitem o deferimento da exibição integral dos instrumentos de contabilidade ações que tenham por causa de pedir uma comunhão de direitos ou interesses jurídicos, desde que a discussão principal, ou qualquer ponto acessório relevante, digam respeito à atividade empresarial; a situação mais comum, por certo, é a separação judicial do empresário ou sócio de sociedade empresária, havendo partilha de bens justificada por regime de comunhão – universal ou parcial – de bens; outras, porém, podem se apresentar.

Se é causa de pedir a existência de sociedade, permite-se igualmente a exibição integral dos instrumentos de contabilidade. Sociedade, também aqui, em sentido amplo, personalizada ou não, a incluir, até, a alegação de sociedade de fato (em-

---

[3]   Conferir o artigo 108 do Código Civil.

[4]   Conferir artigos 1.190 e seguintes do Código Civil.

presarial ou meramente civil, a exemplo da união familiar estável). Outro exemplo é a existência de demanda entre os membros de uma sociedade em conta de participação, que versa sobre o objeto do ajuste entre eles estabelecido – e não outros, já que o desbordamento da sociedade implica abandono da licença inscrita no artigo 1.191 do Código Civil. Some-se, por óbvio, a pretensão de sócios e/ou acionistas, devidamente fundamentada. Cite-se o artigo 1.021 do Código Civil, a afirmar que o sócio pode, a qualquer tempo, examinar a escrituração da sociedade empresária, incluindo o estado da caixa e da carteira da sociedade, salvo estipulação que determine época própria. A recusa permite pedido de exibição judicial; também é lícito o pedido quando, determinada época própria, haja situação excepcional – a ser examinada pelo Judiciário – que justifique a pretensão de exame extemporâneo da totalidade da escrituração.

Outro caso de exibição integral são demandas que tenham por causa de pedir administração ou gestão à conta de outrem, referindo-se, portanto, a litígios entre a sociedade e seus administradores ou gestores; também seria a hipótese de relações jurídicas na qual a própria empresa desempenha a função de administrador ou gestor à conta de outrem, como se passaria em demanda aforada por lojista ou lojistas de *shopping center* contra a administradora, versando sobre temas que impliquem aferição contábil, a exemplo da previsão de rateio de despesas. Por fim, têm-se as situações de falência e recuperação judicial da empresa.

Não se impede o pedido de tutela cautelar, inclusive em caráter antecedente, para exibição da escrituração, incluindo relatórios contábeis e documentos que alicercem os lançamentos. No entanto, é indispensável, antes de mais nada, tratar-se de uma das hipóteses acima listadas, nas quais se licencia a quebra fundamentada do sigilo empresarial. Isso para não falar da indispensável demonstração de estarem presentes, por igual, os elementos que justificam a tutela processual antecipatória. Noutras palavras: é preciso ter em mente que o sigilo é um valor em si e que sua quebra deve dar em situações que haja emparelhamento de valores jurídicos contrapostos. Também é possível que seja ordenada em incidente de desconsideração de personalidade jurídica, desde que, obviamente, seu trâmite atenda aos princípios e regras processuais específicos. Aliás, em qualquer das situações, é fundamental que o empresário ou a sociedade empresarial seja parte da demanda, o que, destarte, justificaria a obrigação de suportar a quebra do sigilo empresarial. Não é legítimo quebrar o sigilo escritural empresário ou sociedade empresária para fazer prova em demanda entre terceiros. Não há um dever de colaboração processual que se faça em prejuízo à segredo negocial, mormente diante dos riscos implicados. Mais do que isso, ainda há o obstáculo da limitação subjetiva dos litígios. O terceiro não pode ser chamado apenas a responder por decisão emanada em feito que lhe é estranho. A forma clássica de exibição se fazia confiando os livros ao juízo para que ali se fizesse o exame. A modernidade cria outras necessidades, nomeadamente considerando a escrituração eletrônica. Mais razoável é recorrer a um auxiliar judiciário (um expert, um perito) a quem se atribuirá a função de, em conjunto com auxiliares das partes (contadores) realizar a diligência, ou seja, fazer o exame da escrituração. Pode o empresário ou administrador judiciário, por igual, estar presente a esse exame.[5] Igualmente pode ser licenciada a confecção de apontamentos para que se permita extrair da escrituração os elementos que interessem diretamente à questão em debate. Se o empresário ou a sociedade empresária se recusa a apresentar os livros, diante da determinação judicial, o juiz poderá ordenar a sua apreensão judicial.

Em qualquer caso, é indispensável que o exame se faça para o fim processual e jamais para quebrar e desrespeitar o sigilo da escrituração empresarial: não se admite que a exibição lícita seja meio para revelar segredos empresariais (*disclosure*). Esse cuidado deve ser maior na exibição parcial que se limita ao(s) lançamento(s) que interessam ao litígio, hipótese em que se deve extrair exclusivamente suma ou reprodução autenticada da(s) parte(s) respectivas, inclusive documentos relativos. Justo por isso, por não atentar contra o segredo global da escrituração, não se encontra limitada às hipóteses acima estudadas. Demanda-se apenas que a exibição do lançamento diga respeito ao litígio estabelecido com o empresário ou sociedade empresária e seja necessário à comprovação do que se passou, o que deverá ser demonstrado na respectiva decisão fundamentada. O pedido de exibição parcial da escrituração faz-se a bem da verificação da existência, ou não, de determinado lançamento, bem como de seu conteúdo. Não é preciso que o autor do pedido faça indicação precisa do lançamento, o que, aliás, não seria sequer razoável, considerando não ter acesso aos livros. O autor deve apenas indicar, com a maior precisão que lhe seja possível, a operação que deveria estar escriturada.

Recusada a apresentação dos livros para que deles se extraiam os excertos, o artigo 1.192, segunda parte, do Código Civil prevê, como consequência, não a apreensão judicial do instrumento de escrituração, mas que se tenha como verdadeiro o alegado pela parte contrária. O legislador, contudo, hesitou, estabelecendo, no parágrafo único desse artigo, que a confissão ficta, resultante da recusa de exibição parcial, pode ser elidida por *prova documental em contrário*. A hesitação legislativa granjeia uma responsabilidade maior para o presidente do feito (juiz ou árbitro): terá que aferir – e decidir fundamentadamente – se a *prova documental em contrário* é suficiente para afastar qualquer dúvida sobre a questão posicionada pelo contraditório; restando dúvida que poderia ser resolvida pela exibição do(s) respectivo(s) lançamento(s) contábil(eis), a manutenção da recusa será tomada como confissão ficta: oculta a informação por que lhe é desfavorável.

Por fim, recorde-se que o Código Tributário Nacional define: a obrigação de o contribuinte submeter-se à fiscalização, ou seja, de atender às solicitações legais do Poder Público, através de seus agentes com poder e competência específica para a aferição fiscal, como exibir os instrumentos de escrituração, permitindo aferir o cumprimento dos deveres tributários da empresa. Reconhecendo tais aspectos específicos, o artigo 1.193 do Código Civil deixa claro que as restrições ao exame

---

5   Conferir artigo 1.191 do Código Civil.

da escrituração, em parte ou por inteiro, na forma acima estudada, não se aplicam às autoridades fazendárias quando no exercício da fiscalização do pagamento de impostos, nos termos estritos das respectivas leis especiais; e os elementos aferidos poderão ser utilizados como prova da prática de ilícitos tributários, inclusive de ordem penal.

Note-se, porém, que o acesso à escrituração tem limites que devem ser respeitados. É o que asseverou a Primeira Turma do Superior Tribunal de Justiça, ao examinar o Recurso Especial 300.065/MG: "o artigo 195 do Código Tributário Nacional não autoriza a apreensão de livros e documentos pela fiscalização, sem autorização judicial". O Ministro José Delgado, relator, destacou a ilegalidade e abusividade praticadas pelos agentes fiscais, que adentraram o escritório da empresa e subtraíram de seus armários e escrivaninhas, *motu proprio*, *manu militari*, documentos particulares "para posterior verificação fiscal", como se anotou no *Termo de Apreensão*. Abuso e ilegalidade, pois a licença legal é para examinar mercadorias, livros, arquivos, documentos, papéis e efeitos comerciais e fiscais do empresário, não para os subtrair, ainda que sob a pretensão de tratar-se de *apreensão fiscal*.

3   LIVRO-DIÁRIO

Empresário ou sociedade empresária estão obrigados a escriturar um *livro diário*,[6] ainda que sob forma eletrônica, no qual são lançados sequencialmente, ininterruptamente e em ordem cronológica, todas as operações relativas ao exercício da empresa, que são ali lançadas com individuação, clareza e caracterização próprias deste instrumento de escrituração contábil. Feita por computador, os lançamentos devem seguir rigorosamente uma ordem cronológica, em regime integrado, que permite escriturar, a um só tempo, o Diário e outros livros auxiliares, evitando a atuação repetitiva do contabilista. A escrituração se faz em *partidas dobradas*, vale dizer, todo valor registrado (*lançamento*) gera uma conta de débito e uma correspondente conta de crédito. Para as hipóteses de contas cujas operações sejam numerosas, a exemplo das vendas realizadas por empresas que se dedicam ao varejo, ou de operações que sejam realizadas fora da sede do estabelecimento empresarial, admite-se que a escrituração do Diário se faça de forma resumida, ou seja, por totais (ou por totalização de cada conta, de cada rubrica), que são lançados num livro-diário geral. É fundamental preservar os documentos (a exemplo de notas fiscais de venda, notas fiscais de compra, contratos etc.) que permitam a verificação da perfeita adequação dos lançamentos realizados.

Quando forem adotadas fichas ou microfichas de lançamento, hábito que se amplia face às facilidades oferecidas para a contabilidade, prevê o artigo 1.185 do Código Civil que empresário ou sociedade empresária poderá utilizar-se de livro de Balancetes Diários e Balanços, em substituição ao livro-diário. Uma vez mais, é

---

[6]   Artigo 1.180 e seguintes do Código Civil.

preciso destacar tratar-se de uma faculdade; mas, optando por ela, será necessário atender aos requisitos formais para a escrituração contábil, como termo de abertura e de encerramento, numeração sequencial das páginas etc. Prevê o artigo 1.186 do Código Civil que a escrituração do livro de Balancetes Diários e Balanços deverá incluir o registro da posição diária de cada uma das contas ou títulos contábeis (caixa, contas a receber, contas a pagar, clientes etc.), pelo respectivo saldo, em forma de balancetes diários. Ao final do exercício, como ocorre com o livro-diário e se estudará na sequência, registra-se o balanço patrimonial e o de resultado econômico.

Não só o movimento cotidiano da empresa é anotado no livro-diário. Aí também se anota, ao fim de cada exercício, o Balanço Patrimonial que, por expressa determinação do artigo 1.179, *caput*, do Código Civil, é obrigação do empresário e da sociedade empresária levantar anualmente, junto com os demonstrativos de resultado econômico da empresa. Há, portanto, atendendo às referências do artigo 175 da Lei 6.404/1976, um balanço patrimonial para cada exercício, cujo começo e término são fixados no ato constitutivo da sociedade empresária. O Balanço Patrimonial será lançado, como estipula o artigo 1.184, § 2º, do Código Civil, no livro-diário ou, sendo adotadas fichas ou microfichas de lançamento, no livro de Balancetes Diários e Balanços, quando substituto do livro-diário, na forma do artigo 1.186 da mesma lei.

O balanço patrimonial é uma tradução numérica da *universitas iuris* do empresário ou da sociedade empresária, ou seja, da coletividade de suas relações jurídicas ativas (nas quais é credor) e passivas (nas quais é devedor), durante um exercício (um ano), respeitado o Código Civil e a Lei 6.404/1976, além de normas regulamentares, devendo ser assinado por contador e pelo empresário ou representante da sociedade empresária.[7] Refletindo a coletividade das relações jurídicas da empresa (*universitas iuris*), o balanço traz, em colunas diversas, dispostas lado a lado, seu ativo e seu passivo. O patrimônio ativo é composto pelas relações jurídicas econômicas nas quais o empresário ou sociedade empresária ocupa a condição de sujeito ativo: coisas de que seja proprietária, direitos de que seja titular, créditos de que seja credora. Em contraposição, no patrimônio passivo registram-se as relações jurídicas econômicas nas quais se ocupa a posição de obrigado, de devedor, como valores devidos a fornecedores, mútuos e impostos a pagar etc. Por fim, na coluna do passivo, abaixo deste, efetua-se uma conta: do valor do patrimônio ativo, retira-se o valor do patrimônio passivo; retiram-se também o valor do capital registrado (para garantir a sua preservação nos fundos mercantis e, destarte, viabilizar a preservação da empresa) e outras verbas que se estudará na sequência, chegando ao patrimônio líquido da empresa, também chamado de *recurso próprio* da empresa, *capital próprio* ou *capital líquido*.

O artigo 178 da Lei 6.404/1976 explicita os grupos de contas que compõem o balanço patrimonial, classificadas segundo os elementos do patrimônio que re-

---

[7] Conferir artigo 1.884 e seguintes do Código Civil.

gistrem, e agrupadas de modo a facilitar o conhecimento e a análise da situação financeira da companhia. . Isso é fundamental: o balanço é uma leitura – e, portanto, uma interpretação – do que é a empresa em termos patrimoniais. E isso tem importância vital. No no ativo, as contas serão dispostas em ordem decrescente de grau de liquidez dos elementos nelas registrados, nos seguintes grupos: (a) ativo circulante; (b) ativo realizável a longo prazo; (c) ativo permanente, dividido em investimentos, imobilizado, intangível e diferido. Já na coluna do passivo, as contas serão classificadas nos seguintes grupos: (a) passivo circulante; (b) ativo não circulante, composto por ativo realizável a longo prazo, investimentos, imobilizado e intangível. Já na coluna do passivo, as contas serão classificadas nos seguintes grupos: (a) passivo circulante; (b) passivo não circulante; (c) patrimônio líquido, dividido em capital social, reservas de capital, ajustes de avaliação patrimonial, reservas de lucros, ações em tesouraria e prejuízos acumulados. De resto, os saldos devedores e credores que o empresário ou sociedade empresária não tiver direito de compensar serão classificados separadamente.

As faculdades patrimoniais com expressividade econômica, pecuniária, compõem o ativo da empresa, sendo contabilizadas na coluna da esquerda. Escrituram-se, como determinado pelo artigo 178 da Lei 6.404/1976, dos ativos mais líquidos (os que com mais facilidade podem ser convertidos em dinheiro) para os menos líquidos (os que oferecem maior dificuldade para serem transformados em dinheiro). O mais líquido é o ativo circulante (dinheiro em caixa, depósitos bancários, investimentos, estoque etc.); segue-lhe o ativo realizável a longo prazo; arremata-se com o ativo permanente. Às obrigações devidas pelo empresário e a sociedade empresária corresponde a coluna do passivo, ou melhor, do *passivo exigível*, anotado na coluna direita do balanço patrimonial, conforme previsão do artigo 180 da Lei 6.404/1976. Serão escriturados dois grupos específicos, que são o *passivo circulante* e o *passivo exigível a longo prazo*. Na mesma coluna, da direita, escritura-se ainda o patrimônio líquido.

O patrimônio líquido da empresa é o encontro entre o ativo e o passivo; se a empresa está deficitária (ativo menor do que o passivo), este valor, negativo, se encontrará com o montante do passivo, garantindo a partida dobrada. Assim, se uma empresa tem um ativo de $ 100 e um passivo de $ 130, o patrimônio líquido será de $ – 30 (déficit de $ 30); como o patrimônio líquido está anotado na coluna da direita, haverá um somatório dos valores dessa coluna: passivo + patrimônio líquido negativo. Assim: $ 130 + (– $ 30) = $ 100, mesmo valor que se encontra na coluna da esquerda. Por outro lado, se a empresa está superavitária, o ativo é maior do que o passivo, o patrimônio líquido (em valor positivo) se somará ao passivo, perfazendo o mesmo valor da coluna esquerda do ativo. Assim, se o ativo perfaz $ 100 e o passivo $ 70, há um patrimônio líquido de $ 30 (superávit de $ 30); também aqui haverá um somatório nos valores da coluna direita do balanço: passivo + patrimônio líquido positivo. Assim: $ 70 + $ 30 = $ 100, mesmo valor que se encontra na coluna da esquerda.

O patrimônio líquido é também chamado de *recurso próprio* da empresa, *capital próprio* ou *capital líquido*. Mas dele é preciso retirar o capital registrado, já que é intangível: deve ser preservado na empresa para permitir a sua continuidade, sua preservação. Se o patrimônio líquido superar o valor do capital registrado, esse superávit poderá ser destinado ao empresário (firma individual) ou aos sócios como lucro. Mas poderá ser mantido na empresa, devidamente escriturado para uma função específica: *reserva, fundo, provisão* ou *lucros suspensos*. A figura mais comum é a reserva; as demais serão estudadas na seção 2.4 (outras rubricas de segurança).

É lícito reter lucros para formar reservas contábeis, fortalecendo a situação econômico-financeira da empresa. A reserva não se confunde com o capital registrado: é um valor a mais, por vezes formado atendendo à lei; de acordo com o artigo 182 da Lei 6.404/1976, serão classificadas como reservas de capital as contas que registrarem: (a) a contribuição do subscritor de ações que ultrapassar o valor nominal e a parte do preço de emissão das ações sem valor nominal que ultrapassar a importância destinada à formação do capital social, inclusive nos casos de conversão em ações de debêntures ou partes beneficiárias; e (b) o produto da alienação de partes beneficiárias e bônus de subscrição. Registra-se ainda como reserva de capital o resultado da correção monetária do capital realizado, enquanto não capitalizado.

4 RUBRICAS DE SEGURANÇA

Tema que me é muito caro são as rubricas escriturais de segurança e sua funcionalidade a bem da preservação, senão perenidade, empresarial. Serei elementar para definir três posturas ou estratégias patrimoniais usadas na administração empresarial: num extremo, austeridade conversadora; noutro extremos, ousadia financeira; por óbvio, em meio às duas há uma posição intermediária: *nem tanto ao mar, nem tanto à terra*, como diria meu saudoso pai: *meio pedra, meio tijolo*. Entre os empreendimentos de maior risco financeiro, assiste-se a posturas que já chamam a atenção do Direito Empresarial que se pergunta sobre os limites de sua licitude (ainda que por abuso de direito): a subcapitalização (aportar na empresa menos capital próprio do que o que seria razoável para fazer frente à sua envergadura negocial) e a alavancagem financeira (elevado nível de endividamento). Em contextos de limitação de responsabilidade (sociedade limitada, sociedade anônima e sociedades em comandita, em relação aos sócios não-administradores), coloca-se a questão sobre o partilhamento dos riscos empresariais: ao reduzir o aporte de capital próprio, empresário ou sócios de sociedade empresária reduzem o próprio risco; ao se endividarem, aumentam o risco de terceiros. Eis o debate.

No outro extremo, há uma postura e/ou estratégia clássica de empresariar: adotar uma postura austera, a incluir a manutenção de um *azienda* (patrimônio empresarial) capitalizada, visando maior segurança em face a imprevistos futuros. São empresários e sociedades empresárias que optam por se manter capitalizados, o que pode ser feito por meios diversos e, no balanço contábil, deverá se expressar por três figuras que, como adepto dessa visão negocial mais severa, encantam-me: formas de reter valores na empresa, fortalecendo sua situação econômico-financeira; para além da constituição de (1) *reservas de capital*, anotadas no âmbito do *patrimônio líquido*, podem ser constituídos (2) *fundos* e também podem ser feitas (3) *provisões*, usando valores que seriam distribuídos como lucro. Obviamente, isso servirá tanto aos mais austeros quanto aos menos austeros: um gradiente em que incontáveis níveis diversos: três posições é afirmação que facilita a compreensão mas afasta-se do real. O real é múltiplo. Mas vamos ao estudo dessas figuras contábeis.

As *provisões* não são anotadas junto ao patrimônio líquido, mas no patrimônio ativo, como deduções aos valores ali anotados, em respeito ao princípio contábil da prudência. É uma forma de calibrar o ativo, evitando distorções. Por exemplo, ao fazer o balanço, em dezembro, anota-se determinada importância no caixa (dinheiro), mas faz-se a provisão para o pagamento de obrigações sociais (*provisão para salários, provisão para férias, provisão de comissões* etc.), tributárias etc. As provisões também permitem prevenir os impactos negativos de eventos futuros certos ou prováveis. Quem supõe que um devedor pode não pagar uma dívida, após lançar o crédito no ativo, pode fazer uma *provisão para créditos de liquidação duvidosa (PCLD)* ou *provisão para devedores duvidosos (PDD)*. Assim, evita-se o impacto da inadimplência: a provisão reduz o ativo e, assim, reduz o superávit e a distribuição de lucros. Se o evento não se verificar, simplesmente reverte-se a provisão, o que impactará positivamente o próximo balanço.

Ativo		
Duplicatas a receber	R$ 520.678,00	
(–) Prov. p. créd. duvid.	(–) R$ 36.154,86	

A constituição de fundos é uma outra estratégia escritural voltada para o fortalecimento da situação econômico-financeira da empresa. Os fundos têm finalidade genérica, ou seja, colocam-se num estágio intermediário entre as reservas de capital e as provisões. As reservas são a forma mais genérica de preservação de valor; as provisões são deduções feitas em determinadas rubricas contábeis com o objetivo de reter os valores que serão despendidos, certa ou provavelmente, no futuro, como o pagamento de obrigações vencíveis no exercício seguinte ou o desfalque de créditos que não venham a ser adimplidos pelos devedores da azienda. Os fundos não são deduções específicas, nem retenções genéricas a bem do capital líquido. São retenções que se constituem, voluntária ou obrigatoriamente, para fortalecer a capacidade da azienda de enfrentar certos eventos negativos, ou seja, despesas em determinadas áreas. Por exemplo, uma empresa que tem várias demandas judiciárias trabalhistas pode constituir em sua contabilidade uma provisão para créditos trabalhistas, preparando-se para os efeitos de eventuais condenações.

A constituição de fundos é uma estratégia administrativa e escritural riquíssima, dando ao administrador um instrumento precioso para manobras lícitas, realizadas a bem da preservação da empresa: ele pode separar recursos para certas finalidades genéricas, preparando-se antecipadamente para enfrentá-las. É comum a constituição de fundos para depreciação de ativos, ou seja, para dar manutenção ou adquirir, em substituição, máquinas ou ferramentas, assim como fundos para investimentos. Também os fundos são anotados na coluna do ativo (coluna esquerda), como deduções, pois são, igualmente, uma limitação prevista no exercício dos direitos empresariais sobre seu patrimônio, separado para fazer frente a desembolsos.

Lembre-se, por fim, que os administradores têm à sua disposição uma estratégia econômica interessante, qual seja, definirem, no balanço, uma suspensão dos valores devidos ao investidos (empresário ou sócios). Os *lucros suspensos* ou *lucros em suspenso* são resultados positivos da empresa (lucro) que, não tendo sido distribuídos aos sócios ou acionistas, permanecem nos fundos da empresa, embora não componham, em sentido, as reservas de capital. A reunião ou a assembleia de sócios pode prever que tais valores permanecerão nos fundos empresariais ao longo do exercício, ou que poderão ser distribuídos ao longo do exercício seguinte (evitando o desembolso total no início do exercício), mediante deliberação dos sócios ou decisão dos administradores, previamente autorizados a tanto. Nada impede, inclusive, que deliberem usar tais valores para aumentar o capital registrado.

5 INVENTÁRIO

Para que seja possível concretizar o balanço, torna-se indispensável realizar o inventário, ou seja, verificar o que existe no patrimônio da empresa e quanto vale. Na prática do comércio, fala-se em *fechar para balanço*, quando, a bem da precisão técnica, fecha-se o estabelecimento para permitir o inventário (físico) dos bens, com base no qual será feito o balanço patrimonial. No dia em que termina o exercício (em conformidade com o ato constitutivo), inventariam-se os bens existentes, sua quantidade e valor. Mais do que isso, é preciso interpretar a função dos bens inventariados para lança-los nas respectivas rubricas do balanço, o que tem efeitos e reflexos jurídicos diversos, conforme o caso e a classificação, é bom frisar. .

Bens destinados à exploração da atividade – bens móveis e imóveis diretamente empregados na atividade empresarial, a exemplo do imóvel próprio no qual funciona a loja ou a fábrica, como exemplo, além de maquinário, ferramentaria etc.; vale dizer, são bens que compõem o *ativo imobilizado* da empresa, como se viu há pouco. O artigo 1.187, I, do Código Civil prevê que seu valor é o custo de sua aquisição. Aqueles que se desgastaram ou depreciaram, pela ação do tempo ou por outros fatores, deverão ser desvalorizados; são duas hipóteses, vê-se: (1) desgaste, ou seja, a degradação física do bem, sua deterioração, que pode ser fruto do uso, da simples atuação do tempo, ou de outros fatores, incluindo acidentes, desde que não caracterize perda, ou seja, inutilização do bem; (2) depreciação, vale dizer, desvalorização econômica do bem, pelo uso, face à desatualização etc.

O artigo 183 da Lei 6.404/1976 refere-se a tais *bens destinados à exploração da atividade* como direitos classificados no imobilizado, prevendo que serão escriturados pelo custo de aquisição, deduzido do saldo da respectiva conta de depreciação, amortização ou exaustão. Mas refere-se ainda a direitos classificados no ativo intangível, cuja escrituração se faz pelo custo incorrido na aquisição deduzido do saldo da respectiva conta de amortização. De acordo com o artigo 183, § 2º, da Lei 6.404/1976, a diminuição de valor dos elementos do ativo imobilizado, intangível e diferido será registrada periodicamente nas seguintes contas:

a) *depreciação*: quando corresponder à perda do valor dos direitos que têm por objeto bens físicos sujeitos a desgaste ou perda de utilidade por uso, ação da natureza ou obsolescência;

b) *amortização*: quando corresponder à perda do valor do capital aplicado na aquisição de direitos da propriedade industrial ou comercial e de quaisquer outros com existência ou exercício de duração limitada, ou cujo objeto sejam bens de utilização por prazo legal ou contratualmente limitado;

c) *exaustão*: quando corresponder à perda do valor, decorrente da sua exploração, de direitos cujo objeto sejam recursos minerais ou florestais, ou bens aplicados nessa exploração.

Obviamente, a depreciação do ativo imobilizado tem um efeito direto sobre o capital registrado da empresa: os bens do ativo, depreciados ou desgastados, podem não ser suficientes para atingir o valor do capital, razão pela qual o legislador determinou que fossem criados fundos ou provisões (conferir supra) para assegurar a substituição por outros bens (compra de novas máquinas, de novas ferramentas etc.) ou a conservação do ativo (reformas na edificação, reforma em maquinário e veículos etc.), garantindo não só a preservação do capital empresarial, mas igualmente a própria continuidade das atividades empresariais. Atente-se para o fato de que a criação de fundos ou provisões para amortizar desgastes e depreciações, assegurando a substituição ou conservação dos bens do ativo imobilizado, é alinhada pelo artigo como uma obrigação escritural, deixando claro que se tomou o princípio da prudência por seu ângulo conservador, assumindo-se o risco de formação de reservas ocultas na contabilidade (conferir supra).

Valores mobiliários, matéria-prima, bens destinados à alienação, ou que constituem produtos ou artigos da indústria ou comércio da empresa – seu valor escritural corresponde ao custo de sua aquisição ou de sua fabricação. Isso implica um esforço contábil específico. Por exemplo, para indústrias de produção contínua, a escrituração deverá permitir a determinação de custos globais por departamento de produção, o que, contrastado com o volume de produção de unidades, permite aferir seu custo; se os processos de fabricação são sucessivos, apuram-se os custos de cada fase, transferindo-os à fase processual subsequente (em valor correspondente às unidades que foram transferidas), a incluir a assimilação contábil de defasagens de unidades (por exemplo, descartadas face a defeito); ademais, não se pode esquecer de que a contabilidade deverá ser capaz de traduzir o acréscimo de gastos de fabricação de difícil distribuição ao longo das fases dos procedimentos empresariais, como despesas de pessoal, serviços públicos essenciais (luz, água etc.), manutenção de prédios, desgaste de maquinário etc.[8]

Obviamente, é possível que no inventário se verifique ter havido uma valorização ou desvalorização desses bens, o que pode ter causas diversas. Um armazém que tenha estocado café para a venda experimentará as variações do mercado em relação ao bem; variações, aliás, que podem ser brutais, como se sabe.

De qualquer sorte, a regra disposta no artigo somente permite a escrituração em valor menor do que o custo – de sua aquisição ou de sua fabricação –, não por valor superior. Tem-se um avanço em relação ao artigo 183, II, da Lei 6.404/ 76, que determina o lançamento pelo *custo de aquisição ou produção*, embora dispondo sobre a necessidade de se deduzir *provisão para ajustá-lo ao valor de mercado, quando este for inferior*.

Trata-se de uma faculdade, já que a lei afirma que os bens podem ser estimados por um critério ou outro. Todavia, é preciso redobrado cuidado para que sejam atendidos os princípios da *continuidade* e da *prudência na escrituração*; como visto no Capítulo 8, em face do primeiro se afirma uma necessidade de uniformidade no tratamento de elementos com as mesmas características, desde que não tenha havido alteração das condições que motivam a adoção do critério contábil; já o segundo implica redobrado cuidado no lançamento, preservando a contabilidade de surpresas, garantindo uma *imagem fiel*, principalmente no que diz respeito aos riscos da atividade empresarial. Nesse quadro, fica claro, em primeiro lugar, ser recomendável que um único critério seja utilizado na escrituração empresarial, mantendo uma uniformidade ao longo dos exercícios; a alteração de critério deve ser destacada por meio de nota explicativa ao balanço e, a partir de então, adotada como uniformidade. Não se pode admitir a constante alteração do critério, conforme o interesse escritural do empresário ou sociedade empresária, o que certamente caracteriza indício de comportamento de má-fé. A adoção de um novo critério deve refletir prudência, ou seja, caracterizar uma preocupação em refletir com fidelidade a situação patrimonial da empresa; do contrário, a adoção de novo critério poderá ser tomada como um indício de má-fé. De qualquer sorte, é preciso ter em mente que a variação pode ser inevitável para empresas que optem pelo preço corrente, certo que somente estão autorizadas a escriturá-lo até o valor do preço de custo, não havendo licença para escriturar aqueles bens pelo valor de mercado quando este é superior ao custo.

Ainda que a redação não seja muito clara nesse aspecto, veda a lei que, mesmo que o inventário se faça pelo valor corrente de mercado, haja escrituração de *valores mobiliários, matéria-prima, bens destinados à alienação, ou que constituem produtos ou artigos da indústria ou comércio da empresa*, em montante superior ao valor de

---

[8]   HERRMANN JUNIOR, Frederico. *Custos industriais*: organização administrativa e contábil das empresas industriais. 7. ed. São Paulo: Atlas, 1974. v. 2, p. 13 ss.

seu custo de aquisição ou de sua fabricação. Portanto, o legislador aceita como usual a formação de reservas ocultas, fruto da subavaliação de tais ativos, tendo em vista seu valor de mercado. E o faz conscientemente, à medida que expressamente veda que esse sobrevalor de mercado seja levado em conta para a distribuição de lucros, da mesma forma que recusa sua utilização em *percentagens referentes a fundos de reserva*, ou seja, não pode ser utilizado para a escrituração de uma *reserva de lucros*, como anteriormente visto. Ter-se-á, portanto, a formação de reserva oculta, fruto do sobrevalor não escriturável do ativo.

Ações e títulos de renda fixa – escriturados como parte do ativo permanente, na rubrica de *investimentos*, em face da expectativa de não serem resgatados ou negociados no exercício seguinte –, sua finalidade é constituírem uma forma de atuação financeira, de longo prazo, da empresa, a bem da preservação de seus ativos. O valor das ações e dos títulos de renda fixa também podem ser cotados por critérios distintos, o que fica claro da expressão o *valor* [...] *pode ser determinado*, inscrito no inciso III do artigo 1.187 do Código Civil. Em primeiro lugar, o *valor de aquisição* que, de qualquer sorte, será obrigatório quando não se puder lançar mão do outro critério. Em segundo lugar, a *respectiva cotação da Bolsa de Valores*, se existente.

A previsão de escrituração pelo custo de aquisição não encontra reflexo exato no artigo 183, I, *a*, da Lei 6.404/1976, com a redação que lhe deu a Lei 11.638/2007, que criou uma exceção à regra. Esse dispositivo determina que as aplicações em instrumentos financeiros, inclusive derivativos, e em direitos e títulos de créditos, classificados no ativo circulante ou no realizável a longo prazo, sejam avaliadas pelo seu valor de mercado ou valor equivalente, quando se tratar de aplicações destinadas à negociação ou disponíveis para venda. No entanto, a alínea *b* deste dispositivo ratifica a avaliação pelo valor de custo de aquisição ou valor de emissão, atualizado conforme disposições legais ou contratuais, ajustado ao valor provável de realização, quando este for inferior, no caso das demais aplicações e os direitos e títulos de crédito.

Some-se o inciso III do mesmo artigo 183, prevendo avaliação pelo custo de aquisição de *investimentos em participação no capital social de outras sociedades*, excetuada a hipótese de sociedades coligadas ou controladas. Tal disposição, refletindo o princípio da prudência, recomenda a constituição de provisão (ou de fundo) para fazer frente a *perdas prováveis na realização do seu valor, quando essas perdas estiverem comprovadas como permanentes*, sendo escrituradas como dedução do valor do ativo. O mesmo se dará, de acordo com o artigo 183, IV, dessa lei, com os *demais investimentos, pelo custo de aquisição, deduzido de provisão para atender às perdas prováveis na realização do seu valor, ou para redução do custo de aquisição ao valor de mercado, quando este for inferior*.

Créditos – a escrituração dos créditos no balanço, que se fará no ativo circulante, como visto, considerará o *presumível valor de realização*, devendo ser descartados os direitos já prescritos, diz o artigo 1.187, IV, do Código Civil. O dispositivo fala em *não se levar em conta* os créditos de *difícil liquidação*, no que não é técnico, como já se viu; embora seja considerado difícil seu recebimento, trata-se de crédito e, portanto, não é adequado simplesmente não o levar em conta. Melhor será escriturá-lo no balanço, fazendo-o acompanhar a respectiva *provisão para créditos de liquidação duvidosa*, como já visto.

O artigo 1.187 do Código Civil, após cuidar desses bens, prevê a possibilidade de que outros elementos sejam contabilizados como parte do ativo, sujeitando tal escrituração, contudo, à sua amortização anual. Há aqui o reconhecimento de que determinadas despesas realizadas a bem da sociedade constituem ativos intangíveis, passíveis de serem escriturados no patrimônio da empresa; mas são vantagens de mercado que se desgastam com o tempo, devendo seu valor ser amortizado com os resultados favoráveis da atividade empresarial. A cada ano, portanto, será amortizada uma parte de tais valores.

Uma vez concluída toda a amortização, a rubrica relativa às despesas pré-operacionais sai do balanço patrimonial. A grande vantagem, como dito, é diluir tais gastos ao longo dos exercícios, evitando que a empresa já principiasse sua atividade com um déficit patrimonial, fruto do que se gastou antes do início das atividades.

Os elementos cuja escrituração no ativo é aceita são os seguintes:

Despesas de instalação da sociedade – diz o parágrafo único do artigo 1.187 do Código Civil, em seu inciso I, que as despesas de instalação da sociedade, até o limite correspondente a dez por cento do capital social, podem figurar entre os valores do ativo, desde que se proceda, anualmente, à sua amortização. Já se viu, há pouco, que sua escrituração se faz no *ativo diferido*, que, ademais, permite a escrituração de gastos feitos a bem da produção, como despesas com reengenharia, desenvolvimento tecnológico, entre outras. Por expressa previsão do artigo 183, § 3º, da Lei 6.404/1976, os recursos que sejam aplicados no ativo diferido devem ser amortizados periodicamente, sendo concluída tal amortização em no máximo dez anos, contados a partir do início da operação normal, quando se tratar de despesas pré-operacionais, ou a partir do início *do exercício em que passem a ser usufruídos os benefícios deles decorrentes*, quando se tratar de outras despesas, como as já exemplificadas. Se há abandono dos empreendimentos ou atividades a que se destinavam, ou se há comprovação de que tais atividades não poderão produzir resultados suficientes para amortizar o investimento, o valor correspondente deve ser registrado como perda do capital aplicado, ainda segundo o artigo 183, § 3º, da Lei 6.404/1976.

Juros iniciais – em se tratando de sociedade anônima, o Código Civil permite que se pague aos acionistas que integralizam o valor de suas ações juros sobre o capital desembolsado, que incidirão até o início efetivo das atividades da empresa. Segundo Modesto Carvalhosa, cuida-se de incentivo à integralização do capital, outrora previsto no Decreto-lei 2.627/1940, e que retorna por meio do artigo 1.187, parágrafo único, II, do Código Civil.[9] São despesas igualmente pré-operacionais, ainda que possuam titulação própria, podendo ser escrituradas no ativo diferido, devendo o valor correspondente ser amortizado ano a ano.

Aviamento – como se estudará adiante, o valor de uma empresa não é determinado como somatório dos bens que compõem seu patrimônio. Muitas empresas têm seu valor muito superior ao de seu ativo, fruto do reconhecimento pelo mercado de sua capacidade de produzir resultados positivos. Essa vantagem de mercado, a caracterizar um sobrevalor da empresa em si, comparado com seu patrimônio líquido, caracteriza aviamento, nos termos que se estudará adiante. Dessa forma, quando um estabelecimento é adquirido, é comum ver-se estipulado um preço que é superior ao valor de seu patrimônio líquido (e, não raro, até a seu patrimônio bruto). Esse sobrevalor é a remuneração pelo aviamento, e o artigo 1.187, parágrafo único, III, do Código Civil permite sua escrituração como parte do ativo da empresa, procedendo-se à sua amortização nos exercícios seguintes.

O *caput* do artigo 1.079 do Código Civil, para além do balanço patrimonial, obriga empresários e sociedades empresárias a levantar o *resultado econômico* da empresa. Um pouco adiante, o artigo 1.184, § 2º, prescreve que devem ser lançados no livro-diário o *balanço patrimonial e o de resultado econômico*, ambos assinados por contabilista, além do empresário ou representante da sociedade empresária. Não é só; o artigo 1.189 se utiliza de uma outra expressão, referindo-se a um *balanço de resultado econômico* ou *demonstração da conta de lucros e perdas*, que deverá acompanhar o balanço patrimonial, devendo conter informações sobre crédito e débito. Essas expressões genéricas traduzem relatórios contábeis específicos, quais sejam (1) Demonstração do Resultado do Exercício (DRE), (2) Demonstração de Lucros e Prejuízos Acumulados (DLPA) ou Demonstração das Mutações do Patrimônio Líquido (DMPL), (3) Demonstração dos Fluxos de Caixa (DFC) e (4) Demonstração de Valor Agregado (DVA). Essas demonstrações são reguladas pela Lei 6.404/1976, a Lei das Sociedades por Ações.

6 OUTROS LIVROS

Para além do livro-diário, de escrituração obrigatória pelo Código Civil, há outros livros cuja escrituração é determinada por outras legislações. É o que se passa, como exemplo, nos seguintes casos: *Livro de Atas da Administração, Livro de Atas da Assembleia Geral, Livro de Atas e Pareceres do Conselho Fiscal, Livro de Registro de Duplicatas*, entre outros. Ainda, há registros de legislações estaduais e municipais que demandam outros livros. O empresário ou a sociedade empresária ainda poderá adotar outros livros que julgue convenientes para sua escrituração, segundo a natu-

---

[9] CARVALHOSA, Modesto. *Comentários ao Código Civil*. São Paulo: Saraiva, 2003. v. 13 (arts. 1052 a 1195). p. 805-807.

reza e o volume de seus negócios, podendo submetê-los à autenticação pela Justa Comercial. É raro, mas é possível, implicando os mesmos ônus e os mesmos bônus (inclusive servir como meio probatório) que o livro-diário.[10] Veja alguns exemplos: livro de fabricação, livro de contas-correntes, livro de despesas financeiras etc.

Embora a adoção de tais livros, entre outros, seja facultativa, a partir do momento em que são levados à autenticação pela Junta Comercial, incorporam-se à empresa. Ou seja, embora de *adoção facultativa*, passam a submeter-se aos mesmos princípios que orientam os livros obrigatórios: devem atender aos requisitos intrínsecos e extrínsecos quanto à forma da escrituração, sendo obrigatoriamente guardados e bem conservados e submetendo-se às mesmas regras quanto ao seu valor probante e o respeito ao princípio do sigilo escritural, razão pela qual estão submetidos à fiscalização fazendária, da mesma forma que, na hipótese de recuperação judicial, estão submetidos ao juízo, podendo ser consultados pelo administrador judicial, ao passo que passam ao poder do Juízo Falimentar, na hipótese de quebra.

Não se confunda, porém, *guarda e conservação obrigatórias* com *manutenção obrigatória da escrituração*. Se um livro contábil não tem escrituração determinada por lei, sua adoção voluntária (escrituração facultativa) não o obriga o empresário ou a sociedade empresária a manter, *ad perpetuam*, sua escrituração. Por meio de procedimentos contábeis específicos, poderá deixar de fazê-lo, encerrando formalmente a escrituração facultativa até então mantida. Não mais terá que proceder a tal escrituração, mas, ainda assim, deverá guardar e conservar adequadamente os livros que escriturou; não pode simplesmente se desfazer deles.

---

[10] Conferir artigo 1.179, § 1º, do Código Civil.

8
Estabelecimento

1 ESTABELECIMENTO

Segundo o artigo 1.142 do Código Civil, o estabelecimento é o complexo organizado de bens, estruturado para o exercício da empresa, por empresário ou por sociedade empresária. Sob tal ângulo específico, a empresa é enfocada como realidade tangível, concreta: trata-se de uma composição de bens; pode haver bens materiais (imóveis, máquinas, estoques) e/ou bens imateriais (marcas, patentes, créditos). A Lei 14.195/2021 esclareceu, aliás, que o estabelecimento não se confunde com o local onde se exerce a atividade empresarial, que poderá ser físico ou virtual. Noutras palavras, estabelecimento não é o mesmo que *ponto empresarial*. Justo por isso o ponto (o local onde se exerce a atividade empresarial) pode ser virtual, hipótese em que, diz a norma, o endereço informado para fins de registro poderá ser, conforme o caso, o do empresário individual ou o de um dos sócios da sociedade empresária. Por fim, quando o local onde se exerce a atividade empresarial for físico, a fixação do horário de funcionamento competirá ao Município, observada a regra geral do inciso II do *caput* do art. 3º da Lei nº 13.874, de 20 de setembro de 2019, segundo a mesma norma.

O estabelecimento é, portanto, uma *universitas bonorum* e uma *universitas iuris,* na forma como antevista pelos artigos 90 e 91 do Código Civil, vale dizer, como "pluralidade de bens singulares que, pertinentes à mesma pessoa, tenham destinação unitária", e como "complexo de relações jurídicas, de uma pessoa, dotadas de valor econômico". Tais disposições se harmonizam com o artigo 1.143 do mesmo Código Civil, inscrito no âmbito específico do livro destinado ao Direito de Empresa, segundo o qual o estabelecimento pode ser objeto unitário de direitos, bem como de negócios jurídicos, sejam eles translativos ou constitutivos, desde que sejam compatíveis com sua natureza. Como universalidade de fato, isto é, conjunto de bens singulares que têm destinação unitária, admite-se, a teor do artigo 90, parágrafo único, do Código Civil, o estabelecimento de relações jurídicas próprias, tomando um ou mais bens por sua singularidade. Pode-se, por exemplo, hipotecar um imóvel, mesmo de uso, ou empenhar determinada máquina ou certo conjunto maquinário, a marca ou uma patente.[1] Mas pode haver, simultaneamente, a negociação da *universitas iuris* em si, ou seja, de seu estabelecimento, da coletividade dos bens que se enfeixam na empresa.

O estabelecimento não é a empresa; a empresa não é o empresário ou a sociedade empresária. Empresário ou sociedade empresária são a pessoa. Estabelecimento empresarial é o patrimônio especificado, empregado para a consecução da atividade empresarial; pode haver outros bens, ou seja, bens que não componham o estabelecimento, a exemplo de investimentos, ações ou quotas de outras sociedades e direitos de qualquer natureza etc. A empresa, por seu turno, é o somatório de estabelecimento (aspecto estático) e atividade empresarial (aspecto dinâmico).

O patrimônio empresarial que é empregado no exercício da atividade pode estar dividido em diversos estabelecimentos (ou unidades produtivas). Cabe aos interessados, em cada situação (negócio) definir a abrangência do objeto da relação jurídica que estão constituindo ou referindo-se: numa ponta, estabelecimento como a totalidade do *complexo organizado de bens para o exercício da empresa*; tudo, enfim. Noutra ponta, cada unidade produtiva autônoma. Entre ambos, blocos que sejam definidos, por exemplo, para transferência. E, em qualquer caso, não há falar em autonomia de personalidade ou patrimonial: é uma mesma pessoa e, no fim das contas, as faculdades ou obrigações de cada parte dizem respeito ao todo, vale dizer, ao empresário ou sociedade empresária. É como um proprietário/motorista que tenha vários carros: continua sendo um só proprietário/motorista.

A escrituração própria, especializada, permite a distinção de estabelecimentos diversos, independentes ou não entre si, que sejam titularizados pela mesma pessoa, natural (empresário) ou jurídica (sociedade empresária), podendo, inclusive, ser objeto de relações jurídicas próprias, seguindo a lógica do artigo 1.143 do Código Civil. E nada impede que se dê títulos diversos ao estabelecimento, o que é comum no setor de alimentos e bebidas: um mesmo empresário (ou sociedade empresária), com o respectivo nome empresarial, dá a esse estabelecimento o título de Restaurante Real e àquele outro Casa do Bode.

2 OBJETIVAÇÃO JURÍDICA DO ESTABELECIMENTO

A possibilidade jurídica de se compreender o estabelecimento como objeto unitário de direitos e deveres, tal como anotada no artigo 1.143 do Código Civil,

---

[1] Conferir MAMEDE, Gladston. *Código Civil comentado*: penhor, hipoteca e anticrese: artigos 1.419 a 1.510. São Paulo: Atlas, 2003. v. 14.

permite a constituição de relações jurídicas que digam lhe respeito. O conjunto de bens do estabelecimento, de um estabelecimento, de alguns estabelecimentos. Por exemplo, pode-se alienar o estabelecimento e, com isso, alienar todos os bens que o componham, sem a necessidade de os especificar; pode-se, igualmente, locá-lo ou ceder o seu uso gratuito. Aceitam-se negócios jurídicos translativos ou constitutivos; *translativos* são os negócios cujo efeito é a transferência, a transmissão de um direito, implicando uma *sucessão subjetiva*; há sucessão jurídica sempre que se tem a manutenção de uma relação jurídica, embora se verifique uma alteração entre os respectivos titulares (sucessão subjetiva), ou mesmo substituição do objeto do Direito (sucessão real, ou seja, sucessão da coisa). É o que se passa, por exemplo, na morte do empresário com um único sucessor hereditário que, inscrevendo-se como empresário na Junta Comercial, recebe o estabelecimento; se não se inscreve, ou transfere o estabelecimento para outrem (empresário ou sociedade empresária) ou liquida a empresa, recebendo os bens resultantes da apuração de haveres, se resulta em saldo positivo (ou seja, se sobram créditos).

O Código Civil também se refere a negócios *constitutivos*, referindo-se àqueles que constituem uma relação jurídica na qual o estabelecimento é o objeto; é o que se passa no penhor de estabelecimento empresarial, sendo constituído um vínculo real entre a sua titularidade e uma obrigação cujo adimplemento passa a ser por ele garantida.[2] Também é negócio constitutivo a dotação do estabelecimento para a consecução de uma das atividades listadas no artigo 62 e parágrafo único, instituindo-se uma fundação, ou seja, personificando o patrimônio (ato que se completa com o registro, conforme previsão anotada no artigo 45 do Código Civil); uma sociedade empresarial dedicada, por exemplo, à educação ou à prestação de serviços de assistência médica pode destinar o estabelecimento para a constituição de uma fundação educacional ou de assistência médica, respectivamente; com a dotação, obviamente, perder-se--á a possibilidade de apropriação de lucros, passando o estabelecimento a gerir-se pela lógica das fundações. O limite para a celebração de negócios, translativos ou constitutivos, que tenham o estabelecimento por objeto é a lei e, especificamente, a compatibilidade do negócio com a natureza jurídica do estabelecimento.

Nada impede que a negociação do estabelecimento (por sua totalidade ou determinada unidade autônoma), ou de estabelecimentos (mais de uma unidade autônoma, mas não a totalidade do patrimônio do empresário ou da sociedade empresária), se faça considerando-se a universalidade de fato e de Direito, para dela destacar um ou outro elemento. A negociação é extremamente comum: uma empresa, titular de uma rede de lojas (estabelecimentos com autonomia escritural), negocia certo número de estabelecimentos com outra sociedade empresária, mas sem transferir o título do estabelecimento ou a marca, operando o adquirente com seu próprio título e/ou marca.

---

2   Conferir MAMEDE, Gladston. *Código civil comentado*: penhor, hipoteca e anticrese: artigos 1.419 a 1.510. São Paulo: Atlas, 2003. v. 14.

3 AVIAMENTO

Há mais no conceito e na realidade do estabelecimento do que um mero ajuntamento de bens e, destarte, uma especialização de patrimônio. Não se pode jamais olvidar que a reunião e a organização desse complexo de bens se faz a bem do exercício da empresa. Daí a tradição clássica, constituída fora do âmbito do Código Civil de 2002, de se referir a um fundo de comércio, do qual não fariam parte apenas elementos patrimoniais, tangíveis ou intangíveis, ou seja, materiais (móveis e imóveis) e imateriais (direitos pessoais com expressividade patrimonial econômica, como as patentes), mas igualmente elementos não patrimoniais, como a clientela. A *teoria da empresa* resolve o problema de forma diversa, todavia. A empresa é, por si só, essa reunião de um aspecto estático (patrimonial) e de um aspecto dinâmico: o conjunto das atividades empresárias e o valor que o mercado lhes dá.

A forma de organização do *complexo organizado de bens* aumenta-lhe ou reduz-lhe o valor, reconhece o mercado. Não é raro assistir-se a aquisições empresárias nas quais o valor pago pelo estabelecimento e/ou pela atividade negocial supera, e muito, o seu valor meramente patrimonial. Muito mais que o fundo de comércio, o aviamento (*avviamento*); aviar é fazer, concretizar, concluir, e incluir elementos imateriais de uma excelência empresarial. Igualmente eloquente é a ideia *goodwill of trade* (benefício – ou vantagem – de mercado).

Tais elementos, por certo, justificam uma proteção legal que se dá não apenas ao estabelecimento, mas também ao estabelecimento considerado como *parte da empresa* e como *ambiente da empresa*. Há um valor econômico que transcende o valor dos bens, não sendo lícito reduzi-lo, em benefício do devedor, ao simples valor dos bens. O Direito percebeu a importância da preservação jurídica dessa dimensão maior do complexo organizado de bens, atendendo não só a interesses do empresário ou sociedade empresária, mas também do mercado, preservando os valores maiores que qualificam, por disposição constitucional, a ordem econômica e financeira nacional.

Olhando por um ângulo, o aviamento não é um bem jurídico em sentido estrito, ou seja, nos moldes dos artigos 79 a 103 do Código Civil: não é uma coisa (*res*), nem é um direito pessoal com expressividade econômica, passível de compor o patrimônio econômico de uma pessoa, sendo transferível ao patrimônio de outrem. Somente nos termos dos artigos 186, 187 e 927 do Código Civil – sem excluir outros – pode-se afirmar tratar-se de um bem, mas no sentido de valor juridicamente protegido, a exemplo da honra, dignidade etc. O aviamento é uma qualidade do estabelecimento, dos bens materiais e imateriais que compõem o patrimônio econômico – e não o patrimônio moral – da empresa (empresário ou sociedade empresária): um jeito, um modo, uma cultura, uma habilidade. "O *goodwill* não é separável do negócio todo e, consequentemente, não é um ativo como caixa, bancos, clientes etc. Em outras palavras, o *goodwill* não pode ser vendido sem que ocorra a venda do negócio."[3]

---

[3] SCHMIDT, Paulo; SANTOS, José Luiz dos. *Avaliação de ativos intangíveis*. São Paulo: Atlas, 2002. p. 48.

O fato de não poder ser destacado permite afirmar – e com razão – que o aviamento não é individualizável; ele se afere na empresa, no seu modo de fazer as coisas, na sua boa capacidade de produzir lucros. Se o patrimônio empresarial for separado em partes, não se encontrará o aviamento; o aviamento é a vida, ou, ainda melhor: a alma da empresa, não sobrevivendo ao seu fim. Dividir a empresa é dela perder o aviamento, da mesma forma que o esquartejamento do corpo implica a perda da vida (ou da alma).

O mercado, porém, rapidamente assimilou a ideia e a prática do aviamento, deixando claro haver uma grande diferença entre o valor do patrimônio líquido de uma empresa e o valor da empresa em si, como visto há pouco. Essa diferença não seria fruto de uma percepção de que o patrimônio líquido escriturado estaria sub ou sobrevalorizado – o que também pode ocorrer, como fruto do mau gerenciamento da escrituração, como na falta de lançamento das depreciações do ativo permanente. A diferença entre o valor da empresa e o valor de seu patrimônio líquido seria fruto da percepção de as possibilidades de lucro serem ali melhores ou piores. Aliás, não apenas a percepção positiva do aviamento, como do aviamento negativo, ou seja, a percepção de que a empresa em si vale menos do que o seu patrimônio líquido, que é inábil para produzir os resultados positivos que dela se esperam.[4]

Como se só não bastasse, rapidamente surgiu a necessidade de dar tratamento contábil ao tema, principalmente para justificar a existência de ágio ou deságio nas transações com empresas, com justificativas, respectivamente, de existência de aviamento positivo (alta capacidade ou potencialidade para gerar lucros) ou aviamento negativo (baixa capacidade ou potencialidade para gerar lucros). Isso levou à busca de métodos para mensurar o aviamento (*goodwill of trade*): método Lawrence R. Dicksee, método New York, método de Hatfield, método do valor atual dos superlucros, método de custo de reposição ou custo corrente, método do valor econômico, método do valor de realização.[5]

4 TRESPASSE

Chama-se de *trespasse* a transferência onerosa do estabelecimento empresarial. Como estabelecimento empresarial é um *complexo de bens* ao qual se atribui certa organização, é variável o objeto da cessão (trespasse). Nos casos mais simples, é a loja: a livraria, o restaurante, o supermercado. Mas pode haver o trespasse de várias unidades, enfeixadas numa só; por exemplo, uma instituição financeira

---

4   Na comédia romântica *Pretty Woman* (*Uma linda mulher*. Los Angeles, Touchstone Pictures, 1990, 119 min.), dirigida por Garry Marshall, com roteiro de J. F. Lawton, Richard Gere representa a personagem Edward Lewis, um empresário que adquire empresas com aviamento negativo, para dissolvê-las, vendendo suas partes e, assim, auferindo lucro.

5   SCHMIDT, Paulo; SANTOS, José Luiz dos. *Avaliação de ativos intangíveis*. São Paulo: Atlas, 2002. p. 52-55.

estrangeira que deixa de atuar no Brasil pode trespassar toda a sua operação (agências, postos de atendimento bancário, centrais de compensação etc.) para outra instituição financeira. Uma sociedade que explora diversas atividades negociais pode abandonar uma delas, trespassando os estabelecimentos por ela responsáveis; ilustro: uma indústria de alimentos, que não se interesse mais pelo setor de atomatados (extrato de tomate, molho, ketchup etc.), pode trespassar as unidades responsáveis para uma outra sociedade. A dinamicidade do mercado demanda atenção do jurista para qualificar cada situação, certo que alguns desafiam uma compreensão clássica do conceito. É o que se passa com a prática de ceder a carteira de clientes (contratos de trato sucessivo) em sociedades nas quais as instalações físicas tenham menos importância, a exemplo de planos de saúde e afins.

Se o estabelecimento é transferido, há sucessão subjetiva, vale dizer, sucessão de sujeito: o estabelecimento passará a ter um novo titular. Em fato, caracteriza-se sucessão jurídica sempre que haja: (1) a existência de uma relação jurídica; (2) uma alteração em um dos polos subjetivos (a substituição de uma pessoa por outra, em qualquer dos polos da relação) ou, na sucessão real, de um objeto por outro, que ocupe o seu lugar e função na respectiva relação jurídica; (3) a permanência da relação jurídica, não obstante a alteração experimentada; e (4) a existência de um vínculo de causalidade entre as situações anterior e posterior à sucessão, permitindo certificar-se de que se trata da mesma relação jurídica.[6] Note-se que, na relação de titularidade do estabelecimento, o polo ativo é ocupado pelo empresário ou sociedade empresarial, sendo o polo passivo ocupado pelo restante da sociedade, tratando-se de relação jurídica válida *erga omnes*.

A dinamicidade jurídica das atividades empresariais recomenda redobrado cuidado com a sucessão de direitos e deveres, bem como com a constituição de relações jurídicas (mormente ônus) sobre o estabelecimento, sempre com a preocupação de preservar o interesse de eventuais credores, entre os quais se podem listar, exemplificativamente, titulares de créditos acidentários, de créditos trabalhistas, o Estado, por créditos fiscais e parafiscais, fornecedores, instituições financeiras com as quais tenham sido estabelecidas relações creditícias (mútuo), consumidores – pelos direitos decorrentes de relações contratuais, a exemplo da garantia de manutenção concedida, além de ilícitos contratuais –, bem como terceiros, eventualmente titulares do direito à reparação de perdas e danos por ilícitos extracontratuais. Com essa preocupação, o artigo 1.144 do Código Civil exigiu que o contrato cujo objeto seja a alienação, a constituição de usufruto ou mesmo o arrendamento do estabelecimento só produza efeitos em relação aos terceiros após terem sido levados a registro, sendo averbado à margem da inscrição do empresário ou sociedade empresarial (a

---

6   Conferir SENA, Adriana Goulart de. *A nova caracterização da sucessão trabalhista*. São Paulo: LTr, 2000. p. 40-41.

permitir certificação do ato pela Junta Comercial), devendo, ademais, ser publicado na imprensa oficial.

O registro e a publicação não são, porém, pressupostos de validade do ato ou negócio jurídico, mas de eficácia perante terceiros, tendo sido tecnicamente cuidadoso o legislador quando usou a locução *só produzirá efeitos quanto a terceiros* após registro e publicação na imprensa. Mesmo sem o registro e/ou a publicação, o ato ou negócio é plenamente válido, vinculando as partes, desde que atenda aos requisitos legais para a sua constituição. O ato ineficaz é aquele que não tem atributos para produzir os efeitos jurídicos que dele se esperam; a distinção está na origem, pois um ato pode ser *válido*, mas *ineficaz*, ou seja, pode ter sido constituído segundo as normas jurídicas, atendendo aos requisitos genéricos fixados para a sua constituição válida, mas não se prestar para os fins para os quais foi concretizado. No caso, criaram-se requisitos específicos para a produção de direitos junto a terceiros, o que não afetará a validade do ato, mas implicará a faculdade jurídica de desconsiderar a sucessão ou o direito constituído. Entre as partes, no entanto, o negócio é válido e eficaz, mesmo diante da iniciativa de um terceiro, que pretenda não se submeter aos seus efeitos diante da previsão do artigo 1.144 do Código Civil, salvo estipulação em contrário.

Duas são as razões específicas da estipulação: (1ª) proteção às relações jurídicas anteriores à transferência do estabelecimento ou constituição do ônus sobre o estabelecimento; (2ª) proteção às relações jurídicas posteriores à transferência do estabelecimento ou constituição do ônus sobre o estabelecimento. No segundo caso, de mais fácil compreensão, protege-se aquele que se supõe estar negociando com uma pessoa, ou ter sua relação garantida pelo patrimônio de uma certa pessoa (natural ou jurídica), mas, na verdade, ou está negociando com outra pessoa (sucessor do estabelecimento), ou negocia tendo contra si uma diminuição da segurança jurídica do adimplemento, em face do ônus constituído tanto sobre o patrimônio empresarial, como constituído sobre o estabelecimento. Preserva-se, nessa hipótese, a boa-fé nas relações jurídicas, razão pela qual a sua aplicação às relações jurídicas que sejam celebradas após a transferência do estabelecimento ou constituição de ônus sobre o direito ao estabelecimento pressupõe desconhecimento do ato jurídico, não se aplicando àqueles que, por outros meios, saibam do ato translativo ou constitutivo.

Para tal hipótese, a ineficácia da transferência se traduz tanto no (a) direito de desconsiderar a transferência, podendo exigir que a obrigação seja satisfeita pelo sucessor ou pelo sucedido, embora o negócio, estabelecido após a sucessão, tenha por principal obrigado o sucessor. Também se expressa no (b) direito de satisfazer o seu crédito na integridade do estabelecimento (do patrimônio especificado), já que o ônus, mesmo tendo sido constituído antes do novo vínculo jurídico, não fora tornado público e, destarte, não produz efeitos em relação aos terceiros. De outra face, a disposição tem por fim a proteção daqueles que titularizem direitos contra o empresário ou sociedade empresária, fruto de relações anteriores à transferência ou constituição do ônus, como crédito, direito de preferência etc., podendo opor-se à transferência ou constituição de direito, a partir da respectiva publicização do ato. De qualquer sorte, sem interesse jurídico em concreto, a norma não pode ser aproveitada a qualquer um.

O estabelecimento empresarial é garantia genérica, não especializada, das obrigações assumidas, *ex voluntate* ou *ex legibus*, no desempenho das atividades empresariais. Se com aquele que transfere o estabelecimento não restam bens suficientes para solver o seu passivo, ou seja, para atender às obrigações empresariais, a alienação só será considerada plenamente eficaz se todos os credores forem pagos, ou se consentirem na transferência. Fica claro, portanto, haver uma afirmação legal de que o estabelecimento desempenha o papel de garante genérico das obrigações empresariais, expressando princípio que poderia ser extraído do conjunto normativo, como princípio, independentemente da positivação. Mesmo transferido ao patrimônio de outrem (o sucessor), o estabelecimento mantém-se vinculado ao cumprimento das obrigações empresariais que precedem a sucessão, ou seja, à transferência, registro e publicização. Falar-se, aqui, em *solidariedade passiva* entre sucedido e sucessor, pelas referidas obrigações, seria incorreto, pois não há um *vínculo subjetivo* (entre pessoas, sujeitos), mas um *vínculo objetivo*: é o patrimônio especificado da empresa – e apenas ele – que, não obstante titularizado por outrem (o sucessor), mantém-se vinculado por previsão legal (*ex legibus*) àquelas obrigações, numa situação análoga ao penhor legal;[7] análoga, apenas, já que não estão presentes todos os elementos que permitam a caracterização apropriada, técnica, do penhor legal.

Essa proteção genérica às obrigações não solvidas, anteriores à sucessão, conhece uma ampliação no artigo 1.146 do Código Civil, que cria – aqui sim – uma ampla *solidariedade subjetiva*, entre sucessor (o adquirente do estabelecimento) e sucedido, pelas obrigações que estejam regularmente contabilizadas. Por força da estipulação, tais obrigações são transferidas para o sucessor, embora, pelo prazo de um ano, a contar quanto aos créditos vencidos, da publicação, e, quanto aos outros, da data do vencimento, o devedor primitivo continue solidariamente obrigado a solvê-las. Nos demais casos, as obrigações não contabilizadas não implicam *solidariedade subjetiva*, mas mero *vínculo objetivo*, nos moldes há pouco analisados, preservando-se a boa-fé do adquirente (se existente; não existindo, afirma-se uma ampla *solidariedade subjetiva*).

O consentimento do credor, tal como previsto no artigo 1.145 do Código Civil, caracteriza renúncia à proteção legal de seu crédito, que deixa de estar vinculado ao patrimônio especificado da empresa, mesmo após a sua transferência a outrem; renúncia, portanto, ao direito de pedir a constrição do estabelecimento, como um todo, ou de qualquer dos bens que o componham, em particular, para satisfação

---

7 Conferir MAMEDE, Gladston. *Código Civil comentado*: penhor, hipoteca e anticrese: artigos 1.419 a 1.510. São Paulo: Atlas, 2003. v. 14.

do crédito. A lei aceita o consentimento expresso ou tácito, pressupondo este em face do silêncio que decorra da notificação do credor, pelo prazo de 30 dias. Em qualquer hipótese, a renúncia pressupõe cuidar-se de direito disponível, não alcançando créditos de outra ordem, como o alimentar, fiscal, previdenciário, entre outros.

4.1   Contratos no trespasse

Esses aspectos até aqui examinados, a dizer respeito à condição do passivo empresarial e sua situação em face do trespasse, possuem um revés: a consideração do ativo empresarial, isto é, o tratamento jurídico das faculdades titularizadas pelo trespassante que se referem ao estabelecimento trespassado. São duas as situações a serem examinadas: os contratos, dos quais cuida o artigo 1.148 do Código Civil, e os créditos, com previsão no artigo seguinte, 1.149.

Não havendo expressa disposição em contrário no contrato de trespasse, a transferência do estabelecimento incluirá os contratos que digam respeito à sua exploração, nos quais se sub-rogará o trespassatário (adquirente do estabelecimento empresarial). Sub-rogação é instituto jurídico por meio do qual assiste-se, no âmbito de uma relação jurídica, à substituição de uma pessoa por outra ou de um objeto de direito por outro. *Subrogare* é colocar alguém ou algo no lugar de outrem ou de outra coisa, mantendo o elo, a relação anteriormente havida; a previsão de sub-rogação contratual, portanto, traduz a ideia de sucessão num dos polos da relação contratual que, dizendo respeito ao estabelecimento, fora estabelecida pelo trespassante e passará ao patrimônio do trespassatário junto com o estabelecimento. Note-se, porém, que o artigo 1.148 do Código Civil limita tal previsão aos ajustes *estipulados para exploração do estabelecimento*; fica clara, portanto, a aplicabilidade da previsão aos contratos de fornecimento de energia elétrica, fornecimento de água e de esgoto, prestação de serviços de telefonia (com direito sobre o mesmo número que faz conexão com o estabelecimento real ou que permite operações de venda a distância – *telemarketing*), entre outros. O mesmo se passa com contratos de fornecimento de insumos (matéria-prima, embalagens etc.), designadamente os de trato continuado.

É preciso atentar para o fato de que a previsão é genérica e pode submeter-se a regras legais, regulamentares ou contratuais específicas de cada ajuste. Todos esses elementos próprios das contratações devem ser colocados à disposição daquele que estuda a aquisição do estabelecimento, permitindo-lhe formar adequadamente o seu convencimento. Sem que tais informações sejam franqueadas – ou, pior, quando sejam omitidas ou falseadas – estar-se-á, conforme o caso, diante de erro ou dolo, defeitos que permitem a anulação do negócio, se essencial, o abatimento proporcional do preço ou a indenização dos prejuízos, se acidental.

Excetuam-se da regra os contratos que tenham caráter pessoal, ou seja, aqueles que tenham sido ajustados tendo por referência a pessoa do trespassante, por sua individuação personalíssima, ou de seus sócios, na hipótese de sociedade empresária. Observe-se que a mãe do empresário ou do sócio majoritário da sociedade empresária podia emprestar a sua imagem, gratuitamente, em anúncios comerciais, fazendo-o para beneficiar o filho; o trespassatário não lhe poderá exigir uma sub-rogação no contrato.

O mesmo artigo 1.148 do Código Civil inclui a possibilidade genérica de rescisão contratual, pelo terceiro, recusando, portanto, a sub-rogação do trespassatário no ajuste. O prazo para tal denúncia contratual é de 90 dias, contados da publicação da transferência, mas exige a ocorrência de *justa causa*. A previsão da necessidade de justa causa conduz-nos à necessidade de denúncia motivada, bem como à possibilidade jurídica de discussão judicial dos motivos que foram apresentados. Três situações são possíveis: (1ª) existência de justa causa, sem que o trespassante possa ser responsabilizado por isso, hipótese em que há rescisão contratual, sem direito de indenização. O contrato de trabalho é o grande exemplo, não se podendo obrigar o empregado a trabalhar para o trespassatário e, simultaneamente, não se podendo responsabilizar o trespassante por tal recusa; (2ª) existência de justa causa, podendo responsabilizar-se o trespassante por sua ocorrência, mormente quando a sub-rogação naquele ajuste foi objeto do contrato de trespasse ou mesmo de suas tratativas. Nessa hipótese, há rescisão contratual, sem que o trespassatário ou o trespassante possam voltar-se contra o terceiro contratante. Todavia, afirma-se o direito de o trespassatário, conforme o caso, anular o trespasse ou buscar o ressarcimento dos prejuízos em ação de indenização contra o trespassante; (3ª) se não há justa causa, há denúncia imotivada, conduzindo à aplicação das sanções contratuais e/ou legais contra o denunciante, das quais será o trespassante devedor solidário, por expressa disposição da parte final do artigo.

Observa Modesto Carvalhosa que a compreensão correta do artigo 1.148 do Código Civil exige que o contrato esteja *em curso de execução*; se já houve execução da prestação devida por uma das partes e aguarda-se a execução devida pela parte contrária, não há falar em sub-rogação no contrato, mas no débito ou no crédito respectivo, aplicando-se, no primeiro caso, os artigos 1.145 e 1.146 do Código Civil e, no segundo, o artigo 1.149, que será estudado na sequência.[8]

4.2   Créditos no trespasse

Conforme o que tenha sido ajustado entre as partes no contrato de trespasse, poderá haver cessão dos créditos relativos às atividades empresariais relativas ao

---

8   CARVALHOSA, Modesto. *Comentários ao Código Civil*: artigos 1.052 a 1.195. São Paulo: Saraiva, 2003. v. 13, p. 654.

estabelecimento transferido. Há, aqui também, uma sucessão jurídica subjetiva, havida no polo ativo da relação de crédito/débito, ou, visto por um ângulo, sub--rogação na condição de credor.

Aplicam-se aqui, a toda evidência, os artigos 286 a 298 do Código Civil. Em primeiro lugar, não pode haver cessão de crédito, mesmo em conjunto com o trespasse do estabelecimento empresarial, *se a isso se opuser a natureza da obrigação* ou *a lei*; a regra, disposta no artigo 286, inclui ainda a vedação contratual, desde que constante do respectivo instrumento, sem o que não pode a proibição ser oposta ao cessionário de boa-fé. Nos demais casos, de acordo com o artigo 1.149 do Código Civil, a cessão *produzirá efeito em relação aos respectivos devedores, desde o momento da publicação da transferência*, previsão que, para a hipótese específica do trespasse, atende às exigências do artigo 288 do mesmo Código. Essa publicação não vincula o devedor, se não foi notificado da cessão, nos moldes dos artigos 290 e 291 do Código Civil, motivo pelo qual o próprio artigo 1.149 dispõe que *o devedor ficará exonerado se de boa-fé pagar ao cedente*. A regra, por óbvio, não se aplica aos títulos de crédito, pois se trata de títulos de apresentação: são transferíveis por mero endosso e o seu pagamento se faz, obrigatoriamente, à vista do título, que deve ser entregue ao devedor.

Com a cessão transferem-se todos os acessórios da relação jurídica, como previsto no artigo 287 do Código Civil, permitindo, inclusive, que o cessionário do crédito (no caso, o trespassatário), se hipotecário, averbe a cessão no registro do imóvel (artigo 290) ou exerça os atos de conservação do direito cedido, independentemente do conhecimento da cessão pelo devedor (artigo 293). Pelo lado oposto, o devedor – estipula o artigo 294 – poderá opor ao trespassatário as exceções que lhe competirem, bem como as que, no momento em que veio a ter conhecimento da cessão, tinha contra o trespassante. O trespassante é juridicamente responsável pela existência dos créditos cedidos, ao tempo da cessão, como estipulado pelo artigo 295, mas não é responsável pela solvência do devedor, se a tanto não se obrigou expressamente, como prevê o artigo 296.

4.3   Restabelecimento

Chama-se de restabelecimento o ato de o titular do estabelecimento, que o trespassou, vir a constituir um novo estabelecimento empresarial (*reestabelecer--se*), atuando no mesmo ramo econômico, com o que passa a concorrer com o trespassatário. O artigo 1.147 do Código Civil estabelece, como regra geral, uma vedação do restabelecimento, estabelecendo que, nos cinco anos subsequentes à transferência, o alienante do estabelecimento (*trespassante*) não poderá fazer concorrência ao adquirente (*trespassatário*). Trata-se de norma geral, aplicável no silêncio das partes. As partes podem ajustar outro período, menor ou maior que o legalmente estabelecido; podem, até, ajustar que não haverá qualquer restrição ao restabelecimento, o que caracteriza renúncia do trespassatário à proteção legal contra aquilo que o legislador concluiu ser ato de concorrência desleal: restabelecer-se no mesmo ramo de atividade, o que poderia implicar esvaziamento da clientela do estabelecimento trespassado. A proteção legal do sucessor, ademais, alcança as hipóteses de mera cessão do uso e gozo (locação ou arrendamento, usufruto), desde que onerosa, o que leva à exclusão do comodato. Nesses casos, a proibição de reestabelecimento persiste por todo o prazo da cessão.

A previsão do artigo 1.147 do Código Civil, todavia, não reflete limitação à liberdade de concorrência, mas, pelo contrário, expressão de um dever de concorrência leal. O reestabelecimento constitui – ao menos potencialmente – uma redução nas vantagens do trespasse, o que só é admitido como expressão da liberdade de contrato e renúncia do trespassatário. O que o artigo 1.147 do Código Civil está fazendo, portanto, é estabelecer um período para composição de condições adequadas para a existência de *concorrência livre e leal*. O trespassatário, no gozo dessa vantagem, poderá mostrar à clientela (um dos elementos intangíveis do estabelecimento empresarial) que pode bem servi-la. Assim, com o restabelecimento do trespassatário, os clientes poderão escolher entre os concorrentes. Sem esse período, romper-se-iam as condições para a concorrência, já que o trespassante poderia simplesmente esvaziar o estabelecimento trespassado de sua clientela, levando o trespassatário à falência.

O artigo veda a concorrência e não meramente o reestabelecimento, que se compreende como vedado desde que haja efetiva possibilidade de competição entre as empresas e, destarte, de esvaziamento das vantagens de mercado que deveriam acompanhar o estabelecimento. Duas balizas se firmam: atividade de concorrência e território de concorrência, ambas não atendendo a critérios absolutos, deve-se frisar, mas respondendo às particularidades de cada caso. Em primeiro lugar, não se veda ao trespassante o exercício de atividade empresarial, mas apenas se proíbe a concorrência; nada impede, portanto, que venha a se estabelecer em outro ramo, atuando em atividade que *em nada* cerceie o gozo da clientela pelo trespassatário. Aquele que trespassou um açougue pode constituir, bem ao lado, uma empresa dedicada à confecção e/ou venda de roupas (uma *boutique*); mas é possível questionar se aquele que transferiu uma boate não irá oferecer concorrência se constituir um bar, o que deverá ser investigado nos elementos que se apurar no caso.

Igualmente relativo a cada situação dada em concreto está o problema da *limitação territorial*, ou seja, a investigação do *território de concorrência*, não sendo igualmente possível estabelecer um critério objetivo, absoluto, variando a solução conforme as particularidades do estabelecimento, da empresa e da atividade. Quem aliena uma sapataria em Imperatriz (MA) não concorre com o trespassatário se passa a explorar a mesma atividade em Uruguaiana (RS); mas em se tratando de uma fábrica de sapato, que fornece para o mercado nacional, haverá concorrência.

O trespassante de um restaurante na Pampulha, bairro de Belo Horizonte, pode ou não, dependendo das circunstâncias, concorrer com o trespassatário ao se reestabelecer no Mangabeiras, bairro situado no extremo oposto da cidade. O trespassante de um estabelecimento editorial situado em São Paulo (SP) pode concorrer diretamente com o trespassatário, mesmo reestabelecendo-se em Manaus (AM). Não se trata, portanto, de uma questão territorial, mas da aferição, em concreto, da concorrência fruto do reestabelecimento que, se verificada – e não autorizada pelo trespassatário – deverá ser proibida *ex vi legibus*.

4.4   Nome empresarial no trespasse

Obviamente, é lícito – e até comum – que o trespasse do estabelecimento compreenda o título do estabelecimento, já que se constitui num dos seus elementos, atuando como sinal de identificação para o mercado. Nem sempre, é bom afirmar, o título do estabelecimento é apropriado para o uso do trespassatário, sendo possível – e até comum – que esse utilize um título próprio, mas se aproprie do título anterior para evitar que seja utilizado pelo trespassante ou por outrem, o que poderia ser um elemento de estorvo na fruição à clientela que, ao menos presumivelmente, espera-se ser transferida com o restante do estabelecimento.

A transferência do título do estabelecimento e, eventualmente, até mesmo de uma marca registrada em nada se confunde com a transferência do nome empresarial, já que o artigo 1.164 do Código Civil veda, expressamente, a possibilidade de sua alienação. Trata-se, como visto, de uma posição que mantém coerência com a compreensão do nome da pessoa jurídica como expressão de um Direito da Personalidade (ou *personalíssimo*), subsumindo-se à regra geral de intransmissibilidade, tal como se encontra disposta no artigo 11 do Código Civil.

No âmbito do Direito Empresarial, contudo, a matéria assume um contorno próprio, a refletir um aspecto preciso do princípio da veracidade: a informação, a bem do empresário, da existência do trespasse e, com ela, da sucessão jurídica no estabelecimento. Justamente por isso, o parágrafo único do artigo 1.164 do Código Civil reconhece ao trespassatário – adquirente *do* e sucessor *no* estabelecimento – a faculdade de usar o nome do trespassante, precedido do seu próprio, com a qualificação de sucessor, desde que o contrato o permita. Assim, por exemplo, se *Sérgio Valias* (empresário individual) adquire o estabelecimento empresarial de *Raimundo Oliveira – livreiro*, poderá adotar o nome de *Sérgio Valias – livreiro, sucessor de Raimundo Oliveira* (razão empresarial); essa será a sua firma e sobre ela aporá a assinatura correspondente. Igualmente se poderia ter *Al Hassib Comécio de Alimentos Ltda. – sucessor de As Sabur*. A norma se refere apenas à possibilidade de sucessão entre vivos; mas não torna ilícita a utilização do recurso na sucessão *causa mortis*; parece-me, portanto, que a alternativa também se aplica – e com mais razão – na hipótese de sucessão hereditária.

5 PENHOR DO ESTABELECIMENTO

É possível ao titular do estabelecimento empenhá-lo, ou seja, oferecê-lo como garantia de uma obrigação. Essa possibilidade afirma-se tanto se o considerarmos por sua porção material (as coisas que compõem o estabelecimento: maquinário, mobiliário, estoque etc.), quanto por sua porção imaterial; recorde-se, a propósito, que o artigo 1.451 do Código Civil permite que sejam objeto de penhor direitos sobre coisas móveis, suscetíveis de cessão, licenciando a constituição de gravame sobre direitos patrimoniais com expressividade econômica – ou seja, traduzíveis em pecúnia. Se o estabelecimento inclui a propriedade do imóvel, contudo, deve fazer-se por meio de hipoteca, aplicando-se os artigos 1.473 ss do Código Civil; o mesmo se passa no gravame constituído sobre estabelecimento ferroviário (estrada de ferro), minerário (concessão de lavra) ou dedicado à geração de energia elétrica, por força dos incisos IV e V do mesmo artigo 1.473 do Código Civil.

Assim, é possível constituir um vínculo real – isto é, submetido ao regime dos Direitos Reais – entre uma obrigação jurídica e a titularidade do estabelecimento empresarial; assim, se o devedor da obrigação garantida torna-se inadimplente, o credor poderá excutir a garantia, ou seja, exigir a sua realização: levar o bem (no caso concreto, o estabelecimento) à venda e, com o produto apurado, pagar-se. Esse vínculo, por ter natureza real, adere à relação de titularidade do estabelecimento, alcançando mesmo o trespassatário – na hipótese de transferência – em face do direito de sequela que socorre o credor pignoratício; em fato, com a constituição de uma garantia real, importa a coisa, que garante a obrigação, e não o seu titular. Quando é dado em penhor estabelecimento empresarial, no todo ou em parte específica, dever-se-á levar o gravame a registro na Junta Comercial. Em fato, a averbação, em tais hipóteses, atende à necessidade de proteção aos terceiros de boa-fé que, sabidamente, conferem o registro específico sempre que desejam saber sobre a situação do bem que lhes interessa.

Note-se que a sujeição do bem dado em garantia, *por vínculo real, ao cumprimento da obrigação*, tal como previsto no artigo 1.419 do Código Civil, nos remete ao *fenômeno da especialidade da garantia*, caracterizado pela individualização e determinação de um bem para *responder preferencialmente por determinada dívida*.[9] O bem dado em garantia (no caso, o estabelecimento) é como que *separado* juridicamente das demais obrigações eventualmente existentes, apenas lhes servindo se, uma vez satisfeita a dívida garantida, sobram valores que, como se verá, retornarão ao patrimônio do devedor ou do proprietário que titulariza o bem gravado de ônus real, na hipótese de ter sido regularmente transferido para outrem. Esse excesso (*superfluum*) no valor obtido pelo bem ou bens dados em garantia apura-se levando em conta o principal da dívida e seus acessórios legais e convencionais, incluindo verbas moratórias. Aliás, em função da especialidade,

---

[9] VENOSA, Sílvio de Salvo. *Direito civil*. 3. ed. São Paulo: Atlas, 2003. v. 5. p. 466.

todo o estabelecimento – conforme se apure na constituição do penhor – estará vinculado ao cumprimento da obrigação, e não apenas uma hipotética parte que fosse pretensamente suficiente para a satisfação do débito; é o princípio *totum in toto et qualibet parte*, isto é, "tudo no todo e em cada uma das partes". Somente com a satisfação voluntária ou forçada (execução) do débito, o saldo eventualmente apurado será devolvido ao patrimônio do titular do estabelecimento, seja o próprio devedor, seja um terceiro.

A excussão do penhor exige, obrigatoriamente, alienação do bem empenhado, sendo nula – e não apenas por anulável – a cláusula comissória, isto é, a que autoriza o credor pignoratício a ficar com o estabelecimento empresarial se a dívida não for paga no vencimento, como estatuído no artigo 1.428 do Código Civil. A proibição deve prevalecer mesmo diante de operações negociais complexas cujo resultado final seja aquele considerado nulo pela lei: que o credor, em face do inadimplemento da dívida, possa apropriar-se do bem, passando à sua titularidade. Note-se, todavia, que o parágrafo único anotado no artigo 1.428 do novo Código Civil permite que o bem empenhado seja dado em pagamento (*datio in solutio*).

5.1   Anticrese do estabelecimento empresarial

Quer se esteja diante da propriedade do imóvel no qual funciona o estabelecimento, sendo, portanto, hipotecável, quer se esteja diante de imóvel locado, dando azo ao penhor do estabelecimento, nos moldes há pouco estudados, é igualmente possível ao titular do estabelecimento o entregá-lo em anticrese. Anticrese é palavra que vem do grego *antichrese*,[10] é um meio que se opõe ao do empréstimo, portanto, um meio para o seu pagamento; um ato de cessão – de entrega – que não é do credor para o devedor, mas do devedor para o credor, como forma de permitir o pagamento do que se lhe emprestou. Embora se trate de um instituto desprestigiado pela doutrina e na prática das relações havidas em concreto, é opção negocial que oferece possibilidades interessantes, para as quais o mercado não atentou, infelizmente. Sua virtude é a preservação de um meio pelo qual o credor tem a certeza de uma via para o pagamento de seu crédito: os frutos naturais, industriais ou rendimentos do estabelecimento que lhe é transferido em anticrese; ademais, a concomitância da hipoteca ou do penhor amplia essa segurança.

Por múltiplas formas se pode concretizar a anticrese, desde que respeitado o núcleo conceitual do instituto: a cessão do direito de uso e do direito de fruição para que haja pagamento de juros e do principal da dívida. Mantida essa base e afastados abusos e ilegalidades, as partes têm liberdade para ajustar o negócio jurídico, podendo-se listar algumas dessas formas.

---

10   GALVÃO, Ramiz. *Vocabulário etimológico, ortográfico e prosódico das palavras portuguesas derivadas da língua grega*. Belo Horizonte: Garnier, 1994. p. 65.

(1ª) O estabelecimento é entregue ao credor para que esse o explore, diretamente, fruindo seus frutos ou produtos, pagando-se, nos juros e no principal da dívida, com o resultado da exploração. É a hipótese clássica, disposta no *caput* do artigo 1.507 do Código Civil, exigindo-se que o credor anticrético, anualmente, apresente um balanço, exato e fiel, de sua administração, no qual deverão ficar bem claros – e comprovados – os ingressos aferidos com os frutos ou produtos, os valores gastos com a manutenção do bem (a exemplo de energia elétrica, trabalhadores etc.) e, enfim, o saldo verificado. O saldo, por seu turno, será utilizado no abatimento dos juros e, eventualmente, do principal. Essa fórmula, contudo, comporta variações. Podem as partes perfeitamente estipular uma meta mensal ou anual (mínima ou certa) para a anticrese, o que não é vedado pela lei, evitando-se controvérsias sobre o balanço anual. Somente será necessário que a contratação seja lícita, equilibrada, agindo as partes de forma honesta e de boa-fé, como exigido pelo artigo 422 do Código Civil.

(2ª) O devedor entrega o bem ao credor para que esse o arrende e se pague com o produto do arrendamento (fruto civil). É a hipótese prevista no artigo 1.507, § 2º, que prevê tal possibilidade como regra geral que pode ser excepcionada por pacto em sentido contrário, estabelecido entre as partes. O dispositivo, contudo, deixa claro que a relação negocial estabelecida entre o credor pignoratício e o arrendador não vincula o devedor, quando, finda a anticrese, a posse do imóvel lhe é devolvida, excetuada, por óbvio, a hipótese de o devedor anticrético ter participado do ajuste e assumido o vínculo jurídico, ainda que futuro, com o arrendante. A norma, porém, ao privilegiar a hipótese de arrendamento, com pagamento de aluguel, induz o exegeta a uma postura mesquinha, que reduz as possibilidades do instituto. Não há impedimento legal para o estabelecimento de formas negociais mais ousadas e, para algumas hipóteses, mais eficazes. Pode-se estipular que o terceiro remunerará ao credor pagando-lhe percentual sobre o faturamento (*aluguel percentual*, como é comum nos contratos estabelecidos por *shopping centers*).[11]

(3ª) Deve-se compreender ainda como válida a cláusula por meio da qual devedor e credor anticrético ajustam a entrega a terceiro, administrador profissional, que tenha sido contratado especificamente para administrar e explorar o bem anticrético (o estabelecimento dado em anticrese), pagando as despesas (entre as quais se incluirá a taxa de administração, em valor fixo ou percentual sobre o faturamento ou lucro) e transferindo o saldo aferido para o credor, a título de pagamento de juros e, sucessivamente, do principal da dívida. Na mesma linha, podem ser estabelecidos outros ajustes, como o contrato de parceria, prenotando-se a parte do parceiro como despesa e o restante como pagamento da dívida anticrética. Entre outros, é preciso dizer, para não limitar.

Na hipótese de terem as partes ajustado que a exploração do bem anticrético se fará pelo credor, apropriando-se dos frutos e utilidades, apresentando balanço anual,

---

11 Conferir MAMEDE, Gladston. *Contrato de locação em* shopping centers: abusos e ilegalidades. Belo Horizonte: Del Rey, 2000.

exato e fiel, de sua administração, e compensando o saldo verificado com juros e principal da dívida, permite-se ao devedor impugnar o balanço apresentado. Obviamente, a hipótese legal se refere à assunção da administração pelo próprio credor ou por terceiro à sua conta, não alcançando as hipóteses de arrendamento do bem, com valor certo ou exploração do bem com estipulação do valor (fixo ou em percentual sobre a dívida) mensal de abatimento sobre juros ou sobre o capital emprestado. Não alcançará, igualmente, a hipótese de se ter ajustado a exploração por terceiro (administrador profissional ou não), de cuja escolha tenha participado o devedor, pois a impugnação, nesta hipótese, terá por réu o terceiro, não o credor anticrético, exceto provando-se má-fé deste, a agir em conluio com aquele. Ao devedor faculta--se impugnar não apenas o balanço, mas mesmo a administração que está sendo conduzida, imputando-a ruinosa. São duas hipóteses, portanto. Em primeiro lugar, a possibilidade de impugnar apenas o balanço, alegando que ele não corresponde à realidade (*por ser inexato*). A via judicial para tanto será, a meu ver, a ação de prestação de contas, combinando-se o artigo 1.507 do Código Civil com o artigo 550 do novo Código de Processo Civil. O devedor anticrético, que tem o direito de exigir a prestação de contas, as recusará na petição inicial, afirmando-as inexatas ou, até, afirmando que não foram prestadas, quando seriam devidas por força do novo Código Civil. Requererá a citação do réu para, em cinco dias, apresentar as contas, se não já as prestou, ou para contestar a pretensão de que outras sejam prestadas, por serem inexatas as que foram anteriormente apresentadas. Se o credor apresentar as contas que anteriormente não prestara, ou se insistir na exatidão das contas já prestadas, o juiz abrirá vista para o autor. Havendo necessidade, será aberta a fase de instrução para que sejam produzidas as provas que se julgarem apropriadas para a solução do litígio, proferindo-se, então, a sentença. Note-se que, por força do artigo 916, a ação poderá ser proposta pelo próprio credor obrigado à prestação das contas.

Diferente é a hipótese de, a partir do balanço apresentado pelo credor – ou pelo terceiro que administra o bem anticrético à conta daquele –, pretender o devedor que a administração é ruinosa, isto é, que o credor – ou o terceiro, por ele – não está administrando e explorando adequadamente o bem, fazendo com que produza menos do que pode, o que lhe fere os interesses. Para tais casos, estranhamente, o artigo 1.507, § 1º, permite ao devedor formular pedido de transformação do direito de administração e exploração em arrendamento, previsão que deve ser analisada com redobrado cuidado. Em primeiro lugar, deve-se reconhecer que a pretensão do devedor gravita, inexoravelmente, sobre a demonstração e prova que os baixos rendimentos do bem anticrético são devidos à má administração ou administração ruinosa pelo credor. Visivelmente, o legislador toma esse *ruinosa* como afirmação de um ato ilícito por parte do credor, seja fruto de negligência ou imprudência (artigo 186 do Código Civil), seja fruto de abuso de direito (artigo 187 do Código Civil); daí tirar como consequência o direito de ser o devedor anticrético indenizado (em analogia com o artigo 927 do Código Civil): o juiz, reconhecendo que a administração é, sim, ruinosa, poderá simplesmente fixar um parâmetro pela utilização do bem e fruição de seus frutos, um aluguel, tomando a anticrese em analogia ao arrendamento.

Destaque-se, no entanto, que afora previsão contratual em contrário, a anti-crese poderá ser remida, a rigor, com o simples pagamento total da dívida, a partir do qual a posse do credor anticrético, ou do terceiro que está na administração do bem (sem vínculo que tenha sido igualmente assumido pelo devedor anticrético), perde a legitimidade. Mas, na hipótese de ter sido o estabelecimento adquirido por outrem, que a rigor o receberia gravado com o ônus anticrético, faculta-se-lhe remir o gravame, para então tomar posse plena do bem. Para tanto, exige-se que efetue o pagamento total da dívida, ainda que seja esse valor superior ao valor do bem; pagará, remindo a anticrese e, destarte, imitindo-se na posse do bem. Com o paga-mento, contudo, sub-rogar-se-á nos direitos do credor em face do devedor, ainda que seu direito esteja submetido ao regime dos quirógrafos, extinta a anticrese pela confusão das posições de credor e proprietário do bem dado em anticrese.

5.2 Penhora do estabelecimento empresarial

Assim como é possível oferecer voluntariamente o estabelecimento empresarial como garantia real de um contrato, também é possível sua constrição judicial no âmbito de uma execução judicial. Também aqui, a penhora compreende-se viável pela consideração do valor patrimonial do estabelecimento. Essa constrição deverá ser averbada no Registro Mercantil, para garantia de terceiros.

A Corte Especial do Superior Tribunal de Justiça, julgando o Recurso Especial 1.114.767/RS, sob a sistemática dos recursos repetitivos, afastou dúvidas sobre ser possível penhorar estabelecimento empresarial, ou seja, não lhe estendeu a proteção dada à impenhorabilidade dos bens profissionais (artigo 833, V, do vigente Código de Processo Civil). Ainda assim, afirmou que o ato deve ser excepcional: "A penhora de imóvel no qual se localiza o estabelecimento da empresa é, excepcionalmente, permitida, quando inexistentes outros bens passíveis de penhora e desde que não seja servil à residência da família". Exceção, no entanto, para quando se tratar de pequenas empresas, empresas de pequeno porte ou firma individual em que o imóvel profissional constitua instrumento necessário ou útil ao desenvolvimento da atividade, ainda que se trate de sociedade, "em observância aos princípios fun-damentais constitucionais da dignidade da pessoa humana e dos valores sociais do trabalho e da livre-iniciativa (artigo 1º, incisos III e IV, da CRFB/1988) e do direito fundamental de propriedade limitado à sua função social (artigo 5º, incisos XXII e XXIII, da CRFB/1988)", somado ao citado artigo 833, V, do vigente Código de Processo Civil. No caso focado, não se logrou comprovar a indispensabilidade do bem para o desenvolvimento das atividades profissionais.

9
Tecnologia

1 BENS INTELECTUAIS

Ao longo da evolução humana, ficou clara as vantagens pessoais e sociais determinadas pelas inovações, ou seja, a vantagem do saber como fazer (*know-how*, *savoir faire*, tecnologia), razão pela qual decidiu-se por estimular e proteger certas criações, atribuindo-lhes a condição de direito pessoal com expressão econômica, sendo passível inclusive de cessão. Daí haver se desenvolvido um sistema jurídico de valorização e proteção às criações intelectuais com aproveitamento mercantil, industrial. Entre nós, essa regulamentação é feita pela Lei 9.279/1996 – chamada de Lei de Propriedade Industrial. Mas há outros conjuntos normativos que cuidam de outras propriedades intelectuais, como Direito de Autor, Direito de Software etc.

A Lei de Propriedade Industrial traz normas sobre concessão de patentes de invenção e de modelo de utilidade, registro de desenho industrial e de marca. Além disso, traz normas de repressão às falsas indicações geográficas e à concorrência desleal. É ali que se encontram os mecanismos que determinam a outorga do direito de uso exclusivo de criações, vale dizer, direitos de propriedade industrial, bens intelectuais negociáveis e que se consideram bens móveis por analogia;[1] por exemplo, podem ser empenhados em contratos ou penhorados em execuções.[1] Transferem-se mesmo por instrumento privado e independentemente de outorga do cônjuge. Mas é preciso atenção: a proteção à propriedade intelectual faz-se nos estritos termos da legislação. A exclusividade é, por

---

[1] Artigo 5º da Lei 9.279/1996 e artigo 83, III, do Código Civil. Conferir MAMEDE, Gladston. *Código Civil comentado:* penhor, hipoteca e anticrese: artigos 1.419 a 1.510. São Paulo: Atlas, 2003. v. 14, p. 240 ss.

princípio, uma exceção, a regra geral é o uso comunitário, generalizado, das criações e do conhecimento. Isso sustentou o desenvolvimento da humanidade.

2 PATENTES

A Lei 9.279/1996 garante aos autores de (1) *invenções* ou de (2) *modelos de utilidade* o privilégio sobre suas criações, das quais se tornarão titulares por meio do registro da criação e obtenção de uma correspondente *patente*. O que é uma invenção? É uma criação humana que revela três características: (1) novidade, (2) atividade inventiva e (3) aplicação industrial.[2] Antes de mais nada, novidade e originalidade: algo inédito em todo o mundo. Não se pode patentear o que não é novo (ainda que ainda não patenteado). Isso alcança o que está no *estado da técnica*, ou seja, informações técnicas já colocadas à disposição da sociedade, salvo se a divulgação ocorreu nos 12 meses anteriores ao depósito do pedido de patente, feita pelo próprio inventor; por terceiros, com base em informações obtidas direta ou indiretamente do inventor ou em decorrência de atos por este realizados; ou pelo Instituto Nacional da Propriedade Industrial (INPI), através de publicação oficial do pedido de patente depositado sem o consentimento do inventor, baseado em informações deste obtidas ou em decorrência de atos por ele realizados.

Também é indispensável haver *atividade inventiva*, ou seja, criação (em sentido estrito). Se eu descubro um novo mineral ou uma nova planta, não criei nada. A invenção deve resultar de uma atividade: *agir inventivo* próprio. E isso não ocorre se há mera percepção de possibilidades no que já se sabe, aplicação do *estado da técnica*. Também não ocorre se o autor do pedido de patente não é o inventor, mas alguém que se aproveita de criação alheia. Por fim, exige-se *aplicação industrial*: algo que possa ser produzido, fabricado: a *patenteabilidade* visa à exploração econômica. Lembre-se: a patente de um invento cria uma propriedade industrial.

O *modelo de utilidade* é um pouco diferente. É uma criação que se faz sobre objeto de conhecido, ou sobre parte de um objeto. Uma criação para dar nova forma ao que se conhece, nova disposição, melhorando suas funções, sua fabricação. Por exemplo: dobradiças são conhecidas; um novo tipo de dobradiça, melhor e/ou mais seguro, será um modelo de utilidade. Mas é indispensável *aplicação industrial* e ato *inventivo* que, no caso, é caracterizado pelo fato de não decorrer, de maneira comum ou vulgar, do estado da técnica. Apenas não se exige novidade (originalidade), já que se trabalha sobre algo já conhecido. Mas atente-se: o direito de uso exclusivo, em ambos os casos, resulta da patente e não da simples criação.

Nem toda criação, contudo, será patenteável. Nem tudo é passível de tornar-se propriedade intelectual e ter uso exclusivo. Por exemplo, não se patenteiam *descobertas*,

---

[2]   Artigo 8º e seguintes da Lei 9.279/1996.

teorias científicas e *métodos matemáticos*, a não ser que componham uma *invenção* ou *modelo de utilidade*; e o titular da patente não poderá impedir que a mesma teoria ou método matemático que seja utilizado por outrem, mesmo para criar outro invento ou modelo de utilidade. Na mesma linha, as *concepções abstratas*, embora caracterizem criação intelectual e mereça a proteção (não econômica) como direito personalíssimo. Nos dois casos, há autoria, não propriedade industrial. *Técnicas* e *métodos biológicos* não são patenteáveis, a exemplo de procedimentos de diagnósticos, cirúrgicos ou terapêuticos, aplicáveis a humanos (medicina, odontologia, enfermagem, fisioterapia etc.) ou a animais (veterinária). A regra, porém, restringe-se a processos e procedimentos, não impedindo a patente sobre aparelhos, instrumentos e afins.

Não se patenteiam *planos*, *princípios* ou *métodos*; não há propriedade industrial sobre esquemas industriais, princípios ou métodos comerciais, contábeis, financeiros, educativos, publicitários, de sorteio e de fiscalização. Henry Ford criou a linha de montagem e não pode patenteá-la. E todos a copiaram. O criador do shopping center não pode patentear o método comercial; e todos copiaram. O artigo 10, IV, da Lei 9.279/1996 não permite sejam patenteados, como não permite patentear obras literárias, arquitetônicas, artísticas e científicas ou qualquer criação estética. A autoria sobre tais peças é garantida por outra norma – a Lei 9.610/1998, que regula os direitos autorais, entendendo-se sob esta denominação os direitos de autor e os que lhes são conexos. Nem programas de computador, que tem regulação própria (Lei 9.609/1998); se bem que, atente-se, um programa pode compor uma invenção.

Quer mais? Não se patenteiam apresentação de informações, criações jornalísticas, editoriais e afins, como também não se patenteiam regras de jogos (desportivos, lúdicos ou, mesmo, de azar); a lei veda. O criador do voleibol não poderia patentear sua criação, como também não poderia fazê-lo o inventor do *banco imobiliário*. Não há, porém, empecilho para que se patenteiem os objetos materiais que são utilizados em jogos lícitos, se caracterizem invenção ou modelo de utilidade.

Por fim, não se patenteia (1) tudo o que seja contrário à moral, aos bons costumes e à segurança, à ordem e à saúde públicas; (2) as substâncias, matérias, misturas, elementos ou produtos de qualquer espécie, bem como a modificação de suas propriedades físico-químicas e os respectivos processos de obtenção ou modificação, quando resultantes de transformação do núcleo atômico; e (3) o todo ou parte dos seres vivos, exceto os micro-organismos transgênicos que atendam aos três requisitos de patenteabilidade. Aliás, a vedação alcança o genoma ou germonoplasma de qualquer ser vivo natural, bem como processos biológicos naturais.

3 PEDIDO DE PATENTE

Como visto, o direito de exclusividade sobre o invento ou modelo de utilidade não resulta da criação em si, mas da concessão da patente. Há regulamentação específica sobre o depósito do pedido de patente no Instituto Nacional de Propriedade

Intelectual – INPI e sobre seu processamento (artigos 19 a 37 da Lei 9.279/1996) com vistas à obtenção da exclusividade no território nacional. Aliás, o pedido de patente depositado em país que mantenha acordo com o Brasil ou em organização internacional assegurará ao depositante prioridade para obter igual patente aqui, no prazo de 12 meses. O mesmo direito terá o titular de patente emitida pelo INPI. É possível, portanto, obter proteção internacional para o invento ou modelo de utilidade, embora não seja algo imediato; não é mera consequência

Aquele que apresenta o pedido de patente é presumido autor da invenção ou do modelo de utilidade. Mas é presunção relativa: o verdadeiro inventor pode provar que houve usurpação e adjudicar a patente. Usurpar é apropriar-se da criação alheia. Se duas ou mais pessoas tiverem coincidentemente criado a mesma coisa, o direito à patente será do primeiro a depositar o pedido de patente. E não cabe discussão sobre quem criou primeiro; o direito à patente é de quem a requereu primeiro. Se o primeiro pedido é retirado ou indeferido, o direito será do depósito imediatamente posterior.

Sendo duas ou mais pessoas, a patente poderá ser requerida por todas ou qualquer delas, devendo haver nomeação e qualificação das demais, para ressalva dos respectivos direitos. Se o inventor morreu, a patente pode ser requerida por seus herdeiros ou sucessores. Se o inventor cedeu a criação para outrem, o requerimento será feito pelo cessionário. A criação pode resultar de um contrato (de trabalho, de prestação de serviços) que tenha por objeto a pesquisa ou a atividade inventiva, assim como pode resultar da natureza dos serviços para os quais foi contratado o criador. Nestes casos, a titularidade da criação e o direito de requerer a patente é do contratante (o empregador). Afinal, o criador foi contratado para criar, sendo remunerado para isso. Claro, pode-se prever uma participação nos ganhos econômicos resultantes da patente, mas não é obrigatório.

A questão do criador empregado é tão séria que se presume ter sido desenvolvida na vigência do contrato de trabalho a invenção ou o modelo de utilidade cuja patente seja requerida pelo empregado até um ano após a extinção do vínculo empregatício. Presunção relativa: se o empregador não provar ter desenvolvido sua criação sem o emprego de *recursos, meios, dados, materiais, instalações* ou *equipamentos do empregador*, a patente será do empregador. Aliás, mesmo durante a vigência de um contrato de trabalho, a patente é direito do criador se a invenção ou o modelo de utilidade são desenvolvidos fora do horário de trabalho e sem utilizar *recursos, meios, dados, materiais, instalações* ou *equipamentos do empregador*. Há mesmo uma situação mista: se a criação resultar da contribuição pessoal do empregado e de *recursos, dados, meios, materiais, instalações* ou *equipamentos do empregador*, a titularidade da patente será dividida em partes iguais, salvo expressa disposição contratual em contrário, assegurado ao empregador o direito exclusivo de licença de exploração, embora devendo remunerar adequadamente o empregado. Sendo mais de um empregado, a parte que lhes couber será dividida igualmente entre todos, salvo ajuste em contrário. Essas regras relativas ao contrato de trabalho aplicam-se analogicamente ao contrato de prestação de serviço (trabalho autônomo ou contrato entre empresas), ao contrato de estágio, bem como às entidades da Administração Pública, direta, indireta e fundacional, federal, estadual ou municipal.

De qualquer sorte, a autoria da criação intelectual é *direito personalíssimo*, resultante do ato de criar. O direito à patente – e ao privilégio econômico decorrente – por terceiro (herdeiro, cessionário, empregador, contratante ou outro) não afasta o direito do criador à autoria da invenção ou modelo de utilidade, pois se trata de expressão de sua personalidade, merecendo proteção jurídica. Nesse sentido, creio que o § 4o do artigo 6o da Lei 9.279/1996, quando prevê a nomeação e qualificação *do inventor* – que poderá requerer, somente ele, a não divulgação de sua nomeação –, refere-se tanto ao inventor em si, quanto ao titular da patente em função de contrato ou da lei.

4 CARTA DE PATENTE

Deferido o pedido, será emitida a carta-patente, um documento que traz número, título e natureza respectivos, nome do inventor, qualificação e domicílio do titular, prazo de vigência, relatório descritivo, reivindicações e desenhos, bem como os dados relativos à prioridade. A proteção conferida pela patente está regulada pelos artigos 38 a 45 da Lei 9.279/1996. Sua extensão determina-se pelo teor das reivindicações formuladas pelo depositante, tendo por base o relatório descritivo e os desenhos apresentados com o requerimento. O documento confere a seu titular o direito de impedir terceiro, sem o seu consentimento, de utilizar processo patenteado ou produzir, usar, colocar à venda, vender ou importar o produto objeto da patente, ou resultado direto de processo patenteado; mas há exceções legais (veja o artigo 43), embora bem pontuais: situações que, entende o legislador, o uso não acarreta prejuízo à exclusividade e suas vantagens econômicas, como experimentações (estudos ou pesquisas científicas ou tecnológicas), ou situações de mercado que, por lei, são consideradas regulares.

A exclusividade, contudo, não é eterna. A patente de invenção vigora por 20 anos e a de modelo de utilidade, por 15 anos contados da data de depósito. Atente-se para o julgamento da Ação Direta de Inconstitucionalidade 5.529, quando o Supremo Tribunal Federal reconheceu que tal extensão de prazo não se aplica a medicamentos e equipamentos de saúde, o que desbordaria a Constituição Brasileira.

Durante esse prazo, o objeto da patente é de uso e exploração exclusivos do titular da carta e daqueles a quem ceder ou autorizar. Assim, tem o direito de ser indenizado pela exploração indevida do invento ou modelo de utilidade, mesmo se ocorrida entre a data da publicação do pedido e a da concessão da patente, podendo caracterizar crime. O dever de indenizar decorre da simples exploração indevida, não sendo demonstrar ou provar a ocorrência de dano. O prejuízo está na própria exploração não remunerada do invento ou modelo de utilidade, quebrando o direito de exclusividade que decorre da patente. O prazo prescricional é de cinco anos (artigo 225 da Lei 9.279/1996). Só não terá que indenizar o *usuário anterior* de boa-fé: se antes do depósito, alguém já explorava a criação no país, continuar explorando-a. Exemplo: outro criador da mesma coisa que, em lugar de pedir a patente, apenas começou a usar. Agora, esse direito do pré-utente de boa-fé não pode ser cedido isoladamente; só se transfere como parte de uma empresa ou estabelecimento.

Por fim, lembre-se que o depositante do pedido de patente ou o titular da carta-patente pode requerer ao INPI a certificação de *adição de invento*: aperfeiçoamentos ou desenvolvimentos que tenham sido introduzidos no objeto da invenção. Elementos que não precisam apresentar atividade inventiva, podendo ser acréscimo óbvio ou evidente ao objeto do invento; ainda assim, uma alteração na invenção, razão pela qual o certificado de adição é mero acessório da patente, submetido à existência jurídica dela. Claro, se esse elemento completa, por si só, os elementos caracterizadores de uma invenção, poderá ser patenteado isoladamente; assim, a nulidade ou indeferimento da patente principal não implicará sua nulidade ou indeferimento: segue como pretensão autônoma, desmembrada.

É nula a patente concedida sem que sejam atendidos os requisitos da Lei 9.279/1996. Essa nulidade tem efeitos *ex tunc* (desde o momento do depósito do pedido) e poderá ser parcial se, afastada a parte defeituosa, restarem reivindicações que constituam, por si mesmas, matéria patenteável (artigo 47 da Lei 9.279/1996 e artigo 170 do Código Civil). A nulidade da patente pode ser reconhecida judicial ou administrativamente. O procedimento administrativo, instaurável na hipótese de desatenção aos requisitos legais de concessão, pode ser instaurado de ofício ou mediante requerimento de qualquer pessoa que demonstre interesse legítimo na declaração, em seis meses, contados da concessão da patente. Pode haver reconhecimento administrativo da nulidade parcial da patente por ter sido concedida em conteúdo que desborde o pedido originalmente depositado.

Judicialmente, tem-se a *ação de nulidade de patente*, que pode ser ajuizada, na Justiça Federal, pelo INPI ou por terceiro com interesse legítimo, durante todo o período de vigência da patente; se for ajuizada por terceiro, haverá intervenção obrigatória do INPI, mesmo quando não seja o réu. Trata-se de procedimento específico, regido pela Lei 9.279/1996 e que produz efeitos junto ao registro da propriedade intelectual. Por outro lado, em qualquer outro feito, a nulidade da patente pode ser arguida como matéria de defesa. Por exemplo, se o titular da patente move uma ação de indenização contra alguém, o réu poderá alegar a nulidade em sua contestação. Nesse caso, porém, o efeito estará limitado às partes deste feito.

5 EMPREGO DA PATENTE

O titular da patente pode produzir, ele mesmo, o invento ou modelo de utilidade. Caso prefira, pode ceder a titularidade sobre a patente, ou sobre o pedido de patente, onerosa ou gratuita. Essa cessão pode ser total ou parcial, ou seja, permitindo o estabelecimento de cotitularidade sobre a propriedade intelectual (artigo 58 da Lei 9.279/1996). Também é possível licenciar a exploração econômica da patente (*licença voluntária*), com exclusividade (para apenas um licenciado) ou sem exclusividade, hipótese na qual poderá haver diversas licenças. Também é possível a previsão contratual de licenciamento não exclusivo, mas limitado a número específico de licenciados. Some-se a previsão contratual de licenciamento setorizado, estipulando que haverá apenas um licenciado por país ou por região, entre outras variações próprias ao princípio da liberdade de contratação. Para que produza efeitos em relação a terceiros, o contrato de licença de patente deverá ser averbado no INPI, sendo certo que a ausência de registro em nada prejudica sua validade entre as partes; a ausência de registro, igualmente, não impede que o contrato seja prova da representação civil do titular da patente, para exercício dos poderes nos quais foi investido, já que para tal investidura o Código Civil não exige publicidade. Ademais, a licença pode fazer-se acompanhar de cláusula mandato, investindo o licenciado nos poderes para agir em defesa da patente (artigo 61, parágrafo único, da Lei 9.279/1996), caso em que se aplicarão as regras do Código Civil que regem o mandato.

E se o titular da carta-patente não consegue explorar, nem ceder, nem licenciar o invento ou modelo de utilidade? Pode requerer ao INPI que a coloque em oferta para fins de licenciamento (*oferta pública de licença*, artigo 64 da Lei 9.279/1996), podendo especificar o valor que pretende ou, mesmo, aceitar que tal valor seja arbitrado (e revisto) pelo instituto.

O titular ficará sujeito a ter a patente licenciada compulsoriamente (*licença compulsória da patente*) se exercer os direitos dela decorrentes de forma abusiva, ou por meio dela praticar abuso de poder econômico, o que poderá ser reconhecido por decisão administrativa ou judicial (artigo 68 da Lei 9.279/1996). A norma se compreende não apenas como expressão da função social da propriedade (artigo 5o, XXIII, da Constituição da República), mas também como limitação legal à exclusividade, que não permite exercício arbitrário, não permite abuso, não permite fruição deletéria da faculdade individual em desproveito do bem-estar coletivo. São igualmente hipóteses de licença compulsória da patente: (1) a não exploração do objeto da patente no território brasileiro por falta de fabricação ou fabricação incompleta do produto, (2) a falta de uso integral do processo patenteado, ressalvados os casos de inviabilidade econômica, quando será admitida a importação, e (3) a comercialização que não satisfaça às necessidades do mercado. O artigo 71 da Lei 9.279/1996 prevê o *licenciamento compulsório* nos casos de emergência nacional ou interesse público, declarados pelo Poder Executivo Federal, sempre que o titular da patente, seu licenciado ou licenciados não estejam capacitados a atender às respectivas necessidades anotadas naquele ato administrativo.

Fica fácil perceber que a própria lei dá limites e modo ao exclusivo industrial para evitar que a sociedade em geral seja penalizada. Por isso, há licença compulsória mesmo quando existe *dependência de patente*, ou seja, quando o exercício de uma nova patente depende da utilização do objeto de outra patente, verificando-se que a patente dependente constitui substancial progresso técnico em relação à anterior, não tendo havido acordo entre as partes para licenciamento de uso. Visivelmente, a norma estimula uma tradição inovadora: a patente não pode por fim à sequência criativa, não pode obstar que outros inventem sobre o invento e, assim, beneficiem a sociedade como um todo. O direito de exclusividade não alcança a faculdade de vetar o aperfeiçoamento, a melhoria. Daí regular-se a licença compulsória para o caso. Confira-se a respeito os votos proferidos no julgamento do Recurso Especial 1.705.970/RS pelo Superior Tribunal de Justiça

Somente pessoa (natural ou jurídica) que demonstre capacidade técnica e econômica para a exploração eficiente do objeto da patente, destinando-a predominantemente ao mercado interno, poderá requerer a concessão compulsória da licença da patente, devendo indicar as condições oferecidas ao titular da patente. Se o pedido se baseia em abuso no exercício da patente ou abuso econômico, poderá ser feito a qualquer tempo. No entanto, se estiver fundamentado na ausência de exploração do objeto, falta de uso do processo ou comercialização que não atenda às necessidades do mercado, o requerimento somente poderá ocorrer após três anos da concessão da patente (artigo 68, § 5o, da Lei 9.279/1996). O titular da patente será intimado do pedido, tendo o prazo de 60 dias para se opor à concessão, inclusive demonstrando que há efetiva exploração da patente ou opondo-se às condições oferecidas pelo requerente, hipótese na qual o INPI arbitrará a remuneração. A licença compulsória também não será concedida se, à data do requerimento, o titular: (1) justificar o desuso por razões legítimas; (2) comprovar a realização de sérios e efetivos preparativos para exploração; ou (3) justificar a falta de fabricação ou comercialização por obstáculo de ordem legal (artigo 69 da Lei 9.279/1996). Tais argumentos, contudo, não alcançam a hipótese de dependência de patente.

As licenças compulsórias são concedidas sem exclusividade, não se admitindo o sublicenciamento. O licenciado tem um prazo de um ano para iniciar a exploração do objeto da patente, contado da concessão da licença. Por força do artigo 74,§ 2º, da Lei 9.279/1996, o licenciado ficará investido de todos os poderes para agir em defesa da patente; trata-se, portanto, de representação *ex vi legis*.

6   EXTINÇÃO DA PATENTE

A patente e o privilégio de exploração econômica extinguem-se (artigo 78 da Lei 9.279/1996), mas essa extinção não alcança o reconhecimento da autoria da criação, que é imprescritível. Cuida-se de *direito da personalidade* ou *direito personalíssimo*, a exemplo das criações artísticas, conservando-se no *patrimônio moral* do criador. Em primeiro lugar, extingue-se a patente se expirado o prazo de vigência: 20 anos para as invenções e 15 anos para os modelos de utilidade, contados da data de depósito; mas é preciso recordar, como viu-se acima, que esse prazo pode ser estendido se houve demora excessiva na concessão da patente.

Também se extingue a propriedade industrial pela *renúncia* que, contudo, só será admitida se não prejudicar direitos de terceiros. Some-se a *caducidade*: caduca a patente, de ofício ou a requerimento de qualquer pessoa com legítimo interesse, se, decorridos dois anos da concessão da primeira licença compulsória, esse prazo não tiver sido suficiente para prevenir ou sanar o abuso ou desuso, salvo motivos justificáveis (artigo 80 da Lei 9.279/1996). No *desuso* tem-se a falta de emprego da patente, por seu titular ou por terceiro licenciado a tanto, deixando de cumprir a função social da propriedade imaterial. No *abuso de patente* há exercício despro-porcional ou desarrazoado da propriedade industrial que, embora seja usada, não cumpre suas funções social e econômica. Por exemplo, baixa produção e preço ma-nifestamente elevado, embora a sociedade tenha ampla necessidade da criação. São previsões que consultam o interesse público na exploração da patente, podendo o respectivo processo ser instaurado de ofício ou a requerimento de qualquer pessoa com legítimo interesse. Ainda acarreta a extinção da patente a falta de pagamento da retribuição anual devida ao Instituto Nacional da Propriedade Industrial, que é devida a partir do início do terceiro ano da data do depósito (artigo 84 da Lei 9.279/1996). Some-se a falta de procurar qualificado e domiciliado no Brasil, quando o titular resida no exterior.

Uma vez extinta a patente, o seu objeto cai em domínio público: finda-se o direi-to de uso exclusivo e, assim, a respectiva reserva de mercado. Assim, qualquer um poderá produzir aquela invenção ou modelo de utilidade, bem como usá-los como parte intermediária de suas manufaturas e processos produtivos. Há um interesse público inquestionável nessa socialização do conhecimento: a exclusividade de uso estimula os investimentos em pesquisa; o domínio público estimula a competição e, mais do que isso, permite que todos tenham acesso à tecnologia por um custo mais baixo. Em todo o mundo, há uma atenção redobrada para as oportunidades ofereci-das pela extinção de patentes; seu uso imediato é um direito subjetivo de todos. Há mesmo agências internacionais e organizações não governamentais que estimulam esse uso como meio eficaz para baratear e encurtar os processos de inovação e, com ele, desenvolvimento tecnológico.

7 TOPOGRAFIA DE CIRCUITOS INTEGRADOS (CHIPS)

A Lei 11.484/2007 estabeleceu as condições de proteção das topografias de circuitos integrados, ou seja, o desenho de chips eletrônicos, como são conhecidos. Ao criador da topografia de circuito integrado será assegurado o registro que lhe garanta a proteção legal, o que se garante às pessoas domiciliadas em país que, em reciprocidade, conceda aos brasileiros ou pessoas domiciliadas no Brasil direitos iguais ou equivalentes (artigo 24). Também se aceitam pedidos de registro provenientes do exterior e depositados no País por quem tenha proteção assegurada por tratado em vigor no Brasil (artigo 25). Salvo prova em contrário, presume-se criador o requerente do registro: uma ou mais pessoas; também aqui aceita-se requerimento por herdeiros ou sucessores, cessionário ou aquele a quem a lei ou o contrato de trabalho, de prestação de serviços ou de vínculo estatutário determinar que pertença a titularidade, em situação parelha à que estudamos acima, sobre a patente.

A proteção da Lei 11.484/2007 só se aplica à topografia que seja original, no sentido de que resulte do esforço intelectual do seu criador ou criadores e que não seja comum ou vulgar para técnicos, especialistas ou fabricantes de circuitos integrados, no momento de sua criação. Uma topografia que resulte de uma combinação de elementos e interconexões comuns ou que incorpore, com a devida autorização, topografias protegidas de terceiros somente será protegida se a combinação, considerada como um todo, atender a esse parâmetro de originalidade. Mas essa proteção depende do registro, que será efetuado pelo Instituto Nacional de Propriedade Industrial (INPI), sendo conferida independentemente da fixação da topografia. Frise que não se confere proteção aos conceitos, processos, sistemas ou técnicas nas quais a topografia se baseie ou a qualquer informação armazenada pelo emprego da referida proteção (artigo 29). E, como ocorre com a propriedade industrial, é possível a declaração judicial da nulidade do registro (Justiça Federal, com participação do INPI), por questões como falsa autoria, falta de originalidade, desconformidade dos documentos apresentados. Pode mesmo ocorrer o reconhecimento de nulidade parcial, ou seja, que reste uma parte que se sustente isoladamente e preencha os requisitos par o registro. Outra similaridade com a patente: a alegação de nulidade também pode ser feita como matéria de defesa, embora a decisão, neste caso, só tenha eficácia entre as partes do feito.

A proteção da topografia será concedida por 10 anos contados da data do depósito ou da 1ª (primeira) exploração, o que tiver ocorrido primeiro (artigo 35). O registro de topografia de circuito integrado confere ao seu titular o direito exclusivo de explorá-la com exclusividade, ceder a terceiros ou licenciar sua produção (com registro da operação no INPI para que seja pública). O uso indevido implica no dever de indenização, em situação parelha à estudada para patentes. O artigo 37 lista situações específicas que excepcionam tal regra, como atos de análise, avaliação, ensino e pesquisa, desenvolvimento de outras topografias diversas, como exemplos. O registro extingue-se pelo término do prazo de vigência ou pela renúncia do seu titular, mediante documento hábil, ressalvado o direito de terceiros. Extinto o registro, o objeto da proteção cai no domínio público.

Também as topografias poderão ser objeto de licença compulsórias para assegurar a livre concorrência ou prevenir abusos de direito ou de poder econômico pelo titular do direito, inclusive o não atendimento do mercado quanto a preço, quantidade ou qualidade (artigo 48), atendidos os requisitos definidos na Lei 11.484/2007.

8 DESENHO INDUSTRIAL

Permite-se o registro do desenho industrial no Instituto Nacional de Propriedade Intelectual, ou seja, registro da forma plástica ornamental de um objeto ou o conjunto ornamental de linhas e cores que possa ser aplicado a um produto, proporcionando resultado visual novo e original na sua configuração externa e que possa servir de tipo de fabricação industrial (artigo 95 da Lei 9.279/1996). Não é uma invenção, nem modelo de utilidade. É uma forma individual que, assim, individuará um produto a ser industrializado: um relógio, uma bicicleta, um ventilador, como exemplos. Uma variação estética a um produto industrial que lhe dá uma vantagem de mercado. As linhas de um carro e de cada uma de suas partes, por exemplo. Novidade e originalidade industrial: não é puramente artístico. A propriedade do desenho industrial adquire-se pelo registro no INPI, aplicando-se as mesmas disposições relativas à patente quanto a quem pode pedir, inclusive contratos de trabalho, prestação de serviço e entes da Administração Pública.

Com o registro, garante-se o direito de exploração exclusiva, nos mesmos moldes dos demais bens intelectuais acima estudados. E, aqui também, protege-se o pré-utente de boa-fé: quem já usava e não pediu, se tal se verificar. O uso indevido implica dever de indenizar, considerando o que se ganhou com o uso indevido, o que poderia ganhar o titular com o licenciamento e, mesmo, o que é necessário para punir o ilícito; sim, o desestímulo deve compor o arbitramento do dano nos bens intelectuais, reitero. É uma proteção jurídica própria desse tipo de faculdade jurídica: traduzir-lhe a expressão econômica adequada. A ação indenizatória poderá ser movida tanto pelo titular do registro, quanto por aquele que está autorizado a produzir o bem, como decidiu o Superior Tribunal de Justiça (Recurso Especial 1.132.669/RS). No caso, aceitou-se *autorização tácita* de produção.

O registro terá vigência de dez anos, contados da data do depósito, prorrogável por três períodos sucessivos de cinco anos cada. O pedido de prorrogação deve ser protocolizado no último ano de vigência do registro, embora, com o pagamento de retribuição adicional ao INPI, possa ser feito nos 180 dias subsequentes ao fim do prazo. Há, por igual, a possibilidade de declaração administrativa ou judicial de nulidade por desatenção aos requisitos da Lei 9.279/1996, nos moldes já reiteradamente estudados para patente, modelo de utilidade.

9 SOFTWARE

A proteção da propriedade intelectual de programas de computador, bem como a regulamentação de sua comercialização no país, é feita pela Lei 9.609/1998. A essas normas soma-se, subsidiariamente, a proteção conferida às obras literárias pela legislação de direitos autorais e conexos (Lei 9.610/1998), embora excluídos os chamados direitos morais do autor, previstos no artigo 24 da Lei 9.610/1998, que não se aplicam em favor dos criadores de programa, ressalvada a possibilidade de reivindicar a paternidade (direito personalíssimo que é). E esse direito de paternidade alcança a faculdade de se opor a alterações não autorizadas, quando estas impliquem deformação, mutilação ou outra modificação do programa de computador, que prejudiquem a sua honra ou a sua reputação.

O programa pertence a quem o desenvolveu, a não ser que o tenha desenvolvido para outrem, como seu empregador, contratante, órgão público. Um princípio, vê-se, que acompanha a proteção jurídica da tecnologia. Aqui também, excepciona a criação ao tempo do contrato de trabalho, mas feita fora da jornada e sem utilizar meios do estabelecimento, hipótese que só ao criador pertencerá o *software*. A titularidade reputa-se bem móvel para os efeitos legais (artigo 3º da Lei 9.610/1998), independentemente de registro, como ocorre com os direitos autorais. E a proteção se faz por 50 anos, contados a partir de 1o de janeiro do ano subsequente ao da sua publicação ou, não havendo publicação, do ano subsequente ao da sua criação.

A violação dos direitos sobre programa de computador é crime (artigo 12 da Lei 9.609/1998), além de ilícito cível que leva à indenização que considere não apenas o benefício auferido pelo transgressor, mas um arbitramento de reparação que tenha caráter punitivo e que desestimule a transgressão. Também é possível pedir a aplicação de multa cominatória diária para forçar que o uso indevido seja cessado. De qualquer sorte, por expressa disposição do artigo 6o da Lei 9.609/1998, não constituem ofensa aos direitos do titular de programa de computador (1) a reprodução, em um só exemplar, de cópia legitimamente adquirida, desde que se destine à cópia de salvaguarda ou armazenamento eletrônico, hipótese em que o exemplar original servirá de salvaguarda; (2) a citação parcial do programa, para fins didáticos, desde que identificados o programa e o titular dos direitos respectivos; (3) a ocorrência de semelhança de programa a outro, preexistente, quando se der por força das características funcionais de sua aplicação, da observância de preceitos normativos e técnicos, ou de limitação de forma alternativa para a sua expressão; (4) a integração de um programa, mantendo-se suas características essenciais, a um sistema aplicativo ou operacional, tecnicamente indispensável às necessidades do usuário, desde que para o uso exclusivo de quem a promoveu.

10
Marca

1 REGISTRO DE MARCA

A proteção à identidade no mercado encontra no Direito Marcário um instituto e uma ferramenta valiosos. A Lei 9.279/1996 assegura aos interessados o registro de marcas que podem ser vocábulos ou imagens, garantindo ao titular seu uso exclusivo no respectivo setor em todo o território nacional, ainda que sua atuação seja local.

A propriedade da marca adquire-se por ato formal, qual seja o registro no Instituto Nacional da Propriedade Intelectual (INPI). Esse registro corresponde a um procedimento que se inicia com o pedido feito pelo interessado e conclui-se com a expedição de um certificado de registro que assegura ao uso exclusivo do signo, em certa(s) categoria(s) negocial(is), em todo o território nacional. Portanto, no Brasil, é o registro que constitui a propriedade intelectual, não o mero uso original. Com efeito, há dois sistemas elementares que podem fundamentar a propriedade das marcas: (1) o regime atributivo, no qual a propriedade da marca é concedida exclusivamente pelo registro à primeira pessoa que o solicitar ao órgão pertinente; (2) o regime declarativo, segundo o qual a proteção legal do Estado ao usuário da marca independe da aquisição de registro próprio, sendo concedida àquele que tinha uso prévio (pré-uso) e ocupação da marca. A convenção de Paris aceita a ambos, permitindo aos seus signatários optarem por um ou outro, bem como instituírem sistemas mistos.

A Lei 9.279/1996 adotou uma *solução combinada*, pois determina que a propriedade da marca é adquirida com o registro, mas abre uma exceção para que o pré-utente possa arguir *direito de precedência*. O artigo 129 (*caput* e parágrafos), após asseverar que *a propriedade da marca adquire-se pelo registro validamente expedido*, excepciona a hipótese de haver pessoa no país que usava de boa-fé, há pelo menos seis meses, marca idêntica ou semelhante, para distinguir ou certificar produto ou serviço idêntico, semelhante ou afim. Neste caso, diz o legislador, o pré-utente poderá requerer que lhe seja concedido *direito de precedência* ao registro. Essa compreensão do Direito Marcário brasileiro como expressão de um *sistema combinado* ou *composto* não é uníssona, todavia.

Não havendo uso prévio do signo por qualquer pessoa, será o registro no Instituto Nacional da Propriedade Intelectual o fator essencial da constituição da propriedade intelectual. Essa regra geral somente é quebrada quando há pré-uso, abandonando-se a solução atributiva para exigir a consideração da relação jurídica consolidada (há mais de seis meses). O princípio declarativo tem por grande mérito respeitar os *direitos adquiridos*, bem como os *atos jurídicos perfeitos*. Neste sentido, importa destacar, como metanorma que orienta o Direito Marcário, o *princípio da novidade*. Para que se tenha regular atribuição da propriedade intelectual sobre determinada marca e, via de consequência, para que se garanta o direito à exclusividade no seu uso para designar determinar classe negocial específica, é preciso que esse uso seja novo.

A instituição do direito de preferência (artigo 129, §§ 1º e 2º, da Lei 9.279/1996) reconhece não ser legítima a atribuição de exclusividade de uso de um signo em prejuízo do pré-utente; com efeito, é direito da pessoa usar um signo sem pretender a propriedade sobre ele. Aquele que depois se apropria do signo, pelo registro, não pode prejudicar o direito anteriormente adquirido, pelo uso. Por isso, se há uso anterior por determinada pessoa ou empresa (considerando a possibilidade de sucessão na titularidade empresarial), reconhece-se que o registro posterior não pode prejudicar o usuário anterior, ainda que não tenha providenciado o seu registro como marca. Respeita-se a criação anterior e o pré-uso; eventualmente, mesmo a consolidação de um mercado, ainda que regional. A atribuição da propriedade intelectual, pelo registro posterior, exige a preservação da relação jurídica já existente ao tempo do registro.

O artigo 129, § 1º, ao prever o *direito de precedência ao registro*, lista as condições objetivas para tanto: estar usando no país, de boa-fé, há pelo menos seis meses contados da data da prioridade ou depósito, marca idêntica ou semelhante, para distinguir ou certificar produto ou serviço idêntico, semelhante ou afim. Duas situações possíveis se colocariam: (1) a faculdade de substituir o peticionário na titularidade do registro da marca ou (2) o direito de manter-se usando no país, de boa-fé, a marca idêntica ou semelhante, para distinguir ou certificar produto ou serviço idêntico, semelhante ou afim. O legislador optou pela segunda: o pré-utente não tem direito ao registro, em substituição àquele que o requereu, mas o direito de continuar usando o signo, embora só possa cedê-lo juntamente com o negócio da empresa, ou parte deste, que tenha direta relação com o uso da marca, por alienação ou arrendamento (artigo 129, § 2º).

Parece-me que o direito de precedência constitui uma servidão sobre a propriedade intelectual, garantindo, em favor do titular da precedência a faculdade de manter-se usando o sinal, apesar de ser de outrem a titularidade do registro de marca. Esse direito de uso (*ius utendi*), constituído a partir dos fatos (conforme o sistema declarativo) e não a partir do registro (sistema atributivo), acaba por tornar a marca posteriormente registrada inoponível ao prévio utente. Retorna-se assim à constatação de que o Direito Marcário brasileiro adotou um *sistema combinado*. Em fato, essa *servidão intelectual*, ou seja, esse direito de permanecer usando não decorre do registro, mas (1) da *criação original* ou (2) do *uso anterior consolidado*. O registro posterior e o direito constituído por meio dele simplesmente não poderão ser exercidos em face do prévio utente, sob pena de a situação jurídica nova, constituída pelo registro, desconstituir situação jurídica anterior. O registro da marca tem natureza jurídica constitutiva, não desconstitutiva: constitui uma relação jurídica nova, criando uma faculdade de exclusividade no uso do signo (palavra ou imagem), mas não tem o poder de desconstituir situações jurídicas aperfeiçoadas até então, que se conservaram até então e se conservarão como limitação à propriedade intelectual, numa situação análoga à servidão na propriedade imóvel.

O titular do direito de precedência terá a faculdade de manter o uso da marca, mas não terá a propriedade intelectual do signo. Não podem licenciar a marca a outrem, nem mesmo cedê-la isoladamente, direitos que são exclusivos do titular do registro. Mas se ceder o estabelecimento (trespasse) ou a atividade negocial, no todo ou em parte, ou se os arrendar, a marca poderá ser cedida conjuntamente, na forma do § 2º do artigo 129 da Lei 9.279/1996.

2 MARCAS REGISTRÁVEIS

O registro pode ser requerido por pessoas naturais ou jurídicas, de direito público ou de direito privado, devendo declarar que se trata de marca relativa à atividade exercida efetiva e licitamente de modo direto ou através de empresas que controlem direta ou indiretamente, assumindo as consequências jurídicas de eventual falsidade. O *princípio da inovação* ou *princípio da novidade* é essencial ao Direito Marcário: a propriedade decorre do ato original de lhe atribuir determinado signo (palavra e/ou imagem) por meio do registro no Instituto Nacional de Propriedade Industrial. Pode haver construção de um signo até então inexistente (palavra ou imagem, vale dizer, *signo nominativo* ou *signo figurativo*), como *Pulvitec*, *FLC* etc. Pode também ser um signo preexistente, havendo ocupação inovadora de sinal que não fora ainda usada no mercado para a função de identificação marcária naquela categoria; por exemplo, *Atlas*, *Puma*, *Havaianas* etc. Podem ser registrados como marca todos os sinais distintivos que possam ser percebidos visualmente, excetuando-se todos aqueles que mereçam expressa proibição legal (artigo 122 da Lei 9.279/1996).

São previstas três categorias específicas de marcas: (1) *Marca de produto* ou *de serviço*; (2) *marca de certificação*; e (3) *marca coletiva. Marca de produto* ou *de serviço* é usada para distinguir um bem ou um serviço de outros idênticos, semelhantes ou afins, mas que tenham uma origem diversa. Assim, pode-se registrar a marca de uma coleção de roupas e acessórios (por exemplo: *Forum, Patachou*), de veículos (por exemplo: *Fiat*), de um serviço de lavagem de roupas (por exemplo: *5 à Sec*), de serviços de transporte aéreo (por exemplo: *TAM, Gol*); permite-se, por extensão, o registro de marcas para estabelecimentos dedicados à venda de bens ou prestação de serviços (por exemplo: *Lojas Americanas, Ale*).

Marca de certificação é o signo usado para atestar a conformidade de um produto ou serviço com determinadas normas ou especificações técnicas, notadamente quanto à qualidade, natureza, material utilizado e metodologia empregada; um exemplo é a marca *Pro-espuma*, utilizada pela indústria de colchões para atestar a qualidade de determinados produtos; outro exemplo é a marca *ISO* (*ISO 9000, ISO 14000* etc.). O requerimento de registro de tais marcas deve conter as características do produto ou serviço objeto de certificação, além das medidas de controle que serão adotadas pelo titular, apresentadas até, no máximo, 60 dias do depósito (artigo 148 da Lei 9.279/1996). Veda-se seu requerimento por pessoa que tenha interesse comercial ou industrial direto no produto ou serviço atestado.

Marca coletiva é usada para identificar produtos ou serviços provindos de membros de uma determinada entidade, a exemplo da *Ampac*, marca por meio da qual a Associação Mineira dos Produtores de Cachaça atesta a qualidade de determinadas aguardentes de cana. Só a pessoa jurídica representativa de coletividade pode apresentar o pedido de registro que deverá conter o regulamento de utilização, dispondo sobre condições e proibições de uso da marca, que será apresentado no ato de depósito ou até 60 dias após (artigo 147). O depósito dos regulamentos aplicáveis às marcas de certificação e às marcas coletivas, bem como de qualquer alteração, é essencial, considerando que o artigo 150 da Lei 9.279/1996 estabelece uso de tais marcas independentemente.

O registro em qualquer dessas categorias faz-se por atividade (classe). É possível, assim, que uma pessoa registre a marca Atlas para edição de livros, outra a registre para serviço de transporte de cargas, outra para mobiliário de escritório. Trata-se do chamado princípio da especialidade. O direito de exclusividade é limitado à classe para o qual o registro foi deferido, não alcançando sequer classes similares. Existe, porém, a possibilidade de se dar proteção especial, que se estende por todos os ramos de atividade a marcas que sejam consideradas de *alto renome*. Cabe ao INPI reconhecer e declarar que uma marca é notória e, assim, dar-lhe proteção em todos os ramos, embora sua decisão possa ser revista pelo Judiciário (artigo 5º, XXXV, da Constituição da República). A Coca-cola, por exemplo. Mas não se perca de vista que "o registro da marca como notória confere ao seu titular proteção puramente defensiva e acautelatória, a fim de impedir futuros registros ou uso, por terceiros, de outras marcas iguais ou parecidas. Não retroage para atingir registros anteriores". Foi o que decidiu a Terceira Turma do Superior Tribunal de Justiça no âmbito do Recurso Especial 246.652/RJ.

Há, ainda, a *marca notoriamente conhecida*, como tal entendida aquela que é assim reconhecida – e declarada – pelo órgão de registro da propriedade industrial de qualquer dos países signatários da Convenção de Paris, entre nós promulgada pelo Decreto 75.572/1975. Não há proteção em qualquer ramo de atividade, mas proteção internacional, justificada pelo reconhecimento de que, em determinado país signatário da Convenção de Paris, uma marca é notória em determinado ramo de atividade. Assim, garante-se proteção extensível aos demais países signatários, que se comprometeram, pelo artigo 6º, *bis*, I, do Tratado, a recusar ou invalidar o registro de marca que reproduza, imite ou traduza aquela, desde que suscetível de estabelecer confusão. Embora em ambos os casos tenha-se um elemento comum, a *notoriedade*, os efeitos são diversos. A *marca notoriamente conhecida* só tem proteção em certo ramo, ainda que extensível a outros países. Note-se que, independentemente de haver reconhecimento de *marca notoriamente conhecida*, garante-se àquele que tiver apresentado pedido de registro de marca em qualquer dos países signatários da Convenção de Paris o direito de pedir prioridade sobre a marca nos outros países, no prazo de seis meses (artigo 127 da Lei 9.279/1996; artigo 4º da Convenção).

O artigo 124 da Lei 9.279/1996 fixa o que não se pode registrar como marca:

1. *Brasão, armas, medalha, bandeira, emblema, distintivo e monumento oficiais, públicos, nacionais, estrangeiros ou internacionais, bem como a respectiva designação, figura ou imitação.*

2. *Letra, algarismo e data, isoladamente, salvo quando revestidos de suficiente forma distintiva.* Não se impede, porém, o registro de marca mista: uma forma específica para a grafia da letra, algarismo etc.

3. *Expressão, figura, desenho ou qualquer outro sinal contrário à moral e aos bons costumes ou que ofenda a honra ou imagem de pessoas ou atente contra liberdade de consciência, crença, culto religioso ou ideia e sentimento dignos de respeito e veneração.*

4. *Designação ou sigla de entidade ou órgão público, quando não requerido o registro pela própria entidade ou órgão público.*

5. *Reprodução ou imitação de elemento característico ou diferenciador de título de estabelecimento ou nome de empresa de terceiros, suscetível de causar confusão ou associação com estes sinais distintivos.* Não age licitamente aquele que, verificando que alguém não registrou seu nome comercial, título de estabelecimento ou nome de produto/serviço, pede o seu registro, ainda que o pré-utente tenha o direito de precedência, como anteriormente estudado.

6. *Sinal de caráter genérico, necessário, comum, vulgar ou simplesmente descritivo, quando tiver relação com o produto ou serviço a distinguir, ou aquele empregado comumente para designar uma característica do produto ou serviço, quanto à natureza, nacionalidade, peso, valor, qualidade e época de produção ou de prestação do serviço, salvo quando revestidos de suficiente forma distintiva.* Não se pode, por exemplo, registrar a marca *Água Mineral* para o produto água mineral, ou *Perfume* para per-

fumes. Também não se permite a utilização de sinal ou termo comumente usados para designar uma característica do produto ou serviço, quanto à natureza, nacionalidade, peso, valor, qualidade e época de produção ou de prestação do serviço.

7. *Sinal ou expressão empregada apenas como meio de propaganda.* A proteção às criações publicitárias se faz pelo Direito Autoral (Lei 9.610/1998) e não pela Lei de Propriedade Industrial (Lei 9.279/1996).

8. *Cores e suas denominações, salvo se dispostas ou combinadas de modo peculiar e distintivo*, como ocorre com a marca de roupas *Rosa Chá*. Mesmo que alguém crie uma cor ou tom de cor, não poderá registrá-la como marca; o mesmo se diga da pretensão de usar, de forma inusitada, certa cor em certo contexto.

9. *Indicação geográfica, sua imitação suscetível de causar confusão ou sinal que possa falsamente induzir indicação geográfica.*

10. *Sinal que induza a falsa indicação quanto à origem, procedência, natureza, qualidade ou utilidade do produto ou serviço a que a marca se destina.*

11. *Reprodução ou imitação de cunho oficial, regularmente adotada para garantia de padrão de qualquer gênero ou natureza*, a exemplo do "IN" adotado pelo Inmetro ou do carimbo do S.I.F. (Serviço de Inspeção Federal), adotado para atestar a qualidade de produtos agropecuários.

12. *Reprodução ou imitação de sinal que tenha sido registrado como marca coletiva ou de certificação por terceiro*, salvo se seus registros tenham sido extintos e já haja transcurso do prazo de cinco anos, contados da extinção do registro (artigo 154 da Lei 9.279/1996).

13. *Nome, prêmio ou símbolo de evento esportivo, artístico, cultural, social, político, econômico ou técnico, oficial ou oficialmente reconhecido, bem como a imitação suscetível de criar confusão, salvo quando autorizados pela autoridade competente ou entidade promotora do evento.* Assim, não se pode usar expressões como *Copa do Mundo, Olimpíada, Miss Universo* etc.

14. *Reprodução ou imitação de título, apólice, moeda e cédula da União, dos Estados, do Distrito Federal, dos Territórios, dos Municípios, ou de país.*

15. *Nome civil ou sua assinatura, nome de família ou patrocínio e imagem de terceiros, salvo com consentimento do titular, herdeiros ou sucessores.*

16. *Pseudônimo ou apelido notoriamente conhecidos, nome artístico singular ou coletivo, salvo com consentimento do titular, herdeiros ou sucessores.*

17. *Obra literária, artística ou científica, assim como os títulos que estejam protegidos pelo direito autoral e sejam suscetíveis de causar confusão ou associação, salvo com consentimento do autor ou titular.*

18. *Termo técnico usado na indústria, na ciência e na arte, que tenha relação com o produto ou serviço a distinguir.*

19. *Reprodução ou imitação, no todo ou em parte, ainda que com acréscimo de marca alheia registrada, para distinguir ou certificar produto ou serviço idêntico, semelhante ou afim, suscetível de causar confusão ou associação com marca alheia.*

20. *Qualidade de marcas de um só titular para o mesmo produto ou serviço, salvo quando, no caso de marcas de mesma natureza, se revestirem de suficiente forma distintiva.*

21. *A forma necessária, comum ou vulgar do produto ou de acondicionamento, ou, ainda, aquela que não possa ser dissociada de efeito técnico.* Não é possível registrar como marca de uma cerveja o desenho da garrafa que comumente é usado para acondicioná-las.

22. *Objeto que estiver protegido por registro de desenho industrial de terceiro.*

23. *Sinal que imite ou reproduza, no todo ou em parte, marca que o requerente evidentemente não poderia desconhecer em razão de sua atividade, cujo titular seja sediado ou domiciliado em território nacional ou em país com o qual o Brasil mantenha acordo ou que assegure reciprocidade de tratamento, se a marca se destinar a distinguir produto ou serviço idêntico, semelhante ou afim, suscetível de causar confusão ou associação com aquela marca alheia.*

3   RELAÇÕES ENTRE MARCAS

O Direito Marcário protege a concorrência leal entre os agentes mercantis, distinguindo pessoas, produtos, serviços etc. A concorrência livre faz-se reconhecendo as distinções e, assim, chancelando os investimentos em qualidade, imagem, mercadologia etc. É direito do consumidor não ser enganado quando escolhe o *produto* tal. Em oposição, quem investe na qualidade dos produtos de sua marca tem o direito à identidade em relação aos concorrentes. Não é legítimo pretender aproveitar-se dos esforços e investimentos de outrem, associando-se indevidamente à marca alheia, de forma direta ou indireta. Quem o faz viola o direito de propriedade alheia.

No entanto, é preciso atenção para os limites das pretensões de exclusividade marcária. Pretensões abusivas de exclusividade não devem ter guarida pois vencem os princípios marcários. É certo que não se admitem imitações ou cópias, ainda que parciais, assim como não se admite que uma marca queira se parecer com outra, buscando parasitar-lhe a identificação e o mercado. Mas se não há possibilidade de confusão junto ao mercado, a coexistência entre marcas é regular e própria do sistema. A concessão da exclusividade sobre o signo faz-se para garantir uma concorrência leal e livre, não para retirar concorrentes do mercado. Daí, antes de mais nada, a definição de classes e, entre elas, sinais idênticos: a marca líder registrada por um, no mercado moveleiro, por outro, na construção civil, por outro, no transporte de cargas, por exemplo.

O princípio da exclusividade da marca não vai além da possibilidade de dúvida, de confusão, de engano na identidade do agente e/ou produto (bem ou serviço).

Não é exclusividade para afastar concorrência, mas por garantir concorrência leal em que diversos são percebidos como diversos. Assim, não se admitem elementos que permitam dizer que um sinal se escora no outro, que busca tirar uma vantagem, como dar a ideia de que é a mesma coisa para, assim, parasitar o mercado da marca anteriormente registrada. É uma análise técnica.

A questão da exclusividade decorrente do registro marcário ganha maior relevância em relação a certos signos que, por suas características internas, forçam uma aproximação de signos semelhantes. Antes de mais nada, vocábulos ligados a lugares ou famílias, passando por aqueles que dizem respeito ao bem, serviço ou mercado em que se atua. Aquele que optar por usar tais signos, aceita uma maior proximidade de signos concorrentes.

Há marcas que são fortes: signos que não tem nada a ver com a classe em que a marca é pedida. Ktof. Fotk. Invente algo. São tão próprios que a propriedade intelectual encontra uma defesa fácil e reclama uma distância larga. Se Ktof é marca de roupas ou de firma de engenharia ou de editora, nada parecido, nem de longe, poderá ser registrado. O uso de vocábulo de uso corrente já refaz a questão e, mais do que isso, permite uma proximidade maior. O uso de vocábulos de certa forma relacionados ao mercado em que se quer identidade, aceita-se uma distância ainda menor. Usar o radical "eng" para engenharia, como exemplo fácil; "auto" ou "car" para veículos; "mec" para mecânica.

A utilização de termos necessários, específicos, correlatos ou próprios de uma atividade negocial, utilizados, na íntegra ou abreviadamente, na composição do signo cuja exclusividade de uso se pretende, aceita a convivência de marcas com alguma semelhança, vez que dizem respeito ao mesmo setor, a mesma localidade, o mesmo mercado. Outro exemplo é, no setor de pré-moldados, o uso de signo do qual se retira, de forma imediata, as variações *pré, prem, premo, molde, moldar* e afins. Tais signos são comumente tratados no mercado como *marcas fracas* e aqueles que assumem o risco de optar por tal meio de identificação acabam por correr o risco de não ter o registro ou, se obtêm o registro, deverão conviver com outras *marcas próximas*. Nesse sentido, a jurisprudência brasileira passou a considerar para a solução dos conflitos entre marcas a teoria da distância. Criada pela doutrina alemã e amplamente aplicada nos tribunais europeus, a *teoria da distância* reclama a atenção no comportamento do agente econômico em relação à própria criação intelectual para, assim, definir limites à sua pretensão em relação aos bens imateriais pretensamente concorrentes.

O uso do critério impede uma apropriação indevida de vantagem de mercado ilícito: pretender ter a propriedade industrial de vocábulo que evoca determinado cenário de concorrência e, assim, romper-se com os princípios da livre competição. O primeiro a registrar um vocábulo com o radical *ferro* seria o único que poderia evocar todo esse amplo mercado. O mesmo com o vocábulo *tur*, para o setor turístico. Constituir-se-ia um monopólio do termo genérico que, em lugar de atender aos princípios marcários e concorrenciais, atentaria contra eles: um abuso de direito em lugar de exercício regular de direito. Daí a inversão: aquele que opta por compor sua marca com elementos próprios do setor, aceita a convivência de identidades similares, todas a traduzir concorrentes de um mesmo mercado. Noutras palavras, compreende-se a opção por tais sinais como aceitação de menor distintividade.

Registre-se, por fim, que a coexistência entre *marcas próximas* pode ser objeto de contrato entre as partes envolvidas, certo cuidar-se de direito disponível. É o caso dos chamados *acordos de coexistência*, convenções firmadas por empresas que usam signos assemelhados, que poderiam levar a uma confusão, regulando a existência mútua dos sinais em moldes que, segundo as faculdades e interesses envolvidos, os sinais possam coexistir no mercado. Esses acordos são atos jurídicos lícitos, certo que o direito marcário é, por definição, disponível, renunciável: quem pode dispor juridicamente, pode contratar. O instrumento serve tanto para regular a existência entre marcas já registradas, quanto para autorizar um novo registro de marca que, no entanto, virá gravado com as limitações constantes da autorização. Justamente por isso, cabe ao Instituto Nacional de Propriedade Industrial registrar tais convenções.

Em face do acordo de coexistência, os direitos marcários objeto do ajuste sofrem uma contração voluntária definitiva, salvo expressa disposição em contrário. Vale dizer, em face do ajuste, cria-se uma situação de *servidão marcária*, ou seja, em função da declaração de vontade, cria-se uma limitação ao direito de propriedade industrial em benefício de um terceiro, que pode traduzir-se, por exemplo, no ônus de suportar a marca próxima. Essa *servidão marcária* pode, ademais, trazer a previsão de encargos para uma ou ambas as partes envolvidas, desde que se cuide de disposição lícita. A partir dessa base conceitual, múltiplas hipóteses jurídicas se colocam como possíveis, enriquecendo tal ferramenta técnica.

4 RELAÇÕES ENTRE MARCA, NOME E TÍTULO DE ESTABELECIMENTO

Quando se fala em marca, são comuns confusões com duas outras figuras que, igualmente, ocupam-se da identificação dos agentes e/ou atividades negociais, também servindo à preservação de condições adequadas de concorrência. Refiro-me ao nome empresarial e ao título do estabelecimento. Nome, título do estabelecimento e marca protegem-se por sistemas jurídicos diversos, o que pode criar conflitos. A proteção ao nome empresarial e ao título de estabelecimento resulta do registro na Junta Comercial e está limitado ao território dessa, salvo arquivamento nas demais. A proteção à marca resulta de registro no Instituto Nacional da Propriedade Industrial – INPI e alcança todo o território nacional. E nada impede que se registre como marca o núcleo do nome empresarial ou o título de estabelecimento, ampliando assim a proteção à sua exclusividade. Se não o faz, poderá descobrir, no futuro, que alguém registrou o signo, obtendo propriedade industrial e direito de uso exclusivo sobre ele, o que não é raro acontecer.

Deve-se excepcionar, como visto anteriormente, o uso anterior de signo (idêntico ou semelhante) como marca que identificava a atividade negocial (título do estabelecimento) e/ou produtos (marca), ainda que não registrada. Com efeito, se há uso anterior, de boa-fé, por mais de seis meses, de marca idêntica ou semelhante, para distinguir ou certificar produto ou serviço idêntico, semelhante ou afim, aplicar-se-ão os §§ 1º e 2º do artigo 129 da Lei 9.279/1996, definindo um direito de precedência a favor do pré-utente. Aliás, o direito ao uso exclusivo do nome comercial, garantido pelo registro anterior na Junta Comercial, não é prejudicado pelo registro posterior de marca no INPI. A proteção marcária não tem efeito retroativo.

Merece redobrada atenção o problema advindo do registro, como marca, de nome civil, isto é, do nome de uma pessoa natural ou, mesmo, do patronímico (nome de família, coloquialmente chamado de *sobrenome*). Por força do artigo 124, XV, da Lei 9.279/1996, o registro, como marca, do *nome civil ou sua assinatura, nome de família ou patronímico e imagem de terceiros*, só pode ser efetivado *com consentimento do titular, herdeiros ou sucessores*. Preserva-se, por tal via, o direito personalíssimo ao nome civil, reconhecido pelo artigo 16 do Código Civil; não só o nome, friso, mas mesmo o pseudônimo, a alcunha, por força do artigo 19 do mesmo Código. Somente a própria pessoa pode transformar o seu nome civil numa marca, dando valor econômico e negociabilidade. Aliás, parece-me mesmo que a permissão para que *herdeiros ou sucessores* o façam, tal como anotado no artigo 124, XV, exige interpretação restritiva, evitando-se que, à completa revelia do de cujus, seu nome (e, destarte, sua imagem social e sua memória) sejam levados ao mercado. A solução é fácil quando o nome civil já constava de razão social ou título de estabelecimento, bem como quando o de cujus agira no sentido de usá-lo em atividades negociais. Nas demais hipóteses, deve-se resistir à pretensão dos herdeiros de converter o nome civil do falecido em propriedade intelectual, penso. A mens iuris do princípio da dignidade humana (artigo 1º, III, da Constituição) e dos incisos inaugurais do rol dos direitos e garantias fundamentais (artigo 5º) aponta, acredito, nessa direção.

A essa altura, é preciso ter em destaque que o registro de uma marca, embora atribua a uma pessoa a propriedade intelectual do signo (o símbolo, a palavra), facultando-lhe a exclusividade de sua utilização na respectiva classe, não retira esse signo do *corpus* semiológico da sociedade. A restrição proveniente do registro deve ser compreendida *cum granu salis*, sem prescindir de razoabilidade e proporcionalidade, conforme as peculiaridades de cada caso. Esse parâmetro é ainda mais relevante quando se tenha registrado um nome civil. Veja: o estilista *Tufi Duek* autorizou o registro de seu nome como marca nas classes 18 (produtos de couro e peles), 24 (tecidos e roupas de cama, mesa e banho) e 25 (roupas e acessórios). Embora o nome civil *Tufi Duek* não possa ser alienado, já que é direito personalíssimo e, consequentemente, irrenunciável, a marca *Tufi Duek* pode, sim, ser cedida a terceiros. Embora idênticos, são duas coisas diversas: o nome e a marca. O fato de um terceiro ser titular da marca *Tufi Duek* não redundará num impedimento de que o estilista continue usando o seu nome civil. Apenas não poderá usá-lo como marca de produtos naquelas classes. O terceiro/titular não poderá, sequer, pretender ampliar o uso do nome como marca, incluindo áreas absolutamente diversas àquelas nas quais houve o registro; para tanto, faz-se necessária a anuência da pessoa nomeada, preservando a titularidade sobre o seu direito da personalidade.

Portanto, a utilização do nome civil ou do pseudônimo (inclusive artístico), bem como da imagem, atrai a incidência das normas e dos princípios que regulam os chamados direitos da personalidade ou direitos personalíssimos, designadamente as normas anotadas nos artigos 11 a 21 do Código Civil. A transformação do nome, pseudônimo ou imagem em marca não traduz, em instante algum, transmissão ou renúncia a tais elementos, mesmo que a propriedade intelectual seja titularizada por terceiro. O registro como marca não impede, por óbvio, a utilização do nome, pseudônimo ou imagem, nos atos da vida civil; porém, limita (como o permite expressamente o artigo 11 do Código Civil) a faculdade de sua utilização, impedindo que se tenha utilização que possa implicar desrespeito à propriedade intelectual de terceiro que não a pessoa nomeada (nome civil ou pseudônimo) ou cuja efígie foi convertida em imagem representativa de uma marca. Por outro lado, a titularidade da marca que tenha por base nome civil, pseudônimo ou imagem de uma pessoa implica obrigações especiais para o titular, quando terceiro, já que não poderá, no emprego da marca, criar danos aos direitos personalíssimos do titular do nome civil ou à pessoa identificada pelo pseudônimo ou cuja imagem foi representada.

O registro do patronímico oferece uma dificuldade maior; afinal, qualquer um que o tenha em seu nome civil poderá pedir o registro como marca. Some-se a possibilidade de um nome de família ser palavra de uso geral, a dispensar a autorização prevista no artigo 124, XV, da Lei 9.279/1996, do que são exemplo os patronímicos *Lobo*, *Vital*, *Coelho*, *Gama*, entre outros. De qualquer sorte, aquele que primeiro pedir o registro do patronímico como marca terá a propriedade intelectual naquela(s) classe(s) e, como consequência, o direito de uso exclusivo na respectiva atividade. Isso, porém, sem afetar o direito ao uso do nome civil, friso.

5 DIREITOS SOBRE A MARCA

A propriedade da marca adquire-se por ato formal: o registro validamente expedido e seu certificado, assegurando-se ao titular o uso exclusivo do signo em todo o território nacional. A partir da concessão, o registro da marca tem vigência por dez anos (artigo 133 da Lei 9.279/1996), prorrogável por períodos iguais, sucessivamente; ou seja, a cada dez anos o titular deve apresentar um pedido de prorrogação, formulando-o durante o último ano de vigência do registro; perdido esse prazo, outro, de seis meses, é garantido ao titular, embora deva pagar uma retribuição adicional por sua mora. O INPI também é responsável pelas anotações (1) de cessão, fazendo constar a qualificação completa do cessionário; (2) de qualquer limitação ou ônus que recaia sobre o pedido ou registro; e (3) das alterações de nome, sede ou endereço do depositante ou titular.

O titular da marca poderá ceder seu registro ou licenciar o uso da marca; o depositante do pedido de registro, por seu turno, poderá ceder esse pedido e o eventual registro que dele advirá. Na cessão, há transferência da titularidade – exige-se que o cessionário atenda aos requisitos legais para requisição do registro –, compreendendo todos os registros ou pedidos, em nome do cedente, de marcas iguais ou semelhantes, relativas a produto ou serviço idêntico, semelhante ou afim, sob pena de cancelamento dos registros ou arquivamento dos pedidos não cedidos (artigo 135 da Lei 9.279/1996). Como o titular da marca pode ceder sua propriedade intelectual, parece-me que pode igualmente estabelecer acordo para compartilhar a titularidade ou o uso do signo, de forma completa ou segundo termos convencionados, dispostos em instrumento público ou privado, devidamente averbado no INPI.

Na licença, onerosa ou gratuita, há mera autorização para o uso por terceiro (o *licenciado*), mantida a titularidade. O contrato de licença não prejudica as faculdades de controle efetivo sobre as especificações, natureza e qualidade dos respectivos produtos ou serviços, exercíveis pelo titular (artigo 139). A lei permite que o licenciado seja investido pelo titular de todos os poderes para agir em defesa da marca, sem prejuízo dos seus próprios direitos, constituindo representação civil, na forma dos artigos 115 e seguintes do Código Civil. Para que tenha eficácia perante terceiros, o contrato deverá ser averbado no INPI; a ausência de tal averbação, todavia, não o invalida entre as partes. Ademais, o titular tem poder de zelar pela integridade material da marca, bem como por sua reputação, podendo agir administrativa ou judicialmente contra licenciados ou terceiros.

A faculdade de uso exclusivo, contudo, conhece limites. Não se permite ao titular impedir que comerciantes ou distribuidores utilizem sinais distintivos que lhes são próprios, juntamente com a marca do produto, para fazerem a promoção ou comercialização do bem ou serviço. Dessa maneira, não pode a Ambev impedir que os distribuidores do *Guaraná Antarctica* pintem os caminhões de distribuição com a marca do produto, ou que os bares afixem sinais identificando que a bebida é ali vendida. Não se permite, ademais, que o titular impeça que fabricantes de acessórios utilizem a marca para indicar a destinação do produto, desde que obedecidas as práticas leais de concorrência; portanto, quem fabrique tapetes para o *Jaguar S-Type* poderá indicar que seu produto tem tal utilidade, não podendo o titular da marca impedi-lo. Mas não se permite ao fabricante de acessórios utilizar o nome, ou os sinais gráficos correspondentes, de modo a dar impressão de que o produto seja autorizado pelo titular, ou por ele fabricado, se isso não ocorre.

Também não é lícito ao titular da marca impedir a livre circulação de produto colocado no mercado interno, por si ou por outrem, com seu consentimento, ou impedir a citação da marca em discurso, obra científica ou literária ou qualquer outra publicação, desde que sem conotação comercial e sem prejuízo para seu caráter distintivo; este livro, por exemplo, cita diversas marcas com caráter meramente acadêmico. Também já decidiu o Superior Tribunal de Justiça (Recurso Especial 1.377.911/SP) ser lícita a utilização de marca concorrente em propaganda comparativa, "desde que obedeça ao princípio da veracidade das informações, seja objetiva e não abusiva."

É lícito ao titular da marca, na defesa de seu direito, acionar aquele que, ao violá-la, causa-lhe prejuízos, pretendendo o ressarcimento dos danos experimentados. Nesse sentido, diz o artigo 207 da Lei 9.279/1996 que, independentemente da ação criminal, o prejudicado poderá intentar as ações cíveis que considerar cabíveis na forma do Código de Processo Civil, esclarecendo o artigo 208 que a indenização será determinada pelos benefícios que o prejudicado teria auferido se a violação não tivesse ocorrido, além do ressarcimento de prejuízos causados pelos atos de violação de direitos de propriedade industrial. As mesmas faculdades devem ser estendidas ao titular de depósito de registro de marca, cujo depósito encontra-se pendente de apreciação pelo INPI (Superior Tribunal de Justiça, Recurso Especial 1.292.958/RS); afinal, o depósito pressupõe não só o ato de criação, mas ato legítimo e legal de apropriação, ainda que condicionado ao respectivo processo administrativo. Aliás, se o depositante pode ceder e licenciar (artigo 130), obviamente pode defender e, assim, ser indenizado.

No Recurso Especial 466.761/RJ, julgado pela Terceira Turma do Superior Tribunal de Justiça, sendo relatora a Ministra Nancy Andrighi, afirmou-se que, "na hipótese de contrafação[1] de marca, a procedência do pedido de condenação do falsificador em danos materiais deriva diretamente da prova que revele a existência de contrafação, independentemente de ter sido, o produto falsificado, efetivamente comercializado ou não. Nesses termos considerados, a indenização por danos materiais não possui como fundamento tão somente a comercialização do produto falsificado, mas também a vulgarização do produto, a exposição comercial (ao consumidor) do produto falsificado e a depreciação da reputação comercial do titular da marca, levadas a cabo pela prática de falsificação". Completou-se: "A prática de falsificação, em razão dos efeitos que irradia, fere o direito à imagem do titular da marca, o que autoriza, em consequência, a reparação por danos morais".

De acordo com o artigo 209, § 1º, da Lei 9.279/1996, faculta-se ao juiz, mesmo antes da citação do réu, determinar liminarmente a sustação da violação ao direito de propriedade (aplicável a inventos, modelos de utilidade, marcas e desenhos industriais) ou de ato que a enseje, evitando dano irreparável ou de difícil reparação, mediante, caso julgue necessário, caução em dinheiro ou garantia fidejussória. Quando se tratar de reprodução ou de imitação flagrante de

---

[1] "Contrafação – toda reprodução de obra alheia, literária, científica ou artística, sem autorização expressa de seu autor. Qualquer violação dolosa ou fraudulenta do direito autoral. A contrafação se estende às marcas de fábrica e de comércio, ao privilégio de invenção e descoberta (Cód. Penal)." NUNES, Pedro. *Dicionário de tecnologia jurídica*. 13. ed. Rio de Janeiro: Renovar, 1999. p. 298.

marca registrada, essa faculdade permite determinar-se a apreensão de todas as mercadorias, produtos, objetos, embalagens, etiquetas e outros que contenham a marca falsificada ou imitada.

O artigo 225 da Lei 9.279/1996 prevê prescrever em cinco anos a ação para reparação de dano causado ao direito de propriedade industrial, prazo este que deverá ser contado da efetiva lesão, ou, perdurando no tempo, do instante em que se findou. Não me parece que tal disposição tenha sido revogada pelo artigo 206 do Código Civil, não se aplicando à hipótese o seu § 3º, IV ou V. Há ali hipóteses genéricas, ao passo que a Lei 9.279/1996 traz prazo específico para hipótese específica, devendo ser por isso respeitado, afastando-se a pretensão de derrogação pelo Código Civil.

No plano penal, os artigos 189 e 190 da Lei 9.279/1996 definem crimes contra o registro de marcas, a exemplo da reprodução, sem autorização do titular, no todo ou em parte, de marca registrada, imitação com finalidade de induzir confusão, alteração de marca registrada colocada no mercado. Penalmente puníveis, igualmente, importar, exportar, vender, oferecer ou expor à venda, ocultar ou ter em estoque produto assinalado com marca ilicitamente reproduzida ou imitada, de outrem, no todo ou em parte, ou produto de sua indústria ou comércio, contido em vasilhame, recipiente ou embalagem que contenha marca legítima de outrem. O artigo 198 da Lei 9.279/1996 ainda permite que sejam apreendidos, de ofício ou a requerimento do interessado, pelas autoridades alfandegárias, no ato de conferência, os produtos assinalados com marcas falsificadas, alteradas ou imitadas ou que apresentem falsa indicação de procedência.

5.1   Contrato de nominação

O mercado brasileiro importou dos Estados Unidos a prática de negociar a nomeação ou nominação de estabelecimentos empresariais com finalidades mercadológicas. Fala-se em contratos sobre *naming rights*, ou seja, negócios que têm por objeto os direitos relativos a nomes empresariais e títulos de estabelecimento. Seu motor é a percepção de que há uma grande vantagem mercadológica em associar marcas de produtos ou de serviços ao título de determinados estabelecimentos, nomeadamente aqueles que se dedicam ao entretenimento: teatros, arenas multiuso, ginásios esportivos, estádios esportivos etc. É o que acontece com o *Chevrolet Hall*, em Belo Horizonte, e com o *Credicard Hall*, em São Paulo. O motivador de tais contratações é obter vantagens mercadológicas com a associação da marca do contratante aos eventos que terão palco no estabelecimento do contratado. É bom para o Banco Bradesco S/A que as pessoas associem sua marca a Shakespeare, cuja peça, em megaprodução, será encenada nas dependências do Teatro Bradesco.

Tais situações jurídicas decorrem de um tipo de contrato que é incomum pelo fato de não apenas licenciar o uso da marca, mas igualmente tornar obrigatório o seu uso pelo empresário ou sociedade empresária responsável pelo estabelecimento. Há, portanto, simultaneamente, uma autorização de uso (licenciamento) e uma obrigação de uso. Também é bem particular o sistema de remuneração envolvido, que é o inverso do habitual: é o titular da marca, e não o licenciado, quem se obriga a remunerar o uso da propriedade intelectual. Afinal, a licença de uso é prestação acessória à obrigação de uso do signo, invertendo o comum das relações marcárias. Justamente por isso, as partes devem ter redobrada cautela na redação do respectivo instrumento contratual para detalhar as obrigações acessórias e laterais das partes.

Embora não se tenha, nesses casos, um licenciamento que atenda aos moldes clássicos deste instituto jurídico (aqui, licencia-se para permitir o cumprimento da obrigação de veicular a marca como título do estabelecimento), o contrato deverá ser averbado no Instituto Nacional de Propriedade Intelectual, atendendo ao comando do artigo 140 da Lei 9.279/1996. Esse registro dá publicidade ao contrato e à sua natureza jurídica. Essa publicidade é suficiente para deixar claro que o titular da marca não é o responsável pelo empreendimento nominado, mas apenas contratante da veiculação mercadológica do signo, afastando sua responsabilidade pelos eventos realizados naquele ambiente.

6   PERDA DO DIREITO DE MARCA

Expirando o *prazo de vigência* da marca, sem que haja pedido de prorrogação por mais dez anos, como estipulado pelo artigo 133 da Lei 9.279/1996, extingue-se o registro e, com ele, a faculdade do seu titular. A extinção também ocorrerá se houver *renúncia* à marca, que poderá ser total ou parcial, caracterizando esta última pela desconstituição do privilégio de uso sobre um ou alguns dos produtos ou serviços assinalados pela marca por ato do próprio titular, aplicando-se aqui as considerações sobre o instituto da renúncia feitas no Capítulo 11. Em se tratando de marca coletiva, deverá haver especial atenção para o contrato social ou estatuto da entidade, ou, ainda, para o regulamento de utilização do sinal, para aferir-se se a renúncia segue os seus termos, sem o que deverá ser indeferida, como reconhecido pelo artigo 152 da Lei 9.279/1996, harmônico com os artigos 47, 114 e 116 do Código Civil.

Também há perda dos direitos à marca se o registro caduca. A *caducidade* do registro pode ser requerida por qualquer pessoa que prove ter legítimo interesse para tanto, demonstrando que, decorridos cinco anos da sua concessão, o uso da marca não tenha sido iniciado no Brasil. Caduca igualmente o registro se há interrupção do uso da marca por mais de cinco anos consecutivos ou se, no mesmo prazo, a marca tiver sido usada com modificação que implique alteração de seu caráter distintivo original, tal como constante do certificado de registro. Em se tratando de marca coletiva, essa utilização deverá ser feita por mais de uma pessoa, como prevê o artigo 153 da Lei 9.279/1996, sob pena de se caracterizar a caducidade. A caducidade ulterior, no entanto, não tem efeitos retroativos: as relações havidas ao tempo da vigência se conservam, inclusive o direito à indenização por contrafação, remunerações devidas por licenciamento etc.

O titular tem direito de se defender da pretensão de caducidade, podendo manifestar-se no prazo de 60 dias, podendo provar o uso da marca ou justificar seu desuso por razões legítimas. Note que o artigo 144 da Lei 9.279/1996 prevê a possibilidade de caducidade parcial quando o uso da marca não compreende todos os produtos ou serviços constantes do certificado; nessa hipótese, o registro caducará apenas em relação aos produtos ou serviços não semelhantes ou afins daqueles para os quais a marca foi comprovadamente usada.

No que diz respeito às marcas coletivas e de certificação, haverá extinção do direito se a entidade deixar de existir ou se a marca for utilizada em condições outras que não aquelas previstas no regulamento de utilização, devidamente registrado no INPI, como estabelece o artigo 150 da Lei 9.279/1996. A perda de direitos sobre *marca coletiva* ou *marca de certificação* que já tenham sido usadas e cujos registros tenham sido extintos impede novo registro, em nome de terceiro, antes de expirado o prazo de cinco anos, por previsão do artigo 154 da Lei 9.279/1996.

Obviamente, também se perdem os direitos sobre uma marca quando o registro respectivo é declarado nulo, administrativa ou judicialmente, por ter sido concedido em desacordo com as disposições da Lei 9.279/1996. A nulidade pode ser total ou parcial, como reconhece o artigo 165, parágrafo único, dessa lei, parcialidade essa que depende de, afastada a parte defeituosa, restar outra parte que constitua, por si mesma, sinal registrável, aplicado o princípio que se encontra no artigo 170 do Código Civil.

O processo administrativo para tanto pode ser instaurado de ofício ou mediante requerimento de qualquer pessoa com legítimo interesse, fixando o artigo 169 da Lei 9.279/1996 um prazo de 180 dias para tanto, contados da data da expedição do certificado de registro. Findo esse prazo, restará ao interessado o processo judicial, embora seu direito prescreva em cinco anos, segundo o artigo 174 da Lei 9.279/1996. Obrigatoriamente se dará ao titular, por meio de intimação, o prazo de 60 dias para se defender, seja o processo administrativo ou judicial, embora se faculte ao juiz a concessão de liminar suspendendo os efeitos do registro e do uso da marca, atendidos os requisitos processuais próprios. O artigo 173 da Lei 9.279/1996 fala em concessão da liminar *nos autos da ação de nulidade*, deixando claro tratar-se de procedimento extraordinário, a dispensar o uso de ação cautelar, a exemplo do que se passa com a ação mandamental (mandado de segurança), o que também pode ser aferido no dilargado prazo de defesa (comum aos processos administrativo e judicial), bem como na determinação, *ex vi legibus*, do foro da justiça federal, com intervenção obrigatória do INPI, quando o órgão não for o autor do pedido.

O reconhecimento da nulidade afirma-se desde o momento do depósito do pedido, ou seja, tem efeito *ex tunc*, próprio das nulidades. Se a nulidade do registro é fruto do reconhecimento da existência de direitos de terceiros sobre a marca, permite-se a simples adjudicação *judicial* do registro, por meio de ação própria; esse direito pode ser exercido por titular de marca registrada em país signatário da Convenção da União de Paris para Proteção da Propriedade Industrial.

Atente-se para o que a Quarta Turma do Superior Tribunal de Justiça disse quando deu cabo do Recurso Especial 1.184.867/SC: "No decorrer de processo administrativo de nulidade já instaurado, afigura-se temerária a conduta do titular de marca registrada que firma contrato de licenciamento com terceiro, tanto mais se não informar este acerca do óbice sofrido pelo registro marcário. Não há nexo de causalidade entre decisão proferida pelo INPI de concessão do registro marcário, posteriormente invalidada por meio de regular processo administrativo, e a desistência de terceiro em prosseguir com o licenciamento desta marca, ao tomar conhecimento de que a sua titular respondia ao referido processo administrativo de nulidade."

7 MATERIAL PUBLICITÁRIO

O artigo 124, VII, da Lei 9.279/1996 veda o registro, como marca, de sinal ou expressão que seja empregada apenas como meio de propaganda. Portanto, não se inclui no plano da propriedade industrial o material publicitário. Trata-se de uma opção legislativa contestável, já que muitas dessas estratégias publicitárias são verdadeiros sinais de identidade empresarial, valorizando – e muito! – a marca e os negócios da empresa: *Coca-Cola é isso aí*; *Melhoral – é melhor e não faz mal* e outros tantos.

O problema das campanhas publicitárias, portanto, se resolve não no plano da propriedade industrial, por força do citado artigo 124, VII, da Lei 9.279/1996, mas nos planos do Direito da Concorrência e do Direito de Autor. De qualquer sorte, é fundamental ter-se por certo que não se está, em relação a tal matéria, numa área sem proteção jurídica específica. Neste sentido, realça-se o artigo 195 da Lei 9.279/1996, a definir o crime de concorrência desleal, a punir quem, entre outras hipóteses, (1) emprega meio fraudulento, para desviar, em proveito próprio ou alheio, clientela de outrem; (2) usa expressão ou sinal de propaganda alheios, ou os imita, de modo a criar confusão entre os produtos ou estabelecimentos; (3) usa, indevidamente, nome comercial, título de estabelecimento ou insígnia alheios ou vende, expõe ou oferece à venda ou tem em estoque produto com essas referências; (4) vende ou expõe ou oferece à venda, em recipiente ou invólucro de outrem, produto adulterado ou falsificado, ou se por acaso se utiliza do recipiente ou invólucro de outrem para negociar produto da mesma espécie, embora não adulterado ou falsificado, se o fato não constitui crime mais grave. Mais do que um ilícito penal, há também um ilícito civil, a afirmar o dever de indenização, na forma dos artigos 186 e 927 do Código Civil.

No âmbito do Direito do Autor, as criações publicitárias, quando revelem criação artística relevante, merecerão proteção da Lei 9.610/1998, que se ocupa dos direitos autorais no país. Em fato, o artigo 7º da Lei 9.610/1998 considera obras intelectuais protegidas as criações do espírito, expressas por qualquer meio ou fixadas em qualquer suporte, tangível ou intangível, conhecido ou que se invente no futuro; o dispositivo traz uma lista exemplificativa em seus incisos que, no alusivo à publicidade, incluem as composições musicais, tenham ou não letra; obras audiovisuais, sonorizadas ou não, inclusive as cinematográficas; obras fotográficas e as produzidas por qualquer processo análogo ao da fotografia; obras de desenho, pintura, gravura, escultura, litografia e arte cinética; e as ilustrações. Não se refere expressamente às divisas publicitárias (*slogans*), mas, como dito, trata-se de uma listagem exemplificativa. Assim, à *divisa publicitária* corresponderá direito de autor, sempre que resulta de um processo criativo que pode ser compreendido como artístico (o que não é raro, considerados os correspondentes esforços de criação de uma mensagem concisa, mas atraente).

De acordo com o artigo 18 da Lei 9.610/1998, a proteção aos direitos de autor independe de registro, embora seja facultado ao autor registrar a sua obra no órgão público definido no artigo 17 da Lei 5.988/1973, quais sejam, conforme a natureza da obra, a Biblioteca Nacional, a Escola de Música e a Escola de Belas Artes da Universidade Federal do Rio de Janeiro, Instituto Nacional do Cinema e o Conselho Federal de Engenharia, Arquitetura e Agronomia. Embora o registro seja desnecessário, sua concretização tem por vantagem constituir uma presunção de que a criação é de conhecimento público.

Sobre o tema, uma outra questão já chegou ao Judiciário e merece ser aqui destacada: não há responsabilidade objetiva solidária entre o contrafator da criação publicitária e os veículos de comunicação utilizados para a promoção do material copiado ou imitado, não se aplicando o artigo 104 da Lei 9.610/1998, se não há prova de que tinha interesse econômico na prática do ato ilícito. Assim se posicionou a Quarta Turma do Superior Tribunal de Justiça quando julgou o Recurso Especial 715.004/SP.

11
Clientela e Freguesia

1 CONCEITOS

Coloquialmente, usam-se as palavras *consumidor, cliente* e *freguês* como se fossem sinônimos: aqueles que contrataram, contratam ou podem contratar bens e serviços que a empresa está oferecendo ao mercado. No entanto, é possível fazer distinções jurídicas relevantes e úteis. *Consumidor* é termo comumente empregado tendo por norte a Lei 8.078/1990 (Código de Defesa do Consumidor): aquele que adquire ou utiliza bem ou serviço como destinatário final. É um conceito relacional: considera a posição da parte no negócio. Quem adquire um produto (bem ou serviço) para revender ou para usar em suas operações negociais não é consumidor, pois não adquire o bem como destinatário final. Se compra para si, é consumidor. Dessa maneira, há uma *situação de consumidor* e, em oposição, uma *situação de fornecedor*, podendo ser ocupadas por qualquer pessoa, independentemente de suas características pessoais. Uma mesma pessoa, física ou jurídica, pode ocupar a *posição de consumidor* em algumas relações e a *posição de fornecedor* em outras. Ademais, é preciso que o fato jurídico possa se qualificar como *relação de consumo*, no sentido estrito da Lei 8.078/90. Se assim não acontece, como no contrato de locação, há uma relação civil, estranha ao Código de Defesa do Consumidor.

Cliente é conceito diverso, próprio do Direito Empresarial. A clientela é a totalidade daqueles a quem se dirigem os esforços da empresa. A ideia de *cliente* compreende toda pessoa que compõe, (1) constante ou eventualmente, (2) potencial ou concretamente, o universo dos destinatários da atividade empresarial. Pode não ter ainda contratado com a empresa, assim como pode nunca vir a contratar; mas é uma possibilidade que não recomenda descarte. Os esforços mercadológicos e publicitários têm por destinatário todos aqueles que podem contratar com a empresa, buscando a conversão dessa potencialidade em ato, em realidade, em negócio ou, melhor, em negócios. O *cliente* é todo aquele para quem a empresa dirige o seu esforço de captação de negócios. Note-se que o conceito de *cliente* em nada se confunde com o conceito de *contratante*; se o termo *cliente* traduz uma potencialidade, o termo *contratante* traduz uma realidade, um ato.

O Direito Empresarial atribui redobrada importância à clientela, compreendendo-a como um elemento que compõe o aviamento (*goodwill of trade*) da empresa e/ou do estabelecimento empresarial. Essa importância justifica mesmo a edição de instrumentos e mecanismos jurídicos para a proteção dessa vantagem de mercado, nomeadamente princípios e normas que visam garantir a concorrência leal entre os atores mercantis (empresários e sociedades empresárias), como se verá ao final deste Capítulo, quando se tratará da apresentação mercadológica (*trade dress*) e das embalagens (*product dress*). E há toda uma proteção jurídica para evitar comportamentos de concorrência desleal, a incluir atos para parasitar a clientela alheia, como se afere da Lei de Propriedade Industrial (Lei 9.279/1996); exemplo foi o julgamento do Recurso Especial 1237752/PR pela Quarta Turma do Superior Tribunal de Justiça. E isso alcança mesmo a apresentação estética de bens e/ou serviços (*trade dress* ou, preservando o vernáculo, o conjunto-imagem), como se viu no julgamento do Recurso Especial 1.527.232/SP.

Visto por outro ângulo, a empresa (empresário ou sociedade empresária) é responsável por sua clientela, nomeadamente com as informações acumuladas com as negociações realizadas, respondendo por vazamentos, com dever de reparar danos. Mais do que isso, não me parece lhe seja lícito tratar o acervo de informações pessoais sobre clientes (nomes, endereço, telefone, *e-mail*, preferências e hábitos de compra, valor médio dos negócios etc.) como um bem comerciável. Essa conversão de dados da clientela em bem cedível pressupõe uma exposição atenta inviolabilidade da vida privada e dos dados pessoais (artigo 5º, X e XII, da Constituição da República). Noutras palavras, os dados sobre a clientela devem ser compreendidos como bem fora do comércio, cuja cessão é ilícita. Consequentemente, a responsabilidade civil do empresário ou sociedade empresária por sua clientela alcança o dever de preservação dos dados pessoais.

A ideia de freguesia é distinta da ideia de clientela, sendo proveitoso atentar para essa diferença, da qual se extraem mecanismos diversos e distintos de proteção jurídica à atividade empresarial. Atribui-se a Oscar Barreto Filho a iniciativa dessa distinção, nos moldes que serão estudados nesta seção.[1] Como visto, é-se cliente de alguém: o cliente mantém um elo subjetivo com a empresa. Diferente é o conceito de freguesia e a sua proteção jurídica. A palavra deriva da expressão latina *filiu ecclesiae*, ou seja, *filho da igreja*, usada para designar os fiéis da Igreja Católica. Esses fiéis são divididos em paróquias, palavra grega (*paroikia*) que traduz a ideia

---

[1] REQUIÃO, Rubens. *Curso de direito comercial*. 15. ed. São Paulo: Saraiva, 1985. v. 1, p. 231.

de *conjunto de habitações vizinhas*: *pará* (perto) + *oikía* (casa). Aponta para uma divisão geográfica, portanto; parte da percepção de que o lugar no qual se instala um estabelecimento empresarial tem uma importância para o sucesso da empresa, no mínimo por dar acesso à freguesia daquele lugar. Assim, lanchonetes próximas de uma faculdade beneficiam-se do movimento dos estudantes; restaurantes que servem *pratos feitos* em regiões comerciais beneficiam-se da concentração de trabalhadores e de sua necessidade de alimentação diária. Coloca-se, assim, a questão do ponto empresarial ou ponto comercial.

2   PONTO EMPRESARIAL

O *ponto empresarial* é o estabelecimento considerado por sua situação geográfica, por sua localização, o que implica atentar para as relações entre a empresa – ou determinado estabelecimento empresarial – e sua vizinhança, sua freguesia, no sentido há pouco estudado. Sua proteção parte da constatação de que essa localização possui relevância para a atuação empresarial e para o sucesso empresarial, compondo o benefício de mercado (*goodwill of trade*). Essa vantagem que é própria do ponto empresarial pode refletir benefícios diversos para o empresário ou sociedade empresária, a exemplo de maior movimento de pessoas com potencialidade de tornarem-se clientes, presença em área tradicionalmente dedicada àquele tipo de comércio, presença em área de prestígio para o bem ou serviço ofertado, logística (acesso a insumos, vias de transporte etc.), bom relacionamento com a vizinhança, estabilidade das atividades empresárias etc.

O *ponto empresarial* exige compreensão mais larga e completa do que a que tradicionalmente se deu ao denominado *ponto comercial*. A ideia de ponto comercial está fortemente marcada pelo conceito de *comércio*, em sentido estrito, isto é, conceito de loja aberta ao público, estabelecimento frequentado por consumidores, à disposição da freguesia e à espera de seus clientes. A proteção ao *ponto empresarial*, por seu turno, deve ser compreendida em atenção ao espaço amplificado da ideia jurídica de *empresa*, a transcender – e muito – a ideia de *comércio*, em sua compreensão estrita, que se confunde com o uso coloquial. Não se protege o ponto empresarial apenas pela consideração da clientela ou da freguesia, mas por diversos outros elementos, tais como logística, captação e manutenção de trabalhadores (bem como o custo de seu transporte), facilidades estruturais (distribuição de energia elétrica, comunicações, água e esgoto, vias de acesso), relacionamento com a vizinhança, direito adquirido a alvará de localização entre vários outros.

A proteção do ponto empresarial parte da consideração do status jurídico da base física do estabelecimento, diferenciando-se situações de imóvel de propriedade do empresário ou sociedade empresária das situações de imóvel locado para a exploração empresária. O ponto empresarial constitui um *plus* à propriedade, transcendendo os direitos listados. Em fato, o acesso à freguesia, além das demais vantagens oferecidas pela localização da empresa, constituem direito próprio, parte do aviamento ou vantagem [benefício] de mercado; mesmo que se preserve a propriedade, a lesão ao direito do empresário ao ponto empresarial é fato que dá azo ao dever de indenizar. É o que se passaria, por exemplo, na hipótese de o Município iniciar a execução de obras de longa duração, a construção de uma trincheira, por exemplo, implicando a impossibilidade de acesso a um posto de gasolina, estabelecimento – e ponto – empresarial que é, determinando sensível redução no seu movimento de clientes. Trata-se de ato ilícito, por lesivo ao direito do empresário ao ponto empresarial, determinando um dever de indenização, na forma dos artigos 186 e 927 do Código Civil. Por outro lado, nas hipóteses de imóvel locado, a proteção ao ponto empresarial faz-se por meio da Lei do Inquilinato (Lei 8.245/1991), que será estudada na sequência.

Uma demonstração da necessidade de se ampliar a compreensão jurídica de ponto empresarial e, por via de consequência, da proteção que o Direito lhe deve designar é a crescente importância econômica dos pontos virtuais. Duas referências normativas gerais merecem realce: (1) O dever de indenizar por danos que resultem da prática de atos ilícitos (artigo 927 do Código Civil), como tal entendidos os que se compreendem nas previsões anotadas nos artigos 186 e 187 do Código Civil, este último – destaco – a esclarecer a ilicitude do abuso de Direito. (2) O dever de ressarcimento (expressão utilizada pelo artigo 206, § 3º, IV, do Código Civil) ou de restituição (expressão do artigo 884 do mesmo Código) do que se enriqueceu, sem justa causa, à custa de outrem.

Na raiz do problema estão os investimentos – em dinheiro e esforços – que são feitos pelo empresário para a divulgação do *ponto empresarial eletrônico*. Campanhas publicitárias, a incluir *spots, jingles, slogans* etc., repetem números de telefones e endereços eletrônicos na Internet. Mesmo que não haja esforço publicitário específico e dispendioso, o empresário avia-se no esforço de granjear audiência para o programa de TV ou rádio que constitui a *base de oferta* (uma vitrine eletrônica) de seus bens ou serviços, negociados por *telemarketing* ou *cybermarketing*. O mesmo se diga dos esforços para fazer conhecido seu estabelecimento virtual, ou seja, para fazer ser discado o número (ou números) de *telemarketing* ou fazer ser acessado os endereços (para mensagens ou de localização na *www*) de *cybermarketing*. Esses horários de transmissão de programação por televisão ou rádio, esses números de telefone e esses endereços eletrônicos (de Internet) são pontos empresariais eletrônicos, são emanações de *aviamento empresarial* ou de *benefícios* (*vantagem*) de *mercado*; enfim, são direitos protegidos pelo Direito.

3 PONTO EMPRESARIAL LOCADO

O ponto empresarial pode ocupar espaço que não seja de propriedade do empresário ou sociedade empresária. Por exemplo, a loja alugada. Exemplo fácil. Outras situações podem se apresentar. Nunca se pode esquecer que a criatividade jurídica e econômica é uma das marcas características do Direito Empresarial. Aliás, é, foi e será. Vale a pena repetir: no espaço compreendido entre o que a Constituição e as Leis não proíbem e o que não exigem, há um amplo espaço para inovar econômica e juridicamente. Por isso, é preciso estar atento a modelos negociais excepcionais. Um exemplo é a chamada "loja dentro da loja" (*store in store*): em lojas de departamento, hipermercados e afins, as partes podem convencionar que uma parte (uma seção, divisão etc.) será explorada por outrem. O Hipermercado Exemplo S/A pode contratar Hortifrutos Alguém Ltda., que explorará toda a seção de frutas, legumes, hortaliças e afins: seus estoques, seus funcionários etc. Quem vai à loja de departamento El Palacio de Hierro, na cidade do México, ou na Selfridges & Co, em Londres, verá que há boxes para essa ou aquela marca, como Pucci, Dolce & Gabbana, entre outras. Lojas dentro de lojas.

São contratos atípicos – é importante reiterar – e seguem as regras estipuladas pelas partes, desde que respeitadas as normas e os princípios gerais do Direito que, por óbvio, regem a todos. Pode-se contratar valor fixo pelo metro quadrado e/ou participação nas vendas, entre tantas alternativas, conforme a vontade das partes. Por ora, vamos nos focar no contrato de locação empresarial em sua forma elementar. Se o estabelecimento funciona em imóvel locado, combinam-se o direito de propriedade, do locador, e o direito ao ponto empresarial, do locatário. Em fato, o Direito reconhece que a atuação do empresário ou sociedade empresária acresce valor para o imóvel, não em si, mas por sua função de equipamento para exploração econômica. Assim, sem prejuízo do direito de propriedade, reconhece-se o direito à vantagem empresarial específica que é do empresário/locador; por exemplo, na expropriação do imóvel, o proprietário será indenizado pelo domínio e o locatário pelo ponto comercial, disse o Superior Tribunal de Justiça ao julgar o Recurso Especial 406.502/SP.

Para preservar os direitos do locatário sobre as vantagens que constituiu para o estabelecimento, nomeadamente a formação duma freguesia, a locação não residencial é objeto de um regime próprio, inscrito na Lei 8.245/1991. De abertura, durante o prazo estipulado para a duração do contrato, não poderá o locador reaver o imóvel alugado (artigo 4º), embora o locatário possa devolvê-lo, devendo, para tanto, pagar multa proporcional ao período de cumprimento do contrato, e, na sua falta, a que for judicialmente estipulada. Essa regra, creio, deve ser excepcionada quando se tenha *contrato de construção ajustada* (*built to suit*). Essas contratações são mais complexas do que a mera locação, certo que o locador assume a obrigação de construir o imóvel – ou fazer reforma substancial – sob medida para o uso pelo locatário, seguindo os projetos que ele apresenta, entregando-o pronto para uso (*turn key*, diz o mercado); em alguns casos, a prestação inclui a aquisição de terreno em certa localidade, conforme indicação do locatário. Assim, o valor do aluguel e o prazo da locação, geralmente entre 15 e 20 anos (ou superior), são fixados tendo em vista não o *valor de mercado* naquela região, mas a correta remuneração do construtor/locador.

A Lei 12.744/2012 acrescentou um art. 54-A à Lei 8.245/9191, prevendo que na locação não residencial de imóvel urbano na qual o locador procede à prévia aquisição, construção ou substancial reforma (contrato de construção ajustada ou *buil to suit*), por si mesmo ou por terceiros, do imóvel então especificado pelo pretendente à locação, a fim de que seja a este locado por prazo determinado, prevalecerão as condições livremente pactuadas no contrato respectivo e as disposições procedimentais previstas na Lei do Inquilinato. O § 1º do dispositivo permite a convenção da renúncia ao direito de revisão do valor dos aluguéis durante o prazo de vigência do contrato de locação, ao passo que o § 2º estabelece que, em caso de denúncia antecipada do vínculo locatício pelo locatário, compromete-se este a cumprir a multa convencionada, que não excederá, porém, a soma dos valores dos aluguéis a receber até o termo final da locação.

De resto, a proteção ao ponto empresarial faz-se em benefício do estabelecimento, de seu aviamento (*goodwill of trade*), que, como visto, inclui a freguesia formada. Justamente por isso, nas locações com finalidade não residencial, morrendo o locatário (empresário), ficarão sub-rogados nos seus direitos e obrigações o espólio e, se for o caso, seu sucessor no negócio (artigo 11, I). Essa sub-rogação será comunicada por escrito ao locador e ao fiador, se esta for a modalidade de garantia locatícia, sendo que o fiador poderá exonerar-se das suas responsabilidades no prazo de 30 dias contado do recebimento da comunicação oferecida pelo sub-rogado, ficando responsável pelos efeitos da fiança durante 120 dias após a notificação ao locador (artigo 12, §§ 1º e 2º).

Aliás, no que diz respeito às garantias da locação, o artigo 39 foi alterado pela Lei 12.112/2009 para acomodar-se à jurisprudência majoritária do Superior Tribunal de Justiça: a norma agora prevê que, "salvo disposição contratual em contrário, qualquer das garantias da locação se estende até a efetiva devolução do imóvel, ainda que prorrogada a locação por prazo indeterminado, por força desta Lei". Dessa maneira, o legislador afastou a tese de que a necessária interpretação restritiva da fiança, prevista no artigo 819 do Código Civil ("A fiança dar-se-á por escrito, e não admite interpretação extensiva") afastaria a responsabilidade subsidiária dos fiadores pelos alugueres devidos após o vencimento do contrato, quando há prorrogação da locação por tempo indeterminado. Aos fiadores restará, com o vencimento do contrato, notificar o locador de que não pretendem continuar garantindo o contrato já vencido.

Ademais, o locador pode exigir novo fiador ou a substituição da modalidade de garantia, havendo ausência, interdição, recuperação judicial, falência ou insolvência do fiador, declaradas judicialmente (artigo 40, II). Em todos os casos em que se dá ao locador o direito de exigir novo fiador ou a substituição da modalidade de garantia, ele poderá notificar o locatário para apresentar nova garantia locatícia no prazo de 30 dias, sob pena de desfazimento da locação (artigo 40, parágrafo único).

4   AÇÃO RENOVATÓRIA

O instituto mais relevante é o direito de renovação automática do contrato nas locações de imóveis a atividades negociais, ou seja, comércio, indústria e, até, sociedades civis com fim lucrativo, desde que regularmente constituídas (artigo 51), desde que atendidos os requisitos da Lei 8.245/1991. Note-se cuidar-se de norma de Direito Privado: o artigo 1º, parágrafo único, exclui da proteção da Lei 8.245/1991 os imóveis de propriedade da União, dos Estados e dos Municípios, de suas autarquias e fundações públicas.

O direito de renovação é faculdade que resulta de norma de ordem pública, não passível de renúncia, como deixa claro o artigo 45 da Lei do Inquilinato, a prever a nulidade de qualquer cláusula que afaste aquele direito ou, mesmo, o condicione à satisfação de *obrigações pecuniárias*, ou seja, ao pagamento de luvas. Contudo, a vedação da exigência de luvas está limitada à renovação do contrato, não à contratação inicial, como decidiu o Superior Tribunal de Justiça, julgando o Recurso Especial 406.934/RJ. O precedente é adequado, mormente considerando que, em muitos casos, a exigência das luvas tem por objetivo remunerar uma vantagem que será recebida pelo novo locatário, que recebe um ponto já valorizado. Os *shopping centers* são um bom exemplo disso, embora a faculdade não lhes seja privativa. O lojista, ao aderir a um empreendimento já em funcionamento, beneficia-se de toda a sua clientela e freguesia.

Quando o Judiciário defere a renovação do contrato de locação, essa decisão tem efeitos *ex tunc*, contados do vencimento do contrato renovado, mantendo uma sucessão ininterrupta. Há renovação do último ajuste, se múltiplos. Renova-se até o que antes já fora renovado pelo Judiciário. As cláusulas do negócio renovado continuam as mesmas, embora seja possível à decisão judicial alterar pontos diretamente ligados ao prolongamento da locação, como valor do aluguel, índice de correção monetária, sua periodicidade etc. Não é possível pretender a discussão de outros aspectos do contrato, distantes da renovação, para os quais a via adequada é uma ação de revisão de cláusula contratual.

A renovação se fará pelo prazo de cinco anos, mesmo se a contratação original se fizera por prazo maior ou menor do que esse, havendo *accesio temporis*. (Entre outros precedentes do Superior Tribunal de Justiça, cito o Agravo Regimental no Agravo em Recurso Especial 633.632/SP). Dessa maneira, a relação locatícia se amoldará ao paradigma inscrito no artigo 51, II, da própria Lei 8.245/91, facilitando novo exercício do direito renovatório. No entanto, em se tratando de relação que, por suas particularidades jurídicas e econômicas, implique períodos mais prolongados que os cinco anos, acredito que tal especialidade poderá ser reconhecida pela sentença, deferindo a renovação por prazo que supere o quinquênio.

O direito à renovação compulsória do contrato locativo está diretamente vinculado ao preenchimento dos requisitos estabelecidos em lei. Sem que estejam presentes tais requisitos, falece ao empresário ou sociedade empresária o direito de fazer prevalecer os seus interesses e direitos sobre os interesses e direitos do locador. Portanto, fora da hipótese desenhada pela lei – que se manifesta pelo preenchimento dos requisitos arrolados nos incisos do artigo 51 –, o direito ao ponto empresarial cede ao direito que o locador tem sobre o imóvel, incluindo a faculdade de retomá--lo. Os requisitos são os seguintes:

Contrato escrito e por prazo determinado. Antes de mais nada, exige-se que a contratação tenha sido celebrada por escrito e com prazo determinado; o instrumento deve ser juntado com a inicial. Se a locação que se pretende renovar é fruto de decisão judicial de renovação anterior, deverá o locatário apresentar o último contrato escrito havido entre as partes, acompanhado da decisão que determinou a sua renovação, demonstrando que houve prorrogação do ajuste por força de decisão judicial.

Prazo contratual mínimo de cinco anos; aceita-se a soma de contratos com prazos menores, desde que o somatório de períodos (*accesio temporis*) perfaça o mínimo legal. A *accesio temporis* demanda continuidade entre os contratos, ou seja, é preciso que componham uma sequência ininterrupta. Entretanto, "se o período de interrupção entre a celebração dos contratos escritos não é significativo, é de se admitir a *accesio temporis*", como decidiu a Sexta Turma do Superior Tribunal de Justiça, quando examinou o Recurso Especial 150.183/SP. Esses *prazos breves* indicariam "tratativas para a celebração do novo contrato", foi dito na solução do Recurso Especial 59.261/RJ, referindo-se a "avença verbal de prazo indeterminado não superior a trinta dias. Para além dos prazos breves, em torno de 30 dias, deve-se atentar para as hipóteses de fraude à lei, respeitando a previsão inscrita nos artigos 166, VI, e 186 do Código Civil: provando o locatário que a existência de lapsos entre os contratos resultou do esforço consciente do locador de impedir a caracterização do direito à renovação, seu comportamento deverá ser considerado ilícito e, assim, inábil à descaracterização do somatório de lapsos temporais para atender ao mínimo legal para formação da faculdade renovatória. Essa solução encontra suporte, ademais, nos artigos 113 e 422 do Código Civil.

Atividade empresarial constante por três anos. A renovatória exige que o locatário esteja explorando a mesma atividade empresarial, no imóvel locado, pelo prazo mínimo e ininterrupto de três anos (artigo 51, III, da Lei 8.245/91). Há, portanto, uma presunção de que esse prazo é o necessário para que valores empresariais sejam agregados ao imóvel e, destarte, justifiquem a concessão da renovação. Trata-se de presunção absoluta (*iuris et de iure*), não comportando prova em contrário.

Tempestividade do pedido. O exercício da faculdade de renovação deve se concretizar por ação judicial, como se verá adiante, ajuizada no interregno de um ano, no máximo, até seis meses, no mínimo, anteriores à data do término do contrato em vigor (artigo 51, § 5º, da Lei 8.245/91). Cuida-se de prazo decadencial e, para que seja atendido, basta o ajuizamento tempestivo da ação, no foro competente; a demora na citação, por motivos inerentes ao mecanismo da Justiça, não justifica o acolhimento da arguição de decadência (Súmula 106 do Superior Tribunal de Justiça). Havendo vários contratos somados, face à permissão de *accessio temporis*, o prazo de decadência refere-se ao último deles.

A renovação, se deferida, tem efeitos *ex tunc*; assim, a renovação valerá a partir do vencimento do último ajuste, prorrogando-o. Dessa forma, se o feito se alongar por período excessivamente longo, o locatário deverá cuidar de, *no interregno de um ano, no máximo, até seis meses, no mínimo, anteriores à data do término* estimado da renovação que se pediu, aforar nova ação renovatória, preservando seus direitos e interesses sobre mais uma renovação, tramitando ambas simultaneamente. Essa ação independe de haver decisão favorável ao locatário no processo em curso; depende, isso sim, de o processo ainda não ter transitado em julgado e, destarte, ser possível uma decisão que lhe seja favorável, renovando o ajuste. Essa segunda demanda não se confunde com a primeira, tendo causa de pedir distinta; porém, depende daquela, pois um eventual indeferimento da renovação interior prejudica, por lógica, renovações posteriores. Pelo ângulo em que é autônoma, a segunda ação renovatória terá momentos e aspectos próprios, a incluir pedido e comprovação de seus requisitos, contestação, aluguel provisório etc. e, de acordo com tais aspectos próprios, será decidida, mesmo na hipótese de imediata extinção, concomitantemente ao trânsito em julgado da ação anterior.

Como se viu, a renovação compulsória da locação empresarial exerce-se judicialmente, por meio da *ação renovatória*, que deverá ser aforada no prazo decadencial que se compreende no interregno de um ano até seis meses anteriores à data do término do contrato em vigor. A petição inicial deverá atender aos requisitos processuais genéricos, dispostos no Código de Processo Civil, além dos requisitos específicos dispostos na Lei 8.245/1991, entre os quais o cumprimento das obrigações de fazer, como o pagamento de despesas condominiais, tarifas de serviços públicos (água, luz, gás) vinculados ao imóvel, impostos e outros pagamentos que, pelo contrato, incumbiam ao locatário.

Por outro lado, conquanto não deva o Judiciário servir para a execução de obrigações ilícitas, incluindo aquelas que se revelam abusivas (ilícitas por força do artigo 187 do Código Civil), contrárias aos usos, a probidade (honestidade) ou boa-fé, dever-se-ia compreender como possível a discussão sobre a legitimidade de determinadas obrigações contratuais. Contudo, tal discussão tem foro próprio, qual seja, ação específica para a revisão ou anulação da cláusula que, se não foi interposta, retira do locatário a possibilidade de manejo do argumento na via processual restrita da ação renovatória.

A petição inicial deverá, ademais, trazer a proposta de renovação, indicando de forma clara e precisa quais são as condições oferecidas pelo locatário para a renovação do ajuste, mormente no que diz respeito ao aluguel, mas podendo incluir outros aspectos, como índice de atualização monetária. Essa proposta deverá ser formulada na própria inicial, se o advogado tem poderes especiais para a formular ou se a petição apresenta a assinatura do locatário, mas pode ser apresentada em documento em separado, devidamente assinado pelo locatário.[2] É fundamental que as condições de renovação apresentem-se como *oferta clara e precisa* no pedido exordial; a ausência de poderes especiais ou da assinatura do locatário/autor é questão acessória, que pode ser sanada posteriormente, inclusive por ratificação da oferta em audiência.

Também é indispensável a indicação do(s) fiador(es) do ajuste – se o contrato renovando comporta esse tipo de garantia e na extensão (no número de fiadores) que comporta. Pode-se indicar o(s) mesmo(s) fiador(es) do contrato renovando ou outro(s), hipótese em que se exige a sua qualificação: se pessoa jurídica, nome (firma ou denominação completa), número de sua inscrição no CNPJ – Cadastro Nacional de Pessoas Jurídicas e endereço da sede; se pessoa natural, a nacionalidade, o estado civil, a profissão e o número da carteira de identidade. Como a fiança é ato jurídico de interpretação restrita, exige-se que a exordial traga prova de que o fiador indicado, aquele já constante do contrato ou outro, que o venha substituir pelo período renovado, aceita os encargos da fiança, o que se faz por declaração assinada (artigo 71, VI, da Lei 8.245/1991), com autorização de seu cônjuge, se casado for por regime diverso da separação de bens (artigo 1.647, *caput* e inciso III, do Código Civil). O réu pode impugnar a indicação e a questão será submetida ao Judiciário que, sim, poderá determinar a substituição do garantidor.

A ação renovatória será movida pelo locador. Se o contrato foi estabelecido por pessoa natural, prevendo que no imóvel se instalará estabelecimento de sociedade empresária da qual o locatário é sócio (não obrigatoriamente majoritário ou administrador, frise-se), o direito a renovação poderá ser exercido pelo locatário ou pela sociedade (artigo 51, § 2º, da Lei 8.245/1991). Estipula o mesmo artigo 51, § 1º, que o direito de renovação poderá ser exercido pelos cessionários ou sucessores da locação, sendo que, no caso de sublocação total do imóvel, a faculdade somente poderá ser exercida pelo sublocatário. Lembre-se de que cessão de locação ou sublocação exigem consentimento prévio e escrito do locador, deixando claro que a simples demora do locador em manifestar formalmente a sua oposição não conduz à presunção de que tenha consentido, excetuando-se a hipótese de ter sido notificado por escrito, assinalando-se expressamente prazo de 30 dias para manifestar formalmente a sua oposição, prazo esse que deixa correr *in albis* (artigo 13 da Lei 8.245/1991).

Como o artigo 51, § 1º, fala em exercício do direito de renovação pelos *sucessores da locação*; devem-se compreender nessa licença todos os sucessores do estabelecimento que, com a *universitas iuris* correspondente, receberão igualmente a posição de locatários do imóvel ocupado pelo estabelecimento. Sucessão, aqui, *inter vivos* ou *causa mortis*, quer se trate de empresário (firma individual) ou sociedade empresária, nos moldes anteriormente estudados. O artigo 51, § 3º, da Lei do Inquilinato chega a prever a hipótese de dissolução da sociedade por morte de um dos sócios, estipulando

---

[2] Conferir VENOSA, Sílvio de Salvo. *Lei do inquilinato comentada*. 5. ed. São Paulo: Atlas, 2001. p. 326.

o direito do sócio sobrevivente de sub-rogar-se no direito à renovação, desde que continue no mesmo ramo. Parece-me que a hipótese é meramente exemplificativa, servindo, por aplicação analógica, à dissolução parcial ou total da sociedade, na qual um dos sócios se mantenha no exercício do mesmo ramo empresarial.

5   CONTESTAÇÃO

Uma vez citado para a renovação do locatício, o proprietário poderá, em primeiro lugar, (1) opor-se à renovação, sob o argumento de que não foram preenchidos os requisitos para o seu exercício; (2) opor-se às condições oferecidas, designadamente em relação ao valor oferecido, aquém do valor de mercado; e (3) manejar *exceção de retomada*, pedindo o imóvel (a) para locá-lo a terceiro, que tenha oferecido proposta em condições melhores, (b) para reformá-lo a mando do Poder Público ou para melhor utilizá-lo, (c) para uso próprio ou (d) para transferência de fundo de comércio existente há mais de um ano, sendo detentores da maioria do capital o locador, seu cônjuge, ascendente ou descendente. Pelo primeiro fundamento, gravitará a demanda em torno da comprovação das teses opostas, destacando-se a aplicação do princípio da instrumentalidade das formas quando se trate apenas de documentos que se esqueceu de juntar aos autos.

Se o locador discorda das condições propostas, deverá apresentar uma contraproposta, igualmente clara e precisa, fundamentando a sua pretensão. O mais comum é a alegação de que o valor oferecido não corresponde à realidade de mercado; mas é possível pedir alteração na periodicidade de reajustes, para evitar corrosão do locativo, ou outros pequenos ajustes que deem ao novo ajuste um equilíbrio mais satisfatório, falando o artigo 72, § 5º, em *adoção de outro indexador para reajustamento do aluguel*. Estabelecido o litígio em torno aos valores, passa-se à instrução, permitindo ao juízo conhecer a realidade do mercado e fixar o locativo em valor cujo mínimo corresponderá à oferta do inquilino e o máximo, à oferta do locador. Para evitar prejuízo em função do tempo necessário para o curso da demanda, o artigo 72, § 4º, da Lei 8.245/91 permite que o locador ou sublocador, na contestação, peça a fixação de aluguel provisório, que vigorará a partir do primeiro mês do prazo do contrato a ser renovado; esse valor, por determinação desse artigo, não poderá exceder 80% do valor pedido pelo locador ou sublocador para o aluguel. Exige-se que o pedido seja instruído com *elementos hábeis para aferição do justo valor do aluguel*; mas pode o juiz recorrer a perícia especialmente convocada para esse fim.

A meu ver, não se levam em conta, nessa avaliação, benfeitorias realizadas pelo locatário, face do que se encontra estipulado nos seus artigos 93 e 94. Em fato, as benfeitorias que o locatário faz no imóvel locado têm em vista – e por fim – o estabelecimento empresarial e não o imóvel em si; não são concluídas para integrá-lo, a bem de seu proprietário, mas para integrar o estabelecimento empresarial que é distinto do imóvel. São pertenças, nitidamente, na forma do artigo 93 e não devem ser levadas em conta no cálculo do valor do aluguel, respeitando-se o artigo 94 da Lei Civil. Em fato, é preciso observar que o locatário está, por lei e pelo contrato, obrigado a devolver o imóvel no estado em que recebeu, o que lhe garante o direito de levantar as benfeitorias feitas, quando essas não são indenizadas pelo locador. Havendo indenização, há incorporação da benfeitoria ao imóvel, justificando a sua consideração no cálculo do novo locativo; não havendo indenização, as benfeitorias são pertenças de propriedade do locatário, que as pode levantar, desde que deixando o imóvel no estado em que o recebeu, razão pela qual não pode ser onerado pelo que lhe pertence; assim, o cálculo do aluguel deve desconsiderar as pertenças do locatário e fazer-se considerando apenas o imóvel locado, creio.

Renovada a locação, o valor arbitrado passará a valer para o primeiro mês da prorrogação, sofrendo os reajustes conforme o contrato (com as alterações eventualmente produzidas pela sentença no mesmo). As diferenças entre os aluguéis vencidos, pagos conforme o contrato anterior ou a estipulação de aluguéis provisórios, e os aluguéis fixados serão executadas nos próprios autos da ação e pagas de uma só vez, a teor do artigo 73 da Lei 8.245/1991.

Por outro lado, o locador poderá pedir a retomada do imóvel (1) para locá-lo a terceiro, que tenha oferecido proposta em condições melhores (artigo 72, III), (2) para reformá-lo a mando do Poder Público ou para melhor utilizá-lo (artigo 52, I), (3) para uso próprio (artigo 52, II, primeira parte) ou (4) para transferência de fundo de comércio existente há mais de um ano, sendo detentor da maioria do capital o locador, seu cônjuge, ascendente ou descendente (artigo 52, II, segunda parte).

Oferta em melhores condições de terceiro. Se o pedido de retomada é fundado na existência de proposta de terceiro, em condições melhores, a contestação deverá se fazer acompanhar da oferta, formulada de forma clara e precisa, devidamente assinada pelo ofertante e por duas testemunhas (artigo 72, § 2º). A oferta deverá especificar o ramo empresarial a ser explorado, que não poderá ser o mesmo do locatário, e valor do aluguel. Parece-me que se compreende como *condição melhor* não apenas o valor mais elevado de aluguel, mas outros fatores, como oferta para pagar o IPTU, pagar seguro de incêndio etc. A expressão é ampla e busca preservar os direitos e interesses do proprietário do imóvel. O juiz abrirá prazo para a réplica do locatário, que poderá aceitar a oferta formulada pelo terceiro, situação na qual se afirmará a preferência do locatário que, assim, obterá imediatamente a renovação pretendida, nos termos da oferta. No entanto, o locatário também poderá simplesmente impugnar a oferta por não preencher os requisitos (não trazer valor claro e preciso, não esclarecer o ramo empresarial a ser explorado etc.) ou por não ser sincera (ofertante inexistente, testemunhas inexistentes ou assinaturas falsificadas, insinceridade da oferta), cabendo-lhe a prova de seu argumento.

Reforma do imóvel. O locador pode pedir a retomada do imóvel, se (1) tiver que realizar no imóvel obras que importarem na sua radical transformação, por determinação do Poder Público, ou (2) para fazer modificação no prédio de tal natureza que aumente o valor do negócio ou da propriedade (artigo 52, I). No primeiro caso, a contestação deverá ser instruída com prova da determinação do Poder Público. No segundo, o proprietário deverá trazer prova ou relatório pormenorizado das obras a serem realizadas, como planta de projeto arquitetônico, além de demonstração da valorização que merecerá o imóvel; tais documentos deverão estar assinados por engenheiro devidamente habilitado. O legislador não limitou o conceito da valorização que, assim, pode ocorrer de formas diversas: aumento de área construída, demolição da construção para edificação de outra mais valiosa (maior ou mais moderna ou que atenda melhor ao mercado etc.), reforma geral do prédio etc.

Também aqui tem o locatário o direito à réplica, podendo impugnar a sinceridade da pretensão, desde que a partir de elementos subjetivos; seria a hipótese de o locador afirmar que demolirá o imóvel para construir um prédio, quando se trata de edificação tombada ou de área que, pela Lei de Uso e Ocupação do Solo, não comporta a construção de imóveis conforme a planta ou relatório apresentado. Na hipótese de pedido de retomada para reformas (por exemplo, de parte hidráulica e/ou elétrica), deve-se compreender o direito de o locatário oferecer-se para as realizar, conservando a locação.

Uso próprio. Permite-se a retomada para uso próprio do locador, que poderá fazê-lo para utilizar o imóvel da forma que bem lhe aprouver, desde que não seja para explorar negócio no mesmo ramo empresarial que o locatário. Pode usar o imóvel como moradia, para finalidades filantrópicas, para explorar outro negócio etc.; a lei não traz qualquer limitação. Mas deve indicar a finalidade e, havendo impugnação pelo locatário, deve apresentar elementos que suportem o argumento. O pedido de retomada para uso próprio não exige a comprovação da existência, há mais de um ano, de fundo de comércio, requisito exclusivo da retomada a favor de sociedade da qual é detentor da maioria do capital o locador, seu cônjuge, ascendente ou descendente. Frise-se que não se permite ao locador pedir a retomada para uso próprio, quando pretenda explorar no imóvel o mesmo ramo empresarial explorado pelo inquilino (artigo 52, § 1º, da Lei 8.245/91), o que caracterizaria enriquecimento ilícito pelo auferimento da vantagem de mercado que o locatário desenvolveu. Excepciona a situação de o imóvel ter finalidade específica que, aliás, já era ali exercida, anteriormente, pelo locador.

Transferência de fundo de comércio de cônjuge, ascendente ou descendente. Por fim, também é possível, por força do artigo 52, II, segunda parte, da Lei 8.245/91, o pedido de retomada do imóvel para transferência de fundo de comércio (estabelecimento) existente há mais de um ano, sendo detentor da maioria do capital o locador, seu cônjuge, ascendente ou descendente; aqui também não se admite a coincidência no mesmo ramo do locatário, salvo se a locação também envolvia o fundo de comércio, com as instalações e pertences, nos moldes vistos. Esteja-se atento para o fato de que transferência, no sentido da Lei, inclui a abertura de estabelecimento secundário. A exceção de retomada goza de presunção de sinceridade. Portanto, presume-se que o pedido realmente reflita o intuito de reformar o imóvel ou de demoli-lo para erguer construção mais valiosa, que o locador, por si ou por sociedade empresarial da qual seja sócio, irá efetivamente usá-lo para os fins apontados ou que o seu cônjuge, ascendente ou descendente irá, de fato, constituir ali estabelecimento empresarial de empresa que já esteja funcionando, e que possua outro estabelecimento com mais de um ano de funcionamento. Trata-se, porém, de presunção *iuris tantum*, quer dizer, presunção relativa, que comporta demonstração e prova em contrário, permitindo ao Judiciário indeferir a exceção. A demonstração e a prova da insinceridade são de inteira responsabilidade do locatário, já que do proprietário não se exige mais do que as provas previstas na Lei, acima listadas; isso, porém, não o impede de apresentar argumentos e elementos que reforcem a sinceridade do pedido.

Deferida a retomada, o locador – salvo caso fortuito ou motivo de força maior – estará obrigado a dar a destinação alegada ao imóvel. Isso quer dizer que as obras deverão ser realizadas, conforme planta ou relatório apresentada em juízo, a oferta de terceiro deverá dar origem a uma locação que atenda aos precisos termos da proposta, que o proprietário deverá dar ao imóvel o uso próprio que foi apresentado com a exceção, ou que ali seja constituído o estabelecimento do cônjuge, ascendente ou descendente. O artigo 52, § 3º, prevê um prazo de três meses para tanto, após o que o locatário passa a ter o direito de ser indenizado dos prejuízos e dos lucros cessantes que teve com a mudança, perda do lugar e desvalorização do estabelecimento. Em se tratando de proposição de terceiro, o artigo 75 da Lei do Inquilinato exige que o Juiz fixe, na sentença que indefere o pedido de renovação e defere o pedido de retomada, o valor da indenização para a hipótese de não ocorrer a contratação, nos termos da oferta. Essa indenização será devida, solidariamente, pelo locador e o proponente.

É preciso atentar para o fato de que essa indenização está diretamente ligada à insinceridade no pedido de retomada do imóvel, feito nos moldes do artigo 52, I e II, da Lei 8.245/1991. A punição pela retomada insincera ou desidiosa não exige que a desocupação tenha sido determinada em sentença, mas alcança, mesmo, as hipóteses de transação judicial e extrajudicial, se comprovada. Entender o contrário seria recomendar a judicialização, o que não é próprio da compreensão atual do Direito, focada em socialidade, ética e probidade.

Não sendo renovada a locação, o juiz determinará a expedição de mandado de despejo, que conterá o prazo de 30 dias para a desocupação voluntária, se houver pedido na contestação (artigo 74 da Lei 8.245/1991), sendo possível mesmo execução provisória, como decidiu a Terceira Turma do Superior Tribunal de Justiça ao julgar o Recurso Especial 1.290.933/SP. Com a improcedência da renovatória, tendo a ação transcorrido prazo que supere aquele anotado no contrato anterior, fica o problema do valor a ser pago pela utilização do imóvel nesse período. Como está vencido o contrato anterior, não há falar em aplicação do valor anteriormente fixado para a utilização do imóvel; aquele valor tinha tempo certo de validade e esse está expirado. O Judiciário o fixará, e o fará como medida de segurança, como cautela para o transcurso do período entre o fim do contrato e a sua efetiva desocupação, certo que, durante esse período, a *posse locativa* é objeto de controvérsia judicial. Nem se fale que tal valor provisório não está submetido ao contraditório, pois isso não é verdadeiro, lícito que é ao locatário impugná-lo pela interposição de agravo.

Em fato, o locatário estará obrigado a indenizar o locador pelo uso do imóvel; à cessão do *ius utendi* (da faculdade de uso), que é própria da locação, corresponde a manutenção do *ius fruendi* (da faculdade de fruição, no caso, fruição dos rendimentos, dos frutos civis da propriedade locada). Findo contrato, não renovado, não haverá propriamente o pagamento de locativos, já que não há mais falar na afirmação de um pacto de cessão remunerada do *ius utendi*. Afirmar-se-á um dever de indenização, do qual é sujeito passivo o locatário, pois não seria lícito enriquecer-se sem causa, utilizando a coisa sem remunerar ou indenizar o seu proprietário que, em momento algum, renunciou ao direito de fruição dos frutos civis (*ius fruendi*), como ocorreria em se tratando de comodato.

5.1   Ação de despejo

A Lei 8.245/1991 não se ocupa exclusivamente dos interesses do inquilino; pelo contrário, compreende os direitos do locador, razão pela qual prevê a concessão de liminar para desocupação, em quinze dias, do imóvel, independentemente da audiência da parte contrária e desde que prestada a caução no valor equivalente a três meses de aluguel (artigo 59, § 1º) se a ação de despejo tem fundamento na necessidade de realização de reparações urgentes determinadas pelo Poder Público, que não possam ser normalmente executadas com a permanência do locatário no imóvel ou, podendo, ele se recuse a consenti-las (artigos 9º, IV, e 59, § 1º, VI, da Lei 8.245/1991). A liminar também será concedida fundada no término do prazo da notificação formulada pelo locador ao locatário para que apresente novo fiador, ou altere a modalidade de garantia, se o contrato se prorrogou por prazo indeterminado e o fiador não desejou manter-se como garante do contrato (artigos 40, parágrafo único, e 59, § 1º, VII, da Lei 8.245/1991).

Por força do novo inciso VIII do artigo 59, § 1º, da Lei 8.245/1991, também caberá liminar para desocupação, em quinze dias, do imóvel, independentemente da audiência da parte contrária, quando a ação de despejo tenha por fundamento o término do prazo da locação não residencial, tendo sido proposta a ação em até 30 dias do termo ou do cumprimento de notificação comunicando o intento de retomada. Some-se a ação de despejo fundada na falta de pagamento de aluguel e acessórios da locação no vencimento, quando o contrato esteja desprovido de uma das seguintes garantias: caução, fiança, seguro de fiança locatícia e cessão fiduciária de quotas de fundo de investimento; essa ausência pode resultar do fato de não ter sido contratada ou em caso de extinção ou pedido de exoneração dela, independentemente de motivo (artigos 37 e 59, § 1º, IX). Nesse caso, por força do

§ 3º do mesmo artigo 59, o locatário poderá evitar a rescisão da locação e elidir a liminar de desocupação se, dentro dos 15 dias concedidos para a desocupação do imóvel e independentemente de cálculo, efetuar depósito judicial que contemple a totalidade dos valores devidos. Esse cálculo levará em conta as referências inscritas no artigo 62, II, da Lei 8.245/91.

Esse artigo 62, que cuida do procedimento a ser adotado nas ações de despejo fundadas na falta de pagamento de aluguel e acessórios da locação, foi significativamente alterado pela Lei 12.112/2009. De plano, havendo cumulação do pedido de rescisão da locação com o pedido de cobrança dos aluguéis e acessórios da locação, o locatário será citado "para responder ao pedido de rescisão e o locatário e os fiadores para responderem ao pedido de cobrança, devendo ser apresentado, com a inicial, cálculo discriminado do valor do débito" (artigo 62, I). O locatário e o fiador poderão evitar a rescisão da locação efetuando, no prazo de 15 dias, contado da citação, o pagamento do débito atualizado, independentemente de cálculo e mediante depósito judicial, incluídos: (a) os aluguéis e acessórios da locação que vencerem até a sua efetivação; (b) as multas ou penalidades contratuais, quando exigíveis; (c) os juros de mora; (d) as custas e os honorários do advogado do locador, fixados em dez por cento sobre o montante devido, se do contrato não constar disposição diversa. A redação anterior do inciso II referia-se a requerimento, no prazo da contestação, autorização para o pagamento do débito atualizado. O procedimento, portanto, foi simplificado. Deverá haver depósito do valor, no prazo da contestação.

Outra simplificação, feita pela Lei 12.112/2009, foi posta no inciso III: efetuada a purga da mora, se o locador alegar que a oferta não é integral, justificando a diferença, o locatário poderá complementar o depósito no prazo de dez dias, contado da intimação, que poderá ser dirigida ao locatário ou diretamente ao patrono deste, por carta ou publicação no órgão oficial, a requerimento do locador. Pior é que, não sendo integralmente complementado o depósito, o pedido de rescisão prosseguirá pela diferença, podendo o locador levantar a quantia depositada (artigo 62, IV). Pedido de rescisão, friso; portanto, por menor que seja a diferença, ainda fundamentará o despejo do locatário. Essa faculdade de emenda da mora foi limitada pela alteração do texto do parágrafo único do artigo 62: não se admitirá a emenda se o locatário já houver utilizado essa faculdade nos 24 meses imediatamente anteriores à propositura da ação. Na redação anterior, não se admitia a emenda da mora se o locatário já houvesse utilizado essa faculdade por duas vezes nos doze meses imediatamente anteriores à propositura da ação.

Julgada procedente a ação de despejo, o juiz determinará a expedição de mandado de despejo, que conterá o prazo de 30 dias para a desocupação voluntária, ressalvadas as hipóteses listadas nos parágrafos do artigo 63 da Lei 8.245/91. A primeira dessas situações foi também agravada: o prazo de desocupação deverá cair para 15 dias se, entre a citação e a sentença de primeira instância, houverem decorrido mais de quatro meses.

Os locadores foram beneficiados, ainda, pela alteração do artigo 64 da Lei do Inquilinato. A redação original previa que a execução provisória do despejo dependia de caução não inferior a 12 meses e nem superior a 18 meses do aluguel, atualizado até a data do depósito da caução. Já o novo texto do artigo 64 prevê caução não inferior a seis meses nem superior a 12 meses do aluguel, atualizado até a data da prestação da caução. Ressalvam-se as hipóteses inscritas no artigo 9º da lei: (1) por mútuo acordo; (2) em decorrência da prática de infração legal ou contratual; (3) em decorrência da falta de pagamento do aluguel e demais encargos; e (4) para a realização de reparações urgentes determinadas pelo Poder Público, que não possam ser normalmente executadas com a permanência do locatário no imóvel ou, podendo, ele se recuse a consenti-las. Nesses casos, a execução provisória independe de caução.

6   IDENTIDADE VISUAL (*TRADE DRESS* E *PRODUCT DRESS*)

Os esforços de empresários e sociedades empresárias podem incluir a constituição de uma identidade própria, forma pela qual buscam se distinguir de seus concorrentes, conservando a clientela que foi cativada. Essa identidade constitui um direito do empresário ou sociedade empresária; principia pelo nome empresarial, mas pode alcançar outros elementos não protegidos pelo Direito Marcário, como o *título do estabelecimento*, já estudado, sinais distintivos, material publicitário, *slogans*, mascotes, totens etc.

Esse direito à identidade empresarial manifesta-se, com muita força, na identidade visual da empresa, ou seja, na apresentação do(s) estabelecimento(s) empresarial(ais) e/ou do produto, sendo usual falar-se em *trade dress*, ou seja, *apresentação visual do negócio* ou *roupagem do negócio*. Nessa categoria estão incluídos os mais diversos elementos, desde que inequivocamente identifiquem determinada empresa ou produto: desenho arquitetônico próprio, determinada decoração que se repete nas lojas, móveis especialmente desenhados, combinações de cores específicas, forma e rótulo de embalagens; uniformes (cor, feitio, detalhes marcantes), estamparia original de tecidos; certa padronagem de cores usada de forma a dar identidade etc. Observe que todos esses elementos podem ser de domínio público; afinal, não se trata de uma hipótese de propriedade intelectual, mas de proteção à *concorrência leal*.

A lista não é exaustiva. Fundamentalmente, são alcançados pela expressão todos os elementos que, dispostos de uma forma específica, não comum, dão uma identidade à apresentação mercadológica da atividade negocial e/ou de produtos (bens e serviços). A proteção ao *trade dress*, portanto, é proteção ao direito de ser diferente, direito de ter identidade na apresentação mercadológica: unir elementos de forma a criar um padrão específico, reconhecível pelo público. Ilustro: se uma empresa lança um creme dental líquido, disposto numa embalagem plástica com o formato de gota e na cor amarela, outras empresas que se apresentem para a concorrência, lançando outros cremes dentais líquidos, devem buscar embalagens diferentes, com cores diferentes; não podem usar embalagem plástica com o formato de gota e na cor amarela, parasitando a apresentação mercadológica.

Esse mecanismo psicológico de identificação do agente econômico apenas por sua apresentação visual tem por efeito perverso possível a adoção, por empresa concorrente, de apresentação igual ou similar, induzindo os clientes a erro, confundindo-os: ingressam no estabelecimento acreditando estar negociando com determinado empresário ou sociedade empresária (ou mesmo com franqueado de certa rede), quando na verdade estão negociando com outrem. Estabelece-se, via de consequência, o que o mercado chama de *concorrência parasitária*: em lugar de disputar seu próprio lugar no mercado, conquistando sua própria clientela, a partir de seus méritos, o agente econômico atua como um parasita, aproveitando-se da clientela alheia, granjeada a partir da confusão.

Aquele que se utiliza da apresentação mercadológica (*trade dress*) de outrem, age ilicitamente, na medida em que concorre de forma desleal, trabalhando para confundir o mercado consumidor, mesmo não havendo falar em propriedade intelectual. Concorrência desleal, igualmente, por parasitar o trabalho alheio de criação e/ou de construção mercadológica, procurando enriquecer-se indevidamente à custa do investimento de outrem. Note que sequer é preciso que aquela disposição específica, que dá identidade, seja original; a proteção à apresentação mercadológica não exige originalidade, não se submetendo ao princípio da novidade. A identificação de determinado elemento com certa empresa pode decorrer do tempo, vale dizer, de uma construção mercadológica específica. Não há originalidade no uso de calças verdes e camisas listradas em verde e vermelho; contudo, se uma cafeteria (ou rede de cafeterias) passa a uniformizar seus funcionários com esse uniforme, essa apresentação mercadológica não pode ser copiada por concorrentes, o que caracterizaria concorrência desleal. Isso, ainda que não haja propriedade intelectual sobre calças verdes e camisas listradas de verde e vermelho.

Outra forma relevante de identificação visual é a apresentação que se dá aos produtos ou, mais precisamente, as embalagens que cada empresário ou sociedade empresária utiliza para acondicionar seus produtos. Fala-se em *product dress*, vale dizer, em *roupagem do produto*. Há embalagens que são comuns, ordinárias, sendo utilizadas por diversos concorrentes, a exemplo das garrafas retornáveis de 600 ml para cerveja ou das latas de alumínio de 350 ml para cervejas, refrigerantes, sucos, entre outros. Nesses casos, é o rótulo, e não a embalagem, que irá diferenciar os produtos concorrentes. Já entre as garrafas de refrigerante, de vidro ou de plástico, há formas que são específicas de alguns produtos. O mesmo acontece com perfumes.

A embalagem não é um detalhe, mas, pelo oposto, é um apelo para a aquisição, razão pela qual empresas que detêm produtos de sucesso relutam em alterar suas embalagens, temendo perder sua identidade, na mesma proporção em que titulares de produtos com resultados insatisfatórios aventuram-se a mudanças radicais, procurando um novo meio (uma nova mídia) para conquistar o consumidor. A embalagem é um estímulo para o negócio, podendo chegar ao extremo de ser um objeto de desejo. Em incontáveis casos, como líquidos, pós, massas etc., a embalagem é a *cara* do produto. Daí a necessidade de proteção à identidade negocial: a embalagem acaba por dar ao produto uma identidade, por determinar a sua aquisição, ocupando, em muitos casos, a função de estopim da contratação: a embalagem comunica, convence e, até, fideliza; ademais, autentica o bem ou serviço.

A principal dificuldade oferecida para a roupagem negocial (de estabelecimento ou de produto) está no fato de não se tratar de elemento passível de registro como propriedade industrial. Com efeito, o artigo 10, IV, da Lei 9.279/96 afirma não se considerar invenção ou modelo de utilidade de obras arquitetônicas ou qualquer criação estética; já o seu artigo 124, XXI, impede o registro como marca da forma necessária, comum ou vulgar do produto ou de acondicionamento, ou, ainda, aquela que não possa ser dissociada de efeito técnico. Mais do que isso, a titularidade do projeto arquitetônico será do(s) arquiteto(s), sendo a decoração criação intelectual do decorador.

Para o empresário ou sociedade empresária não importa a titularidade em si da criação estética (projeto arquitetônico, de interior, mobiliário, desenho de embalagem etc.), mas a sua identidade visual, diferenciando-o de seus concorrentes. Justamente por isso, a proteção à identidade visual se faz pelas regras que garantem a concorrência leal entre os agentes econômicos. É o suficiente para permitir que o empresário ou sociedade empresária recorram ao Judiciário a fim de impedir que concorrentes utilizem-se de roupagens negociais (*trade dress* e *product dress*) idênticas ou assemelhadas, levando os consumidores a se confundirem, assim como para se indenizarem pelos prejuízos econômicos e morais decorrentes da concorrência parasitária perpetrada por concorrente.

O fundamento da proteção jurídica à apresentação mercadológica é a preservação dos padrões leais de concorrência. Portanto, é preciso deixar bem claro que o instituto não serve para evitar a concorrência. Se uma empresa lançou um detergente em *spray*, suas concorrentes podem, sim, lançar produtos iguais e concorrer. Se a patente de um invento ou modelo de utilidade extinguiu-se, as empresas concorrentes podem passar a produzir o bem. O mesmo ocorre com a extinção do desenho industrial. A livre concorrência é princípio que orienta a ordem econômica e financeira nacional (artigo 170, IV, da Constituição da República). Mas a concorrência livre deve ser leal e, portanto, respeitar as identidades mercantis dos diversos atores mercantis.

Tanto a possibilidade de confusão no mercado consumidor quanto o parasitismo do esforço alheio constituem características que qualificam como ato ilícito a usurpação da apresentação mercadológica alheia. Em muitos casos, a proteção à apresentação mercadológica transmuta-se em *proteção à originalidade*. Isso ocorre em setores fortemente marcados por lançamentos periódicos, sazonais, beneficiando-se justamente da criação original, a exemplo do setor de moda. Embora seja usual que o mercado assimile os movimentos da moda, concorre de forma desleal aquele que simplesmente copia a linha de lançamentos de outrem, repetindo padrões e texturas, padronagens de tecidos etc., fazendo com que o consumidor ordinário confunda-se entre os produtos.

A lesão à sua apresentação mercadológica (*trade dress*) permite ao empresário ou sociedade empresarial não apenas pedir judiciariamente que o concorrente desleal pare com a usurpação, mas também pretender a apreensão dos bens que apresentem o mesmo *conjunto-imagem*, bem como pretender a indenização pela clientela desviada. Essa indenização não segue a lógica da lesão, ou seja, não tem por objetivo simplesmente apurar o volume negocial perdido por aquele que teve sua apresentação mercadolócia (*trade dress*) usurpada. O valor da indenização deve considerar tanto as perdas do usurpado, quanto os ganhos ilegítimos do usurpante, certo que esses ganhos tiveram como causa eficaz o trabalho alheio de criação e/ou de construção mercadológica.

No Recurso Especial 1376264/RJ, a Terceira Turma do Superior Tribunal de Justiça resolveu a controvérsia entre duas indústrias cervejeiras sobre a utilização de lata com a cor vermelha: uma já a usava, a outra passou a usar. Decidiram os julgadores: "(1) Por força do art. 124, VIII, da Lei 9.279/1996 (LPI), a identidade de cores de embalagens, principalmente com variação de tons, de um produto em relação a outro, sem constituir o conjunto da imagem ou *trade dress* da marca do concorrente – isto é, cores 'dispostas ou combinadas de modo peculiar e distintivo' –, não é hipótese legalmente capitulada como concorrência desleal ou parasitária. (2) A simples cor da lata de cerveja não permite nenhuma relação com a distinção do produto nem designa isoladamente suas características – natureza, época de produção, sabor, etc. –, de modo que não enseja a confusão entre as marcas, sobretudo quando suficiente o seu principal e notório elemento distintivo, a denominação. (3) Para que se materialize a concorrência desleal, além de visar à captação da clientela de concorrente, causando-lhe danos e prejuízos ao seu negócio, é preciso que essa conduta se traduza em manifesto emprego de meio fraudulento, voltado tanto para confundir o consumidor quanto para obter vantagem ou proveito econômico. (4) O propósito ou tentativa de vincular produtos à marca de terceiros, que se convencionou denominar de associação parasitária, não se configura quando inexiste ato que denote o uso por uma empresa da notoriedade e prestígio mercadológico alheios para se destacar no âmbito de sua atuação concorrencial. (5) A norma prescrita no inciso VIII do art. 124 da LPI – Seção II, 'Dos Sinais Não Registráveis como Marca' – é bastante, por si só, para elidir a prática de atos de concorrência desleal tipificados no art. 195, III e IV, do mesmo diploma, cujo alcance se arrefece ainda mais em face da inexistência de elementos fático-jurídicos caracterizadores de proveito parasitário que evidenciem que a empresa, por meio fraudulento, tenha criado confusão entre produtos no mercado com o objetivo de desviar a clientela de outrem em proveito próprio. (6) Descaracterizada a concorrência desleal, não há falar em ofensa ao direito de marca, impondo-se o afastamento da condenação indenizatória por falta de um dos elementos essenciais à constituição da responsabilidade civil – o dano".

12
Shopping Centers

1 CONTRATOS E SUJEITOS

Um dos grandes fascínios proporcionados pelo Direito Privado é a oportunidade para a criação de novas figuras jurídicas. Foi o que ocorreu, em meados do século passado, com a invenção do *shopping center* ou *mall*: construções que combinavam lojas de setores diversos, áreas de lazer e estacionamento, tudo planejado para otimizar vendas. Essa estrutura física é sustentada por uma estrutura jurídica específica, com faculdades e obrigações constituídas a bem de uma estratégia mercadológica que amplia e otimiza o fluxo de consumidores. Como se verá, é uma alternativa à compreensão tradicional de clientela, freguesia, ponto empresarial e estabelecimento empresarial. Basta destacar que o *shopping center* é uma empresa cujos clientes imediatos são outras empresas (lojistas), que com a empresa empreendedora e/ou administradora mantém relações contratuais. Há um estabelecimento que se promete planejado para servir a estabelecimentos (lojas, cinemas, bares), prestando um serviço de mercadologia e uma correspondente vantagem de mercado (*goodwill of trade*).[1]

O contrato de *shopping center* é um contrato legalmente atípico, a merecer apenas parca referência ao aspecto locativo, disposta na Lei 8.245/1991. Mas goza de *tipicidade social*, utilizando-se da nomenclatura de Vasconcelos, que reconhece a existência de *tipos contratuais extralegais*.[2] Uma tipicidade que resulta da reite-

---

[1] Conferir MAMEDE, Gladston. *Contrato de locação em shopping center:* abusos e ilegalidades. Belo Horizonte: Del Rey, 2000.

[2] VASCONCELOS, Pedro Pais de. *Contratos atípicos.* Coimbra: Almedina, 1995. p. 59-60.

ração; no caso, de um *consuetudo* empresarial, como tantos outros existem. E é composto essencialmente por determinados sujeitos. Como se trata, antes de mais nada, de um empreendimento imobiliário, há um empreendedor que se remunera com locativos (aluguel mínimo, diz-se); essa remuneração periódica pode ser antecedida, no começo da relação, de outra remuneração. Quando o empreendimento está em construção, é comum, é usual a celebração de um contrato de *reserva de localização*, pagando o lojista determinado valor para garantir seu direito a determinada loja do *mall*. Quando está em funcionamento, é usual demandar *luvas iniciais*, nomeadamente em empreendimentos de sucesso: uma remuneração pelo aviamento do qual se beneficia o novo locatário. A administradora é a responsável pela estrutura organizacional do *shopping center*, sua mercadologia e logística, o dia a dia do empreendimento. Desempenha a função de prestador de serviço, sendo remunerado por um valor percentual sobre o faturamento do lojista, denominado *aluguel percentual*. Empreendedor e administrador atuam segundo os ajustes estabelecidos entre si, em contrato próprio; a partir desse contrato, definem-se como consorciados na exploração do *shopping center*. Nada impede que o empreendedor seja também administrador. Igualmente, é lícito que o ajuste estabelecido entre empreendedor e administrador traga a previsão de que parte do *aluguel percentual*, dessa participação no resultado das operações realizadas com o grande público, lhe seja transferida; o ajuste não seria abusivo, considerada a importância da posição ocupada pelo empreendedor para o sucesso do empreendimento.

Por fim, os lojistas, ou seja, empresários e sociedades empresárias que contratam a locação do espaço físico (da loja ou estande), bem como os serviços logísticos e mercadológicos específicos que devem ser prestados pelo empreendedor e/ou administrador, a bem do sucesso do empreendimento.

2 LOCAÇÃO

O *shopping center* é, em primeiro lugar, um espaço físico e, portanto, um empreendimento imobiliário. Embora seja possível que determinadas áreas, na edificação destinada ao *mall*, sejam alienadas aos lojistas, a grande maioria dos espaços destina-se à locação. A venda, comumente, concretiza-se para as chamadas lojas âncoras, isto é, estabelecimentos de grandes cadeias empresariais, como supermercados, vastos magazines etc., que tem, por si só, capacidade maior de atração de clientes. A elas são destinadas posições polo no empreendimento (o meio e os extremos), forçando a movimentação dos consumidores que, assim, são submetidos às vitrines e ofertas das lojas-satélite, ou seja, das pequenas lojas. Essas locações são empresariais e submetem-se à Lei 8.245/1991, inclusive no que diz respeito ao direito de renovação (ação renovatória).

Se o empreendimento está em construção, a relação principia com um contrato de reserva de localização: contrata-se o direito de ocupar certa loja quando estiver pronto o prédio, conforme as previsões anotadas no contrato ou constantes da oferta (que se prova por *folders* etc.). O lojista torna-se titular de um *direito de reserva* e o empreendedor assume a obrigação de cumprir todos os detalhes do ajuste, respondendo pelo atraso da entrega do imóvel, atraso no início das atividades, falhas na execução do projeto arquitetônico e, mesmo, do projeto mercadológico. O contrato de reserva de localização obriga as partes nos seus termos. Assim, se há precisão de qual loja será ocupada pelo promitente locatário, não é lícito ao empreendedor e/ou ao administrador alterar a localização de sua loja, seja mudando-a de área ou piso no imóvel, seja posicionando-a em outro lugar, ainda que usando do argumento de necessária recomposição do *tenant mix* ou, até, que uma outra localização seria melhor para aquela loja e seu ramo de negócio. Neste sentido julgou o Superior Tribunal de Justiça: Recurso Especial 764.901/RJ: *tenant mix* é a distribuição balanceada de lojas, combinando setores diversos para controlar a concorrência interna e, mais do que isso, para criar uma variabilidade de ofertas que estimule a circulação dos consumidores. Cuida-se também de obrigação do empreendedor/administrador e, por isso, responde civilmente pelos prejuízos resultantes de se ter permitido uma concorrência predatória entre lojistas. Por exemplo, uma grande loja de determinado setor excessivamente próxima de lojista menor, impactando os negócios deste.

A liberdade para compor o *tenant mix* é autolimitada pela assunção contratual de uma obrigação; no caso, a obrigação de dar determinada localização, contratando a locação (contrato principal) com o titular da reserva de localização (contrato preliminar). O mesmo se diga em relação aos elementos acessórios que compuseram o contrato preliminar, inclusive a oferta quanto a presença ou ausência *desse ou daquele* empreendimento mercantil na vizinhança. Somente assumindo as consequências contratuais e extracontratuais de um inadimplemento, tal alteração poderia ser feita. Essa obrigação, logicamente, alcança também o locatário, na mesma medida e na mesma proporção. Salvo previsão contratual, não lhe é lícito pretender alterar a localização de sua loja ou recusar determinado empreendimento vizinho, ainda que sob o argumento de que isso seria melhor para seu negócio ou, mesmo, para todo o empreendimento. Somente por meio de transação podem as partes, de comum acordo, produzir tal alteração. Também não poderá se opor à eleição de localização pelo empreendedor e/ou administrador se, livre e conscientemente, a ele(s) outorgou(aram) a faculdade de determinar a localização de seu estabelecimento.

Ao ocupar a loja, o lojista deve o pagamento do aluguel; fala-se em aluguel mínimo para distinguir do chamado aluguel percentual, que remunera à administração do empreendimento. O artigo 54 da Lei 8.245/1991 estatui que "nas relações entre lojistas e empreendedores de *shopping center*, prevalecerão as condições livremente pactuadas nos contratos de locação respectivos", além das "disposições procedimentais previstas nesta lei". Essa liberdade interpreta-se como licença para que, nos contratos de locação de loja e prestação de serviços mercadológicos em *shopping center*, se possa expressar o regulamento dessa segunda parte (a prestação de serviços de engenharia de consumo e administração comercial) do contrato havido entre as partes, nunca como uma licença para a imposição de toda e qualquer cláusula, nomeadamente contra os princípios que orientam os contratos locativos.

Ainda assim, é comum a estipulação de um décimo-terceiro pagamento: um aluguel dobrado para o mês de dezembro, pretensamente para fazer frente aos encargos com o 13º salário dos empregados do empreendimento; essa figura coloca-se à margem da lei. Outra figura estranha que consta de alguns ajustes é o chamado *aluguel de desempenho*, previsto em certos contratos, que nada mais seria do que uma sobrecobrança semestral (em geral, 75% do valor do aluguel), que se pretende um mecanismo de aferição do sucesso de cada loja; essa *taxação extra*, considera-se como participação no sucesso do lojista ou forma de afastar lojistas malsucedidos, é nitidamente abusiva, não se amoldando aos princípios gerais do ato jurídico e do contrato, tal como disposto no Código Civil.

A locação em *shopping center* permite exercício do direito de renovação que se faz pela forma comum, aplicável à universalidade das locações de imóveis destinados ao comércio, excetuando-se a impossibilidade de o organizador recusar a renovação sob o fundamento de utilizar, ele próprio, o imóvel, *ex vi* do artigo 52, § 2º, da Lei 8.245/91. Com efeito, não é este o seu papel dentro do negócio de *shopping center* e permitir-lhe retomar o imóvel sob tal fundamento implicaria completa desconsideração das bases em que se assenta o empreendimento e a lesão inequívoca do direito do lojista (que não raro paga pela presença no *shopping*, seja através dos contratos de garantia de localização, seja por outros meios).

Um aspecto interessante diz respeito às despesas com as áreas comuns do *shopping center*, cabendo investigar a quem cabe o ônus de suportá-las. A rigor, e sob a proteção do art. 54, *caput* e § 2º, da Lei 8.245/91, é legítimo que o empreendedor transfira para os lojistas a totalidade das *despesas ordinárias* de manutenção do empreendimento; assim, tarifas de água, energia elétrica, ar condicionado, limpeza (material e pessoal), segurança e afins. Essas despesas, justamente em função da natureza comunitária dos beneficiados, deverão ser suportadas por todos os lojistas de forma igualitária. Igualdade, aqui, implica um critério objetivo, ou seja, distribuição proporcional à área ocupada, respondendo o empreendedor pelas áreas comuns que loca, em caráter precário, para a ocupação de quiosques, devendo transferir para os seus usuários os respectivos ônus, o que constitui acerto estranho à relação entre os lojistas e o empreendedor.

Comumente, as regras jurídicas de adesão utilizam-se de um coeficiente de rateio de despesas (CRD), que o empreendedor e/ou administrador apresenta a cada lojista, por meio do qual se determina o valor devido por cada um para tal rateio. O procedimento somente é legal quando os cálculos para a determinação do CRD possam ser verificados pelo lojista, certificando-se de que o valor dele cobrado corresponde, efetivamente, ao que lhe é devido segundo critérios objetivos de rateio de despesas. Socorre-lhe, inclusive, o direito de ação (ação de prestação de contas) para exigir que o administrador demonstre como está gerenciando as despesas com as partes comuns e determinando os valores devidos quer pela totalidade dos lojistas, quer por cada unidade. Basta recordar, para tanto, existirem despesas que o empreendedor e/ou administrador não está autorizado a transferir ao lojista, devendo suportá-las. Antes de mais nada, a teor do § 1º do art. 54 da Lei do Inquilinato, não pode o empreendedor cobrar dos lojistas os custos de obras de reforma na estrutura integral do imóvel, ou aquelas que impliquem acréscimos ao *fundus*; custos com pintura das fachadas, empenas, poços de aeração e iluminação, bem como das esquadrias externas. Portanto, toda e qualquer despesa que seja fruto de trabalhos executados não para a conservação do empreendimento, mas para a sua alteração, mesmo que para o seu melhoramento, certo que estas se revertem diretamente no patrimônio do empreendedor do *shopping center*. Ademais, oferecer um imóvel em plenas condições de atender a suas finalidades é obrigação do empreendedor. E condições para atender a suas finalidades, em caso não se limitam à possibilidade técnica de suportar as atividades comerciais dos lojistas, mas, para além disso, condições de atrair grandes contingentes de consumidores, fator que também compõe as obrigações do empreendedor.

Quando se tem efetivamente um condomínio, com adesão por meio da aquisição de unidades autônomas (lojas), cria-se uma situação excepcionalíssima, na medida em que a dimensão estática do empreendimento, vale dizer, o seu aspecto imobiliário, marca-se pelas peculiaridades do direito de propriedade. Nessa direção apontou o Superior Tribunal de Justiça quando resolveu o Recurso Especial 1.677.737/RJ: "3.1. Diversas particularidades distinguem o condomínio horizontal em *shopping center* do seu modelo jurídico tradicional. 3.2. O adquirente da loja em *shopping center*, apesar de proprietário de uma unidade autônoma, poderá sofrer restrições, desde que contratualmente acertadas, ao seu direito de condômino. 3.3. A cláusula prevista em convenção de condomínio de *shopping center*, permitindo a alguns condôminos (lojistas) o uso, gozo e fruição de áreas comuns, não é, em regra, nula, pois aqueles exercem, apenas relativamente, os direitos assegurados em geral pelo art. 1.335 do Código Civil".

3   PRESTAÇÃO DE SERVIÇOS DE ADMINISTRAÇÃO DE *SHOPPING CENTER*

Como visto anteriormente, a logística mercadológica é o grande aspecto identificador do *shopping center*, diferenciando-o de empreendimentos imobiliários semelhantes, como as galerias de lojas. Em fato, mais do que locar lojas (imóveis) para a exploração de atividades empresariais, os empreendedores e/ou administradores de *shopping centers* oferecem um serviço de alta tecnologia ao mercado fornecedor (seus clientes diretos são empresários já estabelecidos ou pessoas interessadas em passar ao desempenho de atividades empresariais). Esse serviço, que não se confunde com a mera locação do imóvel, é a administração organizacional e mercadológica planejada, voltada para exponenciação do consumo de bens e serviços. Tecnologia complexa, detida por poucos e pela qual os empreendedores/administradores são remunerados, por meio de verba específica.

Este serviço principia bem antes de o *shopping*, sob o seu aspecto imobiliário, estar pronto. Parte de seu planejamento, da afirmação de seu público-alvo, de um padrão de qualidade – e estético – que atenda a esse público específico, da definição do *tenant mix*, ou seja, da combinação de lojas por áreas, harmonizando espécies diversas para evitar concorrência predatória e para garantir variedade de oferta, atendendo às mais variadas necessidades (moda, perfumaria, farmácia, supermercados, agência bancária etc.). No dia a dia, implica o gerenciamento da convivência, o controle de abusos, a manutenção da coerência estética e mercadológica.

Administradora e lojistas ajustam uma parceria, por meio do qual prestam o seu serviço para os lojistas – cada um e, destarte, a totalidade – participando dos frutos auferidos em seus empreendimentos (em cada loja), na proporção que convencionarem as partes. Essa verba é denominada nos contratos de *aluguel percentual*; a expressão aluguel faz alusão à forma clássica de se denominar o contrato de prestação de serviço: *locação de serviço* (a *locatio conductio operarum* do Direito Romano), como se lia no Código Civil de 1916, vigente até 2001. A expressão percentual dá a dimensão da parceira: em lugar de remuneração fixa pela prestação dos serviços mercadológicos de administração e logística de *shopping center*, estabelece-se um contrato de parceria, estipulando-se uma participação do empreendedor/administrador no faturamento do lojista, seguindo a lógica das chamadas cláusulas de sucesso. Note-se que, habitualmente, o *aluguel percentual* tem por *base de cálculo* o *faturamento bruto*, isto é, o total das vendas ou negócios estabelecidos pelo lojista, independentemente de haver lucro ou não.

O mais comum é a fixação da remuneração devida ao administrador em montante que corresponda a 5% sobre o faturamento bruto (ou venda bruta mensal), havendo contratos que preveem percentual um pouco maior. Esse percentual, por certo, constitui elemento que pode ser livremente pactuado, não havendo limitação legal. Contudo, é preciso estar atento para o fato de que esta liberdade de pactuação não é uma licença para o abuso por parte do administrador, sendo plenamente lícito ao Judiciário examinar a situação geral do contrato e do negócio, bem como o resultado dessa previsão sobre as partes e anular estipulações que rompam com o necessário equilíbrio, definido nos limites mínimo e máximo do razoável. Com efeito, estipulações exacerbadas só se explicam em função da ignorância dos termos e/ou dos efeitos da contratação, o que, como dito no item anterior, pode ser judicialmente corrigido, por meio de ação, visando à revisão da cláusula contratual.

Observe-se ser juridicamente necessário reconhecer o direito do lojista ao crédito, nos futuros *aluguéis percentuais*, dos valores relativos à venda desfeita, certo que, nestas circunstâncias, o cancelamento produz efeitos *ex tunc*, deixando o pagamento já realizado do aluguel percentual desprovido de fundamento fático que o justifique. O exercício de tal direito de crédito se faz por comunicação comprovada do desfazimento do negócio, preferencialmente com uma cópia do documento onde constou tal operação, computando o crédito nas contas devidas para apurar o valor devido por um dos meses subsequentes. O mesmo direito, parece-me, socorre o lojista nas hipóteses de o negócio de fornecimento de bens ou de serviços não se completar em virtude do inadimplemento do consumidor. Em fato, a parceria no resultado do empreendimento deve concretizar-se sobre o sucesso efetivo e não meramente potencial, hipotético, sendo claro que o inadimplemento não caracteriza resultado positivo; do contrário, ampliar-se-ia o prejuízo do lojista – que fica sem a mercadoria, sem o pagamento e ainda pagaria o percentual por uma operação que não se completou. O administrador, destarte, enriqueceria sem causa. Nunca é demais lembrar que a previsão contratual de uma renúncia genérica a esse direito de crédito não possui validade, por força da previsão anotada no artigo 424 do Código Civil.

Há contratos de *shopping center* estipulando, para além do *aluguel percentual*, remuneração que seria devida a um síndico ou administrador das partes comuns. Essa *taxa de administração* é habitualmente estipulada em percentual sobre o aluguel mínimo, sobre o faturamento bruto da unidade, ou sobre a totalidade da remuneração devida pelo lojista (isto é, o somatório dos denominados "aluguel mínimo" e "aluguel percentual"). Trata-se de previsão abusiva, a estipular obrigação de pagar sem a correspondente contraprestação, a caracterizar um indevido *bis in idem*, engendrado a partir de uma confusão de institutos. O empreendimento não caracteriza, em termos estritos, um condomínio, bastando lembrar que o empreendedor e, com ele, o administrador têm domínio sobre as partes comuns, podendo locar espaço para ali instalar estandes de vendas ou promoção de produtos (bens ou serviços); dessa forma, não se pode falar, propriamente, em condomínio, já que todos os espaços pertencem ao empreendedor. Ademais, através do contrato de gerenciamento do empreendimento que estabeleceu com cada um dos lojistas, e pelo qual é remunerado, recebendo percentual sobre a renda bruta do lojista (tenha este lucro ou prejuízo), possui o empreendedor, conserve ele a condição de administrador, ou tenha transferido tal função a terceiro, a obrigação de conservar todas as áreas comuns em condições adequadas para o recebimento dos clientes.

Eis por que não é lícito ao empreendedor e/ou administrador pretender uma nova remuneração a título de administração das áreas comuns: não há serviço extra a justificar essa nova prestação. Não sendo o lojista beneficiário de nenhuma prestação, não pode ser obrigado a contraprestação, certo estar-se diante de contrato sinalagmático. Nem sequer socorre a pretensão de nova cobrança a entrega, pelo empreendedor, dos serviços de administração a terceiros. Se o faz o empreendedor, deve suportar o ônus e não multiplicar as obrigações do lojista, encarecendo sua presença no *shopping* e inviabilizando suas contas. A presença de uma cláusula com tal estipulação, portanto, constitui abuso, na medida em que enriquece indevidamente um dos polos e onera ilicitamente o outro. Sua anulação judicial é não só consequência natural da quebra, mais uma vez, do princípio do equilíbrio contratual, como também desrespeito à própria natureza sinalagmática do ato, desconsiderada sempre que havendo prestação à qual não corresponda uma contraprestação, ou quando para uma mesma prestação, apresentada como dúplice, são previstas duas contraprestações, o que pressupõe a ocorrência de dolo por parte do contratante beneficiado, indutor do erro do contratante prejudicado.[3]

4 AUDITORIA DA CONTABILIDADE

Obrigação acessória da previsão de parceria nos resultados do empreendimento é a previsão contratual de auditoria das contas do lojista, meio para proteger os interesses do administrador, aferindo eventuais manobras escusas que possam vir a ser praticadas por um ou outro lojista. Para essa fiscalização, dá-se ao administrador, no contrato, o direito de, sempre que julgar oportuno, ter acesso à loja e aos respectivos sistemas de controle, inclusive de caixas registradoras, recibos, talões, notas fiscais, livro de registro de estoque ou venda de mercadorias, ou, também, a qualquer outra forma de controle, diretamente, ou através de terceiros contratados.

Em virtude do tipo de relações mantidas entre o lojista e a administração do *shopping center*, a previsão é perfeitamente válida, constituindo mecanismo que visa preservar os interesses do empreendedor; sem ele, o organizador ficaria à mercê do lojista, o que ampliaria – e muito – as possibilidades de fraude, por um lado, assim como as desconfianças, mesmo que injustificadas, por outro; quaisquer destes elementos são perniciosos para o bom desenvolvimento dos negócios. Ademais, coerente com o afirmado há pouco, havendo parceria entre partes para a consecução de fins comuns (o incremento de vendas e serviços), com remuneração vinculada ao resultado, indispensável torna-se que os parceiros conheçam amplamente as atividades de cada qual no empreendimento, reconhecimento comum que constitui requisito inalienável para o bom andamento das relações interindividuais. No entanto, ainda que se reconheça a legalidade da estipulação, não se pode esquecer do princípio do sigilo da escrituração comercial, alicerçado nos artigos 1.190 e 1.191 do Código Civil. Não se deve afirmar a sua prevalência absoluta, nem a impossibilidade de ser objeto de renúncia por parte do lojista, por reconhecer sua função na estrutura do negócio que aqui se examina. Todavia, ainda que contratada a possibilidade de auditoria das contas para efeito de determinação da remuneração percentual do organizador, o princípio do sigilo da escrituração comercial ainda protege o lojista. Antes de

---

[3] Conferir MAMEDE, Gladston. *Contrato de locação em shopping center:* abusos e ilegalidades. Belo Horizonte: Del Rey, 2000.

mais nada, é fundamental observar que, tendo acesso à escrituração, assume o organizador a responsabilidade pela sua conservação, respondendo civilmente, tanto material quanto moralmente, pela divulgação ou pelo vazamento de informações constante dos livros e arquivos do lojista. A licença que lhe foi atribuída para exame desse movimento contábil tem função específica e limitada: apenas e tão somente conferir a regularidade dos valores de faturamento declarados pelo lojista que constituem a base de cálculo de sua remuneração percentual. Qualquer ato que desborde esse limite é ilícito e, dando azo a prejuízo de qualquer natureza, determina o dever de indenizar.

Ademais, todos estes trabalhos devem ser realizados – e isto os contratos jamais falam, certo que constituem imposições às quais aderem os lojistas – sem estorvar as atividades comerciais e administrativas do lojista. A licença para auditar não inclui a licença para tumultuar, razão pela qual é o tumulto, o estorvo, a confusão ou qualquer outra anormalidade na harmonia das atividades do lojista um ato igualmente ilícito e passível de responsabilização do organizador.[4]

5 CONTRATO DE ADESÃO AO EMPREENDIMENTO

O administrador de *shopping center* é um fornecedor de serviços, que possui o conhecimento das estruturas administrativas e mercadológicas para a concretização de uma organização desta envergadura. Em contrapartida por todos esses esforços e investimentos, possui a expectativa de se ver recompensado com o retorno do que investiu e por seu trabalho, recebendo o aluguel percentual. O administrador, portanto, presta um serviço que tem por destinatário imediato o lojista, que é seu contratante, embora se aproveite a um destinatário mediato, o cliente do *shopping*, o público consumidor.

O lojista adere ao empreendimento na forma predefinida pelo empreendedor e/ou administrador; a contratação, em fato, faz-se por meio de contrato de adesão, ou seja, de contrato cujas cláusulas são previamente definidas pelos contratados, sem que haja espaço amplo para negociação e ajustes de vontades entre as partes. Como se só não bastasse, deve-se reconhecer a enorme superioridade técnica do empreendedor e do administrador sobre o lojista. O *shopping center* é um empreendimento no qual os lojistas participantes simplesmente desconhecem o "processo de 'sua produção' e são submetidos a um intenso controle e a um gerenciamento absoluto do espaço: não escolhem o ponto comercial, não têm ideia de sua racionalidade e não participam do processo de sua localização no empreendimento (o *tenant mix*). Presentes no *shopping*, os lojistas têm sobre si uma racionalidade que transcende as iniciativas capitalistas particulares e que se sobrepõe a elas,

---

4   Conferir MAMEDE, Gladston. *Contrato de locação em shopping center*: abusos e ilegalidades. Belo Horizonte: Del Rey, 2000.

envolvendo um estrito controle da padronização comercial, que vai do projeto de instalação até as normas de funcionamento. O contrato de localização, as normas gerais complementares e o regime interno garantem ao empreendedor, através da administração, uma organização estritamente controlada sobre os lojistas, sobre o *shopping center*."[5]

Como se só não bastasse, é preciso reconhecer que a adesão ao *shopping center* toma, em nossos dias, contorno de coação social necessária: estar fora dele representa dificuldades de atingir a clientela com a competitividade necessária, na medida em que são polos de atração de consumo, mormente nos grandes centros urbanos; isso, sem compreender a mecânica – ou engenharia – de seu funcionamento; com efeito, a exemplo do que ocorre no contrato de cessão de tecnologia, no contrato de *shopping center*, a detenção do conhecimento, do saber como se faz, outorga a uma das partes a vantagem de saber efetivamente sobre o objeto da contratação, deixando a parte contrária, o lojista, às cegas, supondo situações que podem ou não ser verdadeiras. Mesmo quando tais situações tornam-se litigiosas, o detentor do conhecimento sai em vantagem; afinal, também o Judiciário não sabe com exatidão todos os meandros desses negócios amplamente lucrativos; é comum o uso de fórmulas nem sempre adequadas à realidade do negócio, bem como a suposição de um equilíbrio contratual entre as partes que, efetivamente, não existe.[6] Justamente em função dessa inequívoca superioridade do empreendedor e do administrador em relação ao lojista (destacado o pequeno lojista), é preciso toda uma atenção especial na interpretação dos contratos, corrigindo os desníveis existentes em sua constituição.

A bem da verdade, os contratos de *shopping center* são contratos de adesão e, portanto, chamam a si a aplicação dos artigos 423 e 424 do Código Civil, que preveem adoção de interpretação mais favorável ao lojista, bem como aquelas que estipulem a renúncia antecipada do aderente a direito resultante da natureza do negócio, como se passa com a previsão geral de renúncia à indenização por benfeitorias necessárias ou úteis, genericamente anotadas nos contratos de *shopping center*.

De qualquer sorte, é preciso estar atento, sempre, para o fato de que os *shopping centers* têm uma estrutura própria: sua apresentação, sua organização, seu funcionamento são planejados a partir de referências técnicas que formam a excelência do trabalho de seus organizadores. Conclusão necessária, o empresário que pretenda aderir a um empreendimento dessa natureza não goza de ampla liberdade para fazer o que bem quiser, nem se apresentar da forma que bem entender. Deverá, isso sim, submeter-se ao padrão que foi projetado, constituindo um todo com a administração e o restante dos lojistas. Porém, se é certo que a

---

[5] GAETA, Antônio Carlos. *Apud* PINTAUDI, Silvana Maria, FRÚGOLI JÚNIOR, Heitor (Org.). *Shopping centers*: espaço, cultura e modernidade nas cidades brasileiras. São Paulo: Unesp, 1992. p. 51.

[6] Conferir MAMEDE, Gladston. *Contrato de locação em* shopping center: abusos e ilegalidades. Belo Horizonte: Del Rey, 2000.

própria natureza do empreendimento implica a existência de limites à atuação do lojista, também o é, por outro lado, que esse poder de limitação também se submete às regras do Direito, devendo respeitar seus princípios, evitando, assim, que haja lesão jurídica ao comerciante como fruto de abusos praticados pelo empreendedor ou administrador.

Antes de mais nada, está o lojista limitado em relação ao alcance de sua mercancia, certo de que o empreendimento segue uma lógica de distribuição harmônica de ofertas de bens e serviços, uma combinação mercadológica à qual se dá o nome de *mix* de lojas ou *tenant mix*. Via de consequência, não pode o comerciante pretender mudar o ramo de atuação de seu estabelecimento, oferecendo outro produto (bem ou serviço), sob pena de desequilibrar as relações internas do empreendimento. A regra, porém, não pode comportar abusos. Antes de mais nada, a recusa por parte do empreendedor deve ser motivada, listando todas as razões que justificam o impedimento da mudança ou da inclusão de um outro produto ou serviço, permitindo à parte recorrer ao Judiciário, como lhe garante a Constituição da República (art. 5º, XXXV).

6   REGIMENTO INTERNO

Como o *shopping center* é uma coletividade, faz-se necessário regulamentar a atuação individual – de cada lojista –, permitindo a convivência pacífica entre eles, além da manutenção da unidade mercadológica que, como visto, é um dos principais fatores de sucesso. Esse é o fundamento da atribuição ao administrador de um poder regulamentar que ele exerce por meio de normas dispostas em um regimento interno do empreendimento. Não se desconhece, por óbvio, que a lei, ao definir (1) comportamentos que devem ser praticados e (2) comportamentos que não devem ser praticados, deixa entre tais balizas amplo espaço para a manifestação da vontade das partes. Nesse espaço, a ausência de proibição ou obrigação permite à pessoa determinar, com liberdade, o seu comportamento, ou seja, autorregulamentar-se.[7] O contrato é uma autolimitação dessa liberdade jurídica de ação ou inação, já que a pessoa, assumindo – livre e voluntariamente – obrigações lícitas, contrai o espaço de seus comportamentos arbitrários. Entre a lei e o contrato, todavia, o Direito ainda reconhece outro nível normativo: o regulamentar, atribuindo a determinadas pessoas, pela função que desempenham, o poder de criar normas que viabilizem a convivência

---

[7]   Facilmente se percebe que a autonomia psicológica da vontade, submetida apenas ao querer individual, e, menor do que ela, a possibilidade física de realização da vontade contraem-se sob o império do Direito. A expressão da vontade e sua concretização física devem ser jurídicas, isto é, devem comportar-se nos limites estabelecidos pelas normas legítimas, sob pena de caracterizarem ato ilícito e, assim, chamarem sobre o agente as consequências previstas na legislação.

de coletividades específicas e a concretização de objetivos determinados. É o que se passa com o hoteleiro e o poder de definir o regimento do hotel, com os diretores ou coordenadores de instituições financeiras e, igualmente, com os administradores de *shopping center*.

O regimento interno (tenha o nome que for, como *normas gerais regedoras de locações em shopping center*) do *shopping center* regulamenta a vida coletiva no empreendimento, definindo limites do que é regular ou irregular fazer; justamente por isso, é indispensável que o regimento seja apresentado para aquele que pretende aderir ao empreendimento, permitindo-lhe conhecer as normas que, para além do contrato e da lei, deverá também respeitar. Se não conhece, não poderá comprometer-se a respeitá-las, certo que não emprestou sua vontade – que no plano do Direito possui o condão de vincular as pessoas.

O limite desse poder de regulamentação, todavia, é estreito, não sendo lícito utilizar-se de tal via para desrespeitar a autonomia contratual. O abuso no poder regulamentar, portanto, é ato ilícito, a caracterizar o rompimento do equilíbrio contratual e instituindo um inadmissível império da vontade de uma das partes sobre a outra. É lícita, por exemplo, a estipulação de horários comuns – e de obediência obrigatória – para abertura e fechamento das lojas. Igualmente, normas que regulamentem o ingresso de estoques de reposição, horário para reforma de áreas físicas etc. Por outro lado, não é lícito ao empreendedor conceder autorização a determinado lojista e, nas mesmas condições ou situação, negá-la a outro; esse tratamento desigual ou desproporcional quebra com a necessidade de tratamento isonômico a todas as unidades que, de forma igual, aderem ao empreendimento. Como se só não bastasse, não é difícil encontrar em alguns contratos a previsão de que, na hipótese de divergência ou conflito entre as cláusulas dispostas no contrato de locação e aquelas anotadas no regimento interno, prevalecerão estas últimas, o que é de todo absurdo e completamente ilegal.

7 FUNDO DE PROMOÇÃO E PUBLICIDADE

Um dos fatores de sucesso do *shopping center* é o investimento maciço e constante em publicidade e estratégias mercadológicas. Para atender a essa demanda, os contratos de locação de lojas e administração de *shopping center* preveem a constituição de fundos de publicidade. "Os aspectos promocionais do *shopping center* têm uma característica dupla e distintiva; em alguns casos esta promoção pode ser considerada como um paradoxo em promoção. Em qualquer caso é um tipo de promoção cooperativa e conflitiva (tipo competitiva). De um ponto de vista amplo, quando a associação de lojistas congrega os comerciantes num esforço de promoção conjunto, esta promoção pode ser tipicamente classificada como uma promoção cooperativa." Por fim, diz que, "por outro lado, quando as lojas realizam campanhas de propaganda individuais e independentes, pode-se dizer que o esforço promocional é basicamente conflitivo (competitivo) em todas as dimensões".[8] Não se confundem as iniciativas mercadológicas do *shopping center* com as de seus lojistas; os esforços do lojista para anunciar e promover o seu estabelecimento não conduz ao sucesso do *shopping*; serve, apenas, como um elemento localizado, mas não indutor da presença do consumidor no centro de compras, o que beneficia a todos.

O Fundo de Promoção e Propaganda é a fonte financiadora de todo o esforço mercadológico do *shopping center*, considerado em sua totalidade, beneficiando, destarte, a todos os lojistas, ainda que indiretamente: o afluxo de consumidores ao empreendimento serve a todos. Para tanto, o fundo é formado por contribuições de todos os envolvidos, de acordo com ajustes que variam de caso a caso. Na ausência de lei que o regulamente, o fundo rege-se pelas normas gerais do Direito, havendo que se tomar redobrado cuidado com a definição de critérios objetivos para a definição das contribuições devidas, evitando-se que seja dado tratamento privilegiado a algum lojista, categoria de lojista ou ao empreendedor, o que caracterizaria enriquecimento sem causa desse em desproveito dos que suportam os ônus mais pesados.

8 ASSOCIAÇÃO DE LOJISTAS

Para a administração do fundo de promoção e propaganda ou para a fiscalização da aplicação adequada de seus recursos, constitui-se uma associação dos lojistas do *shopping center*, prevendo os contratos tratar-se de obrigação jurídica do lojista filiar-se à mesma. Essa associação é uma pessoa jurídica distinta das pessoas de seus associados, todos lojistas, distinguindo-se, igualmente, do *shopping center* em si, de seu empreendedor e administrador, bem como do próprio fundo, com quem não se confunde. De outra face, é preciso observar que a associação desempenha igualmente papel de vetor da unidade mercantil e mercadológica do empreendimento, congregando seus lojistas e constituindo um foro para a atuação coletiva. Não se confunde com o *shopping*, mas lhe é afeta, já que o empreendimento é a sua razão de ser necessária – e nunca outra. Não lhe cumpre um papel reivindicativo, mas um papel estrutural dentro do empreendimento; nada impede, contudo, que essa representação dos interesses de determinadas categorias de lojistas, como os pequenos lojistas, se organize em entes próprios, fora da estrutura organizacional do empreendimento, mas com a finalidade de fortalecer sua posição diante dos grandes lojistas, bem como do próprio responsável pelo *shopping*.

Essa obrigação de associação não atenta contra a garantia inscrita no artigo 5º, XX, da Constituição da República. Em fato, não se pode examinar por uma perspectiva isolada o dever de associar-se, o que por certo conduziria a uma aparente ofensa à regra constitucional. A perspectiva correta é aquela que o compreende como parte

---

8   LIMA FILHO, Alberto de Oliveira. *Shopping centers*: EUA vs. Brasil: uma análise mercadológica comparativa. Rio de Janeiro: Fundação Getulio Vargas, 1971. p. 42-43.

de um negócio maior (o empreendimento de *shopping center*) ao qual ninguém é coagido a aderir; mas, se o faz (ainda que premido pelas demandas e exigências da economia moderna), deverá aceitar essa obrigação acessória, em nada abusiva, face ao papel da associação de lojistas na existência do empreendimento.

Pessoa jurídica autônoma que é, a associação terá estatutos e registro próprios, sendo comum que dela tome parte também o empreendedor e o administrador. Esses estatutos devem respeitar a legislação vigente, designadamente ao Código Civil; mas devem cuidar para não constituir cerceamento aos contratos estabelecidos entre cada lojista e o *shopping*, sob pena de não terem validade; há um campo específico para a atuação da associação de lojistas. Aliás, esse é um terreno em que o respeito aos interesses e direitos da minoria exige redobrado cuidado por seus reflexos nos direitos oriundos dos ajustes contratuais de cada associado com o empreendedor e/ou administrador do *shopping center*. Note que a tais associações costuma-se atribuir enormes poderes, inclusive o de criar despesas para os lojistas, como a disposição da elevação, temporária ou definitiva, da contribuição devida para o fundo de promoção e propaganda, reformas arquitetônicas e operacionais, o que pode ser instrumento para a desgraça de pequenos comerciantes instalados no centro comercial.

É comum que os estatutos dessas associações prevejam distinções entre os associados, como, por exemplo, a presença obrigatória do empreendedor na sua diretoria executiva, bem como a presença de um ou mais representantes das chamadas lojas-âncora. Porém, por força do artigo 59 do Código Civil, os administradores deverão ser eleitos ou destituídos pela assembleia geral, norma que vincula as associações de lojistas de *shopping center*. Também é comum verem-se previsões de pesos diversos aos votos. A previsão pelo estatuto de categorias de associados, algumas com vantagens especiais, é permitida pelo artigo 55 do Código Civil, como exceção à regra geral de que os *associados devem ter iguais direitos*. Essas distinções, contudo, devem atender à universalidade social, preservando os direitos de todos aos benefícios sociais, razão pela qual as distinções não podem ser arbitrárias, devendo estar alicerçadas em critérios objetivos que não causem a submissão de uma ou mais categoria à outra. Vale dizer, a distinção entre categorias de associados, como permitida pelo artigo 55 do Código Civil, não é uma licença para o arbítrio ou o abuso. Um critério objetivo para evitar tais abusos é a correspondência entre faculdades e obrigações: o poder maior deve estar alicerçado em uma contribuição maior, sob pena de se subverter por completo à lógica do funcionamento das comunidades personalizadas. Essa regra se amplia em situações como a presente, em que à associação corresponde um poder de criar obrigações para os seus sócios.

A diretoria representa a associação, assumindo obrigações com terceiros (agências de publicidade, empresas de segurança etc.), nos limites definidos por seus estatutos, assim como nos demais documentos que regulamentam o empreendimento. Os atos que desbordem a licença estatutária ou da assembleia sujeitam-se ao império do artigo 47 do Código Civil.

Sendo induvidoso estar a associação de lojista juridicamente vinculada às obrigações assumidas por seus diretores, órgãos que exteriorizam sua vontade, representando-a no universo das relações interindividuais que o Direito regula, está a sua diretoria obrigada à prestação de contas por seus atos e pela gestão do fundo de promoção e propaganda, contas que, por determinação do artigo 59 do Código Civil, deverão ser aprovadas pela assembleia geral. Ademais, respondem os diretores e conselheiros por seus atos, sempre que concretizados fora dos limites autorizados pela lei e pelo estatuto. Aqui, posicionam-se para a análise duas perspectivas: (1ª) a validade do negócio concretizado (e, assim, a possibilidade jurídica de vincular o lojista) e, seja válido ou não, (2ª) a responsabilidade civil e, eventualmente, criminal do representante da associação (no caso o diretor ou o conselho), bem como dos executores do ato (gerentes, diretores etc.). Note-se que a responsabilidade civil pode atingir, até mesmo, a pessoa jurídica (a "loja" ou a empresa responsável pelo *shopping*) que, na associação de lojistas, é representada pela pessoa natural do diretor ou conselheiro, desde que demonstrado que a atuação desse traduziu os interesses da empresa, ou mesmo atendeu às suas orientações.

Para além dessa aprovação coletiva das contas, cada lojista, individualmente, tem a faculdade de pedir, extrajudicial ou judicialmente, a prestação de contas pelo gerenciamento do fundo de promoção e propaganda. Com efeito, a partir do momento em que o lojista é chamado a concorrer com a formação de um fundo comum destinado à promoção do *shopping* e sua propaganda, passa a titularizar um conjunto de direitos que lhe correspondem, por previsão legal, entre os quais se destaca o direito a ter-lhe prestadas contas do emprego dos valores pelo representante, afirmando a forma como foram utilizadas as verbas, os critérios para a escolha daqueles que foram contratados (empresas de segurança, agências de publicidade etc.). Diante das contas prestadas, judicial ou extrajudiciariamente, faculta-se ao lojista impugná-las, insurgindo-se contra os valores que considere indevidamente aplicados ou contra os atos praticados, desde que neles demonstre ter havido excesso no exercício do mandato ou qualquer outro defeito.

9 RESPONSABILIDADE PELO EMPREENDIMENTO

Empreendedor e administrador correm o risco, fruto de sua atuação, de causar danos aos contratantes ou terceiros, sendo nulas, por força do artigo 424 do Código Civil, eventuais cláusulas que o eximam de tal responsabilidade ou a transfiram para os lojistas ou associação de lojistas. Para com o lojista, empreendedor e administrador assumem a obrigação não só pela cessão do imóvel (locação), mas também pelo bom planejamento do empreendimento e por sua boa administração e funcionamento. Se esta estrutura organizacional, administrativa e mercadológica não funciona adequadamente, por tais defeitos responde o empreendedor e/ou o administrador, como se apurar. Respondem, em primeiro lugar, pela não execução de qualquer cláusula contratual específica: se não forem cumpridos os prazos contratuais, não lhe sendo entregue a loja, ou não estando concluídas as obras nas partes comuns; igualmente, se na inauguração do *shopping* há lojas em excesso não locadas, atraindo sobre o empreendimento a pecha de fracasso e afastando o público, assim como se não forem preenchidas as vagas destinadas a lojas-âncora, tal como prometido. Pelo inadimplemento, faculta-se ao lojista a rescisão do contrato por culpa do empreendedor, com a devolução do que foi pago, devidamente corrigido e com acréscimo de juros legais, bem como a indenização pelos danos que tenha sofrido.

Há outro nível de responsabilidades do empreendedor e/ou administrador que deve ser examinado: a adequada realização dos cálculos mercadológicos e sua perfeita administração, incluindo eventuais problemas de concorrência predatória havidos no cotidiano do centro comercial. Em fato, não estão os lojistas aderindo a um simples conjunto de lojas, mas a um *shopping center*, vale dizer, estão confiando no trabalho especializado do empreendedor, certos de que haverá afluxo de clientes que corresponda a seus investimentos. É preciso que localização, arquitetura, divisão proporcional das lojas por ramo etc. sejam bem calculadas, sem o que o empreendimento será um fracasso mercadológico. O exercício desse mister é função do empreendedor e/ou do administrador, considerado cada qual em seu momento de atuação. É, efetivamente, obrigação que assume ao contratar com qualquer lojista que o remunerará não só pelo espaço (locação) como pela prestação de sua capacidade mercadológica. Ora, se ao empreendimento não corresponde o movimento esperado, deve-se reconhecer ter falhado o empreendedor em sua obrigação contratual, já que não soube exercer adequadamente o que deveria ser o seu mister. Isto constitui mora, possuindo consequências jurídicas bem próprias, tanto (1º) no plano imobiliário, quanto (2º) no plano dos serviços. No plano imobiliário, é o denominado "aluguel mínimo" fixado em função do valor do imóvel; esse valor, por seu turno, é dependente, de forma direta, da sua aproveitabilidade aos fins a que se propõe: exploração da mercancia. Neste sentido, sabe-se bem que o valor do aluguel de loja por metro quadrado é superior no *shopping center* àquele cobrado na região. Se fracassa o empreendimento, menor é o valor locativo do imóvel, sendo passível de revisão contratual, justificada pela mora do responsável, que se mostrou imperito na execução das obrigações que assumira.

O mesmo direito de rescisão ou revisão contratual, mormente no que diz respeito ao *aluguel mínimo*, possui o lojista em face de alterações nas circunstâncias do *shopping*, como mudança no público-alvo, ou outras alterações que desvalorizem o empreendimento; afinal, foram alteradas as referências que orientaram o ajuste entre as partes. Assim, se uma loja de grande projeção, como a filial de uma cadeia nacional, é fechada e o administrador não consegue ocupar o espaço com um lojista de mesma envergadura comercial e importância mercadológica, deve a avença ser refeita, convencional ou judiciariamente, restabelecendo o equilíbrio da relação locativa. O fundamento dessa revisão é o ato ou omissão do administrador e/ou empreendedor, criando uma alteração no pacto que lesa o direito do lojista, que contratou numa situação e passa a vivenciar outra. Como facilmente se constata, não se aplicam aqui as regras específicas das revisionais locativas certo que o fundamento da alteração do valor não é a evolução do tempo, e o efeito, ao longo deste, de fatores tais como inflação, valorização ou desvalorização da região, envelhecimento do prédio etc. Num *shopping center*, o valor do metro quadrado não é fixado em virtude da coisa em si e/ou da região em que ocupa, como nas demais situações locativas, mas em função da promessa do empreendedor e/ou do administrador de que as relações comerciais que ali serão concretizadas o tornam uma exceção dentro do universo dos imóveis similares da região. Justamente por isso, não se aplicam aqui as regras correntes para a revisão dos contratos locativos.

Some-se a responsabilidade do administrador pela gerência cotidiana do *shopping center*, lembrando que, em função de sua complexidade, o *shopping* demanda constante atenção aos detalhes, uma infinidade de pequenos elementos que precisam estar em seus devidos lugares sob pena de não se atingir o fim último de criar um ambiente atraente para os compradores. O sucesso do *shopping* potencializa o sucesso de cada loja; *mutatis mutandis*, se não há sucesso nas lojas (a unidade), não há sucesso no *shopping* (o todo). Esse feixe de interesses comuns, que conduz a um plano de disposição cooperativa, pode ser, entretanto, intercortado por interesses conflitivos, determinando a passagem para uma competição e litígio que trabalha contra o sucesso do empreendimento. A incapacidade do responsável pelo empreendimento de gerenciar adequadamente essa coletividade que foi colocada num mesmo ambiente, implica um dever de indenizar aqueles que tenham prejuízos materiais ou morais com a desordem que se instaure. Responde, assim, por concorrência predatória que seja implementada por qualquer das unidades, sem que haja oposição eficaz e tempestiva para evitar danos aos demais comerciantes, por conflitos internos que não seja capaz de pacificar, por comportamentos mercantis que rompam com a filosofia do empreendimento e situações afins.

13
Franquia Empresarial

1 FRANQUEAR

Toda empresa visa ao sucesso, vale dizer à produção de riqueza, o que pode dar-se direta ou indiretamente, imediata ou mediatamente. Podem-se até constituir empresas para suportar atividades não rentáveis. Há notícia, por exemplo, de sociedades que foram constituídas, mesmo pelo Estado, para suportar créditos de adimplemento duvidoso ou até improvável. Contudo, essas iniciativas devem ser compreendidas numa dimensão maior, isto é, como parte de uma operação que, por uma perspectiva ampla, ainda visa à vantagem econômica. Essencialmente, a razão da empresa é a produção de resultados positivos, de superávit, gerando lucros que possam ser apropriados por seu titular, por titulares das quotas ou ações das sociedades empresárias ou mesmo por terceiros investidores e/ou parceiros em suas atividades e atuação. Facilmente se percebe que a lógica empresarial é fundamentalmente distinta da lógica do Estado, daquela que orienta as associações e de outra que justifica as fundações.

A perpétua busca por essa *vantagem [benefício] de mercado* marca a história das atividades econômicas, nomeadamente das atividades mercantis. A busca pelo aviamento adequado nem sempre leva ao sucesso, razão pela qual, por volta de meados do século XIX, surgiu um mecanismo jurídico de cessão de vantagens e benefícios empresariais que se desenvolveu ao longo do século XX. Esse mecanismo é chamado de franquia empresarial. Cuida-se de um contrato que, partindo da concessão empresarial e do contrato de distribuição, ampliou e sofisticou as prestações devidas pelas partes, adequando-as às demandas da sociedade do século XX.

A *franquia empresarial*, denominação adotada pelo Direito Brasileiro, é um fenômeno empresarial e jurídico extremamente interessante. Em fato, permite desde o simples ajuste no qual se concede o direito de negociar os produtos do franqueador (bens e/ou serviços), além de utilizar a respectiva marca como forma de captação de clientes, até situações bem mais complexas, como a exploração mercantil do *aviamento*, da *vantagem [ou benefício] de mercado*, compreendendo-o como um bem cujo valor pode ser pecuniariamente mensurado e, mais, juridicamente cedido, mediante uma contraprestação, um pagamento. Permite, assim, que o empresário ou sociedade empresária, em lugar de desenvolver um aviamento próprio, contrate sua cessão jurídica. Dessa forma, se estabelecerá conforme o aviamento que lhe for franqueado, pagando ao franqueador, conforme a lei e o ajuste firmado entre as partes.

2 ELEMENTOS NEGOCIAIS

A franquia empresarial (*franchising*) é disciplinada, no Direito brasileiro, pela Lei 13.966/2019. A própria lei, em seu artigo 1º, tomou o cuidado de defini-la como um sistema "pelo qual um franqueador autoriza por meio de contrato um franqueado a usar marcas e outros objetos de propriedade intelectual, sempre associados ao direito de produção ou distribuição exclusiva ou não exclusiva de produtos ou serviços e também ao direito de uso de métodos e sistemas de implantação e administração de negócio ou sistema operacional desenvolvido ou detido pelo franqueador, mediante remuneração direta ou indireta, sem caracterizar relação de consumo ou vínculo empregatício em relação ao franqueado ou a seus empregados, ainda que durante o período de treinamento". Detalhe: como esclarece o § 2º do artigo 1º da Lei 13.966/2019, a franquia pode ser adotada por empresa privada, empresa estatal ou entidade sem fins lucrativos, independentemente do segmento em que desenvolva as atividades.

A identificação da franquia empresarial como um sistema deixa claro que tal prática empresarial não pode ser compreendida a partir de cada contrato isoladamente, como se fosse apenas uma relação dual, entre franqueador e franqueado, destacada das demais. Não se tem um universo em separado; cada contrato de franquia empresarial (cada relação franqueador/franqueado) compreende-se num todo, ou seja, num sistema: a totalidade dos contratos, a implicar uma atuação empresarial uniforme, conjunta, na qual o comportamento (o ato ou a omissão) de qualquer parte no sistema, seja o franqueador, seja qualquer um dos franqueados, repercute em toda a cadeia, favorável ou desfavoravelmente. Portanto, mais do que cada relação contratual isolada, importa atentar para a estrutura empresarial global, à coletividade composta por franqueador(es) e franqueados.

A definição legal, inscrita no *caput* do artigo 1º, é ampla e deve ser tomada como descrição de possibilidades e não como determinação de elementos necessários e indispensáveis. Noutras palavras, não é que toda e qualquer franquia empresarial deva ser composta de todos os elementos arrolados na definição legal, mas que todos esses elementos compõem, em potencial, o que se entende como franquia empresarial. Não deixa de ser franquia empresarial se não há cessão de propriedade intelectual, como exemplo. Essencialmente, caberá ao franqueador definir com precisão, respeitados os limites jurídicos, o que está oferecendo franquear. De qualquer sorte, fica claro que, em seu núcleo, o contrato de franquia empresarial é um pacto de trato sucessivo (ou seja, que se prolonga no tempo, com uma sucessão de prestações devidas por ambas as partes) que tem cinco elementos essenciais, a principiar pelos dois sujeitos necessários: (1) o franqueador e (2) o franqueado; (3) prestação franqueada (a franquia empresarial); (4) contraprestação pelo franqueado; por fim, o indispensável (5) consentimento mútuo (*consensus*) entre as partes que, livre e conscientemente aceitam estabelecer o vínculo obrigacional privado, a ele vinculando seu patrimônio.

Franqueador e franqueado são as partes do contrato de franquia empresarial. Não obstante vinculadas entre si pelo contrato, o franqueador e cada um dos franqueados são empresarialmente independentes entre si: são pessoas distintas e titularizam empresas distintas, apesar da comunhão no *conceito do negócio* (aviamento). Por isso não se caracteriza "relação de consumo ou vínculo empregatício em relação ao franqueado ou a seus empregados, ainda que durante o período de treinamento", como afirma o *caput* do artigo 1º. Mais: a falência do franqueado não implica falência do franqueador ou vice-versa: são personalidades jurídicas distintas, com existência própria e patrimônio jurídico próprio (faculdades e obrigações), embora contratualmente vinculadas em relação ao objeto do contrato de franquia. A independência entre as partes também se traduz na inexistência de subordinação, razão pela qual não há relação de emprego (se não houver fraude contratual) entre franqueador e franqueado, nem entre o franqueador e os empregados do franqueado.

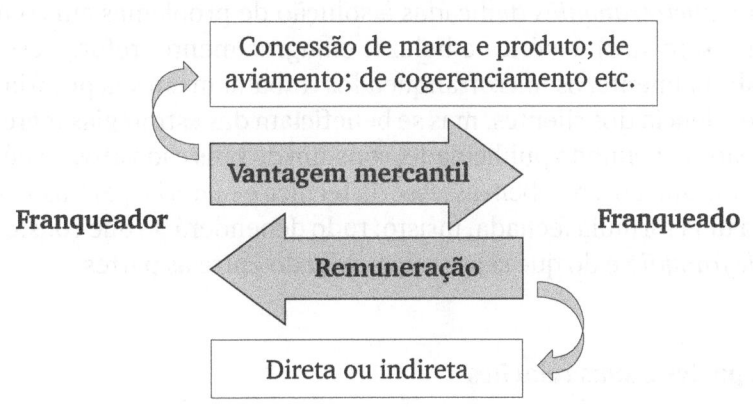

É a cessão de uma vantagem empresarial específica, portanto, vantagem essa que varia de caso a caso, sendo específica na carta circular de oferta e no contrato estabelecido entre as partes. Pode incluir a cessão de direitos (marca, patente), pode incluir prestação de serviço, pode incluir direito de distribuição [exclusiva] de bens, pode incluir coparticipação em limites definidos. Da ampla previsão das possibilidades do sistema, disposta no já tão mencionado *caput* do artigo 1º da Lei 13.966/2019, resulta o reconhecimento de que, caso a caso, será preciso estabelecer cláusulas contratuais definindo a vantagem empresarial que o franqueador oferece aos franqueados (incluindo interessados na franquia).

A modalidade mais simples é a chamada franquia de marca e produto (*product and trade name franchising*): a faculdade de negociar determinado ou determinados bens e/ou serviços somada à faculdade de usar certa ou certas marcas, títulos de estabelecimento, insígnias. Nada mais do que isso. Não é sequer necessário que a rede de franqueamento se apresente com identidade única: um mesmo título de estabelecimento. Em contraste, encontram-se situações em que as vantagens de mercado cedidas são bem mais vastas: na chamada franquia de negócio formatado (*business format franchising – BFF*), há uma verdadeira cessão temporária do aviamento empresarial (ou, do *conceito do negócio*, como preferem os administradores de empresa e mercadólogos): cessão do direito de uso de marca, patente, desenho industrial, concessão do direito de venda de bens e/ou prestação de serviços, cessão de tecnologia de produção empresarial, apoio na implantação e administração do estabelecimento etc. Para os fins da autorização para usar marcas e outros objetos de propriedade intelectual, o franqueador deve ser titular ou requerente de direitos sobre as marcas e outros objetos de propriedade intelectual negociados no âmbito do contrato de franquia, ou estar expressamente autorizado pelo titular (§ 1º do artigo 1º da Lei 13.966/2019). Aliás, prevê o artigo 8º que a aplicação da Lei 13.966/2019 deve observar o disposto na legislação de propriedade intelectual vigente no Brasil.

Esse espectro largo de possibilidades permite até o desenvolvimento entre nós de redes de *microfranquias*, que demandam baixo valor de investimento por parte do franqueado, incluindo custos de implantação e de manutenção da atividade negocial. Há redes de *microfranquias* dedicadas à solução de problemas em computadores (*hardware* e *software*), estética e beleza, emagrecimento, reforço escolar, entre outras. Habitualmente, os microfranqueados trabalham em sua própria residência ou vão à residência dos clientes, mas se beneficiam das estratégias mercadológicas do franqueador, incluindo publicidade, constam de seus cadastros ao público (facilitando a contratação), recebem assessoria técnica e material para uso na atividade etc. Não há uma fórmula fechada, insisto: tudo dependerá do que conste da *circular de oferta de franquia* e do que seja convencionado entre as partes.

2.1   As partes e suas relações

O franqueador especifica o que está franqueando (o que faz por meio de carta circular, veremos a seguir) e se torna obrigado a tanto. Se propôs dar assistência técnica, consultoria, assessoria contábil ou de outra natureza, tem que o fazer ou responderá civilmente por isso. Sublinhe-se, contudo, que quem permanece à frente da administração cotidiana do estabelecimento é o franqueado ou a pessoa por ele indicada. É preciso ter em linha de atenção que o contrato de franquia empresarial não se confunde com o contrato de gerência empresarial; o franqueador não está obrigado a gerenciar o negócio do franqueado, mas apenas a ceder as vantagens de mercado que foram acordadas. O franqueado é o responsável pela condução de seu negócio e de seus atos e omissões decorrerá, inevitavelmente, o sucesso ou o fracasso do empreendimento.

Infelizmente, é extremamente comum culpar o franqueador pelo fracasso do negócio franqueado. Aliás, a franquia não implica uma garantia de sucesso. Não é possível, nem é razoável, pretender-se que a obrigação assumida pelo franqueador seja o sucesso do empreendimento franqueado. O fator risco não foi afastado pelo sistema de franquia; mais do que isso, não é própria do instituto jurídico da franquia a assunção do risco do negócio pelo franqueador, o que, de resto, teria efeitos deletérios sobre todo o sistema: o insucesso de três ou quatro franqueados provocaria a descapitalização do franqueador que estivesse obrigado a assumir os prejuízos, levando-o mui provavelmente à falência, repercutindo negativamente nos direitos e interesses de todos os demais membros da rede franqueada, centenas deles, não raro. O sistema, sob tal prisma, seria absurdo, pois representaria uma socialização dos prejuízos e da ineficiência individual.

Por seu turno, o franqueador compreende-se como obrigado não apenas para com cada franqueado, mas igualmente para com toda a rede de franqueados, da qual é ele o elemento de unidade. Suas obrigações para com cada franqueado incluem as obrigações que ele tem para com a totalidade da rede, já que a atuação de um franqueado pode comprometer o sucesso de outro ou outros. Se, numa franquia de alimentos, um franqueado de determinada cidade presta maus serviços, servindo comida de má qualidade, todos os demais dali – e eventualmente de outras paragens – serão prejudicados. É seu dever jurídico, contratual, velar pelo cumprimento do ajuste por parte de todos os franqueados.

A obrigação principal do franqueado é a remuneração do franqueador, o que se faz de acordo com o contrato. É usual a previsão de um pagamento inicial, por alguns chamados de *entrada*, por outros de *taxa de franquia* ou *initial franchising fee*; não se confunde com o que se chama de *investimento inicial*, que é o conjunto dos custos para o estabelecimento da franquia, dos quais a taxa de franquia é apenas um, somando-se a maquinário, mercadorias, embalagens etc. Há, ainda, um pagamento periódico, chamado de *taxa periódica de franquia* ou *royalty*; seu pagamento se fará na periodicidade assinalada no contrato, sendo usual o pagamento mês a mês; o valor desses *royalties* pode ser certo (quantia determinada) ou corresponder a um percentual sobre o faturamento do franqueado.

É lícito que as partes estipulem remuneração indireta, ou seja, que se preveja que o franqueado está obrigado ao pagamento de percentual sobre o faturamento bruto ou, mesmo, que esteja obrigado à compra de um volume mínimo de bens (produtos) do franqueador, remunerando-se o franqueador a partir dessa venda. Nesse caso, como é lícito ao franqueador fixar o valor da contraprestação devida para a vantagem empresarial que concede a seus franqueados, permite-se-lhe igualmente fixar o volume mínimo de bens que devem ser comprados pelo franqueado (por mês, por semestre ou por ano), fixando-lhe o respectivo preço, desde que atenda aos princípios gerais dos contratos, como socialidade, moralidade e eticidade. Sendo lícita a cláusula que estipula volume mínimo de compras periódicas, se o franqueado não é capaz de cumprir com as metas de aquisição fixadas, torna-se inadimplente com a sua obrigação de remunerar o franqueador pela vantagem que lhe foi cedida, permitindo a denúncia motivada do contrato.

Pode ser contratualmente prevista, ainda, taxa de publicidade, que permite a constituição de um fundo comum para financiamento de estratégias mercadológicas e publicitárias comuns.[1] Igualmente, pagamentos com outras finalidades específicas, desde que não se trate de disposição abusiva. Note-se que o recolhimento de valores a título de taxa de publicidade implica a constituição de uma relação jurídica de mandato entre franqueados, na posição de mandantes, e franqueador, na condição de mandatário. Em fato, o pagamento da taxa de publicidade não é apenas o recolhimento de mais uma verba, mas o recolhimento de uma contribuição para gastos que se fazem, pelo franqueador, no interesse de todos os franqueados, para o sucesso da rede empresarial constituída e, consequentemente, de cada um de seus componentes. Justamente por isso, o franqueador está obrigado a prestar contas sobre os fundos resultantes do recolhimento da taxa de publicidade e sua aplicação, para o que, parece-me claro, pode qualquer franqueado demandá-lo judicialmente.

O franqueado, em sua qualidade de parceiro – que desborda os limites de um mero usuário da franquia –, tem obrigações que vão além do adimplemento dos pagamentos contratados. Também dele se exige boa-fé no desenvolvimento da parceira, esforçando-se para manter não só a identidade da rede franqueada, mas também a sua boa imagem junto ao mercado. A qualidade dos bens e/ou serviços obriga-o à obediência estrita às orientações de produção e ou prestação de serviços, treinamento regular de seu pessoal e aperfeiçoamento constante de seus procedimentos empresariais. Sendo-lhe confiados segredos empresariais, necessários para o sucesso do empreendimento, deve preservá-los, cuidando para que o mesmo seja feito por seus empregados, comitentes e prestadores autônomos de serviços. Podem, ainda, ser previstas obrigações negativas, ou seja, obrigações contratuais de não fazer, que devem ser respeitadas pelo franqueado, sob pena de denúncia do contrato. Seria a hipótese, por exemplo, de se proibir a venda de bebidas alcoólicas em determinados empreendimentos, como aqueles voltados para o público infantojuvenil.

O desenvolvimento de grandes redes de franquia, vencendo as fronteiras dos países e, até, superando os limites dos continentes, pode conduzir ao estabelecimento de estruturas escalonadas, superando o binômio franqueador/franqueado. No Direito Brasileiro, o artigo 9º da revogada Lei 8.955/94 expressamente contemplava

---

[1]   Conferir PAMPLONA, Claudia. *A engenharia do franchising*. Rio de Janeiro: Qualitymark, 1999. p. 18-22.

essas estruturas, denominando-as *subfranqueamento*: sendo lícito ao franqueador licenciar a um franqueado constituir *subfranquias*. Assim, o franqueador maior será um *masterfranqueador*. Imagine-se uma rede de estabelecimentos franqueados que exista na região Sudeste do Brasil: *Empadolândia*; seu franqueador decide expandir suas atividades para o Sul e para o Centro-Oeste, mas em lugar de tratar diretamente com os franqueados, constitui um masterfranqueado para tais regiões, a quem caberá tratar diretamente com os franqueados. Assim, teremos um masterfranqueador (que funciona como mero franqueador na região Sudeste) e, nas regiões Sul e Centro-Oeste, dois masterfranqueados que, por seu turno, atuarão como subfranqueadores.

Desenham-se, por essa via, contratos de franquia em que o franqueador (tomando a posição de *masterfranqueador*) concede ao seu franqueado (tomando a posição de *masterfranqueado*) a faculdade de estabelecer *subfranquias*; o *masterfranqueado*, assim, será franqueador (ou *subfranqueador*) na região que lhe for concedida, atuando como representante do *masterfranqueador* nas relações jurídicas que estabelecer, já que somente pode contratar nos limites dos poderes que lhe foram concedidos, e que devem ser dados a conhecer aos interessados na franquia (*subfranqueados*). Ao masterfranqueador correspondem as disposições relativas ao franqueador e, nas relações estabelecidas com esse, o masterfranqueado se submeterá às disposições legais aplicáveis ao franqueado. Em oposição, o masterfranqueado, nas relações com aqueles que franquear, estará submetido às regras que pautam o comportamento do franqueador.

É possível que o contrato de franquia contenha previsões sobre terceiros que devam funcionar como fornecedores obrigatórios, entre diversas outras regras as quais esteja submetida a rede franqueada. Não é raro ser obrigatório que o franqueado contrate a compra de insumos de determinados fornecedores ou a prestação de serviços de certas sociedades. Deve-se ter redobrado cuidado, porém, com tais estipulações, devendo ser judicialmente extirpadas obrigações abusivas, injustificadas, que simplesmente sirvam à submissão do franqueado a ajustes, constituindo uma captação de clientela para o fornecedor de bens ou prestador de serviços.

2.2 Identidade empresarial

Com a constituição de sistema de franquia, franqueador e franqueados passam a atuar no mercado em unidade. Embora composta por empresários e/ou sociedades empresárias distintas, essa multiplicidade de agentes econômicos e suas respectivas personalidades jurídicas não é percebida pelo mercado. A clientela vê apenas a rede, compreendendo as lojas diversas como se fossem pontos de uma mesma empresa. Desse jeito, o consumidor curitibano da *Lanchonete Tal*, quando chega em Salvador e vê uma loja da rede, procura-a por sentir-se seu cliente; ainda assim, os negócios são tocados por pessoas diversas. Para que isso ocorra, o franqueador – nomeadamente nas *franquias de negócio formatado* – dá acesso ao franqueado a todo o aviamento empresarial que desenvolveu, nos moldes ajustados no respectivo contrato, no exercício do princípio da liberdade de ação econômica e jurídica, cujo corolário é o princípio da liberdade de contratar (celebrar contratos e de dar conteúdo às prestações contratuais), nos limites permitidos pela Constituição e pelas leis.

Aliás, a opção legal por definir como objeto principal do contrato de franquia *uma vantagem empresarial* justifica-se justamente pela ampla possibilidade que as partes têm de definir-lhe o contorno. Na chamada franquia de marca e produto (*product and trade name franchising*), essa vantagem é bem simples: a faculdade de vender determinado ou determinados bens, ou de prestar determinado ou determinados serviços, e de usar certa ou certas marcas, títulos de estabelecimento, insígnias. Nada mais do que isso. Não é sequer necessário que a rede de franqueamento se apresente com identidade única. Empresas diversas, apresentando-se ao público com seus próprios nomes ou títulos de estabelecimento, podem ser franqueadas do mesmo produto ou produtos (bens e/ou serviços) e marca. Imagine-se uma franquia de um sistema de tratamento capilar para alisamento duradouro de cabelos anelados, bem como para anelamento duradouro de cabelos lisos; a franquia se constituiria no fornecimento dos respectivos produtos (xampus, cremes, loções, toucas e escovas especiais etc.), bem como no direito de veicular a marca da franquia; no entanto, os estabelecimentos franqueados manter-se-iam com identidade própria.

É possível que o contrato preveja outros elementos, os mais diversos: pode implicar a aquisição de determinados equipamentos (maquinário e/ou instrumental), seu comodato ou locação, pode oferecer treinamento de administradores e/ou empregados, pode oferecer assistência técnica, a cessão de patente, a cessão de segredo mercantil (método, processo ou procedimento, estratégias, tecnologia etc.). Na franquia de terceira geração, cede-se um pacote técnico-gerencial e mercadológico para organização do estabelecimento do franqueado, a incluir utilização, pelo franqueado, da identidade visual do franqueador, sua roupagem negocial [*trade dress* e *product dress*], embora a licença para fazê-lo esteja limitada ao período do franqueamento, ou seja, limitado ao tempo em que componha a rede.

Quando são cedidos elementos que constituem propriedade industrial, como de patentes, marcas e desenhos industriais, as cessões se fazem segundo a regulamentação inscrita na Lei 9.279/1996. Nessa situação, o franqueador assumirá a condição de licenciador da propriedade intelectual, cabendo ao franqueado a condição de licenciado, submetendo-se ao regime próprio daquela lei. Como se só não bastasse, poderá haver circunstâncias nas quais a franquia pressuporá a transferência de tecnologia, prevendo o artigo 211 da Lei 9.279/1996, o registro no INPI do contrato respectivo, para que possa produzir efeitos em relação a terceiros. Assim, a concessão de licença para uso de patente sobre invenção ou sobre modelos de utilidade, sempre que sejam necessários para a exploração do negócio e do aviamento franqueado.

No entanto, o franqueador poderá dar acesso a elementos que não se submetem à proteção específica da Lei 9.279/1996, mas de outras normas especiais. Assim, havendo cessão de direito de autor sobre livros, apostilas, vídeos etc., por exemplo numa franquia escolar, a proteção se fará em conformidade com a Lei 9.610/98. Em se tratando de programas de computador, haverá proteção pela Lei 9.609/98. Por fim, o acesso franqueado a elementos de identidade visual, que não tenham proteção específica, tem proteção nos deveres próprios do contrato, bem como nas exigências de concorrência leal. Assim, se ao franqueado se licenciou o acesso a elementos como certa apresentação arquitetônica (de exterior e/ou de interior), desenho específico de mobiliário, uniformes, *slogans*, material publicitário, identidade gráfica etc., seu uso somente poderá dar-se durante a vigência do contrato, devendo estancar após a interrupção da franquia, imediatamente. Não age de forma proba, não revela boa-fé, o franqueado que mantém-se usando elementos que lhe foram franqueados quando o contrato de franquia findou-se. Ademais, ao fazê-lo, concorre de forma desleal com o seu parceiro negocial, de quem recebeu a vantagem, na estrita execução de um negócio agora já extinto. Nesse sentido, decidiu o Superior Tribunal de Justiça ao julgar o Recurso Especial 1.203.109/MG.

2.3 Distribuição exclusiva

O contrato de franquia empresarial não exige, para sua caracterização, a concessão pelo franqueador de exclusividade na distribuição de bens ou na prestação de serviços, sobre áreas geográficas precisas (territórios) para a atuação empresarial. Essa distribuição varia de negócio a negócio, conforme as suas particularidades. Em alguns casos, o franqueado atua numa situação muito próxima do contrato de distribuição, pois é lojista de bens produzidos pelo franqueador ou que trazem a sua marca (embora encomendados a terceiros). Há, ainda, situações intermediárias: franquias nas quais o franqueador, além da cessão do aviamento (instrução na constituição do estabelecimento e em seu gerenciamento, cessão da marca que será usada como título do estabelecimento etc.), atua como um comprador, junto a terceiros, dos bens que serão negociados pelos franqueados, podendo ou não incluir bens com sua própria marca.

Noutras circunstâncias, os bens distribuídos são apenas parte do franqueamento, um dos seus elementos, mas não se resumindo a atividade empresarial franqueada à sua distribuição; é o que ocorre nos cursos, nos quais o franqueador transfere livros e apostilas para os franqueados ou restaurantes nos quais uma parte dos bens (embalagens e alguns produtos) são distribuídos pelo franqueador, outra parte é comprada no mercado, pelo próprio franqueado. Por fim, é possível haver situações em que não haja distribuição de bens ou serviços, ou seja, que a franquia se resuma à transferência do aviamento, cabendo ao franqueado comprar e revender os bens ou prestar os serviços, embora seguindo instruções do franqueado; é o que se passa com franquias de atividades profissionais entre outras, sendo possível a venda ou locação de maquinário pelo franqueador ao franqueado.

A semiexclusividade refere-se justamente à concessão da distribuição de bens ou prestação de serviços em regime de concorrência com outros franqueados. A expressão semiexclusivo, a bem da precisão, justifica-se pela titularidade do franqueador e não pela cessão que é feita ao franqueado, já que, sob tal aspecto, estará submetido à concorrência com outros franqueados. Semiexclusivo, assim, para afirmar o direito de distribuição dos bens ou de prestação dos serviços em oposição aos que, não sendo franqueados, não podem fazê-lo.

A franquia, todavia, não se descaracterizará pelo simples fato de o bem a ser comercializado, o serviço a ser prestado ou a atividade a ser realizada (como a locação de bens), ser de domínio público. Conforme se apure no caso em concreto, o sistema de franquia pode sustentar-se apenas pela cessão da marca, patentes, tecnologia de implantação e gerência do estabelecimento, sistemas operacionais, além da assistência logística e mercadológica. Os exemplos são muitos: ensino de idiomas, locação de veículos, produção e venda de alimentos (*pizzas*, pastéis etc.). Reitero, dessa maneira, a afirmação de que o contrato de franquia se interpreta e se identifica como ajuste de cessão do aviamento empresarial. Se, no fato concreto, não se pode aferir essa cessão de aviamento, não haverá contrato de franquia, mas outro contrato, a exemplo da autorização para o uso de marca ou, até, o contrato de trabalho, atraindo para o ajuste o regime jurídico correspondente.

3   CIRCULAR DE OFERTA DE FRANQUIA

Para garantir o respeito aos interesses e direitos daqueles que eventualmente desejem atender à oferta de franquia, viu por bem o legislador instituir – artigo 2º da Lei 13.966/2019 – um procedimento civil, extrajudicial, obrigatório, qual seja a emissão pelo franqueador de uma Circular de Oferta de Franquia: para a implantação da franquia, o franqueador deverá fornecer ao interessado Circular de Oferta de Franquia, escrita em língua portuguesa, de forma objetiva e acessível. Esse documento deverá conter:

I – histórico resumido do negócio franqueado;

II – qualificação completa do franqueador e das empresas a que esteja ligado, identificando-as com os respectivos números de inscrição no Cadastro Nacional da Pessoa Jurídica (CNPJ);

III – balanços e demonstrações financeiras da empresa franqueadora, relativos aos 2 (dois) últimos exercícios;

IV – indicação das ações judiciais relativas à franquia que questionem o sistema ou que possam comprometer a operação da franquia no País, nas quais sejam parte o franqueador, as empresas controladoras, o subfranqueador e os titulares de marcas e demais direitos de propriedade intelectual;

V – descrição detalhada da franquia e descrição geral do negócio e das atividades que serão desempenhadas pelo franqueado;

VI – perfil do franqueado ideal no que se refere a experiência anterior, escolaridade e outras características que deve ter, obrigatória ou preferencialmente;

VII – requisitos quanto ao envolvimento direto do franqueado na operação e na administração do negócio;

VIII – especificações quanto ao:

a) total estimado do investimento inicial necessário à aquisição, à implantação e à entrada em operação da franquia;

b) valor da taxa inicial de filiação ou taxa de franquia;

c) valor estimado das instalações, dos equipamentos e do estoque inicial e suas condições de pagamento;

IX – informações claras quanto a taxas periódicas e outros valores a serem pagos pelo franqueado ao franqueador ou a terceiros por este indicados, detalhando as respectivas bases de cálculo e o que elas remuneram ou o fim a que se destinam, indicando, especificamente, o seguinte:

a) remuneração periódica pelo uso do sistema, da marca, de outros objetos de propriedade intelectual do franqueador ou sobre os quais este detém direitos ou, ainda, pelos serviços prestados pelo franqueador ao franqueado;

b) aluguel de equipamentos ou ponto comercial;

c) taxa de publicidade ou semelhante;

d) seguro mínimo;

X – relação completa de todos os franqueados, subfranqueados ou subfranqueadores da rede e, também, dos que se desligaram nos últimos 24 (vinte quatro) meses, com os respectivos nomes, endereços e telefones;

XI – informações relativas à política de atuação territorial, devendo ser especificado:

a) se é garantida ao franqueado a exclusividade ou a preferência sobre determinado território de atuação e, neste caso, sob que condições;

b) se há possibilidade de o franqueado realizar vendas ou prestar serviços fora de seu território ou realizar exportações;

c) se há e quais são as regras de concorrência territorial entre unidades próprias e franqueadas;

XII – informações claras e detalhadas quanto à obrigação do franqueado de adquirir quaisquer bens, serviços ou insumos necessários à implantação, operação ou administração de sua franquia apenas de fornecedores indicados e aprovados pelo franqueador, incluindo relação completa desses fornecedores;

XIII – indicação do que é oferecido ao franqueado pelo franqueador e em quais condições, no que se refere a:

a) suporte;

b) supervisão de rede;

c) serviços;

d) incorporação de inovações tecnológicas às franquias;

e) treinamento do franqueado e de seus funcionários, especificando duração, conteúdo e custos;

f) manuais de franquia;

g) auxílio na análise e na escolha do ponto onde será instalada a franquia; e

h) leiaute e padrões arquitetônicos das instalações do franqueado, incluindo arranjo físico de equipamentos e instrumentos, memorial descritivo, composição e croqui;

XIV – informações sobre a situação da marca franqueada e outros direitos de propriedade intelectual relacionados à franquia, cujo uso será autorizado em contrato pelo franqueador, incluindo a caracterização completa, com o número do registro ou do pedido protocolizado, com a classe e subclasse, nos órgãos competentes, e, no caso de cultivares, informações sobre a situação perante o Serviço Nacional de Proteção de Cultivares (SNPC);

XV – situação do franqueado, após a expiração do contrato de franquia, em relação a:

a) know-how da tecnologia de produto, de processo ou de gestão, informações confidenciais e segredos de indústria, comércio, finanças e negócios a que venha a ter acesso em função da franquia;

b) implantação de atividade concorrente à da franquia;

XVI – modelo do contrato-padrão e, se for o caso, também do pré-contrato--padrão de franquia adotado pelo franqueador, com texto completo, inclusive dos respectivos anexos, condições e prazos de validade;

XVII – indicação da existência ou não de regras de transferência ou sucessão e, caso positivo, quais são elas;

XVIII – indicação das situações em que são aplicadas penalidades, multas ou indenizações e dos respectivos valores, estabelecidos no contrato de franquia;

XIX – informações sobre a existência de cotas mínimas de compra pelo franquea-do junto ao franqueador, ou a terceiros por este designados, e sobre a possibilidade e as condições para a recusa dos produtos ou serviços exigidos pelo franqueador;

XX – indicação de existência de conselho ou associação de franqueados, com as atribuições, os poderes e os mecanismos de representação perante o franqueador, e detalhamento das competências para gestão e fiscalização da aplicação dos recursos de fundos existentes;

XXI – indicação das regras de limitação à concorrência entre o franqueador e os franqueados, e entre os franqueados, durante a vigência do contrato de franquia, e detalhamento da abrangência territorial, do prazo de vigência da restrição e das penalidades em caso de descumprimento;

XXII – especificação precisa do prazo contratual e das condições de renovação, se houver;

XXIII – local, dia e hora para recebimento da documentação proposta, bem como para início da abertura dos envelopes, quando se tratar de órgão ou entidade pública.

Note-se que a indicação das ações judiciais relativas à franquia que questionem o sistema ou que possam comprometer a operação da franquia no País, nas quais sejam parte o franqueador, as empresas controladoras, o subfranqueador e os titulares de marcas e demais direitos de propriedade intelectual é elemento vital para a compreensão das condições de uma empresa. Por isso, não basta apresentação de um rol das pendências judiciais, já que exige precisão no que é informado. Destarte, a circular deverá trazer informações detalhadas: autor do pedido, réu (quando a ação seja movida pela franqueadora, ou quando seja dirigida a empresa coligada, controladora ou que atue em consórcio), tipo de ação, número do processo, foro em que tramita, valor da causa, fase processual em que se encontra (se recursal, a decisão ou decisões já proferidas), existência de processos ou procedimentos conexos (cautelar, exceções).

Por *descrição detalhada da franquia e descrição geral do negócio e das atividades que serão desempenhadas pelo franqueado* tem-se a descrição que compreenda a essência da empresa cujo aviamento se propõe ceder aos franqueados, incluindo informações sobre o ramo de negócio, mercado ao qual se destina, suas possibilidades e potencialidades, bem como as atividades que são habitualmente desenvolvidas pelos franqueados. Tal exigência legal implica a afirmação de um *princípio da não surpresa*, cogente ao amplo direito de informação que é titularizado pelo franqueado. A lei não especifica o que deve ser detalhado, pois ninguém melhor que o franqueador para sabê-lo: ele conhece ou deve conhecer seu negócio. Se o franqueado demonstra que elementos essenciais da atividade não lhe foram adequadamente informados, afirmar-se-á uma responsabilidade contratual do franqueador pelo erro.

A circular de oferta de franquia deverá trazer em cifras precisas todas as prestações pecuniárias (como pagamentos, seguros e dação de caução) que sejam devidos ao franqueador, empresa consorciada, coligada ou a terceiro, por determinação do contrato. A regra alcança, até, os valores devidos para instalações, equipamentos e do estoque inicial e suas condições de pagamento, quando devam ser pagos àquelas mesmas pessoas, embora se possa permitir que tal indicação se faça por itens, quando possa haver variação de estabelecimento para estabelecimento; seria a hipótese de se fazer anexar tabela com o preço de itens (exemplo: *conjunto de mesa e cadeiras, máquina de sorvete* etc.), com indicações estimativas de um mínimo necessário, permitindo avaliar os impactos para espaços e/ou empreendimentos maiores. Tais informações caracterizam oferta, em sentido estrito, na forma dos artigos 429 e seguintes do Código Civil, sendo faculdade do aderente exigir que o ofertante (o franqueador) a cumpra.

Tal obrigação se estende aos pagamentos iniciais indispensáveis que devam ser feitos a terceiros que estejam vinculados ao contrato de franquia. Assim, se o franqueado obrigatoriamente deve adquirir os direitos de usar determinado programa de computador (*software*) de empresa certa, nomeada no contrato, os valores correspondentes devem estar especificados. Se está obrigado a submeter-se a curso de formação em determinada escola, o valor da mensalidade e/ou total do curso deverá estar especificado. Não há falar, nesse caso, em estimativa, já que se trata de pagamento certo a pessoa certa, excetuada a hipótese de variação de caso a caso, conforme características do empreendimento do franqueado, devendo estar expressos critérios confiáveis que permitam ao interessado avaliar o impacto financeiro da despesa. Informações imprecisas não atendem à obrigação legal; informações que não correspondam à realidade vinculam o franqueador – não o terceiro, a não ser que tenha anuído com o ato jurídico –, respondendo pelo dano experimentado – e provado – pelo interessado (tenha ou não concluído o negócio). Completando as informações sobre os custos iniciais que o interessado teria, caso se tornasse um franqueado, a circular deverá trazer informações sobre os custos periódicos. Não se trata, aqui, de estimativa, mas de valores certos que deverão ser pagos ao franqueador ou a terceiros que estejam vinculados ao sistema.

Em primeiro lugar, deverá estar clara a forma de remuneração periódica do franqueador, qual seja *taxa periódica de franquia* (*royalty*), esclarecendo seu valor, em quantia certa (incluindo índices e periodicidade de reajuste) ou em percentual certo sobre base de cálculo que deve estar igualmente especificada: faturamento bruto do estabelecimento, valor bruto dos negócios com o produto ou produtos franqueados etc. Deverá estar clara, ainda, a periodicidade de pagamento (mensal, semestral, anual). O mesmo se diga da taxa de publicidade, se existente, esclarecendo-se valor e periodicidade, nos moldes citados. Havendo outras verbas que devam ser necessariamente pagas periodicamente ao franqueador ou a terceiro que esteja vinculado ao contrato de franquia (como prestadores de serviços etc.), deverão estar igualmente especificadas: descrito e justificado o motivo da despesa (sua natureza e razão de ser) e o respectivo valor. São exemplos: aluguel de equipamentos, locação de ponto comercial, prestação obrigatória de serviços diversos (computação, manutenção de equipamentos etc.).

Acautele-se para o fato de que não se pede estimativa de tais valores, mas informação sobre os mesmos, a exigir precisão. Os valores anotados, portanto, caracterizam também oferta jurídica, na forma dos artigos 429 e seguintes do Código Civil, vinculando o franqueador, proponente da contratação. Somente haverá estimativa quando os pagamentos periódicos sejam devidos a terceiro que não estejam vinculados ao contrato, sendo da livre escolha do franqueado; é o que se passaria com a estipulação de seguro que deve ser contratado, podendo o interessado escolher a sociedade seguradora.

Exige-se, ademais, *relação completa de todos os franqueados, subfranqueados ou subfranqueadores da rede e, também, dos que se desligaram nos últimos 24 (vinte quatro) meses, com os respectivos nomes, endereços e telefones.* São, portanto, as referências pessoais do franqueador, não tomadas, como é usual nos contratos, por indicação aleatória por parte do contratante, mas por indicação obrigatória (*ex vi legibus*). A lei chega a utilizar-se de uma salutar redundância: *relação completa* e *relação de todos.* Não bastam alguns; não deve ser omitido nenhum – e mais grave será o comportamento doloso daquele que omite justamente aquele ou aqueles com os quais haja problemas, reclamações, demandas etc. Os dados devem estar atualizados e completos, permitindo ao interessado eleger qualquer dos *franqueados, subfranqueados e subfranqueadores da rede*, ativos ou que *se desligaram nos últimos doze meses*, para assim questioná-los sobre o negócio.

Em relação ao território, deve ser especificado o seguinte: (a) se é garantida ao franqueado a exclusividade ou a preferência sobre determinado território de atuação e, neste caso, sob que condições; (b) se há possibilidade de o franqueado realizar vendas ou prestar serviços fora de seu território ou realizar exportações; (c) se há e quais são as regras de concorrência territorial entre unidades próprias e franqueadas. Havendo qualquer forma de exclusividade, preferência ou benefício, a circular deverá deixar claro no que consiste e, ademais, qual o seu alcance. Essas informações devem ser precisas, pois definem um direito do franqueado, um benefício de sua empresa, que, por certo, compõe seu *ativo intangível*. A lei se refere apenas à exclusividade territorial, no que, contudo, não limita – e impede – outras exclusividades; pode-se garantir exclusividade em determinada linha de produtos ou produtos. Entre essas condições, lista o legislador uma informação como necessária, certamente prevendo os problemas que podem advir da omissão: a circular deve esclarecer sobre a *possibilidade de o franqueado realizar vendas ou prestar serviços fora de seu território ou realizar exportações*.

De resto, listam-se elementos que permitam – ou melhor, que devem permitir – que o interessado tenha uma dimensão da vinculação de seu negócio, não só ao franqueador, mas a terceiros, fornecedores necessários, segundo obrigação contratualmente estabelecida. Informações claras e detalhadas, criando um cenário que não surpreenda o franqueado, sendo anulável o contrato demonstrado que, somente em sua execução, foi possível descobrir qualquer aspecto relevante do negócio, do empreendimento e/ou do sistema. Implica uma discriminação cuidadosa e pormenorizada de elementos principais, acessórios e mesmo laterais, entre materiais e imateriais, obrigações diretas e indiretas e outras informações que permitam aquilatar o impacto da obrigatoriedade sobre o negócio.

Havendo efetiva transferência de *know-how* ou segredo de indústria, deve-se deixar claro se o franqueado poderá ou não se servir daquelas informações após o fim da contratação, bem como as consequências para o descumprimento do pacto de manutenção do sigilo. Igualmente, deverá haver esclarecimento sobre a existência ou não de *cláusula de não concorrência*, ou seja, da previsão de que, findo o contrato, não poderá o franqueado, mesmo adotando outro título de estabelecimento, utilizando outra marca e trabalhando sobre outro conceito de empresa, implantar-se na mesma atividade, concorrendo com o franqueador. Especial cuidado deve-se ter, aqui, para previsões abusivas, a cercear injustificadamente a livre-iniciativa. Note--se, por exemplo, que a lei fala em *implantar atividade*, permitindo concluir não se aplicar àquele que, antes de aderir à franquia, já atuava no ramo e, após a expiração do contrato, pretende manter-se no mesmo, abstendo-se de utilizar os elementos provenientes da franquia, sobre o qual não tem mais direito.

O artigo 2º, em seu § 1º, prevê que a Circular de Oferta de Franquia deverá ser entregue ao candidato a franqueado, no mínimo, 10 dias antes da assinatura do contrato ou pré-contrato de franquia ou, ainda, do pagamento de qualquer tipo de taxa pelo franqueado ao franqueador ou a empresa ou a pessoa ligada a este, salvo no caso de licitação ou pré-qualificação promovida por órgão ou entidade pública, caso em que a Circular de Oferta de Franquia será divulgada logo no início do processo de seleção. Essa previsão deve ser lida com cautela, ou seja, à luz de dois princípios jurídicos complementares: o princípio da informação e o princípio da não surpresa. E tais princípios, por seu turno, compreendidos em consonância com socialidade (princípio da função social do contrato), moralidade (princípio da probidade) e eticidade (princípio da boa-fé). O tempo mínimo se interpreta considerando a complexidade de cada situação e o tempo necessário para compreendê-la, bem como a relevância do dado e da informação que está presente ou, mais grave, que se oculta na brevidade da entrega. E será o franquea-dor que responderá por tais falhas.

A melhor forma de interpretar o dispositivo, creio, é aquela que reconheça que a totalidade das informações deve atender ao prazo mínimo, se tal prazo é tempo suficiente para que sejam corretamente perscrutadas e compreendidas. O correto, segundo os costumes vigentes, é que a carta e seus elementos sejam públicas e, assim, constituam a oferta em si: quem se interessa, de pronto conhece os elementos do sistema. Quando se tem sistemas mais complexos, é usual – e jurídico, creio – que os elementos sejam dados a conhecer em fases: atendidos certos requisitos preliminares, conhecem-se outros elementos da circular e seus respectivos requisitos. E isso pode, inclusive, envolver várias fases, o que me parece razoável em casos de franquias altamente competitivas, como redes de lanchonetes (*fast-food*), como exemplo fácil. Havendo fases, pode ocorrer serem necessários depósitos intermediários; no entanto, como a lei prevê 10 dias, no mínimo, do pagamento de qualquer tipo de taxa pelo franqueado ao franqueador ou a empresa ou a pessoa ligada a este, será necessário reconhecer que, se o conhecimento de determinado elemento, em fase posterior, frustrar a contratação, os valores das fases anteriores deverão ser devolvidos. Essa norma deve ser interpretada com cautela para não implicar enriquecimento ilícito de qualquer das partes, mesmo do pretendente que, implicando um processo e/ou procedimento oneroso, pretende depois transferir ao ofertante ou terceiro o ônus de seu fracasso, existindo efetiva contraprestação por parte desse(s) a justificar o desembolso. O impasse se resolve, aqui também, aplicando os princípios da boa-fé, da probidade e da função social dos negócios jurídicos.

De qualquer sorte, na hipótese de não se cumprir essa regra, inscrita no § 1º do artigo 2º, o franqueado poderá arguir anulabilidade ou nulidade, conforme o caso, e exigir a devolução de todas e quaisquer quantias já pagas ao franqueador, ou a terceiros por este indicados, a título de filiação ou de *royalties*, corrigidas monetariamente, por força do § 2º. Não é só. Um pouco adiante, o artigo 4º ainda prevê que tal sanção também se aplica ao franqueador que omitir informações exigidas por lei ou veicular informações falsas na Circular de Oferta de Franquia, sem prejuízo das sanções penais cabíveis. Atente-se para o fato de que a menção exclusiva àquela sanção (repetição do que foi pago) e às sanções penais, não implica um afastamento da responsabilidade civil, o que seria inconstitucional (artigo 5º, XXXVI, da Constituição da República). Se há ilícito civil, se há dano civil (econômico ou moral), deverá ser indenizado; não se tratará, por óbvio, de sanção, mas de reparação, aplicados os artigos 186, 187, 927, entre outros, do Código Civil.

4 PONTO COMERCIAL LOCADO

Pode ocorrer de o ponto comercial usado para a exploração de franquia ser locado, desde que não se tenha por requisito do sistema a existência de propriedade. Nesse caso, a relação se submeterá às regras da locação comercial que estão disciplinadas pela Lei do Inquilinato. Nessa situação, a relação jurídica relativa ao imóvel se estabelece exclusivamente entre locador e locatário (franqueado), sendo o franqueador terceiro estranho ao contrato e às suas prestações, salvo tenha assumido obrigação específica, o que pode acontecer, em tese, mas é pouco provável. Como regra geral, o fato de o inquilino usar o imóvel locado para explorar uma franquia não cria relação jurídica, principal ou assessória (sequer subsidiária) entre locador e franqueador.

Contudo, há uma situação que se tornou comum e, por isso, foi objeto de disciplina específica pela Lei 13.966/19. Uma relação locatícia que envolva diretamente franqueador e franqueado. Duas situações são possíveis: locador e locatário, hipótese em que a relação jurídica irá se reger também pela Lei do Inquilinato, embora com atenção especial para a hipótese de o contrato de franquia trazer normas específicas que, sem desrespeitar normas e princípios jurídicos, acabem por dar contorno específico para a relação locatícia. Por exemplo, é lícito ao franqueador/locatário estabelecer que a locação tem por finalidade específica e única o exercício da franquia, hipótese em que a extinção do contrato (a saída do franqueado do sistema), implicará o fim da relação locatícia. Nesse caso, cria-se uma situação excepcional, não contemplada pela generalidade da Lei do Inquilinato: a exploração da atividade empresarial franqueada é causa eficaz para a contratação da relação locatícia entre as partes.

A segunda relação possível haverá nos casos em que o franqueador subloque ao franqueado o ponto comercial onde se acha instalada a franquia. É a hipótese contemplada pelo artigo 3º da Lei 13.966/19, estabelecendo que, nessa hipótese, qualquer uma das partes terá legitimidade para propor a renovação do contrato de locação do imóvel, vedada a exclusão de qualquer uma delas do contrato de locação e de sublocação por ocasião da sua renovação ou prorrogação, salvo nos casos de inadimplência dos respectivos contratos ou do contrato de franquia. Por força do parágrafo único do dispositivo, o valor do aluguel a ser pago pelo franqueado ao franqueador, em tais sublocações, poderá ser superior ao valor que o franqueador paga ao proprietário do imóvel na locação originária do ponto comercial, desde que: (1) essa possibilidade esteja expressa e clara na Circular de Oferta de Franquia e no contrato; e o valor pago a maior ao franqueador na sublocação não implique excessiva onerosidade ao franqueado, garantida a manutenção do equilíbrio econômico--financeiro da sublocação na vigência do contrato de franquia.

Parece-me, contudo, que o legislador deu solução que foca apenas um lado da relação jurídica: franqueador (locatário/sublocador) e franqueado (sublocatário). A solução em cada caso ainda deverá considerar o outro lado da relação jurídica: franqueador (locatário) e locador, ou seja, as normas da Lei do Inquilinato e, principalmente, o contrato entre as partes. Essa interpretação encontra escora na abertura do artigo seguinte: ao estabelecer que as disposições referentes ao franqueador ou ao franqueado aplicam-se, no que couber, ao subfranqueador e ao subfranqueado, respectivamente, o legislador foi expresso ao consignar: *para os fins desta Lei*. Noutras palavras, é preciso sempre atentar para o que cabe (*no que couber*, destaco da norma), dando a cada um o que é seu, conforme a Constituição, as leis (do Inquilinato e de Franquia Empresarial) e os contratos havidos entre as partes: locador, locatário/sublocatária (franqueador) e sublocatário (franqueado).

5 CONTRATO DE FRANQUIA

O contrato de franquia empresarial é formal, sendo obrigatória a adoção de instrumento para a contratação da franquia, ou seja, as cláusulas do ajuste deverão estar reduzidas a termo em documento inscrito, particular ou público (escritura pública), devendo portar a assinatura das partes e de testemunhas. Não se faz necessário o registro perante cartório ou órgão público, embora sua ausência, na forma do artigo 221 (parte final) do Código Civil, implique inoponibilidade perante terceiros; igualmente, havendo transferência de tecnologia, deverá ser providenciado o registro junto ao Instituto Nacional de Propriedade Intelectual (INPI), para validade perante terceiros, de acordo com o previsto pelo artigo 211 da Lei 9.279/1996.

Segundo o artigo 7º da Lei 13.966/2019, os contratos de franquia obedecerão às seguintes condições: (1) os que produzirem efeitos exclusivamente no território nacional serão escritos em língua portuguesa e regidos pela legislação brasileira; (2) os contratos de franquia internacional serão escritos originalmente em língua portuguesa ou terão tradução certificada para a língua portuguesa custeada pelo franqueador, e os contratantes poderão optar, no contrato, pelo foro de um de seus países de domicílio. Para os fins da lei (diz o § 2º), entende-se como contrato internacional de franquia aquele que, pelos atos concernentes à sua conclusão ou execução, à situação das partes quanto a nacionalidade ou domicílio, ou à localização de seu objeto, tem liames com mais de um sistema jurídico.

O contrato estabelecido entre as partes deverá corresponder ao modelo-padrão que constava da circular de oferta de franquia, a incluir texto e respectivos anexos. Trata-se, portanto, de contrato de adesão, merecendo redobrado cuidado com a sua interpretação. Aliás, é fundamental ter em mente a condição do franqueado, via de regra ignorante em relação às particularidades do negócio ao qual aderirá; essa vantagem técnica do franqueado deve ser levada em consideração na interpretação do ajuste e na solução dos conflitos, refazendo o equilíbrio das partes, mas sem criar predisposições exegéticas que são, normalmente, um caminho curto para a injustiça. Essencialmente, o grande parâmetro hermenêutico do contrato de franquia é a ideia de sistema que o artigo 1º da Lei 13.966/2019 compreende como essencial para a franquia empresarial, a exigir que as prestações ajustadas (obrigações principais) e as demais normas estabelecidas (obrigações acessórias e laterais) revelem colaboração para o mútuo sucesso, mas jamais sem perder de vista o interesse de todos os participantes da rede, designadamente os demais franqueados, que não podem ser prejudicados nem pelo franqueador, nem por outro franqueado.

É usual, nas tratativas para a adesão de um franqueado ao sistema, a disposição de fases negociais diversas, muitas das quais marcadas pela assinatura de *contratos preliminares*. Esses ajustes intermediários não se confundem com o contrato de franquia em si, nem o tornam inevitável; não constituem, obrigatoriamente, um contrato-promessa, nos moldes dos artigos 462 e seguintes do Código Civil. São *pacta de negotiando*, vale dizer, contratos de negociar, regulando as tratativas mantidas pelas partes, como dever de preservação de informações empresariais sigilosas, entre outros. No que diz respeito especificamente à relação dual entre o franqueador e cada franqueado, é preciso estar sempre atento para reciprocidade e proporcionalidade entre obrigações e faculdades entre os polos, evitando abusos.

As partes poderão eleger juízo arbitral para solução de controvérsias relacionadas ao contrato de franquia, diz o § 1º do artigo 7º da Lei 13.966/2019, no que apenas reforça o óbvio. Mais interessante é o § 3º: "Caso expresso o foro de opção no contrato internacional de franquia, as partes deverão constituir e manter representante legal ou procurador devidamente qualificado e domiciliado no país do foro definido, com poderes para representá-las administrativa e judicialmente, inclusive para receber citações".

6 EXTINÇÃO DA FRANQUIA

Com a extinção do contrato de franquia, o franqueado não mais estará obrigado a remunerar o franqueador, mas, em oposição, não mais poderá utilizar quaisquer das vantagens empresariais que tenha assimilado em virtude do negócio. Não é meramente uma questão de titularidade de propriedade intelectual. Muito mais do que isso, tem-se uma questão contratual e, no âmbito dessa, a percepção da existência de uma obrigação pós-executória [*obligatio post factum finitum*], intimamente ligada aos princípios que orientam o Direito Contratual.

Ainda que se trate de elemento que não seja passível de apropriação como propriedade intelectual, a exemplo de logística (*esquemas, planos, princípios ou métodos comerciais*, nos termos do artigo 10, III, da Lei 9.279/96), o fim da relação econômica e jurídica a partir da qual o franqueado obteve aquele conhecimento empresarial (aquela *vantagem empresarial*, portanto) impõe-lhe o dever de se abster no seu uso, salvo se o contrário resultar do contrato havido entre as partes.

Tem-se aqui um fator essencial de distinção da franquia empresarial dos contratos de cessão de tecnologia (*know-how*), de consultoria empresarial e outros similares. Nestes, a cessão do conhecimento se faz considerando contraprestação (remuneração) certa. Na franquia, pelo contrário, o conhecimento empresarial é cedido tendo em vista uma parceria econômica entre franqueador e franqueado e, como resultado dela, a participação do franqueador na atividade franqueada, por meio da remuneração periódica, vigente durante todo o período em que o franqueado usa não só do direito à marca e à distribuição dos produtos, mas do próprio conhecimento empresarial desenvolvido pelo franqueador. Se o contrato se finda e o franqueado conserva-se no uso das vantagens (o *conhecimento empresarial*) que aprendeu com o franqueador, enriquece-se indevidamente à custa dele, o que não é lícito.

Nesse contexto, é usual que os contratos de franquia tragam uma cláusula de não concorrência, ou seja, que estipulem que, extinto o contrato, o franqueado obriga-se a não atuar na mesma área da franquia por determinado prazo. Nada mais se tem, aqui, do que uma cláusula que veda o reestabelecimento e, como tal, harmônica com o que se encontra previsto no artigo 1.147 do Código Civil. Afinal, permitir que um ex-franqueado continue exercendo a mesma atividade é franquear-lhe, de forma gratuita, uma vantagem de mercado à qual não faz mais jus, rompido que foi contrato entre as partes. Pior: utilizará esse benefício mercadológico contra a rede franqueada, criando danos ao franqueador, que não só vê exposto o segredo de seu negócio (*business secret*), mas o vê utilizado contra si mesmo. Como se só não bastasse, cria danos também aos demais franqueados, mormente aquele que venha a se estabelecer naquele território, pois irá concorrer com eles, conhecendo as suas estratégias e, mesmo, utilizando-as contra eles. Tem-se, destarte, uma situação cujos efeitos seriam muito próximos da espionagem empresarial, mas cujo caminho é ainda mais perverso, já que as informações foram passadas ao ex-franqueado em boa-fé, no cumprimento das obrigações do franqueador, mas esse as estará utilizando de má-fé. Aliás, uma hipótese de má-fé objetiva, diga-se de passagem: não é preciso demonstrar que é seu desejo tirar vantagem indevida do franqueador; independentemente de seu universo psicológico, isto é, querendo ou não, ele estará tirando vantagem do franqueador.

14
Preposição e Representação

1 PREPOSTOS

A empresa não se resume ao empresário, nem aos sócios ou acionistas da sociedade empresária, mas pode envolver a atuação de outras pessoas, os chamados prepostos. No latim, *praeponere* é pôr à frente, pôr adiante. Prepostos, portanto, são todos aqueles cujos atos concretizam a atividade empresarial. Não apenas os empregados (*celetistas*), mas também pessoas que estabeleçam relações de outra natureza com a sociedade, a exemplo de comissionados, prestadores de serviço autônomos etc. Por diversas maneiras alguém pode compor a atividade empresarial e, assim, merecer a qualificação de preposto.

A concretização da empresa demanda atos humanos e, portanto, de seres humanos que se *pre-põem*, como se a empresa fossem. Seu agir é, juridicamente, o agir da empresa: do vendedor, na porta da loja, ao administrador, na sala localizada no fundo do imóvel, passando pelo carregador, a moça do caixa, o almoxarife, o motorista etc. Seus atos são atos da empresa. Por vezes, há situação jurídica complexa. Quando peço o conserto de uma linha telefônica, o técnico que se apresenta em minha casa é, para mim, preposto da companhia telefônica. Mas pode ser o empregado de uma outra empresa que mantenha contrato de prestação de serviço com a companhia telefônica, o que não afetará a responsabilidade desta pelos atos do técnico.

Preponente e prepostos são pessoas distintas e mantêm relações jurídicas entre si, ainda que, perante terceiros, o preposto aja como se a empresa fosse: seus atos produzem efeitos sobre o patrimônio da empresa. Mas são pessoas distintas; por exemplo, o empresário ou sociedade empresária que responde pelo ato ilícito de seu preposto tem contra este direito de regresso, podendo cobrar-lhe pelo que desembolsou para fazer frente aos danos causados por seu ato ilícito, interpretado, em razão da preposição, como ato da empresa. Essa dualidade fica clara no artigo 1.171 do Código Civil, regulando a entrega de papéis, bens ou valores ao preposto; do simples ato de entrega pelo preponente, encarregando o preposto de determinado ato, mesmo que não haja instrumento jurídico específico, pressupõe-se a regularidade da relação de preposição; pelo ângulo oposto, o recebimento dos papéis, bens ou valores por parte do preposto também afirma a regularidade da relação, com um aspecto extra: tal entrega considera-se perfeita se o preposto os recebeu sem protestar e não havendo prazo estipulado para reclamar.

Empresário e sociedade empresária são responsáveis pelos atos que sejam praticados por quaisquer de seus prepostos (artigo 1.178, *caput*, do Código Civil); é um caso de responsabilidade jurídica por fato de outrem (artigo 932, III): hipótese na qual o ato ilícito de alguém determina a obrigação de que outra pessoa responda pelas perdas e danos. Assim, são também responsáveis pela reparação civil o empregador ou comitente, por seus empregados, serviçais e prepostos, no exercício do trabalho que lhes competir, ou em razão dele. Essa responsabilidade tem fundamentos diversos: resulta do fato de o preposto ter sido escolhido para atuar pela empresa (*culpa in eligendo*); resulta por igual do dever que a empresa tem de vigiar a atuação de seus prepostos (*culpa in vigilando*), já que a ele atribuiu o exercício da função; por fim, é responsabilidade que decorre do risco empresarial: os resultados da empresa são fruto da assunção do risco da preposição; faz jus aos lucros decorrentes, mas assume os prejuízos decorrentes: duas faces de uma mesma moeda.

Prevê o artigo 1.178, parágrafo único, do Código Civil que, quando os atos do preposto forem praticados fora do estabelecimento, somente obrigarão o preponente nos limites dos poderes conferidos por escrito, cujo instrumento pode ser suprido pela certidão ou cópia autêntica do seu teor. O conceito de estabelecimento, contudo, não deve ser tomado apenas em sentido físico: a área do imóvel ocupado pelo estabelecimento empresarial. Alcança um *âmbito sociológico das atividades empresariais*, reconhecendo que, em diversos casos, é usual que se espraiam para além da área do estabelecimento, a exemplo de entregas, serviços externos etc. Essas atividades estão igualmente submetidas à responsabilidade civil do preponente, escolha de quem as realizará, pelo dever de vigiá-lo e pelo próprio risco da expansão dos atos empresariais para além da área física do estabelecimento.

Mas pelos atos praticados fora do estabelecimento e das atividades empresariais, o preponente não se obriga por atos que sejam praticados pelo que, na empresa, é seu preposto, salvo no exercício de poderes conferidos por escrito, cujo instrumento pode ser suprido pela certidão ou cópia autêntica do seu teor (artigo 1.178, parágrafo único, do Código Civil). A exceção se interpreta em sentido estrito, aludindo às situações nas quais efetivamente o preposto não esteja exercendo funções para a empresa, nem se utilizando de material que essa lhe tenha confiado (veículo, uniformes, documentos etc.); estará, portanto, fora dos limites físicos e jurídicos da empresa, atuando como pessoa natural, sendo responsável individualmente por seus atos.

Sem autorização escrita do empresário ou administrador societário, o preposto não pode fazer-se substituir no desempenho da preposição, sob pena de responder pessoalmente pelos atos do substituto e pelas obrigações por ele contraídas (artigo 1.169 do Código Civil). Portanto, o preponente não responderá pelos atos desse terceiro que, passando-se indevidamente por preposto – sem sê-lo – mantém relações jurídicas com outrem ou lhe cause perdas e danos. Afinal, não conferiu àquele terceiro poder e competência para atuar pela empresa. Ressalvam-se, por óbvio, situações nas quais se verifique que o preponente sabia ou devia saber do fato, aí incluídas situações que se prolonguem no tempo, criando a aparência de regularidade.

O legislador apegou-se ao aspecto físico quando se referiu a *substituição no desempenho da preposição*. O cânone, contudo, aplica-se à hipótese mais complexa, qual seja, a substituição jurídica, ou seja, o substabelecimento, ainda que feito por escrito (mesmo por instrumento público), se a tanto não está autorizado o preposto/substabelecente. O ato será anulável (artigos 116, 119 e 1.169 do Código Civil). Aliás, igualmente por força da lei, anulados os atos oriundos da substituição e substabelecimento, por meio de ação ou, como matéria de defesa, por meio da contestação, haverá responsabilidade individual do preposto pelos atos do substituto e pelas obrigações por ele contraídas.

De qualquer sorte, insisto que é preciso, sempre, atentar para os princípios gerais de Direito, nomeadamente o princípio da aparência e os princípios da socialidade, eticidade e moralidade, preservando-se a boa-fé de terceiros quando haja elementos suficientes para que se creia estar negociando com um preposto da empresa, e não com um mero substituto irregular, sem autorização para o desempenho da função. Nesse caso, o empresário ou sociedade empresária responderá pelos atos dele e pelas obrigações que contratou. É o que se passaria, por exemplo, se o substituto, mesmo sem autorização por escrito do preponente, fosse atuar em estabelecimento da empresa, ou utilizando sua estrutura (veículo, uniforme etc.), apresentando elementos suficientes para que o terceiro de boa-fé julgasse estar contratando com preposto da empresa.

O preposto não pode negociar por conta própria ou por conta de terceiro, ou mesmo que participe – direta ou indiretamente – de operação empresarial do mesmo gênero da que lhe foi cometida (artigo 1.170 do Código Civil). Essa exclusividade de atuação justifica-se por elementos diversos: pela aparência, a implicar um risco para o preponente de ver os atos do preposto, por conta própria ou de terceiros, confundidos com atos seus, aos quais vincula-se o seu patrimônio e para os quais estará obrigado. Igualmente, pela proteção à livre concorrência, havendo risco de que o preposto granjeie para aqueles negócios a clientela do preponente ou mesmo segredos de seu aviamento, lesando-lhe. Justamente por isso, somente com autorização do empresário ou sociedade empresarial, ou de seu representante com poderes bastantes (expressos ou tácitos), torna lícita a atuação do preposto em operação empresarial do mesmo gênero; aliás, é lícito limitar a possibilidade de participação direta ou indireta, bem como se é permitida por conta própria ou por conta de terceiro.

2 GERÊNCIA

Empresário e administradores societários não estão obrigados a realizar os atos cotidianos por meio dos quais se concretiza a empresa. Podem contratar prepostos para isso, incluindo gerentes (artigo 1.172 do Código Civil), que podem tocar determinada área (diretoria, departamento etc.) ou estabelecimento (principal ou secundário) ou conjunto de estabelecimentos (gerente regional, por exemplo). A eles cabe, portanto, o *exercício permanente da empresa*, vale dizer, controle não eventual (com habitualidade) das atividades empresariais que lhes forem atribuídas. O gerente está autorizado a praticar todos os atos que sejam necessários ao exercício dos poderes e da função que se lhe atribuiu (poderes ordinários de administração), salvo vedação expressa conhecida pelo terceiro ou levada a registro; excetuam-se, ainda, atos para os quais a própria lei demande outorga de poderes especiais e/ou por forma específica. Na prática empresarial não é comum haver uma *redução a termo* da competência e dos poderes atribuídos ao gerente; a extensão dos poderes define-se pelos elementos exteriores da relação, ou seja, a partir dos fatos verificados e admitidos.

A empresa pode ter múltiplos gerentes, pressupondo-se que todos eles compartilham solidariamente dos mesmos poderes (artigo 1.173, parágrafo único, do Código Civil), salvo estipulação em contrário que, para vincular terceiros, deverá ser levada a Registro Público. De qualquer sorte, a regra se interpreta considerando boa-fé e probidade, ou seja, não dispensa razoabilidade: é claro que, havendo hierarquia, a atribuição de poder e competência deve ser interpretada considerando o organograma de funções. O mesmo se passará com divisões territoriais, por tema etc. A consideração das circunstâncias específicas de cada situação faz a melhor compreensão jurídica. A situação mais confortável, contudo, resulta de regulamentação (outorga e limitação de poderes) que seja arquivada no registro público para, assim, poder vincular terceiros em decorrência da ciência ficta que decorre do princípio da publicidade. A ausência do registro não invalida o ato (atribuição, limitação, modificação ou revogação de poderes), nem sua eficácia entre as partes; apenas afasta a vinculação de terceiros. Excetua-se a demonstração de que a limitação era do conhecimento da pessoa com que tratou o gerente, hipótese na qual a essência (o conhecimento da limitação) cede à forma (a publicização da limitação pelo registro).

Por outro ângulo, as limitações tornadas públicas pelo registro regular, mas que não sejam efetivamente conhecidas do terceiro de boa-fé, não lhe devem ser opostas quando não seja razoável pretender que consultasse o Registro Público para praticar o ato. Não se espera do consumidor que vai a uma loja que consulte o Registro Mercantil para aferir se o gerente pode ou não conceder-lhe um abatimento ou parcelar o pagamento. Não se espera que um eletricista consulte a Junta Comercial para saber se o gerente de um estabelecimento pode contratá-lo para fazer um reparo no quadro de eletricidade. São situações nas quais incide, uma vez mais, a teoria da aparência. O mesmo não se poderá dizer de situações nas quais se afirme um *dever de ofício* de conhecer ou procurar conhecer a situação jurídica do preposto, a exemplo da instituição financeira, que deve verificar se aquele que negocia um financiamento pode, efetivamente, contratá-lo. É preciso atenção ao caso em concreto.

Por fim, destaque-se que o gerente do – ou de um – estabelecimento pode estar em juízo em nome do preponente, pelas obrigações resultantes do exercício da sua função (o artigo 1.176).

3   CONTABILISTAS

A obrigação de manter um sistema de contabilidade regular, com escrituração regular de livros e conservação de documentos correspondentes, concretiza-se por meio de prepostos específicos, os *contabilistas* (artigo 1.177 do Código Civil), como tal entendido o profissional devidamente inscrito no Conselho Regional de Contabilidade. Os assentamentos lançados na escrituração contábil, pelo(s) contabilista(s) contratado(s) pelo empresário ou sociedade, produzem efeito sobre o patrimônio da empresa, como se fossem praticados pelo próprio preponente. Eventuais erros e falhas, cometidos pelo contabilista responsável pela escrituração, são juridicamente considerados erros do empresário ou sociedade empresária mandante, que por eles responderá civilmente. Ressalvam-se, entretanto, os atos dolosos dos contabilistas, ou seja, os atos que praticar com má-fé, que poderão ser anulados pelo empresário ou sociedade empresária, embora conserve responsabilidade sobre danos (em sentido estrito), econômicos ou morais, sofridos por terceiros (artigo 932, III, do Código Civil), com direito de regresso contra o seu causador.

Os contabilistas, a exemplo dos demais prepostos, respondem pessoalmente, perante os preponentes/mandantes, pelos atos praticados no exercício de suas funções, resultem de dolo, culpa ou abuso de direito (artigos 186, 187 e 927 do Código Civil). O legislador foi expresso em afirmar a responsabilidade *pessoal* do contabilista; assim, mesmo que a escrituração seja contratada com uma sociedade, além da responsabilidade desta se afirmará a responsabilidade pessoal de quem fez os lançamentos. Perante terceiros, a responsabilidade do contabilista por seus atos no exercício da preposição/mandato será solidária com o preponente, podendo o lesado escolher se acionará um, outro ou mesmo os dois. Não me parece ser correta a limitação da responsabilidade solidária do contabilista, perante terceiros, por atos dolosos (artigo 1.177, parágrafo único, parte final). Não há razão para afastar o regime ordinário: responsabilidade por danos resultantes de atos ilícitos (dolo, culpa ou abuso de direito), alcançando o preponente, o contabilista que praticou o ato e, mesmo, a sociedade contábil e/ou de auditoria a que esteja vinculado.

4 TERCEIRIZAÇÃO

É fundamental ter sempre em atenção a distinção entre (1) empresário (firma individual) ou sociedade empresária (firma social) e (2) empresa. O empresário não é a empresa, assim como a sociedade empresária não o é. A empresa é o somatório do complexo organizado de bens para o exercício da atividade organizada de geração de vantagens econômicas (aspecto estático: o *estabelecimento*) e do complexo de atividades por meio do qual se realizam o objeto da empresa e, assim, busca-se a obtenção das vantagens econômicas (aspecto dinâmico: o *aviamento*). É lícito ao empresário ou sociedade empresarial contratar terceiros, não empregados, a quem atribuam a função de realizar partes da cadeia produtiva. Fala-se em terceirização, sendo comum terceirizar a produção de embalagens, o transporte, a limpeza. Mas é possível ir além.

Na terceirização, o empresário ou sociedade empresária ocupa a posição jurídica de *terceirizante*; a pessoa natural ou jurídica que é contratada para o desempenho da função, por seu turno, ocupa a posição contratual de *terceirizatário*; por fim, tem--se a *atividade terceirizada*, que é o objeto da contratação entre as partes. É relação jurídica própria, sendo fundamental que os elementos caracterizadores da relação de emprego não estejam presentes, sob pena de caracterizar fraude trabalhista, com todas as consequência daí advindas.

O futuro da terceirização aponta para dois extremos opostos: (1) a *terceirização para a multidão* (*crowdsourcing*), ou (2) a contratação de sistemistas (integradoras). Na *terceirização para a multidão* (*crowdsourcing*), a atividade global a ser realizada é dividida em microtarefas que são oferecidas, por meio da Internet, a quem se interessar em realizá-las (prestadores anônimos) ou a um banco de pessoas previamente cadastradas, cuja qualificação se aferiu (estudantes de informática, de letras, de contabilidade etc.), mas sem haver determinação de quem aceitará a tarefa. Por exemplo, baixar documentos *escaneados*, manuscritos, e digitalizá-los; transcrever gravações de áudio etc.

O recurso à multidão anônima (*crowdsourcing*) torna a execução da tarefa mais rápida e mais barata. Mas é um contrato e as partes estão obrigadas ao cumprimento de suas prestações, nos termos da oferta: o terceirizador obriga-se ao pagamento proposto, o terceirizatário obriga-se a bem realizar a tarefa terceirizada. Como se não bastasse, a situação jurídica ainda submete-se às demais normas jurídicas, incluindo a obrigação de indenização pelos danos verificados, apesar das dificuldades oferecidas pelo anonimato. Assim, um terceirizatário pode comprovar que trabalhou sistematicamente na realização dessas tarefas, todos os dias, por horas, em condições que permitem a qualificação de uma relação trabalhista, fazendo jus aos respectivos direitos.

De outra face, tem-se a constituição de *terceirizatários* que sejam *sistemistas*, ou seja, que se ocupem de fases inteiras da atividade empresarial, podendo até contratar *subterceirizatários*. Fala-se em *integradoras*, ou seja, em empresas terceirizatárias contratadas para se ocupar de fases inteiras da *ação negocial* da terceirizante. Por exemplo, numa montadora de veículos, uma *sistemista* (ou *integradora*) poderia assumir todo o interior: forro, carpete, bancos, painéis etc., podendo subterceirizar a colocação do painel e/ou do forro etc. Em tal relação jurídico-empresarial, a terceirizante de raiz se ocuparia da gestão de toda a operação, controlando custos, qualidades, gerenciando a relação entre as diversas sistemistas etc.

Como facilmente se percebe, as obrigações dos *sistemistas* (ou *integradores*) é mais larga do que a do mero terceirizatário. Em fato, assumem toda uma fase da atividade empresarial terceirizada, e não apenas um singelo ponto. Essa fase deve ser encarada como uma empresa em si, com o agravante de dever integrar-se com as demais, contribuindo para a formação de um todo empresarial harmonioso. Diversas obrigações jurídicas acessórias (secundárias) e laterais (terciárias) resultam de uma situação dessa natureza. É preciso velar para que toda a fase terceirizada seja corretamente desenvolvida, com correto encaixe dos bens fornecidos pelos diversos subterceirizatários, assim como uma correta harmonização de sua atuação, o que implica um poder-dever disciplinar que é ínsito à condição de integrador. Mais do que isso, cada integrador deve compreender o trabalho dos demais e, assim, trabalhar a bem do sistema empresarial, garantindo não apenas o encaixe físico das peças e dos procedimentos, mas a convivência harmoniosa das diversas equipes.

Não é só. Os sistemistas também estão obrigados a seguir as linhas mestras ditadas pelo *máster-terceirizador*, bem como as orientações específicas que lhe sejam transmitidas. É obrigação elementar do *integrador* compreender a fase produtiva que lhe foi terceirizada como uma parte da própria empresa e, nesse sentido, respeitar sua história, sua principiologia, seus valores, imagem mercadológica etc. Não é, portanto, uma mera obrigação de entregar a parte que lhe cabe no produto. Definitivamente, não é.

Melhor será quando, para além dos contratos de terceirização, as partes ajustarem regimentos internos, ou seja, regulamentos que tenham por objetivo esmiuçar as obrigações das diversas partes, ou seja, do máster-terceirizante (que é um máster-sistemista ou máster-integrador, é inevitável reconhecer), bem como de cada um dos sistemistas (ou integradores), compondo uma estrutura normativa que dê sustentação a essa atuação conjunta, a bem da consecução harmoniosa das diversas ações produtivas, a bem de um resultado favorável a todos. Esses regimentos internos são raros entre nós, mas constituem uma ferramenta jurídica preciosa a bem dos parceiros negociais.

A importância dessas parcerias empresariais é cada vez maior e isso apenas contribui para a dinamicidade das relações produtivas e, assim, para o desenvolvimento da sociedade. Em fato, tornam-se cada vez mais comuns os contratos por meio dos quais se encarregam indústrias terceirizatárias da produção dos bens a serem comercializados, e que recebem a marca do terceirizador, sendo negociados no mercado. Evita-se, assim, a constituição de uma linha de produção própria, o que implica imobilização do capital social.

As possibilidades do desenvolvimento de atividades empresariais por meio de contratos de terceirização são amplas, bastando recordar que, atualmente, diversas sociedades empresariais, em todo o mundo, limitam-se a gerir marcas e conceitos mercadológicos, contratando terceiros para a realização de praticamente todas as atividades de sua produção. O titular de uma marca pode contratar terceirizatários para desenvolver bens, outros para produzi-los, outros para vendê-los, outros para distribuí-los, cabendo a si a idealização e comando das operações, bem como os respectivos lucros. Não é uma fraude, nem um ato ilícito. É a coroação da ideia de empresa, pensada como organização dos meios de produção para gerar riqueza.

A estratégia inversa à *terceirização* é chamada de *verticalização*. Pode se mostrar interessante que atividades realizadas por terceiros sejam concretizadas pelo próprio empresário ou sociedade empresária. O desafio dessa estratégia é a possibilidade de constituir ato ilícito econômico, permitindo afirmar-se como formação de uma *holding*, fraudando o princípio da livre concorrência, conduzindo o Estado a impor medidas antitruste.

5 REPRESENTANTE COMERCIAL

Faculta-se a empresários e sociedades empresárias contratarem, sem caracterizar relação de emprego, *representantes comerciais*, isto é, pessoas naturais ou jurídicas cuja função é mediar a realização de negócios agenciando propostas ou pedidos e transmitindo-os à empresa. A *representação comercial* é regida pela Lei 4.886/1965, com as alterações feitas pela Lei 8.420/1992, que a define como uma relação jurídica *não eventual*, afastando, portanto, de suas previsões as contratações que tenham por objetivo um único negócio ou um único evento (como uma feira, congresso etc.). Cuida-se de hipótese de *contrato de agência* (artigos 710 a 721 do Código Civil); com efeito, a representação comercial encaixa-se com perfeição da definição anotada no artigo 710: "pelo contrato de agência, uma pessoa assume, em caráter não eventual e sem vínculos de dependência, a obrigação de promover, à conta de outra, mediante retribuição, a realização de certos negócios, em zona determinada, caracterizando-se a distribuição quando o agente tiver à sua disposição a coisa a ser negociada".

O *contrato de representação comercial* só é uma espécie do gênero *contrato de agência*, não do *contrato de distribuição*, que também é nomeado pelo artigo 710. O contrato de distribuição é apenas nomeado; o legislador não o regulou. A diferença essencial está no fato de que o agente (e, via de consequência, o representante comercial) é pessoa que age *à conta de outrem*, o proponente (representado). É o oposto da *atuação por conta própria*, quando a pessoa assume todos os elementos da operação mercantil, incluindo o custo da operação: compra e revende. Não é o que se passa nos contratos de *agência* e de *representação comercial*, nos quais o agente/representante negocia com os clientes da praça, mas as vendas são realizadas pelo proponente, não pelo agente. Já no *contrato de distribuição* pode haver tanto *atuação à conta de outrem* ou *atuação por conta própria*. Aliás, comumente, o distribuidor atua à conta própria, comprando bens do proponente para revendê-los na sua área de atuação, do que é grande exemplo o contrato de concessão comercial de distribuição de veículos (Lei 6.729/1979).

Agência e *representação comercial* não pressupõem exclusividade por parte do agente/representante comercial, salvo estipulação em contrário. Não se lhes aplica a regra de exclusividade na atuação dos prepostos (artigo 1.170 do Código Civil). O representante comercial pode atuar *por conta de uma ou mais pessoas* (artigo 1º da Lei 4.886/1965), desde que sejam *negócios de natureza diversa*, ou seja, pode intermediar negócios de outras empresas, em outros misteres ou ramos de negócio (artigo 41). Salvo contratação em contrário, o representante não pode representar produtos que concorram entre si, de forma direta: não pode assumir o encargo de, numa mesma zona e ao mesmo tempo, tratar de negócios do mesmo gênero, à conta de outros proponentes (artigo 711 do Código Civil). Mas também o representado não pode constituir mais de um representante, (1) ao mesmo tempo, (2) com idêntica incumbência, (3) para a mesma zona.

O desempenho das funções de representação comercial por pessoa natural ou jurídica exige registro no Conselho Regional dos Representantes Comerciais, atendendo aos requisitos estipulados pela Lei 4.886/1965. Não podem se inscrever: (1) todos os que não podem ser comerciantes, (2) os falidos não reabilitados, (3) os condenados por crime infamante (falsidade, estelionato, apropriação indébita, contrabando, roubo, furto, lenocínio ou crimes também punidos com a perda de cargo público), e (4) aquele que esteja com seu registro comercial cancelado como penalidade. Aos Conselhos cabe a fiscalização do exercício da atividade pelos inscritos, mantendo um cadastro dos inscritos e podendo impor-lhes sanções disciplinares, após devido processo administrativo. As infrações, puníveis com advertência, multa, suspensão (até um ano) e cancelamento do registro estão listadas no artigo 19 da Lei 4.886/1965.

A Lei da Representação Comercial refere-se apenas a intermediação de negócios relativos a artigos e produtos (artigos 27, *b*, e 28). É preciso atentar, contudo, que o termo *produto*, aqui, não está empregado na mesma acepção da Lei 8.078/1990, onde é utilizado como sinônimo de bens, o que conflitaria com o termo *artigos*. A Lei 4.886/1965 aplica-se à representação de qualquer produto, na acepção utilizada pelo mercado, a englobar bens e mesmo a prestação de serviço, desde que atendidos os demais requisitos legalmente estipulados para a contratação.

5.1 Elementos do contrato de representação

Para que haja contrato de representação comercial, o representante deverá apresentar uma qualidade específica: inscrição no Conselho Regional dos Representantes Comerciais. Sem registro, a relação jurídica será outra, não se aplicando a Lei 4.886/1965, embora suas determinações possam ser usadas analogicamente, face à lacuna jurídica verificada, desde que essa analogia não torne indiferente a determinação legal de inscrição.

O artigo 27 da Lei 4.886/1965 lista outros elementos que, segundo determina, devem constar do contrato de representação comercial. São eles: (a) condições e requisitos gerais da representação; (b) indicação genérica ou específica dos produtos ou artigos objeto da representação; (c) prazo certo ou indeterminado da representação; (d) indicação da zona ou zonas em que será exercida a representação; (e) garantia ou não, parcial ou total, ou por certo prazo, da exclusividade de zona ou setor de zona; (f) retribuição e época do pagamento, pelo exercício da representação, dependente da efetiva realização dos negócios, e recebimento, ou não, pelo representado, dos valores respectivos; (g) os casos em que se justifique a restrição de zona concedida com exclusividade; (h) obrigações e responsabilidades das partes contratantes; (i) exercício exclusivo ou não da representação a favor do representado; e (j) indenização devida ao representante, pela rescisão do contrato fora das hipóteses legalmente admitidas, cujo montante não será inferior a 1/12 (um doze avos) do total da retribuição auferida durante o tempo em que exerceu a representação, corrigidos monetariamente. Se o contrato tiver prazo certo, essa indenização deverá corresponder, no mínimo, a importância equivalente à média mensal da retribuição (corrigida monetariamente) auferida até a data da rescisão, multiplicada pela metade dos meses resultantes do prazo contratual (artigo 27, § 1º).

A lei não comina sanções específicas para contratações sem tais cláusulas, o que esvazia sua *obrigatoriedade*, à míngua de mecanismos de implementação. Não são, portanto, inválidas as contratações verbais, nem aquelas que, feitas por escrito, não contemplem todos os elementos listados pelo legislador. O Superior Tribunal de Justiça, diante do Agravo Interno em Agravo em Recurso Especial, reafirmou: "A jurisprudência desta Corte reconhece a validade do contrato verbal de representação comercial". As lacunas interpretam-se aplicando a Lei 4.886/1965, os artigos 710 a 721 do Código Civil e os princípios gerais do Direito. Ademais, o objeto da representação será definido pelos fatos (as operações realizadas e aceitas pelas partes). Aliás, os fatos podem mesmo provar que o contrato tinha objeto (bens e/ou serviços) mais largo do que o que conste do instrumento. O mesmo se diga sobre a retribuição pelo exercício da representação e a época do pagamento: o contrato é aquele que se apura na realidade das relações jurídicas efetivamente havidas entre as partes.

O mesmo parâmetro aproveita-se para a zona ou zonas em que se exerce a representação: o território corresponde àquele em que efetivamente o representante desempenhe suas funções, sempre que não haja oposição do representado para uma nova área, a indicar que se ultrapassou os limites acertados. Mas, na ausência de estipulação de exclusividade geográfica, pressupor-se-ia não haver exclusividade (artigo 31, parágrafo único, da Lei 4.886/1965): a exclusividade de representação não se presume; exige ajustes expressos. Neste sentido, decidiu a Terceira Turma do Superior Tribunal de Justiça, ao resolver o Recurso Especial 1.274.569/MG: "No contrato verbal de representação comercial, não há falar em presunção relativa de exclusividade de zona de atuação."

De qualquer sorte, para aqueles que se aferram à aplicação do artigo 31, parágrafo único, da Lei 4.886/1965, deve-se recordar que *ajustes expressos* não são sinônimos de escritos e, ainda menos, de posto no contrato, o que fica claro da leitura do *caput* do artigo 31. Dessa maneira, a presunção de não haver concessão de exclusividade territorial quando não existe instrumento de contrato, ou quando esse é omisso, tem caráter relativo: presunção *iuris tantum*, permitindo ao representante demonstrar e provar, inequivocamente, que o representado lhe garantiu aquela exclusividade.

Se o contrato não traz previsão do prazo de validade, interpreta-se como válido por tempo indeterminado; para ser denunciado, exige a notificação da parte contrária (artigo 473, *caput*, do Código Civil). Essa interpretação harmoniza-se, aliás, com o estatuído pelo mesmo artigo 27, § 2º, da Lei 4.886/1965, prevendo que o contrato com prazo determinado, uma vez prorrogado o prazo inicial, tácita ou expressamente, torna-se prazo indeterminado. Essa regra, todavia, somente se aplica se a prorrogação não se fizer por prazo certo, estipulado em instrumento de adendo contratual, devidamente assinado pelas partes.

A indenização rescisória, devida ao representante sempre que não haja rescisão motivada do contrato, é direito legalmente garantido, inclusive no que diz respeito ao seu patamar mínimo de 1/12 (um doze avos) do total da retribuição auferida durante o tempo em que exerceu a representação.

5.2 Desempenho da atividade

O representante comercial apenas intermedeia negócios, encaminhando pedidos ao proponente; mas é lícito outorgar-lhe poderes para concluir os negócios (artigo 710, parágrafo único, do Código Civil) ou, mesmo, para executar serviços relacionados com a representação, desde que não haja conflitos de interesses com outras empresas (artigo 42 da Lei 4.886/65). Ainda que receba poderes mais largos, não lhe é facultado substabelecê-los, contudo.

O fornecimento de informações detalhadas, sobre o andamento dos negócios a seu cargo, é uma obrigação legal do representante comercial. Essas informações prestam-se em conformidade com o contrato; omisso esse, deverão ser fornecidas sempre que o representado as solicite (artigo 28 da Lei 4.886/1965). A representação deverá ser exercida com diligência, devendo o representante comercial (pessoa natural ou jurídica), por si ou por seus prepostos, dedicar-se ao sucesso dos negócios, de modo a expandir os negócios do representado e promover os seus produtos. Exige-se-lhe diligência e atenção às instruções recebidas do proponente (artigo 712 do Código Civil), atuando sempre no interesse do representado, respeitando suas orientações.

Não é lícito ao representante, salvo autorização expressa, conceder abatimentos ou descontos nos preços ou pagamentos, dilações nos prazos para pagamento (artigo 29 da Lei 4.886/1965). A desatenção às orientações do representado, inclusive quanto a preços, condições e prazos de pagamento, embora caracterize ato ilícito do representado, vincula o representante, salvo prova de que o terceiro contratante sabia da ação estranha às orientações. Sem essa prova, o representado deverá honrar os ajustes feitos pelo representante com terceiros de boa-fé, no mínimo em função de sua responsabilidade pela escolha (*culpa in eligendo*) e pela desatenção ao dever de vigiar os atos do constituído (*culpa in vigilando*). Por seu turno, o representante estará obrigado a indenizar o representado pelos danos e prejuízos sofridos com o desrespeito às suas orientações – ou qualquer outro ato que desborde a contratação, o que poderá, inclusive, dar azo à rescisão motivada da contratação.

É igualmente possível que o representante comercial atue como *mandatário civil* do representado, mesmo perante o Judiciário (artigos 653 e seguintes do Código Civil). Exige-se outorga de poderes específicos por meio de procuração, por instrumento público ou privado. *Mandato civil*, friso, e não *mandato processual*; o representante comercial, assim, fará a representação civil plena do representado, devendo contratar um advogado para a representação processual. A outorga de poderes para a representação civil em juízo pode se fazer para um caso determinado, ou genericamente, para todas as demandas que digam respeito à empresa representada naquela região. De qualquer sorte, é faculdade da representada definir a abrangência do mandato (artigo 660 do Código Civil). O mandato civil para representação em juízo se compreende como uma parte das atividades inerentes à representação comercial, não gerando, salvo estipulação expressa em contrário, direito à remuneração extra. Mas a obrigação de remunerar o advogado contratado, se nada se contratar a respeito, será do representado.

O representante comercial está obrigado a atentar para as reclamações que digam respeito aos negócios intermediados e a transmitir à empresa representada e, inclusive, sugerindo as providências que possam ser estudadas ou tomadas para proteger e garantir os interesses daquela (artigo 30 da Lei 4.886/1965). Por todos os seus atos, o representante responde, perante o representado, segundo as normas do contrato, desde que não se verifiquem abusos em suas provisões, bem como segundo as normas do Direito Comum. Perante terceiros, responde segundo as normas de Direito Comum.

5.3 Comissões

A remuneração devida ao representante comercial é uma comissão sobre o valor total dos produtos que tenham sido negociadas com a sua intermediação (artigos 31 e seguintes da Lei 4.886/1965). Trata-se, portanto, de uma cláusula de sucesso: participa-se do sucesso dos negócios intermediados. O representante comercial, por esse ângulo, assume o papel de parceiro negocial, ainda que com particularidades. Portanto, não é o trabalho em si do representante, mas o resultado desse trabalho que serve como referência para determinar a contraprestação devida pela empresa/ representada. Agora, o representante comercial custeia as próprias despesas, se não houver estipulação em contrário (artigo 713 do Código Civil). Assim, a comissão remunera a atuação do representante, incluindo seus custos.

A lei não fixa uma alíquota para a comissão que, assim, deverá ser ajustada pelas partes no contrato que firmarem. Contudo, se o percentual efetivamente pago for superior ao contrato, será esse o devido, evitando-se fraudes. A redução do percentual pressupõe adendo contratual, com adesão expressa do representante comercial, exigência que protege seus interesses em face às pressões habituais dos representados que, após verem constituído o mercado, esforçam-se por se apoderar desse aviamento, desmerecendo o trabalho realizado pelo representante que, pressupõe-se, é a parte hipossuficiente da relação. Essa presunção, contudo, pode ser afastada no caso concreto. Vedam-se alterações que impliquem, direta ou indiretamente, uma diminuição da média dos resultados auferidos pelo representante nos últimos seis meses de vigência (artigo 32, § 7º, da Lei 4.886/1965); assim, um tal ajuste seria nulo (artigo 166, VII, parte final, do Código Civil).

A lei é expressa ao determinar que a base de cálculo da comissão é o *valor total das mercadorias*, expressão que se toma em sentido largo, a incluir operações mercantis com bens, mas igualmente as que tenham por objeto prestação de serviço, a exemplo das viagens organizadas no setor turístico. Valor total é o valor bruto, aquele que consta da respectiva nota fiscal. O pagamento da comissão será devido quando do pagamento dos pedidos ou propostas, devendo ser efetuado até o dia 15 do mês subsequente ao da liquidação da fatura, acompanhada das respectivas cópias das notas fiscais.

Se o comprador não efetua o pagamento, a comissão ficará suspensa até ser esse efetivado, voluntariamente ou por meio de cobrança extrajudicial, ou mesmo judicial; enquanto não houver a efetivação do pagamento, a comissão não será devida, compartilhando representado e representante dos prejuízos da operação, não sendo legítimo pretender o representante ampliar a perda do representando, somando à inadimplência o custo de uma participação (a comissão) sobre sucesso mercantil frustrado. Não se permite, todavia, por força do artigo 43 da Lei 4.886/1965, acrescentado pela Lei 8.420/92, a estipulação de *cláusula del credere*, tornando o representante comercial responsável pela solvibilidade do terceiro contratante.

Não será devida a comissão se o negócio não for realizado por fato que não possa ser imputado ao proponente (artigo 716 do Código Civil), a exemplo da desistência do contratante. Ademais, as partes do contrato de representação poderão estipular no contrato a possibilidade de recusa das propostas ou pedidos entregues pelo representante comercial, definindo prazos e requisitos (artigo 33 da Lei 4.886/1965). Se não há tal previsão, a recusa deverá ser comunicada ao representante, por escrito, e fundamentadamente; essa fundamentação é essencial para que o representante conheça o motivo e possa, desejando, recorrer ao Judiciário (artigo 5º, XXXV, LIV e LV, da Constituição da República). Para que seja válida a recusa, a lei assinala prazos para efetivação, quais sejam:

Prazo para recusa	Hipótese
15 dias	Comprador e representado domiciliados na mesma praça.
30 dias	Comprador e representado domiciliados em praças distintas do mesmo Estado da Federação.
60 dias	Comprador e representado domiciliados em diferentes Estados da Federação.
120 dias	Comprador domiciliado no estrangeiro.

O prazo é fixado em dias (artigo 132, *caput* e § 1º, do Código Civil); é um equívoco tomar 30 dias como um mês. A contagem se faz dia a dia. A expressão *praça*, colocada na lei, não se confunde com o conceito jurídico de Município; o conceito de praça é mercantil e apura-se em cada caso, com suas particularidades. Nos Municípios contíguos pode superar a divisão das áreas municipais. Em oposição, um distrito distante da sede, apesar de estar no mesmo Município, pode constituir uma outra praça. De qualquer sorte, se a recusa do negócio se efetiva fora dos prazos assinalados pela lei, sem fundamentação ou fora dos requisitos contratualmente ajustados, o representado estará obrigado a creditar a respectiva comissão a favor do representante comercial. O cancelamento do negócio, com sustação da entrega da mercadoria, também se justifica pela situação comercial do comprador, capaz de comprometer ou tornar duvidosa a liquidação (artigo 33, § 1º, da Lei 4.886/1965). Creio, contudo, que o argumento do representado comporta contraprova por parte do representante comercial, se cobra judicialmente o valor da comissão sob o argumento de recusa abusiva.

Como visto, o pagamento se faz mensalmente, salvo estipulação em contrário, cabendo ao representado expedir a respectiva conta, fazendo anexar cópias das faturas que foram remetidas aos compradores, no respectivo período. Não havendo pagamento em tempo, incidem juros legais (artigo 406 do Código Civil) e correção monetária (artigo 32, § 2º, da Lei 4.886/1965), podendo o representante emitir títulos de crédito para cobrança de comissões (artigo 32, § 3º).

A definição de exclusividade do representante comercial sobre determinada zona ou, até, sobre zonas especificadas, tem por efeito acessório o direito do representante comercial de auferir comissão por todos os negócios realizados no território definido, ainda que não os tenha intermediado, vale dizer, ainda que tenham sido concretizados pelo próprio representado ou, mesmo, se mereceram a intermediação de terceiros (artigos 711 e 714 do Código Civil e 31, *caput*, da Lei 4.886/1965).

A exclusividade, portanto, traduz-se não como prioridade, mas como titularidade necessária dos resultados correspondentes aos seus limites, dos quais decorrem, por força de lei, o direito de remuneração, independentemente da efetiva atuação de seu beneficiário.

6 RESCISÃO DO CONTRATO DE REPRESENTAÇÃO COMERCIAL

Se o contrato vigeu por mais de seis meses, a rescisão imotivada (sem que haja justa causa), por qualquer uma das partes, exige a notificação prévia da parte contrária (artigo 34 da Lei 4.886/1965). Não há previsão legal de forma necessária para essa notificação, mas deve ser inequívoca, ou seja, quem a formulou deve provar a ciência da parte contrária. Deve-se interpretar, via de consequência, que o essencial é a comprovação *inequívoca* da ciência pela parte contrária – e a data respectiva, podendo se utilizar da notificação premonitória judicial, notificação cartorária, telegrama com cópia do conteúdo (conferir artigo 222 do Código Civil) e, até, correspondência com a declaração de ciência da parte contrária.

O artigo 34 exige antecedência mínima de 30 dias ou, alternativamente, o pagamento de importância igual a um terço (1/3) das comissões auferidas pelo representante, nos três meses anteriores. O artigo 720 do Código Civil ampliou o prazo para 90 dias e acrescentou a necessidade de que tenha transcorrido prazo compatível com a natureza e o vulto do investimento exigido do agente, no caso, o representante comercial, consultado o Judiciário na hipótese de discórdia entre as partes sobre tal prazo. O artigo 34 se refere à possibilidade de outra garantia prevista no contrato como alternativa ao *pré-aviso* ou ao pagamento; essa alternativa contratual, creio, deve ser mais rigorosa para não esvaziar a proteção legal das partes, mormente considerando que, na maioria dos casos, a rescisão é feita pelo representado e que a legislação mostra nítida preocupação de proteção do representante comercial.

A rescisão imotivada, por parte do representado, implica um dever de indenização (artigo 718 do Código Civil), cujo montante corresponderá a montante não inferior a 1/12 (um doze avos) do total da retribuição auferida durante o tempo em que exerceu a representação, corrigidos monetariamente, se percentual maior não tiver sido contratado (artigo 27, j, da Lei 4.886/1965). Em se tratando de contrato com prazo certo, essa indenização deverá corresponder, no mínimo, a importância equivalente à média mensal da retribuição (corrigida monetariamente) auferida até a data da rescisão, multiplicada pela metade dos meses resultantes do prazo contratual (artigo 27, § 1º). De outra face, o representado, ao rescindir o contrato sem justa causa, está obrigado ao pagamento imediato de todas as comissões pendentes, incluindo pedidos em carteira ou em fase de execução e recebimento, que terão vencimento antecipado para a data da rescisão (artigo 32, § 5º, da Lei 4.886/1965). Atente-se para o que foi decidido pelo Superior Tribunal de Justiça em face do Agravo interno em Agravo em Recurso Especial 405.341/RS, no qual a Alta Corte chancelou decisão estadual pela somatória de contratos.

Para a cobrança dessas verbas (comissões, indenização e pagamento do aviso--prévio, quando não concedido), tem o representante comercial um prazo de cinco anos (artigos 44 da Lei 4.886/1965 e 206, § 5º, II, do Código Civil). Esse prazo é para o ajuizamento da ação, não para o direito à indenização. O prazo prescricional do direito à indenização conta-se do desfazimento do contrato, e seus efeitos se estendem por todo o período em que vigorou.

6.1 Rescisão motivada pelo representado

O representado poderá rescindir justificadamente o contrato, sem necessidade de indenizar, se há (artigo 35 da Lei 4.886/65): (1) desídia do representante no cumprimento das obrigações decorrentes do contrato; (2) prática de atos que importem em descrédito comercial do representado; (3) falta de cumprimento de quaisquer obrigações inerentes ao contrato de representação comercial; (4) condenação definitiva por crime considerado infamante; e (5) por força maior. Há desídia sempre que o representante não se mostra diligente no cumprimento de suas obrigações, deixando de se dedicar satisfatoriamente ao sucesso dos negócios intermediados, à boa divulgação dos produtos e à busca de expansão da base comercial em sua área de atuação. Mas não constitui motivo justo para a rescisão do contrato o impedimento temporário do representante comercial, quando esteja no gozo do benefício de auxílio-doença concedido pela Previdência Social (artigo 45 da Lei 4.886/1965).

Pior será se a atuação do representante carrear para o representado um mau nome na praça, uma imagem comercialmente negativa, por meio de atos ou omissões; em tais casos, há uma atuação contra o representado, não importando seja dolosa ou culposa: a justificação da rescisão se fará pela demonstração do descrédito comercial na praça onde da representação, bem como do nexo entre esse descrédito e a atuação do representante. Não é um motivo subjetivo, a implicar exame do comportamento do representante, mas causa objetiva: basta verificar o descrédito e o nexo com o comportamento (comissivo ou omissivo) do representante; afinal, não se está diante de ilícito extracontratual (para o qual se afirmariam o dolo, culpa ou abuso de direito), mas, sim, de ilícito contratual: descumprimento da obrigação de bem representar, objeto da contratação entre as partes.

Também haverá rescisão motivada se o representante deixar de cumprir os ajustes estabelecidos, incluindo deveres que, embora não expressos, sejam próprios da relação de representação comercial. Não há definição exaustiva dos comportamentos que constituem motivo grave. A avaliação faz-se caso a caso, sendo exemplo a recusa em manter o representado informado sobre a praça e os negócios nela realizados, improbidade (desonestidade) no exercício da função, prática de delito penal (qualquer crime ou contravenção) contra o representado, concorrência vedada ou desleal etc. A prática de crime infamante, como visto, incompatibiliza-se com o exercício da representação, justificando, portanto, o fim imediato da relação, devendo ficar claro não ser necessário, para tanto, que o representado seja a vítima do ilícito penal. Basta a condenação penal do representante, de seu sócio (atuante na empresa) ou administrador.

Por fim, aceita-se por justa causa para a rescisão o *motivo de força maior*, ou seja, por causa que, fora do controle do representando, impeça a continuidade da representação, a exemplo da vigência de lei que vede o prosseguimento da produção do bem ou do serviço objeto do contrato. A falência não é considerada motivo justo (artigo 44 da Lei 4.886/1965); na hipótese de falência ou de recuperação judicial do representado, as importâncias por ele devidas ao representante comercial, relacionadas com a representação, inclusive comissões vencidas e vincendas, indenização e aviso prévio, e qualquer outra verba devida ao representante oriunda da relação estabelecida com base nesta Lei, serão consideradas créditos da mesma natureza dos créditos trabalhistas para fins de inclusão no pedido de falência ou plano de recuperação judicial, como estabelece o artigo 44 da Lei 4.886/1965, com a redação que lhe deu a Lei 14.195/2021.

O representado deverá dar ciência ao representante comercial da rescisão motivada do contrato, fundamentando os motivos que justificam sua atitude. Essa fundamentação é essencial para garantir ao representante o direito de impugnar judicialmente a denúncia do contrato, hipótese na qual caberá ao empresário ou sociedade empresária representado provar e/ou demonstrar os motivos expressados como causa da rescisão. O reconhecimento judicial da ausência de causa justa para a rescisão implica a declaração do direito à indenização por rescisão imotivada, incluindo pagamento da indenização pela ausência de aviso-prévio. A rescisão motivada opera-se de imediato, a partir do recebimento do respectivo aviso, sem necessidade de se esperar o prazo de 30 dias (artigo 34 da Lei 4.886/65) só aplicável aos casos de rescisão imotivada.

O representado pode reter as comissões devidas ao representante, com o fim de ressarcir-se de danos por este causados, quando se tratar de rescisão do contrato por justo motivo (artigo 37). O exercício desse direito deve ser cauteloso, evitando abusos. Embora o representado tenha o direito de retenção (*ius retentionis*), não tem o direito de apropriação dos respectivos valores que são de titularidade do representante, mesmo que desfeita a relação, pelo preponente, por justa causa (artigo 717 do Código Civil). O direito de retenção é mera proteção contra aquele que, presumivelmente, está obrigado ao pagamento da indenização. Essencialmente, deve o representado, ato contínuo à rescisão, recorrer à ação cautelar, pedindo o depósito judicial do valor das comissões devidas, ajuizando a ação principal em tempo hábil. Ao final da demanda, o Judiciário liberará o valor depositado a quem de direito. A ausência do depósito judicial leva à obrigação de entregar a importância corrigida monetariamente, acrescida de juros moratórios (artigo 406 do Código Civil).

6.2   Rescisão motivada pelo representante

Em oposição, há casos nos quais o representante comercial poderá rescindir a relação, por motivo justo (artigo 36 da Lei 4.886/1965). Assim, a redução de esfera de atividade do representante em desacordo com as cláusulas do contrato, o que caracteriza descumprimento do ajuste. A norma se harmoniza com o artigo 715 do Código Civil, a prever não apenas o direito de rescisão, mas também o de indenização, se o representado, sem ter causa justa, para de atender às propostas trazidas pelo representante ou reduz seus negócios a níveis que tornem sua atuação antieconômica, inviabilizando a continuidade do contrato. Também poderá haver rescisão motivada se há quebra, direta ou indireta da exclusividade; o artigo 36, *b*, fala em *exclusividade prevista no contrato*; no entanto, a predominância do artigo 711, nos moldes estudados, leva à presunção de exclusividade, salvo prova de ajuste em sentido contrário; de qualquer sorte, a quebra da exclusividade, expressa ou presumida, sem a livre anuência do representante, permite a rescisão motivada do contrato de representação comercial, reconhecida a culpa do representante pela mesma.

Também dá azo à rescisão por motivo justo do contrato, pelo representante comercial, a fixação abusiva de preços em relação à sua zona de atuação, com o objetivo de impossibilitar-lhe a ação regular (artigo 36, *c*, da Lei 4.886/65). A norma interpreta-se em sentido largo, vedando o comportamento desleal que visa dificultar a atuação do representante pelo estabelecimento de condições negociais que tornem difícil ou impossível sua atuação. Não só por meio de preço, portanto, mas também por outras estratégias, como condições de pagamento, exigências negociais e outras.

Some-se o não pagamento regular das comissões, nas épocas devidas, salvo comprovação de caso fortuito ou motivo de força maior (artigo 36 da Lei 4.886/65). Acredito que impontualidade, *in casu*, interprete-se em sentido largo, devendo se aceitar conforme os usos negociais e a boa-fé (artigo 113 do Código Civil) eventuais atrasos causados por problemas diversos, incluindo problemas de caixa e afins. Recorde-se, bem a propósito, de que o artigo 401, I, do Código Civil coloca como fato regular – e, portanto, um direito do devedor – poder o devedor purgar a mora, "oferecendo este a prestação mais a importância dos prejuízos decorrentes do dia da oferta". Assim, parece-me inequívoco que a impontualidade dá azo ao vencimento antecipado desde que o devedor renuncie à oportunidade para purgar a mora, manifestação jurídica do *favor debitoris*, devidamente anotada no novo Código Civil.

O artigo 36 ainda contempla como causa justa para a rescisão do contrato de representação pelo representante comercial a ocorrência de motivo de força maior. Lembre-se de que o artigo 719 do Código Civil prevê que, se o representante comercial (agente que é), não puder continuar o trabalho por motivo de força maior, terá, ainda assim, direito à remuneração correspondente aos serviços realizados, cabendo esse direito aos herdeiros no caso de morte.

Por força da expressa disposição do artigo 39 da Lei 4.886/1965, o julgamento das controvérsias surgidas entre as partes do contrato de representação será feito pela Justiça Comum, no foro do domicílio do representante. É possível às partes eleger outro foro; no entanto, é indispensável aferir-se do contrato e de suas circunstâncias específicas que tal eleição foi livre, refletindo efetivamente um acordo de vontades e não uma sujeição. Havendo elementos que indiquem que a cláusula dificulta de sobremaneira o direito do representante, aplica-se a norma legal em desproveito da cláusula contratual em face do inequívoco caráter protetivo que o legislador federal lhe imprimiu.

15

Teoria Geral dos Títulos de Crédito

1 CRÉDITO E TÍTULO DE CRÉDITO

O crédito é um desses artifícios que atestam a inventividade humana. Não existe na realidade física concreta; os seres humanos, ao longo de sua evolução histórica, criaram o conceito de crédito e sua prática social, otimizando as relações econômicas e a circulação de bens. A forma básica das relações negociais está fundada na execução presente das prestações: as partes estabelecem o contrato e executam as prestações de imediato. Com a invenção do crédito – e sua assimilação pela sociedade –, há uma apropriação do futuro: troca-se uma prestação executada por uma prestação futura e a faculdade de exigir a execução futura dessa prestação. O crédito nada mais é do que uma faculdade jurídica ou, pelo lado oposto, uma obrigação jurídica: o crédito de um é o débito de outro.

Em sua origem latina, a palavra *titulus* traduz-se por inscrição, como a que se coloca na capa de um livro, no pescoço de um escravo condenado, num túmulo, entre outros exemplos.[1] Refere-se, portanto, ao texto que dá identidade ou adjetivação à coisa, ao fato ou à pessoa. O titular, via de consequência, é o beneficiário de um título, ou seja, de uma inscrição. Na expressão *título de crédito*, *título* é o documento em que se inscreve um crédito, tanto quanto de um débito. Mas o título não é

---

[1] SARAIVA, F. R. dos Santos. *Dicionário latino-português*. 11. ed. Rio de Janeiro, Belo Horizonte: Garnier, 2000. p. 1207.

um mero documento; é um instrumento representativo do crédito. Documento é o gênero e instrumento, a espécie. Qualquer registro material de um fato jurídico documenta-o: faz comprovação documental (anotações, cópias etc.); o instrumento é um documento produzido com a finalidade específica de ser prova do ato jurídico, em conformidade com as formalidades legais, se existirem.

O título de crédito é um instrumento que deve atender às exigências legais para que seja válido. Se não atende a tais cânones, desqualifica-se, no mínimo em função do que consta do artigo 104, III, primeira parte, do Código Civil. É o *princípio do formalismo cambiário*. Contudo, a invalidade do instrumento que representa o crédito não traduz invalidade do crédito em si; não se aplica o artigo 166, IV, do Código Civil, a não ser que nos limites do seu artigo 170. Não haverá título de crédito, mas a operação econômica subjacente permanecerá hígida. Mais que isso, o documento desqualificado como título de crédito, por não preencher os requisitos do regime especial do Direito Cambiário, servirá como prova escrita da relação jurídica subjacente, podendo ser utilizada para instruir ação monitória ou ação de cobrança, conforme eleição de rito feita pelo credor.

É usual referir-se ao título de crédito usando a palavra *cártula*. Em latim, *chartula* é o diminutivo de *charta*, significando um pequeno papel no qual se lança um escrito de pouca extensão. É característica predominante nos instrumentos de crédito: uma declaração com informações essenciais sobre a relação jurídica. Essa simplicidade é útil à confiabilidade do documento no mercado, estimulando sua circulação. Mas nem todo papel onde se anota a obrigação de um devedor constitui, em sentido estrito, um *título de crédito* submetido ao Direito Cambiário. O papel pode ser apenas uma prova da relação obrigacional. Para ser um título de crédito, é preciso que a emissão atenda a um dos tipos legalmente previstos e, neste, aos respectivos requisitos. É o *princípio da tipicidade cambiária*. Quando isso acontece, há uma identificação da relação obrigacional com o respectivo papel: o título (o instrumento, portanto) não apenas prova a obrigação, mas a representa. É *o princípio da incorporação*: a obrigação se incorpora no título. Assim, o exercício do direito constante do título de crédito pressupõe, como requisito, a sua apresentação. Ainda assim, a esmagadora maioria dos títulos de crédito são meros quirógrafos e representam relações jurídicas ordinárias, sem garantias especiais, como será estudado em nosso *Direito Empresarial Brasileiro: Falência e Recuperação de Empresas*: são créditos sem garantias reais ou sem privilégios especiais ou gerais, embora haja títulos que fujam a essa regra, a exemplo das cédulas de crédito hipotecárias ou pignoratícias.

No entanto, nem todos os títulos que narram a existência de um crédito submetem-se ao Direito Cambiário. Muitos submetem-se ao Direito Comum ou a outras regras específicas, dispostas em lei própria. É o caso, por exemplo, dos ingressos para espetáculos teatrais, que não são *títulos de crédito*, em sentido estrito. Waldirio Bulgarelli refere-se a uma diferenciação entre títulos de crédito e "os *comprovantes de legitimação* e os *títulos de legitimação*, sendo os primeiros aqueles em que o direito do titular não deriva do documento, mas de um contrato, constituindo-se em simples prova (como, por exemplo, as passagens de ônibus, os recibos de depósito, as fichas entregues nos guichês dos bancos etc.) devendo ser apresentados para o cumprimento da obrigação; os segundos, documentos também meramente probatórios, caracterizam-se por serem transferíveis, operando a cessão independente de notificação, ficando, portanto, o devedor obrigado a cumprir a obrigação, como no caso dos vales postais, e outros".[2]

Não distante, referindo-se a uma *classificação quanto ao conteúdo dos títulos de crédito*, Rubens Requião refere-se a quatro categorias: "(a) títulos de crédito propriamente ditos, que dão direito a uma prestação de coisas fungíveis. Exemplo: letra de câmbio, cédula hipotecária; (b) títulos que servem para aquisição de direitos reais sobre coisas determinadas: conhecimento de embarque, conhecimento de depósito; (c) títulos que atribuem a qualidade de sócio: ações de sociedades anônimas; (d) títulos que dão direito a algum serviço: bilhetes de viagens ou de transporte".[3]

Em bom Direito, a condição de título de crédito corresponderia ao atendimento a um conjunto de características mínimas, quais sejam: (1) a anotação de uma obrigação unilateral, atribuível a devedor ali indicado; (2) a representação obrigatória no instrumento; (3) o caráter de declaração unilateral de uma obrigação que, portanto, guarda autonomia do ato ou negócio no qual se gerou; (4) a limitação do universo de suas obrigações àquelas que estão definidas na lei e àquelas que estão inscritas no instrumento, em sua literalidade; e (5) atenção a um conjunto de requisitos mínimos, a saber: (a) forma prescrita em lei, (b) data e local de emissão, (c) precisão dos direitos conferidos, (d) assinatura.

Digo *em bom Direito*, pois a *atecnicidade* e o *afobamento* do legislador pátrio criou figuras impróprias, como as cédulas de crédito, verdadeiros contratos cujo valor de título de crédito foi afirmado em lei. Essas descaracterizações pontuais exigem que se reconheça haver *títulos de créditos próprios*, que são aqueles que se amoldam com justeza na teoria do Direito Cambiário, e *títulos de crédito impróprios*, cuja submissão aos princípios cambiais é falha, limitada, como se estudará neste livro. Os títulos de crédito próprios são a *letra de câmbio*, a *nota promissória*, o *cheque* e a *duplicata*, tipos de cártulas que se ajustam adequadamente aos princípios cambiários. Para além desses, há um conjunto vasto de títulos de crédito impróprios, cada qual apresentando particularidades que rompem, em pontos específicos, com aqueles princípios, a exemplo da *cédula de crédito bancário*, do *conhecimento de depósito*, da *letra de crédito imobiliária*, entre outros. Essas variações pontuais, todavia, não têm o condão de descaracterizá-los, por completo, como títulos cambiários. Não são meros documentos comprobatórios ou apenas títulos legitimatórios, ao contrário dos bilhetes de passagem, ingressos para espetáculos e outros *tíquetes*, que são meras representações documentais de contratos estabelecidos. Tais bilhetes dão direito ao

---

[2] *Títulos de crédito*. 18. ed. São Paulo: Atlas, 2001. p. 84-85.

[3] *Curso de direito comercial*. 15. ed. São Paulo: Saraiva, 1985. p. 307.

gozo da faculdade contratada, mas não constituem, no sentido técnico, declarações unilaterais; ademais, não trazem em si a literalidade absoluta da obrigação, que se comprova com recurso a outros meios de prova (cartazes, anúncios, testemunhas etc.). Nem estão obrigados a atender a requisitos de forma prescrita em lei, anotação de data e local de emissão, precisão dos direitos conferidos e assinatura.

Registro, entre as classificações dos títulos de crédito, aquela que se encontra em Waldirio Bulgarelli, que os divide em 10 categorias, quais sejam: "(a) quanto à relação fundamental (*ratione relationis fundamentalis*): causais e abstratos; (b) quanto ao titular (*ratione titularitis*): ao portador, nominativos e à ordem;(c) quanto à prestação (*ratione solutionis*): contra dinheiro e contra mercadorias; (d) quanto à nacionalidade (*ratione loci solutionis*): nacional e estrangeiro; (e) quanto ao prazo (*ratione temporis*): a vista e a prazo (curto, médio e longo); (f) quanto ao emitente (*ratione emitentis*): públicos e privados; (g) quanto ao campo de atuação (*ratione usus*): mercado de capitais e extramercado; (h) quanto à ordem (*ratione ordinis*): principais e acessórios; (i) quanto à emissão (*ratione terminis*): definitivos e provisórios; (j) quanto ao número (*ratione numeri*): individuais e seriados."[4]

De qualquer sorte, seria impreciso e presunçoso negar que há uma controvérsia em torno da extensão dos princípios do Direito Cambiário a determinadas ferramentas jurídicas, grassando a dúvida sobre sua caracterização ou não como títulos de crédito *stricto sensu*. Por outro lado, seria tolo e petulante negar a multiplicidade de títulos (instrumentos) que são representativos de faculdades (créditos) exigíveis por seus titulares, tenham esses seu nome no documento (documentos nominativos) ou não (documentos ao portador).

2 CAMBIARIDADE

O título de crédito é, visto por ângulo distinto do habitual, um título de débito. Pode-se ler a cártula como a afirmação do direito do credor a uma prestação jurídica, assim como a afirmação da obrigação do devedor àquela mesma prestação. Destaca-se seu aspecto positivo (o direito do credor) para permitir a circulação do crédito, a partir da circulação material do instrumento que lhe corresponde, ou seja, do título. Tem-se, assim, um instrumento que atesta o débito de uma pessoa e, via de consequência, um crédito correspondente a outra pessoa, e que pode ser utilizado na circulação de riquezas. Trata-se da prova da existência de uma obrigação que pode ser juridicamente executada. Sua circulação está diretamente ligada à percepção de que (1) embora a obrigação esteja vinculada à pessoa de um ou mais devedores, (2) o crédito respectivo não está vinculado a um credor necessário, podendo ser transferido.

---

4   *Títulos de crédito*. 18. ed. São Paulo: Atlas, 2001. p. 88.

Não apenas se desvincula o crédito de um credor certo, como também se desvincula o crédito do negócio que o originou. Isso também facilita a sua circulação. Quem recebe o título, não precisa se preocupar com o seu fato gerador, que não conhece. Deve preocupar-se apenas com o título em si, com a declaração do crédito do qual, a partir do recebimento, passa a ser o credor. Dessa forma, cria-se a possibilidade de o crédito ingressar na cadeia de circulação de riquezas, como se fosse dinheiro; quem o tem pode transferi-lo a outrem como pagamento de uma obrigação sua, nos termos em que tenham esses ajustado e que o permita a lei.

Eis por que os títulos de crédito são também chamados de *títulos cambiais* ou simplesmente de *cambiais*. A *cambiaridade* ou *cambialidade* é uma de suas características. Em latim, *cambiare* traduz a ideia de mudança, troca, permuta. É exatamente o que ocorre com o título de crédito, um documento constituído sob forma obrigatória definida em lei, cuja finalidade primeira é provar a existência de uma relação jurídica de débito/crédito, mas cuja finalidade secundária é permitir – e garantir – a circulação desse crédito, ou seja, a mudança da titularidade, da condição de sujeito ativo com competência e poder para exigir que a obrigação ali anotada seja saldada. Obviamente, o título de crédito pode não circular, aproveitando-se ao credor como prova de seu crédito para executá-lo judicialmente. Ainda assim, a cambiaridade é uma possibilidade jurídica do título.

Essa cambiaridade, porém, não é ampla. O devedor é certo, constando expressamente da cártula, como certa também é a obrigação que este assume; são esses os elementos, aliás, que lhe dão um valor determinado no mercado, sabendo aqueles a quem o título é oferecido que negociam a possibilidade jurídica de executar um *devedor certo* por uma *obrigação certa*. Já a pessoa do credor é, por definição, *cambiável*, em razão da possibilidade de circulação do documento e, com ele, da faculdade de se exigir que o débito seja solvido. Justamente em razão dessa inconstância na posição de credor (variabilidade subjetiva do crédito) e da constância na posição de devedor (invariabilidade subjetiva do débito), prefere-se falar em título de crédito, valorizando o atrativo que lhe permite a possibilidade de circulação: o mercado é convidado a aceitar o crédito representado pelo título. Frise-se, de qualquer sorte, a invariabilidade objetiva do crédito/débito, que deve apresentar-se de forma certa, até para a segurança das pessoas envolvidas na sucessão do crédito.

Essa possibilidade de mudança na posição de credor do título cria, por certo, um grande impacto na economia, pois permite que o crédito que esteja pendente de termo para ser exigido possa reingressar no mercado antecipadamente, servindo ao credor como um valor não só apreciável e relevante, mas principalmente negociável de imediato. Mesmo sem ter bens a oferecer para a permuta ou dação, ou dinheiro para oferecer em pagamento, pode-se utilizar o crédito a vencer, seja para convertê-lo antecipadamente em dinheiro, seja para substituir o dinheiro, nas bases que sejam ajustadas entre as partes. Não fosse a cambiaridade dos títulos de crédito, a obrigação a que faz jus o credor e que está inscrito no título não seria mais do que um direito futuro, cujo exercício estaria subordinado à ocorrência da data assinalada, ou seja, do termo, na forma dos artigos 131 e seguintes do Código Civil. Com o instituto jurídico da cambiaridade, o crédito, não obstante submetido à necessidade de transcurso do tempo para que seja executável (voluntária ou judicialmente), recupera sua condição de capital, isto é, pode ser empregado de pronto na atividade econômica de seu titular.

Curiosamente, é comum encontrar-se a palavra *cambiaridade* utilizada não para traduzir especificamente essa qualidade de documento passível de troca, de circulação. Não raro, fala-se em *perda da cambiaridade* para exprimir a desnaturação do título pelo não preenchimento de seus requisitos. Por certo, há perda da cambiaridade com a desnaturação do título, mas essa perda nada mais é do que um efeito secundário da desnaturação. Seria como dizer que se perdeu mobilidade na destruição de um veículo; a bem da verdade, perdeu-se o veículo e, com ele, a mobilidade. A cambiaridade é apenas uma das qualidades do título de crédito, assim como o é sua executabilidade. Um magistrado, por exemplo, poderia deferir um pedido cautelar impedindo a circulação de títulos de crédito, hipótese em que perderiam, em razão de decisão judicial e nos limites da validade desta, sua cambiaridade, sem que perdessem sua executabilidade. Cambiaridade ou cambialidade, portanto, não é mais do que uma das características dos títulos de crédito, ainda que seja sua grande marca distintiva, o que justifica serem chamados de títulos cambiais ou, meramente, *cambiais*. São direitos que nasceram com a capacidade de fácil circulação na sociedade, para o que lhe serve a previsão de uma prova formal específica (a cártula ou *papel*), de amplo conhecimento nas praças econômicas que, assim, as aceitam em transações mercantis.

3 EMISSÃO E SEUS EFEITOS

A partir da criação do título (seu preenchimento, atendendo à forma prescrita em lei) e sua emissão (sua colocação no mercado, onde poderá circular), cria-se uma obrigação jurídica determinada que está representada no papel correspondente (a *cártula*). É um ato jurídico unilateral porque, ao preencher e assinar a cártula, crio-a: dou-lhe existência material. Ao entregá-la a alguém, emito-a, dando-lhe existência social. Há, já na criação, mesmo desmotivada, uma declaração de cunho obrigacional: a assunção de uma obrigação jurídica de pagar ou de entregar determinada coisa. Mas é relação potencial, pois ainda não auferiu existência social. Obviamente, há variações próprias de cada tipo de título de crédito, principalmente nos títulos causais, quais sejam, aqueles cuja emissão, por lei, seja decorrente da realização de determinado negócio, como a duplicata.

Obviamente, os títulos de crédito servem a um fim. São instrumentos jurídicos cunhados para dar uma solução aos desafios do pagamento futuro de uma obrigação jurídica. Contudo, *servir às relações negociais* não quer dizer que *ser parte delas*. A emissão de uma nota promissória pelo comprador não é parte do negócio jurídico de compra e venda, mas serve a esse negócio. A emissão é um ato jurídico unilateral (uma declaração unilateral da vontade); a compra e venda é um negócio jurídico bilateral. Aliás, a criação e emissão do título de crédito podem encartar-se no negócio fundamental de maneiras diversas: podem caracterizar pagamento ou mera representação da obrigação de pagar. Não há uma relação direta. Não se pode afirmar, *a priori*, que a emissão tem efeito *pro soluto* ou *pro solvendo*.

Solutio, em latim, traduz a ideia de pagamento. A entrega de um título *pro soluto* resolve a obrigação originária, ou seja, equipara-se ao pagamento. Aceitando a entrega do título *pro soluto*, a cártula desempenha a função de adimplir o negócio fundamental que, assim, se resolve, se completa. Haverá, portanto, uma *novação* (*novatio*, no Direito Romano), lembrando que, de acordo com o artigo 360, I, do Código Civil, dá-se a novação quando o devedor contrai com o credor nova dívida para extinguir e substituir a anterior. Completar-se-ia assim o negócio fundamental, extinguindo-se a obrigação original (por exemplo, a obrigação de pagar do comprador, na compra e venda), substituída por uma nova obrigação, representada pelo título de crédito. Em oposição, a entrega do título *pro solvendo* não resolve a obrigação originária; apenas a representa, postergando-se sua solução do negócio; o título, em tais casos, cumpre a função de garantia do pagamento que ainda deverá ser realizado.

Não se pode dizer, como regra geral, que a emissão tem efeito *pro soluto* (efeito de pagamento) ou o mero efeito de representar a obrigação de pagar, que ainda se realizará (*pro solvendo*). Será preciso verificar o caso concreto; aferir o que foi o acertado pelas partes por escrito (*litteris*), em ajustes verbais (*verbis*) ou aferir o ânimo das partes, seu consenso (*consensu*). Neste sentido, é expresso o artigo 361 do Código Civil, segundo o qual, não havendo ânimo de novar, expresso (*litteris* ou *verbis*) ou tácito (*consensu*), mas inequívoco, a segunda obrigação confirma simplesmente a primeira. Por outro lado, não se pode esquecer de que o artigo 315 do Código Civil estabelece, como regra geral, que as dívidas em dinheiro deverão ser pagas no vencimento, em moeda corrente e pelo valor nominal. Em face da norma – e ausentes outros elementos de convicção nos fatos investigados –, presume-se que o pagamento se completa sendo saldado o título que simplesmente representa o crédito, isto é, o dever de pagar.

Essas questões foram apreciadas pela Quarta Turma do Superior Tribunal de Justiça, quando do julgamento do Recurso Especial nº 4.292/SP. Recorria-se de decisão que não reconhecera novação no recebimento de parcela do preço, mediante cheque para apresentação futura (coloquialmente chamado de *pré-datado*, embora, juridicamente, deva-se falar em *pós-datado*, já que se lança no título uma data *posterior* àquela em que ele é, efetivamente, emitido). A entrega da cártula, portanto, teria-se dado *pro solvendo*, não saldando a obrigação do emitente no negócio fundamental; o recurso, por seu turno, pretendia que a entrega dera-se *pro soluto*, extinguindo a obrigação com a assunção de uma nova obrigação, representada pelo título.

Esclareceu o relator, Ministro Sálvio de Figueiredo Teixeira, de quem fui aluno: "para a configuração de novação a doutrina reclama: (a) existência jurídica de uma obrigação (*obligatio novanda*); (b) constituição de nova obrigação (*aliquid novi*); e (c) *animus novandi*". No fato examinado, disse, "não havia obrigação a ser substituída (*obligatio novanda*), porque a obrigação já nasceu sob esse figurino: o pagamento em duas parcelas. Daí decorre que o segundo elemento (*aliquid novi*) também inexistiu, porquanto a configuração da obrigação de pagar em duas parcelas era originária, não consistindo em nova obrigação. Como consequência necessária, o *animus novandi*, pelo que acaba de ser referido, não ocorreu, haja vista que a verdadeira intenção das partes não foi constituir uma nova obrigação, em substituição e para extinguir uma existente. O negócio já foi celebrado dentro das balizas apontadas pelos próprios recorrentes, ou seja, embora o contrato consignasse um modo *[pagamento em espécie]*, o negócio se realizou de outro. Não houve intenção de novar; ao contrário, houve uma vontade direta na celebração do negócio daquela forma (pagamento parcelado), por conveniência das partes".

Como se só não bastasse, na sequência o magistrado completa: "mesmo admitindo tenha sido a obrigação constituída com pagamento à vista e, no instante imediatamente seguinte, tenha se transmudado em pagamento parcelado, ainda assim não haveria novação, porquanto a causa principal (compra e venda do imóvel objeto do contrato) não sofreu substancial alteração. [...] Dessa forma, a nova modalidade de pagamento, ao invés de extinguir a obrigação, imprime-lhe um reforço, a teor do artigo 1.000 do Código Civil".[5] Facilmente se percebe que a Corte afirmou a natureza da operação (entrega *pro solvendo* da cártula) a partir das particularidades fáticas da situação efetivamente havida entre as partes, não tendo pontificado uma regra aplicável a toda e qualquer hipótese. Isso fica claro na sequência do acórdão, na qual se lê: "impende ainda considerar que não se apresenta crível que, tendo assinado um contrato no qual declara haver recebido em espécie, e havendo efetivamente recebido em cheque, com vencimento posterior, o credor tenha aceitado tais títulos *como pagamento*, ou seja, *pro soluto*. Não é costumeiro nas alienações de bens imóveis o alienante abrir mão da garantia real representada pelo objeto do contrato, trocando-o por título de crédito, de incerta 'liquidez'. Como cediço, nesse tipo de negócio, aguarda-se a compensação dos cheques inclusive para outorga de escritura, razão pela qual o recebimento dos títulos é via de regra *pro solvendo*, isto é, *para pagamento*. Assim sendo, não procede a argumentação dos recorrentes, que, com arrimo em literal interpretação da cláusula contratual concernente ao preço, pretendem daí tirar uma ilação contrária aos usos e costumes, bem como às circunstâncias de celebração do negócio".

---

[5]   O artigo 1.000 do Código Civil de 1916, então vigente, corresponde ao artigo 361 do Código Civil de 2002, anteriormente referido. Era o seguinte seu texto: "não havendo ânimo de novar, a segunda obrigação confirma simplesmente a primeira".

3.1   Princípio da incorporação

Com a emissão do título de crédito, a obrigação jurídica se incorpora à cártula. Esse fenômeno é comumente visto sob o enfoque do *princípio da cartularidade*, que se estudará na seção 2 do Capítulo 2 deste livro. Embora próximos e complementares, o *princípio da incorporação* é distinto do *princípio da cartularidade*. A existência de pontos em comum, todavia, não afasta os pontos de distinção. Como se estudará adiante, o *princípio da cartularidade* compreende-se em consonância com o *princípio da autonomia*, ou seja, compreende-se a partir da afirmação da emissão do título de crédito como uma declaração unilateral de vontade, autônoma em relação ao negócio subjacente ou negócio de base, ou seja, o negócio do qual resultou a emissão da cártula. Nesse sentido, o princípio da cartularidade implica que a obrigação não é apenas provada pelo título de crédito, mas é representada pelo título de crédito: o exercício dos direitos inerentes ao título exercem-se à vista de sua apresentação. Essa situação jurídica é, sim, fruto do princípio da incorporação, ou seja, do reconhecimento de que a obrigação inscrita na cártula incorpora-se nesta. Resume-se a isso, todavia, a identidade entre as metanormas da cartularidade e da incorporação.

Essencialmente, o princípio da incorporação é a metanorma jurídica que dá expressão e sustentação ao ato de emissão do título de crédito. Portanto, é princípio que dá contexto à enunciação da declaração unilateral de vontade que é a emissão, marcando seus efeitos sobre o negócio de base. Em fato, com a emissão, a obrigação existente neste negócio de base incorpora-se ao título de crédito e, desta forma, passa a estar vinculada a ele. Se há, como se verá no próximo capítulo, autonomia do título de crédito em relação ao negócio de base, *mutatis mutandis*, pelo ângulo oposto, não há autonomia do negócio de base em relação ao título de crédito, por força justamente do princípio da incorporação. Veja: *Caius Iulis Caesar* comprou um Jaguar XK 120, verde oliva, ano 1950, de *Marcus Junius Brutus*; em virtude do negócio, Caesar ficou devendo R$ 25.000,00 a Brutus, emitindo uma nota promissória neste valor. Como se verá adiante nas seções 4, 5 e 6 do Capítulo 2 deste livro, essa nota promissória guarda autonomia e independência em relação ao contrato de compra e venda, abstraindo-o; se Brutus a transfere para Silas, a esse importa a declaração unilateral de vontade representada pela cártula, nunca o negócio do qual se originou a emissão. Todavia, justamente em face do princípio da incorporação, a obrigação de Caesar consubstancia-se na nota promissória e passa a ser dela dependente. Criou-se, assim, um vínculo entre o direito/dever de pagar e o título de crédito, de tal forma que não se pode concluir o negócio, pelo pagamento da parcela restante, sem que a cártula seja apresentada. A emissão incorpora a obrigação negocial à cártula, dando-lhe uma nova condição e natureza jurídica: obrigação cambial.

De outra face, recuperando a ideia de que o título de crédito representa uma relação jurídica cujo objeto é certo (invariabilidade objetiva do crédito/débito), assim como certo é o seu devedor principal (invariabilidade subjetiva passiva), coloca-se o problema de investigar a natureza jurídica da obrigação que pode ser representada por tais cártulas, ou seja, qual o tipo de crédito que pode ser incorporado num título de crédito, recuperando a ideia central do princípio da incorporação acima estudado. Com efeito, tomando crédito como o direito a uma prestação jurídica, constatar-se-á que não é qualquer faculdade jurídica que pode ser inscrita numa cártula (ser documentada ou, melhor, instrumentalizada) e, por esse caminho, tornar-se passível de circulação. As obrigações de fazer e de não fazer, portanto, não comportam incorporação.

Na grande maioria das operações jurídicas, os títulos de crédito são utilizados para representar a mais impessoal e objetiva das obrigações, qual seja, o dever de *pagar quantia certa*, vale dizer, entregar dinheiro – o mais fungível entre os bens jurídicos. Representam-na a letra de câmbio, a nota promissória, o cheque, a duplicata, entre outros. Contudo, essa não é a única obrigação que pode ser incorporada a um título de crédito. O artigo 894 do Código Civil, por exemplo, refere-se expressamente ao portador de título representativo de mercadoria, que pode igualmente ser transferido, isto é, pode circular, sendo portanto cambiável, ou exigir o cumprimento da obrigação, recebendo a mercadoria independentemente de quaisquer formalidades. Um exemplo é a cédula de produto rural, regulada pela Lei 8.929/94, que incorpora a promessa de entregar produtos rurais.

4 CARTULARIDADE

O Código Civil (Lei 10.406/2002) traz, nos artigos 887 a 926, uma Teoria Geral dos títulos de crédito, aplicáveis às situações que não sejam tratadas em normas específicas, como reconhece seu artigo 903. Diz o artigo 887 que o título de crédito é um documento necessário ao exercício do direito literal e autônomo nele contido, somente produzindo efeito quando preenche os requisitos da lei. A criação de título de crédito é, assim, ato jurídico que deve atender aos artigos 104, III, e 107 do Código Civil, já que requer forma especial, exigida em lei. A definição anotada no artigo 887 é rica em aspectos jurídicos relevantes, fundamentais para a compreensão do instituto que aqui se estuda. Todavia, é uma definição que merece uma análise cuidadosa, principalmente considerando os avanços da jurisprudência brasileira.

Segundo o artigo 887 do Código Civil, o título de crédito é um *documento necessário, somente produzindo efeito quando preencha os requisitos da lei*. Mais do que um *documento*, é um *instrumento*, como estudado no Capítulo 1. Assim, reconhece-se a necessidade de existência do instrumento para a caracterização do título de crédito e ingresso no regime jurídico cambiário. A cártula dá ao crédito uma existência material, permitindo ao mercado identificar, do exame do título, sua existência e suas qualidades subjetivas e objetivas. Dessa maneira, o papel viabiliza a circulação do crédito que representa, já que o mercado lhe reconhece facilmente.

A existência da cártula é indispensável ao exercício do direito nela contido, como ainda se lê do artigo 887 do Código Civil. Para se exigir o cumprimento da obrigação, o credor deve demonstrar sua condição a partir da apresentação do título (1) ao devedor, para o adimplemento voluntário, ou (2) ao judiciário, instruindo o pedido de execução. A esse exercício não serve cópia fotográfica do instrumento, ainda que conferida por tabelião de notas, nos termos do artigo 223 do Código Civil. Como reconhece seu parágrafo único, a cópia autêntica não supre a ausência do título de crédito, já que se trata de situação para a qual a lei condiciona o exercício do direito à exibição do documento correspondente. Assim, julgando o Recurso Especial 296.796/ES, a Quarta Turma do Superior Tribunal de Justiça reconheceu que "a execução de contrato firmado em escritura pública pode ser aparelhada mediante cópia autenticada do instrumento", mas o mesmo não pode ocorrer com título de crédito. Contudo, afirmou-se a possibilidade "de o Juiz de Direito conceder oportunidade ao exequente de exibir o original do título, ainda que já oferecida impugnação a respeito pelos devedores".

A necessidade jurídica de apresentação do título para o exercício do direito nele contido trabalha a favor da cambiaridade e protege o devedor. Qualquer pessoa pode ser o credor, já que o título pode circular. Assim, o pagamento só é devido à vista do título. Somente à vista do documento o devedor conhece seu credor. Se paga sem o título, corre o risco de pagar a quem não é o credor e, assim, diante da posterior apresentação do título por outrem, terá que pagar uma outra vez. Aplica-se a máxima "quem paga mal, paga duas vezes". Pagará novamente, embora possa voltar-se contra aquele que recebeu o que não devia, utilizando-se para tanto do instituto da repetição de indébito. Nesse sentido, decidiu a Quarta Turma do Superior Tribunal de Justiça, no Recurso Especial 1.534/SC, que "paga mal o sacado que se satisfaz com a quitação em separado fornecida pelo sacador, sem dele exigir a devolução da cártula. O recibo há de ser passado pelo legítimo portador". No precedente, relatado pelo Ministro Barros Monteiro, o credor endossara a cártula a um banco; o devedor, sem exigir a apresentação do título, pagara diretamente ao credor do negócio fundamental; executado pelo banco--endossatário, pretendeu o devedor que a dívida já estaria paga, mas não exibiu o título quitado, tendo a Corte determinado o prosseguimento da execução, preservando o direito do terceiro de boa-fé ao crédito, que recebera legitimamente com a transferência do título.

Não se aplica, portanto, aos títulos de crédito, face a seu regime jurídico específico, a regra geral do artigo 309 do Código Civil, segundo a qual o pagamento feito de boa-fé ao credor putativo é válido, ainda provado depois que não era credor. Afinal, há em relação ao título de crédito uma forte vinculação entre a obrigação e sua representação material (a cártula); somente à vista do título de crédito a obrigação é exigível, pressupondo-se uma relação direta entre sua existência e a existência do crédito, assim como, *mutatis mutandis*, entre sua inexistência e a inexistência do mesmo.

Pontes de Miranda, sobre o tema, afirma que "os títulos cambiários são títulos de apresentação", pois "sem a posse do título ou da legitimação judicial em casos de amortização não é possível exercer-se o direito cambiário; e alguns direitos são exercíveis com a simples detenção". Por outro lado, diz o autor, "são eles, também, títulos de resgate" pois "quem paga deve exigir que se lhe entregue o título e, por isso mesmo, quando a entrega não é possível, a lei lhe dá direito a duas quitações, – uma no título, e outra em separado".[6] Em contraste, João Eunápio Borges destaca as características dos demais atos jurídicos comuns, que (1) existem sem prova documental, que é útil, mas não imprescindível; (2) comportam cessão de direito sem o documento, ainda que este possa acompanhar a transmissão; (3) podem ser (a) exigidos e executados sem a exibição da prova documental, que (b) também não é necessária para comprovar o pagamento, já que a quitação do credor, nas obrigações civis ordinárias, é oponível *erga omnes*; e (4) o direito do cessionário é o mesmo do cedente, podendo o devedor alegar contra o cessionário as exceções que poderia opor ao cedente, já que a transmissão faz-se de acordo com a regra *"nemo plus iuris ad alium transferre potest, quam ipse haberet"* [ninguém pode transmitir a outrem mais direito do que ele tivesse].[7]

Para a execução, há precedentes jurisprudenciais que, sem desconsiderar tal baliza, *suavizam* sua aplicação, permitindo a juntada do original do título depois do ajuizamento da ação. Obviamente, essa posição tem significação exclusivamente processual, ou seja, não afasta o império do princípio da cartularidade e não admite a cobrança do débito sem apresentação do original do título. Apenas chancela uma postura processual compreensiva, aceitando que a cártula seja juntada após o aforamento do feito. Trata-se de postura que reflete o princípio da instrumentalidade das formas, reiterando o princípio, já cristalizado entre nós, de não haver nulidade processual sem prejuízo [*pas de nulitté sans grief*].

5   LITERALIDADE

O título de crédito contém um direito literal (artigo 887 do Código Civil). A regra ocupa-se do que se lê no documento representativo do crédito, as implicações jurídicas do que está escrito e a relação jurídica representada. A simplicidade da declaração cambiária é, por certo, um fator otimizador de sua aceitação no mercado, facilitando sua circulação. Os instrumentos contratuais, entre suas tantas cláusulas, exigem interpretação mais cuidadosa, determinando um justificável receio entre potenciais cessionários. Em oposição, os títulos de crédito próprios têm uma estru-

---

6   MIRANDA, Pontes de. *Tratado de direito cambiário*. Campinas: Bookseller, 2001. v. 1, p. 49.

7   Apud BULGARELLI, Waldirio. *Títulos de crédito*. 18. ed. São Paulo: Atlas, 2001. p. 62.

tura simplificada, definida em lei. A cártula não demanda preocupação com outras questões que não aqueles poucos elementos que estão nela escritos. Em oposição, títulos de créditos impróprios, como as cédulas de crédito, não experimentam uma circulação tão ampla quanto cheques, duplicatas e notas promissórias.

Fundamentalmente, o título de crédito é a expressão literal de uma obrigação, pois o que não está no título não está no mundo (*quod non est in cambio non est in mundo*). Literal, portanto, no sentido de que a obrigação, em todo o seu contorno, está ali expressa, por escrito (*litteris*). Em razão dos princípios da cartularidade e da literalidade, todo o contorno da obrigação está escrito no *papel*, de nada servindo ajustes verbais (*verbis*) ou consensuais (*consensu*) a ele estranhos. Mesmo que o negócio fundamental, que está na origem da formação do título, contenha particularidades, ou mesmo havendo um ajuste paralelo, formalizado em documento apartado (*side letters*, anglicismo que se vai tornando comum no mercado para traduzir instrumentos de contrato com disposições que completam as disposições de uma outra declaração, unilateral ou plurilateral, de vontade), tais questões, não escritas na cártula, ou escritas fora dos limites que a lei autoriza, simplesmente não compõem o universo do título e não podem ser opostas a terceiros. Não há espaço jurídico para comprovar o que não está no título, quando a cártula circulou e é exigida por um terceiro. Nem mesmo a quitação, quando não se teve o cuidado de exigir a cártula e retê-la com o respectivo recibo.

Obviamente, a lei é um limite elementar do princípio da literalidade: não precisam estar expressamente escritos os elementos juridicamente positivados, ainda que resultado da construção doutrinária ou pretoriana. Assim, uma assinatura isolada nas costas (verso) da cártula, sem informar sua razão de ser, traduz endosso, da mesma forma que uma assinatura isolada na face (anverso) do título traduz aval, como se estudará. Outro exemplo é a desconsideração obrigatória de qualquer escrito que vise submeter o cheque a prazo ou termo, descaracterizando-o como ordem de pagamento à vista; tal inscrição deverá ser considerada, pela instituição sacada, como não escrita, embora se aproveite como prova do ajuste entre as partes, como se verá adiante.

6 AUTONOMIA

O *título de crédito contém um direito autônomo* (artigo 887 do Código Civil). Não se pode olvidar que a emissão de um título de crédito é ato jurídico unilateral, não implicando acordo de vontades (sinalagma), nem reciprocidade de prestações. Dessa maneira, a declaração de vontade inscrita na cártula deve ser compreendida como em si, ou seja, como ato jurídico autônomo ao negócio subjacente, do qual se originou. Somente em situações excepcionais, como as cédulas de crédito, permite--se sua compreensão como parte de um negócio.

É isso que se entende por autonomia do título de crédito. Apesar de o título ter uma história, de ser fruto de um negócio, como um empréstimo (mútuo), uma compra e venda, uma prestação de serviço, um pagamento etc., considera-se a cártula como uma declaração autônoma do devedor, comprometendo-se a solver a obrigação ali certificada. Trata-se de elemento essencial à cambiaridade dos títulos de crédito, já que deve ser considerado apenas como uma declaração unilateral da vontade do devedor à qual corresponde um regime jurídico próprio, que o rege e orienta a sua existência. Não é só. Para além da autonomia que é guardada entre o título de crédito e o negócio subjacente, tem-se também uma autonomia de cada declaração cambiária, tomada (1) em relação às demais declarações cambiárias e (2) em relação (a) ao negócio subjacente à emissão do título em si e (b) ao negócio subjacente à própria emissão da obrigação cambiária, a exemplo do aval e do endosso.

É na circulação do título que a autonomia cambiária se revela mais forte, pois impede que ao terceiro de boa-fé, que não conhece eventuais vícios do negócio originário, nem tenha a obrigação de os conhecer em virtude de sua posição negocial, sejam opostas exceções (defesas) que digam respeito ao negócio fundamental, aquele que está na raiz da formação do título de crédito. De acordo com o artigo 906 do Código Civil, o devedor de um título de crédito só pode opor ao portador que lhe apresenta a cártula para pagamento, extrajudicial ou judicialmente (por meio de execução ou feito menos especial, se assim optar o credor), exceção fundada em direito pessoal, ou em nulidade de sua obrigação. Trata-se do *princípio cambiário da inoponibilidade das exceções pessoais*. Dessa maneira, as relações pessoais entre os partícipes do negócio fundamental simplesmente não podem ser alegadas para resistir a pretensão de um terceiro de boa-fé ao recebimento do crédito inscrito na cártula. O devedor não pode alegar que o negócio subjacente foi nulo, que o bem não foi entregue ou estava defeituoso etc. Nada disso pode ser oposto ao terceiro de boa-fé.

Contudo, de tudo o que se disse resta claro que, provando-se que o terceiro age de má-fé, as exceções pessoais relativas ao negócio fundamental poderão lhe ser opostas, já que não poderá se beneficiar da própria torpeza. Em fato, o portador da cártula, nesses casos, assume a posição de cúmplice ou, ainda, de coautor do ilícito civil – e eventualmente penal – urgido para prejudicar o devedor. Não é, portanto, terceiro estranho ao negócio fundamental, do qual teria se originado o título, mas parte oculta desse negócio. Por seu turno, a transferência do papel não caracteriza, no sentido técnico, circulação da cártula, mas é apenas uma parte da execução do ilícito. Destaque-se, ademais, que a boa-fé exigida do terceiro é objetiva; assim, mesmo a aceitação de receber o título, conhecendo os vícios do negócio subjacente, afastará a regra da *inoponibilidade das exceções pessoais*.

7 INDEPENDÊNCIA

Princípio do Direito Cambiário que se coloca à sombra do princípio da autonomia cambiária, sendo por alguns encarado como um subprincípio. Divide-se em duas perspectivas distintas: (1) independência da cártula e (2) independência das declarações cambiárias entre si. A independência da cártula traduz uma ausência de lastro ou remissão entre o título de crédito e elementos que lhe sejam externos e estranhos. Dessa forma, a cártula afirma, em si mesma, sua validade e sua eficácia, não carecendo de qualquer outra referência externa para tanto. Não é só. Também todos os seus elementos qualificadores, como valor (principal, acessórios, pagamentos parciais etc.), titular (credor) e outros também se aferem do próprio título, não carecendo de consulta externa para que sejam determinados. Em face do princípio da independência, portanto, os atores cambiários (devedor principal, coobrigados, credor e mesmo terceiros) não precisam consultar a qualquer documento ou registro para compreender a extensão da obrigação cambiária, nem para poder executá-la.

Não se trata, porém, de um princípio que se aplica a todos os títulos de crédito, mas apenas a alguns deles. Há, em oposição, alguns títulos que revelam dependência de elementos externos, do que são exemplos os chamados títulos escriturais, vinculados a registros, como é o caso do certificado de depósito bancário, bem como da cédula de crédito imobiliário. Como se não bastasse, a jurisprudência já reconheceu que a independência (tanto quanto a autonomia) pode ser desfeita sempre que na cártula se faz a vinculação entre o título de crédito e um outro negócio. Exemplifica-o a vinculação entre contratos de mútuo bancário e nota ou notas promissórias. Também é comum que notas promissórias emitidas como garantia em contratos de compra e venda, ou contrato de locação, façam expressa vinculação do título ao negócio aos quais servem, retirando-lhe a independência.

Para além da independência da cártula em relação a elementos externos, também se aplica o princípio da independência entre as declarações cambiárias que, mais do que autônomas, são independentes entre si. É neste sentido, aliás, que se lê no artigo 13 da Lei 7.357/1985 que as obrigações contraídas no cheque são autônomas e independentes, sendo que, segundo o parágrafo do dispositivo, a assinatura de pessoa capaz cria obrigações para o signatário, mesmo que o cheque contenha assinatura de pessoas incapazes de se obrigar por cheque, ou assinaturas falsas, ou assinaturas de pessoas fictícias, ou assinaturas que, por qualquer outra razão, não poderiam obrigar as pessoas que assinaram o cheque, ou em nome das quais ele foi assinado.

O princípio da independência das declarações cambiárias tem aplicação mais ampla, ao contrário do que se passa com a independência da cártula em relação a outros documentos e registros. Em fato, mesmo nos títulos vinculados, as obrigações cambiárias são independentes entre si, bastando recordar que tanto o endosso, quanto o aval, não podem ser condicionados ou clausulados.

8 ABSTRAÇÃO

O *princípio da abstração cambiária* traduz uma ausência de causa necessária para a emissão da cártula que, assim, pode decorrer de qualquer tipo de negócio jurídico e não de um negócio em especial. Não se trata, contudo, de um princípio geral; há títulos abstratos, mas há títulos causais, ou seja, títulos cuja emissão resulta necessariamente de um determinado negócio, a exemplo da letra de crédito imobiliário, que decorre obrigatoriamente de um contrato de financiamento imobiliário. Portanto, mais do que uma autonomia entre o título e o negócio de base, há abstração entre a emissão e um determinado tipo de negócio.

Nos títulos abstratos não há um tipo certo de negócio que dá causa à emissão da cártula, permitindo simplesmente abstrair o fato de base, tomando sua autonomia em moldes completos. A abstração do negócio originário, portanto, cria uma situação na qual o título de crédito não tem lastros históricos necessários, não se apresentando no âmbito de uma relação causal entre dois fatos jurídicos: negócio e título. Isso permite ao mercado não se preocupar se há, ou não, causa efetiva para a emissão. Em oposição, os títulos causais têm nascedouro certo, necessário; a causa da emissão é determinada (ou determinável), compondo o universo técnico do regime jurídico da cártula. A duplicata, por exemplo, é um título causal: resulta de uma fatura de compra e venda ou de prestação de serviços. Por isso, o título pode sofrer as consequências de não ter havido causa efetiva para a emissão da cártula, como nas chamadas *duplicatas frias*. Assim, as duplicatas sem aceite devem trazer comprovação do recebimento das mercadorias ou da prestação de serviço, sem a qual não estarão completas e não serão exigíveis. Igualmente, a cédula de crédito rural, cuja emissão é necessariamente causada pelo financiamento à produção agrícola.

Também se pode aferir e aplicar o princípio da abstração sob uma outra perspectiva: abstração das declarações cambiárias em relação ao tipo de negócio das quais podem se originar. Tem-se, sob tal perspectiva, uma aplicação ainda mais ampla do princípio da abstração, sendo restritas as declarações cambiais causais, do que é exemplo o aceite da duplicata mercantil, que tem por causa o reconhecimento da dívida (fruto do contrato de compra e venda ou do contrato de prestação de serviço). Para além desses casos específicos, tem-se ampla aplicação do princípio da abstração, bastando registrar que, normalmente, o endosso da cártula pode decorrer de qualquer tipo de negócio, assim como igualmente se dá com o aval.

9 RELATIVIZAÇÃO DOS PRINCÍPIOS

Ao longo da década de 1990, sob a liderança do Superior Tribunal de Justiça, os princípios cambiários foram temperados, registrando importantes avanços hermenêuticos, nomeadamente a aplicação dos princípios da socialidade (a função social das faculdades jurídicas), eticidade (boa-fé), moralidade (probidade), razoabilidade e proporcionalidade. Percebeu-se que o contexto das relações negociais alterara-se, juntamente com a própria sociedade e a economia brasileiras. A frieza dos princípios cambiários, fixados décadas antes, em algumas situações, conduzia a situações injustas, senão absurdas.

Exemplifica-o o julgamento, pela Quarta Turma daquela Corte, do Recurso Especial 298.499/SP, afirmando que "a nota promissória vinculada a contrato de locação perde a sua abstração". No caso, as partes mantinham uma locação, tendo sido apurado que as notas promissórias foram emitidas como uma garantia suplementar para o pagamento dos locativos; assim, nas palavras do Ministro Ruy Rosado de Aguiar, relator do acórdão, "é certo que a nota promissória tem abstração, mas quando fica demonstrado, com prova convincente, que se trata de título vinculado a contrato de locação, a sua autonomia desaparece, para ficar a exigibilidade do crédito nele expresso dependente da existência de dívida oriunda daquela relação locatícia". O mesmo se decidiu em face do Recurso Especial 111.961/RS: "a nota promissória que contenha no verso expressa vinculação ao contrato subjacente perde a característica de abstração, podendo ao endossatário ser oposta a defesa que o devedor teria em razão do contrato". Some-se o Recurso Especial 14.012/RJ: "ainda que de boa-fé, o endossatário de notas promissórias, das quais conste expressa vinculação a contrato, fica sujeito às exceções de que disponha o emitente com base no ajuste subjacente. Os títulos, em hipóteses tais, perdem a natureza abstrata que lhe é peculiar, sendo oponível ao portador, mesmo nos casos em que tenha havido circulação por endosso".

Noutra oportunidade, a mesma Corte, por intermédio de sua Terceira Turma, analisando o Agravo Regimental no Recurso Especial 275058/RS, asseverou que, "ausente a circulação do título de crédito, a nota promissória que não é sacada como promessa de pagamento, mas como garantia de contrato de abertura de crédito, a que foi vinculada, tem sua natureza cambial desnaturada, subtraída a sua autonomia", isso considerando que "iliquidez do contrato de abertura de crédito é transmitida à nota promissória vinculada, contaminando-a, pois o objeto contratual é a disposição de certo numerário, dentro de um limite prefixado, sendo que essa indeterminação do *quantum* devido, comunica-se com a nota promissória por terem nascido da mesma obrigação jurídica".

Esse entendimento, já consolidado em nossa jurisprudência, produz igualmente reflexos benéficos para o credor. É o que se lê no acórdão da Quarta Câmara do Superior Tribunal de Justiça, que decidiu o Recurso Especial 256.449/SP, tendo pontificado que "a exigência da apresentação do original do título cambial em processo de execução se explica pela possibilidade de sua circulação. Afastada a probabilidade dessa ocorrência, uma vez que a execução é também do contrato de mútuo, – e a experiência demonstra a raridade da circulação de títulos dessa natureza, a que se alia a facilidade de ser afastado eventual segundo processo de cobrança – não há razão para se presumir a má-fé do credor, pressupondo-se que ele esteja a cobrar título do qual já se desfez. Inexistindo impugnação ou dúvida sobre a existência dos títulos e sua autenticidade, tem-se por suficiente a apresentação de cópia autenticada para a execução do débito."

Não se trata de entendimento isolado; o mesmo órgão, noutra oportunidade, aplicou mais suavemente os princípios da cartularidade e da autonomia, considerando-os não absolutos quando a cambial é emitida em garantia de negócio jurídico subjacente. Foi no Recurso Especial 238.558/CE, relatado pelo Ministro Sálvio de Figueiredo Teixeira, onde se disse que "a juntada das promissórias, por cópia, à execução, estando vinculadas ao contrato de compra e venda, não tem o condão de desconstituir a via executiva, seja porque esta pode amparar-se no próprio instrumento contratual, seja porque se trata de irregularidade sanável no curso do processo, mediante determinação do juiz". São apenas exemplos, mas deixam claro que os princípios norteadores dos títulos de crédito estão sendo submetidos à moderna hermenêutica judiciária, preocupada em impedir que os excessos injustificados da forma possam criar prejuízos para a substância dos atos e o império da legalidade e do Direito.

16

Requisitos

A forma serve o Direito Cambiário. Eis um princípio. O *papel de crédito* circula livremente por ser reconhecido pelas pessoas, oferecendo uniformidade e, assim, provocando confiança. Trata-se de um formalismo de fins específicos, portanto, que não se sustenta pela preservação da solenidade, mas pela proteção da segurança das partes envolvidas e das partes que podem vir a ser envolvidas, na eventualidade de circulação do instrumento de crédito. Mas esse regime formal mínimo dirige-se especificamente ao regime cambiário. Não é um ato ilícito a emissão de documentos que não atendam a suas exigências. A não atenção aos requisitos mínimos simplesmente retira o documento do âmbito jurídico específico das normas cambiárias, remetendo-o para o plano das relações jurídicas reguladas pelo Direito Comum.

Nesse sentido, o artigo 888 do Código Civil, segundo o qual a omissão de qualquer requisito legal, que tire ao escrito sua validade como título de crédito, não implica a invalidade do negócio jurídico que lhe deu origem. Portanto, se há falhas no título, não se aplicarão as normas do Direito Cambiário. Mas se esse documento não serve como título de crédito, nem por isso o negócio fundamental torna-se ilícito; apenas carece de executoriedade específica, assim como o crédito perde a característica cambial, ou seja, a possibilidade de circulação simplificada, nos termos em que se estudará na sequência. Aliás, o papel, desnaturado como título de crédito, serve como começo de prova escrita, podendo dele servir-se o credor, inclusive, para o aforamento de ação monitória.

Aos requisitos mínimos do Direito Cambiário somam-se os requisitos obrigatórios do Direito Comum, aos quais igualmente estão submetidos os atos unilaterais de emissão de títulos de crédito. Nessa hipótese, porém, a desatenção à previsão normativa conduz, conforme o caso, à nulidade ou à anulabilidade.

1 AGENTE CAPAZ

A emissão do título de crédito é um ato jurídico: uma promessa de pagar ou entregar bem ou bens, crédito inscrito na cártula e por ela representado. Submete--se, portanto, ao regime geral dos atos e negócios jurídicos, anotado na Parte Geral do Código Civil. Demanda (1) agente capaz; (2) objeto lícito, possível, determinado ou determinável; e (3) forma prescrita ou não defesa em lei (artigo 104 do Código Civil). Em anexo à Convenção de Genebra, acordo internacional que visa à uniformização das regras cambiárias, ao qual aderiu o Brasil, há convenção destinada a regular certos conflitos de leis. Em seu artigo 2º foi estabelecido que a capacidade de uma pessoa para obrigar-se por letra ou nota promissória é regulada pela respectiva lei nacional. Se a lei nacional declarar competente a lei de outro país, será aplicada esta última. A pessoa incapaz, segundo a regra precedente, é, contudo, havida como validamente obrigada se tiver aposto sua assinatura em território de um país em cuja legislação teria sido considerada capaz.

Em oposição, a incapacidade do *beneficiário* não vicia o ato, já que se trata de uma declaração unilateral de vontade e não de um negócio jurídico; existe, portanto, um único ato jurídico, aquele praticado pelo emitente que, pela exigência legal, deverá ser pessoa plenamente capaz. Esta percepção permite colocar uma outra questão: a anulabilidade ou nulidade do negócio de base e seus efeitos sobre o título de crédito. Considerando que o título não poderá ser endossado a outrem, já que ao incapaz falta capacidade para tanto, poderá o devedor opor ao beneficiário/incapaz a invalidade do negócio de base para, assim, resistir ao pagamento da cártula. De qualquer sorte, não se pode desconhecer a regra anotada no artigo 105 do mesmo Código Civil, em contraste com o texto do artigo 83 do antigo Código Civil, de 1916. Em fato, o Código de 1916 afirmava no artigo 83 que "a incapacidade de uma das partes não pode ser invocada pela outra em proveito próprio, salvo se for indivisível o objeto do direito ou da obrigação comum"; o artigo 105 do Código de 2002 alterou a previsão, referindo-se à "incapacidade relativa de uma das partes", deixando claro não se aplicar à incapacidade absoluta, o que é coerente, vez tratar-se de nulidade, defeito insanável que deve ser declarado mesmo de ofício pelo Judiciário que examina demanda onde seja verificado. Dessa forma, sendo o título o resultado de um negócio com absolutamente incapaz, não concluído em face do defeito de capacidade, e não havendo qualquer prejuízo para aquele, pode a contraparte, que para o cumprimento de sua obrigação emitiu um título de crédito, pretender a declaração da sua invalidade.

Não se pode esquecer que a emissão de título de crédito por representante é corriqueira, mormente se considerarmos que todos aqueles que fazem emissão em nome de pessoas jurídicas fazem-no como representantes. Para que a emissão vincule o representado (o *dominus negotii*), é indispensável que o emissor disponha de poderes conferidos por lei ou pelo interessado (artigo 115 do Código Civil), agindo nos limites daqueles poderes (artigo 116). Fora desses limites, o ato vincula a si mesmo e não ao terceiro, que nestes limites não está representado, pois não constituiu representante. É fundamental que o representante, nessas circunstâncias, apresente-se notoriamente como exercendo atos que vinculam terceiro, respeitando o artigo 118 do Código Civil, segundo o qual o representante é obrigado a provar às pessoas, com quem tratar em nome do representado, sua qualidade e a extensão de seus poderes, sob pena de, não o fazendo, responder pelos atos que a estes excederem.

O representante, legal ou convencional, lança sua própria assinatura no título. Assim, se age para além de seus poderes ou se age sem deixar claro que representa alguém, pode vir a suportar as consequências jurídicas e econômicas de seu ato. É fundamental deixar expressado na cártula quem é o emissor e, quando se trate de emissão decorrente de poderes outorgados por procuração, esta particularidade. Rompe-se, assim, com o princípio da independência, vinculando o título ao instrumento de outorga dos poderes; isso impedirá que o terceiro de boa-fé, desconhecendo tal particularidade, se veja enredado na situação e, eventualmente, nos problemas que dela advenham. Neste sentido, lê-se no artigo 892 do Código Civil: "Aquele que, sem ter poderes, ou excedendo os que tem, lança a sua assinatura em título de crédito, como mandatário ou representante de outrem, fica pessoalmente obrigado, e, pagando o título, tem ele os mesmos direitos que teria o suposto mandante ou representado."

2 OBJETO LÍCITO, POSSÍVEL E DETERMINÁVEL

Os atos de criação e a emissão do título de crédito devem ter objeto lícito, guardando correspondência com a lei, na forma (*princípio da tipicidade cambiária*) e no conteúdo (objeto da obrigação declarada). De abertura, coloca-se a questão da *tipicidade* dos títulos de crédito: os títulos de crédito são típicos (legalmente definidos) por necessidade, forma pela qual são excepcionados do regime geral dos atos e negócios jurídicos e submetidos ao regime específico dos instrumentos cambiariformes. A emissão de um instrumento não típico, destarte, não seria nula, mas se situaria no plano do Direito Contratual e não do Direito Cambiário: a transferência do crédito se faria por cessão, e não por endosso, da mesma forma que a garantia dada por terceiro de que irá satisfazer ao credor se o devedor não cumprir a obrigação será fiança, regendo-se pelos artigos 818 e seguintes do Código Civil, e não aval, disciplinado pelos artigos 897 e seguintes.

Fundamentalmente, preocupa-me a segurança das pessoas envolvidas e de terceiros. Por um lado, tem o devedor o direito de saber a que regime jurídico está submetida sua obrigação, pois, se está submetida ao Direito Cambiário, deve tomar cuidados maiores, como exigir a apresentação do título para saldar o débito, como visto anteriormente; em contraste, o débito representado por instrumento submetido ao Direito Contratual pode ser saldado independentemente da apresentação do documento, podendo a quitação ser lançada em instrumento próprio e, ainda assim, ter validade em relação a terceiros. O mesmo se diga em relação ao garante, certo de que os regimes da garantia são distintos; ora, aceitando-se a ampla originalidade na criação do título, como preservar-se o interesse daquele que assina como garante, supondo-se fiador e podendo ser caracterizado como avalista? Ademais, uma vez posto em circulação o documento, seria inevitável assistir-se a demoradas discussões sobre a natureza da obrigação, mormente se o endossante recebeu a declaração do débito/crédito na qualidade de um quirógrafo comum e o negocia com um terceiro afirmando sua qualidade de título de crédito.

Portanto, a meu ver, os títulos de crédito são definidos como tal pelo legislador. A emissão de um instrumento de declaração de obrigação/crédito que não seja caracterizado como título de crédito pelo legislador não se submete ao regime cambiário, mas ao Direito Contratual, mesmo que as partes tenham feito constar na cártula tratar-se de um pretenso título de crédito.

Por outro ângulo, a cada *tipo* de título de crédito corresponde um objeto juridicamente possível: o objeto da nota promissória, como exemplo, é uma obrigação de pagar quantia certa em dinheiro; não é lícito emitir uma nota promissória para afirmar a obrigação de entregar coisa certa, como ouro ou pedras preciosas. A cártula, portanto, deve conter obrigação que seja conforme à previsão legal, sob pena de não ter validade como título de crédito, servindo, quando muito, como mera prova da obrigação, submetida às regras do Direito Comum. Deve ser, ainda, lícito, respeitada a legislação genérica, ou seja, aquela que rege o conjunto dos comportamentos em sociedade. Não é válido, por exemplo, um conhecimento de depósito de folhas de maconha ou qualquer outro bem ilícito.

O objeto, ademais, deverá ser possível. Instrumentos que assinalem a constituição de obrigações impossíveis são, em geral, indicativos de atos que desbordam o Direito, utilizando-se de uma forma jurídica para, na verdade, brincar (*animus ludendi*), embora sejam também encontrados nas falsificações grosseiras (*animus fraudandi*), feitas para abusar da ingenuidade alheia em situações delituosas. Teria objeto impossível o título que expressasse crédito em moeda de sociedades há muito extintas, como a nota promissória em que se promete o pagamento de cinquenta mil dáricos de prata, moeda persa que circulava há dois milênios e meio. Também aquele que indica por beneficiário personagem inexistente, como a um saci, ou um cheque emitido contra o *Banco da Terra Encantada*. Por seu turno, seria juridicamente impossível um título que fosse emitido com um valor astronômico, como 400 quatrilhões de reais, notoriamente jocoso e despido de seriedade para ser aceito pelo mercado.

Também impossível é a obrigação assumida por quem já se encontra morto, ou se a data de emissão da cártula é posterior à data de emissão. Nesse sentido, lê-se na jurisprudência do Superior Tribunal de Justiça a nota de que, "comprovada a autenticidade da assinatura do emitente e tendo ele falecido antes da data de emissão do título, é materialmente impossível que essa data corresponda à realidade". Recurso

Especial 162.336/SP. Realça o relator que a ocorrência ou não de *erro material* no preenchimento da nota promissória não teria o condão de descaracterizar o rigor formal como elemento que integra a própria definição dos títulos de crédito. Em outras palavras, sendo a data de emissão requisito essencial à validade da cártula, o erro em seu preenchimento equipara-se à ausência desse requisito.

Ainda de acordo com o artigo 104, II, exige-se que o objeto do ato jurídico seja determinado ou determinável; uma vez mais, tem-se um parâmetro jurídico que exigirá, no âmbito dos títulos de crédito, certeza e liquidez na obrigação, dando executabilidade ao crédito. Não será válida, portanto, a cártula em que esteja anotada a previsão de entregar reais, sem precisar quantos, ou seja, sem igualmente definir a quantidade que permita precisar a obrigação. De acordo com o tipo de título, a determinação é requisito próprio da emissão, ou aceita-se que seja então determinável, chegando-se a um *quantum* preciso no momento em que vencida a dívida; no primeiro caso está o cheque, que deve ser preenchido indicando valor certo; no segundo caso, as cédulas de crédito, em que o valor ao final devido é uma combinação de fatores, como juros, correção monetária e, eventualmente, multa moratória.

3 EMISSÃO LÍCITA

A emissão deverá ser lícita. Portanto, não pode estar submetido a condições ilícitas, ou seja, contrárias à lei, à ordem pública ou aos bons costumes, incluindo as que privarem de todo efeito o negócio jurídico, ou o sujeitarem ao puro arbítrio de uma das partes (artigo 122 do Código Civil). Também não pode resultar de circunstâncias tipificadas como defeituosas e, portanto, anuláveis: erro ou ignorância (artigos 138 e seguintes), dolo (artigos 145 e seguintes), coação (artigos 151 e seguintes), estado de perigo (artigo 156), lesão enorme (*laesio enormis*) ou lesão no contrato (artigo 157) e fraude contra credores (artigos 158 e seguintes). Somem-se as previsões de invalidade anotadas no artigo 166 do Código Civil. Também, não é exigível a cártula que seja emitida para representar dívidas de jogo ou de aposta que, à luz do artigo 814 do Código Civil, não obrigam a pagamento, mesmo que se trate de empréstimo (mútuo) feito por terceiro, no ato de apostar ou jogar e para o jogo ou aposta, por força do artigo 815. Como dito pelo § 1º do artigo 814, a regra estende-se a qualquer contrato que encubra ou envolva reconhecimento, novação ou fiança de dívida de jogo; mas a nulidade resultante não pode ser oposta ao terceiro de boa-fé, o que, entre os títulos de crédito, tem maior repercussão em face dos princípios da autonomia, abstração e independência, nos termos em que os estudamos no Capítulo 2.

A questão, porém, não é tão simples, uma vez que se deve considerar a parte final do artigo 814 do Código Civil, segundo a qual, mesmo na hipótese de jogo ou aposta, não se pode recobrar a quantia, que voluntariamente se pagou, salvo se foi ganha por dolo, ou se o perdente é menor ou interdito. Tem-se, portanto, uma proteção jurídica contra o endividamento pelo jogo, mas preserva-se o jogo realizado, mesmo que se trate de um ilícito, o que, a meu ver, recomendaria a aplicação do artigo 166, II, do Código Civil (*é nulo o negócio jurídico quando for ilícito o seu objeto*). Curiosamente, não foi essa a opção do legislador, o que cria um conflito de normas que, acredito, deve ser decidido a favor do princípio insculpido no artigo 166, II, do Código Civil, permitindo a repetição de indébito do que se jogou ou apostou. Para os que assim não entendem, a parte final do artigo 814 do Código Civil deixará a relevante questão de saber se o título emitido foi entregue *pro soluto* ou *pro solvendo*; na primeira hipótese, ter-se-ia pagamento realizado, o que não dá azo à repetição do indébito; na segunda hipótese, seria lícito ao emitente opor ao credor, desde que não tenha circulado a carta, a exceção de dívida originária de jogo, anulando-se a obrigação.

Por outro lado, também não é lícita a emissão de título de crédito quando seu objetivo for fraudar lei imperativa, aplicando-se à hipótese o artigo 166, VI, do Código Civil. Como já tive ocasião de abordar, "a distinção entre o ato contrário à lei e o ato que se destina a fraudar a lei é tratada, em lição já vetusta, por Paulo, no *Digesto de Legibus* (Livro 29), afirmar que 'opera contra lei quem faz o que a lei proíbe, depois, em fraude à lei quem, salvadas as palavras da lei, elude o sentido dela' ('*Contra legem facit, qui id facit, quod lex prohibet: in fraudem vero, qui salvis verbis legis, sententiam eius circumvenit*')".[1] Facilmente se percebe que frauda a lei aquele que se usa da licença legal para atingir um fim ilícito, usando do ardil para agir aparentemente de forma lícita, quando tem objetivos ilícitos; é, portanto, um ilícito que se apura nas segundas intenções (as não aparentes) do ato. Por exemplo, é nula a emissão de uma cártula por aquele que se sabe falido e busca, no ato de criar e emitir a cártula, prejudicar os demais credores.

Finalmente, são nulas as obrigações que a lei taxativamente declare nulas, a exemplo da listagem que se encontra disposta no artigo 51 da Lei 8.078/1990 (o Código das Relações de Consumo), ou aquelas cuja prática a lei proíba, sem cominar qualquer sanção específica. Da mesma forma, não possui validade a obrigação que seja estipulada em negócio simulado, respeitando as particularidades do artigo 167 do Código Civil.

No entanto, é fundamental observar que tais defeitos somente podem ser objeto de contestação entre emitente e beneficiário, não atingindo a terceiros. Isso, em face do princípio da autonomia dos títulos de crédito, a determinar o que é chamado de inoponibilidade das exceções pessoais, como será estudado adiante. Dessa forma, a pretensão de anular o negócio jurídico que seja fruto de dolo e, destarte, invalidar a duplicata ou a nota promissória correspondente limita-se às partes; se o título foi transferido a outrem, não pode o devedor da obrigação pretender fazer

---

[1] MAMEDE, Gladston. *A advocacia e a Ordem dos Advogados do Brasil*. 2. ed. São Paulo: Atlas, 2003. p. 378.

valer sua pretensão contra esse terceiro, sendo obrigado a suportar a obrigação e, posteriormente, voltar-se juridicamente contra o endossante, com quem negociou diretamente, para indenizar-se do valor pago ao endossatário. Pode, até, pretender ser indenizado dos prejuízos materiais ou morais que tenha sofrido em virtude do ato ilícito, abusivo ou fraudulento que tenha sido praticado por quem o induziu a enganar-se, aplicados, respectivamente, os artigos 186, 187 e 166, VI, todos do Código Civil.

Para ser oponível aos terceiros, o defeito deve constar da cártula, nos limites em que seja lícito anotá-lo ali. É o caso, por exemplo, das cártulas que expressamente se vinculam a contratos, rompendo com o princípio da independência. Igualmente, é o caso dos defeitos que estejam presentes entre os requisitos mínimos do título, como é o caso da assinatura falsa.

4 FORMA PRESCRITA EM LEI

Criados para circular, os títulos de crédito são usados como *quase-moeda* no mercado, servindo para pagamentos, operações de desconto, como as realizadas por empresas de faturização (*factoring*) que, mediante a cobrança de percentuais sobre o valor do título, antecipam o valor do crédito. Essa confiança do mercado nesses papéis e nas promessas de pagamento ou entrega de bens neles anotadas, bem como na autonomia do o crédito ali representado, encontra lastro na unicidade de forma, cujo padrão encontra-se definido em lei. Portanto, para os títulos de crédito, a forma não é um elemento lateral, mas fundamental, diferenciando-os dos demais quirógrafos. A forma dos títulos de maior circulação, como cheques, duplicatas e notas promissórias, é conhecida por muitos que, assim, os aceitam com mais facilidade. A forma é, ela própria, fator de confiança para a circulação do crédito, atendendo aos interesses públicos envolvidos.

A questão da forma cambiária envolve aspectos gerais, próprios de todos os títulos, e aspectos específicos, que dizem respeito a cada qual. O elenco dos requisitos exigidos de todos os títulos de crédito está no artigo 889 do Código Civil: data da emissão, a indicação precisa dos direitos que conferem e a assinatura do emitente. São elementos indispensáveis e cuja ausência implicará a desnaturação do título de crédito, retirando-o do regime cambiário, passando a reger-se pelo regime ordinário das obrigações civis; é o que disciplina o artigo 888 do Código Civil, quando prevê que a omissão de qualquer requisito legal, que tire ao escrito sua validade como título de crédito, não implica a invalidade do negócio jurídico que lhe deu origem.

O ato de emissão (criação e colocação do título em circulação) não é solene, não se revestindo de forma especial. Basta que a pessoa, no exercício de sua capacidade civil, complete o modelo legal: preencha o papel que atenda aos requisitos, assinando-o. Também não há qualquer requisito formal para a colocação do título no mercado.

5   DATA DE EMISSÃO

O título deve trazer sua data de emissão, requisito que é essencial de acordo com o artigo 889 do Código Civil. A data de emissão é essencial para definir o regime aplicável ao título, diante da possibilidade de conflito de normas no tempo, bem como para permitir o cálculo do prazo prescricional. Se a cártula é emitida sem tal informação, o portador deverá preenchê-la antes de apresentar a cártula e exigir o seu pagamento.

"A jurisprudência das Turmas que compõem a Seção de Direito Privado do Superior Tribunal de Justiça firmou-se no sentido de que a data de emissão da nota promissória configura requisito essencial à sua validade como título executivo." Foi o que se decidiu no Recurso Especial 162.336/SP, realçando não ser possível sequer admitir datas irregulares, como datas de emissão posteriores à data de vencimento, data de emissão posterior à morte ou interdição do emitente, pois do contrário "não haveria critérios para se definir a real data em que emitida a promissória, à míngua de comprovação nos autos. Isso quer dizer que se poderia ter emitido tanto em 28/10/88 – como pretende a recorrente – como em qualquer outra data, já que o erro material poderia estar presente no dia, no mês ou ano de emissão".

A forma serve ao título de crédito, sendo que, descaracterizado este, resta ao credor (ou seus sucessores) o recurso à ação monitória ou à ação de cobrança. O crédito, em si, está preservado e, com ele, o Direito. Apenas perdem-se as faculdades cambiárias por desatenção ao formalismo é inerente aos títulos de crédito. A tese do mero erro material no preenchimento da data, como destacou o Ministro Sálvio de Figueiredo Teixeira, poderia ter resultados funestos. Aceitar a tese de erro material no preenchimento da data seria criar um precedente por meio do qual se poderia, sempre, colocar em dúvida a declaração, exigindo prova.

6   DATA DE VENCIMENTO

A data de vencimento do título não é um elemento essencial para a validade do título de crédito, compreendendo-se como sendo a vista a cártula que não contenha indicação de vencimento (artigo 889, § 1º, do Código Civil). A data futura de vencimento é termo final, criando um fato de execução diferida: são distintos o momento da criação da relação jurídica e o momento em que seus efeitos devem se produzir. Entre os dois momentos, tem-se uma situação assimilada à da condição jurídica (artigo 121 do Código Civil), embora o vencimento seja evento futuro e certo, assinalado no calendário civil. Mas o direito já está adquirido pelo credor, havendo apenas uma suspensão de seu exercício, vale dizer, do direito de exigir o pagamento (artigo 131), dependente da ocorrência do termo, isto é, da chegada no calendário civil do dia de vencimento anotado na cártula. Assim, permite-se que o credor pratique atos destinados a conservação de seu direito (artigo 130 combinado

135 do Código Civil), a exemplo do pedido de arresto, que exige "prova literal da dívida líquida e certa", não se referindo à exigibilidade.

Mesmo antes do vencimento, o credor também poderá requerer a insolvência do devedor, preservando assim seu direito ao tratamento isonômico com os demais credores do insolvente, cujas dívidas vencidas, ou não, estejam sendo pagas em seu prejuízo, destacando-se que a decretação da insolvência provoca o vencimento antecipado do crédito. Também o artigo 94, III, da Lei 11.101/2005, permite o pedido de falência, pelos atos enumerados naquele inciso, exibindo o credor seu título de crédito, ainda que não vencido. Some-se o direito de requerer sua habilitação no inventário, diante da morte do devedor, mesmo não vencido o título. Some-se ser lícito ao legítimo portador do título, mesmo quando não vencido, opor-se à deliberação da sociedade devedora de reduzir o capital, mediante a correspondente modificação do contrato, por considerar o capital excessivo em relação ao objeto da sociedade (artigo 1.084, § 1º, do Código Civil), no prazo de 90 dias, contado da data da publicação da ata da assembleia que aprovar a redução, desde que se trate de título líquido anterior a essa data.

Em oposição, previsto o *vencimento a vista* tem-se um fato de execução imediata, cujos efeitos produzem-se no patrimônio do credor no momento em que esse o desejar, no molde dos chamados *direitos futuros deferidos*. Dependem única e exclusivamente da vontade do credor para que sejam integrados a seu patrimônio, já que estão presentes todas as condições para que sejam exigidos, ou seja, para que se possa converter o crédito (posição ativa na obrigação do devedor indicado na cártula) em bens (seja pecúnia, seja coisas). A emissão a vista pode resultar da lei, a exemplo do cheque, ou da vontade do emitente que (1) deixa de colocar a data de vencimento, quando é possível fazê-lo, (2) coloca data de vencimento igual à data de emissão ou (3) lança no título a expressão *vencimento a vista* ou similar, quando a lei o admita para aquele tipo cambiário. De posse de uma cártula com vencimento a vista, o credor tem um título líquido, certo e exigível ao pagamento nele prometido.

7   PRECISÃO DOS DIREITOS CONFERIDOS

Outro requisito mínimo indispensável à validade do título de crédito é a definição precisa dos direitos que são conferidos pela cártula, isto é, dos deveres que são assumidos pelo devedor indicado no instrumento e que poderão ser exigidos por aquele que esteja na sua posse legítima. É regra que, visivelmente, guarda relação com o princípio da literalidade, estudado no capítulo anterior: a declaração cambial deverá ser precisa e clara sobre a obrigação por ela representada. Esse requisito permite uma compreensão reversa: não só o emitente está obrigado à declaração clara e precisa da obrigação representada pela cártula, como o tomador, ao receber a cártula, está obrigado a tomar ciência de seu conteúdo, assumindo os ônus do recebimento: o que não está no papel, não está no mundo (*quod non est in cambio non est in mundo*).

Ressalva-se o caso de o terceiro saber dos vícios da relação de base: não há boa-fé daquele que, consciente de defeitos havidos na relação jurídica fundamental, aceita a circulação do crédito para, assim, beneficiar-se da autonomia das obrigações; afinal, não há retidão de propósitos, mas oportunismo e hipocrisia, pois pretende beneficiar-se de uma regra cunhada para proteger terceiros e o desconhecimento que os caracteriza, quando na verdade não há ignorância, mas ciência das particularidades e dos defeitos que marcaram a emissão da cártula.

Mas o que está na cártula vincula não só as partes, mas também terceiros que venham a participar da cadeia sucessória do título. As vinculações negociais a que se queira submeter a cártula, rompendo a independência do título para atrelá-lo a contrato, devem estar claras no papel, como agora aceita a jurisprudência. Se não estiverem presentes os indicativos precisos de tal vinculação, ela se restringirá às partes que participaram do negócio originário ou que têm plena consciência de seus elementos, nos moldes expostos no parágrafo anterior.

O poder de definição e precisão dos direitos, no espaço físico da cártula, não é ilimitado. Há cláusulas que não são consideradas lícitas e cujo registro, se feito, deverá ser considerado como inexistente. Assim, consideram-se não escritas no título (artigo 890 do Código Civil) a cláusula de juros, a proibitiva de endosso, a excludente de responsabilidade pelo pagamento ou por despesas, a que dispense a observância de termos e formalidade prescritas, e a que, além dos limites fixados em lei, exclua ou restrinja direitos e obrigações. A previsão de exclusão de responsabilidade pelo pagamento seria ato que desnaturaria o título de crédito, não sendo, como visto, disposição legalmente livre para as partes que, sob tal aspecto, não têm liberdade de pactuação; preserva-se, assim, a segurança e a confiabilidade do instituto.

No que se refere às despesas, deve-se recordar que o artigo 325 do Código Civil presume a cargo do devedor as despesas com o pagamento e a quitação; essa presunção, válida para todas as obrigações civis, toma, em relação aos títulos de crédito, um caráter de determinação intrínseca ao instituto, inarredável por força do artigo 890 do mesmo Código. Relevante, ainda, será questionar sobre a aplicabilidade ao Direito Cambiário da parte final do já citado artigo 325, prevendo que, se ocorrer aumento das despesas por fato do credor, suportará este a despesa acrescida. A previsão tem intenção nítida de preservação do equilíbrio das responsabilidades de devedor e credor pela satisfação da dívida que, como se sabe, é um direito de ambos, o que justifica, inclusive, a existência do procedimento da consignação em pagamento, via processual pela qual o devedor exerce seu direito de saldar sua obrigação. Ora, se o credor *encarece* o pagamento, determinando, com seu comportamento, despesas que não compõem o elenco habitual (conforme a lei, por um lado, bem como conforme a boa-fé e os usos do lugar, *ex vi* do artigo 113 do Código Civil), deve suportá-las, pois seu ato caracteriza ilícito civil, aplicando-se o artigo 187 também do Código Civil, verdadeiro abuso de direito que se concretiza no desrespeito aos limites impostos pelo fim econômico ou social da faculdade que lhe foi outorgada.

É preciso observar, todavia, que a regra do artigo 890 é geral e comporta as exceções que sejam legalmente previstas para cada tipo de cártula. Em fato, colhe-se do próprio Código Civil, em seu artigo 903, "salvo disposição diversa em lei especial, regem-se os títulos de crédito pelo disposto neste Código". Vê-se, portanto, que o próprio legislador pretendeu que o regime geral, definido no *Codex Civilis*, fosse o comum dos títulos, mas comportando-se às exigências próprias das especificidades de cada tipo cambiário. É o caso, por exemplo, das cédulas de crédito em que, ao contrário da norma geral, disposta no artigo 890, expressamente é aceita a cláusula de juros; na mesma toada, há títulos que comportam a chamada cláusula não à ordem, que lhe impedem a circulação por meio de endosso.

8 ASSINATURA

O título de crédito é uma declaração unilateral de vontade e, na forma estatuída pelo artigo 219 do Código Civil, as declarações constantes de documentos assinados presumem-se verdadeiras em relação aos signatários; emenda o artigo 221, a destacar que o instrumento particular, feito e assinado, ou somente assinado por quem esteja na livre disposição e administração de seus bens, prova as obrigações convencionais de qualquer valor. A assinatura é reconhecida, há muito, como uma marca pessoal, um dos atributos característicos da individualidade, merecendo estudos disciplinares próprios que fogem ao interesse específico deste livro. Importa observar ser característica que se crê personalíssima e, em virtude disto, direito da personalidade: é sinal caracterizador da pessoa e, mais, sua expressão gráfica para o nome, protegido pelo artigo 16 do Código Civil.

Não há exigência legal para que sejam utilizados esses ou aqueles materiais para que seja firmado o documento, razão pela qual se tem por válido o uso de qualquer tipo de caneta, esferográfica, tinteiro, bem como o uso de pena etc. A cor da tinta é, por igual, indiferente, assim como não há exigência de uniformidade de tinta ou de canetas entre o texto e a assinatura. Pode-se lançar a assinatura mesmo a lápis, de cor ou de grafite, ainda que este último tenha por característica ser apagado, risco que correrá o portador. Aliás, segundo Magarinos Torres, "quanto à possibilidade de ser feita a lápis a assinatura do emitente (e portanto, também, a de qualquer outro obrigado), vede além de Saraiva, citado no texto, a copiosa bibliografia compendiada por J. Netto Armando, advogado em Juiz de Fora, Estado de Minas Gerais, em parecer publicado na *Revista de Direito Comercial*, de Adamastor Lima, vol. 4, 2º trimestre de 1934, pág. 133".[2] Todas essas questões resolvem-se pela atenção ao

---

[2] *Nota promissória*: estudos da lei, da doutrina e da jurisprudência cambial brasileira. 4. ed. São Paulo: Saraiva, 1935. p. 23.

requisito, que é pura e simplesmente a assinatura do emitente; essa é a essência: identificar-se a firma que permite vincular a pessoa à obrigação cambial, sendo acessória a base material da *graphos*.

Poder-se-ia questionar o que deve conter a assinatura, sendo relevante cogitar da obrigatoriedade ou não de serem grafadas todas as partes que compõem o nome para que seja válida; sabe-se que muitos pretendem grafar apenas uma parte ou algumas partes de seus nomes, ou empregando-se abreviaturas (as iniciais). A discussão fica ainda mais interessante, lembrando-se dos que pretendem ter por assinaturas sinais gráficos que, não obstante tenham – talvez um dia – guardado relação com a representação das letras do alfabeto comumente utilizadas, já não permitem a associação direta e imediata.

De acordo com o artigo 889 do Código Civil, a assinatura do emissor é requisito essencial do título de crédito. Essencial por ser a prova necessária e única de que a declaração unilateral de direito corresponde efetivamente ao emitente que, para tanto, deve firmá-la de *próprio punho*, ou por intermédio de procurador com poderes especiais para tanto.

É fundamental destacar que por assinatura tem-se a representação gráfica do sinal identificador do emitente ou de seu representante (legal ou convencional), não servindo para tanto a impressão do polegar ou qualquer outro artifício similar. Igualmente, não se admite que a cártula seja assinada a rogo do emitente, pois isso não preenche a finalidade legal. Dessa forma, se o analfabeto quer emitir um título, deverá recorrer a procurador constituído por instrumento público. Apenas a assinatura do emitente é, como regra geral, necessária à validade do título de crédito; não se faz necessário haver assinatura de testemunhas. No entanto, pode o legislador, utilizando-se da licença acostada no artigo 903 do Código Civil, prever o contrário.

A assinatura deverá ser lançada pelo próprio emitente ou por representante com poderes suficientes para fazê-lo, hipótese em que a cártula guardará dependência do instrumento de procuração, a ele vinculando-se. A emissão por representante é corriqueira entre pessoas jurídicas, seja fruto de atribuição estatutária, seja fruto de outorga tácita, o que é comum na emissão de duplicatas pelos titulares ou mesmo meros empregados de contabilidade de grandes empresas. Pode também concluir-se por intermédio de procuração que disponha de poderes específicos para tanto, ou se for medida necessária ao cumprimento do mandato, como por aquele que, tendo poderes para adquirir determinado bem, firma as notas promissórias necessárias para seu pagamento. Reitere-se que o mandatário não se vincula à obrigação, desde que (1) aja nos limites dos poderes que lhe foram confiados, (2) sem desrespeitar os interesses do mandante, (3) exibindo o instrumento de procuração e (4) deixando clara sua condição de mero representante, inclusive no título. Se não consta no título, a condição expressa de representante, o terceiro de boa-fé poderá exigir o pagamento daquele que assinou a cártula, aparentando fazê-lo em nome próprio (*proprio nomine*).

Como o Direito brasileiro permite a outorga tácita de mandato (artigo 656 do Código Civil), um dos problemas sérios que se coloca diz respeito às situações em que o título de crédito é firmado por quem aparenta ser representante, dando a entender as circunstâncias em que o faz como mandatário e não em nome próprio. O Superior Tribunal de Justiça, no exame do Recurso Especial 10.041/PR, certificou, por sua Terceira Turma, ser "válida a cédula rural pignoratícia, emitida por empresa mandatária. A circunstância de que, segundo os estatutos desta, não poderia ser a mesma representada por apenas um diretor, não serve a invalidar o título, aceito de boa-fé pela instituição credora, em face da aparência de legitimidade da representação da mandatária". A afirmação da aparência, no entanto, exige cautela, implicando a aferição de elementos que permitam responsabilizar a pessoa pelos atos do terceiro que aparentam ter sido realizados em sua representação, evitando-se, assim, que a desídia da parte em verificar a situação que de fato se apresentava seja transformada em ônus do terceiro, transformado em mandatário por força das circunstâncias.

Bem a propósito, deve-se destacar que, de acordo com o artigo 47 do Código Civil, "obrigam a pessoa jurídica os atos dos administradores, exercidos nos limites de seus poderes definidos no ato constitutivo". A norma pode parecer de difícil execução no normal das relações jurídicas, onde a pessoa jurídica, via de regra, estabelece, por meio de seus administradores e representantes, relações com pessoas sem a mínima condição de apurar se, efetivamente, os que se apresentam em seu nome titularizam, por expressa disposição contratual ou estatutária, poderes bastantes para vincular o patrimônio da pessoa jurídica. Contratos e estatutos sociais tendem a ser peças herméticas, de difícil interpretação para o leigo que, assim, rege-se legitimamente pela aparência, no que protegido pelo direito. Distinta, no entanto, é a situação daqueles que tem o dever de ofício, fruto de sua condição profissional (e do seu exercício habitual, ou seja, da *profissionalidade*) de checar tais informações. Entre esses, inequivocamente, listam-se as instituições financeiras, que estão – ou deveriam estar – assessoradas por departamentos jurídicos capacitados a analisar os atos constitutivos de eventuais clientes e aferir se o administrador que pretende praticar atos em nome da pessoa jurídica representada. A meu ver, no comum das situações, o risco do negócio – do mútuo – é da instituição financeira, nunca do sócio ou acionista que regularmente limitou o poder do administrador da sociedade. A figura do risco do negócio tornar-se referência de consideração obrigatória, considerado o artigo 927, parágrafo único, em sua parte final, em suas íntimas relações – para o caso aqui examinado – com o artigo 187, ambos do Código Civil; em fato, caracteriza abuso de direito, vencendo os fins econômicos e sociais dos institutos examinados, pretender que o sócio, e não a instituição financeira, corra os riscos que são próprios da operação bancária.

A jurisprudência do próprio Superior Tribunal de Justiça revela, em outras oportunidades, maior rigor com a aplicação da teoria da aparência, como se verá na sequência. No precedente transcrito, todavia, diversos elementos foram colacionados para afirmá-la, inclusive o eloquente fato de ter sido a importância emprestada pela instituição financeira aplicada na propriedade rural da mutuante representada, a revelar a legitimidade na detecção da aparência. Não se deve afirmar a aparência sem prova robusta, principalmente quando o terceiro, pretensamente engano, tinha o dever funcional de saber, isto é, de questionar, de instruir-se, sobre a representação, como ocorre com as instituições bancárias que têm nesta atividade seu objeto social.

Por outro lado, não se admite a emissão de cártula feita pelo representante, em seu interesse, em nome do representado; vale dizer, não pode o representante emitir a cártula, em nome do representado, em seu próprio benefício, o que caracteriza conflito de interesses, a teor dos artigos 117 e 119 do Código Civil.

8.1 Assinatura falsa

A assinatura falsa, lançada no título, equipara-se à ausência de assinatura. Não constitui, portanto, exceção pessoal do devedor, mas exceção de natureza formal, que pode ser arguida em face do terceiro. O risco da firma falsa é de quem negocia com o falsário; é ele o sujeito passivo (a vítima) do comportamento delituoso. Apenas se provado que o comportamento do falsificado agravou o risco de falsificação se poderá transferir-lhe a responsabilidade pelo prejuízo sofrido por quem recebeu o título. Exemplifica-o a situação em que o falsário é um preposto daquele que teve a firma falsificada e, beneficiando-se da aparência de regularidade, oferece a cártula a terceiro que sabe da relação de proposição.

O Superior Tribuna de Justiça, em face do Recurso Especial 234.809/RJ, considerou que, havendo falsificação da assinatura, "o devedor pode promover, depois de iniciada a execução e mesmo não lhe tendo opostos embargos, ação para a declaração da falsidade da assinatura que lhe é atribuída no título executivo. Porém, essa ação não tem os efeitos que são próprios dos embargos." Houve votos vencidos. O Ministro Aldir Passarinho Junior entendeu que a matéria estava preclusa: "a defesa deveria ser agitada anteriormente à execução, ou, pelo menos, concomitantemente com o oferecimento de embargos à execução; esse é o sistema." A mesma opinião manifestou o Ministro Sálvio de Figueiredo Teixeira, para quem "pelo sistema vigente, a defesa se faz, como regra, pela via de ação de conhecimento, incidental, a saber, pelos embargos à execução ou embargos do devedor. Nesta diretriz, tenho que viola o sistema legal a substituição desses embargos, que têm prazo prefixado em lei, com preclusão, por ação genérica, declaratória, sem esse limite".

Compondo a maioria, o Ministro Barros Monteiro afastou a tese da preclusão por se tratar de alegação de falsidade da assinatura; assim, a matéria poderia ser posto em embargos, mas não opostos, poderá ser agitada em ação ordinária posterior que, contudo, não suspenderá a execução. A mesma posição manifestou o Ministro Cesar Asfor Rocha: a regra é o manejo anterior de ação declaratória ou dos embargos de devedor. Contudo, se paira dúvida sobre a higidez dos títulos executados, permite-se a ação cognitiva posterior. "No caso, o devedor aduz que há falsidade das assinaturas de crédito de seus aditivos o que faz não com meras alegações, mas trazendo em prol dessa assertiva um laudo pericial, como destacado pelo eminente relator, firmado por um perito de reconhecido conceito no Estado do Rio Grande do Sul".

8.2 Outras falsidades

Pode ocorrer de o título portar assinatura verdadeira, mas haver falsificação na declaração do crédito ou de seus acessórios, essenciais ou não para a validade da cártula. O falsário aproveita-se da emissão válida de um título de crédito para inserir alterações ilícitas em seu texto, aumentando o valor, alterando o vencimento etc. A meu ver, considerando a dinâmica dos fatos, fica patente que a vítima do ato ilícito (falsificação) não é o emitente, mas quem negociou a cártula com o falsário. É ele a vítima, como a vítima do falsário do papel-moeda não é o Banco Central, mas aquele que recebe a cédula falsificada ou adulterada. O emitente tem sua obrigação limitada ao valor que efetivamente lançou na cártula. A diferença deverá ser suportada pelos endossatários que se seguiram à adulteração. Aliás, havendo sucessão de vários endossatários após a transmissão pelo falsário-endossante, o prejuízo cabe ao primeiro endossatário, contra o qual pode regressar os componentes subsequentes da cadeia de endossos. Foi ele quem recebeu a cártula adulterada do endossante--adulterador, devendo suportar os ônus de voltar-se contra o falsário para chamá-lo a responder pelas consequências civis de seu ato.

No entanto, se o emitente, com seu comportamento comissivo ou omissivo, facilitou a ocorrência da falsificação, a responsabilidade pelos prejuízos advindos da falsificação é sua, retirada, por óbvio, a prejudicialidade da responsabilidade do próprio falsário. O maior exemplo é a entrega da cártula com partes em branco, para serem preenchidas pelo portador, hipótese na qual, tendo havido transferência a terceiro de boa-fé, deverá o emitente suportar todos os efeitos de sua imprudência – quiçá negligência – no preenchimento incompleto do título.

9 LOCAL

Os fatos jurídicos situam-se não apenas no tempo, como igualmente no espaço. Duas são as referências físicas possíveis no título de crédito: (1) o local de emissão e (2) o local onde deverá ser feito o pagamento, sendo perfeitamente lícito, mesmo quando não há prazo para o vencimento, estipular-se que o pagamento se fará a vista do título que, no entanto, deverá ser apresentado em lugar indicado na cártula. Aplica-se em tais casos a regra do artigo 134 do Código Civil: "os negócios jurídicos entre vivos, sem prazo, são exequíveis desde logo, salvo se a execução tiver de ser feita em lugar diverso ou depender de tempo".

No plano da teoria geral dos títulos de crédito, disposta no Código Civil, o local de emissão e o local de pagamento são informações facultativas na cártula. É o que se apura do artigo 889, § 2º, que afirma considerar-se lugar de emissão e de pagamento, quando não indicado no título, o domicílio do emitente. À luz do artigo 903 do Código Civil, combinado com os artigos 75 e 76 da Lei Uniforme de Genebra, o Superior Tribunal de Justiça, julgando o Recurso Especial 172.788/PR, entendeu que "a ausência da data e do local da emissão na nota promissória constitui irregularidade formal do título, a impedir a cobrança do valor respectivo pela via executiva".

Mais recentemente, dois precedentes da mesma Corte indicaram solução diversa: no julgamento do Agravo Regimental no Agravo 1.286.221/MG, julgado em 2010, entendeu que, ausente o local de emissão da nota promissória, a nota será considerada passada no lugar do pagamento e, simultaneamente, no lugar do domicílio do subscrito (artigo 76 da Lei Uniforme de Genebra). Outro precedente, o Recurso Especial 596.077/MG, aponta na mesma direção: A falta de indicação expressa do local para o pagamento da nota promissória pode ser suprida pelo lugar de emissão do título ou do domicílio do emitente. Constitui-se, portanto, em um requisito incidental da cambial.

O local para o pagamento da cártula, quando indicado, produz efeitos jurídicos relevantes, pois situa a obrigação no espaço, carreando para o credor a obrigação de, para obter o adimplemento da obrigação, apresentá-la no local precisamente indicado, não podendo exigir seja saldada em outro lugar, mesmo sendo este mais fácil para si ou sob o argumento de que ali também possui domicílio ou sede aquele que tem a obrigação do pagamento. Exemplo clássico é o cheque, cujo desconto *na boca do caixa* pode ser condicionado à apresentação do título na agência respectiva, indicada na cártula, ainda que outras existam na mesma praça do credor ou em outras praças. É claro que, se a instituição bancária oferece ao mercado a facilidade de um sistema interligado (*on-line*) entre as agências, está obrigada a cumprir tal oferta, garantindo o desconto em qualquer agência; essa, porém, não é uma obrigação cambiária, vale dizer, não se encarta no plano das normas específicas que regulam o cheque, mas obrigação de direito comum, própria da instituição bancária e não oponível ao sacador.

A definição do local do pagamento, ademais, possui efeitos processuais importantes. Como previsto no artigo 53, III, *d*, do Código de Processo Civil, a competência para o exame de pendências relativas a obrigações jurídicas, como se tem nos títulos de crédito, é o local onde devam ser satisfeitas.

10 EMISSÃO ELETRÔNICA

O amplo movimento transacional dos créditos, iniciado há séculos, prossegue em sua evolução, alcançando operações sem representação material, escrituradas eletronicamente. Assim, fala-se em *virtualização* ou em *desmaterialização* dos títulos de crédito. O Direito Cambiário deverá evoluir para superar a cartularidade (a identificação do crédito com o papel) e assimilar a virtualidade do *registro* eletrônico, que não se amolda aos princípios clássicos da cambiaridade: não oferece a certeza que o papel dá ao crédito, nem oferece o conforto antigo da assinatura. Essas mudanças são potencialmente desconfortáveis nas fases de transição, em que os cânones antigos convivem com novos paradigmas. Já não se pode mais dizer que o papel é base física necessária dos títulos de crédito e, consequentemente, elemento essencial do Direito Cambiário, excetuadas as hipóteses em que a lei ainda o exige, a exemplo da letra de câmbio (Decreto 57.663/66), nota promissória (Decreto 57.663/66), cheque (Lei 7.357/85) e duplicata (Lei 5.474/68), neste último caso, apesar dos esforços de se estabelecer, sem licença legal, duplicatas escriturais, como se estudará no Capítulo 10 deste livro.

O Direito Cambiário deve evoluir para ser compreendido como a disciplina jurídica que se ocupa da circulação do crédito, ou seja, das *obrigações a receber* (ou *recebíveis*, como prefere o mercado de capitais). Legislativa, doutrinária e jurisprudencialmente, aos poucos, estão sendo estabelecidas as novas bases do Direito Cambiário, adequadas à assimilação e tratamento dos créditos de *registro eletrônico*. Por ora, essa evolução dá-se pela ampliação do rol dos chamados títulos de crédito impróprios, a exemplo do certificado de depósito agropecuário e do *warrant* agropecuário que, uma vez emitidos em papel, devem ser custodiados por uma instituição financeira, passando, então, a ter existência eletrônica, passando a ser negociados no mercado de valores, conforme estipulação da Lei 11.076/2004. Não é só. A letra hipotecária é um título de existência meramente escritural, com emissão facultativa de cártula, o que também ocorre com cédula hipotecária e a letra de crédito imobiliário, por força do que se encontra estipulado na Lei 10.931/2004.

Nesse contexto, não se pode deixar de destacar o artigo 889, § 3º, do Código Civil, ao permitir que o título seja emitido a partir dos caracteres criados em computador ou meio técnico equivalente e que constem da escrituração do emitente. O movimento negocial de *títulos com existência escritural* (ou *títulos escriturais*), sem representação por cártula, é significativo, dando sustentação a operações vultosas no mercado de valores mobiliários. Mas essas relações pressupõem a normalidade, oferecendo dificuldades em face da controvérsia e do inadimplemento. Nesses instantes, coloca-se o problema da prova dos fatos jurídicos, tornando indispensável o recurso à materialidade: a impressão de uma base física a partir do *registro eletrônico*.

Em fato, o artigo 212, II, combinado com o artigo 225, ambos do Código Civil, pontuam a juridicidade de documentos mecânicos e eletrônicos, ao referir-se a reproduções fotográficas, cinematográficas, aos registros fonográficos e, em geral, a quaisquer outras reproduções mecânicas ou eletrônicas de fatos ou de coisas, aceitando-os como meios para se fazer prova plena dos fatos, se a parte, contra quem forem exibidos, não lhes impugnar a exatidão. Tais disposições servem para acolher e resolver parte dos conflitos instaurados com a multiplicação de relações que se dão em paisagens eletrônicas. As operações bancárias com cheques são paulatinamente substituídas por transações eletrônicas; em tais casos, a representação eletrônica da operação não é cópia do título, mas pretensa base eletrônica de sua existência, análoga ao papel. Os desafios de tais operações negociais, por certo, são muitos e provocam os juristas de hoje e amanhã, sem que possam contar com o auxílio proficiente de teorias específicas buscadas no passado, face à brutal inovação que o tema introduz.

As operações eletrônicas são uma realidade; o grosso do crédito circulante no mundo não mais tem base material, expressando-se em impulsos eletrônicos. São operações mais financeiras e mobiliárias do que de crédito. As instituições financeiras e mobiliárias, ao se aproveitarem dessas facilidades, visam benefícios e assumem riscos, sendo responsáveis por eventuais prejuízos, aplicado o artigo 927 do Código Civil, segundo o qual haverá obrigação de reparar o dano, independentemente de culpa, nos casos especificados em lei, ou quando a atividade normalmente desenvolvida pelo autor do dano implicar, por sua natureza, risco para os direitos de outrem.

11 MOEDA ESTRANGEIRA

São nulas as convenções de pagamento em ouro ou em moeda estrangeira, bem como para compensar a diferença entre o valor desta e o da moeda nacional, excetuados os casos previstos na legislação especial (artigo 318 do Código Civil). Essa norma aplica-se como regra geral ao Direito Cambiário: em princípio, não é lícita a emissão de cártulas, no território nacional, cujo valor esteja expresso em moeda estrangeira. O artigo 41 da Lei Uniforme de Genebra (Decreto 57.663/66) prevê a emissão de letras de câmbio que estipulam pagamento em moeda que não tenha curso legal no lugar do pagamento; porém, o artigo 7º do anexo II da convenção, outorga aos países signatários a faculdade de sustar, se o julgar necessário, em circunstâncias excepcionais relacionadas com a taxa de câmbio da moeda nacional, os efeitos da cláusula prevista no artigo 41 relativa ao pagamento efetivo em moeda estrangeira. A mesma regra aplica-se no que respeita à emissão no território nacional de letras em moedas estrangeiras.

A legislação especial é o Decreto-lei 857/69, que, em seu artigo 1º, repete a previsão de nulidade de pleno direito dos contratos, títulos e quaisquer documentos, bem como as obrigações que, exequíveis no Brasil, estipulem pagamento em ouro, em moeda estrangeira, ou, por alguma forma, restrinjam ou recusem, em seus efeitos, o curso legal da moeda nacional. É essa a norma que entre nós concretiza a exceção permitida no próprio tratado internacional (a chamada Lei Uniforme de Genebra).

O artigo 2º do Decreto-lei 857/69 excepciona algumas situações, nas quais a emissão de títulos em moeda estrangeira seria lícita, quais sejam: (1) contratos e títulos referentes a importação ou exportação de mercadorias; (2) contratos de financiamento ou de prestação de garantias relativos às operações de exportação de bens e serviços vendidos a crédito para o exterior; (3) contratos de compra e venda de câmbio em geral; (4) empréstimos e quaisquer outras obrigações cujo credor ou devedor seja pessoa residente e domiciliada no exterior, excetuados os contratos de locação de imóveis situados no território nacional; e (5) contratos que tenham por objeto a cessão, transferência, delegação, assunção ou modificação das obrigações referidas no item anterior, ainda que ambas as partes contratantes sejam pessoas residentes ou domiciliadas no país. Dessa forma, encaixando-se numa das hipóteses listadas, poderá haver emissão de título que contenha obrigação de pagar quantia em moeda estrangeira, sendo nulas as cártulas emitidas nas situações que desbordem tais limites.

No entanto, a Quarta Turma do Superior Tribunal de Justiça, julgando o Agravo Regimental no Agravo de Instrumento 612.405/MG, afirmou que "é legítimo o valor do título expresso em moeda estrangeira, desde que o pagamento efetive-se mediante a conversão em moeda nacional". No caso, executava-se uma nota promissória no valor de US$ 430.000,00, emitida por pessoa natural a favor de outra pessoa natural. Também no Recurso Especial 402.071/CE, julgado pela Terceira Turma, afirmou-se que a jurisprudência daquela Corte "já assentou a melhor interpretação do art. 1º do Decreto-lei nº 857/69, admitindo a contratação em moeda estrangeira, desde que o pagamento seja realizado pela conversão em moeda nacional"; citam-se neste último acórdão os seguintes precedentes: Recurso Especial 194.629/SP, Recurso Especial 90.875/RJ, Recurso Especial 86.124/SP, Recurso Especial 57.581/SC.

Mais do que isso, no julgamento do Recurso Especial 270.674/RS, decidiu-se que, "quando o título requer, apenas, a elaboração de cálculos aritméticos, não há falar em falta de liquidez, aí incluída a conversão de moeda estrangeira". Some-se o Agravo Regimental no Recurso Especial 466.801/RJ, relatado pelo Ministro Sálvio de Figueiredo Teixeira, à frente da Quarta Turma do Superior Tribunal de Justiça, no qual se examinava um contrato de cessão de direito de imagem firmado entre clube de futebol e um atleta profissional, no qual aquela alta corte decidiu que "é válida a contratação em moeda estrangeira, desde que o pagamento seja efetuado mediante a devida conversão em moeda nacional".

Há, portanto, uma controvérsia jurídica. Pode-se citar, ademais, um precedente mais antigo, de 1996, qual seja, o Recurso Especial 78.838/SP, julgado pela Terceira Turma, sendo relator o Ministro Waldemar Zveiter: "Legítimo é o pacto celebrado em moeda estrangeira desde que o pagamento se efetive pela conversão na moeda nacional. O legislador visou evitar não a celebração de pactos ou obrigações em moedas estrangeiras, mas sim, aqueles que estipulassem o seu pagamento em outro valor que não o cruzeiro – moeda nacional – recusando seus efeitos ou restringindo seu curso legal. Inteligência do artigo 1º do Decreto-lei 857/69. Na execução do título extrajudicial, com o valor expresso em moeda estrangeira, a conversão desta há de efetivar-se na data do ajuizamento da ação, e a partir daí incidirá a correção monetária do débito, de acordo com as regras estabelecidas pelo nosso Sistema Econômico Financeiro".

Para além dessa controvérsia, outros pontos merecem a atenção do jurista quando esteja diante de títulos emitidos em moeda estrangeira. No Recurso Especial 291.099/PR, a Terceira Turma do Superior Tribunal de Justiça examinou uma execução cuja inicial fora instruída com títulos em língua estrangeira, desacompanhados da tradução firmada por tradutor juramentado, na qual o Tribunal

Estadual confirmara a procedência de exceção de pré-executividade, pois "a expressão monetária neles impressa (dólar) revela estipulação de pagamento em moeda estrangeira". Conduzindo a maioria, o Ministro Antônio de Pádua Ribeiro reviu esse entendimento, ponderando que, "sendo possível a concessão de prazo para juntar o próprio título executivo, não há como recusar a mesma providência para o caso da tradução juramentada da cártula. Frise, ainda, que a extinção da execução não enseja a supressão do direito material vinculado às letras de câmbio, sendo facultado ao exequente ingressar novamente em juízo para reaver seu crédito. Ora, isso consistiria em dupla e desnecessária oneração do aparato jurisdicional a ferir de morte o princípio da economia processual".

Não é só. No mesmo Agravo Regimental no Agravo de Instrumento 612.405/MG, acima referido, julgado pela Quarta Turma do Superior Tribunal de Justiça, o Ministro Jorge Scartezzini disse: "Quanto à data da conversão do valor do título, verifica-se que o v. acórdão combatido entendeu como correta a data da propositura da ação e não a do seu vencimento, ao considerar que o risco de eventual variação decorreu, tão somente, da mora do devedor. Neste ponto, também, o v. aresto encontrou o respaldo desta Corte." Citou como precedentes neste sentido o Recurso Especial 57.581/SC e o Recurso Especial 195.078/BA, este último relatado pelo Ministro Ruy Rosado de Aguiar e merecedor da seguinte ementa: "A conversão da moeda estrangeira pode ser feita ao câmbio do dia do pagamento da nota promissória. Hipótese em que constou do título a opção pelo dia da liquidação. Art. 41 da Lei Uniforme de Genebra."

12 PARTES EM BRANCO

Questão relevante refere-se ao momento no qual deve portar o título todos os requisitos elencados anteriormente. O artigo 891 do Código Civil deixa claro não ser o momento da emissão, ao afirmar que o título de crédito, incompleto ao tempo da emissão, deve ser preenchido de conformidade com os ajustes realizados. Fica claro ser juridicamente possível a emissão de cártula que contenha partes em branco, o que nos remete à conclusão necessária de que o título deverá apresentar-se completo no momento de sua exigência, destacadamente se essa tiver por palco uma demanda judiciária, nos termos examinados.

A possibilidade da existência incompleta do título de crédito coloca a questão relevante de seu preenchimento, entendendo-se que o emitente, ao firmar e entregar o título com partes em branco, autoriza o portador a preenchê-las. Esse entendimento foi firmado pelo Supremo Tribunal Federal, ao editar a Súmula 387: "a cambial emitida ou aceita com omissões, ou em branco, pode ser completada pelo credor de boa-fé, antes da cobrança ou do protesto". O preenchimento, contudo, há que se fazer até o momento em que o credor – ou o portador, na hipótese de circulação da cártula – pretende a satisfação de seu crédito, principalmente se o leva à execução judicial. Foi o que decidiu a Terceira Turma do Superior Tribunal de Justiça, julgando o Recurso Especial 137.769/MG: "o portador do título pode preencher o claro, mas há de fazê-lo até o ajuizamento da ação; de contrário, ocorre carência de execução por falta de título executivo regular. Lei Uniforme, artigos 76 e 77. Ineficácia do título".

Essa autorização para o preenchimento, todavia, não é absoluta, realçando o artigo 891, como visto, que o preenchimento deverá concretizar-se em conformidade com os ajustes havidos pela parte. O excesso, contudo, poderá ser discutido apenas entre as partes originárias da emissão e, eventualmente, terceiros sucessores que tenham conhecimento do preenchimento abusivo. Se o título circula, o excesso não pode ser aposto a terceiros de boa-fé, em razão dos princípios já estudados.

Portanto, a entrega da cártula com partes em branco (ou apenas assinada em branco) não é, em si, um ato ilícito (Recurso Especial 187.594/MG). Agora, exigir a entrega de cártula em branco, para ser preenchida pelo portador, ao seu alvedrio, é ato ilícito (Recurso Especial 157.392/RS.

Se o preenchimento se faz de forma abusiva, poderá o devedor opor tal exceção ao credor, desde que não tenha havido circulação do título, que esteja na posse de terceiro de boa-fé. É o que se extrai do artigo 891, parágrafo único, do Código Civil, segundo o qual o descumprimento dos ajustes previstos neste artigo pelos que deles participaram não constitui motivo de oposição ao terceiro portador, salvo se este, ao adquirir o título, tiver agido de má-fé. O emitente que entrega título em branco a seu beneficiário ou a terceiro assume o risco dos efeitos do ato ilícito de preenchimento abusivo da cártula perante terceiro, considerando a possibilidade de circulação do título. Em tais circunstâncias, deverá suportar a execução, excetuada a hipótese de provar que o terceiro sabia ou deveria saber do defeito do título, fruto do preenchimento abusivo, hipótese em que, caracterizada a má-fé, torna-se possível argumentar com exceção pessoal em relação a esse. Se não há má-fé, responde o devedor pela incúria da entrega do título com partes em branco, e pode, posteriormente, voltar-se contra a contraparte do negócio fundamental para dela cobrar o que pagou indevidamente. Assim, como exemplo, se o portador do título o preenche com data posterior à da efetiva emissão, buscando furtar-se à prescrição, endossando-o na sequência, o endossatário que desconhece tal desconformidade tem o direito de receber o crédito, ainda que prescrita a obrigação no âmbito do negócio fundamental, cabendo ao devedor voltar-se contra aquele que lançou na cártula a data fictícia.

12.1 Extravio da cártula em branco

Há, sem dúvida, um risco mui grande a rondar a emissão de uma cártula com partes em branco, risco que é ainda maior quando se pensa numa cártula da qual consta apenas a assinatura, com todo o restante em branco. Basta que se pense na eventualidade de um extravio, situação na qual pode o título chegar às mãos de quem, de má-fé, o preencha a seu talante. Se a cártula é preenchida abusivamente pelo terceiro que a encontrou ou que dela se apoderou, vindo depois cobrá-la do devedor, haverá sempre a defesa do devedor em relação a este, já que o portador seria o autor do preenchimento abusivo. Considerada, porém, a hipótese de transferência de boa-fé, bem como as hipóteses de títulos sacados contra terceiros (letra de câmbio e cheque) que sejam preenchidos e sacados antes que o emitente possa opor-se ao pagamento, sustando-o, ter-se-á pagamento superior ao devido, o que, por certo, caracteriza dano, na forma do artigo 186 do Código Civil, e o correspondente dever de indenizar, previsto no artigo 927 do mesmo diploma normativo.

Por óbvio, o autor do preenchimento abusivo é, em última instância, o responsável pela indenização do prejuízo sofrido pelo sacador. A questão juridicamente relevante passa a ser a investigação de haver, ou não, para além dessa responsabilidade fundada no dolo (no preenchimento abusivo da cártula extraviada que se encontrou – ou que se subtraiu), uma responsabilidade pelo extravio. Em outras palavras: pelo extravio responde o próprio emitente, pela imprudência da emissão do título em branco, ou o portador, pela negligência na guarda do título em branco. Parece-me que a melhor solução para o problema é a segunda; não desconheço haver um risco na emissão do título com partes – algumas ou todas – em branco; contudo, é ato de tal forma regular que encontra previsão normativa, como se viu. É negócio admissível entre emitente e o beneficiário da emissão, a quem o título é transferido com os espaços a preencher; aceitando-o assim, o beneficiário aceita o mandato que lhe é outorgado, respondendo por ele e por seu fiel cumprimento.

Dessa forma, parece-me claro que aquele que recebe título com partes em branco assume, perante o devedor principal, não só a responsabilidade de o preencher em conformidade com o negócio de base, mas, igualmente, um dever de guarda, um dever de atenção para com o papel que porta. Se não é cuidadoso com a detenção da cártula, permitindo seu extravio, verifica-se negligência e, com ela, um ato ilícito passível de determinar o dever de indenizar os prejuízos verificados. Trata-se, porém, de uma regra geral, que exige em cada caso uma atenção redobrada para seus contornos (*quaestio facti*), em modo hábil a verificar ter havido mais imprudência do emitente do que negligência do detentor, ou mesmo hábil a identificar, quando esse for o caso, a existência de culpa concorrente.

13 ERROS E RASURAS

A existência de erros ou rasuras no título oferece um problema que merece, por certo, atenção, sendo de se questionar qual o efeito jurídico dos mesmos. Em primeiro lugar, os erros, desde que não causem dúvida sobre o conteúdo da ordem e sobre o atendimento aos requisitos legais, não têm o condão de invalidar o título. A regra geral é que o título deve ser compreensível e atender aos requisitos legais, o que não implica a obrigação de apresentar-se ortográfica e gramaticalmente correto. Em nada altera a obrigação, por exemplo, erros na grafia por extenso do valor, desde que não paire dúvida sobre o *quantum* sacado; são indiferentes, portanto, equívocos como *déis, sinco, otosentos, tresentos* entre outros. Como já dito, muitas dessas formas ortograficamente imperfeitas fazem parte da prática da emissão de títulos, tais como *hum* ou *treis*, lançados no cheque para evitar que o portador, de má-fé, transforme *um* em *onze* e *três* em *trêze ou trêsentos*.

O mesmo se diga em relação ao beneficiário, desde que, uma vez mais, o equívoco não conduza a dúvidas sobre o beneficiário. Quem se chama Gladston Mamede sabe-o bem: *Gladstone, Gladiston, Glaydston, Gladyston*, e um sem-número de variantes, mormente se combinadas com *Mamed, Mamedes, Mahmede* etc. Isso para não falar de *Antônio* grafado sem o acento circunflexo, Elizabete grafado com *s, th, te,* entre outros. O limite, o cânone, é a ausência de dúvida. Os erros na grafia da data também não invalidam a cártula, desde que, uma vez mais, não criem dúvida e, ademais, não tornem letra morta a exigência de que o cheque tenha data de emissão. Assim, *outubro, septembro* ou *setembrio* são erros insignificantes, ao contrário de *30 de fevereiro* ou *31 de abril*, que são datas inexistentes e, dessa maneira, não atendem ao comando legal de que a ordem seja datada. Na mesma linha, não são inválidas outras obrigações cambiais inequívocas se ortograficamente erradas: *agaranto, havilizo, endoço* etc.

No que diz respeito às rasuras, o problema torna-se mais grave, pois abre margem a uma possível adulteração da declaração da vontade, o que pode atingir a certeza do crédito. Obviamente, se a rasura se concretiza em elemento acidental, que em nada altera a constituição e definição dos aspectos da declaração de crédito, deve-se simplesmente desconhecê-la. É aforismo vetusto que "de coisas mínimas não cuida o pretor" (de *minimis non curat praetor*); assim, riscos que a nada atinjam, pequenos desenhos (figurativos ou abstratos). Rasuras no texto, mas que apenas apontem para correções ortográficas, sem qualquer possibilidade de adulteração, também devem ser perdoadas; é o caso daquele que escreveu secenta e, depois, esforçou-se para colocar dois "s" no lugar do "c".

Todavia, invalidam o título de crédito toda e qualquer rasura que seja lançada em elemento essencial, colocando para o intérprete a possibilidade de efetiva adulteração da declaração constitutiva da obrigação. Não se devem admitir rasuras nos números nem nas letras com que se grafam valores, datas, beneficiários etc., desde que o defeito permita questionar se outro não teria sido o enunciado emitido. Não se pode admitir, por exemplo, que haja inequívoca inserção de Silva ou Costa ao fim do nome, em outra letra ou com outra tinta. Embora não seja necessário que todo o título seja grafado com a mesma caneta ou lápis, ou a mesma máquina datilográfica ou impressora, não se devem admitir alterações na grafia de um elemento como 20 de abril ou situações afins.

Fundamentalmente, não se harmoniza a ideia de título de crédito com a dúvida sobre a obrigação declarada, princípio que deve nortear a interpretação nos casos de erro e de rasuras. De qualquer sorte, quando não houver norma específica a respeito, devem-se aceitar ressalvas feitas de próprio punho e/ou devidamente assinadas, desde que revelem inequivocamente o reconhecimento do erro e/ou rasura e a intenção, do obrigado, de corrigi-lo.

17

Transferência do Título de Crédito

1 ASPECTOS GERAIS

A cambiaridade é uma característica preponderante do título de crédito, instrumento que registra uma faculdade jurídica passível de circulação simplificada. Por isso, o artigo 890 do Código Civil prevê considerar-se não escritas no título, entre outras, a cláusula proibitiva de endosso, embora seja mera regra geral, podendo ser excepcionada por legislação específica de cada tipo de título de crédito (artigo 903 do Código Civil). Assim, em princípio, o devedor não pode se opor à circulação da cártula e, via de consequência, do crédito. No ato unilateral de emissão da cártula está implícita a possibilidade de circulação. A utilidade que justifica o regime especial do Direito Cambiário é a facilidade para a sucessão ativa na relação jurídica: a obrigação é certa, o devedor é certo, mas permuta-se a condição de credor, facultando-se à pessoa (indeterminável *a priori*) que ocupa tal posição no momento em que vencido o título exigir o cumprimento da obrigação.

Protegida pelos princípios da autonomia, da abstração e da independência, quando a cártula é posta em circulação, seu texto literal define o universo das questões jurídicas por ela implicadas. Na emissão do título, insofismavelmente, há um risco assumido pelo emissor, pressupondo-se estar ele cônscio disto: o que consta do papel deve afirmar-se perante qualquer um, pessoas que, mui provavelmente, não têm qualquer notícia das circunstâncias em que se concretizou a declaração documentada pela cártula. Desse modo, dá-se segurança a terceiros de boa-fé que, participando da cadeia sucessória do crédito, têm, por força de lei, seu universo de preocupações limitado ao papel. O emissor tem o ônus de considerar essa particularidade. Se faz a emissão ao portador, assume riscos ainda maiores, pois amplia consideravelmente os caminhos pelos quais pode trafegar seu crédito.

2   SUCESSÃO DE DIREITOS

Em função do princípio da cartularidade, a transferência da condição de credor da obrigação anotada no título faz-se por meio da transmissão física do papel correspondente. Com a transferência do título são transferidos todos os direitos que lhe são inerentes (artigo 893 do Código Civil). Há uma *sucessão ativa* na relação cambiária, mas apenas nesta. O limite da sucessão é a declaração unilateral (a obrigação jurídica de pagar ou de entregar determinada coisa) inscrita na cártula, não alcançando aspectos a ela estranhos, decorrentes do negócio originário, se o sucessor (endossatário) deles não tem conhecimento. É o efeito dos princípios cambiários já estudados, nomeadamente a literalidade e a autonomia. É distinto da *cessão de contrato*, na qual há sucessão na posição negocial, alcançando as respectivas faculdades e obrigações. Na transferência do título só se transmite o crédito, no contorno que se afere da cártula e da lei, inclusive no que diz respeito aos deveres do credor, não havendo falar em deveres advindos do negócio fundamental.

Trata-se de particularidade do Direito Cambiário, servindo aos objetivos de sua constituição. É um mecanismo jurídico que serve à circulação do crédito, estimulando-a. A transferência do título e, com ela, a sucessão ativa na obrigação por ele representada, erige-se em princípio essencial do Direito Cambiário e, assim, como característica marcante dos títulos de crédito. O título é mero instrumento afirmativo de uma obrigação a ser cumprida e faculta ao credor – esteja nele indicado ou simplesmente detendo-o, em se tratando de título ao portador – exigir o cumprimento da obrigação, quando vencido, ou transferi-lo a outrem, em qualquer negócio lícito havido, esteja vencido ou não. Ressalvados casos que aqui se estudarão, quem detém o título pode destruí-lo, doá-lo, negociá-lo, entregá-lo em pagamento, descontá-lo em operação de fatorização (*factoring*) etc. Mas, para tanto, deve utilizar-se obrigatoriamente da cártula, pois ela representa o crédito. O artigo 894, visivelmente, encampa o princípio da cartularidade, vinculando o exercício dos direitos inerentes ao título de crédito ao manejo do papel correspondente.

3   ANALOGIA À COISA MÓVEL

Consideram-se móveis para os efeitos legais os direitos pessoais de caráter patrimonial (artigo 83, III, do Código Civil). Consequentemente, o título de crédito não deve ser tomado apenas como instrumento que prova e representa uma obrigação, mas igualmente como uma coisa (*bem corpóreo*) móvel, lembrando-se que a cártula é a materialização do crédito nela inscrita, crédito que *circula fisicamente* a partir da transmissão do papel. Portanto, o artifício técnico, de considerar o título de crédito uma coisa móvel, vincula-se ao princípio da cartularidade: os direitos inerentes ao título são exercíveis e transmissíveis à luz do papel onde estão grafados, regra que está na raiz dos artigos 893 e 894 do Código Civil: o portador de título representativo de mercadoria tem o direito de transferi-lo, de conformidade com as normas que regulam a sua circulação, ou de receber aquela independentemente de quaisquer formalidades, além da entrega do título devidamente quitado.

Assim, é possível estabelecer-se usufruto sobre títulos de crédito (artigo 1.395 do Código Civil). O usufruto é um direito real sobre coisa alheia: a propriedade da coisa é de uma pessoa, sendo de outra pessoa (o usufrutuário) a posse, o uso, a administração e a percepção dos frutos (artigo 1.225, IV). O usufrutuário da cártula tem direito a perceber os frutos (juros) e a cobrar as respectivas dívidas, devendo aplicá-las, de acordo com o parágrafo único, de imediato, em títulos da mesma natureza, ou em títulos da dívida pública federal, com cláusula de atualização monetária segundo índices oficiais regularmente estabelecidos. De acordo com o artigo 1.410, VII, do mesmo Código Civil, o usufruto do título de crédito extingue-se, por culpa do usufrutuário, quando não dá às importâncias recebidas a aplicação prevista no parágrafo único do artigo 1.395.

A cártula também pode ser usada em dação em pagamento, forma alternativa de adimplemento, já que a paga não se faz em dinheiro, mas por *prestação diversa* da que seria devida ao credor, aceitada por esse. Essa aceitação é uma faculdade, e não uma obrigação, do credor (artigo 356 do Código Civil).[1] A dação de título de crédito em pagamento completa-se com a entrega da cártula, transferindo-se (cessão) os créditos ao credor (artigo 358), respeitada as regras específicas para cada tipo de título. Caso o *dador* do título de crédito não seja seu legítimo portador, restabelece a obrigação primitiva, ficando sem efeito a quitação dada, ressalvados os direitos de terceiros (artigo 359).

Não é só. Enquanto o título de crédito estiver em circulação, só ele poderá ser dado em garantia, ou ser objeto de medidas judiciais, e não, separadamente, os direitos ou mercadorias que representa (artigo 895). Mantém-se a unidade conceitual entre a cártula e a obrigação nele inscrita, mormente quando o título foi posto em circulação e percorre um caminho próprio no mercado, ao sabor dos negócios estabelecidos por seus portadores. Permitir que o crédito inscrito seja objeto de disposição ou medida judicial independentemente do manejo (entrega, exibição, apreensão etc.) de sua base física (o papel correspondente) é colocar em risco os interesses e os direitos do terceiro que o porta de boa-fé.

Arremato lembrando que o Código Civil, no artigo 324, prevê que a entrega do título ao devedor firma a presunção do pagamento, embora fique sem efeito

---

[1] Ao contrário do Código de *Hamurabi*, vigente na Babilônia (séc. XVIII a.C.). Em seu parágrafo R lê-se ser direito daquele que *recebeu grão ou prata* e não os tem para restituir, mas tem bens móveis (*bišum*, em acádico), *qualquer coisa que tiver em sua mão*, dá-los em pagamento, diante de testemunhas; isso poderia ocorrer várias vezes, e o credor não poderia opor-se (HAMURABI. *Código de Hamurabi* (introdução, tradução e comentários de E. Bouzon). Petrópolis: Vozes, 1976. p. 51). No Direito Romano, a regra é tal como em nosso Código Civil, atribuindo-se a Paulo a máxima "*aliud pro alio, invito creditori, solvi non potest*", isto é, sem o consentimento do credor, não pode ser paga uma coisa com outra (CARLETTI, Amilcare. *Dicionário de latim forense*. 6. ed. São Paulo: Leud, 1995. p. 209).

a quitação assim operada se o credor provar, em 60 dias, a falta do pagamento. Some-se o artigo 386, a dispor que a devolução voluntária do título da obrigação, quando por escrito particular, prova desoneração do devedor e seus coobrigados, se o credor for capaz de alienar, e o devedor capaz de adquirir.

4 TÍTULO AO PORTADOR

O título que não traz inscrito o nome do beneficiário do crédito ali afirmado é chamado de *ao portador*. Essa ausência pode decorrer do tipo societário, que não traz espaço destinado à inscrição do nome do beneficiário, ou simplesmente por não se ter preenchido o espaço correspondente. A emissão de títulos ao portador, contudo, não constitui faculdade ampla, sendo nulo o título que, sem autorização de lei especial, seja emitido ao portador (artigo 907 do Código Civil). Mas é norma que se interpreta, creio, temperada pelo artigo 891 do Código Civil, a permitir que o emitente delegue ao portador o ônus de preenchimento de determinadas lacunas no título. Destarte, não há falar em nulidade quando um título que não comporta cobrança por mero portador é entregue sem a indicação do beneficiário; há mandato para o preenchimento do campo pelo credor. Somente se o credor, até o momento de exercitar seu crédito, não se desonera de seu poder/dever de preencher o campo, expressando o nome do beneficiário, haverá falar em nulidade por se ter um título que, sem previsão legal, mostra-se emitido ao portador.

Aquele que detém o título ao portador presume-se seu credor, bastando apresentá-lo para exigir o cumprimento da obrigação representada pela cártula. É o que se afere do artigo 905 do Código Civil: o possuidor de título ao portador tem direito à prestação nele indicada, mediante sua simples apresentação ao devedor. A força da norma está no termo *possuidor*; diante de um regime análogo à coisa móvel, o legislador poderia ter usado o termo *proprietário do título*, como o faz o artigo 909. Afirma-se, assim, um *corte* entre os *cenários* ocupados pelo portador da cártula e o devedor da obrigação ali indicada: se o portador é o legítimo proprietário da cártula, ou se é mero possuidor (legítimo ou ilegítimo), não é questão que diga respeito ao devedor, obrigado que está a cumprir a obrigação anotada na cártula ou sofrer as consequências do inadimplemento. E se há perda, extravio ou subtração do título, há mecanismos para atender ao proprietário da cártula, como se estudará ao final deste Capítulo.

A regra, em relação ao título de crédito ao portador, inscrita no artigo 904, é a da transferência da titularidade a partir da simples entrega (*traditio brevi manu*) da cártula pelo cedente ao cessionário. Essa tradição é ato autônomo em relação ao título de crédito em si, bem como ao negócio fundamental e, até, ao cumprimento da obrigação pelo credor. Assim, são estranhos ao trâmite do título e à sua exigibilidade, quando vencido, o contexto e as circunstâncias negociais em que se deu a transferência da cártula; a regra vale para todas as transferências, na hipótese de terem sido múltiplas. Aliás, o título de crédito não pode ser reivindicado do portador que o adquiriu de boa-fé e na conformidade das normas que disciplinam sua circulação (artigo 896). É uma garantia à cambiaridade do título, valorizando sua transferência simplificada e protegendo a boa-fé dos terceiros que aceitam recebê--las. A posse de boa-fé da cártula é protegida, mesmo se o título entrou em circulação contra a vontade do emitente (artigo 905, parágrafo único). Há, na criação da cártula ao portador, um risco que é assumido pelo emitente. Mesmo se a criação é feita por brincadeira, se a cártula atende aos requisitos legais, o título e o crédito foram criados, submetendo-se ao regime específico do Direito Cambiário.

Essa construção jurídica desemboca na previsão de que o devedor só poderá opor ao portador exceção fundada em direito pessoal, ou em nulidade de sua obrigação (artigo 906), ou seja, na afirmação do princípio da inoponibilidade das exceções pessoais, corolário do princípio da autonomia das obrigações cambiárias, matéria estudada no Capítulo 2. Tal regra não está restrita à relação havida entre o devedor e o portador do título, mas alcança todas as demais *relações negociais diáticas* (entre os pares negociais), como entre um dos endossantes e seu endossatário.

Mesmo diante dessas particularidades da transmissão simplificada dos títulos ao portador, parece-me haver endosso na mera circulação física (tradição) do título ao portador, ocupando o transmissor a condição de endossante e o receptor a condição de endossatário. Endosso que pode não estar anotado na cártula, já que dispensável tal formalidade. Dessa forma, ter-se-ão regras próprias do endosso que se aplicarão à mera circulação física (tradição) do título. Assim, considera-se não escrita no título qualquer cláusula que estipule condição para a tradição da cártula, ou que pretenda uma cessão parcial do crédito ali anotado, preservando uma parte para outrem que não o portador, aplicado o artigo 912 do Código Civil. Exige-se, igualmente, que a tradição seja feita de boa-fé, como o deve ser o endosso.

5 TÍTULO À ORDEM

O *título à ordem* traz a indicação do beneficiário do crédito, mas permite que o pagamento se faça a outrem, à ordem do beneficiário nomeado no documento. Há, portanto, dois elementos básicos para sua caracterização: (1º) o título não apenas afirma a obrigação certa de um devedor certo, mas também traz a indicação de um beneficiário (um credor) certo; (2º) faculta-se ao credor nomeado na cártula ordenar que o pagamento se faça a outrem, seja indicando essa outra pessoa, seja não a indicando. Portanto, permite-se ao credor endossar a cártula.

Não se pode negar que o endosso do título à ordem, assim como a simples transferência do título ao portador, caracterizam, em sentido largo, uma forma específica (simplificada) de cessão de crédito. Afinal, o titular do crédito cede o transfere a outrem, operando-se uma sucessão subjetiva ativa na relação jurídica documentada pela cártula. Portanto, pode-se dizer que o endosso é espécie do gênero cessão de crédito (artigos 286 e seguintes do Código Civil). Mas a espécie é bastante distinta do gênero. O endosso é um ato jurídico unilateral que preserva autonomia, independência e abstração em relação ao negócio fundamental, no qual a cártula foi emitida, quando sejam essas as características, dadas em abstrato e/ou em concreto, do título. Não há, portanto, abrangência de todos os acessórios do crédito, tal qual estipulado pelo artigo 287 do Código Civil, já que esse está desvinculado do negócio subjacente. Ademais, o endosso é um ato jurídico simples por essência, não se lhe aplicando o rigor do artigo 288. Pelo contrário, o endosso exige apenas que o beneficiário nomeado no título lance sua assinatura no verso do título ou, lançando-a na face, que esclareça seu ato pela palavra endosso ou qualquer outra similar.

O endosso também não demanda notificação do devedor (artigo 290 do Código Civil). Pelo contrário, o endosso (*cessão de crédito cambial*, de natureza e regramento jurídico próprios) é um ato unilateral que compõe a essência do título de crédito: já na emissão da cártula, está implícita não só a autorização para que o crédito seja transferido, simplificadamente, a outrem, como também está implícita a ciência pelo credor de que o crédito poderá circular, em situação próxima à do papel-moeda, ainda que com particularidades inequívocas. São elementos essenciais do Direito Cambiário, inerentes à ideia de cambiaridade. Justamente por isso, não se beneficia o devedor da regra do artigo 292, segundo a qual fica desobrigado o devedor que, antes de ter conhecimento da cessão, paga ao credor primitivo. Quando a dívida está representada por um título de crédito, o devedor assume a condição jurídica de sujeito passivo necessário de uma apresentação, elevada à condição de requisito indispensável ao pagamento. É intrínseca à emissão do título de crédito a percepção de que o devedor conhece o seu credor quando este lhe apresenta o título, daí falar--se ser o título de crédito um documento de apresentação.

O devedor pode opor ao cessionário do crédito as exceções que lhe competirem, bem como as que, no momento em que veio a ter conhecimento da cessão, tinha contra o cedente (artigo 294 do Código Civil). Em oposição, no regime especial do endosso, marcado pela autonomia das relações cambiárias, as matérias de defesa do devedor estão limitadas às relações pessoais que tiver com o portador e/ ou endossatário do título, bem como exceções relativas à forma do título e a seu conteúdo literal da cártula, falsidade da própria assinatura, a defeito de capacidade ou de representação no momento da subscrição, e à falta de requisito necessário ao exercício da ação (artigo 915 do Código Civil).

Contudo, há princípios comuns ou, no mínimo, análogos. Assim, a faculdade de o cessionário e endossatário exercerem atos conservatórios do direito transferido, independentemente do conhecimento da transferência pelo devedor (artigo 293 do Código Civil). Some-se a previsão do artigo 296 de que o cedente não responde pela solvência do devedor, embora seja possível estipular o contrário, regra análoga à inscrita no artigo 914 do mesmo Código, embora se trate de norma geral, podendo a legislação específica prever o contrário (artigo 903). Mas não se pode falar, por descabida, na aplicação do artigo 297 do Código Civil, segundo o qual o cedente, responsável ao cessionário pela solvência do devedor, não responde por mais do que daquele recebeu, com os respectivos juros; mas tem de ressarcir-lhe as despesas da cessão e as que o cessionário houver feito com a cobrança.

Aplica-se, ainda, aos títulos de crédito, tanto quanto à cessão de crédito, a regra do artigo 298 do Código Civil, prevendo que o crédito, uma vez penhorado, não pode mais ser transferido; mas só tal regra, já que, para adiante, há particularidades próprias dos institutos aqui contrastados. Assim, o artigo refere-se expressamente à necessidade de o credor ter conhecimento da penhora, ao passo que, no Direito Cambiário, tal conhecimento será incontornável, uma vez que a constrição recairá, obrigatoriamente, sobre as cártulas representativas e materializadoras dos créditos, frustrando a possibilidade de sua circulação. Via de consequência, não há falar em pagamento pelo devedor que desconhece a penhora do crédito cedido, pois no Direito Cambiário tal pagamento se faz mediante a apresentação necessária da cártula. Isso, porém, não quer dizer que se furta ao devedor o direito de saldar seu débito.

6   CARACTERÍSTICAS DO ENDOSSO

O endosso é uma forma simplificada de transferência do crédito representado pela cártula, simples o bastante para facilitar a circulação do crédito. Essa simplicidade otimiza a operação e a aceitação do título, dinamizando as relações econômicas: as pessoas tendem a não temer o que compreendem e melhor compreendem o que é mais simples. Assim, para endossar o título, basta que o credor assine a cártula na parte da frente (anverso) ou na parte de trás (verso). Se o faz no verso (na parte de trás), basta assinar, não precisando colocar qualquer declaração, embora possa fazê-lo. Se o faz na frente, deve declarar a natureza do ato, não podendo simplesmente assinar.

Não há texto necessário para a expressão da cláusula de endosso; pode-se expressá-la simplesmente pela palavra *endosso*, seguida da assinatura. Qualquer outra frase de mesmo sentido terá o mesmo efeito, a exemplo de *Em endosso, Transfiro, Cedo o título*. Não há disposição gráfica necessária para o endosso: a cláusula e a assinatura podem ocupar uma mesma linha ou linhas diferentes, uma abaixo da outra. A Lei Uniforme de Genebra, ratificada pelo Decreto 57.663/1966, permite que o endosso seja lançado em folha ligada ao título (artigos 13 e 77); mas é norma específica e, por força do artigo 903 do Código Civil, aplicável apenas à letra de câmbio e à nota promissória. Para os outros títulos, o endosso deve ser lançado pelo próprio endossante no verso ou no anverso do título (artigo 910).

Na hipótese de título no qual se indicam múltiplos beneficiários, o endosso poderá ser assinado por qualquer um deles se o pagamento lhes foi ordenado alternativamente: *a Fulano ou Beltrano*. Neste caso, ambos são credores solidários, tendo o direito de exigir, independentemente da presença do outro, a totalidade do crédito, e, se o recebe, extinta está a obrigação do devedor (artigos 267 e seguintes do Código Civil). O direito de ceder o crédito é corolário do direito de exigi-lo. Assim, basta a assinatura solteira de qualquer um dos beneficiários solidários para que haja a transferência das cártulas. O que endossou, na forma do artigo 272 do Código Civil, aplicado por extensão, responderá perante o(s) outro(s) por seu ato, mas nunca o endossatário de boa-fé.

Se os beneficiários foram indicados em conjunto, a solução será diversa. O saque, neste caso, se faz usando a fórmula *a Fulano e Beltrano*. Neste caso, tem-se a afirmação de uma obrigação indivisível (artigo 258 do Código Civil) e, assim, o pagamento deverá fazer-se a todos conjuntamente (artigo 260, I) e, via de consequência, o poder para transferir o título exige igual participação. Destarte, o endosso, para ser válido, deverá trazer a assinatura de todos os beneficiários indicados, não possuindo qualquer valia o ato praticado por apenas um deles, excetuadas as hipóteses de outorga de mandato pelos demais.

O endosso também é uma declaração cambial e se submete ao princípio da autonomia. Trata-se de um ato jurídico unilateral (declaração unilateral de vontade), guardando autonomia não só em relação ao negócio fundamental da emissão do título, mas também em relação ao negócio de base da transferência do crédito: o fato jurídico subjacente ao ato de endossar é estranho ao endosso em si, desde que haja boa-fé. Tais fatos só podem ser arguidos entre endossante e endossatário, partícipes desse negócio, não envolvendo aqueles que estão antes ou depois na cadeia de sucessão do título, sempre com o cuidado de respeitar a boa-fé.

Essa regra comporta aplicação reversa, a impedir que o endossatário pretenda se imiscuir nas relações havidas entre as partes do negócio de base, batendo-se por sua validade para, assim, preservar a higidez do contexto de geração da cártula. Não há legitimidade para tanto, certo que "endossatário de título de crédito é imune às exceções pessoais que o sacado tem contra o sacador. A relação jurídica existente entre estes dois últimos é irrelevante para o endossatário. Nada do que ocorra entre eles (sacador e sacado), inclusive sentença de procedência do pedido declaratório de nulidade do título de crédito, atinge o portador de boa-fé da duplicata". Foi o que decidiu a Terceira Turma do Superior Tribunal de Justiça quando julgou o Recurso Especial 997.054/SP, como se lê no voto do relator, Ministro Humberto Gomes de Barros.

O endosso não tem qualquer causa necessária, sendo ato cambiário abstrato, além de não guardar relação com qualquer outro documento, refletindo o princípio da independência. O endosso somente transfere o crédito constante da cártula; nenhum direito ou dever acessório é transferido para o patrimônio do endossatário. Coerentemente, considera-se *cambiariamente* não escrita na cártula qualquer condição para a transferência da cártula e do crédito (artigo 912 do Código Civil). Não existe *endosso modal*, ou seja, submetido às *modalidades dos atos jurídicos*, cujas figuras típicas (mas não exclusivas) estão anotadas nos artigos 121 e seguintes do Código Civil, quais sejam a *condição*, *termo* e *encargo*. Não é possível submeter a eficácia do endosso a determinado evento (prazo, termo ou condição, em sentido estrito) ou prestação a ser cumprida pela contraparte. Deve manifestar a mesma simplicidade que marca a emissão da cártula.

Atente-se, contudo, para o artigo 888 do Código Civil. Embora se considere *cambiariamente* não escrita qualquer condição para o endosso, esse escrito pode se aproveitar a outras disciplinas jurídicas. No plano do Direito Cambiária, haverá endosso completo, independentemente da realização ou não da condição anotada, já que considerada não escrita; assim, o endossatário poderá exercer os direitos de legítimo portador, o que inclui exigir o adimplemento da obrigação e, se necessário, executá-la judicialmente. Mas considerar *não escrita* para o Direito Cambiário não é o mesmo que considerar ilícita a condição; a declaração aposta na cártula faz prova a favor do endossante que, mesmo não podendo limitar a circulação da cártula, poderá recorrer ao Direito Comum para a solução de controvérsias. Exemplifica-o aquele que endossa uma cártula e faz constar no endosso que o faz para o pagamento de determinada coisa, que lhe deverá ser transferida posteriormente; esse *modo* não possui validade para o endosso, que se completou; mas a cártula e a declaração nela inscrita fazem prova do negócio e permitem o aforamento de ação própria para exigir a entrega da coisa comprada.

O endosso não prescinde da transferência do papel. Respeitando o princípio da cartularidade, o endosso se completa com a tradição de título (artigo 910, § 2º, do Código Civil), já que é um *documento de apresentação* e somente à sua vista se fará o pagamento: há uma vinculação direta entre o crédito (que é apenas uma relação jurídica e, portanto, imaterial) e a cártula (que é um papel, uma base material). Para exigir o pagamento do devedor, o endossatário deverá (1) apresentar o título e (2) comprovar, pelo que nele esteja escrito, que é seu credor.

O endosso parcial é nulo (artigo 912 do Código civil). Mas é possível que a cártula seja endossada a mais de uma pessoa, solidariamente (*a Fulano ou Ciclano*) ou conjuntamente (*a Fulano e Ciclano*). No primeiro caso, ter-se-á solidariedade ativa sobre o crédito, ou seja, cada um dos endossatários assume a condição de credor solidário e, consequentemente, qualquer poderá exercer os direitos do título, exigindo do devedor o cumprimento da prestação por inteiro. Não há parcialidade, nem condição no endosso, mas mera cotitularidade, o que não é vedado pela lei. Também há cotitularidade no segundo caso; mas ambos serão credores de obrigação indivisível, devendo apresentarem-se em conjunto e exigir o pagamento ou endossar novamente o título (artigo 260, I, do Código Civil). Neste caso, o pagamento não poderá ser feito a um ou a outro, mas a ambos, já que o crédito se transferiu a eles, conjuntamente. Obviamente, não se aceitará qualquer sinal de emenda, incluindo diferenças de grafia, tinta, máquina datilográfica ou impressora na designação do cotitular, sob pena de ser aberta uma ampla janela para a prática de fraudes: bastaria ao portador ilegítimo acrescentar o seu nome, antecedido da conjunção ou, à frente do nome do endossatário para obter, ilicitamente, o pagamento da cártula. Tal acréscimo deve ser considerado rasura e, consequentemente, inválido.

Frise-se que o legislador previu a nulidade do endosso e não da parcialidade. Portanto, o endosso parcial não tem qualquer valia e não produz qualquer efeito; corresponde à ausência de endosso. Se o endossante conserva a cártula na qual se lê um endosso parcial, considerado ele não escrito, o devedor deve adimplir sua obrigação à vista da cártula, não se atendo ao endosso. Se a cártula está na posse do endossatário parcial, não terá ele legitimidade para exigir o pagamento (judicial ou extrajudicialmente), ainda que apresentando o título, já que a transferência parcial considera-se não escrita. Por fim, se aquele que recebeu a cártula em endosso parcial faz novo endosso para terceiro, estende-se a este último a nulidade originária, não havendo falar em boa-fé, certo que o defeito originário está inscrito na cártula, e é, portanto, explícita a nulidade.

Atente-se para os efeitos da *aplicação reversa* do *princípio da autonomia cambiária*: a nulidade do endosso parcial não conduz à nulidade do seu negócio de base, isto é, do negócio jurídico no qual foi acordada a transferência parcial do crédito. Aplica-se o artigo 888 do Código Civil, ainda que por exegese extensiva. O negócio se manterá válido, devendo as partes compor uma solução para substituir o endosso nulo. Aplica-se o artigo 170 do Código Civil: "se, porém, o negócio jurídico nulo contiver os requisitos de outro, subsistirá este quando o fim a que visavam as partes permitir supor que o teriam querido, se houvessem previsto a nulidade".

O endosso pode ser feito indicando-se ou não o endossatário. Nessa direção, encontra-se o artigo 910, § 1º, do Código Civil, permitindo ao endossante designar o endossatário, mas condicionando a validade do endosso a simples assinatura do endossante, dada no verso do título. Dessa forma, tanto se pode ter endosso quando o beneficiário do crédito, nomeado na cártula, lança no verso ou no anverso da cártula a declaração de a estar endossando, para determinada pessoa, ou não, quando no simples ato de assinar no verso do título, assinatura que caracteriza a transferência por endosso.

Se há indicação do nome para quem o título é transferido, tem-se o que se chama de *endosso em preto*; se não há tal indicação, tem-se o que se chama *endosso em branco* (artigo 913 do Código Civil). Em regra, não se exige a indicação do endossatário, ou seja, que o endosso seja passado em preto; o artigo 910, § 1º, é expresso ao afirmar que o endossante *pode* designar o endossatário, e não que ele *deve* designá-lo. Assim, como reconhecido pelo mesmo artigo 910, § 1º, para a validade do endosso, dado no verso do título, é suficiente a simples assinatura do endossante.

Atente-se ao artigo 910, § 1º, do Código Civil: o endosso em preto, isto é, a declaração expressa de que o crédito (e a cártula) está sendo transferido para outrem, nomeado no texto, pode ser lançado tanto no verso, quanto no anverso (*na frente*) da cártula; o endosso em branco, isto é, o endosso sem texto expresso e, principalmente, sem indicação do endossatário, só pode ser lançado no verso da cártula. A regra tem o efeito de evitar confusões na interpretação da assinatura solitária, deixando claro que, posta no verso, não caracteriza aceite ou aval, mas apenas endosso da cártula e do crédito.

A permissão legal para que o beneficiário nomeado na cártula transfira a obrigação por meio de endosso em branco, caracterizado pela simples assinatura no verso da cártula, tem o curioso efeito de trazer a cártula (e, via de consequência, a relação cambial) a uma situação ou condição análoga à do título ao portador. Em fato, com o endosso em branco, será credor do título aquele que se apresente com o mesmo; a mera tradição da cártula, enquanto *aberto* (em branco) o endosso, permite sua circulação, sem que haja nisso, *a priori*, qualquer ilegalidade e, destarte, sem que a tanto possa resistir o devedor. Mais do que isso, o endossatário, legítimo portador de um título de crédito emitido a favor de pessoa certa que o endossou em branco, pode endossar novamente o título, em branco ou em preto; ou pode transferi-lo sem novo endosso, pela simples tradição do título (*tradictio brevi manu*). Há os mesmos riscos do título ao portador, podendo ser subtraído. O endosso em preto da segurança à operação jurídica, além de provar a existência da transferência, mesmo para efeitos metacambiários, relativos ao respectivo negócio de base. Aliás, para usufruir dessa segurança, o portador poderá completar o endosso em branco, com seu nome ou de terceiro, tornando-o em preto (artigo 913 do Código Civil). Assim, mesmo se o nome do endossatário estiver em grafia e/ou tinta diversos, atestando que houve uma emenda ao endosso em branco, será válido, já que a emenda é expressamente considerada lícita pelo legislador.

É lícito cancelar o endosso, apagando-o, rasurando-o, sobrescrevendo "cancelado" ou "sem valor". Permite-o, ainda que implicitamente, o artigo 910, § 3º, quando considera não escrito o endosso cancelado. Como não é possível endossar o crédito em parte, o cancelamento parcial do endosso tem o mesmo efeito do cancelamento total, implicando considerar não escrita a declaração de endosso, ainda segundo o texto expresso do artigo 910, § 3º. Mas, destaco, o endosso não é a única forma para a transferência de um título à ordem. É a forma cambial mais simplificada. A aquisição de título à ordem pode fazer-se por meio diverso do endosso, apesar de ter efeito de cessão civil (artigo 919 do Código Civil), embora cuide-se de transferência com características próprias.

6.1 Data do endosso

A lei não determina, nem impede que o endosso seja datado. A datação do ato jurídico tem o mérito de lhe dar certeza cronológica, evitando não apenas discussões, como também a aplicação de regras de presunção, nem sempre tradutoras da realidade. Cuida-se de elemento não essencial dos títulos de crédito, embora possa produzir efeitos específicos, principalmente na definição das responsabilidades ao longo de eventual cadeia de endossos. Datar ou não o endosso é mera faculdade do endossante, que, no entanto, responde pelas dúvidas que possam surgir quanto à sua sequência, ou mesmo, perante terceiros de boa-fé, pelo preenchimento abusivo feito por qualquer dos portadores da cártula. Essa datação não tem forma prescrita em lei.

Nesse contexto, coloca-se a questão do chamado *endosso tardio*: aquele que é posterior ao vencimento do título, quando o crédito já está em condições de ser exigido. Fala-se, ainda, em *endosso póstumo*, expressão que é bizarra, já que póstumo é o que sobrevém à morte (no latim, *postumus*, com relações etimológicas com *post mortem*, ou seja, após a morte). De acordo com o artigo 920 do Código Civil, o endosso posterior ao vencimento produz os mesmos efeitos do anterior. A mesma previsão consta do artigo 20 da Lei Uniforme de Genebra que, conduto, emenda: "o endosso posterior ao protesto por falta de pagamento, ou feito depois de expirado o prazo fixado para se fazer o protesto, produz apenas os efeitos de uma cessão ordinária de créditos". A norma é repetida, em linhas gerais, pelo artigo 27 da Lei do Cheque. A meu ver, o silêncio do Código Civil sobre o tema deve ser interpretado, antes de mais nada, em conformidade com o artigo 914 do Código Civil, a prever não responder o endossante pelo cumprimento da prestação constante do título, salvo expressa cláusula em contrário. Afastada tal responsabilidade, não há razão para a exceção disposta na parte final do artigo 20 da Lei Uniforme, já que, sem a responsabilidade solidária pelo crédito endossado, já se tem uma situação análoga à cessão ordinária de créditos. Note-se, bem a propósito, que o artigo 20 fala em *efeitos* de uma cessão ordinária de créditos; efeitos, e não mudança da situação jurídica, ou seja, de endosso para cessão de crédito, com as características que são pertinentes a esta.

Portanto, a transferência do título, após seu vencimento, seu protesto por falta de pagamento ou quando já expirado o prazo fixado para se fazer o protesto faz-se, ainda, por endosso, ou seja, por simples aposição da assinatura do titular no verso do título; não é necessário recorrer aos procedimentos próprios da cessão de crédito, já que o legislador não o exigiu. Após o protesto por falta de pagamento ou a expiração do prazo fixado para se fazer o protesto, apenas os *efeitos* desse ato são os da cessão ordinária de créditos. Não se justificaria, em nada, pretender que após tais fatos o portador estivesse obrigado a recorrer ao procedimento da cessão de crédito, com instrumento público, ou instrumento particular revestido das solenidades do § 1º do artigo 654 do Código Civil e notificação do devedor. Afinal, desde a criação e emissão do título, o devedor já sabia ser da essência desse documento a circulação simplificada, e essa consciência não é, em nada, afetada pelo decurso do prazo para pagar, pelo protesto, ou pelo decurso, *in albis*, do prazo para protestar.

No exame do Recurso Especial 1.189.028/MG, o Superior Tribunal de Justiça frisou que o artigo 20 da Lei Uniforme de Genebra "estabelece que o endosso póstumo produz os efeitos de uma cessão ordinária de créditos e não que deva ter a forma de uma cessão de créditos". Assim, "como o endosso póstumo tem a forma de endosso, prescinde da notificação do devedor para ter validade em relação a ele, não se aplicando a norma do artigo 290 do Código Civil". O endosso póstumo não se presume. Ou há elementos objetivos no título, atendendo ao princípio da literalidade, a exemplo de data, para que se possa afirmar tratar-se de endosso feito após o vencimento, após o protesto, após a expiração do prazo para protesto e, mesmo, endosso feito após a prescrição do título.

7 SEQUÊNCIA DE ENDOSSOS

A circulação da cártula pode fazer-se (1) sem qualquer registro (títulos ao portador, cuja transferência dá-se por mera tradição); (2) com algum registro (título à ordem que, a qualquer momento, receba um endosso em branco, passando a circular em situação análoga à do título ao portador); e (3) com registro de todas as transferências (quando no título à ordem forem dados, sempre, endossos em preto). Também nos títulos nominativos deverá haver registro de todas as transferências, como se estudará na sequência. Quando a cártula lhe é apresentada e o pagamento exigido, o devedor deve verificar, no documento, se o apresentante está legitimado a exigir o pagamento. Considera-se legítimo possuidor o portador do título à ordem com série regular e ininterrupta de endossos, ainda que o último seja em branco (artigo 911 do Código Civil). Se há mais de um endosso, o devedor está obrigado a verificar a regularidade da série de endossos, embora não esteja obrigado a conferir a autenticidade das assinaturas lançadas na cártula (parágrafo único do artigo 911).

A verificação da regularidade da série de endossos faz-se pela aparência e não pela essência dos mesmos, não exigindo o Direito Cambiário que o devedor, antes de pagar, proceda a uma investigação meticulosa do que se passou na *trajetória de circulação* (isto é, na *cadeia* ou *série de endossos*) do título. Não se lhe exige que requeira a identificação de todas as assinaturas ou apresentação de cópias de documentos de identidade e similares. Não precisa telefonar para cada pessoa, nem as contatar por qualquer outra via. Isso, em muitas oportunidades, sequer é viável. Basta examinar o título, o que é sua obrigação, e verificar se há aparência efetiva de regularidade: se a assinatura aposta por endosso é legível, deve verificar se corresponde, ao menos, ao nome do beneficiário-endossante; se o conhece e a sua assinatura – o que não é raro –, deve observar se a firma não delira, por completo, daquela à qual está habituado; em se tratando de empresa, deve verificar se a assinatura foi lançada sobre carimbo ou outro indicativo de que o representante legal da mesma o tenha cedido àquele que o apresenta para saque ou depósito.

Se há mais de um endosso em preto, a mesma operação deve repetir-se em relação ao(s) endossante(s) subsequente(s), tantas vezes quanto se faça necessário, isto é, para todos os endossos, inclusive com especial atenção à sequência, que não pode apresentar-se interrompida. Essa interrupção indica apossamento injusto do título. Assim, se há um endosso em preto a *Caius Iulius Caesar* e não é ele quem apresenta a cártula, necessariamente deverá haver um endosso desse mesmo *Caius Iulis Caesar*, sendo indiferente se em preto ou em branco. Se não há endosso de *Caius Iulis Caesar*, todos os endossatários subsequentes perdem sua legitimidade. Obviamente, essa operação somente é possível em face do que se lê na cártula. Não se impõe aferir a legitimidade por operações e investigações que desbordem a cártula, face ao princípio da literalidade. Se o devedor não confere a sequência de endossos, assume o risco de ter que responder pelo pagamento feito indevidamente ao portador ilegítimo.

8 RESPONSABILIDADE PELO CRÉDITO ENDOSSADO

O endossante não responde pelo cumprimento da prestação constante do título (artigo 914 do Código Civil). Essa compreensão do endosso como simples transferência do crédito, sem responsabilidade do endossante pelo crédito, perante o endossatário e terceiros que venham a sucedê-lo, numa eventual cadeia de endossos, é o contrário do sistema que vigia até a edição do Código Civil, por força da Lei Uniforme de Genebra. Mas, por força do artigo 903, a regra geral, disposta no Código Civil, não prevalece sobre normas específicas. Assim, do artigo 914 não alcança a letra de câmbio e a nota promissória (artigos 15 e 47 do Decreto 57.663/1966), o cheque (artigo 21 da Lei 7.357/1985) e a duplicata (artigos 13, § 2º, e 18, II, da Lei 5.474/1968). Nesses títulos, sacadores, aceitantes, endossantes e avalistas são todos solidariamente responsáveis para com o portador, só se desobrigando se o devedor principal, ou algum outro devedor, com responsabilidade anterior, à dele, pagar a dívida.

A afirmação de que, em regra, o endossante não responde pelo cumprimento da prestação constante do título deve ser interpretada no âmbito do Direito Cambiário, apenas. Assim, não tem o condão de dar ao endosso da cártula, feito como parte de um negócio, um efeito *pro soluto* e não um efeito *pro solvendo*. Aliás, seria incoerente atribuir tal efeito ao endosso e negá-lo à emissão. Para garantir uma aplicação adequada do Direito às múltiplas situações possíveis, preservando-lhes a segurança e a especificidade, mantém-se a regra de apurar-se, caso a caso, a natureza da transferência, que poderá revelar-se *pro soluto* ou *pro solvendo*, respeitado, uma vez mais, o artigo 361 do Código Civil.

Contudo, mesmo aferido, em determinado caso, que o endosso concretizou-se *pro solvendo* da obrigação do endossante, a regra inscrita no artigo 914 impede que o endossatário pretenda exigir, no âmbito da execução judicial da cártula, o cumprimento da obrigação do endossante. Seu caminho será exigir o pagamento por meio ordinário, designadamente a ação de cobrança. Mas, se receber o pagamento por tal via ordinária, deverá, ainda assim, entregar a cártula ao endossante, pois será o meio para a execução do(s) devedor(es) anteriores. Sua validade, porém, em se tratando de endosso em preto, estará condicionada à legitimação do endossante, uma vez mais, na posição de legítimo credor. Isso poderia ser feito por um novo endosso, desta feita assinado por aquele que, anteriormente, fora endossatário. Mas há sempre a alternativa de simplesmente rasurar o endosso (artigo 910, § 3º, do Código Civil).

A previsão de o endossante que não responde pelo cumprimento da prestação constante do título é passível de ressalva constante em lei especial ou mesmo no próprio endosso (artigo 914 do Código Civil): o endossante pode assumir, por meio de cláusula aposta na cártula, a responsabilidade pelo adimplemento da obrigação representada pela cártula, tornando-se devedor solidário (artigo 914, § 1º): *"endosso, responsabilizando-me pelo pagamento"* ou fórmula análoga. Para endosso em preto: *"endosso a Fulano e Tal, responsabilizando-me pelo pagamento"*.

A condição de devedor solidário deixa o endossatário na mesma posição dos demais responsáveis pelo pagamento: devedor principal, aceitante e eventuais avalistas. Diante do inadimplemento, o credor pode exigir a totalidade do crédito de um, alguns ou todos eles. Se o endossante paga o título, tem ação de regresso contra os coobrigados anteriores. A referência *coobrigados anteriores* deixa claro que as obrigações constantes de uma cártula, *no que se refere aos devedores*, não se tomam num único plano, mas se superpõe em planos distintos, dependentes de seu momento jurídico no título. Antes de todos os codevedores está o devedor principal; na sequência, o seu avalista ou seus avalistas (iguais entre si); depois, o endossante, seguido por seu avalista ou avalistas (uma vez mais, iguais entre si); e assim sucessivamente. Trata-se do *princípio da anterioridade das obrigações cambiais*.

Imagine-se que A emitiu uma nota promissória, sendo B e C seus avalistas. D, que era o beneficiário, endossou-a a E que, na sequência, endossou-a a F e esse a endossou a Z, com o aval de G e H (avalistas do segundo endosso). Z, que é o credor, pode apresentar a cártula e exigir a totalidade do pagamento, indistintamente, de A, B, C, D, E, F, G e H. Aquele que paga, pode voltar-se contra os coobrigados anteriores, nunca contra os posteriores. Por exemplo, se D (primeiro endossante) paga, não pode pretender voltar-se contra o segundo endossante (aquele que, para si, foi endossatário), nem contra os garantes (avalistas) daquele endosso. A possibilidade de regresso estará limitada àqueles que, na história jurídica do movimento cambial descrito pelo título, lhe antecederam; no exemplo, apenas o devedor principal (A) e seus avalistas (B e C).

(1º) A (emissor) – (2º) B/C (avalistas) – (3º) D (endossante) – (4º) E (endossante) – (5º) F (endossante) – 6º G/H (avalistas) – Z (credor/apresentante)

O endosso do título à ordem, assim como a mera tradição física do título ao portador distanciam o devedor de seu credor e, via de consequência, distanciam o próprio título de crédito do negócio fundamental. Esse distanciamento, como visto no Capítulo 2, é protegido por princípios teóricos e legais, jurisprudencialmente ratificados, que são próprios do Direito Cambiário: a autonomia, a independência e a abstração.

9 DEFESA DO DEVEDOR

A história de um título (criação/emissão, circulação, cobrança e pagamento) não constitui um só negócio de múltiplas partes. Pelo contrário, as obrigações cambiárias são autônomas. Assim, a recuperação do contexto negocial de cada declaração cambiária só é licenciada àqueles que efetivamente participaram do fato de base, embora também sejam *contaminados* aqueles que, tendo consciência de vícios no negócio de base, aceitem receber a cártula, procurando se beneficiar da autonomia das declarações cambiária, o que caracteriza má-fé, em termos objetivos. A lei tomou o cuidado de limitar o alcance das discussões sobre o negócio de base a bem da preservação da segurança cambial, otimizando a aceitação dos títulos e, assim, sua aceitação. Assim, o devedor, além das exceções fundadas nas relações pessoais que tiver com o portador, só poderá opor a este as exceções relativas à forma do título e a seu conteúdo literal, à falsidade da própria assinatura, a defeito de capacidade ou de representação no momento da subscrição, e à falta de requisito necessário ao exercício da ação (artigo 915 do Código Civil).

Num primeiro plano, colocam-se os defeitos objetivos, como tal entendidos os que dizem respeito ao objeto da exigência, ou seja, à cártula ou à própria exigência em si: questões relativas à forma do título e a seu conteúdo literal, à falsidade da própria assinatura, a defeito de capacidade ou de representação no momento da subscrição, e à falta de requisito necessário ao exercício da ação. A falsidade da assinatura do emitente, aceitante, endossatário ou avalista, vê-se, é risco que assume o endossatário; em tais casos, tem-se um ato criminoso, suportando o endossatário as consequências de ter sido a vítima do falsário e/ou estelionatário que lhe transferiu títulos com obrigações inexistentes. Não pode pretender que aquele que teve sua assinatura falsificada, terceiro em relação aos fatos havidos entre ele e o falsário (e/ou estelionatário), suporte as consequências do ilícito, adimplindo obrigação que não assumiu.

Num segundo plano, colocam-se particularidades do negócio de base (relações subjetivas), embora limitadas às relações havidas entre credor e devedor. Eventuais defesas que poderiam ser arguidas por outro devedor (emitente, avalista, endossante), se dele fosse exigida a cártula, não se aproveitam. Pelo oposto, devem ser abstraídas, já que dizem respeito a outros negócios subjacentes.

No artigo 915, o termo *exceção* remete à *exceptio*, fórmula de defesa no processo judicial romano, sendo interpretada como defesa, contra-argumento, cujo meio processual poderá variar conforme a circunstância, a exemplo dos embargos do devedor ou da exceção de pré-executividade. Já o termo *devedor* interpreta-se de forma ampla: compreende todos os devedores da cártula e, assim, aplica-se àquele(s) eleito(s) pelo(s) credor. Inclui, por óbvio, o devedor principal, o(s) avalista(s) e o(s) endossante(s) que, por estipulação legal ou convencional, deva(m) responder pelo cumprimento da prestação constante do título, seja o avalista. Em qualquer situação em que se forme um par credor/devedor, só se faculta a defesa fundada em matérias objetivas ou questões pessoais que envolvam aquele credor e aquele devedor. Se envolvem terceiros (*o devedor e outrem* ou *outrem e o portador*), não são arguíveis.

Fica clara, aqui, a aplicabilidade do princípio da autonomia, embora com o tempero exigido pelos princípios da boa-fé, probidade e função social, conforme a evolução hermenêutica narrada no Capítulo 2 deste livro. Assim, dependendo das particularidades do caso concreto, deve-se abrandar o rigor formal da aplicação silógica das premissas normativas, sem considerar. É preciso separar, entre os tantos fatos reais, aqueles que se amoldam ao modelo pensado pelo legislador e, assim, merecem a rígida aplicação dos princípios cambiais, daqueles fatos que possuem particularidades, inclusive subjetivas (apuradas no plano da intenção dos agentes envolvidos), que exigem que a regra seja excepcionada, caminho pelo qual se pode dar a cada um o que é seu (*sum cuique tribuendi*), ideal da *arte* jurídica (*ius est ars boni et aequi*).

A boa-fé das partes envolvidas é um elemento que deve ser exaustivamente investigado. O próprio legislador reconhece, aliás, que a má-fé excepciona a autonomia das declarações cambiais e permite abordar outras matérias, mesmo que não digam respeito aos que, naquele momento, estão nas posições de credor (aquele que pode exigir e exige o adimplemento) e devedor (aquele de quem se pode exigir e se exige o adimplemento, seja ou não o devedor principal). É o que se percebe na leitura do artigo 916 do Código Civil, de cujo texto se extrai que as exceções, fundadas em relação do devedor com os portadores precedentes, somente poderão ser por ele opostas ao portador se este, ao adquirir o título, tiver agido de má-fé. Portanto, é um direito do devedor demonstrar a má-fé daquele que se pretende seu credor e lhe exige o pagamento. Obviamente, deverá trazer elementos que demonstrem a seriedade de seu argumento, sob pena de se determinar o julgamento antecipado da lide.

10 ENDOSSO-MANDATO

Compreendido o endosso como transferência da cártula que foi emitida à ordem, criou o Direito Cambiário hipóteses em que à circulação do título não corresponde a cessão do crédito nele inscrito, mas outra modalidade de negócio jurídico. É o caso do *endosso-mandato*, no qual a circulação (a *traditio*) da cártula não se faz para transferência (cessão) do crédito, mas apenas como parte de um negócio no qual o credor outorga a um terceiro poderes para atuar como seu representante, seu mandatário. Assim, a cláusula constitutiva de mandato, lançada no endosso, confere ao endossatário o exercício dos direitos inerentes ao título, salvo restrição expressamente estatuída (artigo 917 do Código Civil).

No *endosso-mandato* (*endosso-procuração ou endosso procuratório*), o título se transfere para que haja uma representação jurídica, um mandato. As partes são endossante-mandante e o endossatário-mandatário, sendo que este recebe daquele poderes para exercer os direitos que são inerentes ao credor da cártula. O endossatário-mandatário não é sucessor do endossante-mandante, mas apenas seu representante; não age em seu próprio interesse, mas no interesse daquele que lhe outorgou os poderes, seguindo as orientações daquele. Seus atos físicos, desde que contidos nos poderes em que foi constituído (artigo 116 do Código Civil), não são seus atos jurídicos, mas atos jurídicos praticados pelo mandante, vinculando à pessoa daquele e seu patrimônio. O endossante-mandante é o senhor dos negócios [*dominus negotti*] relativos à cártula, agindo em nome de outrem [*alieno nomini*] o endossante-mandatário.

O endosso por procuração é ato voluntário de constituição de poderes para representação, nos limites dos quais os atos do endossante-mandatário produzem efeitos em relação ao endossante-mandante (artigos 115, 116 e 653 do Código Civil). A cláusula de mandato será aposta na própria cártula, a exemplo de "endosso em mandato", "endosso para cobrança", "em mandato", sendo que a Lei Uniforme de Genebra aceita expressões como *valor a cobrar, para cobrança, por procuração*, ou qualquer outra menção similar que traduza uma simples outorga de mandato (artigo 18). Aceita-se a caracterização do endosso-mandato pela simples assinatura da cártula em seu verso (nunca na face, o que caracteriza aval). Afinal, o mandato pode ser expresso ou tácito, verbal ou escrito (artigo 656 do Código Civil), estando sujeito à forma exigida por lei para o ato a ser praticado (artigo 675) e não há requisito específico para caracterização do endosso mandato no Código Civil que, ademais, aceita o endosso pela simples aposição da assinatura no verso do título (artigo 910).

Contudo, a ausência de cláusula expressa cria um desafio: a aplicação da teoria da aparência e dos princípios cambiários da literalidade e da inoponibilidade das exceções pessoais. Afinal, a assinatura isolada no verso da cártula tem aparência de endosso translatício, ou seja, endosso no qual o crédito é cedido para o endossatário. Dessa forma, se o endosso-mandato, concretizado por simples assinatura no verso do título, pode ser provado por outros meios de prova, entre endossante-mandante e endossatário-mandatário, para os terceiros de boa-fé (que desconheçam tratar-se, de fato, de endosso-mandato), ter-se-á endosso translatício e, assim, o endossatário terá aparência legítima de titular do crédito. Apenas nas demandas que envolvam endossante-mandante e endossatário-mandatário se poderá demonstrar que a transferência se deu em mero mandato. Trata-se de um risco assumido pelo endossatário-mandatário, que poderia evitá-lo simplesmente completando a cártula para fazer constar a cláusula de endosso mandato. Pior será no título ao portador, no qual o mandato não precisa estar grafado na cártula, bastando que o legítimo proprietário entregue o papel àquele a quem outorga poder verbal para fazer valer seus direitos ao crédito. O mandatário, em tais casos, apresentará a cártula como portador, não sendo necessário sequer identificar-se como representante (artigo 901 do Código Civil).

A identificação do mandatário também é elemento não essencial. Se a cláusula genérica de outorga dos poderes não o identificar (endosso-mandato em branco), qualquer um que se apresente com o título estará legitimado a exercer os poderes conferidos pelo endosso procuratório; mais do que isso, a transferência da cártula para outro mandatário se fará sem que nada seja preciso anotar no título. Pelo ângulo oposto, se o endosso-mandato identifica o mandatário (endosso-mandato em preto), somente ele poderá exercer os poderes conferidos pela cláusula e, para que outro o faça, será preciso lançar no título outro endosso-mandato ou, melhor, um *endosso-substabelecimento*. Em todos os casos, reafirma-se que os princípios da aparência, literalidade e inoponibilidade das exceções pessoais preservam os direitos e os interesses do terceiro de boa-fé.

A cláusula de endosso mandato não demanda indicação do lugar onde foi passada, a qualificação do outorgante e do outorgado, a data e o objetivo da outorga com a designação e a extensão dos poderes conferidos (artigo 654, § 1º), embora tal não seja vedado e, se constar da cártula, dará maior segurança à operação. Do contrário, o uso de expressão genérica como *endosso em mandato*, *endosso para cobrança*, ou qualquer outra similar, compreende-se de forma ampla, isto é, a envolver todos os poderes próprios do mandato. Em função do princípio da literalidade, cláusulas ajustadas tácita ou expressamente, verbal ou por escrito, mas que não constem na cártula, não têm eficácia perante terceiros. É uma exigência dos princípios da segurança e da preservação da boa-fé dos terceiros, que orientam o Direito Cambiário.

Reitero: questões que não se possa ler na cártula, respeitado o princípio da literalidade, ainda que possuam eficácia entre o endossante-mandante e o endossatário-mandatário, são estranhas ao Direito Cambial e não podem ser opostas aos demais partícipes do movimento cambial do título, exceto se provado que delas tinham conhecimento, hipótese em que os princípios citados perdem sua razão de ser. Assim, não há falar em anulabilidade do negócio que o endossatário-representante estabeleça em conflito de interesses com o endossante-representado (artigos 117 e 119 do Código Civil), se tal conflito não se extrai da leitura do que está escrito na cártula, nem seja dever do ofício do terceiro saber (como, em certas hipóteses, dos bancos ou dos operadores de fatorização – *factoring*), certo que o artigo 119 inclui a figura do *dever de conhecimento*, próprio daqueles que exercem atividades profissionais para quem tais investigações sejam procedimentos de cautela, compondo a rotina dos cuidados que se devem tomar para a realização segura do negócio. O dever de conhecimento, ademais, alcança todos aqueles que, por manterem relações cotidianas com as partes, estavam obrigados, por certa razoabilidade, a certificar-se da legalidade e normalidade do negócio.

Em oposição, independentemente de constarem do título, aplicam-se ao endosso-mandato as regras sobre as obrigações do mandatário, como a aplicação de toda sua diligência habitual na execução do mandato, a indenização por qualquer prejuízo causado por culpa sua ou daquele a quem substabelecer, sem autorização, poderes que devia exercer pessoalmente. Some-se o dever de dar contas de sua atuação e de transferir ao mandante as vantagens provenientes do mandato, por qualquer título que seja (artigo 668 do Código Civil). Mas são questões que fogem ao âmbito do Direito Cambial, devendo ser resolvidas com a aplicação das regras do Direito Comum, por seus procedimentos específicos.

O artigo 917 do Código Civil prevê que a cláusula constitutiva de mandato, lançada no endosso, confere ao endossatário o exercício dos direitos inerentes ao título, mas admite restrição expressamente estatuída na cártula. Portanto, o endossante-mandante, se nada ressalva, outorga todos os poderes; caso deseje restringir tais poderes, deve fazê-lo expressamente na cártula. Por exemplo:

Endosso-mandato, sem poderes para protestar e/ou executar.
Titus Lucrecius Carus.

ou

Endosso para cobrança, sem poderes para substabelecer.
Júpiter Optimus Maximus.

Contudo, há direitos que não são conferidos ao endossatário-mandatário, salvo cláusula expressa na cártula. É o caso dos poderes para o endosso-translatício: se não há na cártula poderes expressos para endossar a cártula a outrem, com correspondente cessão do crédito, tal ato não será válido; o endossatário-mandatário só pode endossar novamente o título na qualidade de procurador, com os mesmos poderes que recebeu (artigo 917, § 1º, do Código Civil). Portanto, esse endosso tem efeitos de substabelecimento, respondendo o primeiro endossatário-mandatário por qualquer prejuízo causado por culpa do substabelecido se o *endosso-substabelecimento* se concretizar sem autorização do endossante-mandante original. Mas é apenas a regra geral. Ainda que o legislador nada tenha dito, é claro que o endossante-mandante poderá utilizar-se do expediente da ressalva expressa não para reduzir os poderes do endossatário-mandatário, mas para ampliá-los, desde que tal ampliação tenha conteúdo lícito, a exemplo de lhe permitir a concretização de endosso translatício. Por exemplo:

> *Endosso em mandato, outorgando poderes para eventual endosso translatício.*
> *Júpiter Optimus Maximus.*

É lícito ao endossante-mandante vedar *endosso-substabelecimento* (artigo 667 do Código Civil), desde que na cláusula constante da cártula. Se o faz, os atos praticados pelo beneficiário do indevido endosso-substabelecimento não são válidos e não obrigam o mandante. Essa regra alcança, inclusive, o devedor que paga àquele que se apresenta indevidamente como endossatário-substabelecido, sendo obrigação do devedor conferir a legitimidade do apresentante (artigo 911, parágrafo único).

Questão relevante diz respeito à possibilidade de o endossatário-mandatário, diante do inadimplemento do devedor, executar o título. Em primeiro lugar, mesmo havendo endosso-mandato, o endossante-mandante conserva legitimidade ativa para a execução do título, já que é ainda o seu titular. Só isso, porém, não afasta a possibilidade de o endossatário-mandatário, no exercício do mandato, executar o título em benefício do endossante-mandante. A reforma afirmativa, creio, se impõe. O endosso-mandato confere o exercício dos direitos inerentes ao título, salvo restrição expressa (artigo 917, *caput*, do Código Civil). Ora, se não há adimplemento voluntário, extrajudicial, sua execução é direito inerente ao título vencido, podendo o endossatário-mandatário providenciá-la, inclusive constituindo advogado para tanto. Fá-lo-á na qualidade de mandatário civil (representante civil).

A reforçar tal entendimento tem-se o artigo 918 do Código Civil que constitui, no endosso-penhor, situação análoga ao endosso-mandato, com igual conferência ao endossatário dos poderes para o exercício dos direitos inerentes ao título, bem como limitação da faculdade de endossar novamente o título recebido, o que só poderá dar-se na qualidade de procurador, salvo cláusula expressa em contrário. Ora, é dever do credor pignoratício cobrar o crédito empenhado, assim que se torne exigível (artigo 1.455 do Código Civil), podendo (1) usar dos meios judiciais convenientes para assegurar os seus direitos, e os do credor do título empenhado; e (2) receber a importância consubstanciada no título e os respectivos juros, se exigíveis, restituindo o título ao devedor, quando este solver a obrigação (artigo 1.459, II e IV). A visível similaridade entre as regências do endosso-mandato e do endosso-penhor aponta para a aceitação da constituição de advogado para a execução do título objeto de endosso-mandato, salvo cláusula expressa que o vede.

Com a morte ou superveniente incapacidade do endossante, o endosso-mandato não perde eficácia (artigo 917, § 2º). A regra comporta tempero, pois o endosso-mandato não traduz outorga de poderes ilimitados para o endossado-mandatário, que está obrigado a agir no interesse do endossatário-mandante, não apenas prestando-lhe contas de seus atos, como igualmente transferindo-lhe o crédito, quando o recebe. Por isso, é perfeitamente lícito que o endossante-mandante revogue os poderes outorgados ao endossatário-mandatário, tanto como é possível que esse renuncie a tais poderes (artigo 682, I, do Código Civil), devolvendo a cártula. Se há renúncia, deve o endossatário-mandatário devolver a cártula; se não o faz, assim como na hipótese de revogação do endosso-mandato, tem o endossante-mandante, na qualidade de legítimo proprietário do título de crédito, e aproveitando-se do fato de a cártula ter tratamento análogo à coisa móvel, aforar ação reivindicatória do título.

Assim, parece-me que o mesmo caminho é facultado aos herdeiros do endossante-mandante, assim como a seu curador. O artigo 917, § 2º, do Código Civil não conduz à irrevogabilidade do endosso-mandato, mas a uma presunção de continuidade do mandato, até que seja cumprida sua finalidade, qual seja, a satisfação do crédito, ou até que os herdeiros ou o curador, se assim lhes aprouver, revoguem a outorga de poderes e, mesmo, reivindiquem a cártula. A regra do § 2º do artigo 917 só impede o devedor de pretender fugir ao cumprimento da obrigação, sob o argumento da morte ou da interdição, acertado que essas não são questões que lhe digam respeito.

O devedor só pode opor ao endossatário-mandatário as exceções que tiver contra o endossante, excluindo, assim, eventuais exceções pessoais havidas entre devedor e endossatário (artigo 917, § 3º). O princípio da inoponibilidade das exceções pessoais tem, aqui, aplicação reversa.

O endossatário-mandatário é obrigado a aplicar toda a sua diligência habitual na execução do mandato, e a indenizar qualquer prejuízo causado por culpa (artigo 667 do Código Civil). Assim, no Recurso Especial 27.036/SP, a Quarta Turma do Superior Tribunal de Justiça reconheceu que, extraviada nota promissória por negligência do banco (endossatário-mandatário) encarregado de sua cobrança, pode o credor (endossante), com base nos artigos 186, 667 e 927 do Código Civil de 2002, dele exigir indenização correspondente ao valor do título, não estando obrigado a valer-se da ação de anulação e substituição (artigo 36 do Decreto 2.044/1908), sendo que, "uma vez paga a indenização reclamada, fica o endossatário-mandatário sub-rogado nos direitos – notadamente o de crédito – do endossante".

10.1   Ausência das restrições do endosso-translatício

Como o *endosso-mandato* não implica transferência do crédito, não se lhe aplicam restrições próprias do *endosso-translatício*. De abertura, cabe endosso--mandato nos títulos submetidos à cláusula *não à ordem*, ou seja, títulos nominativos, que não podem ser cedidos por meio de endosso. Embora proibido de transferir o crédito por meio de simples endosso, o beneficiário nomeado na cártula poderá endossar em mandato (ou para cobrança), o que não implica desrespeito à enunciação do emitente, já que ele, beneficiário, preserva a condição de titular (*dominus negotii*).

Na mesma senda, parece-me que o endosso-mandato não precisa ser puro e simples, como ocorre endosso-translatício. O endosso-procuratório pode reduzir os poderes do endossado-mandatário, assim como pode ampliá-los, como visto. Mas essa liberdade não chega ao extremo de permitir a desnaturação das declarações cambiárias; não permite, por exemplo, parcialidade no endosso-mandato. A transferência para cobrança se fará, obrigatoriamente, pela totalidade do valor sacado e, se ao mandatário se deu poder para receber apenas parte deste valor, não terá poder algum, sendo inválida a respectiva cláusula. Em contraste, será válida a cláusula que limite no tempo os poderes do mandatário. Por exemplo:

Endosso em mandato, válido até 8 de maio de 2011.
Júpiter Optimus Maximus.

ou

Endosso-mandato com validade até a expiração do prazo de apresentação
Titus Lucrecius Carus.

Essa possibilidade, todavia, pode encontrar limitações em determinados títulos, conforme suas particularidades. Assim, não terá validade cambial, perante o banco sacado ou terceiros, a cláusula procuratória que, lançada num cheque, determine ao endossatário-mandatário apresentar o título no futuro, não podendo ser considerada pela instituição financeira já que implica desrespeito ao artigo 32 da Lei 7.357/1985, como se estudará na sequência deste livro. Sua existência produzirá efeitos civis, restritos às relações entre endossante e endossatário, e, portanto, estranhas ao Direito Cambiário, a exemplo do que se passa nos cheques pós-datados, como se estudará posteriormente.

11 ENDOSSO-PENHOR

Outra situação jurídica na qual se tem endosso sem ter cessão de direito é o denominado endosso-penhor ou endosso-pignoratício. *Pignoratício* é adjetivo que decorre da ideia de penhor (*pignus*, em latim). Assim: *dívida pignoratícia, credor pignoratício* e devedor pignoratício. Nas dívidas garantidas por penhor, o bem dado em garantia fica sujeito, por vínculo real, ao cumprimento da obrigação (artigo 1.419). No caso que agora se estuda, tem-se um endosso que caracteriza penhor. Quando realizado, tem-se a circulação do título, mas em negócio que caracteriza penhor do título, que se submete ao regime da *res mobilis* por força de lei. O *endossante- -pignoratício* é o legítimo proprietário de um título de crédito que o entrega, para garantir o pagamento de uma obrigação sua, para seu credor; este, por receber o título em penhor, pode ser chamado tanto de *credor pignoratício*, quanto de *endossatário pignoratício*, conforme se privilegie, respectivamente, o negócio em que se originou o endosso ou o endosso em si.

Em fato, podem ser objeto de penhor direitos, suscetíveis de cessão, sobre coisas móveis. Aplicam-se, portanto, os artigos 1.451 e seguintes do Código Civil, definidores das regras do penhor de direitos e títulos de crédito. Contudo, essas normas cuidam de duas hipóteses distintas, com regimes próprios, quais sejam, (1) o penhor de direito e (2) o penhor de títulos de crédito. A diferença entre as hipóteses é proporcional à existente entre a cessão de direitos e o endosso de títulos de crédito, como estudado anteriormente, ainda que, em ambos os casos, tenha-se um crédito sendo oferecido como garantia da satisfação de uma obrigação. O penhor de direito constitui-se mediante instrumento público ou particular, registrado no Registro de Títulos e Documentos, sendo que o titular de direito empenhado deverá entregar ao credor pignoratício os documentos comprobatórios desse direito, salvo se tiver interesse legítimo em conservá-los (artigo 1.452, *caput* e parágrafo único). Sua eficácia está condicionada à notificação ao devedor que se declarará ciente da existência do penhor (artigo 1.453).

Diferente, é o regime do endosso-penhor, endosso-caução ou endosso-pig- noratício, a exigir apenas que se lance na cártula a cláusula constitutiva respec- tiva, bem como a entrega do título, o que confere ao endossatário-pignoratício o exercício dos direitos inerentes ao título (artigo 918 do Código Civil). Nada impede, porém, que se recorra ao procedimento aplicável ao penhor de direito, como se afere do disposto no artigo 1.458 do mesmo Código, segundo o qual o penhor, que recai sobre título de crédito, constitui-se mediante instrumento pú- blico ou particular ou endosso pignoratício, com a tradição do título ao credor. De ambos os dispositivos, quais sejam, os artigos 918 e 1.458 do Código Civil, tem-se por claro que o penhor de títulos de crédito é hipótese de *datio pignoris*, isto é, situação na qual a *coisa* dada em garantia (*in casu*, a cártula) é entregue ao credor-pignoratício, ou, para as particularidades do caso, transferida ao endossatário-pignoratício da cártula.

Essa exigência de entrega da cártula conduz-nos à inaplicabilidade, ao penhor de títulos de crédito, do artigo 1.456 do Código Civil, que cuida da hipótese de serem vários penhores sobre o mesmo crédito. Em fato, estabelecendo o artigo 912, pará- grafo único, da mesma Lei que é nulo o endosso parcial, não seria lícito endossar, ainda que em garantia, uma parte da cártula a uma pessoa e, posteriormente, outra parte a outra pessoa. O endosso deverá ser único, com a transferência do título ao credor (*datio pignoris*) por meio de endosso-penhor.

O endossatário-pignoratício é credor do endossante, não do devedor principal da cártula. A dívida deste não é um crédito seu, mas mera garantia de um crédito seu. O credor do título de crédito conserva-se o endossante-pignoratício; porém, a ausência do título, que é documento de apresentação, impede o exercício normal de seus direitos de crédito, submetendo-se a um regime especial, nitidamente focado na pessoa do endossatário-pignoratício, que conserva a cártula em sua posse.

É dever do endossatário-pignoratício praticar os atos necessários à conservação e defesa do direito empenhado, o que inclui a cobrança de juros e prestações acessórias compreendidas na garantia (artigo 1.454). Ademais, deve cobrar o crédito empenhado, assim que se torne exigível; cuidando-se de prestação pecuniária, o endossatário-pignoratício depositará a importância recebida, de acordo com o devedor pignoratício ou segundo decisão judicial; se consistir na entrega da coisa, nesta se sub-rogará o penhor (artigo 1.455). Não há autorização para que o credor, na condição de endossatário-pignoratício, retenha o valor que corresponde a seu crédito; vencendo o título, deve cobrá-lo e providenciar, conforme ajuste com o endossante-pignoratício, seu devedor, o depósito da mesma, aguardando-se o vencimento da dívida desse. Se não há acordo entre as partes, o endossatário-pignoratício deve depositá-la judicialmente. Só se a dívida garantida pela cártula já estiver vencida poderá o credor (endossatário-pignoratício) reter, da quantia recebida, o que lhe é devido, restituindo o restante ao devedor, ou a excutir a coisa a ele entregue (1.455, parágrafo único).

A previsão do *caput* do artigo 1.455 do Código Civil cria uma dificuldade jurídica para os casos de crédito em dinheiro. Em fato, tendo o credor-pignoratício recebido o crédito empenhado, como é sua faculdade e obrigação, e não concordando o seu devedor (o endossante-pignoratício) com a compensação com a dívida ainda não vencida, chegar-se à esdrúxula situação de *uma dívida em dinheiro garantida pelo penhor de dinheiro*. Não havendo acordo sobre a conta para o depósito desse valor, parece-me que o credor-pignoratício deverá usar o procedimento cautelar inominado, pedindo o depósito da quantia recebida.

Nesse caso, será indicada, como ação principal, a execução judicial do título no qual se constituiu o penhor, a ser aforada quando vencida a obrigação garantida pelo penhor, a ser ajuizada se o devedor-pignoratício não efetuar o pagamento nem concordar com a compensação; se concordar, o processo cautelar será extinto com julgamento do mérito, sendo condenado ao pagamento das custas judiciais e honorários sucumbenciais a parte responsável pela ausência de acordo sobre o depósito extrajudicial da importância, já que deu causa à demanda cautelar. Não havendo pagamento, nem acordo para compensar os valores, o credor-pignoratício aforará a execução, caso em que o numerário depositado converter-se-á em penhora. Nessa hipótese, o prazo decadencial para o aforamento da ação principal deve ser contado do vencimento da dívida-pignoratícia, pois só então ela será exigível.

O credor-pignoratício tem os seguintes direitos (artigo 1.459): (1) conservar a posse do título e recuperá-la de quem quer que o detenha; (2) usar dos meios judiciais convenientes para assegurar seus direitos, e os do credor do título empenhado; (3) receber a importância consubstanciada no título e os respectivos juros, se exigíveis, restituindo o título ao devedor, quando este solver a obrigação. São direitos inerentes à função e, como tais, dispensam expressão na cártula, sendo acessórios necessários do endosso-penhor. Se o endossatário-pignoratício apresenta a cártula ao devedor para que proceda a seu pagamento, não pode o devedor lhe opor as exceções que tinha contra o endossante, salvo se o endossatário tiver agido de má-fé (artigo 918, § 2º).

É ainda seu direito (4) fazer intimar ao devedor do título que não pague a seu credor, enquanto durar o penhor; a medida, contudo, é desnecessária em relação aos títulos de crédito, pois são, como visto, documentos de apresentação. Pela mesma razão, não há falar em aplicação do artigo 1.460, que é próprio do penhor de direitos ou de créditos fora do Direito Cambiário. Assim, a Terceira Turma do Superior Tribunal de Justiça, julgando o Recurso Especial 10.967/PR, pontificou que, se o devedor tem ciência inequívoca do endosso, desnecessária qualquer notificação do endossatário para não pagar ao credor originário enquanto durar o penhor, não sendo válido o pagamento feito ao sacador. Se, mesmo sabendo do endosso-caução, efetuou o pagamento a quem não era, então, o legítimo possuidor, não lhe socorre a ausência da notificação, de acordo com o entendimento.

É lícito ao endossatário de endosso-penhor proceder a nova transferência da cártula, mas essa só poderá caracterizar um endosso-mandato (artigo 918, § 1º, do Código Civil). Assim, o credor pignoratício será endossante-mandante e o endossatário, seu mandatário. Mandatário do credor-pignoratício e não do legítimo proprietário do título, endossante-pignoratício. No entanto, como há no endosso-penhor uma atribuição subsidiária de poderes para o exercício dos direitos inerentes ao título (artigo 918, *caput*), têm-se nítidos os efeitos de substabelecimento, devendo ser aplicadas subsidiariamente as regras a ele pertinentes, incluindo a responsabilidade do credor-pignoratício pelos atos de seu endossatário-mandatário. O endossante-pignoratício não pode se opor a esse endosso-mandato, certo ser figura prevista em lei (artigo 918, § 1º), salvo se fez tal restrição na constituição do penhor, por observação expressamente lançada na cártula.

Será nulo (artigo 166, VII, do Código Civil) qualquer outro tipo de ato de transmissão da cártula que pratique o credor-pignoratício, afora o endosso-mandato ou a entrega do título, devidamente quitado, ao devedor que paga a obrigação. Se há dúvida sobre a natureza da transmissão, pressupõe-se tratar-se de endosso-mandato. Se a natureza diversa é expressa (como novo endosso-caução ou um endosso-translatício), a nulidade do ato conduzirá à ilegitimidade da posse da cártula pelo terceiro.

12 TÍTULO NOMINATIVO

Ao contrário do que é comum ouvir, o título nominativo não é aquele que traz nomeado seu beneficiário (hipótese que caracteriza título à ordem), mas aquele que é emitido em favor de pessoa cujo nome conste no registro do emitente (artigo 921 do Código Civil). Sua característica distintiva é o lastro necessário com um registro específico, de responsabilidade do emitente da cártula. Note-se que o título nominativo não precisa conter o nome do beneficiário, deixa-o subentendido o artigo 923, em seu § 3º, quando diz "caso o título original contenha o nome do primitivo proprietário". O essencial, portanto, é o registro peculiar mantido pelo emitente, ao qual se vincula a cártula.

A transferência do título nominativo, em regra, é feita mediante termo que constará do registro específico, mantido pelo emitente, e que deverá ser assinado pelo proprietário e pelo adquirente (artigo 922). Afasta-se do regime translatício próprio dos títulos ao portador (a mera tradição do papel) e dos títulos à ordem (endosso, em preto ou em branco, bastando a assinatura, do beneficiário nomeado, no verso da cártula). Aliás, qualquer negócio ou medida judicial que tenha por objeto o título só produz efeito perante o emitente ou terceiros, uma vez feita a competente averbação no registro do emitente (artigo 926). A regra vale tanto para o penhor estabelecido em negócio civil, quanto para a penhora que seja determinada judicialmente em processo executório.

O endosso, porém, não é de todo estranho ao regime dos títulos nominativos. O artigo 923 permite a transferência da cártula por endosso em preto (que contém o nome do endossatário), embora seus efeitos, em relação ao emitente, sejam condicionados à averbação em seu registro, podendo o emitente exigir do endossatário que comprove a autenticidade da assinatura do endossante (artigo 923, § 1º). O endosso, portanto, substitui a exigência de que o proprietário-endossante e o adquirente-endossatário compareçam à sede ou ao estabelecimento em que o emitente mantém o registro nominal dos titulares de seus papéis, permitindo que o termo de transferência seja lavrado à vista do endosso lançado na cártula, assinando apenas o endossatário o termo correspondente.

Parece-me aplicável a figura do endosso em branco (artigo 913 do Código Civil), desde que seja completado, em conformidade com os ajustes realizados (artigo 891). Aliás, o § 2º do mesmo artigo 913 deixa patente, em acréscimo, serem lícitos diversos endossos no mesmo título, sendo direito do endossatário, legitimado por série regular e ininterrupta de endossos, obter a averbação no registro do emitente, comprovada a autenticidade das assinaturas de todos os endossantes.

Se o título nominativo contém o nome do titular, o que não é obrigatório, é direito do endossatário, ao averbar a transferência, exigir que um novo título lhe seja entregue, constando em sua face seu nome, devidamente anotado no registro do emitente (artigo 923, § 3º). As despesas de tal operação correm por conta do novo proprietário (artigo 924). Caso a transferência do título se faça por endosso, é fundamental que o título anterior seja conservado como prova da cessão, se não há assinatura do antigo proprietário no termo em que conste registro. Note-se que o artigo 925 prevê estar desonerado de responsabilidade o emitente que de boa-fé fizer a transferência pelos modos indicados nos artigos antecedentes; a boa-fé, porém, não afasta a responsabilidade pela regularidade do ato, que compartilha com o beneficiário da transferência.

Caso não haja qualquer vedação legal para o caso em concreto, faculta-se a conversão do título nominativo em título à ordem ou, mesmo, em título ao portador. Tais operações serão pedidas pelo proprietário e, sendo conformes ao Direito, concretizar-se-ão a sua custa.

13 DANO, PERDA, EXTRAVIO OU DESAPOSSAMENTO INJUSTO DO TÍTULO

Pode ser que a cártula experimente danos, perca-se, extravie-se ou seja subtraída. Para tais fatos, há solução para preservar os direitos do credor. São duas as situações possíveis: (1) dano ao título, que poderá ser total ou parcial; (2) perda, extravio ou desapossamento injusto (furto, roubo, apropriação indébita etc.) do título. Em termos processuais, são três os feitos possíveis: (1) ação de substituição de título de crédito, (2) ação de anulação e substituição de título crédito e (3) ação reivindicatória de título de crédito.

13.1 Ação de substituição de título de crédito

Para a validade do título de crédito é necessário que se apresente íntegro, nele se reconhecendo todos os requisitos legais. Não obsta o seu pagamento pelo sacado, nem a sua execução, o *mau estado*, como tal compreendido dobraduras, amassados, pequenos rasgos que não indiquem – ou permitam indicar – a intenção de invalidá-lo, manchas que não lhe afete os elementos essenciais (gordura, café, chá, por exemplo), queimaduras em áreas laterais (pontas, bordas e, mesmo, marca de cigarro, charuto, ferro de passar roupa ou outro objeto incandescente que, inadvertidamente, tenha tido contato com a cártula, ferindo-a, sem destruí-la). Somem-se, ademais, desbotamento, borrados e nervuras que indiquem exposição a líquidos ou umidade, rabiscos e desenhos (figurativos ou abstratos) e anotações que, não fazendo parte da emissão, nela não interfiram, nem prejudiquem a sua compreensão, inclusive garatujas produzidas pela intervenção de crianças, números de telefone que não guardem qualquer relação com as partes, setas etc. Arremate-se com poeira, terra e barro, mofo, carimbos que não tenham conteúdo cambiário, grampos, pequenos furos (como os provocados pela retirada, mais ou menos habilidosa, de grampos) entre outras intervenções sobre o papel.

Essencialmente, é preciso preservar a emissão, ou seja, não deve pairar dúvida sobre as declarações cambiárias, nem sobre a própria higidez do título, principalmente quando possa determinar uma eventual invalidação da cártula. Assim, se pela forma como foi rasgado, cortado, furado, riscado, manchado etc., possa decorrer um ato deliberado de desconstituir o título, a ordem não poderá ser acatada, o título não poderá ser executado ou, mesmo, protestado. Deverá ser considerado *título dilacerado*, exigindo a sua substituição voluntária ou fruto de mandamento judicial: o possuidor de título dilacerado, porém identificável, tem direito a obter do emitente a substituição do anterior, mediante a restituição do primeiro e o pagamento das despesas (artigo 908 do Código Civil). O pedido de substituição assenta-se sobre a conservação da cártula em condições mínimas para ser identificada, apesar do dilaceramento.

O termo *dilacerado* (artigo 908) interpreta-se em sentido largo e não só rasgado (*lacero*). Devem ser incluídos, para além das rasgaduras, qualquer dano ao papel, à sua base física: queimaduras, borrões de tinta ou resultado da exposição à água, manchas produzidas por qualquer substância, desbotamento, sujeiras diversas, entre outros. Qualquer forma de *destruição parcial*. Qualquer dano ao título, sem que seja resultado de ato deliberado de o destruir para dar a dívida por quitada, perdoada ou, simplesmente, invalidá-la, ou para renunciar ao crédito. Mas é essencial a manutenção, com o credor, da cártula danificada, em condições suficientes para ser identificada, já que deverá ser apresentada para que seja substituída.

A substituição do título de crédito danificado é, portanto, um direito do seu legítimo portador e um dever do sacador. Esse direito pode ser pretendido extrajudicialmente. Basta apresentar ao emitente a cártula danificada e pedir nova emissão, nos mesmos termos da anterior: data, local de emissão, entre outros elementos qualificadores. A faculdade pode ser exercida por meio de *ação de substituição de título de crédito*, não sendo a recusa extrajudicial um requisito processual. O portador legitimado pode, de imediato, pedir judicialmente a substituição da cártula parcialmente destruída. A existência de recusa pelo emitente ou por outros coobrigados em, voluntariamente, substituir o título e recompor as declarações nele originalmente apostas (endossos, avais etc.) é questão de fato que interessa, apenas, à definição da sucumbência.

Como as normas fazem menção ao *portador do título*, fica claro que a legitimidade ativa não está restrita ao proprietário, nem ao beneficiário nomeado na cártula. É direito que socorre a endossatários, mesmo na hipótese de endosso-mandato ou endosso-penhor, inclusive face à previsão legal de que a eles se transferem os direitos inerentes ao título de crédito. A ação de substituição de título de crédito será dirigida contra o emitente e contra todos os demais coobrigados, se existentes no título, a exemplo de avalista e de endossante. É indispensável instruir a petição inicial com o título danificado; sem tais restos, a ação a ser proposta será a que pede a anulação e substituição do título, a ser estudada na próxima seção. Não é necessário descrever a forma como o título foi danificado; essa questão só será relevante se, na contestação, o emitente alegar, como fato impeditivo do direito do autor, que a cártula foi danificada em face do pagamento, remissão ou renúncia ao crédito. Mas não bastará alegá-lo; será preciso prová-lo.

A demanda pode envolver, ademais, um aspecto acessório, qual seja, a complementação de algum elemento que não se pode ler no título dilacerado: valor, nome do beneficiário, data de emissão (relevante para aferimento da prescrição), existência de endosso e/ou de aval. Essa hipótese se apresentará sempre que o dano sofrido pela cártula atingir qualquer dessas informações da emissão, a exigir que o título dado em substituição repita o que, constando do título anterior, não mais se pode ler, no todo ou em parte.

Ao contrário do Código de Processo Civil de 1973, que cuidava da ação de substituição de título de crédito no artigo 912, atribuindo-lhe prazo específico, o novo Código de Processo Civil não o faz. Portanto, o feito é ordinário, regendo-se pelos artigos 318 e seguintes do novo Código de Processo Civil. O autor (legítimo portador) pedirá que o réu (emitente) ou réus (emitentes e coobrigados) substituam o título ou contestem a ação. Havendo a substituição voluntária do título, o juiz extinguirá a ação com julgamento do mérito e, à falta de contestação, não haverá condenação na sucumbência, certo não ter havido resistência e, portanto, nem vencidos ou vencedores. O autor arcará, portanto, com os honorários de seu advogado. Excetuar-se-á a hipótese de o autor ter alegado a recusa à substituição extrajudicial; a ausência de contestação caracterizará anuência com a procedência do pedido, incluindo a confissão ficta da recusa e, com ela, da resistência que motivou a ida ao Judiciário, justificando a imposição da sucumbência.

Havendo revelia, o juiz deverá verificar se os elementos trazidos aos autos autorizam a procedência da ação. Se há elementos suficientes para calçar a pretensão inicial, o juiz deferirá o pedido e determinará a substituição da cártula, podendo atribuir multa diária para o seu não cumprimento. Para evitar enriquecimento ilícito do autor, essa multa deverá estar limitada ao valor alegado da cártula, além de seus acessórios monetários (juros de mora, correção monetária e, havendo, juros remuneratórios); assim, diante da não substituição tempestiva da cártula, a sentença a substituirá como título executivo judicial, permitindo manejo do procedimento de cumprimento da sentença. A revelia, ademais, caracterizará, sim, sucumbência, a justificar imposição dos ônus de responder por despesas processuais e honorários do advogado do autor.

Havendo contestação, *observar-se-á o procedimento ordinário*. O emitente e os demais coobrigados citados para a substituição *in totum* da cártula poderão contestar o pedido arguindo, preliminarmente, a inépcia da inicial, defeito de representação, ilegitimidade ativa do autor (por não ser portador legítimo do título) etc. Pode-se, ainda, contestar a existência do crédito, impugnando os fragmentos apresentados ou alegar que o débito está solvido (a dilaceração pode ter sido resultado do pagamento). É lícito reconhecer a existência do crédito e dos danos ao título, mas contestar qualquer um dos elementos do pedido, designadamente valor do crédito, data de vencimento etc. Some-se reconhecer a existência do crédito e dos danos ao título, apresentar o título e negar a recusa de substituição extrajudicial da cártula.

Nas três primeiras hipóteses, a instrução será instaurada para demonstrar, por provas testemunhais, documentais e periciais, a legitimidade do portador, a existência do crédito, seu valor, data de vencimento etc. Na quarta hipótese, a instrução se limitará à aferição da recusa, ou não, da substituição, determinando, ao final, o deferimento total do pedido, com condenação do emitente nos encargos da sucumbência, ou o deferimento parcial do pedido, entregando o novo título ao autor, mas condenando-o nos encargos da sucumbência. Também é lícito ao réu contestar a necessidade de substituição da cártula, hipótese em que se atribui ao juízo a verificação das condições do papel e a decisão fundamentada sobre a existência ou não de dano que prejudique a representação do crédito e, via de consequência, os direitos decorrentes do título.

Reitere-se que, se o título trouxer outras declarações, para além do saque, tais como endossos, aceite e avais, as pessoas responsáveis por tais declarações cambiárias também serão partes legítimas para compor a lide, sendo cada qual chamada para reconstituir o ato que constava originalmente da cártula, podendo contestar a pretensão ou com ela anuir, nos termos acima vistos e com as mesmas consequências.

13.2   Ação de anulação e substituição de título de crédito

Para as hipóteses de (1) destruição total do título de crédito, bem como (2) sua perda, (3) extravio e (4) desapossamento injusto, sem que o legítimo portador saiba com quem está a cártula, o meio para a reconstituição dos direitos do portador legitimado do título é a *ação de anulação e substituição de título de crédito* ou ação de recuperação ou substituição de título ao portador. Se o portador legitimado sabe com quem está a cártula, após o desapossamento injusto, a solução será a ação de reintegração (ou ação reintegratória) do título, como se estudará na próxima seção.

Parece-me não haver alternativa extrajudicial para a *ação de anulação e substituição de título de crédito* que atenda, simultaneamente, a credor e a devedores. Isso, mesmo na hipótese de destruição total da cártula. Ao contrário da substituição do título dilacerado, que se faz à vista do que sobrou do título a ser substituído (deixando claro, em face do que restou do título originário, que não houve transferência para outrem), na substituição do título completamente destruído não se tem essa certeza. Havendo mera substituição, extrajudicial ou judicial, o devedor corre o risco de a alegação de destruição ser falsa e o título, existente, estar na posse de terceiro que, em face dos princípios da cartularidade, autonomia e segurança, poderá exigir o adimplemento da obrigação. Daí a necessidade de se obter do judiciário (e sempre por meio judicial) a anulação do título pretensamente destruído e, assim, sua substituição por outro. Se tal alegação for falsa, o devedor estará protegido: se o portador do título não atender à citação editalícia para impugnar o pedido, seu título estará anulado por decisão judicial, cabendo-lhe voltar-se contra o autor da ação temerária.

A mesma *ação de anulação e substituição de título de crédito* será ajuizável quando haja perda, extravio ou desapossamento injusto do título, desde que não se saiba com quem o título está. Sabendo-se, dever-se-á recorrer à *ação de reivindicação de título de crédito*. Em qualquer caso, como se afere do artigo 259, II, do novo Código de Processo Civil, serão publicados editais nesses feitos, medida que se mostra indispensável para preservar interesses e direitos de terceiros.

A petição pedindo a *anulação e substituição do título de crédito*, tenha havido destruição total ou perda, deverá mencionar a quantidade, espécie, valor nominal do título e atributos que o individualizem, a época e o lugar em que o adquiriu, as circunstâncias em que o perdeu e quando recebeu os últimos juros e dividendos. Diante da destruição total, o autor pedirá a citação, por edital, de terceiros interessados que, eventualmente, queiram contestar a alegação de que o título foi destruído; se a alegação é de perda, extravio ou desapossamento injusto do título, pedirá a citação daquele (pessoa desconhecida) que detenha o título, além de terceiros interessados; assim, o detentor do título, apresentando-o e provando não estar destruído, perdido, extraviado ou que não foi objeto de desapossamento injusto, e que, via de consequência, está em sua posse legítima, poderá se opor à anulação e substituição da cártula.

O devedor será intimado para (1) querendo, contestar a ação, pois, embora não seja réu, é seu direito resistir à pretensão, alegando, por exemplo, que o título nunca existiu ou que foi pago (e, até, que em virtude do pagamento, foi destruído). (2) Se o título destruído, perdido, extraviado ou objeto de desapossamento injusto não estava vencido, o devedor será intimado para, até a solução final da demanda, não o pagar a quem lho apresente. (3) Só se o título estiver vencido, o devedor será intimado para depositar em juízo o capital. É preciso redobrado cuidado com essa previsão genérica e leviana do legislador, que fala em *juros ou dividendos vencidos ou vincendos*.

Na eventualidade de existirem coobrigados, deverão ser todos descritos na exordial, narrando o tipo de participação que tiveram na cártula, devendo ser pedido, nos mesmos termos, a sua intimação para não pagar o título a quem o apresentar. Se julgado procedente o pedido, eles também serão chamados a participar de reconfecção do título, vez que o direito à recomposição do papel alcança todos os seus elementos. Justamente por isso, também eles podem comparecer ao feito para contestá-lo, afirmando a inexistência do ato que lhes é imputado (aval, aceite ou endosso) ou impugnando qualquer dos elementos que comporiam o crédito. Podem exigir, igualmente, que constem da nova cártula todos os elementos da anterior, como vinculação a determinado contrato ou outra informação ou escrito, ainda que sem valor cambial, pois podem servir-lhes de algum modo. Mas devem provar a sua existência, mesmo que não tenham valor cambial. Note-se que devedor e demais coparticipantes da relação cambial não são réus, embora possam assumir tal posição, se resistirem à pretensão. Se concordam com o pedido, não podem ser condenados nos ônus da sucumbência. As despesas judiciais serão suportadas pelo autor, que deu causa à demanda.

Também se pedirá a intimação da Bolsa de Valores, para conhecimento de seus membros, a fim de que estes não negociem os títulos, quando se trate de cártulas admissíveis no Mercado Aberto. De qualquer sorte, a intimação do devedor e demais coparticipantes da relação cambial deverá ser pessoal, única forma de provar inequivocamente a ciência do pedido judicial e em que data concretizou-se tal ciência; afinal, o pagamento, feito antes de ter ciência da ação, exonera o devedor, salvo se se provar que ele tinha conhecimento do fato (artigo 909, parágrafo único, do Código Civil). Se o devedor já tiver feito o pagamento, deverá juntar a cártula aos autos, perdendo a ação o seu objeto. A intimação pessoal, ademais, deve ser acompanhada de cópia da inicial, destacado ser lícito, no prazo de contestação, contradizer o pedido, ou seja, vir a juízo para simplesmente negar a existência do título e do débito, bem como impugnar qualquer dos elementos alegados pelo autor, designadamente os elementos que componham o crédito (valor, data de emissão ou de vencimento etc.), hipótese em que assumirá a posição de réu do feito, que tramitará sobre rito ordinário.

A *anulação e substituição do título de crédito* tem dois pedidos nítidos: (1) anular o título que se alega não mais existir ou o título que existe, mas foi perdido, extraviado ou objeto de desapossamento injusto; (2) a sua substituição por outro título. Julgada procedente a ação, o juiz declarará caduco o título reclamado e ordenará ao devedor que lavre outro em substituição, dentro do prazo que a sentença lhe assinar. A responsabilidade pelo pagamento das despesas necessárias para que seja concretizada a substituição do título corre por conta do credor, autor do pedido. É ele o responsável pelo fato danoso, não se podendo imputar ao devedor a obrigação de despender recursos com o procedimento de substituição, seja relativos à locomoção, seja despesas postais, seja outras que concretamente se apresentem.

13.3   Ação reivindicatória de título de crédito

Aquele que perdeu o título ou o teve furtado, sabendo com quem está, poderá ajuizar ação pedindo a sua reivindicação, que é feito ordinário. A possibilidade de reivindicar o título é percebida no artigo 896 do Código Civil, que, ao afirmar que o título de crédito não pode ser reivindicado do portador que o adquiriu de boa-fé e na conformidade das normas que disciplinam a sua circulação, deixa implícito, *mutatis mutandis*, poder ser reivindicado de quem o adquiriu de má-fé e/ou de maneira não conforme às normas que disciplinam a sua circulação.

A possibilidade de reivindicação do papel é consequência direta da extensão aos títulos de crédito dos efeitos legais aplicáveis aos bens móveis: o artigo 1.228 do Código Civil dispõe, entre as faculdades do proprietário, a de reaver a coisa de quem quer que injustamente a possua ou detenha. O direito de reivindicar o papel de quem o detenha indevidamente não se limita às situações de títulos ao portador; alcança o domínio sobre título à ordem ou título nominativo. Em fato, para que haja direito de reivindicar, basta a demonstração, por seu legítimo proprietário, de que a coisa reivindicanda é detida ilegitimamente por outrem. O mesmo poder estende-se a quem seja representante do proprietário (titular), como, para o Direito Cambiário, o endossatário-mandatário e, viu-se, o endossatário-pignoratício.

Comprado o título em bolsa ou leilão público, por previsão expressa do artigo 913 do Código Civil, o dono que pretender a restituição é obrigado a indenizar ao adquirente o preço que este pagou, ressalvado o direito de reavê-lo do vendedor.

18
Garantia, Pagamento e Inadimplemento

1 AVAL

O adimplemento de obrigação cambiária, do devedor principal ou de qualquer coobrigado, pode ser garantido por aval, instituto próprio do Direito Cambiário (artigo 897 do Código Civil). Trata-se duma declaração unilateral por meio da qual alguém (o avalista) assume a solidariedade passiva por certa obrigação constante do título de crédito. O avalista garante a obrigação assumida pelo avalizado e não a pessoa deste. Cuida-se de ato jurídico unilateral: a afirmação de seu autor, o avalista, de que saldará o débito garantido, quando exigível, sendo que o aval pode ser dado em qualquer tempo, mesmo após o vencimento do título, sendo iguais os efeitos à dação da garantia antes do vencimento (artigo 900).

O aval é uma *declaração cambiária*, ainda que distinta da declaração do emitente ou do sacado ou do endossante. É uma promessa, formulada por um terceiro, de adimplir a obrigação avalizada, em lugar de seu emitente, independentemente de qualquer outro elemento, tais como condições, modos etc.; tais observações, se postas na cártula, devem ser tidas como não escritas, já que não há espaço jurídico para tanto. O avalista simplesmente prometer pagar. O Direito não se interessa pelos motivos que geram a dação da garantia; mas, habitualmente, é solidariedade moral que se transforma em solidariedade financeira. É ato jurídico benéfico e, por isso, interpreta-se de forma restritiva (artigo 114 do Código Civil): uma promessa de prestação, sem contraprestação; quem dá, nada recebe; o credor que dela se beneficia nada oferece ao garantidor. Apenas multiplica a proteção a seu crédito.

O avalista garante a prestação que indica; mas como não é permitido dar aval parcial (artigo 897, parágrafo único, do Código Civil), acaba por prometer o adimplemento da obrigação cambial, ou seja, está o avalista obrigado à satisfação integral do título. O aval parcial deve ser considerado não escrito e, assim, inexistente. Friso: se há aval parcial, não há aval; essa conclusão é necessária diante da previsão do artigo 114 do Código Civil, que determina interpretação restritiva quando se trate de negócios benéficos, como o é o aval. Mas a proibição do aval parcial constitui regra geral e pode ser excepcionada por legislação específica de qualquer título de crédito (artigo 903).

Basta o vencimento da obrigação, sem o seu adimplemento, para que a obrigação do avalista se torne imediatamente exigível, estabelecendo-se entre avalista e avalizado uma relação de solidariedade passiva, passando a ocupar o mesmo plano, a mesma posição, diante do credor. Assim, o credor tem o direito de exigir de qualquer um dos coobrigados o pagamento da dívida inteira; é solidariedade que resulta da lei (artigo 265 do Código Civil). O credor tem direito a exigir e receber de um, alguns ou todos os devedores, parcial ou totalmente, a dívida comum; da mesma forma, se o pagamento tiver sido parcial, todos os demais devedores continuam obrigados solidariamente pelo resto (artigo 275). Não importará renúncia da solidariedade, a propositura de ação pelo credor contra um ou alguns dos devedores. A dívida, contudo, é una. Embora o credor possa escolher se executará um, alguns ou todos os coobrigados, não pode pretender multiplicar seu crédito por diversas ações. São múltiplos os obrigados, mas uno o crédito, insisto.

Embora sejam, ambos, meios de garantia pessoal de cumprimento de uma obrigação de terceiro, aval e fiança são distintos entre si. Ambos são atos gratuitos (benéficos), sem contraprestação: o garante não afere vantagens jurídicas com a prestação da garantia, embora certamente existam implicações morais na raiz de seu ato, podendo haver, mesmo, implicações econômicas, como na hipótese de a garantia ser prestada pelo parceiro comercial, diretamente interessado na operação, o que também se verifica na garantia oferecida pelo sócio e/ou administrador da sociedade devedora. De qualquer sorte, o fato de serem, em regra, atos gratuitos, não conduz à ilicitude se acertarem garantidor e garantido uma contraprestação; contudo, é negócio à parte, que não produz efeitos em relação ao terceiro, credor da obrigação garantida.

O aval é instituto exclusivo do Direito Cambiário, podendo ser dado, exclusivamente, em títulos de crédito (próprios ou impróprios). A fiança é instituto do Direito Contratual: afiançam-se devedores em contratos. Não é apenas uma questão terminológica: há distinções na natureza jurídica: o aval é um *ato jurídico unilateral* e a fiança é um *contrato*, pressupondo acordo de vontade (sinalagma) com o afiançado. As distinções não param por aí:

(1) A fiança pode ser limitada, inclusive em valor inferior ao da obrigação principal e contraída em condições menos onerosas (artigos 822 e 823 do Código Civil). O aval não pode ser parcial (artigo 897), salvo se norma especial o prever

para algum tipo de cártula (artigo 903), a exemplo do que ocorre na letra de câmbio, na nota promissória e no cheque: os artigos 30 e 77 da Lei Uniforme de Genebra (Decreto 57.663/1966) e artigo 29 da Lei 7.357/1985. No entanto, mesmo nos títulos em que seja possível o aval parcial, há distinção entre os institutos: na fiança, o poder de limitação do fiador é mais amplo (artigos 822 e 823), não se reduzindo a uma limitação do valor garantido. A fiança pode excluir acessórios da obrigação, despejas judiciais ou ser contratada em *condições menos onerosas*, incluindo limite de eficácia no tempo etc. O aval parcial está restrito ao valor;

(2) É lícito ao credor exigir a substituição do fiador, quando esse se torne insolvente ou incapaz (artigo 826 do Código Civil), o que não ocorre com o aval; qualquer declaração em contrário será considerada *não escrita*;

(3) O fiador tem a seu favor o *benefício de ordem*, a permitir-lhe exigir sejam primeiro executados os bens do devedor (artigo 827 do Código Civil) e, só após, os seus. Para tanto, basta-lhe nomear bens do devedor, sitos no mesmo município, livres e desembargados, quantos bastem para solver o débito. Esse *benefício de ordem* somente não se aproveita (i) se o fiador o renunciou expressamente; (ii) se se obrigou como principal pagador, ou devedor solidário; ou (iii) se o devedor for insolvente ou falido (artigo 828).

O aval não tem benefício de ordem. O avalista assume posição idêntica à do avalizado. Sequer é preciso provar o inadimplemento para afirmar a obrigação do avalista. Basta que o título esteja vencido para que se possa exigir, do avalista, o adimplemento da obrigação por ele assumida. O credor pode ignorar o devedor principal e preferir exigir a obrigação diretamente do avalista.

(4) É lícito aos fiadores, havendo mais de um, reservarem o *benefício de divisão*: cada fiador só responde pela parte que, em proporção, lhe couber no pagamento (artigo 829). Assim, inadimplente o afiançado e sendo dois fiadores, o credor só pode cobrar metade da obrigação de cada um deles. No aval, cada avalista obriga--se da mesma maneira que o avalizado, podendo o credor cobrar de qualquer um a totalidade do crédito, salvo aval parcial, nos títulos em que é lícito;

(5) Na fiança, cada fiador pode fixar, no contrato, a parte da dívida que toma sob sua responsabilidade, caso em que não será por mais obrigado (artigo 830). Assim, num contrato de locação, pode-se obrigar apenas pelo pagamento dos locativos, por seu valor principal, sem garantir o pagamento de multas, juros, verbas condominiais, impostos etc. Outro fiador pode garantir apenas o pagamento das verbas condominiais e dos impostos etc. No aval, isso não é possível; garante-se o pagamento da obrigação cambial avalizada. Quando muito, nos títulos cuja legislação específica permita o aval parcial, pode-se limitar o valor (nunca a natureza da obrigação, como juros, correção monetária etc.);

(6) O fiador pode promover a execução do crédito contra o devedor/afiançado, sempre que o credor, sem justa causa, demora a fazê-lo (artigo 834). Dessa forma, impede que a obrigação afiançada avolume-se. No aval, essa possibilidade não existe. Somente pagando a obrigação, o avalista se sub-rogará nos direitos daquele

a quem pagou e, assim, poderá voltar-se contra o seu avalizado ou, mesmo, contra algum coobrigado anterior, existindo. Assim, se o avalista do endossante paga o título, poderá voltar-se contra o seu avalizado (o endossante), contra os endossantes anteriores e, havendo, seus avalistas, e, finalmente, contra o devedor principal e, havendo, seus avalistas;

(7) O fiador pode exonerar-se da fiança que tiver assinado sem limitação de tempo, sempre que lhe convier, ficando obrigado por todos os efeitos da fiança, durante 60 dias após a notificação do credor (artigo 835). Não há nada parecido em relação ao aval que é, por definição, uma garantia sem limitação de tempo – devendo ser considerada não escrita qualquer cláusula em sentido contrário. A obrigação do avalista perdurará até que seja satisfeito o crédito ou, alternativamente, até que o título prescreva, certo que, com tal prescrição, extinguem-se as obrigações meramente cambiárias (dos avalistas e endossantes), restando apenas as obrigações do negócio subjacente, se também não prescreveu.

Mas há pontos que são comuns entre aval e fiança. Em ambos, há uma garantia de pagamento de uma obrigação alheia, da mesma forma que, em ambos, a garantia dá-se por escrito, e não admite interpretação extensiva. Some-se a possibilidade de dação da garantia sem consentimento do devedor ou contra a sua vontade (artigo 820) e a possibilidade de se garantirem dívidas futuras (artigo 821), exigindo a execução que a obrigação seja líquida, certa e exigível. O mesmo pode-se dizer, guardadas as devidas proporções, da previsão anotada no artigo 831: o fiador que pagar integralmente a dívida fica sub-rogado nos direitos do credor; mas só pode demandar a cada um dos outros fiadores pela respectiva quota. Para o aval, a regra aplica-se apenas na hipótese de existência de múltiplos avalistas de um mesmo devedor, hipótese na qual aquele que satisfez o crédito pode cobrá-lo integralmente do avalizado ou de qualquer outro devedor cuja obrigação lhe seja anterior, ou a quota-parte correspondente ao(s) que tenha(m) avalizado a mesma obrigação. Também parece-me ser aplicável aos dois casos a previsão do artigo 832 do Código Civil, podendo afirmar-se que o devedor responde perante seu fiador ou avalista por todas as perdas e danos que este pagar, e pelos que sofrer em razão da garantia. O mesmo se diga do artigo seguinte, 833, sendo lícito afirmar que fiador e avalista têm direito aos juros do desembolso pela taxa estipulada na obrigação principal, e, não havendo taxa convencionada, aos juros legais da mora.

Um último ponto merece destaque, e alude à previsão anotada no artigo 836 do Código Civil, segundo o qual a obrigação do fiador passa aos herdeiros; mas a responsabilidade da fiança se limita ao tempo decorrido até a morte do fiador, e não pode ultrapassar as forças da herança. Sua aplicação ao aval é limitada. Antes de mais nada, mantém-se a regra elementar: os herdeiros responderão pelo aval nos limites das forças da herança, já que é o patrimônio do *de cujus*, e não o deles, que foi vinculado como garantia do cumprimento da obrigação originária. O aval, porém, faz-se sobre obrigação certa, de valor certo, não havendo falar em limitação ao tempo decorrido até a morte do avalista. Em fato, com a dação do aval, em condições regulares, o patrimônio do avalista já está vinculado ao cumprimento acessório da obrigação, ou seja, ao cumprimento caso não o faça o avalizado; com a morte, a obrigação mantém-se ligada àquele patrimônio; porém, como por força do artigo 1.784 do Código Civil, com a morte opera-se a imediata sucessão do patrimônio líquido, desde que não negativo. Nesse sentido, o artigo 1.792 do Código Civil: "O herdeiro não responde por encargos superiores às forças da herança; incumbe-lhe, porém, a prova do excesso, salvo se houver inventário que a escuse, demostrando o valor dos bens herdados." Responderá o espólio, ou se já inventariado o patrimônio, cada herdeiro, na proporção de seu quinhão e no limite dele, pela garantia oferecida pelo *de cujus*.

Outro ponto relevante diz respeito à responsabilidade de cada herdeiro pelo pagamento do aval. Em se tratando de fiança, o dispositivo analisado dá a entender que a obrigação do fiador transfere-se a seus herdeiros, na proporção do quinhão de cada um. Para o aval, essa não será a melhor solução. Em face da existência de solidariedade passiva entre avalista e avalizado, melhor será aplicar o artigo 276 do Código Civil, ou seja, diante do falecimento do avalista, deixando herdeiros, nenhum destes será obrigado a pagar senão a quota que corresponder a seu quinhão hereditário, salvo se a obrigação for indivisível – e o crédito cambial é, sabe-se, obrigação indivisível, a permitir que o credor escolha qualquer dos herdeiros e dele pretenda a integralidade de seu crédito, desde que a pretensão não supere o valor do quinhão herdado. De qualquer sorte, ainda por previsão do artigo 276, todos os herdeiros reunidos serão considerados como um devedor solidário em relação aos demais devedores.

Arremato lembrando que aos herdeiros é lícito manejar contra o credor todas as exceções pessoais detidas pelo *de cujus*, bem como exceções que lhes sejam, a cada herdeiro, própria.

2   CARACTERIZAÇÃO DO AVAL

O aval é de ser dado na própria cártula, afirmando o artigo 898 que poderá ser dado no verso ou na face (no *anverso*) do próprio título. Exprime-se pelas palavras *por aval*, ou fórmula equivalente (*avalizo*, *garanto o pagamento*, *bom para aval*, entre outras), com a assinatura do avalista.

Caracteriza aval a simples assinatura na face do título, sem qualquer texto; cuida-se de presunção legal (artigo 898, § 1º, do Código Civil). A lei nada fala sobre a simples assinatura no verso da cártula, sem texto. O aval no texto deveria ser dado em cláusula expressa. No entanto, a jurisprudência majoritária dos tribunais federais tomou posição diversa, entendendo que a assinatura desmotivada no verso do título presumiria aval, ainda que em lugar equivocado, salvo prova em sentido contrário, certo que não poderia haver assinatura inútil na cártula. Essa interpretação majoritária é arrojada e, em boa medida, aponta uma orientação que inova em relação ao Código Civil e, mesmo, em relação à Lei Uniforme de Genebra (LUG). Em fato, lê-se nos artigos 13 e 31 da LUG que a assinatura desacompanhada de texto que esclareça de que ato se trata (a assinatura *simplesmente*, portanto) é caracterizadora de (1) endosso, se lançada no verso da cártula, e (2) aval, se lançada na face. Nada mais se estatui.

Frise-se, contudo, aceitar prova de que a simples assinatura, lançada no verso do título, não caracteriza aval no caso em concreto. Disse-o a Terceira Turma do Superior Tribunal de Justiça diante do Recurso Especial 90.269/MG: assinatura no verso da cártula "é de ter-se como representativa de aval, desde que não concorram elementos de convicção em contrário". Essa investigação da natureza da assinatura pode, inclusive, envolver o exame dos fatos nos quais se concretizou, mas apenas se o credor deles tenha participado. Havendo circulação, as exceções pessoais não poderão ser opostas ao endossatário. Assim, ou a presunção de aval, nos termos ora estudada, é descaracterizada pelo próprio título, ou seu autor responderá, perante o credor de boa-fé, pela incúria de seu ato, pois assumiu o risco de causar o engano em terceiros, protegidos pelos princípios que asseguram a circulação das *cártulas creditícias*.

O aval pode ser cancelado (artigo 898, § 2º), considerando-se *não escrito*. O avalista poderá cancelá-lo até entregar a cártula; não tem o direito de pretender fazê-lo após isso. O credor poderá fazê-lo posteriormente, renunciando a garantia. Essa renúncia, contudo, não pode prejudicar o direito de terceiros. Assim, não pode o credor cancelar um aval se prejudica aquele coobrigado que, por ter obrigação posterior ao avalista, tem o direito de lhe exigir o adimplemento da obrigação em ação de regresso.

Uma inovação trazida, pelo Código Civil vigente, foi a exigência de que o aval, quando prestado por cônjuge, casado em qualquer regime que não o da separação absoluta de bens, exige a autorização do outro cônjuge (artigo 1.647, III). Na ausência de tal autorização, poderá o cônjuge demandar a invalidação do aval (artigo 1.642, IV). Mas, uma vez dada a autorização, completa-se a relação jurídica, não sendo lícito ao cônjuge, depois de já ter entregue o título ao credor, pretender cancelar a autorização; se deseja fazê-lo, tem que cancelá-la enquanto tem o título em seu poder, isto é, logo após (*in continenti*) ter assinado a autorização.

Avalizo.
Romeu Montecchio.
Autorizo o aval.
Julieta Capuleto Montecchio.

Não se confunda a autorização para aval com a prestação em conjunto do aval. Se Romeu avaliza e Julieta autoriza, o aval é apenas de Romeu, não da esposa; dessa forma, embora o patrimônio comum responda pelo aval dado e autorizado, havendo bens apenas de Julieta (regimes da comunhão parcial de bens ou participação final dos aquestos), não responderão pelo aval dado pelo marido e por ela apenas autorizado. Diferente será na hipótese de aval em conjunto, como na cláusula abaixo:

Avalizamos.
Romeu Montecchio e Julieta Capuleto Montecchio.

Se há *aval em conjunto*, ambos os avalistas garantem igualmente o pagamento da cártula. Assim, tanto o patrimônio comum dos cônjuges, quanto eventual patrimônio próprio de cada um dos cônjuges, responderão pelo aval, podendo ser executados para a satisfação do crédito avalizado. É recomendável que o cônjuge faça a autorização em preto, usando a expressão *autorizo o aval em favor de fulano* ou similar. Se não há cláusula expressa ou se está incompleta, será preciso interpretar sua natureza conforme as circunstâncias da cártula. Havendo dúvida no caso concreto, aplica-se o artigo 114 do Código Civil: trata-se de ato benéfico e, portanto, demanda interpretação restritiva. Assim, a assinatura que é posta depois ou em baixo, por sua localização, deve ser interpretada como mera autorização e não como outro aval: pressupõe-se que a primeira ou a superior seja representativa do aval, e a segunda ou a inferior representativa da autorização.

O aval sem a autorização do cônjuge é ato jurídico incompleto e, portanto, anulável; portanto, pode ser confirmado pelas partes, salvo direito de terceiro (artigo 172). Essa anulabilidade não tem efeito antes de julgada por sentença, nem se pronuncia de ofício; só os interessados (o cônjuge que não autorizou o aval ou seus herdeiros, se morto) podem alegar a anulabilidade, aproveitando-se exclusivamente aos que a alegarem, salvo o caso de solidariedade ou indivisibilidade (artigo 177 e 1.650 do Código Civil).

Mesmo nos regimes da comunhão parcial de bens ou na comunhão final de aquestos, a ausência de autorização vitima o aval. Não se pode pretender que tal autorização tem efeito apenas sobre o patrimônio comum, à míngua de norma que o preveja e diante da vedação de interpretação extensiva para os atos benéficos. Ademais, tal pretensão colidiria frontalmente com os artigos 1.642, III, 1.647, III, e 1.650 do Código Civil. Lembre-se, a propósito, que tais artigos permitem ao cônjuge que não autorizou o aval invalidá-lo completamente e não apenas afastar os seus efeitos sobre o patrimônio próprio. Nada se poderia exigir do casal ou, mesmo, do cônjuge avalista, ainda que sob o pretexto de que o seu patrimônio próprio responderia pelo excedente. A proteção legal se faz para a família e não apenas para o patrimônio comum, sendo excepcionada apenas no regime da separação total de bens.

A confirmação *a posteriori* do aval poderá se dar de forma expressa, hipótese na qual se faz necessário que o ato de confirmação contenha a substância do negócio celebrado e a vontade expressa de mantê-lo (artigo 173). Para o aval, essa ratificação expressa pode fazer-se pela assinatura da cártula, certo que, quando a anulabilidade do ato resultar da falta de autorização de terceiro, será validado se este a der posteriormente (artigo 176). A autorização *a posteriori* pode dar-se pela mesma forma que a que se daria *a priori* ou simultaneamente: pela assinatura da cártula. Mas também poderá ser feita por instrumento avulso, hipótese na qual deverá ser descrito minuciosamente o título, permitindo identificação inequívoca da obrigação, bem como afirmada expressamente a autorização dada para o aval. Esse instrumento deverá ser público ou, se privado, deverá apresentar-se autenticado (artigo 1.649, parágrafo único, todos do Código Civil).

Ao aval dado sem autorização do cônjuge não se aplica o artigo 174 do Código Civil, reconhecendo a confirmação tácita quando o negócio já foi cumprido em parte pelo devedor, ciente do vício que o inquinava. Afinal, por força do artigo 1.649, *caput*, do Código Civil, a anulabilidade do ato concretizado em autorização ou suprimento judicial de autorização poderá ser pleiteada até dois anos depois de terminada a sociedade conjugal. Aliás, em face dessa regra, para que haja ratificação tácita do aval pelo cônjuge que não o autorizou, ou (1º) o cumprimento da obrigação do garante é efetuado, pessoalmente, pelo próprio cônjuge que não autorizara, ciente da ausência da autorização, ou (2º) decorre do transcurso do prazo de decadência assinalado no artigo 1.649, qual seja, até dois anos após o fim da sociedade conjugal. Se a anulação se fizer quando já efetuado o pagamento, faz-se pedido cumulativo de repetição do que fora indevidamente pago.

A permissão de aval e autorização serem passados em momentos diversos chama a atenção para uma possibilidade jurídica: a autorização parcial, ou seja, a autorização que tem objeto inferior ao aval autorizado. Imagine-se, por exemplo, que a esposa tenha avalizado um título cujo valor seja de R$ 100.000,00; o marido, chamado a autorizar o aval, lança na cártula: *Autorizo o aval de R$ 25.000,00*. Trata-se, sim, de ato lícito e juridicamente possível, não sendo vedado por qualquer norma e, ademais, amoldando-se confortavelmente na *mens legis* dos dispositivos estudados. Como o aval sem autorização é ato jurídico incompleto, podendo ser invalidado, a autorização parcial tem por efeito dúplice (1) completá-lo apenas parcialmente e, ademais, (2) expressamente invalidar a parte não autorizada. Mas a autorização parcial pressupõe possibilidade de aval parcial; se não é possível, equivale à ausência de aval, já que não houve autorização para o aval completo.

Se o cônjuge recusa autorizar o aval, é lícito recorrer ao Judiciário pedindo seja suprida a outorga denegada sem motivo justo, bem como quando for impossível ao cônjuge concedê-la (artigo 1.648 do Código Civil). A permissão, contudo, deve ser vista com redobrada cautela, pois interfere não só com a autonomia para se autogerir, como também com a garantia constitucional do direito à propriedade. Será preciso que se afira abuso de direito (artigo 187), por parte do cônjuge, para que seja suprida a outorga.

Julgando o Recurso Especial 1.633.399/SP, a Quarta Turma do Superior Tribunal de Justiça (STJ) decidiu que a garantia do aval em cédula de crédito comercial dispensa a outorga do cônjuge prevista no artigo 1.647, III, do Código Civil de 2002. O caso envolveu empréstimo garantido por nota de crédito comercial avalizada por um homem sem a outorga uxória (consentimento de sua esposa). Houve a penhora de imóvel do casal e, contra a execução do bem, a mulher interpôs embargos de terceiro. Para a esposa, como a hipoteca é modalidade de garantia real de dívida, o bem não poderia ser dado em garantia porque seu marido não tinha a livre disposição do imóvel, uma vez que precisava de sua autorização. No Superior Tribunal de Justiça, o relator, ministro Luis Felipe Salomão, reconheceu que alguns julgados do tribunal declararam ser inválido o aval prestado sem a outorga do cônjuge, mas ressalvou que "a questão não vem recebendo tratamento adequado no âmbito desta corte superior". Segundo Salomão, "o aval, como qualquer obrigação cambiária, deve corresponder a ato incondicional, não podendo sua eficácia ficar subordinada a evento futuro e incerto, porque dificultaria a circulação do título de crédito, que é sua função precípua".

O ministro destacou o artigo 903 do Código Civil, que estabelece que os títulos de crédito serão regidos por esse código, desde que não exista disposição diversa em lei especial. Salomão defendeu, então, que a regra do artigo 1.647 só alcança os títulos de crédito inominados. "Com o advento do Código Civil de 2002, passou a existir uma dualidade de regramento legal: os títulos de crédito típicos ou nominados continuam a ser disciplinados pelas leis especiais de regência, enquanto os títulos atípicos ou inominados subordinam-se às normas do novo código, desde que se enquadrem na definição de título de crédito constante do artigo 887 do Código Civil", explicou Salomão. O relator examinou os títulos de crédito comercial, então, sob as disposições da Lei Uniforme de Genebra e do Decreto 2.044/2008. Como nenhuma das normas condiciona o aval à outorga do cônjuge, foi negado provimento ao recurso.

Esse julgado e seu entendimento parecem-me um grande e lamentável equívoco. A regra do artigo 1.647 do Código Civil não é norma cambiária, mas norma geral de proteção à família, refletindo a garantia constitucional inscrita no artigo 226 da Constituição da República. É norma prejudicial, portanto, às normas de Direito Cambiário, refletindo um bem que a Constituição e a lei consideram mais fundamental que as relações cambiárias. O entendimento esposado, se aplicado às demais hipóteses, implicaria que a existência de norma estranha ao Código Civil, permitiria alienar ou gravar de ônus bens imóveis, prestar fiança ou fazer doação, sem a autorização do outro cônjuge. O que o julgado fez, isso sim, foi fechar os olhos para a Constituição da República e considerar as relações cambiárias mais importantes que a família. Não me passa despercebido, ademais, que o credor, no caso, é uma instituição financeira a quem sobejam (ou deveriam sobejar) as obrigações inerentes ao exercício de seu objeto social.

No entanto, esse é o entendimento que prevalece naquela Alta Corte. Veja-se, como exemplo, o julgamento do Recurso Especial 1.644.334/SC: "(2) O propósito recursal é decidir sobre a validade do aval prestado sem a outorga da companheira e do cônjuge dos avalistas. (3) Até o advento do Código Civil de 2002, bastava, para prestar aval, uma simples declaração escrita de vontade; o artigo 1.647, III, do CC/2002, no entanto, passou a exigir do avalista casado, exceto se o regime de bens for o da separação absoluta, a outorga conjugal, sob pena de ser tido como anulável o ato por ele praticado. (4) Se, de um lado, mostra-se louvável a intenção do legislador de proteger o patrimônio da família; de outro, há de ser ela balizada pela proteção ao terceiro de boa-fé, à luz dos princípios que regem as relações cambiárias. (5) Os títulos de crédito são o principal instrumento de circulação de riquezas, em virtude do regime jurídico-cambial que lhes confere o atributo da negociabilidade, a partir da possibilidade de transferência do crédito neles inscrito. Ademais, estão fundados em uma relação de confiança entre credores, devedores e avalistas, na medida em que, pelo princípio da literalidade, os atos por eles lançados na cártula vinculam a existência, o conteúdo e a extensão do crédito transacionado. (6) A regra do artigo 1.647, III, do CC/2002 é clara quanto à invalidade do aval prestado sem a outorga conjugal. No entanto, segundo o artigo 903 do mesmo diploma legal, tal regra cede quando houver disposição diversa em lei especial. (7) A leitura do art. 31 da Lei Uniforme de Genebra (LUG), em comparação ao texto do art. 1.647, III, do CC/2002, permite inferir que a lei civilista criou verdadeiro requisito de validade para o aval, não previsto naquela lei especial. (8) Desse modo, não pode ser a exigência da outorga conjugal estendida, irrestritamente, a todos os títulos de crédito, sobretudo aos típicos ou nominados, como é o caso das notas promissórias, porquanto a lei especial de regência não impõe essa mesma condição. (9) Condicionar a validade do aval dado em nota promissória à outorga do cônjuge do avalista, sobretudo no universo das negociações empresariais, é enfraquecê-lo enquanto garantia pessoal e, em consequência, comprometer a circularidade do título em que é dado, reduzindo a sua negociabilidade; é acrescentar ao título de crédito um fator de insegurança, na medida em que, na cadeia de endossos que impulsiona a sua circulação, o portador, não raras vezes, desconhece as condições pessoais dos avalistas. (10) Conquanto a ausência da outorga não tenha o condão de invalidar o aval prestado nas notas promissórias emitidas em favor de credor de boa-fé, não podem as recorrentes suportar com seus bens a garantia dada sem o seu consentimento, salvo se dela tiverem se beneficiado".

2.1 Aval por representante

O aval pode ser dado pelo representante do avalista; contudo, respeitados os artigos 657 e 661, § 1º, do Código Civil, cuida-se de ato que exige a atribuição de poderes especiais e expressos, ainda que outorgados por meio de instrumento particular, desde que atenda ao artigo 654, ou por instrumento público. Não se admite mandato verbal, já que o ato deve ser celebrado por escrito, superando a mera administração: é assunção de obrigação benéfica com reflexos patrimoniais. O título de crédito assim avalizado estará vinculado ao instrumento de mandato, em seu original ou em cópia devidamente autenticada (artigo 223 do Código Civil), provando que a obrigação foi assumida por representante regularmente constituído, com poderes bastantes para tanto. O aval oferecido por quem não tenha mandato, ou não tenha poderes suficientes, é ineficaz em relação àquele em cujo nome foi praticado, salvo ratificação (artigo 662).

Quando julgou o Recurso Especial 278.650/PR, a Quarta Turma do Superior Tribunal de Justiça disse que "a validade do aval dado em nota promissória exige que o disponha de poderes expressos para tanto, sob pena de nulidade da garantia". A Teoria da Aparência foi recusada em razão da solenidade que é própria do Direito Cambiário, mesmo tendo o tribunal estadual destacado que, de longa data, o mandatário agia em nome do avalizado, razão pela qual se deveria proteger o terceiro de boa-fé que teve em conta a exteriorização e não a realidade que ela ocultava. No Recurso Especial 50.841/RJ, não se aceitou a assinatura do filho como representante do pai, sem a comprovação de poderes específicos para avalizar.

Uma questão interessante diz respeito aos efeitos da procuração sobre o quantitativo dos negócios jurídicos. Em fato, é interessante investigar se é necessário ser emitida uma procuração específica para cada aval prestado pelo representante, ou se é possível, por meio de uma única procuração, permitir ao representante avalizar mais de uma cártula. O ponto de partida é, sem dúvida, o artigo 660 do Código Civil, a estipular que o mandato pode ser especial a um ou mais negócios determinadamente, ou geral a todos os do mandante. Mas é apenas um ponto de partida, já que o dispositivo foi inscrito antes do artigo 661, que cuida da necessidade de atribuição de poderes especiais para atos como a dação de aval. A melhor resposta, contudo, é dada pela combinação das regras inseridas em ambos os dispositivos, conduzindo-nos para a indispensabilidade de haver cláusula expressa e específica sobre o aval, deixando claro que os poderes devem ser outorgados para determinada cártula, para determinado negócio, para determinada pessoa a se avalizar. Nessa linha, seria lícito ao mandante outorgar poderes genéricos para a dação de aval em qualquer negócio, situação e a favor de qualquer pessoa, desde que o fizesse expressamente. Para cada aval prestado, far-se-á necessária uma cópia do instrumento de procuração, permitindo a prova da outorga, nos termos aqui anteriormente examinados.

Sempre que o mandatário estipular negócios expressamente em nome do mandante, será este o único responsável. A assinatura que o mandatário, de posse de instrumento de procuração com outorga de poderes especiais para a dação de aval, lança na cártula não o vincula; portanto, não pode ser responsabilizado por ela (artigo 663 do Código Civil). Para que assim seja, é fundamental que o mandatário deixe claro que comparece ao ato na qualidade de representante de terceiro, o que exige que o aval expresse a relação de representação, utilizadas expressões como *por procuração de Fulano de Tal* ou assemelhadas. Do contrário, o que se apurará da cártula, aplicado o cânone da literalidade, é que o mandatário agiu em nome próprio, já que no título apenas se vê sua assinatura. Em tais circunstâncias, ficará o mandatário pessoalmente obrigado, ainda que o negócio seja de conta do mandante (artigo 663).

Se o mandatário não tem poderes suficientes para a dação de aval, e ainda assim o faz, será considerado mero gestor de negócios (artigo 665), enquanto o mandante não lhe ratificar os atos. Dessa forma, tem-se a prática do ato segundo o interesse e a vontade presumível de seu dono, ficando o agente exequente do ato na condição de responsável perante aquele em cujo nome o praticou, assim como perante as pessoas com quem tratou, a incluir terceiros a quem a cártula seja transferida (artigo 861).

É lícita a dação de aval pelo substabelecido de procuração com poderes expressos para avalizar. Caso a procuração cuide de negócio específico, tendo sido emitida especificamente para permitir que um terceiro representasse o mandante na dação do aval, tal substabelecimento prescinde de autorização; em fato (artigos 661 e 667 do Código Civil). A precisão do fato para o qual se atribuem poderes deixa sobre esse o foco do mandato, tornando o mandatário mero núncio[1] e, assim, garantindo a ampla possibilidade de sucessão no polo de representação. Em oposição, a atribuição de poderes genéricos, incluindo a capacidade de avalizar, sem expressa autorização do mandante para o substabelecimento, deixa patente que a outorga deu-se *intuitu personae* (em função da pessoa). Nesse quadro, admitir-se a validade do aval prestado pelo substabelecente não autorizado, no pretenso gozo de poderes genéricos para tanto, seria desvirtuar o regime especial construído pelo artigo 661, *caput*, e § 1º, do Código Civil, o que não me parece válido.

Há ainda o problema da representação societária, ou seja, de proibições que sejam lançadas nos atos constitutivos de pessoas jurídicas, impedindo a dação de aval. Os atos dos administradores, exercidos nos limites de seus poderes definidos no ato constitutivo obrigam a pessoa jurídica (artigo 47 do Código Civil). Contudo, julgando o Recurso Especial 7.002/SP, a Quarta Turma do Superior Tribunal de Justiça asseverou que "a proibição de prestar aval, estabelecida em contrato social ou estatuto da sociedade, é válida somente entre sócios e obrigados, não sendo oponível a terceiros de boa-fé". Esclareceu o relator, Ministro Sálvio de Figueiredo Teixeira, que essa orientação é a que melhor se ajusta à sistemática do nosso Direito, pois, "dado o dinamismo e a celeridade que informam as relações mercantis, torna-se ilógico exigir-se dos comerciantes que, antes de transacionarem uns com os outros, analisem reciprocamente os atos constitutivos para verificar os poderes e limitações impostas aos respectivos sócios e representantes". Parece-me que o precedente deve ser interpretado de forma angusta, alcançando apenas relações efetivamente marcadas pelo dinamismo e celeridade cotidianos.

2.2 O avalizado

Não apenas a obrigação assumida pelo devedor principal do título de crédito pode ser garantida por aval. Pode-se avalizar qualquer outra obrigação cambial, como o

---

[1] "O núncio ou mensageiro atua como simples órgão transmissor da vontade do *dominus negotii*, ou seja, é o instrumento de que vale o *dominus negotii* para exprimir sua vontade e fazê-la conhecida da contraparte." (MAIA JÚNIOR, Mairan Gonçalves. *A representação no negócio jurídico*. São Paulo: Revista dos Tribunais, 2001. p. 48.)

endosso. Em qualquer caso, o avalista equipara-se àquele cujo nome indicar; na falta de indicação, ao emitente ou devedor final (artigo 899 do Código Civil); face a tal equiparação, a obrigação do avalista do devedor principal é imediata, decorrendo diretamente do vencimento do título, independentemente do protesto do título.

A equiparação referida pelo artigo 899 do Código Civil, todavia, não é ampla, vale dizer, não conduz a uma confusão entre avalista e avalizado no que diz respeito a direitos, deveres, condições pessoais etc. Não está o legislador dizendo que, em relação ao título de crédito ou aos negócios que lhe são subjacentes, identificam-se o garantidor e o garantido; basta recordar que as obrigações cambiais são, em regra, autônomas e independentes, umas se abstraindo das outras. Em situações normais, a identificação entre o avalista e aquele cujo nome indica como avalizado se faz apenas no que se refere à obrigação declarada na cártula e o dever de satisfazê-la. Vale dizer, avalista e seu avalizado encontram-se, para o credor, num mesmo plano jurídico, podendo escolher de quem exigirá, judicial ou extrajudicialmente, a obrigação vencida. Assim, se há aval de endosso, o avalista ocupa, para o credor, a mesma posição do endossante que avalizou. Porém, se o avalista salda o débito, não há mais falar em equiparação; como se verá adiante, a obrigação do avalizado é anterior à do garante, sendo lícito ao avalista que adimpliu a obrigação regressar contra o avalizado, exigindo dele o ressarcimento do que desembolsou.

3   UNILATERALIDADE E AUTONOMIA DO AVAL

Também o aval é uma declaração unilateral de vontade: um ato jurídico unilateral, por meio do qual alguém garante o pagamento de um crédito, obrigando-se a saldar o débito. Qualquer negócio ou relação subjacente lhe é estranha; a responsabilidade do avalista subsiste, ainda que nula a obrigação daquele a quem se equipara, a menos que a nulidade decorra de vício de forma (artigo 899, § 2º, do Código Civil). Submete-se, portanto, ao princípio da autonomia. O aval é autônomo em relação aos ajustes, jurídicos ou morais, havidos entre avalista e avalizado, determinantes da declaração jurídica da garantia. Só o vício ou defeito que sejam ou devam ser conhecidos pelo credor e/ou contarem com sua participação, maculam a garantia.

O aval também guarda autonomia em relação ao negócio que o originou, dele guardando independência e se abstraindo. Mais que isso, a obrigação do avalista, considerada em si mesma, é distinta da obrigação do avalizado. Por isso, mesmo na recuperação judicial, os credores do devedor em recuperação judicial (empresário ou sociedade empresária) conservam seus direitos e privilégios contra os avalistas (artigo 49 da Lei 11.101/2005; neste sentido, a Súmula 581/STJ). Obviamente, se há pagamento parcial na falência ou na recuperação judicial ou extrajudicial da empresa, o crédito do credor para com o avalista terá o valor correspondente ao saldo não saldado, nunca o valor integral da obrigação, o que determinaria enriquecimento ilícito do credor, situação juridicamente inaceitável.

Já a prorrogação do prazo para pagamento da obrigação, em avença estabelecida entre credor e devedor/avalizado, demanda cautela. Se há alteração do prazo de vencimento por aditivo ao título, o que é comum nas cédulas de crédito, dela se beneficiarão os avalistas, já que houve uma prorrogação formal do vencimento. Em fato, o crédito não estará vencido até que se complete o novo período; o mesmo se passará, obviamente, havendo novação. Se há mera concessão de indúcia, aceitando o credor que o devedor lhe pague o título certo tempo, após o vencimento, a concessão desses *dias de perdão*, pelo credor, é favor pessoal e não objetivo (não dizem respeito ao crédito em si), razão pela qual não podem ser invocados pelos coobrigados.

No Recurso Especial 43.922/MG, julgado pela Terceira Turma do Superior Tribunal de Justiça, o ministro Cláudio Santos afirmou que "a prorrogação do prazo de vencimento da cártula, em avença autônoma entre o credor e o emitente não exclui a possibilidade de execução de avalista". No caso, emitente e credor acertaram, entre si e por instrumento particular, sem a participação dos avalistas, a prorrogação da data de resgate dos títulos. Assim, a Corte reafirmou a autonomia que as obrigações cambiárias guardam entre si: "a prorrogação do título em avença autônoma, não exclui a possibilidade de execução dos avalistas". Emendou o Ministro Eduardo Ribeiro: "a doutrina tradicional e mais conservadora afasta a possibilidade de o avalista apresentar exceções tidas como pessoais do avalizado. Penso que cumpre distinguir aquelas que apenas a ele se refiram, como a concordata [hoje, recuperação judicial ou extrajudicial de empresa] ou a moratória que lhe haja sido concedida, e as que digam com a própria existência do débito. Nesse último caso, segundo entendo, a exceção pode ser oposta. A hipótese em julgamento, entretanto, inclui-se na primeira classe. A defesa vincula-se exclusivamente ao avalizado, não podendo ser alegada pelo avalista. Nem há óbice a que, em tais circunstâncias, as obrigações cambiais possam ser exigíveis em datas diferentes. É o que normalmente sucede quando concedida concordata dilatória a um dos obrigados".

Há matérias, porém, que são afetas diretamente ao avalista, por dizerem respeito à formação objetiva de sua obrigação. No Recurso Especial 249.409/BA, a Quarta Turma do Superior Tribunal de Justiça disse ser "possível ao avalista de nota promissória invocar, como matéria de defesa em embargos à execução, a nulidade de cláusula de correção monetária pactuada na própria cambial, pois não se trata de discussão acerca da causa do negócio originário, mas sim de atualização do montante pelo qual foi emitido o título exequendo, o que diz respeito diretamente ao garante". Em seu voto, o Ministro César Asfor Rocha, relator do julgado, percebeu que "não se controverte sobre a causa do negócio originário, sobre a validade das cláusulas contratuais da compra e venda garantida pela emissão cartular ou sobre a ocorrência de vícios do consentimento", mas sobre "matéria que diz respeito diretamente ao avalista, na medida em que o sujeita aos índices arbitrados pelo credor, para a correção do valor nominal das notas promissórias, desde as suas emissões até a data dos respectivos vencimentos".

A jurisprudência vacila – e muito! – sobre a autonomia, a independência e a abstração do aval, designadamente quando haja alegação de má-fé do portador do título. Há decisões para lá e para cá, nem sempre invocando as particularidades do caso concreto. Parece-me correto, no entanto, que o endosso urdido de má-fé retire o negócio do plano do Direito Cambiário, conduzindo-o ao plano geral das obrigações jurídicas, permitindo ao avalista arguir direito pessoal do avalizado. O formalismo que envolve os títulos de crédito visa à proteção do mercado e dos terceiros de boa-fé. O portador de má-fé sequer é terceiro estranho ao negócio fundamental: é cúmplice, vale dizer, de um coautor do ilícito civil (fraude). Dessa forma, a transferência do papel (endosso) é mera parte da execução do ilícito. Nesse sentido: Recursos Especiais 236.699/SP, 249.155/SP e 329.581/SP. Em sentido contrário, tem-se o Agravo Regimental no Recurso Especial 885.261/SP.

Essa relativização da autonomia do aval demanda redobrado cuidado; é preciso atentar não apenas para a boa-fé das partes envolvidas no negócio fundamental, mas também preservar a boa-fé de terceiros a quem a cártula seja transferida, preservando a segurança do mercado, assentada na presunção de regularidade do título corretamente preenchido. Não é dever legal do terceiro que recebe a cártula verificar a regularidade do negócio fundamental se não sabe dos defeitos, nem há qualquer indício do contrário. Há um interesse público, legalmente protegido, na circulação do crédito, exigindo a lei, para segurança do terceiro, que esse apenas verifique a regularidade formal da cártula.

4 DIREITO DE REGRESSO

Pagando o título, tem o avalista ação de regresso contra seu avalizado e demais coobrigados anteriores, se os houver (artigo 899, § 1º, do Código Civil). Tem, igualmente, direito de pleitear de outro(s) que tenha(m) dado aval à mesma pessoa a parte que lhe(s) cabe (artigo 283). Essencialmente, ao adimplir a obrigação, o avalista sub-roga o credor na dívida. Na condição de novo credor, a ele serão transferidos todos os direitos, ações, privilégios e garantias do primitivo, em relação à dívida, contra o devedor principal e garantes (artigo 349 do Código Civil).

Atente-se para a *autonomia inversa do aval*. A autonomia das obrigações cambiárias pode – e deve ser – compreendida por ambos os ângulos. A autonomia da obrigação em relação ao negócio fundamental alcança igualmente as relações que possam vir a se estabelecer entre o avalista que paga o débito e qualquer devedor cuja obrigação lhe seja anterior. O credor principal ou anterior não pode opor ao avalista, agora na condição de credor sub-rogado, exceções pessoais que não se refiram a eles, mas digam respeito a outros partícipes dos negócios fundamentais. Esse entendimento é necessário para preservar o coobrigado que pague o débito cambiário. As exceções que o devedor principal tenha contra a outra parte do negócio fundamental devem ser discutidas em entre aqueles, não podendo ser opostas aos terceiros de boa-fé que tenham atuado de qualquer forma no título, e não no negócio originário.

Diante do regresso, que é direito de quem, em substituição ao devedor originário e na qualidade de coobrigado, satisfaz o crédito, nada mais pode fazer o devedor que satisfizer o débito, no montante da sub-rogação. Posteriormente, em ação autônoma, poderá demonstrar o pagamento a maior ou no todo indevido, pretendendo a repetição do indébito. Mas, se provado que o avalista agiu de má-fé, muda-se o quadro, tornando possível a oposição das exceções relativas ao negócio originário. Redobrado cuidado deve ter-se com o montante da sub-rogação; em fato, embora não seja dever do coobrigado apresentar defesa em que se apontem problemas no negócio fundamental, é sua obrigação verificar a regularidade do título e do pedido executório, resistindo ao que seja indevido. Assim, se o título não preenche os requisitos de exigibilidade, o coobrigado que salda o débito paga mal, respondendo por sua incúria; igualmente, se na conta de atualização do débito são encartadas parcelas indevidas, como juros acima da autorização legal ou correção monetária em índices abusivos, deve o coobrigado resistir ao abuso, sob pena de assumir o prejuízo pela renúncia ao direito de defender-se.

5 EXTINÇÃO DO AVAL

O aval extingue-se com o pagamento da obrigação cambial garantida, o que pode ocorrer (1) pelo pagamento pelo devedor principal; (2) pelo pagamento pelo devedor avalizado, cuja obrigação é anterior à de seu avalista, já que principal a essa; (3) pelo pagamento por coobrigado que lhe seja anterior, cujo efeito direto é extinguir todas as obrigações cambiárias posteriores; e (4) pelo pagamento efetuado do próprio avalista, hipótese na qual ele se sub-rogará nos direitos do credor e poderá exercer direito de regresso contra os coobrigados anteriores, incluindo o avalizado.

Quando o pagamento é efetuado por outrem (devedor principal, coobrigado anterior ou o avalizado), o avalista não terá prova da extinção de sua obrigação; sua proteção é garantida pelos princípios da cartularidade e da literalidade: se aquele que pagou a cártula a reteve e se pediu ao credor que lhe desse quitação, no próprio título, o título não lhe poderá ser apresentado para pagamento e, se o for, a quitação nele inscrita resolve o problema: basta invocar a quitação aposta, que é defesa objetiva, fundada no princípio da cartularidade. Se aquele que paga não é cuidadoso e não pede quitação no título, nem exige a sua devolução, o portador poderá voltar-se contra outro coobrigado, como o avalista, colocando-se a questão jurídica de saber se é pessoal, ou não, a exceção do pagamento feito e se pode ela ser oposta ao apresentante.

Se o título foi endossado a outrem, esse terceiro de boa-fé, que desconhece o pagamento anterior, nenhum devedor poderá lhe opor o pagamento. Mesmo aquele que pagou não poderá opor-lhe a exceção do pagamento feito, em face do princípio da inoponibilidade das exceções pessoais. A solução será pagar ao terceiro de boa-fé e voltar-se contra os coobrigados anteriores; aquele que efetuou o pagamento e não pediu a quitação, nem recolheu a cártula, poderá manejar ação de repetição de indébito contra o beneficiário de seu desembolso. Poderá, mesmo, pretender indenização pelos danos que eventualmente experimentou.

Se o título pago é reapresentado a qualquer coobrigado (o devedor principal, endossante ou avalistas), não tendo circulado a cártula, a solução é diversa. Não há falar, nesse caso, na aplicação do princípio da autonomia das obrigações cambiárias, impedindo ao terceiro alegar o pagamento feito por outrem, nem no princípio da literalidade cambial, em face da ausência de quitação da cártula, nem no princípio da inoponibilidade das exceções pessoais. Tais metanormas têm determinada função social, econômica e jurídica, sendo interpretadas em consonância com a ideia e princípio da segurança dos terceiros de boa-fé. Isto não ocorreria, já que não há boa-fé, nem probidade, no comportamento do apresentante. Pelo contrário, a invocação por si daqueles princípios cambiários se faria em fraude à lei, tornando nula a pretensão. Não se pode permitir que os princípios jurídicos sejam subvertidos para dar proteção ilegítima a quem pretende obter fins ilícitos (duplicidade de pagamento). Justamente por isso, é-lhe oponível, sim, a *exceção do pagamento feito*, ainda que por outro coobrigado. Em se tratando de terceiro de má-fé, a mesma possibilidade se coloca, já que é alcançado pelos vícios do comportamento com o qual coatuou, sendo alcançado pela ilicitude da qual se tornou cúmplice.

Outra hipótese de extinção do aval é a novação da obrigação avalizada, ou seja, se o devedor principal, ou qualquer outro coobrigado anterior ao avalista, contrai uma nova dívida, com o apresentante ou com outrem, comungando todas as partes do intuito de extinguir a obrigação, representada pelo título que porta o aval, e substituí-la por outra. A novação pode operar-se por três vias diversas (artigo 360 do Código Civil). (1) Se o devedor principal, ou qualquer outro coobrigado anterior ao avalista, contrai uma nova dívida com o apresentante, com o fito de extinguir e substituir a anterior (representada pelo cheque), extinta também estará a obrigação do avalista. (2) Se outrem assumir uma obrigação para com o credor do título de crédito, em substituição à obrigação inscrita na cártula, desde que, em virtude dessa operação, o credor considere que o devedor está quite para consigo. (3) Se for constituída uma obrigação nova, com outro credor em substituição ao antigo, considerando-se que o credor originário estava quite com o devedor. Em qualquer dessas hipóteses, haverá novação e, com ela, estará extinto o aval, junto com a cártula em que fora lançada. Para tanto, é indiferente se a nova dívida está, ou não, representada por outro título de crédito, da mesma maneira que é indiferente que, se tratando de novo título de crédito, se é do mesmo tipo daquele que representava a dívida novada, ou outro tipo. Pode-se substituir um cheque por uma nota promissória, por exemplo.

Essencialmente, as partes devem ter *animus novandi* (ânimo de novar), ou seja, querer trocar a dívida antiga por uma nova dívida, extinguindo aquela (e, com isto, dando por quitado o título de crédito que a representava) para o surgimento da nova obrigação. Extinta a obrigação representada pelo título de crédito, estarão igualmente extintas as obrigações acessórias, de acordo com o princípio segundo o qual o acessório segue o principal. É o que, aliás, estipula a primeira parte do artigo 364 do Código Civil: a novação extingue os acessórios e garantias da dívida, sempre que não houver estipulação em contrário. Na hipótese específica dos títulos de crédito, sequer se pode falar em *estipulação em contrário*, certo que o aval é declaração unilateral de vontade, sobre a qual mesmo o devedor não tem disposição, não podendo pretender replicá-la na nova obrigação; seria necessário que o próprio avalista apresente-se para garantir a nova obrigação que, se representada por título de crédito, cheque ou não, deveria ser avalizada.

O desafio é aferir a existência, ou não, do ânimo de novar. Em muitos casos, não há novação, mas mera transigência sobre determinada dívida representada por título de crédito. A obrigação cambial, assim, mantém-se íntegra e válida, ainda que se tenha permitido que seu pagamento se fizesse em parcelas ou que se concedesse prazo para o pagamento (*dias de perdão*) ou, até, abatimento no valor ou em verbas acessórias, como juros, se lícitos e ajustados. Tais ajustes não caracterizam novação; a dívida cambial se mantém, assim como o título que a representa, mantendo-se, por igual, todos os seus acessórios cambiários. Por fim, haverá extinção do aval se houver prescrição do título de crédito. A prescrição da relação cambiária leva à extinção das obrigações cambiárias acessórias. Essa regra não é afetada pelo fato de o crédito, em face do tipo de negócio de base e seu prazo maior de prescrição, poder ser cobrado por ação monitória ou ação de cobrança. Cito Agravo Regimental no Agravo de Instrumento 549.924/MG, cuja relatora foi a Ministra Nancy Andrighi, no qual se consignou que, "prescrita a ação cambial, desaparece a abstração das relações jurídicas cambiais firmadas, devendo o beneficiário do título demonstrar, como causa de pedir na ação própria, o locupletamento ilícito, seja do emitente ou endossante, seja do avalista".

6 PAGAMENTO

O pagamento é a forma habitual de solução para a relação creditícia; o devedor que paga o título de crédito ao legítimo portador, no vencimento, sem oposição, fica validamente desonerado, salvo se agiu de má-fé (artigo 901 do Código Civil). Com a criação e emissão do título de crédito, passa tal documento a ser a representação física do crédito, em conformidade com o princípio da incorporação. Pela ampla possibilidade de circulação, o devedor só conhece seu credor à vista da cártula; é possível ser pessoa com quem jamais tratou, mas que titulariza o crédito por encerrar-se nele a cadeia de transferência do papel. Assim, pagamento válido é o que se efetua à vista da cártula, por isso qualificada como um *documento de apresentação*. Há uma vinculação entre a base física da declaração unilateral da vontade e o exercício dos direitos cambiários.

A quitação dada em documento apartado, atendendo aos requisitos do artigo 320 do Código Civil (o valor e a espécie da dívida quitada, o nome do devedor, ou quem por este pagou, o tempo e o lugar do pagamento, com a assinatura do credor, ou de seu representante) é válida, mas não prescinde da apresentação do título. Não se esqueça do parágrafo único do artigo 320, segundo o qual, ainda que sem tais requisitos, a quitação será válida se de seus termos ou das circunstâncias resultar haver sido paga a dívida. No que diz respeito aos títulos de crédito, a principal circunstância, reitere-se, a provar o pagamento é a entrega da cártula pelo credor ao devedor. O devedor pode e deve exigir a apresentação do documento, pois, ressalvadas situações excepcionais, comandadas por mandado judicial (a exemplo da anulação de título objeto de desapossamento injusto), ele conhecerá seu credor pela exibição da cártula. Se o título apresenta-se ao portador, a presunção legal e legítima é ser o apresentante o credor da obrigação; se o título apresenta-se à ordem, basta checar a sequência dos endossos – não se exigindo a verificação da autenticidade de assinaturas daqueles que o devedor desconhece – para tomar ciência da regularidade da condição de sujeito ativo do crédito.

Refiro-me a um poder/dever, pois, na mesma proporção em que o devedor *pode* exigir a apresentação da cártula, ele *deve* exigi-la, sob pena de responder pela negligência – ou quiçá imprudência – de não o fazer. A quitação em separado presta-se entre as partes originárias, mas não tem eficácia em relação a terceiros de boa-fé; assim, um endossatário poderá exigir o pagamento, ainda que o valor tenha sido pago ao endossante.

É um direito do devedor que paga exigir, além da entrega do título, que lhe seja dada quitação. Essa quitação pode ser dada em documento em separado, mas, como visto, sua apresentação isolada prova, quando muito, que foi saldada a obrigação havida no negócio fundamental, mas não a declaração unilateral do débito, representada pelo título. Pode igualmente ser dada na própria cártula, hipótese na qual, em face do princípio da literalidade, a cártula representará a emissão, eventualmente a circulação, e, por fim, a quitação do crédito, completando o curso normal da relação obrigacional. A quitação é uma faculdade do devedor, a quem se assegura o poder de reter o pagamento enquanto não lhe seja dada a respectiva quitação (artigo 319 do Código Civil). Assim, a recusa em entregar o título e/ou em dar quitação caracteriza mora do credor (*mora accipiendi*), ato de resistência ilegítima a exercício pelo devedor de seu direito de saldar seu débito. Para tais circunstâncias, provado que o credor não quer receber seu crédito ou, que, embora aceite receber, se recusa cumprir seus deveres de entregar o título e/ou dar quitação da obrigação – poderá o devedor, ou qualquer coobrigado a ele equiparado, utilizar-se da ação de consignação em pagamento.

Atente-se para o fato de que o artigo 321 do Código Civil não se aplica ao Direito Cambiário. O dispositivo prevê que nos débitos cuja quitação consista na devolução do título, perdido este, poderá o devedor exigir, retendo o pagamento, declaração do credor que inutilize o título desaparecido. Título aqui não é o título de crédito.

Perdido o título de crédito, o caminho a ser utilizado é o da ação de anulação e substituição, anteriormente estudada. Protege-se assim o devedor e terceiros que, eventualmente, estejam na posse legítima do título. Citados por edital, garante-se o direito de resistir à pretensão daquele que se declara legítimo possuidor de título extraviado, sem sê-lo.

Se o título não foi emitido à vista, só poderá ser exigido quando estiver vencido. Até esse momento, tem-se ato jurídico existente e válido, mas ainda ineficaz. O direito está adquirido, mas seu exercício (a faculdade de exigir o adimplemento) fica suspenso até a realização do tempo (do termo ou transcurso do prazo) assinalado na cártula (artigo 131 do Código Civil). Mas como o direito ao crédito já existe, permite-se a seu titular praticar atos destinados à conservação de seus interesses, a exemplo do aforamento de pedido de arresto de bens do credor, quando se apresentem as condições legais para tanto, e mesmo a habilitação no juízo universal (falência, insolvência civil ou recuperação de empresas), entre outros.

O credor não é obrigado a receber o pagamento antes do vencimento; quem paga o título antes do vencimento fica responsável pela validade do pagamento (artigo 902 do Código Civil). Vencido, o devedor não só pode, mas também deve efetuar o pagamento que poderá ser parcial, ao que não poderá se opor o credor (artigo 902, § 1º). Nesse caso, o credor não devolverá a cártula ao devedor, devendo firmar no próprio título uma quitação da quantia recebida, além de outra, em instrumento separado, que será entregue ao devedor (§ 2º). Se o credor recusa a receber o pagamento parcial ou a firmar as correspondentes declarações de quitação, haverá *mora accipiendi*, a permitir o aforamento de ação consignatória.

7 PROTESTO

O protesto é ato formal e solene pelo qual se prova a inadimplência e o descumprimento de obrigação originada em títulos e outros documentos de dívida. Trata-se de prática econômica e jurídica cunhada ao longo da evolução histórica da humanidade, instituída para asseverar o inadimplemento da obrigação, noticiando-o ao mercado. A essa finalidade servem os Tabelionatos de Protesto que atuam segundo as regras inscritas na Lei 9.492/1997. Nenhum ato ilícito pratica quem, correta e regularmente, usa do protesto para asseverar e publicar a existência do inadimplemento. Só há ato ilícito – e obrigação de indenizar – se o protesto concretiza-se desviado de tais finalidades, sendo a ausência de inadimplemento a situação mais grave.

Nem sempre o protesto é requisito para o exercício dos direitos inerentes ao título de crédito. Para acionar o devedor principal e seus avalistas, não é preciso protestar, embora se possa fazê-lo. A obrigação desses devedores está condicionada apenas ao vencimento da cártula. Por isso, há *protesto facultativo*: é lícito ao credor protestar o título em tais circunstâncias, mas é uma medida facultativa. Só para acionar outros coobrigados, cuja responsabilidade decorre da inadimplência do devedor principal, faz-se necessário o protesto. Então, há *protesto necessário*: o exercício do direito está diretamente vinculado ao protesto do título. A previsão de prazo decadencial para o protesto limita-se à sua eficácia contra coobrigados; a execução contra o devedor principal e seus avalistas independe de prévio protesto. O protesto também será necessário noutras circunstâncias; assim, os títulos que instruem o pedido de falência devem ser acompanhados, em qualquer caso, dos respectivos instrumentos de protesto para fim falimentar nos termos da legislação específica (artigo 94, § 3º, da Lei 11.101/2005).

A competência para o protesto é privativa do Tabelião de Protesto de Títulos (artigo 3º da Lei 9.492/1997), a quem incumbe tutelar os interesses públicos e privados envolvidos, o que inclui a protocolização, a intimação, o acolhimento da devolução ou do aceite, o recebimento do pagamento, do título e de outros documentos de dívida, bem como lavrar e registrar o protesto ou acatar a desistência do credor, proceder às averbações, prestar informações e fornecer certidões relativas a todos os atos praticados. A Lei 9.492/1997 estipula todos os procedimentos relativos ao protesto; por exemplo, horário mínimo de seis horas para atendimento ao público (artigo 4º) e o direito de o apresentante receber recibo com as características essenciais do título ou documento de dívida (artigo 5º, parágrafo único). Outro exemplo é a exigência de que o apresentante informe, além do nome do devedor, seu número no Registro Geral (RG), constante da Cédula de Identidade, ou seu número no Cadastro de Pessoas Físicas (CPF), se pessoa física, e o número de inscrição no Cadastro Geral de Contribuintes (CGC), se pessoa jurídica (artigo 27, § 1º).

Em se tratando de títulos em moeda estrangeira, emitidos fora do Brasil, o protesto dependerá do acompanhamento de tradução efetuada por tradutor público juramentado, hipótese na qual do registro do protesto constarão a descrição do documento e sua tradução (artigo 10). O apresentante do título ainda deve trazer ao cartório a conversão do valor inscrito na cártula, se em moeda estrangeira, para a moeda corrente nacional, permitindo ao devedor do título efetuar o pagamento em reais. A mesma regra vale para emissão de cártulas no Brasil, em moeda estrangeira (Decreto-lei 857/1969). Em se tratando de títulos ou documentos de dívida sujeitos a qualquer tipo de correção, o pagamento será feito pela conversão vigorante no dia da apresentação, no valor indicado pelo apresentante (artigo 11 da Lei 9.492/1997).

O procedimento notarial de protesto só terá curso se o documento não apresentar vícios formais; assim, recebendo o documento, o Tabelião deverá examiná-lo em seus caracteres formais, embora não possa afirmar a ocorrência de prescrição ou caducidade. Qualquer irregularidade formal observada pelo Tabelião obstará o registro do protesto (artigo 9º): preenchimento dos requisitos formais do título (assinatura, data de emissão e outros), desde que constatáveis do simples exame da própria cártula. O Tabelião deverá devolver o documento irregular ao apresentante, mediante recibo (artigo 35, VII, da Lei 9.492/1997).

Em parecer juntado ao Recurso em Mandado de Segurança nº 2.603/SP, julgado pela Quarta Câmara do Superior Tribunal de Justiça, Fábio Konder Comparato afirma que o oficial de protesto "age sempre por iniciativa de um particular, mas não se submete às ordens deste e, sim, aos ditames legais. [...] O oficial de protestos não executa a vontade da parte, mas cumpre a vontade da lei, por iniciativa da parte". Assim, sua competência "restringe-se ao exame da regularidade formal do documento que lhe é apresentado, a saber, a verificação da natureza cambiária do título, a legitimidade ativa do portador, o vencimento. Não lhe cabe, de forma alguma, investigar se o título foi obtido pelo portador legitimado, ou pelo apresentante, de modo abusivo, criminoso ou fraudulento; ou se o negócio de base, que deu origem à emissão do título, é inválido ou ineficaz. Para o oficial de protestos, verdadeiramente, o que não está no título não está no mundo". Contudo, "se, reversamente, o título apresentado não é cambial, ou não é sujeito a protesto, ou se houve alguma nulidade no desenrolar do processo, o oficial público responde perante o prejudicado".

Se não há vícios, o Tabelião mandará intimar o devedor, no endereço fornecido pelo apresentante do título (artigo 14). A intimação poderá ser feita por funcionário do tabelionato ou por outro meio, incluindo carta registrada, desde que comprovado o recebimento no endereço do devedor, fornecido pelo apresentante. Aquele que fornecer endereço incorreto, agindo de má-fé, responderá por perdas e danos, sem prejuízo de outras sanções civis, administrativas ou penais (artigo 15, § 2º).

A intimação deve conter nome e endereço do devedor, elementos de identificação do título ou documento de dívida e prazo-limite para cumprimento da obrigação no Tabelionato, bem como número do protocolo e valor a ser pago. A intimação será feita por edital se a pessoa indicada para aceitar ou pagar (1) for desconhecida, (2) sua localização for incerta ou ignorada, (3) for residente ou domiciliada fora da competência territorial do Tabelionato ou (4) ninguém se dispuser a receber a intimação no endereço fornecido pelo apresentante (artigo 15).

A residência ou domicílio fora do perímetro de competência territorial do Tabelionato não justifica, por si só, o uso de edital. Concordo com Parizatto, para quem não seria viável "a intimação por edital pela simples circunstância de o devedor residir ou ter domicílio fora da competência territorial do Tabelionato", hipótese na qual é "perfeitamente possível a intimação pelo correio, com carta registrada com AR (aviso de recebimento), o que por certo garantiria efetiva ciência do devedor, já que a finalidade precípua do protesto não é prejudicar o devedor mas sim fazer com que o título seja pago".[2]

Não obstante afirme o artigo 12 que o protesto será registrado dentro de três dias úteis contados da protocolização do título, excluído o dia da protocolização e incluído o do vencimento, essa norma conflita com o artigo 20 da mesma Lei 9.492/1997, razão pela qual se deve interpretar que o prazo deverá ser contado não da protocolização, mas da intimação do devedor, excluído o dia em que se concretizar e incluído o dia do vencimento. Disse-o bem Parizatto, entendendo "que o devedor deverá

---

[2] *Protesto de títulos de crédito*. 2. ed. Ouro Fino: Edipa, 1999. p. 43.

ser intimado e deverá ter o prazo de três (3) dias úteis para fazer o pagamento. Só após tal prazo é que se poderá falar no registro do protesto".[3] Lavrado o protesto e registrado o processo, o Tabelião entrega o respectivo instrumento ao apresentante. De outra face, até que seja tirado o protesto, é lícito ao apresentante retirar o título, pagando os emolumentos e demais despesas (artigo 16 da Lei 9.492/1997).

Uma vez intimado da apresentação do título para protesto, é faculdade do devedor pagar o título diretamente no Tabelionato competente, no valor igual ao declarado pelo apresentante, acrescido dos emolumentos e demais despesas (artigo 19). Não é possível recusar o pagamento oferecido no prazo legal e no horário de funcionamento do Tabelionato, recebendo o responsável quitação do Tabelião que, por seu turno, colocará o valor à disposição do apresentante, no primeiro dia útil subsequente ao do recebimento. Se o pagamento se fizer por meio de cheque, ainda que de emissão de estabelecimento bancário, a quitação dada pelo Tabelionato condiciona-se à efetiva liquidação. Se do pagamento no Tabelionato subsistirem parcelas a vencer no futuro, será dada quitação da parcela paga em apartado, devolvendo-se o original do título ao apresentante.

Embora a lei não fale do direito do credor à correção monetária, o Superior Tribunal de Justiça, julgando o Recurso Especial 197.294/SP, entre outros precedentes, afirmou que, "pago o título em cartório de protesto, sem correção e juros moratórios, o credor pode propor ação de cobrança para haver essas duas parcelas, sendo que tanto a atualização monetária como os juros devem ser contados desde a data do vencimento do título líquido e certo (artigos 48 da Lei Uniforme e 25 da Lei 5.474/1968) até o dia do pagamento em cartório. A quantia assim apurada será passível de nova atualização, até o final pagamento, a que se somam os juros moratórios, estes contados da citação para a ação de cobrança."

O protesto pode ser tirado em três hipóteses diferentes:

1º) *Protesto por falta de pagamento*: após o vencimento, o protesto sempre será efetuado por falta de pagamento, vedada a recusa da lavratura e registro do protesto por motivo não previsto na lei cambial (artigo 21, § 2º).

2º) *Protesto por falta de aceite*: só poderá ser efetuado antes do vencimento da obrigação e após o decurso do prazo legal para o aceite ou a devolução (artigo 21, § 1º).

3º) *Protesto por falta de devolução*: devido quando o sacado retiver a letra de câmbio ou a duplicata enviada para aceite e não proceder à devolução dentro do prazo legal. Esse protesto poderá basear-se na segunda via da letra de câmbio ou nas indicações da duplicata, que se limitarão a conter os mesmos requisitos lançados pelo sacador ao tempo da emissão da duplicata, vedada a exigência de qualquer formalidade não prevista na lei que regula a emissão e circulação das duplicatas (artigo 21, § 3º).

---

[3]   *Protesto de títulos de crédito*. 2. ed. Ouro Fino: Edipa, 1999. p. 38.

Do termo de lavratura do protesto, e de seu registro, constaram todos os devedores, assim compreendidos os emitentes de notas promissórias e cheques, os sacados nas letras de câmbio e duplicatas, bem como os indicados pelo apresentante ou credor como responsáveis pelo cumprimento da obrigação. Constarão, ainda (artigo 22): (1) data e número de protocolização; (2) nome do apresentante e endereço; (3) reprodução ou transcrição do documento ou das indicações feitas pelo apresentante e declarações nele inseridas; (4) certidão das intimações feitas e das respostas eventualmente oferecidas; (5) indicação dos intervenientes voluntários e das firmas por eles honradas; (6) a aquiescência do portador ao aceite por honra; (7) nome, número do documento de identificação do devedor e endereço; (8) data e assinatura do Tabelião de Protesto, de seus substitutos ou de Escrevente autorizado.

Se o Tabelião de Protesto conservar em seus arquivos gravação eletrônica da imagem, cópia reprográfica ou micrográfica do título ou documento de dívida, dispensa-se, no registro e no instrumento, sua transcrição literal, bem como das demais declarações nele inseridas. A reprodução de microfilme ou do processamento eletrônico da imagem, do título ou de qualquer documento arquivado no Tabelionato, quando autenticado pelo Tabelião de Protesto, por seu Substituto ou Escrevente autorizado, guarda o mesmo valor do original, independentemente de restauração judicial (artigo 39).

Por fim, tem-se que o cancelamento do registro do protesto pode ser solicitado diretamente no Tabelionato de Protesto de Títulos, por qualquer interessado, mediante apresentação do documento protestado, cuja cópia ficará arquivada, aceitando-se, se impossível apresentá-lo, a declaração de anuência, com identificação e firma reconhecida, daquele que figurou no registro de protesto como credor, originário ou por endosso translativo (artigo 26 da Lei 9.492/1997). Se o apresentante for endossatário-mandatário, a declaração de quitação poderá ser passada tanto por ele, como pelo credor que lhe endossou o título. Para além desses casos, só se cancela o protesto por determinação judicial, estipulando o mesmo artigo 26, em seu § 3º, que deverão ser pagos os emolumentos devidos ao Tabelião. Se a extinção da obrigação decorrer de processo judicial, o cancelamento do registro do protesto poderá ser solicitado com a apresentação da certidão expedida pelo Juízo processante, com menção do trânsito em julgado, que substituirá o título ou o documento de dívida protestado.

7.1   Microempresa e empresa de pequeno porte

A Lei Complementar nº 123/2006 (Estatuto Nacional da Microempresa e da Empresa de Pequeno Porte) criou regras específicas sobre protesto, aplicáveis àqueles que se comprovem titulares de micro ou pequena atividade negocial, por meio de *documento expedido pela Junta Comercial ou pelo Registro Civil das Pessoas Jurídicas, conforme o caso*. Em primeiro lugar, estabelece que sobre os emolumentos do tabelião não incidirão quaisquer acréscimos a título de taxas, custas e contribuições para o Estado ou Distrito Federal, carteira de previdência, fundo de custeio de atos gratuitos, fundos especiais do Tribunal de Justiça, bem como de associação de classe, criados ou que venham a ser criados sob qualquer título ou denominação, ressalvada a cobrança do devedor das despesas de correio, condução e publicação de edital para realização da intimação.

Ademais, optando pelo pagamento da cártula apontada para protesto, o devedor que seja microempresário ou empresa de pequeno porte poderá fazê-lo em cheque, *não lhe podendo ser exigido cheque de emissão de estabelecimento bancário*. O tabelionato deverá aceitar cheque de emissão do próprio devedor ou de terceiro, o que facilitará o pagamento. Em oposição, constitui ato ilícito a exigência de pagamento em dinheiro ou cheque bancário, pela qual responderá o tabelião, inclusive no alusivo aos danos econômicos e aos danos morais que venham a ser experimentados pelo titular da microatividade econômica ou da atividade econômica de pequeno porte. Constituirá, igualmente, infração de suas obrigações legais, respondendo o titular do tabelionato perante a Corregedoria de Justiça pelo ilícito.

O recebimento desse cheque, contudo, se fará *pro solvendo* (artigo 19, § 3º, da Lei 9.492/1997). A *quitação dada pelo tabelionato de protesto será condicionada à efetiva liquidação do cheque*. Se o cheque for devolvido, será lavrado e registrado o protesto que, antes, sustara-se ou cancelara-se a vista do pretenso pagamento. Ademais, *quando o pagamento do título ocorrer com cheque sem a devida provisão de fundos, todos os benefícios previstos para o devedor serão automaticamente suspensos pelos cartórios de protesto*, pelo prazo de um ano, independentemente da lavratura e registro do respectivo protesto (artigo 73 da Lei Complementar nº 123/2006).

A expressão *todos os benefícios* alcança (1) a não incidência de quaisquer acréscimos (taxas, custas e contribuições) sobre os emolumentos do tabelião, (2) a faculdade de pagar o título em cartório sem recorrer a cheque bancário ou dinheiro, e (3) o cancelamento do registro do protesto, em face do pagamento do título, independentemente de declaração de anuência do credor, para aqueles que – ao contrário de minha posição pessoal – acreditam ser lícita a exigência de tal declaração, em face do que se encontra estipulado no artigo 26 da Lei nº 9.492/1997. Todos esses benefícios não poderão ser fruídos pelo prazo de um ano; esse prazo, creio, conta-se a partir do dia do pagamento efetuado com *cheque sem a devida provisão de fundos*, já que foi esse o ato ilícito praticado pelo beneficiário.

Em face da frase *serão automaticamente suspensos*, não se faz necessário ato administrativo ou judicial para a aplicação da sanção, assim como é indiferente tratar-se de fato resultante de ato doloso, ou de ato culposo. A suspensão decorre imediatamente da ausência de *provisão de fundos* no cheque. Prescinde-se de ato formal de constituição da sanção. Mas, note-se: é preciso que o pagamento não tenha sido feito com cheque bancário; se o pagamento se fez com cheque bancário, a ausência de fundos – por mais que improvável – não levará à aplicação da sanção, salvo um improvável conluio entre instituição financeira e o micro ou pequeno empresário. O mesmo efeito se terá, provando outras formas de dolo ou culpa do apresentante do cheque bancário, embora não haja falar em suspensão automática, em tais hipóteses. Obviamente, resta um problema não enfrentado pelo dispositivo: como se distribuirá a informação do inadimplemento.

7.2 Cancelamento do protesto

O protesto poderá ser cancelado *mediante apresentação do documento protestado* (artigo 26 da Lei 9.492/1997); essa apresentação faz pressupor a satisfação do crédito em face do princípio da cartularidade. Se for impossível apresentar o documento (por exemplo, porque se extraviou), pode-se apresentar uma *declaração de anuência do credor*. No entanto, à míngua de determinação legal, os tabelionatos de protestos seguem exigindo a declaração de anuência do credor. Parece-me que, independentemente de ser o devedor microempresário ou empresa de pequeno porte, não se faz necessário trazer a *declaração de anuência do credor* quando o cancelamento do protesto seja requerido *mediante apresentação do documento protestado*. De qualquer sorte, para os que entendem o contrário, é preciso deixar claro que a exigência da declaração não pode ser feita a microempresas e empresas de pequeno porte (artigo 73, III, da Lei Complementar nº 123/2006).

7.3 Sustação de protesto

O protesto comprova a inadimplência e o descumprimento de obrigação originada em títulos e outros documentos de dívida. Seus registros são usados pelo mercado para aferir a confiabilidade das pessoas. Poderão ser fornecidas certidões de protestos, não cancelados, a quaisquer interessados, desde que requeridas por escrito (artigo 31 da Lei 9.492/1997); ademais, os cartórios devem fornecer às entidades representativas da indústria e do comércio ou àquelas vinculadas à proteção do crédito, quando solicitada, certidão diária, em forma de relação, dos protestos tirados e dos cancelamentos efetuados, com a nota de se cuidar de informação reservada, da qual não se poderá dar publicidade pela imprensa, nem mesmo parcialmente (artigo 29).

Da tiragem do protesto advêm consequências nefastas para o crédito e o bom nome da pessoa, natural ou jurídica. Daí falar-se corriqueiramente em negativação de nome, fruto de constar de cadastros de inadimplentes. Em face disso, toda pessoa tem interesse jurídico em não ter títulos indevidamente protestados, podendo recorrer ao Judiciário para (1) impedir que o protesto seja tirado, (2) cancelar o protesto já tirado e (3) pedir indenização pelos prejuízos econômicos e morais advindos do protesto indevido.

Assim, intimado para o protesto que ainda não se realizou, e no prazo de três dias assinalado para o pagamento da cártula junto ao Tabelião de Protestos, pode-se pedir a *sustação do protesto* para impedir sua realização. Se o protesto já foi tirado, cabe pedido de *cancelamento de protesto*. Ambos os pedidos têm a mesma causa de pedir, qual seja a ilicitude do protesto, ainda que por abuso de direito, e em ambos se busca impedir a existência do protesto ilícito. Ainda assim, é comum o indeferimento do pedido se há confusão no pedido entre as figuras da sustação do protesto (ainda não realizado) e do cancelamento do protesto (já tirado). Melhor será a aplicação do princípio da instrumentalidade das formas, reconhecendo o Judiciário que, apesar do erro no rótulo (*nomen iuris*) dado à ação, em ambos os casos está-se diante de ilegalidade do protesto (por tirar ou tirado) e da pretensão de preservar o bom nome do peticionário. Aplica-se a máxima latina *da mihi factum, dabo tibi ius* [dá-me os fatos que dar-te-ei o direito].

O peticionário deverá indicar e demonstrar, de forma precisa, a ilegalidade do protesto pretendido ou havido, realçando seus efeitos deletérios sobre o seu bom nome. A decisão concessiva, por seu turno, deve fundamentar adequadamente a verossimilhança do argumento apresentado e a necessidade de evitar danos de difícil reparação, fundamentando o deferimento da medida cautelar ou da antecipação de tutela. Contudo, é ponto pacífico na jurisprudência haver um dano no protesto indevido, o que a urgência da concessão é inerente à própria condição negativadora do protesto, a implicar restrição não só do crédito, mas também da própria aceitabilidade negocial da pessoa natural ou jurídica.

No pedido de sustação, o prazo exíguo para impedir que o protesto seja tirado dá urgência ainda maior, a justificar, inclusive, a concessão *sine audita altera pars*. A atenção do magistrado, nesse contexto, deve voltar-se para a verossimilhança ou *fummus boni iuris* da alegação que lhe é submetida. No julgamento do Recurso Especial 126.968/MS pela Terceira Turma do Superior Tribunal de Justiça, realçou-se que, "embora seja medida excepcional, a sustação liminar do protesto se justifica quando as circunstâncias de fato recomendam a proteção do direito do devedor diante de possível dano irreparável e da presença da fumaça de bom direito". Destacou-se, ademais, a necessidade de equilíbrio entre dois valores: (1) a necessidade do protesto e (2) o fato inegável de que o protesto acarreta enormes danos ao devedor. No caso, danos injustos, uma vez que estaria o credor a cobrar mais do que o devido, o que impediria o credor de exercer seu direito de evitar o protesto pelo pagamento do débito correto.

Esse acórdão ainda enfrenta um outro tema: havendo endosso, o protesto serve para preservação dos direitos do credor-endossatário contra o endossante e seus avalistas. E assim sendo, ponderou o ministro Eduardo Ribeiro, ter-se-ia que admitir como inaceitável a sustação de protesto, nas circunstâncias; uma vez mais estar-se-ia diante de um paradoxo: não prejudicar o credor endossatário, que fica exposto a ser privado do regresso, e não prejudicar o devedor, sendo certo que o protesto, ainda que despido de consequências jurídicas, tem devastadoras consequências práticas para o devedor; injustificadas, mas efetivas: "seu crédito fica seriamente abalado.

Não pode o julgador deixar de atentar para esse dado da vida comercial. Cumpre buscar solução". A solução encontrada foi impedir, pela sustação, o protesto, mas declarar judicialmente o direito de regresso contra o endossatário do título, que é um dos efeitos daquele ato notarial.

Dependendo igualmente do exame que faça das circunstâncias do caso concreto, o juiz poderá ou não exigir do peticionário que preste caução real ou fidejussória de ressarcir os danos que o credor requerido possa vir a sofrer. A exigência de caução é uma faculdade do juiz que, para decidir se a demandará ou não, deve estar atento às particularidades da demanda e das partes envolvidas, vez que, em muitas circunstâncias, pode inviabilizar o exercício do direito de ação. Uma vez mais, será preciso atentar para as particularidades do caso em concreto. Nos casos em que haja forte verossimilhança da alegação, é recomendável não condicionar a medida acautelatória ou a antecipação de tutela à caução. Quando se julgue necessária a caução, o valor da garantia deverá ser determinado pelo Judiciário, não havendo de corresponder, obrigatoriamente, ao valor do título, o que, uma vez mais, poderia impedir o exercício do direito de defesa por parte do devedor, mormente quando haja elevado excesso na pretensão creditícia.

De outra face, a caução (*contrato de caução* ou *caução judicial*) prestada pode ser executada, como reconheceu a Terceira Turma do Superior Tribunal de Justiça, diante do Recurso Especial 634.104/SP, asseverando a possibilidade de execução se o pedido de sustação ou de cancelamento de protesto for julgado improcedente, cuide-se de processo de conhecimento ou de processo cautelar, indiferentemente. Essa execução se fará pelo procedimento do *cumprimento de sentença*.

É lícito pedir a sustação ou cancelamento do protesto como medida cautelar preparatória, hipótese que demanda o ajuizamento da ação principal em 30 dias, como julgou a Quarta Turma do Superior Tribunal de Justiça (Recurso Especial 278.477/PR): "ainda que se trate de cautelar de sustação de protesto de título, cumpre à parte ajuizar a demanda principal", sendo que o prazo de 30 dias "é contado a partir da data da efetivação da medida constritiva, não merecendo abrigo a interpretação que o fixa a partir da prestação da caução ou da ciência, pelo autor, do cumprimento da liminar". A inobservância do prazo não acarreta a extinção do processo cautelar, decidiram os julgadores, mas apenas a perda da eficácia da liminar concedida.

O pedido cautelar ou a antecipação de tutela poderão ocorrer mesmo quando se recorra à ação declaratória, como deixou claro a Quarta Turma do Superior Tribunal de Justiça diante do Recurso Especial 100.522/RS: "não é imprópria a cumulação, em ação ordinária declaratória, do pedido de reconhecimento de inexistência da dívida representada por duplicatas [...], com a postulação de cautelar incidental de cancelamento de protesto das mesmas cártulas". Some-se o Recurso Especial 100.511/RS, julgado pela Terceira Turma, reconhecendo a possibilidade de "decisão cautelar de sustação de protesto de título em ação sob o rito ordinário na qual se pede declaração de inexistência de obrigação cambial", certo "inserir-se no poder geral cautelar do magistrado, para preservar o cenário jurídico no curso do processo principal, o deferimento das medidas provisórias que julgar adequadas".

O protesto e a inscrição em cadastros negativadores de crédito, quando indevidos, caracterizam ato ilícito, gerando o dever de indenizar os danos econômicos e morais decorrentes. É o que afirma a Súmula 475 do Superior Tribunal de Justiça: "Responde pelos danos decorrentes de protesto indevido o endossatário que recebe por endosso translativo título de crédito contendo vício formal extrínseco ou intrínseco, ficando ressalvado seu direito de regresso contra os endossantes e avalistas."

No Recurso Especial 214.381/MG, a Quarta Turma do Superior Tribunal de Justiça decidiu que, em se tratando de título pago no dia do vencimento, deve responder pelo dano moral aquele que, indevidamente, o levou a protesto, direito que, na forma da jurisprudência daquela Alta Corte, estende-se às pessoas jurídicas, também passíveis de danos morais, "considerados estes como violadores da sua honra objetiva". A existência de dano é indispensável; se o protesto não se concretiza, não há dano, como decidiu a Terceira Turma do Superior Tribunal de Justiça, julgando o Recurso Especial 1.017.970/DF. No caso, a notificação do Tabelionato foi feita diretamente no endereço indicado pelo apresentante, sem publicidade. "Em situações assim, há apenas um simples desconforto àquele a quem é endereçado o aviso de apontamento do título a protesto, não havendo publicidade, pelo que não há se falar em dano. O simples apontamento do título, sem o efetivo registro do protesto, ainda que de forma indevida, é incapaz de gerar dano moral a quem quer que seja."

Esse entendimento também constou do Recurso Especial 604.620/PR, julgado pela mesma Turma. No caso julgado, o deferimento de liminar sustando o protesto impedira sua verificação, afastando os magistrados o entendimento de que a simples indicação dos títulos pagos a protesto lesaria o patrimônio moral do devedor. Concluiu-se que haveria apenas "pequenos dissabores e contrariedades, normais na vida em sociedade", não sendo indenizáveis. Seria um *aborrecimento comum do cotidiano moderno*, não suscetível de indenização. "Tratando-se a recorrida de pessoa jurídica e não tendo havido publicidade no apontamento dos títulos a protesto – o que só ocorreria, em tese, se a notificação tivesse sido feita por edital, ou se terceira pessoa, estranha ao Tabelionato, tivesse tomado conhecimento do apontamento ou tivesse cancelado um negócio em virtude disso –, não se pode entrever qualquer abalo à sua honra objetiva, à sua imagem e credibilidade perante a sociedade e o mercado, passíveis de compensação pecuniária."

Registre-se que, neste feito (Recurso Especial 604.620/PR), restou vencido o Ministro Carlos Alberto Menezes Direito, relator original do feito: "não creio que mereça relevo a circunstância de haver sido sustado o protesto pela via cautelar. A circunstância que deve ser considerada, no caso, é que houve o encaminhamento do título a protesto por valor superior àquele devido. Esse fato, ao meu sentir, traz carga suficiente para amparar a pretensão apresentada pela autora. Tenha-se presente que a empresa, segundo indica a inicial, acionou a instituição financeira para que fosse o protesto efetivado".

8 PRESCRIÇÃO

O não uso do direito, em tempo certo, implica a sua extinção, ocorrendo a prescrição. Afinal, *a inércia do titular traduz renúncia à faculdade,* ainda que tenha havido efetiva *vontade de extinguir voluntariamente o direito.* Mas um dever de atenção para com os direitos e o tempo de exercício, não interessando ao Direito a perpetuação dos conflitos. Assim, o *princípio da prescritibilidade* funciona como uma baliza de segurança, um mecanismo para a redução (esvaziamento) de uma pressão social explosiva que se forma a partir da conjunção das incontáveis relações litigiosas (individuais, coletivas ou difusas) existentes na sociedade. Ao definir tempo para (1) a transformação do litígio em lide processual (em ação) ou (2) a extinção dos direitos pretendidos, a prescrição retira conflitos da carga agressiva global da sociedade, exigindo conformação daqueles que, pelo transcurso do prazo, não mais podem agir, extrajudicial ou judicialmente, contra os que consideram estar obrigados para consigo.

Vencido o título de crédito, torna-se eficaz o direito do credor que poderá exercê-lo. A partir de então, começa a contar o prazo prescricional da obrigação cambial (artigo 199). Havendo emissão a vista, principia na data de emissão, não havendo pendência de uma condição suspensiva. Havendo emissão a prazo ou a termo, quando verificado o vencimento. Havendo *vencimento antecipado do título,* o prazo prescricional conta-se da data de vencimento da cártula, como afirmou a Terceira Turma do Superior Tribunal de Justiça, julgando o Agravo Regimental 439.427/SP: "o vencimento antecipado das obrigações contraídas, não altera o termo inicial para a contagem do prazo prescricional da ação cambial, que se conta do vencimento do título, tal como inscrito na cártula". Aplicou-se, para tanto, o princípio da literalidade.

A regra geral é prescrever em três anos a pretensão para haver o pagamento de título de crédito, a contar do vencimento, ressalvadas as disposições de lei especial (artigos 206, § 3º, VIII, Código Civil e 70 da Lei Uniforme de Genebra). Portanto, a todos os títulos de crédito que não têm definição de um prazo de prescrição específico aplica-se o prazo trienal; exemplo são as cédulas de crédito, cuja lei não dispõe de norma específica, como já reconheceu o Superior Tribunal de Justiça no Recurso Especial nº 225.276/PA e no Recurso Especial nº 156.605/SP, entre outros.

O prazo prescricional definido em lei não pode ser alterado por acordo das partes (artigo 192 do Código Civil), embora comporte renúncia (artigo 191) por parte do sujeito passivo da obrigação, isto é, o(s) devedor(es), principal ou coobrigados. A renúncia pode ser expressa ou tácita (presumida de fatos do interessado que sejam incompatíveis com a prescrição), mas não pode prejudicar a terceiro; assim, entre devedor e coobrigados, a renúncia atinge apenas aquele que a manifestou, mas não se admite renúncia dada *a priori*, o que corresponderia à extinção da regra; a bem da verdade e da técnica, a renúncia pressupõe a existência do direito, já adquirido pelo patrimônio daquele que renuncia. Assim, só é válida a renúncia que se opera depois de se ter consumado o prazo prescricional, isto é, depois de o sujeito passivo já se ter beneficiado dos efeitos da extinção do direito do sujeito ativo, adquirindo o direito à exceção correspondente, que poderá arguir em qualquer grau de jurisdição, além de poder ser reconhecida de ofício pelo juiz (artigos 193 e 219, § 5º, do Código Civil e Lei 11.280/2006).

Uma vez iniciada a contagem do prazo, o período já transcorrido em prejuízo de um credor continua a correr contra o seu sucessor (artigo 196); isso, haja mera tradição do título de crédito ou haja endosso, em branco ou em preto, de título à ordem. Só quando há transferência da cártula para pessoa que se encontre nas situações descritas nos artigos 197 e 198 do Código Civil, o prazo deixará de correr, suspendendo-se. Com efeito, não corre o prazo de prescrição na constância da sociedade conjugal, se devedor e credor são cônjuges. Igualmente, entre ascendentes e descendentes, durante o poder familiar; entre tutelados ou curatelados e seus tutores ou curadores, durante a tutela ou curatela. Tais disposições impedem que a influência do devedor sobre o credor possa prejudicar a este, permitindo-lhe, uma vez rompido o elo de dependência, exercitar sua faculdade creditícia. Também não corre a prescrição se o beneficiário ou legítimo portador da cártula (1) seja absolutamente incapaz (artigo 3º do Código Civil); (2) esteja ausente do país em serviço público da União, dos Estados ou dos Municípios; (3) ache-se servindo nas Forças Armadas, em tempo de guerra.

A prescrição pode ser interrompida por qualquer interessado (artigos 202 e 203) e, uma vez interrompida, na eventualidade de não se satisfazer o direito, recomeça o prazo da data do ato que a interrompeu, ou do último ato do processo para a interromper (artigo 202, parágrafo único). Porém, admite-se uma única interrupção. Pode haver interrupção (1) por despacho do juiz, mesmo incompetente, que ordenar a citação, se o interessado a promover no prazo e na forma da lei processual; (2) por protesto, nas condições do número antecedente; (3) por protesto cambial; (4) pela apresentação do título de crédito em juízo de inventário ou em concurso de credores; (5) por qualquer ato judicial que constitua em mora o devedor; e (6) por qualquer ato inequívoco, ainda que extrajudicial, que importe reconhecimento do direito pelo devedor.

Julgando o Recurso Especial 1.124.709/TO, do Superior Tribunal de Justiça, o Ministro Luís Felipe Salomão afirmou: "considerando o fato de que o artigo 71 da Lei Uniforme de Genebra autoriza a interrupção da prescrição, mas a lei especial não menciona quais seriam as causas interruptivas da prescrição, externando omissão da lei especial, aplica-se, por força do artigo 903 do Código Civil, a legislação comum, qual seja: o próprio Código Civil. Assim, os casos de interrupção da prescrição dos títulos de crédito são ditados pela legislação comum, mas, naturalmente, a legislação cambial se orienta pela autonomia que se aplica a tais títulos, inclusive, no que se refere ao instituto da interrupção do prazo prescricional. Como decorrência lógica do princípio da autonomia que informa os títulos de crédito, agora já mesmo positivado no Código Civil (artigo 887), o artigo 71 da Lei Uniforme de Genebra prescreve que a interrupção da prescrição levada a efeito contra um dos coobrigados não aproveita aos demais (cada coobrigado tem uma obrigação autônoma). Destarte, tem-se, por exemplo, a interrupção do prazo prescricional em relação ao devedor cambial direto não implicará necessariamente a interrupção da prescrição em relação aos devedores indiretos".

Uma vez aforada demanda para o exercício do direito oriundo do título de crédito, pode-se ainda verificar a chamada prescrição intercorrente. Como já decidiu o Superior Tribunal de Justiça, quando sua Terceira Turma examinou o Recurso Especial nº 149.932/SP, ocorre a prescrição intercorrente "uma vez paralisado o processo, pelo prazo previsto em lei, aguardando providência do credor". Como facilmente se verifica, o escopo da figura jurídica da prescrição intercorrente é impedir que o credor simplesmente afore uma demanda e a deixe abandonada, sem cuidar dos atos que lhe competem para a realização de seu crédito. Para seu cômputo, considera-se o prazo legal da prescrição do direito em discussão; se o feito ficou paralisado por prazo igual ou superior, na dependência de ato que competia ao credor, o direito estará prescrito.

A prescrição do título, contudo, traduz apenas a extinção da declaração unilateral do crédito, não alcançando o negócio fundamental, se maior for o seu prazo de prescrição. Assim, com base no negócio fundamental, pode-se cobrar o valor da obrigação que esteve incorporada à cártula, mas que, com a prescrição do título, *desincorporou-se*. O credor pode aforar ação de cobrança, ou manejar a ação monitória, utilizando-se do título prescrito como *prova escrita sem valor de título executivo judicial*. Justamente por haver *desincorporação do crédito*, em face da prescrição, não me parece correta a posição pacificada no Superior Tribunal de Justiça, dispensando investigação do negócio de base. O debate sobre a relação de base é essencial, certo que a obrigação original pode ter prazo prescricional inferior ao do título.

Imagine-se, por exemplo, que o título tivesse sido emitido a partir de um contrato de hospedagem, prescrevendo em um ano (artigo 206, § 1º, I); se houve emissão de uma nota promissória, o crédito incorpora-se à cártula, que prescreve em três anos. O direito ao crédito, assim, beneficiou-se da incorporação, já que o prazo prescricional cambiário é maior. Extinta a relação cambiária pela prescrição do título, deve reestabelecer-se a relação original (negócio de base), com todos os seus qualificadores, incluindo o prazo prescricional do crédito original (*não cambiário*). No exemplo dado, portanto, se o credor da cártula não a executou no triênio prescricional da nota promissória, não lhe socorrerá a relação fundamental, cujo prazo prescricional é menor.

Em sentido contrário, como já dito, aponta o Superior Tribunal de Justiça, como se afere das Súmulas 503 (*O prazo para ajuizamento de ação monitória em face do emitente de cheque sem força executiva é quinquenal, a contar do dia seguinte à data de emissão estampada na cártula*) e 504 (*O prazo para ajuizamento de ação monitória em face do emitente de nota promissória sem força executiva é quinquenal, a contar do dia seguinte ao vencimento do título*). Minha posição pessoal, diante desses precedentes, é que o prazo assinalado, cinco anos, aplica-se apenas quando não há demonstração e comprovação, pelo devedor, da natureza jurídica do fato gerador e seu respectivo prazo prescricional, hipótese em que deverá ser aplicado esse e jamais o prazo quinquenal. Do contrário, a cártula prescrita (que é mera prova da obrigação) negaria a vigência da previsão legal de prazo prescricional específico, como no exemplo apontado.

Há um precedente que aponta nessa direção: o julgamento do Agravo Regimental no Agravo nº 1.014.710/SP, no qual se disse: "não há que se confundir a prescrição da nota promissória, e a consequente perda de sua eficácia executiva, com a prescrição da dívida de que ela faz prova. No caso em apreço, encontrava-se prescrita, quando da propositura da demanda, a ação para executar as notas promissórias. Tal circunstância, contudo, não impede a propositura de demanda monitória com o intuito de cobrar a obrigação representada pelas cártulas prescritas, desde que tal pretensão também não tenha sido alcançada pela prescrição, o que não ocorreu na espécie".

Se não está prescrita a relação fundamental, a cobrança poderá incluir a correção monetária do crédito, calculada a partir do vencimento da obrigação, evitando-se o locupletamento indevido do devedor.

Sobre o protesto de títulos prescritos, leia-se o que foi decidido pelo Superior Tribunal de Justiça quando julgou o Agravo Interno no Agravo em Recurso Especial 1.193.315/SP: "Há dano moral *in re ipsa* nos casos de protesto indevido de título de crédito. Precedentes". Na mesma direção, cito o Recurso Especial 1.630.470/RO: "(2) O propósito recursal reside em definir se o protesto de nota promissória prescrita foi ilegal, a ensejar dano moral indenizável. (3) O protesto cambial apresenta, por excelência, natureza probante, tendo por finalidade precípua servir como meio de prova da falta ou recusa do aceite ou do pagamento de título de crédito. (4) De acordo com o disposto no art. 1º da Lei 9.492/1997 ('Lei do Protesto Notarial'), são habilitados ao protesto extrajudicial os títulos de crédito e 'outros documentos de dívida', entendidos estes como instrumentos que caracterizem prova escrita de obrigação pecuniária líquida, certa e exigível, ou seja, documentos que propiciem o manejo da ação de execução. (5) Especificamente quanto à nota promissória, o apontamento a protesto por falta de pagamento mostra-se viável dentro do prazo da execução cambial – que é de 3 (três) anos a contar do vencimento –, desde que indicados os devedores principais (subscritor e seus avalistas). (6) Na hipótese dos autos, o protesto da nota promissória revela-se irregular, pois efetivado quase 9 (nove) anos após a data de vencimento do título. (7) Cuidando-se de protesto irregular de título de crédito, o reconhecimento do dano moral está atrelado à ideia do abalo do crédito causado pela publicidade do ato notarial, que, naturalmente, faz associar ao devedor a pecha de 'mau pagador' perante a praça. Todavia, na hipótese em que o protesto é irregular por estar prescrita a pretensão executória do credor, é necessário perquirir sobre a existência de vias alternativas para a cobrança da dívida consubstanciada no título. (8) Nesse contexto, se ao credor remanescem ações outras que não a execução para a exigência do crédito, o devedor permanece responsável pelo pagamento, não havendo se falar em abalo de sua credibilidade financeira pelo protesto extemporâneo. (9) Por outro lado, quando exauridos os meios legais de cobrança da dívida subjacente ao título, o protesto pelo portador configura verdadeiro abuso de direito, pois visa tão somente a constranger o devedor ao pagamento de obrigação inexigível judicialmente. O protesto, nessa hipótese, se mostra inócuo a qualquer de seus efeitos legítimos, servindo, apenas, para pressionar o devedor ao pagamento de obrigação natural (isto é, sem exigibilidade jurídica), pela ameaça do descrédito que o mercado associa ao nome de quem tem título protestado. (10) No particular, considerando que o protesto foi efetivado após o decurso dos prazos prescricionais de todas as ações judiciais possíveis para a persecução do crédito consubstanciado na nota promissória, é de rigor reconhecer o abuso de direito do credor, com a sua condenação ao pagamento de compensação por danos morais".

19

Letra de Câmbio e Nota Promissória

1 LETRA DE CÂMBIO

A letra de câmbio é regulada por um tratado internacional, a Lei Uniforme de Genebra, celebrado nos anos de 1930 e promulgada, entre nós, por meio do Decreto 57.663/1966. Supletivamente, aplicam-se-lhes as normas do Decreto nº 2.044/1908, se não conflitem com o vigente Código Civil ou com o tratado. Cuida-se de um instrumento de declaração unilateral de vontade, enunciada em tempo e lugar *certos* (nela afirmados), por meio da qual uma *certa* pessoa (chamada *sacador*) declara que uma *certa* pessoa (chamada *sacado*) pagará, pura e simplesmente, a *certa* pessoa (chamada *tomador*), uma quantia *certa*, num local e numa data – ou prazo – especificados ou não. O título considera-se emitido quando o sacador nele apõe sua assinatura, completando, assim, o ato unilateral de *sacar* o título. Seus requisitos são os seguintes:

1. a palavra *letra* inserta no próprio texto do título e expressa na língua empregada para a redação desse documento;
2. o mandato puro e simples de pagar uma quantia determinada;
3. o nome daquele que deve pagar (sacado);
4. a época do pagamento;
5. a indicação do lugar em que se deve efetuar o pagamento;
6. o nome da pessoa a quem ou à ordem de quem deve ser paga;

7. a indicação da data em que, e do lugar onde a letra é passada;

8. a assinatura de quem passa a letra (sacador).

Tais elementos dizem o essencial do título estudado e se faltam à cártula, o título não produzirá efeito como letra, salvo casos que serão estudados. Atente-se para o fato de que a letra de câmbio pode ser sacada por várias vias que devem ser numeradas no próprio texto; a hipótese é rara. O tema é regulado pelos artigos 64 a 68 da Lei Uniforme de Genebra.

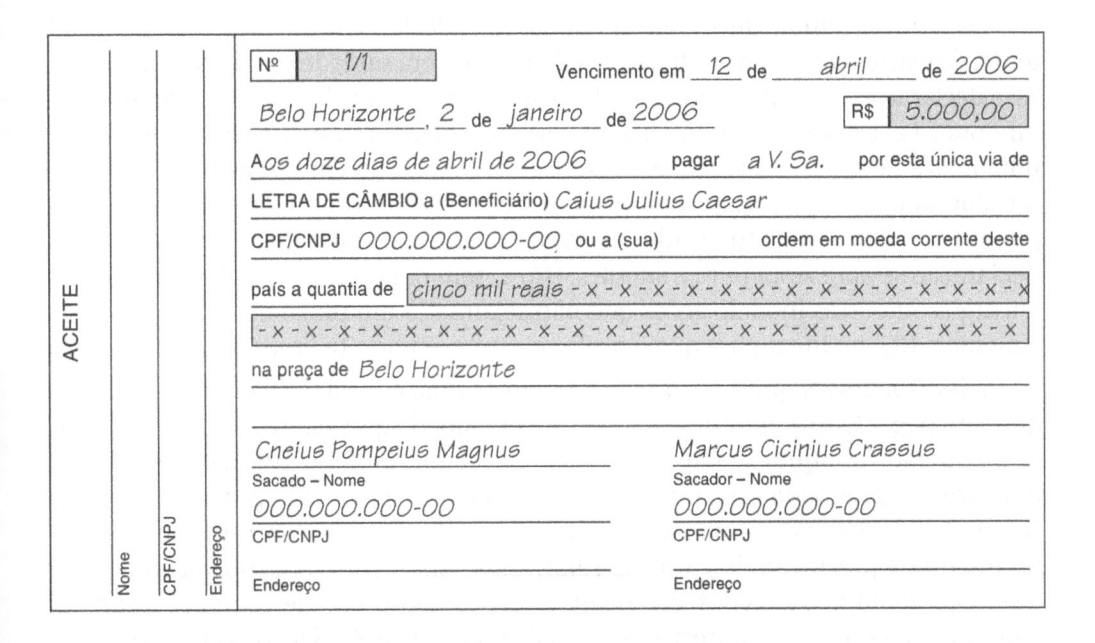

1.1 Denominação letra

Em primeiro lugar, o documento deve trazer expressa a palavra *letra*, ou mesmo *letra de câmbio*, inserta no próprio texto da cártula e expressa na língua empregada para a redação do título. Procura-se, por essa via, garantir a identificação induvidosa do que seja uma letra de câmbio, distinguindo-a no amplo rol dos documentos (os *quirógrafos comuns*); a exigência da denominação evita incerteza sobre a cambiaridade e sobre a executoriedade. A declaração do crédito que não se identifica como uma *letra* ou *letra de câmbio* não remete ao regime cambial específico estipulado pela Lei Uniforme de Genebra. Não terá, portanto, natureza cambial e, mui provavelmente, não terá executoriedade, salvo se encaixar-se nalguma das outras hipóteses do Código de Processo Civil, a exemplo do *documento particular assinado pelo devedor e por duas testemunhas*. Friso que a palavra *letra* ou a expressão *letra de câmbio* devem estar no corpo do texto; não se aceita que o documento se intitule como *letra de câmbio*, mas não traga o termo no texto da ordem de pagar.

Ademais, deverá estar escrita no mesmo idioma em que foi escrito o restante do texto; não se exige, porém, que o texto – e o termo *letra* ou *letra de câmbio* – sejam escritos em idioma compatível com a moeda do valor a ser pago. Não é preciso, portanto, que a letra seja redigida em inglês para que se determine o pagamento em dólares ou libras.

1.2   Declaração de pagamento certo

Na letra de câmbio deve constar apenas uma declaração jurídica, feita pelo emitente, da existência de um crédito em dinheiro que será saldado por uma *certa* pessoa; essa declaração é um ato jurídico unilateral, desconectado do negócio fundamental. Embora a Lei Uniforme se refira a *mandato* (no original francês, *mandat*), não existe uma relação de representação, nem contrato de mandato entre sacador e sacado. O sacador simplesmente declara, unilateralmente, a existência do crédito que será saldado por quem indica o título (o sacado), na data e no lugar eventualmente indicados. Essa declaração se apresenta pura e simples, isto é, sem remeter a condições contratuais, encargos ou outras modalizações que não sejam: (1) um prazo ou termo para vencimento e (2) um lugar para que o título seja apresentado (a *praça de apresentação*).

É indispensável que a declaração esclareça qual é o valor do crédito, a quantia que será paga. Esse *quantum* se expressará em moeda que, em regra, será nacional, se a emissão (o *saque*) se fizer no Brasil. O Decreto-lei 857/196/1969 só admite a utilização da moeda estrangeira nas seguintes situações: (1) contratos e títulos referentes a importação ou exportação de mercadorias; (2) contratos de financiamento ou de prestação de garantia relativos às operações de exportação de bens e serviços vendidos a crédito para o exterior; (3) contratos de compra e venda de câmbio em geral; (4) empréstimos e quaisquer outras obrigações cujo credor ou devedor seja pessoa residente e domiciliada no exterior, excetuados os contratos de locação de imóveis situados no território nacional; e (5) contratos que tenham por objeto a cessão, transferência, delegação, assunção ou modificação das obrigações referidas no item anterior, ainda que ambas as partes contratantes sejam pessoas residentes ou domiciliadas no país.

Havendo divergência, na indicação da quantia a satisfazer, entre o valor por extenso e o valor em algarismos, prevalece a que estiver feita por extenso. Se na letra a indicação da quantia a satisfazer se achar feita por mais de uma vez, quer por extenso, quer em algarismos, e houver divergências entre as diversas indicações, prevalecerá a que se achar feita pela quantia inferior (artigo 6º da Lei Uniforme).

1.3   O sacado

A letra de câmbio não apenas declara a obrigação de pagar a quantia que determina, como enuncia a pessoa que deverá fazê-lo. Essa pessoa é o *sacado*, opondo-se às figuras do *sacador* (ou *emitente*) e do *tomador* (ou *beneficiário*) na estrutura do instrumento jurídico. Como visto, não se trata de uma ordem para pagar, mas de uma declaração, feita pelo sacador, de que o sacado irá pagar a quantia certa, no prazo ou na data, e no local, fixados. Essa declaração caracteriza uma promessa, ato jurídico por meio do qual uma pessoa assume, unilateralmente, uma obrigação. O crédito a favor do tomador é certo, mas, como se verá, a vinculação da obrigação jurídica ao patrimônio do sacado é situação jurídica que depende do aceite, por ele, da promessa de pagamento.

É comum e lícito o saque se faça *por ordem e conta de terceiro*: uma pessoa pode sacar a letra de câmbio, declarando que um terceiro irá saldar o crédito (artigo 3º da Lei Uniforme). Basta ao emitente indicar o sacado, não sendo cambiariamente necessário que haja prova da existência de qualquer relação jurídica entre ambos, nem de autorização, nem de delegação de poderes etc. Não é preciso, sequer, que sacador e sacado se conheçam. João pode emitir a favor de Maria uma letra de câmbio contra José (ao qual ele sequer conhece). Aliás, João pode até indicar-se como beneficiário da letra sacada contra José. Para o Direito Cambiário, isso é perfeitamente válido. João, após sacar a letra, a seu favor e contra José, pode endossá-la a um terceiro. Juridicamente, há em tal ato a declaração (promessa) feita por João (o sacador) de que José (o sacado) fará o pagamento. Não se cria uma obrigação para José (o sacado); só com o aceite essa obrigação se criará.

Também é possível que o saque seja feito contra si mesmo (letra de câmbio *à própria ordem*), ou seja, que o sacador indique a si mesmo como sacado, o que equivale a declarar – e, portanto, prometer – que ele irá efetuar o pagamento da quantia certa, na data ou no prazo, e no lugar, fixados, diante da apresentação da cártula pelo tomador ou por um endossatário. Pontes de Miranda ainda lista a possibilidade de o sacador (A) declarar que o sacado (B) pagará a ele mesmo (B), ou seja, de que sacado e tomador (beneficiário) sejam a mesma pessoa; neste caso, se o sacado/tomador não aceita o título, o sacador ficaria obrigado. O jurista alagoano ainda lista a letra de câmbio *sobre si mesmo* (sacador e sacado são a mesma pessoa) e a letra de câmbio *sobre si mesmo e à própria ordem*: sacador, sacado e tomador são a mesma pessoa.[1] Nessa última hipótese, o endosso será o meio pelo qual o título será posto no mercado.

Ainda segundo Pontes de Miranda, aplicando subsidiariamente o Decreto nº 2.044/1908, "a Lei Brasileira permite que o sacador nomeie dois ou mais sacados. Ao primeiro deles dirige-se o portador e, somente na falta ou recusa do aceite, irá a cada um dos outros, se domiciliados na mesma praça, obedecida a ordem de designação".[2] Parece-me ter razão o autor, vez que a Lei Uniforme é silente sobre a possibilidade de haver mais de um sacado, no que, portanto, deixa o tema ao arbítrio

---

[1] *Tratado de direito cambiário*. Campinas: Bookseller, 2001. v. 1, p. 250.

[2] *Tratado de direito cambiário*. Campinas: Bookseller, 2001. v. 1, p. 251.

do legislador local. É adequado entender-se que, nesse aspecto, não foi derrogado o artigo 10 do Decreto 2.044/1908.

O sacado, pessoa física ou jurídica, será indicado apenas por seu nome, o quanto baste para que seja identificado, não se exigindo qualificação ou referência documental. Contudo, para que seja tirado o protesto da cártula, o apresentante deve informar o nome do devedor, seu número no Registro Geral (RG), constante da Cédula de Identidade, ou seu número no Cadastro de Pessoas Físicas (CPF), se pessoa física, e o número de inscrição no Cadastro Geral de Contribuintes (CGC), se pessoa jurídica (artigo 27, § 1º, da Lei 9.492/1997).

Pequenos equívocos no nome, desde que não criem dúvidas sobre a identidade do sacado, devem ser considerados erros materiais, não invalidando a declaração: *Paula* em lugar de *Paola*, *Neto* em lugar de *Netto* etc. Essencialmente, é necessário haver identificação inequívoca, com o que não se pode considerar mera irregularidade, como exemplo, a omissão de termos como *Júnior* ou *Filho*, pois são da essência da identificação, diferenciando parentes. Embora não se deva usar acréscimos qualificadores, como títulos profissionais (ex.: *Dr. Fulano de Tal, Prof. Beltrano de Tanto*), sua presença é indiferente.

1.4   Época do pagamento

A letra de câmbio pode ser sacada (1) a vista; (2) a um certo termo de vista; (3) a um certo termo de data; e (4) pagável num dia fixado (artigo 33 da Lei Uniforme). Se a cártula não indica a época do pagamento, entende-se pagável a vista (artigo 2º), isto é, como título já vencido cuja obrigação já pode ser exigida pelo tomador. Mas o vencimento a vista pode ser assinalado expressamente, bastando para tanto que o sacador utilize-se de expressão correspondente: *vencimento a vista, pagar imediatamente a, pagar contra a apresentação* ou similar. A letra a vista será paga tão logo seja apresentada; mas tal apresentação deve fazer-se dentro do prazo de um ano, a contar de sua data de emissão (artigo 34); o sacador pode reduzir esse prazo ou estipular um outro mais longo; os endossantes, por seu turno, podem apenas encurtar os prazos, o legal ou o estipulado pelo sacador. Também é lícito ao sacador estipular que a letra pagável a vista não seja apresentada a pagamento antes de certa data, hipótese na qual o prazo para a apresentação conta-se dessa data (artigo 34).

Pode ainda ser estipulado vencimento *a um certo termo de vista* (artigo 5º da Lei Uniforme). Neste caso, a contagem do prazo para o vencimento começará quando a cártula for apresentada ao aceitante. Uma vez aceito o título, principia a correr o prazo para o vencimento da obrigação do aceitante. Assim, estipulado um *vencimento a 60 dias da vista*, marca-se o dia do aceite e, a partir dele, contam-se 60 dias. Esse mecanismo permite que o sacado prepare-se para o pagamento, reunindo dinheiro suficiente. Se o sacado recusa-se a aceitar o título, o prazo para vencimento será contado a partir do protesto por falta de aceite (artigo 35). O vencimento de uma letra sacada a um ou mais meses de data ou da vista será na data correspondente do mês em que o pagamento se deve efetuar (artigo 36). Na falta de data correspondente, o vencimento será no último dia desse mês. Se for estipulado um ou mais meses, "e meio", contam-se primeiro os meses inteiros e, depois, quinze dias.

O vencimento pode ser determinado por termo (data determinada, como *08 de maio de 2004*) ou prazo (exemplos: *30 dias, dois meses, um ano*). De acordo com Fran Martins, aceita-se, ademais, que a época de pagamento seja indicada "por um dia certo (*Natal, Dia do Trabalho, Dia de Finados*) ou por uma perífrase: *três dias depois do Ano Novo* etc. Um dia inexistente no calendário não é permitido (*30 de fevereiro*), mas admite-se *fim do mês*, que será considerado o último dia do mês".[3] Mas o vencimento deve ser certo. A expressão utilizada deve permitir a determinação do dia por simples cálculo, a partir da consulta ao calendário. Não se pode usar expressões que traduzam uma condição (evento futuro e incerto), encargo ou outra modalização; só o termo e o prazo, para o vencimento da cártula, tais como *vence no dia do casamento de minha filha* ou *vence com a entrega do imóvel*. A necessidade de certeza do vencimento, de outro modo, reflete-se no artigo 33 da Lei Uniforme de Genebra, a prever que as letras que tenham datas diferentes de vencimento, mesmo que sucessivas, são nulas.

Quando uma letra é pagável num dia fixo, mas é indicado um lugar para o pagamento que é diferente do lugar do saque, a data do vencimento é considerada como fixada segundo o calendário do lugar de pagamento (artigo 37 da Lei Uniforme). Se nessa mesma hipótese de letra sacada entre duas praças, nas quais há calendários diferentes, for indicado vencimento a certo termo de vista, o dia da emissão é referido ao dia correspondente do calendário do lugar de pagamento, para o efeito da determinação da data do vencimento.

Quando o vencimento esteja vinculado ao transcurso de um prazo, não se conta o dia do começo, isto é, o dia em que foi efetuado o saque, principiando a contagem do dia seguinte, seja útil ou não (artigo 132 do Código Civil). Porém, o dia em que é encerrada a contagem é contado: é o dia do vencimento. Haja prazo, haja termo, se o dia do vencimento cair em feriado, considerar-se-á prorrogado o prazo até o seguinte dia útil. Se o pagamento deve realizar-se em instituição bancária, o recesso dessa, por qualquer motivo, prorroga o vencimento da cártula para o primeiro dia de expediente da instituição. Se o termo for fixado pela expressão coloquial *meado* (assim, *meado de abril* ou, mesmo, *meados de abril*), considera-se, em qualquer mês (incluindo fevereiro), seu décimo-quinto dia.

O prazo em dias é contado em dias; já os prazos em meses e anos expiram-se no dia de igual número do de início, ou no imediato, se faltar exata correspondência (artigo 132, § 3º, do Código Civil). Se uma letra de câmbio, emitida em 12/2/2002, tem o seu vencimento assinalado em dois meses, esse vencimento se dará em

---

3   *Títulos de crédito*. 13. ed. Rio de Janeiro: Forense, 2002. v. 1, p. 95.

12/4/2002; porém, se o prazo para o vencimento for de 60 dias, o vencimento se dará em 13/4/2002. Indicado o vencimento no "princípio do mês", tem-se o dia 1º; em oposição, indicado o vencimento "no fim do mês", tem-se o último dia do mês correspondente (artigo 36 da Lei Uniforme). Uma semana é contada como sete dias, excluído o dia do começo da contagem, razão pela qual não se pode interpretar oito dias como uma semana, mas deve-se contá-los como oito dias, excluído o dia do começo. Segundo o mesmo princípio, contam-se 15 dias.

1.4.1 Juros

Quando a letra for pagável a vista ou a certo termo de vista, o sacador poderá estipular a incidência de juros sobre a importância a ser paga (artigo 5º da Lei Uniforme). Assim, não se aplica à letra de câmbio a regra que determina dever-se considerar não escrita no título a cláusula de juros (artigos 890 e 903 do Código Civil). A taxa de juros deve ser indicada na letra e, na falta de indicação, a cláusula de juros é considerada como não escrita (artigo 5º da Lei Genebrina). Os limites legais de juros devem ser respeitados, sejam os estabelecidos no Código Civil, sejam os estabelecidos em legislações específicas (como a Lei 4.595/1964, para instituições financeiras). Se a taxa lançada na cártula for superior ao limite legal, deverá ser reduzida ao limite legal (artigo 591 do Código Civil), não havendo falar em invalidade da cláusula. De qualquer sorte, mesmo se a cláusula de juros fosse nula, isso não invalidaria o título, certo que a invalidade da obrigação principal implica a das obrigações acessórias, mas a destas não induz a da obrigação principal (artigo 184, parte final, do Código Civil).

Os juros tratados pelo artigo 5º da Lei Uniforme são compensatórios (ou remuneratórios), isto é, juros que remuneram o capital que o credor (o tomador) poderia exigir, mas que, abstendo-se de fazê-lo, é premiado pela respectiva incidência. Não são os juros moratórios, dos quais cuida o artigo 48, 2º, da Lei Uniforme de Genebra (6% desde a data do vencimento). Os juros remuneratórios incidem a partir da data indicada pela letra (utilizando-se de expressões como *incidem juros de 1% ao mês a partir de 30 dias do saque* ou *contam-se juros de 0,75% ao mês após 60 dias da vista*; entre outras similares). Se não há indicação do termo inicial da contagem dos juros, contam-se da data da letra, sempre de acordo com o artigo 5º da Lei Uniforme. Se não se trata de letra pagável a vista ou a um certo termo de vista, a estipulação de juros será considerada como não escrita, ou seja, passa-se ao regime geral determinado pelo artigo 890 do Código Civil.

A afirmação da incidência de juros é, por si só, uma cláusula e deve estar assinada pelo devedor. Considerada a possibilidade da inserção da cláusula por terceiro, só a assinatura tem o efeito de comprovar que o devedor efetivamente a lançou na carta e/ou que concordou com sua estipulação, firmando-a. Se a cláusula foi anotada de próprio punho pelo devedor, sem assinatura, terá igualmente validade; contudo, a necessidade de comprovação caligráfica, a exigir dilargação probatória do feito, afasta a possibilidade de inclusão dos juros na execução. A alternativa processual será, nesses casos, a cobrança do valor, utilizando-se do rito ordinário, afeto a tais necessidades específicas de comprovação.

1.5 Lugar do pagamento

Assim como é lícito fixar-se tempo certo (termo ou prazo) para o exercício de um direito, é lícito fixar um local. O sacador pode declarar que o pagamento se dará em determinado lugar, vinculando a prestação àquele local. Trata-se de elemento não necessário da letra de câmbio e, na falta de indicação de um lugar certo paga o pagamento, o lugar designado ao lado do nome do sacado, presumivelmente o lugar onde se operou o saque, considera-se como sendo o lugar do pagamento e, ao mesmo tempo, o lugar do domicílio do sacado (artigo 2º da Lei Uniforme).

Se eu declaro que *pagará o Prof. Danilo Borges, em Montes Claros (MG)*, a importância de dez mil reais, torna-se dever do tomador dirigir-se àquele lugar para buscar o aceite e, ademais, exigir o adimplemento. Se, no lugar do pagamento, o dia do vencimento é um feriado municipal, prorrogado estará o vencimento para o dia seguinte. Em operações internacionais, a indicação do lugar de pagamento indica regime aplicável a esse, sendo possível que, em função de eventuais ressalvas ao Direito Uniforme, diferenças se façam sentir.

O sacado não se submete ao lugar designado pelo sacador. Para começar, a letra é apresentada ao sacado em seu domicílio, e não no lugar do pagamento (artigo 21 da Lei Uniforme). Se, porém, o aceite se dá no domicílio, o pagamento se dará no lugar indicado; quando o sacador tiver indicado na letra um lugar de pagamento diverso do domicílio do sacado, sem designar um terceiro em cujo domicílio o pagamento se deva efetuar, o sacado pode designar no ato do aceite a pessoa que deve pagar a letra (artigo 27). Na falta dessa indicação, considera-se que o aceitante se obriga, ele próprio, a efetuar o pagamento no lugar indicado na letra.

Se a letra é pagável no domicílio do sacado, este pode, no ato do aceite, indicar, para ser efetuado o pagamento, outro domicílio no mesmo lugar (artigo 27). Se o sacado tem um domicílio e o sacador indicou outro lugar para o pagamento? Ora, em regra, por força do artigo 4º do Tratado, a letra pode ser pagável no domicílio de terceiro, quer na localidade onde o sacado tem seu domicílio, quer noutra localidade. Assim, parece-me ser possível ao sacado indicar outro lugar (por exemplo: *aceito para pagamento em meu domicílio*, se outro foi indicado). Diante desse ato, poderá o tomador aceitar a mudança ou aproveitar-se da exceção inscrita no artigo 26 da Lei Uniforme, que estipula que qualquer modificação introduzida pelo aceite no enunciado da letra, que não seja a limitação a uma parte da importância sacada, equivale a uma recusa de aceite. O aceitante fica, todavia, obrigado nos termos de seu aceite.

1.6   O tomador

A indicação, na letra de câmbio, do nome da pessoa a quem ou à ordem de quem deve ser paga constitui requisito essencial da letra de câmbio. O Decreto nº 2.044/1908 permitia a emissão de letra de câmbio ao portador, isto é, sem indicação do tomador; a Lei Uniforme de Genebra não o permite. A indicação deve ser precisa, embora não se exija o nome em sua totalidade, nem constituem vícios que a invalidem erros de ortografia, nos padrões há pouco estudados.

Viu-se que é lícito o saque *à própria ordem*, no qual o sacador indica a si mesmo como beneficiário da letra, e o saque *sobre si mesmo e à própria ordem*, no qual sacador, sacado e tomador são a mesma pessoa. A emissão da cártula em benefício próprio é válida, mas o comprometimento do sacado condiciona-se à aceitação. Se há recusa de aceite, o tomador, mesmo tendo sido ele quem efetuou o saque da letra por conta de outrem (o sacado), levará a cártula a protesto por falta do aceite do sacado; a licitude desse ato, porém, deve ser apurada em cada caso, respondendo o sacador por eventuais abusos que pratique.

1.7   Local e data de emissão

São requisitos necessários da cártula o local e a data de emissão, e sua ausência invalida o título. A designação de lugar ao lado do nome do sacador supre a ausência do local de emissão. Se não há nem designação ao lado do nome do sacador nem em conjunto com a data de emissão, a letra é considerada inválida. O local determina o regime jurídico aplicável, nas operações internacionais. Serve, igualmente, para a aplicação de certas normas, como o artigo 22 da Lei de Genebra, segundo o qual não se permite a proibição da apresentação ao aceite quando se tratar de uma letra pagável em domicílio de terceiro, ou de uma letra pagável em localidade diferente da do domicílio do sacado. Inválida, também, será a letra se não há data de emissão, requisito que situa a declaração no tempo, podendo definir conflitos de aplicação de normas que se sucederam, e prescrição, entre outros elementos.

Num dos anexos ao Decreto 57.663/196/1966 está uma convenção destinada a regular certos conflitos de leis, em cujo artigo 3º se dispôs que a forma das obrigações contraídas em matéria de letras e notas promissórias é regulada pela lei do país em cujo território essas obrigações tenham sido assumidas. Esclarece ainda o dispositivo que, se as obrigações assumidas em virtude de uma letra ou nota promissória não forem válidas nos termos da alínea precedente, mas o forem em face da legislação do país em que tenha posteriormente sido contraída outra obrigação, o fato de as primeiras obrigações serem irregulares quanto à forma não afeta a validade da obrigação posterior. De qualquer sorte, é lícito aos países signatários da Convenção determinar que as obrigações contraídas no estrangeiro por algum de seus nacionais, em matéria de letras e notas promissórias, serão válidas em seu próprio território, em relação a qualquer outro de seus nacionais, desde que tenham sido contraídas pela forma estabelecida na lei nacional.

Se a emissão deu-se sem a indicação de local e data de emissão, o beneficiário pode preencher os espaços em branco (artigo 891 do Código Civil); porém, se uma letra incompleta no momento de ser passada tiver sido completada contrariamente aos acordos realizados, não pode a inobservância desses acordos ser motivo de oposição ao portador, salvo se este tiver adquirido a letra de má-fé ou, adquirindo-a, tenha cometido uma falta grave (artigo 10 da Lei Uniforme).

1.8   Assinatura do sacador

A cártula deve ser assinada pelo sacador. Como se estudou no Capítulo 3, seção 8, cuida-se do ato final, completando a declaração da existência do crédito e a promessa jurídica de pagamento. Naturalmente, o requisito pressupõe assinatura emitida por agente capaz, ressaltando que a Convenção destinada a Regular Certos Conflitos de Leis sobre Direito Cambiário estabelece, em seu artigo 2º, que a capacidade de uma pessoa para se obrigar por letra ou nota promissória é regulada pela respectiva lei nacional. Se a lei nacional declarar competente a lei de outro país, será aplicada esta última. Esclarece o acordo, ainda, que a pessoa incapaz, segundo a lei indicada na alínea precedente, é contudo havida como validamente obrigada se tiver aposto a sua assinatura em território de um país cuja legislação teria sido considerada capaz.

Se a letra contém assinaturas de pessoas incapazes de se obrigar por letras, assinaturas falsas, assinaturas de pessoas fictícias, ou assinaturas que por qualquer outra razão não poderiam obrigar as pessoas que assinaram a letra, ou em nome das quais ela foi assinada, as obrigações dos outros signatários nem por isso deixam de ser válidas (artigo 7º da Lei Uniforme). Afinal, as declarações cambiárias são autônomas entre si e em relação ao negócio fundamental, embora a aplicação desse princípio não prescinda da afirmação do princípio da boa-fé e da probidade, como já estudado.

Nas negociações para o estabelecimento da Lei Uniforme de Genebra, o Governo brasileiro fez reserva à exigência de assinatura do próprio punho do obrigado no título, deixando claro, junto com outros países, a faculdade de determinar de que maneira pode ser suprida a falta de assinatura, desde que por uma declaração autêntica escrita na letra se possa constatar a vontade daquele que deveria ter assinado. A emissão pode ser feita por representante. Contudo, todo aquele que apuser sua assinatura numa letra, pretendendo fazê-lo na qualidade de representante de uma pessoa, seja em virtude de ato constitutivo de pessoa jurídica (conferir o artigo 46, III, do Código Civil), seja em virtude de atribuição especial de poderes (conferir os artigos 115 e seguintes do mesmo Código Civil), sem que para tal dispusesse, de fato, de poderes bastantes para tanto, fica obrigado à satisfação da promessa que consta da declaração disposta no título (artigo 8º da Lei Uniforme).

A validade da assinatura do mandatário, ainda que com poderes especiais, não é ampla, havendo que se destacar o Enunciado 60 da súmula da jurisprudência dominante do Superior Tribunal de Justiça, segundo o qual é nula a obrigação cambial assumida por procurador do mutuário vinculado ao mutuante, no exclusivo interesse deste. É entendimento que se construiu sob a percepção de incontáveis abusos que foram constatados em processos julgados por aquela Alta Corte. A nulidade apontada pela Súmula 60 está no fato de o tomador, beneficiário da ordem de pagar quantia certa, ou pessoa a ele vinculada, pretender utilizar-se de pretensos poderes de representação para, como mandatário do sacado, vincular o patrimônio deste ao cumprimento da obrigação. O sacado, em tais circunstâncias, postula a nulidade do ato que foi praticado em seu nome; se não há aceite, ainda que fruto do exercício de mandato em conflito de interesses entre mandante e mandatário, não há obrigação cambial a ser anulada. Em tais casos, portanto, aplica-se a regra geral, e o protesto é legítimo por falta de aceite.

O sacador é garante tanto da aceitação como do pagamento de letra. Aliás, é permitido que o sacador se exonere da garantia da aceitação, mas não pode desonerar do pagamento, razão pela qual toda cláusula pela qual ele pretenda exonerar-se da garantia do pagamento considera-se como não escrita (artigo 9º da Lei Uniforme).

2 ENDOSSO

Em regra, toda letra de câmbio, mesmo que não traga a cláusula à ordem expressa, é transmissível por via de endosso (artigo 11 da Lei Uniforme). No entanto, o sacador pode inserir no título as palavras *não à ordem*, ou outra expressão equivalente (a exemplo de *não endossável*), proibindo o endosso, caso em que a letra só será transmissível pela forma e com os efeitos de uma cessão ordinária de créditos. Portanto, às letras de câmbio não se aplica (artigo 903 do Código Civil) a estipulação de considerar-se não escrita no título a cláusula proibitiva do endosso (artigo 890). A cláusula *não à ordem* não impede a transferência do crédito, mas a submete ao regime dos artigos 286 e seguintes do Código Civil. Isso implica a necessidade de anuência do credor à cessão do crédito, a necessidade de instrumento público ou instrumento particular revestido das solenidades do § 1º do artigo 654 do Código Civil, para que tenha validade em relação a terceiros, bem como de notificação do devedor, substituível por escrito, público ou particular, no qual se declare ciente da cessão feita.

Nesse caso, a transferência do título implica igual transferência de todos os acessórios da obrigação, impedindo a invocação do princípio da autonomia cambiária. Assim, o devedor poderá opor ao cessionário as exceções que lhe competirem, bem como as que, no momento em que veio a ter conhecimento da cessão, tinha contra o cedente. Por sua vez, o cessionário ainda perde o direito de regresso contra o cedente, já que, de acordo com o artigo 296 do Código Civil, seria necessária expressa estipulação nesse sentido para que o cedente respondesse pela solvência do devedor. Ademais, fica desobrigado o devedor que, antes de ter conhecimento da cessão, paga ao credor primitivo, ou que, no caso de mais de uma cessão notificada, paga ao cessionário que lhe apresenta, com o título de cessão, o da obrigação cedida (artigo 292 do Código Civil).

Não tendo o sacador usado a faculdade de limitar a circulação da letra de câmbio pela cláusula *não à ordem*, a cártula estará submetida ao regime simplificado de transferência do crédito que é o endosso, já estudado. O endosso deve ser lançado pelo endossante no verso ou anverso do próprio título (artigo 910 do Código Civil), mas pode ser lançado numa folha ligada à letra de câmbio (chamada *anexo*), segundo o artigo 13 da Lei Uniforme, válido por força do artigo 903 do Código Civil. De qualquer sorte, seja lançado no título, seja lançado em folha anexa, não prescinde da assinatura daquele que está nomeado como beneficiário da cártula (o tomador originário ou qualquer outro endossatário), ou de seu representante com poderes especiais e bastantes para tanto, aplicando-se aqui as regras já estudadas sobre o mandato e seus limites.

Se o sacador não lançou na cártula a cláusula *não à ordem* (e só ele pode fazê--lo), utilizando-se desse texto ou de similar, o endosso pode ser feito, pelo tomador, a favor de quem queira, segundo as normas comuns vigentes, inclusive o sacado, tenha ele aceitado ou não a obrigação do sacador ou de outro coobrigado. O respeito às normas comuns vigentes do Direito implica o atendimento às regras de capacidade, liceidade e outras; assim, não é lícito ao beneficiário incapaz endossar, a exemplo do que foi interditado. O endossatário, seja ele quem for, tem o direito, se lícito o endosso, a nova transferência da cártula, isto é, de endossar novamente a letra (artigo 11 da Lei Uniforme).

O endosso deve ser puro e simples (artigo 12), isto é, deve simplesmente transmitir a obrigação, sem condicioná-la a nenhuma cláusula, condição, encargo ou outra modalização. Qualquer condição a que ele seja subordinado considera-se como não escrita. Aliás, a transmissão da cártula – e de sua propriedade – limita a transferência do crédito aos limites da declaração unilateral de vontade que está expressa no título. Assim, como já visto no âmbito da Teoria Geral dos Títulos Cambiais, não se liga o endossatário ao negócio fundamental, mas apenas assume a posição ativa (de beneficiário) na cambial, desde que apresente-se de boa-fé no negócio (endosso). Pura e simples, igualmente, por não ser permitido endosso parcial, considerado nulo.

Embora a Lei Uniforme não admita a emissão da letra de câmbio ao portador, admite o endosso seja feito ao portador (artigo 12), o que tem o efeito de trazer a cártula a uma situação ou condição análoga à do título ao portador. Com o endosso em branco, será credor do título aquele que se apresentar na posse deste, presumindo--se tratar-se do legítimo credor, salvo oposição concretizada nos moldes exigidos pela legislação vigente e já estudada. A partir do endosso ao portador, e enquanto *aberto* (em branco) o endosso, a simples tradição da cártula caracteriza transmissão do crédito, sem que haja nisso, *a priori*, ilegalidade e, destarte, sem que a tanto possa resistir o devedor. O endosso ao portador ou em branco determina os mesmos riscos do título ao portador, podendo ser subtraído a cártula, além de perder-se a oportunidade de provar a existência da transmissão e, assim, impedindo sejam exercidos direitos que sejam próprios do endossatário. Isso justifica a permissão de o portador transformar o endosso em branco em endosso em preto, completando-o com seu nome ou de terceiro (artigos 913 do Código Civil e 14, 1º, da Lei Uniforme).

Há três situações possíveis para o endosso (artigos 12 e 13 da Lei Uniforme): (1ª) *Endosso em preto a pessoa determinada*: o endossante lança no papel, na frente ou no verso, expressão designativa do endosso e o nome do endossatário, assinando em baixo ou ao lado. (2ª) *Endosso em preto ao portador*: o endossante lança no papel, na frente ou no verso, expressão designativa do endosso e, no lugar do nome do endossatário, escreve *ao portador*, assinando em baixo ou ao lado. De acordo com o artigo 12, o endosso ao portador equipara-se ao endosso em branco. (3ª) *Endosso em branco*: não há indicação do beneficiário. O endossante lança no papel, na frente ou no verso, expressão designativa do endosso, desacompanhada de um nome ou outra expressão. O endosso em branco pode consistir da simples assinatura do endossante, a qual, para ser válida, deve ser escrita no verso da letra ou na folha anexa (artigo 13).

Havendo endosso ao portador ou endosso em branco, a transferência do crédito passa a operar-se por mera tradição (artigo 14, §§ 2º e 3º, da Lei Uniforme de Genebra). Pode-se, mesmo, fazer novo endosso em branco (artigo 14, § 2º); embora não seja necessário novo endosso, exige-se do endossante que assine a cártula e, para evitar dúvidas, esclareça o endosso, *em branco* ou *em preto* (isto é, indicando ou não o novo portador). A medida pode ser interessante pois, não obstante a Lei Uniforme compreenda a assinatura sem texto esclarecedor como sendo (1) endosso, se lançada no verso da cártula, e (2) aval, se lançada na face, há jurisprudência do colendo Superior Tribunal de Justiça que interpreta a assinatura solitária, dada no verso, como caracterizadora de aval, como já estudado.

No mais, aplicam-se às letras de câmbio, por expressa disposição da Lei Uniforme, os institutos e regras jurídicas, já estudados, da inoponibilidade das exceções pessoais, sobre endosso-mandato, sobre endosso pignoratício, endosso posterior ao vencimento (endosso póstumo ou tardio), já estudados.

2.1   Cadeia de endossos

A permissão de que o endossatário, mesmo que seja o sacado, tenha ele aceitado ou não a obrigação, o sacador, ou outro coobrigado, possa endossar novamente o título (artigo 11 da Lei Uniforme), cria a possibilidade de estabelecer-se uma cadeia de endossos, ou seja, que haja várias sucessões na titularidade da cártula. O endosso não prescinde da transferência do papel em que está registrado o título, razão pela qual o simples fato de alguém apresentar-se como detentor de uma letra não o caracteriza como portador legítimo, exigindo-se que, dos elementos lançados no título, ou em papel anexo, seja possível aferir uma série ininterrupta de endossos, mesmo se o último for em branco, a legitimar a posse. Endossos riscados consideram-se, para este efeito, como não escritos. Por outro lado, quando um endosso em branco é seguido de outro endosso, presume-se que o signatário deste adquiriu a letra pelo endosso em branco (artigo 16 da Lei Uniforme).

A norma deixa implícita uma disposição espacial dos múltiplos endossos, sem contudo defini-la; isso permite questionar se, diante de diversos endossos em branco, deve-se considerar anteriores os que estão à esquerda ou os que estão à direita? Os que estão no alto ou os que estão mais em baixo? Felizmente, a situação é rara, mas, apresentando-se, deverá o intérprete buscar quaisquer elementos que permitam determinar a sucessão; não existindo, utilizar o senso comum, que é análogo à escrita: o que está à esquerda precede o que está à direita. O que está acima precede o que está abaixo.

Se no regime geral, disposto no Código Civil, o endossante não responde pelo cumprimento da prestação constante do título (artigo 914), salvo cláusula expressa em contrário, constante do título, o mesmo não ocorre com as letras de câmbio. O artigo 15 da Lei Uniforme dispõe que o endossante, salvo cláusula em contrário, é garante tanto da aceitação como do pagamento da letra. Aplica-se essa regra, por ser específica (artigo 903 do Código Civil). A cláusula de irresponsabilidade pela aceitação e/ou pelo pagamento do título não constitui ajuste contratual; é ainda expressão unilateral da vontade do declarante (o endossante). Não exige forma especial, mas deve ser lançada, por óbvio, em preto, seja na cártula, seja em folha anexa, mas sempre no mesmo texto do endosso, para que possa ser conhecida por terceiros a quem a cártula venha a ser, eventualmente, transferida. Assim, é exemplo: *Endosso a Beltrano de Tantas, sem garantir o aceite ou o pagamento* (segue assinatura), ou qualquer texto similar.

O mesmo efeito de eximir-se da garantia possui a previsão, pelo endossante, de que é proibido um novo endosso (exemplo: *Endosso a Beltrano de Tantas, vedado novo endosso* – assinatura). Em fato, pelo que se apura do texto inscrito no artigo 15 da Lei Uniforme, não é lícito ao endossante, ao contrário do sacador, retirar a letra do regime de transferência cambial, proibindo-lhe o endosso, ou melhor, novo endosso. Se o faz, seu ato apenas lhe exime de garantir o aceite e o pagamento, perante outros endossatários que venham a surgir no prosseguimento da cadeia de endossos; nada mais.

Se um endossatário é acionado pelo credor e assume a responsabilidade pelo pagamento, sub-roga-se nos direitos deste, tendo ação de regresso contra os coobrigados anteriores (artigo 914, § 2º, do Código Civil). A cadeia de endossos, aqui, mostra a razão de ser da precisão de sua sequência: cada novo endossatário e, eventualmente, seus avalistas, são responsáveis pelo pagamento da letra; mas aqueles que receberam anteriormente têm responsabilidade prejudicial àqueles que receberam a cártula depois (ou seja, ocupando a posição, *lato sensu*, de endossatários daqueles que os precederam).

3 ACEITE

A emissão da letra de câmbio dá-se por ato unilateral de uma pessoa (o sacador) que declara a existência de uma obrigação de pagar quantia certa e promete que uma pessoa (o sacado) por ele indicada no texto da letra irá efetuar tal pagamento. De posse da letra, o tomador, seu endossatário ou qualquer portador, se o último endosso for *em branco* ou *ao portador*, deverá providenciar para que ela seja apresentada, *até o vencimento*, ao sacado, em seu domicílio (artigo 21 da Lei Uniforme) para que seja aceita. Se a letra foi sacada *a certo termo de vista*, deve ser apresentada ao aceite dentro do prazo de um ano da data de emissão (artigo 22). O *aceite* é um ato unilateral daquele – ou de um daqueles – indicado(s) na cártula como sacado, assumindo a obrigação de pagar inscrita na cártula.

O sacador pode fixar um prazo para o aceite, mínimo ou máximo (artigo 22); por exemplo, pode disciplinar que a letra seja apresentada para aceite *após 30 dias do saque*, ou *até 30 dias do saque*. O sacador pode também estipular que a apresentação ao aceite não poderá efetuar-se antes de determinada data, da mesma forma que pode estipular que a letra pagável a certo tempo da vista seja apresentável em prazo máximo inferior a um ano (artigo 22). Se não se tratar de uma letra pagável em domicílio de terceiro, ou de uma letra pagável em localidade diferente da do domicílio do sacado, ou de uma letra sacada a certo termo de vista, pode-se mesmo proibir a apresentação para aceite (artigo 22). Obviamente, o tomador que não concorde pode simplesmente recusar a cártula, o que não é um problema de Direito Cambiário, mas do negócio que dá base à emissão.

O poder de regrar o aceite estende-se, em alguma medida, para qualquer dos endossantes, que podem estipular que a letra seja apresentada ao aceite, com ou sem fixação de prazo, salvo se ela tiver sido declarada não aceitável pelo sacador, da mesma forma que podem reduzir o prazo para apresentação da cártula vencível a certo tempo da vista. Em tais hipóteses, aplica-se o artigo 69 da Lei Uniforme, a prever a possibilidade de alteração do texto de uma letra, hipótese na qual os signatários posteriores a essa alteração ficam obrigados nos termos do texto alterado, embora os signatários anteriores sejam obrigados nos termos do texto original.

A apresentação da letra ao sacado não é ato privativo do tomador, de endossatário ou legítimo portador, isto é, do *proprietário* da letra. A apresentação para aceite pode ser feita por qualquer pessoa, mesmo por um simples detentor que não tenha qualquer posição em relação ao título. Não é lícito, portanto, ao sacado questionar a legitimidade do apresentante, excetuada a hipótese de ter sido citado para ação de anulação e substituição de títulos. Deve aceitar ou recusar o aceite, embora possa pedir que a letra lhe seja apresentada uma segunda vez no dia seguinte ao da primeira apresentação; nessa hipótese, o portador não é obrigado a deixar nas mãos do aceitante a letra apresentada ao aceite (artigo 24 da Lei Uniforme). Se o sacado, contudo, retém a cártula, recusando-se a entregá-la ao detentor, caberá pedido judicial de busca e apreensão do título não restituído ou sonegado, embora não mais se admita a determinação de prisão civil, por força da Súmula Vinculante 31/STF.

O aceite é escrito na própria letra. Nos impressos que normalmente são utilizados para a emissão das letras de câmbio, o aceite é disposto em campo próprio, à esquerda do papel, grafando-se em posição perpendicular ao texto do título. Essa disposição tem razões meramente gráficas, seguindo um costume pátrio, mas sem implicação jurídica. Apenas se exige a assinatura do aceitante acompanhando a palavra *aceite* ou outra similar (na face ou no verso) ou, até, a simples assinatura do sacado na face (o anverso) da cártula, em qualquer lugar (artigo 25 da Lei Uniforme). E a assinatura do sacado dada no verso do título, desacompanhada da palavra *aceite* ou outra similar? Se o sacado é indicado como tomador (haja saque *sobre si mesmo e à própria ordem*, na qual sacador, sacado e tomador são as mesmas pessoas, haja saque à *ordem do sacado*, na qual sacado e tomador são a mesma pessoa), essa assinatura caracterizará endosso *em branco*, a legitimar o portador na condição de credor. Se o sacado e tomador não são a mesma pessoa, a assinatura isolada no verso estaria, *a priori* (em face das previsões legais), sem função. Como a jurisprudência entende não haver assinaturas inúteis na cártula, parece-me razoável concluir ter havido aceite.

O aceite, como o endosso, não exige expressão da data em que foi passado. Basta declaração de aceite, mesmo sem data, para que o sacado se torne aceite e, assim, devedor principal do título. Contudo, se a letra for pagável a certo termo de vista, ou se o sacador ou algum endossante definiu, em estipulação especial, prazo certo para apresentação, o aceite deverá trazer a data em que foi enunciado, salvo se o portador exigir que a data seja a da apresentação (artigo 25 da Lei Uniforme). À falta de data, o portador, para conservar seus direitos de recurso contra os endossantes e contra o sacador, deve fazer constar essa omissão por um protesto, feito em tempo útil. Na falta desse protesto, o artigo 35 permite que o aceite não datado seja interpretado, no que respeita ao aceitante, como tendo sido dado no último dia do prazo para a apresentação ao aceite.

O aceite é ato unilateral e incondicionado, puro e simples, mas pode ser parcial (artigo 26 da Lei Uniforme): limitar-se a parte do valor sacado. Qualquer outra modificação introduzida pelo aceite no enunciado da letra equivale a uma recusa de aceite, ainda que o aceitante fique obrigado nos termos de seu aceite; assim, a declaração do sacado que modifica a promessa efetuada pelo sacador caracteriza (1) assunção da obrigação anotada no aceite modificativo e, simultaneamente, (2) recusa do aceite no que se refere ao que foi modificado. É o caso, como visto, da indicação de outro lugar para o pagamento. Em regra, o sacado pode designar no ato do aceite a pessoa que deve pagar a letra quando o sacador tiver indicado na letra um lugar de pagamento diverso do domicílio do sacado, sem designar um terceiro em cujo domicílio o pagamento se deva efetuar; se no aceite não é indicado um terceiro em cujo domicílio se efetuará o pagamento, nem há modificação pelo sacado, indicando outro lugar para pagamento, considera-se que o aceitante se obriga, ele próprio, a efetuar o pagamento no lugar indicado na letra. Por fim, se a letra é pagável no domicílio do sacado, este pode, no ato do aceite, indicar, para ser efetuado o pagamento, outro domicílio no mesmo lugar (artigo 27).

Se o sacado, antes da restituição da letra, riscar o aceite que tiver dado, tal aceite é considerado como recusado (artigo 29 da Lei Uniforme). Mas, restituída a letra, devidamente aceitada, não mais é possível riscar o aceite. Se o aceite apresenta-se rasurado, sua anulação considera-se feita antes da restituição da letra, salvo prova em contrário, que poderá ser promovida pelo legítimo portador em demanda contra o aceitante. Exemplifica-o a situação em que, procurado para o pagamento, o aceitante toma a cártula e a rasura, o que deverá ser provado.

Embora o aceite deva ser dado no título, se o sacado tiver informado por escrito o portador ou qualquer outro signatário da letra de que aceita, fica obrigado para com estes, nos termos do seu aceite (artigo 29). Não se exige instrumento especificamente constituído para tal fim, mas qualquer *escrito* (isto é, qualquer documento: carta, bilhete etc.) que faça prova inequívoca de que o sacado assumiu a obrigação prometida pelo sacador e qual a extensão dessa assunção, em cujos limites estará obrigado. Melhor será se o escrito estiver assinado, mas podem ser aceitos documentos apócrifos que permitam aferição inequívoca da origem, a exemplo de escritos de próprio punho. Obviamente, a necessidade de instrução impedirá a execução do título, exigindo seja percorrida via compatível com a cognição.

O aceitante torna-se o devedor principal e deve pagar a letra no vencimento. Se não o faz, poderá ser executado. Todas as ações contra o aceitante relativas a letras prescrevem em três anos a contar de seu vencimento (artigo 70 da Lei Uniforme).

3.1   Recusa de aceite

A recusa de aceite deve ser comprovada por um ato formal, qual seja, o protesto por falta de aceite, que deve ser feito no prazo para a apresentação ao aceite; se a apresentação foi feita no último dia do prazo, mas houve pedido para que fosse reapresentada no dia seguinte, o protesto pode ser tirado no dia seguinte (artigo 44 da Lei Uniforme). Para evitar que o sacado seja prejudicado por ato de terceiro (o sacador), o protesto por falta de aceite deve ser tirado contra o sacador, embora o sacado deva ser intimado para, querendo, vir a cartório e aceitar a letra.[4] Entender o contrário seria criar uma lesão para o sacado, que não assumiu qualquer obrigação cambiária. Como visto, o saque corresponde a uma declaração da existência do crédito e, simultaneamente, a promessa de que alguém (o sacado) aceitará pagá-lo. Se o sacado se recusa a aceitar, protestado deve ser o sacador pela falta de aceite, tornando assim pública a inadimplência na promessa de que o pagamento seria aceito pelo sacado.

Se há protesto por falta de aceite, torna-se desnecessário apresentar o título ao sacado para pagamento e, via de consequência, o protesto por falta de pagamento. Mas o protesto por falta de aceite, ele próprio, será desnecessário (dispensável) se

4   COELHO, Fábio Ulhoa. *Manual de direito comercial.* 4. ed. São Paulo: Saraiva, 1993. p. 238-239.

for lançada no título a cláusula *sem protesto* ou *sem despesa* e equivalentes. Em tais situações, não se dispensa o portador do dever de apresentar a letra dentro do prazo prescrito, embora haja uma presunção legal de que o fez (artigo 46 da Lei Uniforme); mas se permite ao devedor resistir à pretensão executória do portador, provando que não houve apresentação no prazo legal. Se a cláusula é lançada pelo sacador, produz seus efeitos em relação a todos os signatários da letra; se for inserida por um endossante ou por avalista, só produz efeito em relação a esse endossante ou avalista. Se, apesar da cláusula escrita pelo sacador, o portador faz o protesto, as respectivas despesas serão por conta dele. Quando a cláusula emanar de um endossante ou de um avalista, as despesas do protesto, se for feito, podem ser cobradas de todos os signatários da letra.

Nos quatro dias úteis que se seguirem ao protesto por falta de aceite – ou à mera apresentação, no caso da cláusula *sem protesto* – o portador deve avisar da falta de aceite o sacador (artigo 45). Se recebeu o título em endosso, deve, no mesmo prazo, avisar seu endossante. Se houver uma cadeia de endossos, cada um dos endossantes deve, dentro dos dois dias úteis que se seguirem à recepção do aviso, informar seu endossante do aviso que recebeu, indicando os nomes e endereços dos que enviaram os avisos precedentes, e assim sucessivamente até se chegar ao sacador. O primeiro prazo, de quatro dias, conta-se da data em que foi tirado o endosso ou, desnecessário esse, da data da apresentação; o segundo, de dois dias, conta-se a partir da recepção do aviso precedente. Se o endossante ou o sacador tiveram suas obrigações avalizadas, no mesmo prazo em que forem avisados, deverão igualmente sê-lo os respectivos avalistas. O artigo 45 da Lei Uniforme dispõe diversas regras para tal aviso. Prevê que se pode avisar por qualquer forma, mesmo pela simples devolução da letra; todavia, é fundamental que se possa provar que o aviso foi enviado dentro do prazo prescrito. Se utilizados os Correios e Telégrafos, o prazo considerar-se-á como tendo sido observado desde que a postagem do aviso tenha sido efetuada dentro do prazo. No caso de um endossante não ter indicado seu endereço, ou de o ter feito de maneira ilegível, basta que o aviso seja enviado ao endossante que o precede.

A ausência de remessa atempada do aviso não implica perda dos direitos cambiários, não retirando do portador o direito de executar qualquer dos coobrigados (como ocorre se deixa de protestar o título); da mesma forma, não retira do coobrigado que pagou o direito de voltar-se em regresso contra aqueles cujas obrigações lhes sejam anteriores. Apenas torna a pessoa responsável pelo prejuízo, se o houver motivado por sua negligência, sem que a responsabilidade possa exceder a importância da letra.

4 AVAL E PAGAMENTO

O pagamento de uma letra pode ser no todo ou em parte garantido por aval (artigo 30 da Lei Uniforme), garantia que pode ser dada por um terceiro ou mesmo por um signatário da letra. Esse artigo 30 aceita o aval parcial (garantia apenas de parte do pagamento), razão pela qual não se aplica o artigo 897, parágrafo único, do Código Civil, em face do que prevê seu artigo 903. O aval deverá ser escrito na própria letra, mas pode ser lançado em folha anexa. Exprime-se pelas palavras *bom para aval* ou por qualquer fórmula equivalente, obrigatoriamente assinado pelo avalista (o declarante) ou por representante com poderes bastantes para tanto, ou pela simples assinatura na face da letra, desde que a assinatura não seja do sacador ou do sacado (hipótese que caracterizará aceite). O avalista casado em regime distinto da separação absoluta de bens deve estar autorizado pelo outro cônjuge à prestação do aval (artigo 1.647, III, do Código Civil).

O avalista é responsável da mesma forma que o avalizado, devendo ser indicada a pessoa por quem se dá; sem tal indicação, presume-se dado em favor do sacador (artigo 31). Cuida-se de declaração unilateral de vontade, mantendo-se válido mesmo se a obrigação garantida for nula por qualquer razão que não seja um vício de forma (artigo 32). Se paga a letra, o avalista sub-roga-se nos direitos que dela emergem, podendo executá-los, em regresso, contra a pessoa a quem avalizou, bem como os demais obrigados que ocupem posição anterior na cadeia de obrigações.

O portador legítimo da letra deve apresentá-la para pagamento no dia fixado ou num dos dois dias úteis seguintes (artigo 38 da Lei Uniforme). Se a letra não for apresentada a pagamento dentro desse prazo, qualquer devedor tem a faculdade de depositar sua importância na autoridade competente à custa do portador e sob a responsabilidade deste (artigo 42). Quando a apresentação da letra ou seu protesto não puder fazer-se dentro dos prazos indicados por motivo insuperável (prescrição legal declarada por um Estado qualquer ou outro caso de força maior), esses prazos serão prorrogados (artigo 54 da Lei Genebrina). Mas não são considerados casos de força maior os fatos que sejam de interesse puramente pessoal do portador ou da pessoa por ele encarregada da apresentação da letra ou de fazer o protesto. Verificando a ocorrência de motivo de força maior, o portador deverá avisar imediatamente seu endossante, e o avalista daquele, do havido, fazendo menção desse aviso, datada e assinada, na letra ou numa folha anexa. Este, por seu turno, terá dois dias para avisar seu endossante e avalista, e assim por diante (artigo 45).

Cessado o caso de força maior, o portador deve apresentar sem demora a letra ao aceite ou a pagamento e, caso haja motivo para tal, fazer o protesto. Se, porém, a situação de força maior prolongar-se além de 30 dias a contar da data do vencimento, podem promover-se ações sem que haja necessidade de apresentação ou protesto. Para as letras a vista ou a certo termo de vista, o prazo de 30 dias conta-se da data em que o portador, mesmo antes de expirado o prazo para a apresentação, deu o aviso do caso de força maior a seu endossante; para as letras a certo termo de vista, o prazo de 30 dias fica acrescido do prazo de vista indicado na letra.

É com o vencimento que o direito e o dever ao crédito se tornam exercitáveis; antes de vencido, não pode o credor pretender a satisfação antecipada do crédito, assim como não pode o devedor pretender obrigar o portador legítimo a receber, adiantadamente, o pagamento correspondente (artigo 40 da Lei Uniforme). Aliás, se o sacado-aceitante faz o pagamento antecipado do título (antes do vencimento), fá-lo sob sua responsabilidade. Se o pagamento é feito no vencimento, aquele que paga a letra fica validamente desobrigado, salvo se de sua parte tiver havido fraude ou falta grave.

O artigo 43 da Lei Uniforme prevê uma série de situações nas quais tem-se o vencimento antecipado do título, a justificar sua execução judicial. São elas (1) a recusa total ou parcial de aceite; (2) a falência do sacado, tenha havido apresentação para aceite ou não, tenha aceitado ou recusado o aceite; (3) a suspensão de pagamentos do mesmo, ainda que não constatada por sentença; (4) ter sido promovida, sem resultado, execução dos bens do sacado; e (5) a falência do sacador de uma letra não aceitável.

Fran Martins destaca que o Governo brasileiro ressalvou a aplicação de parte do artigo 43 da Lei Uniforme, o que teria como efeito prático afastar a possibilidade de execução contra os coobrigados, por vencimento antecipado da cártula, nas hipóteses dos números (2), na hipótese de letra *não aceitável*, e de (3) a (5). A seu ver, diante da ressalva, a possibilidade de o portador voltar-se contra os coobrigados (sacador, endossantes e seus avalistas) estaria limitada às situações de recusa total ou parcial de aceite e falência do sacado que aceitou a letra. A ressalva ainda deixaria sem validade no Brasil a previsão no caso de suspensão de pagamentos do sacado, quer seja aceitante, quer não, ou no caso de lhe ter sido promovida, sem resultado, execução dos bens, o portador da letra só pode exercer seu direito de ação após apresentação da mesma ao sacado para pagamento e depois de feito o protesto. Igualmente, a norma que prevê, no caso de ter sido declarada a falência do sacado de letra não aceitável, assim como no caso de ter sido declarada a falência do sacador de uma letra não aceitável, a apresentação da sentença de declaração de falência é suficiente para que o portador da letra possa exercer seu direito de ação.[5]

Lembre-se que também a letra é um documento de apresentação, razão pela qual o sacado-aceitante pode exigir, como condição para efetuar o pagamento, que a cártula lhe seja entregue com a respectiva quitação, anotada no próprio documento. Uma vez apresentada por quem não consta no título como tomador, é dever do sacado-aceitante verificar a regularidade da sucessão dos endossos, mas não a veracidade da assinatura dos endossantes, nos termos já anteriormente estudados.

O credor não pode recusar pagamento parcial (artigo 39 da Lei Uniforme). Em tais casos, o sacado pode exigir que desse pagamento se faça menção na letra e que dele lhe seja dada quitação, tanto no título, como em documento à parte. O pagamento se faz em moeda corrente no país; se da cártula consta a obrigação de pagar quantia certa em moeda estrangeira,[6] e o saque foi lícito, ou seja, corresponde

---

[5] *Títulos de crédito*. 13. ed. Rio de Janeiro: Forense, 2002. v. 1, p. 55.

[6] Se a importância da letra for indicada numa moeda que tenha a mesma denominação, mas o valor diferente no país de emissão e no de pagamento, presume-se que se fez referência à moeda do lugar de pagamento.

à licença constante do Decreto-lei 857/1969, aqui já estudado, a importância pode ser paga na moeda do país, segundo seu valor no dia do vencimento. Se o devedor estiver em atraso, o portador pode, a sua escolha, pedir que o pagamento da importância da letra seja feito na moeda do país ao câmbio do dia do vencimento ou ao câmbio do dia do pagamento (artigo 41 da Lei Uniforme).

O artigo 41 ainda prevê normas que devem ser vistas com alguma cautela. Em primeiro lugar, afirma que a determinação do valor da moeda estrangeira será feita segundo os usos do lugar de pagamento, mas permite que o sacador estipule que a soma a pagar seja calculada segundo um câmbio fixado na letra. Entre nós, o pagamento deverá ser efetuado segundo o câmbio reconhecido pelo Banco Central, não sendo lícito recorrer a taxas do mercado paralelo (*câmbio negro*). Por outro lado, a Lei ainda prevê que tais regras não se aplicam ao caso em que o sacador tenha estipulado que o pagamento deverá ser efetuado em certa moeda especificada (cláusula de pagamento efetivo numa moeda estrangeira); para a sua validade, contudo, será necessário respeitar a legislação específica do Banco Central do Brasil, a quem compete cuidar de tais operações.

O portador de uma letra pode exercer seus direitos de ação contra os endossantes, sacador e outros coobrigados, no vencimento, se o pagamento não foi efetuado (artigo 43 da Lei Uniforme). A falta de pagamento deve ser comprovada pelo protesto por falta de pagamento; a letra pagável em dia fixo ou a certo termo de data ou de vista deve ser protestada, por falta de pagamento, num dos dois dias úteis seguintes àquele em que a letra é pagável. A letra pagável a vista deve ser protestada no prazo para apresentação e, se houve pedido para que o portador voltasse no dia seguinte, pode fazer-se ainda o protesto um dia depois, em se tratando do último dia do prazo (artigo 44). O protesto é desnecessário se lançada no título a cláusula *sem protesto* ou *sem despesa* e equivalentes, aplicando-se o mesmo regime há pouco estudado para o aceite (artigo 46 da Lei Uniforme). O mesmo se diga em relação à necessidade de se avisar da falta de pagamento ao endossante e ao sacador, no prazo máximo de quatro dias úteis que se seguirem ao protesto ou, no caso da cláusula *sem protesto*, da apresentação (artigo 45).

As ações do portador contra os endossantes e contra o sacador prescrevem num ano, a contar da data do protesto feito em tempo útil, ou da data do vencimento, se a letra contenha cláusula *sem despesas* (artigo 70 da Lei Uniforme). Já as ações dos endossantes, uns contra os outros e contra o sacador, prescrevem em seis meses a contar do dia em que o endossante pagou a letra ou em que ele próprio foi acionado. Na eventualidade de se verificar alguma causa interruptiva da prescrição, essa só produz efeito em relação à pessoa para quem a interrupção foi feita.

Alfim, recorde-se o julgamento do Recurso Especial 1.323.468/DF pelo Superior Tribunal de Justiça, quando ficou assentado que "(3) Considerando que o art. 48 do Decreto 2.044/1908 não prevê prazo específico para a ação de locupletamento amparada em letra de câmbio ou nota promissória, utiliza-se o prazo de 3 (três) anos previsto no art. 206, § 3º, IV, do Código Civil, contado do dia em que se consumar a prescrição da ação executiva. (4) Na ação de locupletamento prevista na legislação de regência dos títulos de crédito, a só apresentação da cártula prescrita já é suficiente para embasar a ação, visto que a posse do título não pago pelo portador gera a presunção *juris tantum* de locupletamento do emitente, nada obstante assegurada a amplitude de defesa ao réu".

4.1   Execução do crédito

Os sacadores, aceitantes, endossantes ou avalistas de uma letra são todos solidariamente responsáveis para com o portador, que tem o direito de acionar qualquer um, alguns (quaisquer) ou todos, sem estar adstrito a observar a ordem por que eles se obrigaram (artigo 47 da Lei Uniforme). Todavia, o portador perde seus direitos de ação contra os endossantes, contra o sacador e contra os outros coobrigados, à exceção do aceitante depois de expirados os prazos fixados (1º) para a apresentação de uma letra a vista ou a certo termo de vista; (2º) para se fazer o protesto por falta de aceite ou por falta de pagamento; (3º) para a apresentação a pagamento no caso da cláusula *sem despesas* (artigo 53). Na falta de apresentação ao aceite no prazo estipulado pelo sacador, o portador perde seus direitos de ação, tanto por falta de pagamento como por falta de aceite, a não ser que dos termos da estipulação se conclua que o sacador apenas teve em vista exonerar-se da garantia do aceite (artigo 53). Se a estipulação de um prazo para a apresentação constar de um endosso, somente aproveita ao respectivo endossante.

A ação intentada contra um dos coobrigados, se não for satisfeito o crédito, não impede o portador de acionar os outros, mesmo os posteriores àquele que foi acionado em primeiro lugar. Na execução, o portador pode pedir do executado (artigo 48): (1º) o pagamento da letra *não aceite* não paga, com juros se assim foi estipulado; (2º) os juros à taxa de 6% desde a data do vencimento; (3º) as despesas do protesto, as dos avisos dados e as outras despesas. Note-se que a previsão de juros à taxa de 6% ao ano, desde a data do vencimento, foi ressalvada pelo Governo brasileiro, o que permite a adoção da taxa legal de juros do país. De outra face, nas hipóteses de vencimento antecipado da cártula, a importância da letra será reduzida de um desconto, calculado de acordo com a taxa oficial de desconto (taxa de banco) em vigor no lugar do domicílio do portador à data da ação (artigo 48).

Aquele que paga a cártula, e não é seu devedor principal, possui o mesmo direito de acionar os coobrigados anteriores. Para tanto, é seu direito exigir que a letra paga lhe seja entregue com o protesto e um recibo. Em se tratando de endossante, poderá riscar o seu endosso e os dos endossantes subsequentes (artigo 50). Dos coobrigados anteriores, aquele que pagou poderá exigir (artigo 49): (1º) a soma integral que pagou; (2º) os juros da dita soma, calculados à taxa de 6%, desde a data em que a pagou; (3º) as despesas que tiver feito.

No caso de ação intentada depois de um aceite parcial, a pessoa que pagar a importância pela qual a letra não foi aceita pode exigir que esse pagamento seja mencionado na letra e que dele lhe seja dada quitação (artigo 51); ademais, o credor deverá entregar ao devedor uma cópia autenticada da letra e do protesto, forma pela qual permitirá o exercício de ulteriores direitos de ação.

Para o exercício do direito de ação, o titular do crédito, seu portador ou aquele coobrigado que a saldou, poderá efetuar um *ressaque* (o artigo 52). Por ressaque tem-se a emissão de uma nova letra de câmbio, exercício de ulteriores direitos de ação, apontando como sacado aquele contra o qual deseja dirigir a ação de execução, e indicando seu domicílio como lugar de pagamento. Para tanto, é fundamental que não tenha havido, no saque, vedação a tal procedimento. O valor do novo título incluirá (artigo 52), as importâncias indicadas no artigo 48[7] e no artigo 49.[8]

Prevê o artigo 48 do Decreto 2.044/1908: "Sem embargo da desoneração da responsabilidade cambial, o sacador ou o aceitante fica obrigado a restituir ao portador, com os juros legais, a soma com a qual se locupletou à custa deste. A ação do portador, para este fim, é a ordinária." A bem da precisão, poderá ajuizar ação monitória (Súmula 504 do Superior Tribunal de Justiça, aplicada extensivamente: "o prazo para ajuizamento de ação monitória em face do emitente de nota promissória sem força executiva é quinquenal, a contar do dia seguinte ao vencimento do título"), ação de cobrança ou ação de locupletamento. De qualquer sorte, como já não há falar em abstração e independência, o devedor poderá trazer, em sua defesa, matérias pessoais.

5 INTERVENÇÃO

A letra pode ser aceita ou paga por uma pessoa que intervenha por um devedor qualquer contra quem existe direito de ação; esse interveniente pode ser um terceiro, ou mesmo o sacado, ou uma pessoa já obrigada em virtude da letra, exceto o aceitante (artigo 55 da Lei Uniforme). Esse interveniente pode ser uma pessoa indicada pelo sacador, por qualquer dos endossantes ou avalistas, para, em caso de necessidade, aceitar ou pagar o título. Mas pode ser, igualmente, um terceiro que, independentemente de indicação, apresente-se para honrar as obrigações de sacador, sacado ou endossante. Portanto, a intervenção é o ato de alguém chamar para si a obrigação que deveria ser assumida por um dos obrigados cambiais, substituindo-o.

---

[7]   Execução do portador, última pessoa da cadeia de endossos, contra qualquer dos coobrigados; inclui o pagamento da letra não aceite não paga, com juros se assim foi estipulado; os juros moratórios, desde a data do vencimento; e as despesas que tiver feito.

[8]   Execução em regresso de quem pagou a cártula contra qualquer dos coobrigados que lhe sejam anteriores; inclui a soma integral que pagou; os juros moratórios, desde a data do pagamento; as despesas que tiver feito.

O interveniente está obrigado a, no prazo de dois dias úteis, comunicar seu ato à pessoa por quem interveio. Se tal prazo não é respeitado, nele não tendo participado o beneficiário da intervenção, o interveniente torna-se responsável pelo prejuízo resultante de sua negligência, se houver, sem que as perdas e danos possam exceder a importância da letra.

O aceite por intervenção pode realizar-se em todos os casos em que o portador de uma letra aceitável tem direito de ação antes do vencimento (artigo 56). Mas o regime aplicável varia se há, ou não, pessoa indicada para, em caso de necessidade, aceitar ou a pagar no lugar do pagamento. Se há indicação, o portador não pode exercer seu direito de ação antes do vencimento contra aquele que indicou essa pessoa e contra os signatários subsequentes, a não ser que tenha apresentado a letra à pessoa designada e que, tendo esta recusado o aceite, se tenha feito o protesto. Se não há indicação de terceiro para, eventualmente, intervir, o portador pode recusar ou admitir o aceite por intervenção. Se admite, perde o direito de ação antes do vencimento contra aquele por quem a aceitação foi dada e contra os signatários subsequentes.

A intervenção é uma declaração unilateral de vontade, caracterizando a assunção de obrigação para com o portador e para com os endossantes posteriores àquele por honra de quem se interveio, da mesma forma que este. O terceiro interveniente deve, ao lançar o aceite na cártula, mencionar por escrito por honra de quem se faz a intervenção, assinando-o. Se não há indicação, presume-se que a intervenção se fez pelo sacador. Aquele por honra de quem o aceite por intervenção foi feito, bem como seus garantes, podem exigir do portador, contra o pagamento da importância indicada, a entrega da letra, do instrumento do protesto e, havendo lugar, de uma conta com a respectiva quitação (artigo 58).

Já o pagamento por intervenção pode realizar-se em todos os casos em que o portador de uma letra tem direito de ação à data do vencimento ou antes dessa data (artigo 59). O interveniente deve adimplir a totalidade da importância que teria a pagar aquele por honra de quem a intervenção se realizou, fazendo-o, o mais tardar, no dia seguinte ao último em que é permitido fazer o protesto por falta de pagamento. Se a letra foi aceita por um interveniente que tem seu domicílio no lugar do pagamento, o portador deve apresentar-lhe o título para pagamento e, se for necessário, protestar o título no mesmo dia ou, quando muito, no dia seguinte (artigo 60).

Mesmo que não tenha havido interveniência no aceite, mas que tenham sido indicadas, no saque ou no aceite, pessoas para, em caso de necessidade, pagarem a letra, e que tenham domicílio no mesmo lugar do pagamento, o portador deve apresentá-la a todas essas pessoas e, não havendo adimplemento, fazer o protesto por falta de pagamento o mais tardar no dia seguinte e ao último em que era permitido fazer o protesto. Na falta de protesto dentro deste prazo, aquele que tiver indicado pessoas para pagarem em caso de necessidade, ou por conta de quem a letra tiver sido aceita, bem como os endossantes posteriores, ficam desonerados. Igualmente, se o portador recusa o pagamento por intervenção, perderá seu direito de ação contra aqueles que teriam ficado desonerados com o adimplemento feito por terceiros.

Feito o pagamento por intervenção, o portador lançará um recibo na própria letra, indicando a pessoa em honra de quem o interveniente declarou ter saldado o débito. Na falta dessa indicação presume-se que o pagamento foi feito por honra do sacador (artigo 62). A letra, com o aludido recibo, e o instrumento do protesto, se o houve, devem ser entregues à pessoa que pagou por intervenção. Afinal, o interveniente sub-roga-se nos direitos emergentes da letra contra aquele por honra de quem pagou e contra os que são obrigados para com este em virtude da letra. Os endossantes posteriores ao signatário por honra de quem foi feito o pagamento ficam desonerados. Aliás, quando se apresentarem várias pessoas para pagar uma letra por intervenção, será preferida aquela que desonerar maior número de obrigados. Aquele que, com conhecimento de causa, intervir contrariamente a esta regra, perde seus direitos de ação contra os que teriam sido desonerados.

A letra com o recibo de pagamento ao interveniente é instrumento que serve à execução em regresso e não à circulação, razão pela qual o artigo 63 veda ao interveniente endossá-la a outrem.

6 NOTA PROMISSÓRIA

A nota promissória é um título de crédito que documenta a existência de um crédito líquido e certo, que se torna exigível a partir de seu vencimento, quando não emitida a vista. É um instrumento autônomo e abstrato de confissão de dívida, emitido pelo devedor que, unilateral e desmotivadamente, promete o pagamento de quantia em dinheiro que especifica no termo assinalado na cártula. Desmotivadamente, frise-se, por ser título que prescinde da investigação de sua causa; é prova do ato unilateral de confessar-se obrigado ao pagamento indicado. Há, portanto, um corte jurídico entre sua emissão (ato jurídico unilateral) e o negócio fundamental ao qual tenha servido; basta a verificação do vencimento para que seu portador, apresentando-a e nada mais, possa exigir a satisfação do crédito anotado. Isso seja para o devedor principal, seja para os devedores solidários, como já visto. Ao contrário da letra de câmbio, na promissória há uma confissão de dívida, ou seja, a promessa de pagamento é feita pelo próprio devedor (o emitente). O crédito completa-se com sua emissão, não havendo falar em aceite. Basta que, em sua criação, sejam preenchidos os requisitos assinalados pela Lei Uniforme, em seu artigo 75, quais sejam:

1. denominação *nota promissória* inserta no próprio texto do título e expressa na língua empregada para a redação desse título;
2. a promessa pura e simples de pagar uma quantia determinada;
3. a época do pagamento;
4. a indicação do lugar em que se efetuar o pagamento;

5. o nome da pessoa a quem ou à ordem de quem deve ser paga;

6. a indicação da data em que e do lugar onde a nota promissória é passada;

7. a assinatura de quem passa a nota promissória (subscritor).

Tais requisitos, nos limites que serão a seguir definidos, constituem a base formal para a existência válida do crédito, segundo as particularidades e facilidades que são próprias do Direito Cambiário. Em fato, como já dissemos, é um princípio jurídico que a forma serve o Direito Cambiário, o que nos conduz a um formalismo de fins específicos, estabelecido a bem da proteção necessária não só às partes envolvidas, mas também a todo o mercado, pelo qual poderia ser transferida a cártula, já que tem potencialidade para tanto. Compreende-se assim o artigo 76 da Lei Uniforme de Genebra, segundo o qual o título em que faltar algum dos requisitos indicados não produzirá efeito como nota promissória, salvo nos casos que são pela própria lei indicados, e que serão estudados na sequência. Contudo, a desatenção aos requisitos legais mínimos apenas desnatura o documento como cambial, não maculando o negócio de base (artigo 888 do Código Civil). A invalidade da nota promissória não implica a invalidade do negócio jurídico que lhe deu origem.

_____, de_____de_____

Nº [   ]   R$_____

A_____
pagar _____por esta _____única via de NOTA PROMISSÓRIA a_____
_____ou a sua ordem _____CPF_____

A QUANTIA DE _____

_____ ou a sua ordem

Pagável em _____
Emitente _____   _____, de_____de_____
Endereço _____
Cidade _____   Assinatura: _____

---

(1) Denominação "nota promissória": Para que um título seja identificado como nota promissória, submetendo-se ao respectivo regime legal, é indispensável que a denominação _nota promissória_ esteja inserida no texto do título, expressando-se na mesma língua empregada para a redação do restante do documento. Exemplo: _No dia 24 de dezembro de 2002, pagarei na praça de Águas de São Pedro, São Paulo, por esta única via de **nota promissória** a Tácio Cecílio Cipriano ou à sua ordem a importância de dois mil reais. Belo Horizonte, 7 de outubro de 2002. Flávio Renato Vegécio._ De nada serve ao preenchimento do requisito legal identificar o papel, em outro campo, como se tratando de nota promissória. Essa identificação deve estar no

texto, isto é, deve compor a declaração que será firmada pelo devedor. A exigência serve às partes e ao mercado, deixando clara a natureza do ato de emissão.

(2) Promessa de pagar quantia determinada: O subscritor, emitindo uma nota promissória, assume a obrigação jurídica de efetuar um pagamento a favor do credor nomeado no título ou à sua ordem, se no saque se permitiu a circulação por endosso. A lei refere-se a promessa pura e simples, impedindo, assim, a assunção, por meio de nota promissória, de obrigações condicionadas a eventos futuros, certos ou não. A eficácia do título só pode ser submetida ao transcurso do tempo, isto é, a especificação de vencimento futuro. Da mesma forma, e com maior gravidade, não se admite que haja restrição da responsabilidade do emitente, isto é, que sejam urdidos mecanismos internos para permitir que o devedor fuja ao cumprimento da obrigação anotada, excetuada a vinculação expressa a contrato.

A quantia deve ser certa, precisa, determinada. Lembre-se de que a definição precisa dos direitos que são conferidos pela cártula é um pressuposto de validade do título de crédito, o que serve não só para preservar direitos e interesses das partes envolvidas no negócio base, do qual se originou a declaração unilateral cambiária, mas igualmente para todo o mercado, ao qual a cártula potencialmente se dirige. A indicação do valor faz-se por extenso, mas é possível que a cártula tenha espaço para que seja lançado, igualmente, o valor em algarismos. Se há divergência entre uma e outra, prevalece a que estiver feita por extenso (artigo 6º da Lei Uniforme).

Salvo emissão a vista, não é juridicamente possível o lançamento no título de cláusula de juros ou de correção monetária. Portanto, não é válido prever que o valor cujo pagamento se prometeu para o futuro (prazo ou termo), experimentará juros ou correção monetária, antes e/ou depois do vencimento, seguidos *tais ou quais* índices. Juros e correção monetária somente serão devidos após o vencimento, aplicados os índices oficiais determinados pelo Poder Judiciário. Se a cártula é emitida a vista, são válidas as cláusulas de juros e correção monetária que não desrespeitem os índices legalmente permitidos.

(3) Época do pagamento: A nota promissória é título que comporta *modalização temporal*, ou seja, que permite ao emitente, no ato unilateral de criação da obrigação, definir um momento futuro para que o crédito possa ser exigido. Não é, porém, um requisito indispensável. A nota promissória em que se não indique a época do pagamento será considerada a vista (artigos 76 da Lei Uniforme e 889, § 1º, do Código Civil). A definição do vencimento deve ser precisa no tempo; é nulo submeter o vencimento a evento futuro e incerto (*condição*), assim como é nula a cártula em que se atribuiu ao devedor ou ao credor o poder de determiná-la segundo o seu arbítrio.[9]

---

[9] *Nota promissória*: estudos da lei, da doutrina e da jurisprudência cambial brasileira. 4. ed. São Paulo: Saraiva, 1935. p. 18.

A definição de vencimento futuro difere a criação do direito (emissão do título) do momento em que produz seus efeitos. O direito já está adquirido pelo credor, mas sua eficácia depende do transcurso de tempo até o vencimento, o que não torna o ato imperfeito, nem impede o exercício de atos assecuratórios, a exemplo do arresto e do pedido de falência fundado na prática de atos falimentares (artigo 94, III, da Lei 11.101/2005).

(4) Lugar do pagamento: O emitente pode indicar o lugar em que se efetuará o pagamento prometido, localizando, assim, o exercício do crédito a um *locus* determinado, que, igualmente, dá modo lícito ao exercício do direito ao adimplemento da obrigação. Se o título expressa o lugar de pagamento, a ele estão submetidos, salvo mútuo consenso (artigo 840 do Código Civil), devedor e credor, não podendo qualquer um deles pretender que o outro se submeta a outro lugar, ainda que se trate do domicílio de qualquer deles. O lugar de pagamento, contudo, não é requisito essencial da nota promissória, podendo ser simplesmente omitido. Em sua ausência, tem-se que a obrigação deverá ser saldada (1º) no lugar de emissão do título; inexistindo aquele, (2º) na localidade que conste ao lado do nome do subscritor; se também não há tal indicação, (3º) no domicílio do subscritor da nota promissória.

(5) Beneficiário: É requisito essencial da nota promissória a nomeação de seu beneficiário. Não é lícita a emissão que se faz escrevendo *ao portador* ou deixando em branco o espaço destinado ao preenchimento do nome do beneficiário. A indicação do beneficiário não traduz uma vinculação necessária entre o adimplemento da obrigação e a pessoa do beneficiário nomeado, já que o título pode ser endossado. E atente-se para o fato de que é lícito o endosso *em branco* ou *ao portador*, circulando a cártula pela mera tradição. A nota promissória preserva sua característica de título de apresentação, razão pela qual a indicação inicial do beneficiário no corpo do texto apenas narra a situação original da emissão, nunca sua situação final, que se mostrará definida apenas com a apresentação pelo legítimo portador, revelando assim sua condição de credor hábil a exercer o direito.

(6) Data de emissão: A nota promissória deve trazer a data de emissão, localizando o ato no tempo e, assim, solucionando diversas questões, como conflitos de normas, prescrição, entre outras. É requisito necessário, pois perde validade a cártula que é apresentada para execução sem atender a tais requisitos (conferir: Recurso Especial 1.724.744/RJ, Agravo Interno no Recurso Especial 1.551.618/SP, entre outros). No entanto, julgando o Recurso Especial 968.320/MG, a Terceira Turma entendeu que "descabe extinguir execução pelo só fato de inexistir data de emissão da nota promissória, quando possível tal aferição no contrato a ela vinculado".

(7) Lugar de emissão: A nota promissória trará a indicação do lugar em que foi emitida, embora não se trate de requisito essencial. Omitido o lugar de emissão, considera-se emitida no lugar designado ao lado do nome do subscritor. Se não existe a indicação, aceita-se o lugar do domicílio do subscritor da nota promissória. Em face do Recurso Especial 1.352.704/MG, o Superior Tribunal de Justiça recordou que "o artigo 903 do Código Civil prescreve que, em caso de conflito aparente, devem ser

observadas as normas especiais relativas aos títulos de crédito. Com efeito, não há cogitar de incidência do artigo 889, § 2º, do Código Civil, pois a solução a ser dada aos casos em que não conste da nota promissória o lugar de emissão e pagamento é a conferida pelo artigo 76 da Lei Uniforme de Genebra". Esse dispositivo, emenda o acórdão, "ressalva que permanece tendo o efeito de nota promissória a cártula em que não se indique a época de pagamento, lugar de pagamento e onde foi emitida, obtendo-se neste mesmo dispositivo as soluções a serem conferidas a cada uma dessas hipóteses, não havendo, pois, falar em perda da eficácia executiva do título".

(8) Assinatura do subscritor: Por fim, a nota promissória arremata-se com um elemento vital: a assinatura do devedor principal ou de seu representante com poderes especiais para tanto. *Firmar a cédula*, isto é, deixar ali sua marca pessoal, que entre nós é manuscrita. Não obstante todo o restante possa ser grafado por formas variadas, datilografado ou impresso, pintado ou manuscrito, pela mão do credor, dele próprio devedor ou de um terceiro qualquer, a assinatura é ato personalíssimo, que pode ser lançado por quem tem poder para vincular o patrimônio do credor, ou seja, ele mesmo ou um procurador com poderes especiais. Aplica-se, aqui também, a súmula 60 do Superior Tribunal de Justiça, como reconheceu sua Terceira Turma; julgando o Recurso Especial 8.208/MG, afirmou-se a impossibilidade jurídica, conforme precedentes, de ser a nota promissória emitida e/ou avalizada sob procuração, por empresa do mesmo grupo do exequente.

6.1   Emissão em branco

A ausência de qualquer requisito essencial, quando da emissão, não invalida, por si só, a cártula. A nota não precisa estar completa na emissão, mas na apresentação: o momento em que o título é exigido. O espaço em branco, como já se viu, não caracteriza uma nulidade *ab ovo*, isto é, desde o momento da emissão. Caracteriza mandato tácito para que o portador, nomeado ou não, faça o preenchimento das lacunas.

Essa particularidade leva à discussão sobre o momento no qual a obrigação é criada: na assinatura, na entrega ou no preenchimento. A meu ver, (1) na assinatura, o subscritor vincula seu patrimônio, formulando, ainda que de forma incompleta, a declaração unilateral de seu débito e, assim, criando o crédito; (2) na emissão (entrega da cártula a um terceiro, nomeado ou não), o subscritor dá vida cambial a sua declaração unilateral constitutiva do crédito, permite-lhe circular; e, havendo partes em branco, outorga poderes ao portador para o preenchimento do título, assumindo os riscos daí inerentes, mormente em face da potencialidade de circulação; o risco é grande, certo que não poderá opor a terceiros de boa-fé a exceção com a qual resistiria aos abusos diante do portador; (3) no preenchimento, a declaração se completa, estando pronta para que o direito por ela representado seja exercido, voluntária ou judicialmente (execução forçada).

A nota promissória ao portador, portanto, é um título incompleto que circula independentemente de endosso, por simples tradição da cártula. Não é *título ao portador* em sentido estrito, mas que assim funciona por estar incompleta. Se executada incompleta, a ação deverá ser extinta por falta de título executivo extrajudicial, declarada a invalidade do documento juntado por falta de requisito essencial. E ao credor só restarão as vias ordinárias para cobrar seu crédito, para o que a cártula servirá como mera prova documental, sem as benesses próprias do Direito Cambiário.

O artigo 891 condiciona a validade do preenchimento ao respeito aos ajustes que foram realizados no negócio de base, não se constituindo a lacuna um espaço para o abuso. E se há abuso no preenchimento, a criar dano material ou moral (inclusive os incômodos e trabalhos demandados pela defesa provocada pelo ato ilícito, o abalo de crédito etc.), haverá que indenizar. De qualquer sorte, nunca é demais repetir que o descumprimento de tais ajustes pelo portador não constitui motivo de oposição ao terceiro que esteja legitimamente de posse do título, ressalvada a hipótese de ter ele, ao adquirir o título, agido de má-fé.

Por outro lado, embora se possa entregar uma cártula em branco, não é lícito exigir que o emitente o faça. Caracteriza abuso de direito exigir emissão de cártula em branco, o que não deve ser tolerado (artigos 113, 187, 421 e 422 do Código Civil). A regra é a emissão completa, caracterizando expressão precisa da vontade do emitente.

7 AUTONOMIA E ABSTRAÇÃO

A nota promissória é, por definição, um título abstrato; o negócio de base (o fato em que foi criada) deve ser desconsiderado. É uma declaração unilateral de vontade que guarda autonomia em relação ao negócio originário, não sendo pertinente questionar sua origem. Essa regra geral, contudo, exige respeito aos princípios jurídicos da socialidade (função social da faculdade jurídica), moralidade (probidade, honestidade) e eticidade (boa-fé). Ou seja, não se admite que a autonomia seja um instrumento para que o credor lese os direitos do devedor. Justamente por isso, o emitente/devedor pode arguir defeitos de origem contra o beneficiário original, já que ambos participaram do negócio de base. Exemplo: João Calvino comprou um carro de Tomás Campanela; pagou metade do valor à vista e emitiu uma nota promissória, com vencimento em 60 dias, para o pagamento da outra metade. Campanela, porém, não entregou o veículo e, vencido o título, executa-o. Calvino poderá opor-se ao pagamento, alegando o vício no negócio.

No julgamento do Recurso Especial 1.361.937/SP, discutia-se "a exequibilidade de nota promissória emitida em garantia de pagamento por serviços médicos, prestados em regime de emergência a paciente acometido de infarto do miocárdio, diante da alegação de vício de consentimento". O Superior Tribunal de Justiça assim se posicionou: "3. A autonomia e abstração dos títulos de crédito manifestam-se nas relações cambiais com terceiros de boa-fé, portadores dos títulos. 4. Perante o credor originário da nota promissória, o devedor se obriga por meio de uma relação estritamente contratual, a qual se aplica à integralidade o Código Civil. 5. O desequilíbrio latente na relação constituída em momento de grave angústia e fragilidade da parte devedora, em que se busca pronto atendimento de emergência, caracteriza o elemento subjetivo exigido pelo art. 156 do CC, devendo-se verificar a existência de excessiva onerosidade, a fim de configurar o estado de necessidade. 6. Imprescindível se oportunizar a dilação probatória às partes, a fim de demonstrar ou afastar o equilíbrio entre os valores executados e os serviços efetivamente prestados e, por conseguinte, reconhecer ou afastar o vício de consentimento alegado."

Vê-se claramente que os princípios da autonomia e da abstração não protegem o credor que tomou parte no negócio originário, que deu base à emissão da parte, de uma eventual investigação sobre as relações jurídicas havidas com o devedor e que fundamentaram não só a assinatura da cártula, como também sua própria cobrança.

Se a cártula circulou (foi endossada), os defeitos do negócio de base não podem ser opostos ao terceiro de boa-fé (*princípio da inoponibilidade das exceções pessoais*). Mas não haverá boa-fé se o terceiro tinha ciência da existência dos defeitos e, ainda assim, aceitou receber o título. Esse parâmetro alcança a hipótese de o título apresentar-se expressamente vinculado ao negócio de base, por meio de cláusula na cártula. Essa vinculação não desnatura a nota promissória, nem lhe retira a cambiaridade ou a executabilidade; apenas rompe a autonomia, a abstração e a independência do título, permitindo que eventuais defeitos do negócio de origem sejam recuperados para evitar o pagamento. Nesse sentido decidiu a Quarta Turma do Superior Tribunal de Justiça, examinando o Recurso Especial 14.012/RJ: "ainda que de boa-fé, o endossatário de notas promissórias, das quais conste expressa vinculação a contrato, fica sujeito às exceções de que disponha o emitente com base no ajuste subjacente". Afinal, "os títulos, em hipóteses tais, perdem a natureza abstrata que lhes é peculiar, sendo oponível ao portador, mesmo nos casos em que tenha havido circulação por endosso, recusa fundada em vicissitude ou desconstituição da *causa debendi*".

No mesmo sentido, o julgamento do Recurso Especial 208.254/CE: "A conexão da nota promissória com o contrato faz com que se perca a autonomia e, assim, que a nota se contamine com eventuais qualidades viciadas do negócio subjacente." Some-se o Recurso Especial 50.633/PE: "estando a nota promissória vinculada a um contrato, sendo, pois, mero instrumento representativo do preço ajustado e para pagamento a prazo, sua quitação estará condicionada às condições contratuais firmadas pelo emitente e pelo credor originário, perdendo, ela, assim, a autonomia, a abstração e a independência que, em regra, caracterizam esses títulos. [...] É que enquanto não adimplidas as obrigações do favorecido, o crédito consubstanciado na nota promissória vinculada repousa em estado latente, só recebendo o sopro de vida para valer como crédito exigível e servir como instrumento de cobrança depois daquelas obrigações serem cumpridas".

8 REGIME DA LETRA DE CÂMBIO

São aplicáveis às notas promissórias, na parte em que não sejam contrárias à natureza deste título, as disposições relativas às letras e concernentes: endosso, vencimento, pagamento, direito de ação por falta de pagamento, pagamento por intervenção, cópias, alterações, prescrição e dias feriados, contagem de prazos e interdição de dias de perdão (artigo 77 da Lei Uniforme de Genebra). No que se refere especificamente à prescrição, estabelece a Súmula 504 do Superior Tribunal de Justiça que "o prazo para ajuizamento de ação monitória em face do emitente de nota promissória sem força executiva é quinquenal, a contar do dia seguinte ao vencimento do título".

São igualmente aplicáveis às notas promissórias as disposições relativas às letras pagáveis no domicílio de terceiro ou numa localidade diversa da do domicílio do sacado, a estipulação de juros, as divergências das indicações da quantia a pagar, as consequências da aposição de uma assinatura nas condições indicadas no artigo 7º da Lei Uniforme, as da assinatura de uma pessoa que age sem poderes ou excedendo seus poderes e a letra em branco. Por fim, são também aplicáveis às notas promissórias as disposições relativas ao aval, incluindo a presunção que se faz a favor do emitente, se não indicado expressamente a favor de quem é dada a garantia. Assim, remeto o leitor às considerações feitas anteriormente sobre tais temas.

O primeiro aspecto que chama atenção dessa extensão de regime jurídico é a exclusão do regime da autorização para que haja emissão de nota promissória em mais de uma via. Pelo contrário, fica claro que a nota promissória deve, sempre, ser emitida numa única via, ou seja, que a prova da promessa de pagamento se faça por único instrumento. É comum ler-se em formulários do título a alusão à condição de via única, o que, por certo, trata-se de mero acautelamento que, por não contrariar a lei, não produz efeito contrário ao Direito. Inválida seria a menção a mais de uma via, hipótese na qual dever-se-á considerar como jurídica apenas a primeira via, tomada como expressão da emissão da obrigação cambial, desconsiderando as demais por manifestarem grave defeito de forma, qual seja, a pretensão de instituir, à revelia da lei, duplicidade de instrumentalização.

Todavia, considera-se lícita emissão pelo portador (o beneficiário nomeado na cártula, um endossatário ou o mero portador, na hipótese de ter havido *endosso em branco* ou *endosso ao portador*) de cópias do título, reproduzindo obrigatoriamente o original, com os endossos e todas as outras menções que nela figurem. A cópia da nota promissória submete-se às mesmas exigências e às mesmas regras que se atribuem às cópias de letras de câmbio, estudadas no capítulo anterior.

Toda nota promissória é transmissível por endosso, mesmo que dela não conste, expressamente, a cláusula *à ordem*. O endosso deve ser puro e simples, vedadas cláusulas que o condicionem (modalizem) a qualquer fato ou ato jurídico, nos moldes já estudados. A inserção das palavras *não à ordem*, ou outra expressão equivalente (a exemplo de *não endossável*), afasta a possibilidade de endosso, submetendo a transferência do título ao regime da cessão ordinária de créditos. Essa regra específica excepciona (artigo 903 do Código Civil) a regra geral que considera não escrita no título a cláusula proibitiva do endosso (artigo 890). Quando examinou o Agravo Regimental no Agravo de Instrumento 220.886/GO, a Terceira Turma do Superior Tribunal de Justiça deixou claro que "a existência de cláusula impeditiva de circulação da nota não a descaracteriza como título cambial, impossibilitando apenas a sua transferência mediante endosso, nos termos do artigo 11 da Lei Uniforme de Genebra".

Em face da cláusula *não à ordem*, a transferência da cártula faz-se com todos os acessórios da obrigação (artigo 287 do Código Civil). Isso afasta as regras da autonomia, abstração e independência. O devedor da obrigação cedida poderá opor ao cessionário as exceções que lhe competirem, bem como as que, no momento em que veio a ter conhecimento da cessão, tinha contra o cedente (artigo 294). Ademais o cessionário só terá direito de regresso, em face da insolvência do devedor, se da cessão constar estipulação expressa nesse sentido. Ademais, a nota promissória deixa de ser um documento de apresentação, podendo o devedor, se não for devidamente notificado da cessão, pagar ao credor originário, independentemente da apresentação do título, socorrendo-lhe a mera entrega de recibo genérico (artigo 292), já que o título está desprovido de circularidade simplificada, funcionando como instrumento comum da obrigação.

A nota promissória comporta endosso-mandato e endosso pignoratício, assim como aceita endosso *em branco* ou *ao portador*, mesmo que seja vedada a emissão de título *ao portador*. Uma vez lançado o endosso sem indicação do endossatário ou com afirmação de que se transfere àquele que portar o título, a transferência do crédito passa a operar-se por mera tradição. Mas nada impede, em tais circunstâncias, que novo endosso em branco seja concretizado (artigo 14, §§ 2º e 3º, da Lei Uniforme). Também é possível a formação de uma cadeia de endossatários, resultado de endossos sucessivos, a exigir que a legitimidade daquele que se apresente com o documento seja apurável do documento, ainda que o último endosso tenha-se concretizado em branco.

Na nota promissória, como na letra de câmbio, o endossante, salvo cláusula em contrário, é garante do pagamento (artigos 15 da Lei Uniforme e 903 do Código Civil), não se aplicando o artigo 914 da Lei Civil. A nota promissória admite, da mesma forma que a letra de câmbio, a proibição de novo endosso, o que exime o endossante de garantir o pagamento, perante outros endossatários que venham a surgir no prosseguimento da cadeia de endossos, embora não tenha, efetivamente, o poder de impedir novas transferências pela forma simplificada do endosso (artigo 15 da Lei Uniforme).

A nota promissória admite aval, que poderá ser parcial (artigos 30 da Lei Uniforme e 903 do Código Civil), não se aplicando o artigo 897 da Lei Civil. O aval deverá ser obrigatoriamente escrito no próprio título, podendo resultar de simples assinatura de seu dador na face da cártula, quando não se trate da assinatura do próprio subscritor do título. Se o papel não comportar o registro de todas as operações de aval e de endosso, dever-se-á recorrer ao procedimento de alongamento da nota promissória, colando um novo pedaço de papel no título, o que é situação muito rara.

A extensão do regime da letra de câmbio ainda permite a estipulação de juros compensatórios sobre a importância a ser paga, quando o título seja emitido a vista ou a certo termo de vista (artigos 5º da Lei Uniforme e 903 do Código Civil), não se aplicando o artigo 890 da Lei Civil. Ao examinar o Recurso Especial 182.501/ SP, a Quarta Turma do Superior Tribunal de Justiça declarou que "a nota promissória não perde sua característica de liquidez por conter indicações sobre os critérios para o cálculo do valor atualizado do débito". A estipulação da incidência de juros exige a indicação, na nota promissória, da taxa de juros correspondente que deverá atender aos limites legalmente permitidos. Se não há indicação da taxa de juros, deve-se considerar como não escrita a previsão genérica de sua incidência. Se a taxa estipulada superar a licença legal, deverá ser reduzida ao limite legalmente permitido (artigo 591 do Código Civil). Os juros incidirão da data indicada na nota promissória e, ausente esta, da data da emissão da nota (artigo 5º da Lei Uniforme).

O Superior Tribunal de Justiça, julgando o Recurso Especial 1.396.951/PR, examinou hipótese de cláusula usurária, reconhecendo serem nulas de pleno direito as estipulações usurárias, assim consideradas as que estabeleçam, nos contratos civis de mútuo, taxas de juros superiores às legalmente permitidas, caso em que deverá o juiz, se requerido, ajustá-las à medida legal, na forma do artigo 1º, *caput* e inciso I, da Medida Provisória 2.172-32/2001. Assim, definiu-se pelo "aproveitamento do negócio jurídico e da nota promissória, mediante a redução dos juros ao patamar legal, com o prosseguimento da execução".

Não tendo sido providenciado o pagamento na data aprazada e diante da apresentação do título ao devedor, nasce para o credor – o legítimo portador da cártula – o direito de executá-lo judicialmente, independentemente do protesto. Pode prostestar, é claro, mas trata-se de medida facultativa. Em fato, o subscritor de uma nota promissória é responsável da mesma forma que o aceitante de uma letra (artigo 78 da Lei Uniforme). O protesto só é indispensável para preservar o direito do credor em face dos endossantes do título e seus eventuais garantes. Embora não haja a figura do aceite, nem do protesto por falta de aceite, há a figura da nota promissória pagável a certo termo de vista, hipótese na qual a nota deve ser apresentada para o visto do subscritor dentro do prazo de um ano a contar da data da emissão (artigo 23 da Lei Uniforme). Em tais casos, o termo de vista conta-se da data do visto dado pelo subscritor, e a recusa do subscritor a dar seu visto é comprovada por um protesto, cuja data serve de início ao termo de vista.

O pagamento se faz em moeda corrente no país. A previsão de pagamento que se registre em moeda estrangeira exige conversão, na data do vencimento, para a moeda nacional. Se há atraso no pagamento, utiliza-se a conversão tendo por base o câmbio do dia do pagamento ou do dia do vencimento, à escolha do credor (artigo 41 da Lei Uniforme). O credor não pode, também no que se refere à nota promissória, recusar o pagamento parcial oferecido pelo devedor. Ele deve dar quitação tanto no título, que permanecerá em seu poder, como em documento à parte, que será entregue ao devedor.

9 NOTA PROMISSÓRIA RURAL

O Decreto-lei 167/1967, em seus artigos 42 e seguintes, cria a figura da nota promissória rural, que poderá ser sacada nas seguintes situações: (1) vendas a prazo de bens de natureza agrícola, extrativa ou pastoril, quando efetuadas diretamente por produtores rurais ou por suas cooperativas; (2) nos recebimentos, pelas cooperativas, de produtos da mesma natureza entregues por seus cooperados; e (3) nas entregas de bens de produção ou de consumo, feitas pelas cooperativas a seus associados. A norma esclarece, inclusive, que a nota promissória rural emitida pelas cooperativas a favor de seus cooperados, ao receberem produtos entregues por estes, constitui promessa de pagamento representativa de adiantamento por conta do preço dos produtos recebidos para venda. São requisitos próprios da nota promissória rural e que devem ser lançados no contexto do título:

1. denominação "Nota Promissória Rural";
2. data do pagamento;
3. nome da pessoa ou entidade que vende ou entrega os bens e à qual deve ser paga, seguido da cláusula à ordem;
4. praça do pagamento;
5. soma a pagar em dinheiro, lançada em algarismos e por extenso, que corresponderá ao preço dos produtos adquiridos ou recebidos ou ao adiantamento por conta do preço dos produtos recebidos para venda;
6. indicação dos produtos objeto da compra e venda ou da entrega;
7. data e lugar da emissão;
8. assinatura do próprio punho do emitente ou representante com poderes especiais.

Na hipótese de inadimplemento, cabe ação executiva para a cobrança da nota promissória rural. Se forem penhorados os bens indicados no título, ou em sua vez, outros da mesma espécie, qualidade e quantidade pertencentes ao emitente, a lei estipula assistir ao credor o direito de promover, a qualquer tempo, contestada ou não a ação, a venda daqueles bens em leilão público. Aliás, a nota promissória rural goza de privilégio especial sobre os créditos com privilégio especial (artigo 963), por força do Decreto-lei 167/1967.

É nulo o aval dado em nota promissória rural, salvo quando dado pelas pessoas físicas participantes da empresa emitente ou por outras pessoas jurídicas (artigo 60, § 2º, do Decreto-lei 167/1967). Também são nulas quaisquer outras garantias, reais ou pessoais, salvo quando prestadas pelas pessoas físicas participantes da empresa emitente, por esta ou por outras pessoas jurídicas. Tais regras só são excepcionadas na hipótese de transações realizadas entre produtores rurais e entre estes e suas cooperativas não se aplicam as disposições dos parágrafos anteriores.

Dentro do prazo da nota promissória rural, poderão ser feitos pagamentos parciais (artigo 74 do Decreto-lei 167/1967). Nesse caso, o credor declarará, no verso do título, sobre sua assinatura, a importância recebida e a data do recebimento, tornando-se exigível apenas o saldo.

20
Cheque

1 CONCEITO

O cheque é um instrumento de natureza e de função dúplices. Por um ângulo, constitui uma ordem de pagamento a vista (ordem incondicional de pagamento imediato) de valor determinado, sendo formulada pelo titular de uma conta bancária contra a instituição financeira responsável. Por meio do cheque, o correntista determina a retirada de valores que deverão ser entregues, conforme o que se apure na cártula, (1) ao portador ou (2) ao beneficiário nomeado na cártula ou (3) a endossatário por ele indicado. Sua compreensão como *título de crédito* poderia ser posta em dúvida, já que a condição de *ordem de pagamento a vista* não implicaria a criação de uma obrigação futura de pagar (crédito). Contudo, ainda que a vista, e não futuro, cuida-se, sim, de crédito: há, na emissão do cheque, a declaração de um crédito a ser satisfeito pelo sacado ou, se recusado, pelo sacador, extrajudicial ou judicialmente (execução).

Portanto, a emissão de um cheque é, simultaneamente, uma ordem de pagamento, contra o sacado, e uma declaração de crédito, assumida pelo sacador. Presume-se que o sacador tenha fundos disponíveis em poder do sacado para o atendimento da ordem; a ausência desses fundos, contudo, não prejudica a validade do título como cheque (artigo 4º da Lei 7.357/1985). O emitente garante o pagamento, considerando-se não escrita a declaração pela qual se exima dessa garantia (artigo 15). Examinando o Recurso Especial 1.787.274/MS, o Superior Tribunal de Justiça viu-se diante da exclusão do emitente de um cheque da condição de réu em ação monitória reconhecendo ter havido empréstimo da lâmina de cheque, o que seria comum na sociedade brasileira, entre amigos e familiares.

O fundamento foi recusado pela Alta Corte, mantendo a íntegra do artigo 15 da Lei do Cheque, vez que, "na ausência de lacuna, não cabe ao julgador se valer de um costume para afastar a aplicação da lei, sob pena de ofensa ao art. 4º da Lei de Introdução às Normas do Direito Brasileiro. (...) A flexibilização das normas de regência, à luz do princípio da boa-fé objetiva, não tem o condão de excluir o dever de garantia do emitente do cheque, previsto no art. 15 da Lei 7.357/1985, sob pena de se comprometer a segurança na tutela do crédito, pilar fundamental das relações jurídicas desse jaez".

O beneficiário (ou *tomador*) do cheque pode ser o próprio emitente ou um terceiro; a emissão pode fazer-se a beneficiário nomeado, com a cláusula à ordem (permitindo o endosso) ou ao portador, embora possa haver restrições de outra ordem (nomeadamente fiscais) à emissão ao portador. O tomador e endossatários só mantém relações jurídicas diretas com o emitente (sacador), nunca com o sacado. A instituição financeira sacada mantém relações jurídicas diretas apenas com o emitente e, desta forma, embora seja a sacada, não é partícipe da relação cambiária, não sendo garantidora do pagamento (embora possa assumir a obrigação de pagar, por período determinado, pela via do *cheque visado*). Não pode ser protestada ou executada. O tomador não é credor da instituição sacada; é credor apenas do emitente e, eventualmente, de seus avalistas.

As relações jurídicas mantidas entre a instituição financeira sacada e o tomador, endossatários, avalistas e, até, terceiros estranhos ao título, são extracontratuais e extracambiárias. Vale dizer, não resultam do contrato, nem resultam do direito cambiário, já que não há relação contratual ou cambiária entre si. Quando muito, afirmam-se no plano geral das relações jurídicas, a exemplo da responsabilidade civil por atos dolosos ou culposos, bem como por atos que caracterizem abuso de direito, aplicados os artigos 186, 187 e 927 do Código Civil.

1.1 Conta bancária

Para que haja regular emissão do cheque, é requisito essencial a existência de uma conta bancária e, assim, de um contrato a instituição financeira sacada e o emitente, vez que o saque se faz sobre os depósitos havidos ou sobre crédito disponível no âmbito do sacado. A conta bancária pode ser movimentada por mais de uma pessoa. São as chamadas *contas conjuntas*, isto é, situações de cotitularidade da conta, dos fundos e dos créditos a ela referentes; aliás, pluralidade, também, num dos polos da relação jurídica bancária, já que não há um único correntista, mas dois. Essa cotitularidade implica direitos comuns sobre o montante depositado, devendo os correntistas ajustar entre si eventuais participações diferenciadas. Juridicamente falando, excetuada a estipulação da necessidade de assinatura conjunta para o saque, qualquer um dos dois *correntistas* tem o direito e a liberdade para a emissão de títulos, devendo a instituição bancária acatar a ordem de pagamento.

Nessas contas conjuntas, embora ambos os correntistas possam emitir ordem de pagamento (cheque), apenas um deles a criou. Se a ordem não é acatada, é somente dele, o emissor, a condição de devedor e, via de consequência, sujeito passivo da exigência judicial do crédito. Afinal, a discussão não mais se situa no plano da conta e dos fundos em comum, mas do título de crédito que não foi acatado pelo sacado e, destarte, pode ser judicialmente exigido do sacador e, eventualmente, daqueles que a ele se equiparam em virtude de lei, isto é, seus avalistas. A Quarta Turma do Superior Tribunal de Justiça, examinando os Embargos Declaratórios no Agravo Regimental no Recurso Especial 1.490.576/SP o afirmou: "O cotitular de conta conjunta detém apenas solidariedade ativa dos créditos para com a instituição financeira, não se tornando responsável pelos cheques emitidos pelo outro correntista."

Não se emite um cheque para criar um crédito futuro, mas um crédito imediato, um pagamento imediato (a vista), razão pela qual constitui pressuposto legal da emissão o fato de o emitente ter fundos disponíveis em poder do sacado e estar autorizado a sobre eles emitir cheque, em virtude de contrato expresso ou tácito (artigo 4º da Lei 7.357/1985). A existência de tais fundos disponíveis que bastem ao pagamento é verificada no momento da apresentação (artigo 4º, § 1º). Portanto, o cheque promete um crédito que, ao menos em tese, existe. O emitente garante o pagamento, vale dizer, não só ordena, como também o promete; se não há pagamento pelo sacado, o emitente responde pelo inadimplemento e poderá ser executado pelo valor da obrigação que declarou, considerando-se não escrita a declaração pela qual o emitente se exima dessa garantia (artigo 15).

Não se deve confundir fundos disponíveis com o montante depositado pelo correntista em sua conta, incluindo mesmo eventual crédito contratado (*cheque especial*, diz-se). Se não há fundos, o banco deve recusar o pagamento e fazer a inclusão da ocorrência no Cadastro de Emitentes de Cheques sem Fundos (CCF). A devolução indevida de cheque é ato ilícito civil, pelo qual responde a instituição bancária, devendo indenizar os danos econômicos e morais eventualmente experimentados pelo correntista (se houver).

2 REQUISITOS DO CHEQUE

Os formulários de cheques, impressos pelas instituições financeiras, em conformidade com as normas do Banco Central, são forma necessária para o saque. Isso determina, perante a sociedade e o mercado, um reconhecimento de estruturas gráficas. O formulário de cheque é, na prática dos negócios, uma pré-afirmação de validade, razão pela qual há todo um controle em sua impressão e em sua entrega aos correntistas ou representantes. É vedada a entrega de talonário de cheque se o correntista ou seu procurador figurar no cadastro de emitentes de cheques sem fundos (CCF). Existindo relação jurídica entre o banco sacado e o emitente do título, há base jurídica para a emissão de cheque, ou seja, para o saque. Também o cheque deve atender a requisitos para que seja válido (artigo 2º da Lei 7.357/1985). No entanto, também o cheque emitido com partes em branco pode ser completado pelo portador, em conformidade com o convencionado pelas partes (artigo 16). O primeiro dos requisitos é a denominação *cheque* inscrita no contexto do título e expressa na língua em que este é redigido (artigo 1º, I). Dessa maneira, a emissão se torna inequívoca, para emitente e terceiros, incluindo-a quanto aos efeitos legais. Segue-se a exigência de que o cheque contenha uma ordem incondicional de pagar quantia determinada. O valor deve ser certo e líquido, expressado em moeda corrente. Essa indicação será feita pelo menos duas vezes: uma em algarismos, outra, por extenso. Se há divergência entre a quantia em algarismos e por extenso, prevalece esta última; ademais, se porventura for indicada a quantia mais de uma vez, quer por extenso, quer por algarismos, prevalece, no caso de divergência, a indicação da menor quantia (artigo 12). Não há falar em juros, correção monetária ou outro acessório financeiro. Sua estipulação deve ser considerada não escrita (artigo 10 da Lei 7.357/1985) para fins cambiários.

Banco	Agência	Número da conta	Número do cheque	R$	
000	0000	0000-0	XX-0000000		

Pague por este
cheque a quantia de_____

_____ e centavos acima

a_____ ou a sua ordem

_____ de _____ de _____

BANCO FANTASIA

_____

José da Silva

O cheque, ao contrário da letra de câmbio, não admite a figura do aceite, devendo ser considerada não escrita qualquer declaração com esse sentido (artigo 6º). O banco não aceita: ou paga ou recusa motivadamente o pagamento. Ademais, a ordem não comporta condição para ser eficaz. O cheque não comporta condicionamento de qualquer espécie, a exemplo de cláusulas que vinculem o pagamento à entrega de bem ou prestação de serviço, entre outras. Não é que tais observações, se anotadas na cártula, devam ser consideradas nulas ou inexistentes; simplesmente não possuem validade cambial, e em nada interferem no trâmite legal da operação bancária. Se forem lançadas condições na cártula, o banco sacado as deve desconhecer e, quando muito, poderão servir às partes para ajustes não cambiais, examinados em procedimentos ordinários e à luz do Direito Comum. A anotação, destarte, é ato jurídico não cambial que usa a base física da cambial para fins extracambiais.

Deve estar indicado o nome do sacado, isto é, o banco ou instituição financeira a quem se ordena o pagamento; o cheque é emitido contra banco, ou instituição financeira que lhe seja equiparada, sob pena de não valer como cheque (artigo 3º da Lei 7.357/1985). *Banco*, porém, em sentido largo, a designar também a instituição financeira contra a qual a lei admita a emissão de cheque (artigo 67), a exemplo das cooperativas de crédito. Tem-se, portanto, uma condição específica para ser sacado. Detalhe: o saque é feito contra o *banco* e não contra sua *agência*, embora seja lícito definir lugar para o pagamento, identificando-o com o endereço de determinada agência bancária.

Ademais, a folha de cheque deve indicar o lugar de pagamento, ou seja, a sede da instituição financeira sacada, da agência ou do posto de atendimento bancário no qual o legítimo portador poderá apresentar o cheque e obter o pagamento ali ordenado. Na falta de indicação especial, é considerado lugar de pagamento aquele designado junto ao nome do sacado; se designados vários lugares, o cheque é pagável no primeiro deles; não existindo qualquer indicação, o cheque é pagável no local de sua emissão (artigo 2º, I). O cheque pode ser pagável no domicílio de terceiro, quer na localidade em que o sacado tenha domicílio, quer em outra, desde que o terceiro seja banco (artigo 11); portanto, a lei permite que, no saque, o emitente *domicilie* o cheque, isto é, vincule seu pagamento a determinada praça, aí indicando sede ou agência de um banco; cria, assim, para o portador, a obrigação de se dirigir àquele lugar caso deseje apresentar o cheque para o pagamento no caixa, mas não lhe retira o direito de simplesmente depositá-lo e, assim, fazer com que chegue à câmara de compensação.

A cártula ainda deverá trazer o lugar e a data em que foi emitida (artigo 1º, V), mas se não indica o lugar de emissão, considera-se emitido o cheque no lugar indicado junto ao nome do emitente (artigo 2º, II). No cheque, a combinação de data e local de emissão com o local de pagamento define o prazo para apresentação da cártula: o cheque deve ser apresentado para pagamento, no prazo de 30 dias, contados do dia da emissão, quando emitido no lugar onde houver de ser pago; se emitido em outro lugar do país ou no exterior, o prazo é de 60 dias (artigo 33 da Lei 7.357/1985). É comum aceitarem-se abreviaturas, desde que deixem inequívoco o lugar em que houve a emissão, mas não se aceita a ausência de lugar de emissão. A data deverá ser escrita por inteiro, constando de dia, mês e ano. O dia e o ano são grafados em algarismos, ao passo que o mês é escrito por extenso. Não é lícito rasuras, mesmo que para consertar meros erros materiais, como a emissão, em 2003, de cheque com o ano de 2002, pela força do hábito. Diante do erro, será necessário criar nova cártula.

É lícito ao sacador pós-datar o título, isto é, lançar data posterior àquela em que efetivamente se dá a emissão. Em termos cambiais, a única consequência deste ato é prolongar o prazo de apresentação, que passa a contar da data constante no documento. Foi o que reconheceu o Ministro Sálvio de Figueiredo Teixeira, quando relatava o Recurso Especial 195.748/PR, para a Quarta Turma do Superior Tribunal de Justiça. A pós-datação não impede que a apresentação se dê antes da data expressada, exigindo-se o pagamento correspondente.

Por fim, exige-se que a folha de cheque seja assinada pelo emitente (o sacador). A regulamentação do Banco Central do Brasil aceita a assinatura por chancela mecânica ou processo equivalente, reproduzindo a assinatura de próprio punho, resguardada por características técnicas, devendo a chancela ser registrada em Cartório de Títulos e Documentos e ajustada previamente com a instituição financeira sacada. É dever do banco sacado conferir a autenticidade da assinatura lançada nos cheques, respondendo pelo prejuízo advindo do pagamento de cártula com assinatura falsa. Essa responsabilidade, aliás, não se elide com o argumento de que era obrigação do correntista cancelar o talão subtraído ou perdido, já que a assinatura é requisito legal que deve ser conferido pelo sacado.

O cheque pode ser assinado pelo mandatário com poderes especiais para tanto (artigo 1º, VI); a condição de mandatário deve ser devidamente reconhecida pelo banco sacado; do contrário, o título será devolvido e estará ele pessoalmente obrigado ao pagamento, ainda que, pagando o cheque, tenha os mesmos direitos daquele em cujo nome assinou (artigo 14 da Lei 7.357/1985). Ainda que a assinatura seja do procurador, o saque sempre é feito pelo correntista e somente ele ocupa a posição de emitente jurídico do cheque: o ato físico é do mandatário, mas ato jurídico é concretizado pelo representado/mandante; o mandante é o emitente do título, ainda que outrem (o mandatário) seja o seu criador.

O legislador exigiu a concessão de poderes especiais para a emissão do cheque por meio de representante. Essa concessão se fará, obrigatoriamente, junto à instituição financeira, já que o mandatário deverá ter uma respectiva ficha de assinaturas, permitindo a conferência de autenticidade para o acolhimento, ou não, do saque. Dessa forma, a constituição de representante por outras vias (procuração, atos constitutivos de pessoas jurídicas, atas de assembleia, eleição ou nomeação), seja público ou privado o respectivo instrumento, não tem o condão de permitir a emissão por meio de representante. Não basta, portanto, ter o cheque com a assinatura do mandatário e o respectivo instrumento de constituição ou qualquer outro documento comprobatório da condição de representante. Aquele que, apresentando-se como representante do sacador, emite o cheque, nele apondo sua assinatura (mesmo expressando, por escrito, sua condição de mero procurador), deve ter sua condição de mandatário devidamente reconhecida pelo banco sacado; do contrário, o título será devolvido e o autor da assinatura estará pessoalmente obrigado ao pagamento, sendo que, pagando o cheque, tem os mesmos direitos daquele em cujo nome assinou (artigo 14).

3 TIPOLOGIA DO CHEQUE

O cheque pode assumir uma tipologia diversa, considerando-se as declarações que são lançadas na cártula ou, mesmo, o seu histórico de emissão. Esses tipos exsurgem da própria Lei 7.357/1985, sendo de todo proveitoso estudá-los:

(1) Cheque ao portador. Se no ato de criação o sacador preenche o espaço destinado ao beneficiário com a expressão *ao portador*, ou equivalente, ou simplesmente deixa em branco o espaço, abrindo mão do direito de indicar quem é o beneficiário da emissão, tem-se um título ao portador (artigo 8º, III, e parágrafo único, da Lei 7.357/1985). Assim, haverá circulação por mera tradição (artigos 907 e seguintes do Código Civil). Essa dinâmica, contudo, foi alterada pela Lei 8.021/1990, que vedou o pagamento ou resgate de qualquer título ou aplicação a beneficiário não identificado. A norma, de caráter fiscal, não extinguiu a figura do cheque ao portador, creio. Não se proibiu a emissão do título sem a indicação do beneficiário; apenas exige que, para o pagamento da cártula, o campo do beneficiário esteja devidamente preenchido, identificando-se o beneficiário do pagamento; tal requisito deverá ser apurado na apresentação, sendo lícito ao portador, até então, preencher o campo que se encontrava vazio.

No que se refere ao cheque que traga, no campo destinado ao beneficiário, a expressão *ao portador* ou equivalente, é certo que o título não poderá ser pago na boca do caixa, ou apresentado à câmara de compensação, de tal forma. Contudo, parece-me ser lícito ao portador, no momento da apresentação, identificar-se. Assim, na frente da expressão *ao portador*, ou equivalente, deverá o portador acrescentar seu nome, precedido, antecedido por dois pontos ou entre parênteses. Por exemplo: *ao portador: Tiberius Claudius Drusus*. Dessa forma, atende-se aos requisitos da estrutura jurídica anotada no Direito Uniforme, como atende, igualmente, à necessidade fiscal de identificação.

(2) Cheque à ordem. O cheque *à ordem* traz o nome do beneficiário, mas permite que este o endosse a outrem (artigos 910 e seguintes do Código Civil). Não é necessário que a cártula contenha a cláusula *à ordem* expressa, pressupondo-a na ausência da cláusula *não à ordem* (artigo 8º, I, da Lei 7.357/1985). Em oposição, caso o título traga expressada a cláusula *não à ordem*, não se lhe permitirá o endosso, embora seja lícito sua transferência pelo procedimento mais complexo da cessão de crédito. A indicação do beneficiário deve ser precisa, ou seja, permitir a sua identificação, o que se faz enunciando o nome da pessoa natural ou jurídica a quem o cheque deverá ser pago. Contudo, pequenas discrepâncias e erros, quando não criem dúvidas sobre a pessoa do beneficiário, não afastam a legitimidade do credor.

Podem ser indicados mais de um beneficiário, conjunta ou alternativamente. Indicados *A*, *B* e *C*, haverá indicação conjunta e os três beneficiários devem apresentar-se para o recebimento; indicados *A*, *B* ou *C*, qualquer um dos nomeados poderá apresentar a cártula, mesmo sozinho, para o recebimento.[1] Também é possível a *à ordem do próprio sacador* (artigo 9º da Lei 7.357/1985), caso que serve à retirada de fundos depositados, embora possa ainda sirva à criação de crédito, já que o título poderá ser endossado.

---

[1]   MARTINS, Fran. *Títulos de crédito*. 13. ed. Rio de Janeiro: Forense, 2002. v. 2, p. 45.

(3) Cheque nominativo. Cártula sacada em favor de pessoa nomeada, trazendo a cláusula *não à ordem* ou outra expressão equivalente. Assim, além de ser nomeado o beneficiário, retira-se o cheque do regime de transferência cambial (por mero endosso). A cláusula *não à ordem* não impede a transferência do crédito; apenas impede que se faça pela forma simplificada, isto é, por mero endosso, exigindo das partes interessadas na transmissão que recorram ao procedimento da cessão de crédito.

(4) Cheque por conta de terceiro. O artigo 9º, II, da Lei do Cheque, aceita que o sacador emita a ordem de pagamento por conta de um terceiro, isto é, determinando que o pagamento seja feito utilizando-se os fundos disponíveis na conta de um terceiro; expressa-se pela fórmula *pague por este cheque, por conta de Fulano de Tal, a quantia de* tantos *reais*, ou expressão equivalente. No saque por conta de terceiro, é preciso que o emitente esteja autorizado a criar o cheque, pressupondo prévio ajuste com a instituição financeira, a implicar arquivamento de sua assinatura. Se não está autorizado a fazê-lo, tem-se no saque um ilícito civil, pelo qual responderá apenas aquele que, sem poderes para tanto, ordenou o pagamento sobre conta alheia. Eventualmente, dependendo da intenção que se apure como motora da emissão, ter-se-á a tipificação da conduta do estelionato (artigo 171 do Código Penal).

Havendo autorização do terceiro para o saque, e estando acorde o banco sacado (requisito indispensável para a validade da emissão), a emissão é regular. O interessante na emissão por conta de terceiro é a desvinculação dos ônus da emissão, compreendida (1) como ordem de pagamento, que se faz sobre a conta do terceiro, e (2) como declaração (assunção) da obrigação de pagar a quantia sacada, que se faz sobre o patrimônio do emitente. Portanto, se a ordem de pagamento é acatada pelo sacado, os ônus da emissão se farão sentir na conta bancária do terceiro, à conta de quem foi feita a emissão. Em contraste, se o cheque foi devolvido, o título de crédito deverá ser cobrado do emitente, pois foi ele que declarou a existência do crédito e, assim, assumiu a obrigação de saldá-lo. Não é, de forma alguma, o terceiro à conta de quem foi feito o saque, já que ele não declarou a existência do crédito, não o criou com a emissão, não assumiu, com o saque da cártula, a obrigação incondicional de pagar a quantia certa especificada no papel.

A autorização para o saque por terceiro sobre a própria conta bancária não caracteriza, juridicamente, aceite. Tem natureza jurídica mais próxima à da representação, devendo a instituição bancária entregar ao terceiro autorizado talonário da conta do autorizante, somando-se à ficha de assinaturas a firma do terceiro autorizado à emissão.

(5) Cheque administrativo. Chama-se de *cheque administrativo, cheque bancário, cheque comprado* ou *cheque de caixa*, aquele que é emitido pelo próprio banco contra seu caixa: um mesmo banco ocupa a posição de emitente e de sacado, o que é lícito, desde que o cheque não se apresente ao portador (artigo 9º, III, da Lei 7.357/1985). A emissão do cheque pelo banco, ordenando-se a pagar ao beneficiário nomeado determinada importância é vista como uma estratégia de segurança, supondo o mercado serem menores as chances de inadimplência. Daí a expressão

cheque comprado: paga-se ao banco para que faça o saque de cheque administrativo, usando-o em algum negócio, prática que se reduziu após a popularização das transferências eletrônicas.

O cheque administrativo pode ser emitido a favor de qualquer pessoa, seja ou não cliente do banco. A obrigação de nomear o beneficiário impede ser usado como substitutivo de moeda, o que poderia servir a fraudes fiscais. Mas pode ser emitido à ordem, sendo endossado pelo beneficiário a favor de outrem. Quem o contrata, pode pedir que seja emitido em nome ou em nome de terceiro, com a cláusula *à ordem* ou com a cláusula *não à ordem*. Arremato destacando que o cheque bancário comporta aval, em preto ou em branco, que poderá ser dado por qualquer um, até mesmo por aquele que contratou com o banco sua emissão a favor de terceiro.

(6) Cheque visado. O banco sacado, a pedido do emitente ou mesmo do beneficiário nomeado na cártula, pode lançar no verso do cheque, certificação ou declaração equivalente, datada e assinada, por quantia igual à indicada no título (artigo 7º da Lei 7.357/1985). Essa certificação ou visto, seja lançada como tal, seja lançada utilizando-se qualquer outro texto equivalente (isto é, que transmita a mesma ideia), obriga o banco sacado a debitar à conta do emitente a quantia indicada no cheque e a reservá-la em benefício do portador legitimado, durante o prazo de apresentação (artigo 7º, § 1º). Tem-se, assim, o chamado *cheque visado*, figura apreciada pela segurança, já que afirma a existência do saldo e declara que o valor estará separado para fazer frente àquela ordem de pagamento.

O visto não pode ser lançado em cheque que se apresente ao portador, incluindo a falta de indicação do beneficiário, evitando seu uso para fraudes fiscais. Mas, indicado o beneficiário, o cheque pode apresentar-se à ordem ou com a cláusula *não à ordem*. O pedido de visto pode ser feito pelo próprio correntista ou pelo beneficiário do título, desde que ainda não esteja ainda endossado. Trata-se de uma faculdade legal (artigo 7º da Lei 7.357/1985), do emitente e até do beneficiário, a ela não podendo se opor o banco sacado, se estão preenchidos os requisitos e se há saldo correspondente, embora possa cobrar a tarifa correspondente.

A aposição do visto ou certificação no cheque, *visando-o*, obriga o banco sacado ao pagamento (artigo 7º, § 1º), embora não seja, em sentido jurídico, garante ou avalista. Portanto, não pode ser executado. Mas é possível que, contra si, mova-se ação de indenização pelos prejuízos decorrentes do não acatamento da ordem, quando tempestivamente apresentada. Danos, aliás, que podem não se limitar ao valor do título, se existiram outros prejuízos, econômicos ou morais. Ademais, essa responsabilidade específica pelo pagamento não exonera a obrigação própria do sacador e dos demais coobrigados eventualmente existente, a exemplo do avalista.

O visto ou certificação tem prazo de eficácia igual ao prazo de apresentação; vencido esse, desfaz a reserva. Não se trata de prazo prescricional ou decadencial, mas de prazo de eficácia: ao visar o cheque, o banco só garante o seu pagamento durante o prazo de apresentação. Vencido esse, não há mais reserva de valores para o pagamento, voltando a cártula ao regime ordinário (artigo 33 da Lei nº 7.357/1985). Não é só; o banco sacado deve creditar à conta do emitente a quantia reservada, mesmo antes de findo o prazo de apresentação, se o cheque lhe for entregue para inutilização (artigo 7º, § 2º).

(7) Cheque cruzado. Cruzando-se o cheque, o pagamento só poderá ser feito por meio de crédito em conta, vale dizer, o portador não poderá apresentá-lo ao caixa do banco e retirar o dinheiro. O cruzamento pode ser feito pelo emitente ou pelo portador; não é exclusividade do emitente. Mesmo o banco a quem o cheque foi apresentado pode cruzá-lo, o que é usual (artigos 44 e 45 da Lei 7.357/1985).

O cruzamento consiste na aposição de dois traços paralelos na face (no anverso) do título. Habitualmente, esses traços são grafados em diagonal, com inclinação para a direita; é um costume, não uma exigência. O cruzamento pode dar-se na vertical, isto é, perpendicular aos traços que marcam os espaços a serem preenchidos pelo emitente, ou ainda com inclinação para a esquerda. Traços apostos na horizontal, contudo, quebram por completo com a lógica do costume, exigindo uma investigação mais acurada do contexto do título para verificar se outra não foi a intenção do que os grafou. Também não há regra específica para a posição a ser ocupada pelos traços: podem estar mais acima, no meio ou no canto inferior; podem ser pequenos ou grandes; mas, fundamentalmente, devem ser inequívocos.

Se entre os dois traços não há nenhuma indicação ou existir apenas a indicação do *banco* (sem se especificar qual), ou outra equivalente, tem-se o chamado *cruzamento geral*: o cheque deverá ser pago pelo sacado a um banco qualquer ou a um cliente do sacado, mediante crédito em conta. Em oposição, se entre os dois traços existir a indicação do nome do banco, tem-se um *cruzamento especial*: o cheque só pode ser pago pelo banco sacado ao banco indicado, ou, se esse for o sacado, a cliente seu, mediante crédito em conta; permite-se, porém, que o banco designado incumba outro da cobrança, o que se fará por um segundo cruzamento, específico para esse fim (para cobrança por câmara de compensação).

O cruzamento limita os direitos inerentes ao cheque, não permitindo seja descontado no caixa, obtendo o portador o papel-moeda correspondente. O cruzamento especial limita ainda mais tais direitos, atingindo a própria circularidade do cheque. Ao cruzar e indicar o banco entre os traços do cruzamento, torna-se obrigatório que o título seja apresentado àquele banco, para que ele, e não outro, promova o recebimento da importância, ainda que lhe seja facultado incumbir outro de efetuar a cobrança por câmara de compensação. Para que tal sistema seja efetivo, reputa-se como inexistente a inutilização do cruzamento ou mesmo do banco indicado entre as linhas (artigo 44, § 3º). Mas o cruzamento geral pode ser convertido em especial; basta escrever o nome do banco entre as linhas paralelas anteriormente traçadas. Não há, porém, vedação legal para que seja indicada mais de uma instituição bancária entre os traços, hipótese, portanto, que caracterizará alternatividade, ou seja, o cheque poderá ser levado a uma ou outra instituição financeira.

Só se permite que um banco adquira um cheque cruzado se o recebe de um cliente seu ou de outro banco; um terceiro, pessoa natural ou jurídica, que não tenha conta num banco, não pode apresentar um cheque cruzado pretendendo que o banco o cobre; só a favor de cliente ou outro banco poderá a instituição efetuar a cobrança. Por seu turno, o artigo 45, § 2º, afirma que *o cheque com vários cruzamentos especiais só pode ser pago pelo sacado no caso de dois cruzamentos, um dos quais para cobrança por câmara de compensação.* O texto é confuso, mas é preciso atentar para o fato de que a multiplicação dos cruzamentos especiais corresponderia, a seu modo, a adulteração da vontade do que o cruzou, especificando a qual banco deveria ser apresentado. Qualquer um poderia, tomando a cártula, lançar um novo cruzamento especial, e vários poderiam fazê-lo, esvaziando a intenção legal. Entendo, portanto, que a interpretação deve ser outra: apenas um cruzamento especial é, em regra, permitido; um segundo cruzamento especial é permitido, apenas em se tratando de cruzamento que se fez para cobrança por câmara de compensação. Se há mais de um cruzamento especial, não sendo hipótese de segundo cruzamento para cobrança por câmara de compensação, ter-se-á adulteração da vontade do que cruzou o título que, destarte, não deverá ser pago pelo banco. A relação cambial, destarte, deverá se resolver por via judicial, seja por ação anulatória, se o título foi perdido pelo legítimo portador, ou dele subtraído, seja por ação executória, já que se preserva a condição de título executivo extrajudicial. O banco sacado ou o banco portador, que não observar as disposições legais sobre o cruzamento geral ou cruzamento especial, responde pelo dano, até a concorrência do montante do cheque.

(8) Cheque para ser creditado em conta. O emitente ou o portador pode proibir que o cheque seja pago em dinheiro, exigindo que o mesmo seja obrigatoriamente creditado em conta (artigo 46 da Lei 7.357/1985). Para tanto, basta que se lance na face (o anverso) da cártula, em posição transversal, a cláusula *para ser creditado em conta*, ou outra equivalente. Diante dessa cláusula, o banco sacado só poderá proceder a lançamento contábil (crédito em conta, transferência ou compensação), sendo-lhe vedado pagar em papel-moeda. Se desrespeita a cláusula, responde pelo dano, até a concorrência do montante do cheque. O crédito em conta, transferência ou compensação, em suma, o lançamento contábil, em tal hipótese, vale como pagamento. Ademais, se o cheque é depositado na conta de seu beneficiário, dispensa o respectivo endosso.

4   AUTONOMIA, ABSTRAÇÃO E INDEPENDÊNCIA

Também no que diz respeito ao cheque, as obrigações assumidas pelos diversos partícipes da relação, entre sacador, avalista, sacado, endossatário, são autônomas e independentes (artigo 13 da Lei 7.357/1985). O cheque é uma declaração unilateral de um crédito que independe do negócio de base, isto é, que não comporta investigação sobre a *causa debendi.* De outra face, a assinatura de pessoa capaz cria obrigações para o signatário, mesmo que o cheque contenha assinatura de pessoas incapazes de se obrigar por cheque, ou assinaturas falsas, ou assinaturas de pessoas fictícias, ou assinaturas que, por qualquer outra razão, não poderiam obrigar as pessoas que assinaram o cheque, ou em nome das quais ele foi assinado (artigo 13, parágrafo único).

No entanto, também em relação ao cheque é preciso temperar os princípios da autonomia, independência e abstração com os princípios da socialidade, eticidade e moralidade. Exemplo são as situações nas quais o cheque traz, em seu corpo (escrito na cártula), vinculação a outro negócio. Não é raro (e – mais – a prática jurídica recomenda) que o cheque traga em seu verso menção ao negócio de base, quando há nestas particularidades específicas, como a contratação de prazo para apresentação. Por exemplo: *Cheque em garantia de pagamento, pela aquisição de um veículo tal, em três parcelas, com depósito ajustado para 24 de maio de 2006*. Os efeitos dessa cláusula não alcançam a instituição financeira sacada, se esta não participou do negócio fundamental ou mesmo de negócio posterior (a exemplo do desconto de títulos). Assim, se o cheque, mesmo contendo cláusulas que o vinculem ao negócio de base ou que ajustem condições ou tempo futuro para o pagamento, for apresentado ao caixa ou à compensação, tais escritos devem ser considerados, pelo sacado, como *não escritos*.

Mas se não vinculam o sacado, tais cláusulas têm efeito sobre terceiros, deles exigindo atenção para o negócio de base. Exemplo é a instituição financeira (ou a faturizadora) que procede ao desconto de títulos pós-datados, não podendo pretender que sua situação terceiro (endossatário) lhe permite apresentar o cheque antes do prazo contratado e expresso na cártula. Autonomia e a independência das obrigações cambiárias interpretam-se tendo em vista o princípio da segurança cambiária, ou seja, aplicam-se sempre para preservar terceiros de boa-fé. Se há elementos para afastar essa boa-fé, não se aplicam aqueles princípios. Mas é preciso que a previsão de apresentação futura esteja inscrita na cártula, sendo ineficaz, em relação a terceiros, a pactuação extracartular da pós-datação do cheque (conferir o Recurso Especial 1.068.513-DF). Examinando o Recurso Especial 1423464/SC, sob a sistemática da repetitividade, o Superior Tribunal de Justiça entendeu que "a pactuação da pós-datação de cheque, para que seja hábil a ampliar o prazo de apresentação à instituição financeira sacada, deve espelhar a data de emissão estampada no campo específico da cártula."

Para além dessas situações excepcionais, resultado do avanço da jurisprudência e da doutrina, aquele que for demandado por qualquer obrigação resultante do cheque, seja o sacador, seja outro coobrigado, não pode opor ao legítimo portador (terceiro que exerce a condição de credor) exceções que estejam fundadas em relações pessoais com o emitente, ou com os portadores anteriores (artigo 25 da Lei 7.357/1985), a exemplo da exceção de contrato não cumprido (*exceptio non adimpleti contractus*), salvo se o portador o adquiriu conscientemente em detrimento do devedor. Caberá ao sacador adimplir a obrigação e, depois, demandar a contraparte do contrato, cobrando-lhe o pagamento indevido que efetuou em favor do terceiro de boa-fé.

Por fim, cumpre destacar uma particularidade. Embora se preveja que *as obrigações assumidas* por meio do cheque *são autônomas e independentes* (artigo 13 da Lei 7.357/1985), não se prevê que o cheque, em si, seja título de crédito submetido ao princípio da independência. Não sem o risco da controvérsia, parece-me que a independência não é princípio que se aplique ao cheque, certo que a folha de cheque não é, de forma alguma, um título que prescinda de outros documentos. A simples impressão da folha de cheque pelo banco sacado e sua entrega para eventual criação e emissão depende da existência de um contrato bancário regular. Poder-se-ia argumentar, a favor da independência, que a emissão de um cheque, quando a conta corrente já está encerrada, não impede a sua execução como título de crédito, o que é certo. Mas contra-argumento com a absoluta invalidade, como ordem de pagamento ou título de crédito executável, do preenchimento de uma folha de cheque por outrem que não o titular da respectiva conta: não é título de crédito a folha de cheque da conta de César quando preenchida e assinada por Brutus, ainda que este corte o nome daquele e escreva o seu embaixo de sua assinatura. A cártula não tem independência para comportar uma tal iniciativa.

5   ENDOSSO

O cheque *ao portador* transfere-se pela simples tradição; o cheque que contenha a cláusula *à ordem* expressa, e mesmo o que não contenha a cláusula *não à ordem*, transfere-se por meio de endosso. Se há estipulação da cláusula *não à ordem* (assim escrita ou representada por qualquer outra expressão equivalente), o cheque só poderá ser transmitido pela forma e com os efeitos da cessão de crédito, regulada pelo Código Civil. O endosso transmite todos os direitos resultantes da cártula (artigo 20 da Lei 7.357/1985) e não prescinde da entrega (tradição) da cártula ao endossatário. Será grafado no título ou na folha de alongamento, devendo ser assinado pelo endossante ou por seu mandatário com poderes especiais (artigo 19). Nada impede que o beneficiário endosse o título ao próprio emitente, que, recebendo-o, poderá endossá-lo novamente a outro (artigo 17, § 2º).

O endosso exige a assinatura do endossante, ou a de seu mandatário com poderes especiais, admitindo-se o uso de chancela mecânica ou processo equivalente (artigo 19, § 2º). Se consiste apenas na assinatura do endossante (endosso em branco), só é válido quando lançado no verso do cheque ou na folha de alongamento (artigo 19, § 1º). Se, porventura, aquele que assina à guisa de mandatário ou representante não possui poderes para tal, ou excede os parcos poderes que lhe foram conferidos, o endosso não será válido; tal pessoa, contudo, obrigar-se-á pessoalmente pelo pagamento (artigo 14).

O endosso deve ser puro e simples, reputando não escrita qualquer condição a que seja subordinado, sendo nulo o endosso parcial (artigo 18 da Lei nº 7.357/1985). Nulo, também, o endosso feito pelo sacado, pois esse recebe o título para pagamento, devendo acatar ou recusar, fundamentadamente a ordem e não se tornar um partícipe da cadeia de sucessão subjetiva na titularidade da cártula. Já o endosso que é feito ao próprio sacado deverá ser interpretado como quitação passada pelo beneficiário (original ou endossatário), ou seja, declaração de que a ordem de pagamento foi cumprida e, assim, o título é transferido à contabilidade do banco sacado (artigo 18, § 2º). Excepciona-se o caso de o sacado ter vários estabelecimentos e o endosso ser feito em favor de estabelecimento diverso daquele contra o qual o cheque foi emitido.

O endosso pode dar-se em preto ou em branco. Se um endosso em branco for seguido de outro, entende-se que o signatário deste adquiriu o cheque pelo endosso em branco (artigo 22, parágrafo único, da Lei 7.357/1985). Mas, em relação ao endosso em branco, é preciso atentar para a Lei 8.201/1990 que, como visto, resiste aos títulos *ao portador* por motivos fiscais. Assim, quando da apresentação, o endosso deverá ser vertido em preto, sendo identificado o beneficiário, o que é lícito (artigo 20 da Lei 7.357/1985). Mas se há execução judicial do título, a inscrição do endossatário na cártula é dispensável, identificando-se pela autoria da ação (Recurso Especial 329.996/SP). O endossante garante o pagamento do cheque, tornando-se coobrigado pelo mesmo diante da recusa de pagamento, por qualquer motivo no qual essa se baseie (artigo 21 da Lei 7.357/1985), regra que excepciona o regime geral previsto no Código Civil (artigos 903 e 914); mas pode haver estipulação em contrário: a cláusula de endosso pode eximir o endossante de garantir o pagamento. Por exemplo: *endosso sem garantir o pagamento* (ou similar). Como se trata de declaração unilateral de vontade, sequer se exige a anuência do endossatário; quando muito, diante da cláusula de não garantia, poderá recusar-se a receber a cártula e, até, não concretizar o negócio subjacente ao endosso. Se aceitou a cártula com o endosso sem garantia, nada mais poderá fazer, presumindo-se contra si, inclusive, a existência de rasuras na cláusula.

É possível ao endossante *proibir novo endosso*. Mas essa cláusula não tem o mesmo efeito da cláusula *não à ordem*, inscrita pelo emitente no cheque (artigo 8º, II); portanto, a proibição de novo endosso pelo endossante não submete o cheque ao regime de transferência apenas por cessão de crédito. No caso de o endossante proibir novo endosso, ele *não garante o pagamento a quem seja o cheque posteriormente endossado* (artigo 21, parágrafo único, da Lei 7.357/1985). Assim, o título poderá ser endossado, apesar da cláusula de proibição de novo endosso lançada por endossante.

O detentor de cheque *à ordem* é considerado portador legitimado, se provar seu direito por uma série ininterrupta de endossos, mesmo que o último seja em branco; para tanto considera como não escrito o endosso que se apresente cancelado (artigo 22). Aliás, como já visto, permite-se até que um título ao portador, ou título à ordem com endosso em branco, seja endossado, isto é, que sua transferência seja graficamente registrada, fugindo-se à forma ainda mais simplificada da mera tradição. Essa permissão, por certo, encontra eco no mercado, pois com o registro da transferência, obtém-se a vinculação daquele que transfere a cártula com o pagamento, tornando-se coobrigado na hipótese de inadimplemento do sacador. No entanto, o endosso passado num cheque ao portador, embora torne o endossante responsável pelo pagamento, não tem o condão de converter o título num cheque *à ordem*, mantendo-se o regime específico dos títulos ao portador (artigo 23).

Todas essas regras sobre a sucessão de endossos, estiveram suspensas no Direito Brasileiro durante a vigência da Contribuição Provisória sobre a Movimentação ou transmissão de valores e de créditos e direitos de natureza Financeira (CPMF). Por força do artigo 17, I, da Lei 9.311/1996, durante o prazo de vigência da CPMF somente era permitido um único endosso nos cheques pagáveis no país. Como o Congresso Nacional não aprovou a prorrogação daquela contribuição, não há mais falar na limitação inscrita no artigo 17 da Lei 9.311/1996, sendo lícita a formação de cadeias de endossos nos cheques.

Lembre-se, por fim, de que o endosso pode ser passado a qualquer momento, entre a emissão e o fim do prazo de apresentação; após o prazo de apresentação, ou tendo havido apresentação com devolução motivada pelo banco e/ou protesto cambial, o endosso produz apenas os *efeitos da cessão de crédito*. Essa situação jurídica é apurada à luz da datação eventualmente anotada na cártula, sendo que, salvo prova em contrário, o endosso sem data presume-se anterior ao protesto, ou declaração equivalente, ou à expiração do prazo de apresentação (artigo 27 da Lei 7.357/1985). Atenção: não se interpreta *efeitos da cessão de crédito* como *requisitos da cessão de crédito*. A transmissão faz-se pela forma simplificada do endosso, mas o efeito não é cambial, mas meramente civil. Não há falar em corresponsabilidade do endossante, embora possa o endossatário executar o título, caso não esteja prescrito.

Como a Lei expressamente ressalva a possibilidade de se comprovar que o endosso sem data é posterior ao protesto, ou declaração equivalente, ou à expiração do prazo de apresentação, tem-se por óbvio constituir defesa à disposição do endossante, se demandado judicialmente como coobrigado, a alegação dessa posteridade, comprovando-a em embargos à execução.

Se alguém é desapossado de um cheque, em virtude de qualquer evento, o novo portador não está obrigado a restituí-lo, se não o adquiriu de má-fé (artigo 24). De qualquer sorte, aplicam-se ao cheque as disposições legais relativas à anulação e substituição de títulos ao portador, no que for aplicável, nos casos de perda, extravio, furto, roubo ou apropriação indébita da cártula.

O sacado que paga cheque *à ordem* é obrigado a verificar a regularidade da série de endossos, mas não a autenticidade das assinaturas dos endossantes (artigo 39 da Lei 7.357/1985 e artigo 911, parágrafo único, do Código Civil). Não se trata, porém, de uma licença geral para simplesmente desconsiderar o endosso. Se o cheque que lhe é apresentado traz a nomeação da pessoa favorecida, deve a instituição verificar se há, no verso, assinatura que, ao menos formalmente, apresenta indícios de ter sido passada pelo beneficiário. Destarte, se a assinatura é legível, deve verificar se corresponde ao nome do beneficiário; em se tratando de empresa, se foi lançada sobre carimbo ou outro indicativo de que seu representante legal o tenha cedido àquele que o apresenta para saque ou depósito.

O banco, obrigado ao pagamento, tem nessa operação uma atividade profissional, auferindo ganhos com sua exploração, a demandar-lhe maior acuro, designadamente para situações previsíveis, costumeiras, além de cuidado redobrado com operações de maior valor, pois são as mais visadas por falsários. Seu trabalho deve ser técnico e previdente, detectando falhas e substituindo procedimentos na medida eficaz para evitar fraudes. Se na massificação das operações o banco tem uma fonte de ganho, tem, no risco a ela inerente uma fonte possível de perda. Seria odioso para o Direito se o banco pudesse beneficiar-se de procedimentos simplificados, mas não se responsabilizasse pelos respectivos danos. É dever do banco, ao aceitar cheques endossados, certificar-se da legitimidade de quem se apresenta como endossatário.

Também o cheque comporta endosso-mandato, permitindo que o endossatário-mandatário exerça, em nome do endossante todos os direitos resultantes do cheque (o artigo 26 da Lei 7.357/1985). O endosso-mandato é lícito até nos títulos nominativos, ou seja, nos que estejam gravados com a cláusula *não à ordem*. Com efeito, a lei não veda a outorga de poderes (mandato) no cheque nominativo (aliás, em regra, não há vedação para qualquer título nominativo), devendo-se compreender ser lícita a representação, seja comprovada por instrumento à parte, seja comprovada por cláusula lançada no próprio título, à qual se atribui o nome de endosso-mandato.

Pode o endossatário-mandatário do cheque transferir o mandato recebido credor a outrem (isto é, substabelecer), para o que fará novo endosso; não lhe é lícito, porém, transferir o título. Essa transferência faz-se por endosso translatício que deverá ser providenciado pelo próprio titular, não possuindo o endossatário-mandatário poderes para tanto (artigo 26 da Lei 7.357/1985).

Como há representação, constituída pelo endosso-mandato, o endossatário-mandatário substitui o endossante nos direitos da cártula, exercendo-os em nome daquele e em seu proveito. Os obrigados, portanto, somente podem invocar contra o portador as exceções oponíveis ao endossante, não se lhes aproveitando exceções pessoais que tenham contra a pessoa do mandatário. O endosso mandato se conclui, em regra, com a cobrança da cártula. Mesmo na hipótese de morte do endossante ou incapacidade superveniente, não há extinção. Isso, porém, não retira o direito do *dominus negotii*, seja o próprio endossante, seja seu sucessor hereditário, diante do falecimento, ou seu curador, na hipótese de interdição, de revogar o mandato outorgado.

Por fim, chama-se de endosso-recolhimento a entrega do título ao banco, feita por seu beneficiário, apresentando-se a cártula ao caixa ou à câmara de compensação. O banco recebe a cártula e entrega o dinheiro, ou transfere o crédito da conta do sacador para a conta (no mesmo ou noutro banco) do beneficiário nomeado na cártula ou do endossatário. Esse derradeiro endosso faz-se para extinção da relação cambiária: o sacado o reterá, o que provará a quitação (artigo 28 da Lei

7.357/1985). Essa prova serve ao próprio banco e, igualmente, ao sacador. Assim, se o cheque indica o negócio subjacente, se dá notícia da razão pela qual foi emitido e a que pagamento ou garantia de pagamento serviu, seja por dar notícia de nota, fatura, conta cambial, imposto lançado ou declarado a cujo pagamento se destina, ou qualquer outra causa de sua emissão, o endosso-recolhimento, efetuado pela pessoa a favor da qual foi emitido ou por endossatário dessa, e sua liquidação pelo banco sacado provam a extinção da obrigação indicada.

6   AVAL E PAGAMENTO

O cheque pode ser garantido por aval, prestado por terceiro ou por pessoa já signatária do título, como um endossante, por exemplo. Só não se admite o aval prestado pela própria instituição sacada (artigo 29 da Lei 7.357/1985). O cheque comporta aval parcial, o que excepciona a regra do artigo 897, parágrafo único, do Código Civil, nos termos do seu artigo 903. Nada impede, aliás, que múltiplos avalistas garantam partes diversas do débito, em valor que iguale o total da cártula. Mas duas pessoas podem avalizar a mesma parte do valor, ressalva que, todavia, deverá ficar clara do texto da garantia; a forma mais simples é a garantia conjunta (*avalizamos R$ 10.000,00*, ou expressão similar), mas pode-se usar forma mais complexa: após o aval de Smith (por aval de R$ 10.000,00), Mill pode lançar o seu reforço da mesma garantia: *avalizo os mesmos R$ 10.000,00, em conjunto com Smith* ou qualquer outra expressão similar. De qualquer sorte, há submissão à regra geral no que diz respeito à necessidade de que o aval seja incondicional.

O aval deverá ser lançado no próprio cheque ou na folha de alongamento, exigindo a assinatura do avalista; também pode ser dado por meio da simples assinatura aposta na face (o anverso) do cheque, desde que não se trate da assinatura do próprio sacador, ainda que se apresente em duplicidade. Também no cheque, a garantia pode ser dada por representante, exigindo-se, para isso, que lhe sejam atribuídos poderes especiais. O representante que apõe sua assinatura na cártula, esclarecendo que o faz como procurador do avalista, indicando-o, não responde pela obrigação, se age nos limites dos poderes que lhe foram outorgados. Se não esclarece, em seu ato, que age como mandatário, ou não indica o mandante, poderá opor tal particularidade àquele que participou do ato de declaração do aval, mas não a terceiros, para os quais valerá a aparência do ato e do registro, respondendo como se avalista fosse.

O aval deve indicar o avalizado, e o avalista se obriga da mesma forma que o avalizado. Se o aval é dado sem que seja indicado o avalizado, presume-se que o foi a favor do emitente; uma vez mais, tem-se presunção *iuris tantum* (relativa), comportando prova em contrário apenas contra aquele que participou do ato de dação do aval, não contra terceiros, que estão protegidos pelos princípios cambiais, designadamente o princípio da aparência.

A obrigação do avalista subsiste, ainda que nula a por ele garantida, salvo se a nulidade resultar de vício de forma (o artigo 31 da Lei 7.357/1985), que deve ser interpretada de acordo com as modernas balizas da jurisprudência, aqui já estudadas. Se o avalista for casado em regime distinto da separação absoluta de bens, a prestação do aval exige autorização do outro cônjuge (artigo 1.647, III, do Código Civil); na ausência de tal autorização, poderá o cônjuge, o marido ou a esposa demandar a invalidação do aval (artigo 1.642, IV).

Tendo efetuado o pagamento do cheque, o avalista adquire todos os direitos dele resultantes contra o avalizado e contra os obrigados para com esse em virtude do cheque, mantendo-se, como se vê, o regime geral, estudado na parte geral deste trabalho.

6.1 Prazo de apresentação

O cheque pode ser apresentado diretamente ao caixa da instituição financeira sacada ou pode ser depositado, para compensação, o que equivale à apresentação a pagamento. O prazo de apresentação é de 30 dias, a contar do dia da emissão, se o título foi emitido no mesmo lugar onde houver de ser pago. Se o cheque foi emitido em outro lugar do país ou no exterior, o prazo para que seja apresentado ao banco, no caixa ou pela câmara de compensação, é de 60 dias, contado, igualmente, da data de emissão. Quando o cheque é emitido entre lugares com calendários diferentes, considera-se como de emissão o dia correspondente do calendário do lugar de pagamento (artigo 34 da Lei 7.357/1985).

A apresentação do cheque, o protesto ou a declaração equivalente só podem ser feitos ou exigidos em dia útil, durante o expediente dos estabelecimentos de crédito, câmaras de compensação e cartórios de protestos (o artigo 64 da Lei nº 7.357/1985). Apresentado o cheque, ao caixa ou à câmara de compensação, o banco sacado o pagará ou o devolverá, indicando qual o motivo de sua recusa em acatar a ordem de pagamento, entre aquelas indicadas pelo Banco Central do Brasil, essa lista é exaustiva. Nem mesmo a morte do emitente ou sua incapacidade civil, superveniente à emissão, invalidam o cheque (artigo 37 da Lei 7.357/1985). Com a emissão, a declaração de vontade se completa e o patrimônio do emitente está, em regra, definitivamente afetado pelo dever de cumprir a obrigação autodeterminada.

6.2 Cheque pós-datado

O cheque é uma ordem incondicional para pagamento a vista, não permitindo estipulação eficaz, para o Direito Cambiário, de prazo ou termo. Qualquer estipulação neste sentido será considerada cambiariamente não escrita (artigo 32 da Lei 7.357/1985); assim, se o cheque é apresentado, ao caixa ou a câmara de compensação, em data anterior ao dia indicado como data de emissão, o pagamento deverá ser imediato, se há fundos para tanto; se não houver, será devolvido por falta de fundos. Ainda assim, criou-se entre os brasileiros a prática de contratar a apresentação futura do cheque, em prazo ou termo definido entre sacador e tomador. Embora tais previsões não tenham eficácia cambiária, não impedindo a pronta apresentação, têm validade e eficácia obrigacional, ou seja, obrigam as partes que a ajustaram. Essa contratação de apresentação futura faz-se pelo uso da cláusula *bom para...* ou *depositar em...*, entre outras, assim como pela emissão do cheque com data futura. Fala-se em *cheque pré-datado*, o que é um erro: pré-datar é datar com data pretérita, anterior àquela da emissão. O cheque estará pós-datado: pós-datar é emitir com data posterior.

Não é nulo o cheque emitido com data futura, não havendo falar na aplicação do artigo 167, § 1º, III, do Código Civil, certo não haver simulação, mas mera contratação de maior prazo para apresentação, o que caracteriza *dissimulação* válida (artigo 167, *caput*, parte final). Afinal, é *válido for na substância e na forma*: trata-se de emissão de título de crédito típico que se dá na forma da lei. Lei, aliás, que não veda a emissão com data futura. Não é, portanto, ato ilícito. Apenas afirma *considerar-se não escrita* qualquer menção que contrarie a previsão de ser o título pagável a vista. Não é, portanto, uma proibição legal da pós-datação, mas a afirmação de sua *ineficácia* cambial. A pós-datação é, igualmente, válida na substância. Trata-se de ajuste lícito de concessão de prazo para pagamento que é devido, produzindo, no plano do Direito Cambial, o efeito específico de dilargar o prazo de apresentação: um ato jurídico válido no plano das relações obrigacionais, mas sem eficácia no plano das relações cambiárias. Não impede o pagamento do cheque, se há apresentação em data anterior àquela constante no título: considera-se cambiariamente não escrita. Mas produz efeitos obrigacionais.

Tais anotações (ou outras que sejam feitas em documentos à parte ou mesmo oralmente, desde que cabalmente comprovadas), têm validade civil e penal. É convenção e, assim, deve ser cumprida. Pode ser civilmente responsabilizado aquele que apresenta antecipadamente a cártula ao caixa ou à câmara de compensação, antes do prazo acordado, se comprovado que daí resultaram danos econômicos e/ou morais.

6.3   Acatamento da ordem

Se não há empecilho, entre os motivos listados, o sacado acatará a ordem de saque e fará o pagamento. Feito o pagamento, seja na boca do caixa ao apresentante, seja por intermédio da câmara de compensação, o banco sacado deve, imediatamente, debitar o valor correspondente na conta bancária do sacado. Ao pagar o cheque, o banco pode exigir do legítimo portador que o título lhe seja entregue quitado, bem como que o assine no verso, caracterizando assim o endosso-recolhimento, há pouco referido. O banco pode até efetuar pagamento parcial, que não poderá ser recusado pelo portador; nessa hipótese, o pagamento constará do cheque, devendo o portador dar ao sacado a respectiva quitação, tanto no cheque, quanto em documento à parte (artigo 38 da Lei 7.357/1985). O cheque ficará com o beneficiário, para que possa fazer valer seu direito sobre a parte inadimplida, e o banco conservará o recibo para fazer prova do adimplemento parcial.

Independentemente da ordem e das datas em que forem emitidos os cheques, o seu pagamento se fará à medida que forem apresentados ao banco, que não poderá recusar o pagamento de um título sob o argumento de sua numeração ser avançada, tornando provável a existência de outros títulos sacados anteriormente. Assim, o pagamento faz-se na ordem da apresentação e na medida em que haja saldo. A recusa de um cheque de valor maior, para o qual não há fundo, não impede, contudo, o imediato pagamento de cheque de valor menor, para o qual sejam suficientes os fundos, mesmo tendo sido apresentado posteriormente. Somente se dois ou mais cheques forem apresentados *simultaneamente*, sem que os fundos disponíveis bastem para o pagamento de todos, terão preferência os de emissão mais antiga e, se da mesma data, os de número inferior.

Recebendo o cheque para pagamento, a instituição financeira sacada está obrigada a conferir não apenas a regularidade da emissão (a atenção a todos os requisitos listados em lei ou nos regulamentos do Banco Central do Brasil), mas igualmente a autenticidade da assinatura do emitente. Há situações em que são necessárias mais de uma assinatura (por exemplo: contas conjuntas em que não se permita a cada cotitular a movimentação individual), sendo necessário verificar se todas foram lançadas na cártula e são verdadeiras. Trata-se de uma obrigação que lhe é própria, fruto da própria condição negocial que ocupa no contrato bancário e, mesmo para além deste, da condição jurídica que ocupa no âmbito do Sistema Financeiro Nacional; mesmo que o contrato de depósito bancário já esteja findo, é seu dever aferir se a ordem de pagamento que lhe é apresentada em formulário que imprimiu foi efetivamente criada pelo correntista nela identificado ou mandatário com poderes especiais para tanto, evitando impor àquele a peja de emissor de cheques contra conta encerrada, quando não o fez.

Aliás, um cheque só pode ser devolvido por falta de fundos, por conta encerrada ou por outro motivo que desabone o emitente, quando porte assinatura regular. Se há assinatura falsa, a emissão do título é nula, constituindo ato ilícito a devolução que não assinale haver *divergência ou insuficiência de assinaturas* (motivo 22), mas outro motivo. Não calha o argumento de que a devolução por *divergência ou insuficiência de assinaturas* só poderia ser lançada na cártula quando haja disponibilidade de fundos; apesar de ser essa a posição do Banco Central do Brasil. Afinal, o correntista ou ex-correntista experimenta uma lesão de direito, fruto de negligência bancária com seu patrimônio moral (o seu *bom nome*, a sua *boa imagem pública*, o seu *crédito na praça*), causada pela negligência da instituição financeira no cumprimento de suas rotinas profissionais (artigo 927, *caput*, do Código Civil). Também não calha o argumento de que era obrigação do correntista cancelar o talão subtraído ou perdido, bem como a alegação de que seu apossamento por outrem – o falsário ou terceiro que àquele transferiu o formulário (folha) de cheque em branco – caracteriza culpa *in vigilando* ou, em se tratando de preposto, culpa *in eligendo*. Como a assinatura é requisito legal que deve ser conferido pelo sacado, o pretenso dever de guarda dos talonários e folhas de cheque torna-se uma obrigação secundária.

Se o cheque é apresentado ao banco sacado com rasgaduras, partido, com borrões, emendas e dizeres que não pareçam formalmente normais, ou qualquer outra forma de mutilação, é-lhe lícito pedir explicações ao apresentante (artigo 41 da Lei 7.357/1985). A mutilação deve ser encarada com razoabilidade, devendo implicar dúvida razoável sobre os efeitos da anomalia na certeza do título, bem como em sua exigibilidade. Um desenho, por mais que impertinente, colocado no verso da cártula deve ser simplesmente desconsiderado; sujeiras de óleo próprias do manuseio por mãos trabalhadoras, mormente se o cheque tem por beneficiário um mecânico ou empresa mecânica, dispensam, igualmente, o cuidado. De qualquer sorte, o sacado só deve acatar a ordem quando inequívoca (artigo 39); se identifica no título qualquer sinal que traduz – ou pode traduzir – incerteza na ordem de pagar, deve suspender o pagamento e verificar se não houve adulteração da livre expressão da vontade do emitente. É o caso do cheque que traz traços inexplicáveis, que poderiam ser interpretados como um cancelamento da ordem.

Se o cheque foi emitido em moeda estrangeira, estando o emitente autorizado a tanto, na forma da legislação pertinente, deverá ser pago, no prazo de apresentação, em moeda nacional ao câmbio do dia do pagamento, obedecida a legislação especial. Se o cheque não for pago no ato da apresentação, pode o portador optar entre o câmbio do dia da apresentação e o do dia do pagamento para efeito de conversão em moeda nacional.

7 REVOGAÇÃO, SUSTAÇÃO E CANCELAMENTO

O procedimento de emissão, eventual circulação, apresentação e pagamento do cheque pode ser excepcionado, em virtude da previsão legal de dois institutos: a revogação (ou contraordem) e a sustação (ou oposição); são atos que, como se verá, retiram o cheque de seu trâmite normal em virtude da ocorrência de eventos específicos que prejudiquem seu pagamento. A essas hipóteses legais soma-se uma hipótese regulamentar, disposta que está na legislação do Banco Central, qual seja o cancelamento do talonário de cheque, isto é, o bloqueio jurídico para que uma ou mais folhas de cheque impressas pelo Banco Sacado venham a ser objeto de emissão válida. A sustação, a contraordem e o cancelamento de cheques são atos jurídicos únicos, de execução imediata, não se prolongando no tempo, razão pela qual não se devem aceitar tarifas a título de renovação de sustação, de contraordem e de cancelamento de cheques, que, uma vez realizados, mediante o correspondente pedido nos termos da legislação e regulamentação em vigor, devem produzir os respectivos efeitos legais sem prazo predeterminado.

A contraordem é ato cambial que limita o pagamento do cheque ao prazo de apresentação, razão pela qual só produz efeito depois de expirado o prazo de apresentação. Se não há revogação, o banco sacado pode pagar o cheque até que decorra o prazo de prescrição (artigo 35 e 59 da Lei 7.357/1985). Se há revogação, só pode pagar durante o prazo de apresentação. Nisso se distingue da sustação, cujos efeitos se produzem de imediato. De qualquer sorte, a previsão de que o efeito só será produzido após expirado o prazo de apresentação não limita o poder do sacador de promovê-la antes de decorrido tal prazo. Em fato, a contraordem pode ser dada a qualquer momento, sendo válida; seus efeitos, porém, estão condicionados ao decurso do prazo de apresentação sem que o cheque tenha sido trazido ao caixa ou que tenha sido apresentado à câmara de compensação.

Obrigatoriamente, a contraordem deve apresentar-se fundamentada, isto é, ao revogar a ordem de pagar (o cheque), o emitente deverá expor as razões motivadoras do ato. É obrigação da instituição financeira exigir uma solicitação escrita do interessado, com justificativa fundada em relevante razão de direito, embora não lhe seja lícito examinar o mérito ou a relevância da justificativa.

É comum a confusão entre a revogação (contraordem) e a oposição (sustação), assim como a limitação de sua distinção ao fato de os efeitos da contraordem se produzirem apenas após o fim do prazo de apresentação. Não é correto. Aliás, a oposição do emitente e a revogação (contraordem) se excluem reciprocamente (artigo 36, § 1º). A contraordem é instituto que tem por finalidade específica limitar, em definitivo, o pagamento do cheque pelo sacado ao período legalmente definido para a apresentação, impedindo que o beneficiário se utilize da faculdade de apresentar a cártula após esse prazo, nos seis meses até a prescrição do cheque (artigo 35, parágrafo único). É norma, portanto, que preserva o direito do correntista à regularidade e previsibilidade do movimento de suas contas (artigo 47, § 3º).

Dessa forma, o motivo a ser alegado para a revogação (contraordem) diz respeito não ao pagamento em si, mas à permissão de apresentar o cheque além do prazo legal de 30 ou 60 dias, conforme o local da emissão. Parece-me que o emitente pode mesmo fazer constar no próprio cheque a advertência de que se emitirá contraordem para que não haja pagamento após decorrido o prazo legal de apresentação. A motivação do ato, em tais casos, será justamente a existência de cláusula no cheque limitando a apresentação ao prazo legal. O portador, nomeado ou não, e, eventualmente, o endossatário estarão, assim, impedidos de prolongar, ainda mais, a apresentação do título.

Coerentemente, parece-me ser direito do correntista, quando já expirado o prazo de apresentação dos cheques por ele emitidos, revogar os que ainda não foram apresentados para, assim, encerrar sua conta bancária. Em verdade, não seria legítimo pretender que o portador (o beneficiário da emissão originária ou um endossatário), pudesse forçar o sacador a manter sua conta bancária por mais seis meses, mormente se considerarmos que isso tem um custo. Nesse caso, a devolução do cheque deverá, obrigatoriamente, dar-se pelo motivo 21 (contraordem – ou revogação – ou oposição – ou sustação – ao pagamento pelo emitente ou pelo portador), e nunca pelo motivo 13 (conta encerrada), vez que a revogação precedeu o encerramento da conta. Mas a revogação (contraordem) não tira do cheque sua qualidade de título de crédito, razão pela qual o credor que não o apresente no prazo poderá exigir, extrajudicial ou judicialmente, o pagamento.

7.1 Oposição ou sustação

A oposição (sustação) pode ocorrer a qualquer momento, desde que o cheque ainda não tenha sido pago, produzindo efeitos imediatos. Basta que o sacador a manifeste ao sacado, por escrito e fundado em relevante razão de Direito, embora a instituição financeira não possa examinar o mérito da alegação; deve apenas exigir a fundamentação (artigo 36), que se dirige ao juiz e não para a deliberação da instituição financeira. A instituição financeira não pode estipular limitações à sustação de pagamento de cheques, embora possam ser cobradas tarifas correspondentes.

Uma vez sustado o pagamento, não poderá o sacado acatar a ordem para pagamento, seja o cheque apresentado no caixa, para recebimento, seja depositado e, assim, apresentado para a câmara de compensação. Mas, ao contrário da revogação, para a qual se exige do emitente que apenas apresente as razões motivadoras do ato, a sustação exige que seja apresentada *relevante razão de Direito*, como tal entendidas situações que justifiquem a oposição ao acatamento regular da ordem de pagar. São exemplos o cheque obtido mediante dolo ou coação, a declaração de falência do credor (exigindo que o pagamento se faça ao concurso de credores), entre outros.

Pode haver oposição mesmo de cheque administrativo, sacado pelo estabelecimento bancário contra a sua própria caixa, apresentada pelo favorecido e endossante do cheque sob invocação de negócio subjacente do endosso. Nesse caso, decidiu a Terceira Turma do Superior Tribunal de Justiça, "fica o banco exonerado do compromisso de honrar o cheque da sua emissão, ressalvadas as pretensões, cambiárias ou não, que possam assistir ao endossatário frente ao endossante" (Recurso Especial 130.428/PR). No precedente, o favorecido fora vítima de estelionato, tendo sido instaurado o respectivo inquérito policial; para os Ministros, "a interpretação da regra jurídica não pode conduzir ao absurdo, assim o de considerar-se o portador ali referido como aquele que aparece como titular do crédito pelo endosso, mas, sim, aquele que foi o portador legitimado e que pretende impedir, por razão relevante, que o sucessivo portador venha a receber o valor do título".

7.2   Cancelamento da folha de cheque

Pode-se cancelar folha(s) de cheque, ou seja, impressos que não foram emitidos (preenchimento e assinatura). Assim, as *folhas em branco* que tenham roubadas, furtadas ou extraviadas devem ser objeto de cancelamento, não de revogação (contraordem) e a sustação (oposição), já que não apresentam as características formais, previstas em lei, para um cheque. Como não houve emissão, completa ou incompleta (a exemplo da assinatura de folhas em branco), não há falar em saque.

A força que o formulário de cheque possui na sociedade, levando muitos a aceitarem tais documentos simplesmente por se mostrarem impressos de acordo com as normas do Banco Central, pode permitir a falsários emitir documentos inválidos que, não obstante o grave defeito da falsidade, podem entrar em circulação e criar problemas para muitos, até mesmo o próprio correntista, mesmo não tendo feito o saque. Por isso se permite ao correntista que cancele a folha de cheque, ou seja, que peça à instituição bancária que desconsidere as folhas de números *tais* como formulários aptos ao saque, pelos motivos que aponta: perda, desapossamento, destruição total ou parcial etc. A instituição deve exigir solicitação por escrito, com declaração do motivo, mas não tem o poder de julgar o fundamento do pedido, devendo acatá-lo.

8   AÇÃO POR FALTA DE PAGAMENTO

O portador do cheque pode recorrer ao Judiciário, executando o cheque que não foi regularmente pago pelo banco sacado (artigo 47 da Lei 7.357/1985). Essa ação poderá ser dirigida contra o emitente e seu(s) avalista(s). Também poderá ser dirigida contra os endossantes e seus avalistas, mas se o cheque foi apresentado em tempo hábil e a recusa de pagamento é comprovada pelo protesto ou por declaração do sacado, escrita e datada sobre o cheque, com indicação do dia de apresentação, ou, ainda, por declaração escrita e datada por câmara de compensação. Por tais declarações responde o sacado, que poderá ser acionado judicialmente para indenizar os danos que sejam causados por declarações inexatas. Noutras palavras, o protesto do cheque é facultativo: para exigir o pagamento do emitente ou de seu avalista, o portador não precisa protestá-lo, embora possa: é seu direito.

Assim, a execução contra o emitente e, havendo, seu(s) avalista(s) será instruída com a cártula, preenchida em todos os seus requisitos, não sendo necessário que tenha havido prévia apresentação ao banco, nem prévio protesto. Não pressupõe, portanto, prova da inadimplência, da mora, mas apenas prova da existência do débito representado pelo cheque e, sendo o caso, do aval devidamente lançado no título. Já a execução contra endossante(s) e seu(s) avalista(s), havendo (artigo 21 da Lei 7.357/1985), exige o cheque, prova de que foi apresentado no prazo (artigo 33) e de que houve recusa no pagamento, o que se faz pelo protesto ou por declaração do sacado ou da câmara de compensação, lançada no próprio cheque – não me parece haver irregularidade se apresentar-se conexa a documento que a complete –, explicitando o dia em que o título foi apresentado. Frise-se, que as declarações emitidas pela instituição financeira sacada ou pela câmara de compensação dispensam o protesto, produzindo os mesmos efeitos cambiários (artigo 47, § 1º).

Portanto, a apresentação tempestiva da cártula e a recusa de seu pagamento regular constituem a obrigação do endossatário; se não o faz, perde ação contra endossante(s) e seu(s) avalista(s). Mas conserva o direito de executar o emitente e seu(s) avalista(s): a responsabilidade do emitente pelo pagamento da cártula é resultado direto da emissão, a ele equiparando-se o(s) avalista(s): artigo 899, *caput*, do Código Civil. Todavia, a execução pode ser aforada independentemente do protesto ou da declaração bancária se a apresentação ou o pagamento do cheque são obstados pelo fato de o sacado ter sido submetido a intervenção, liquidação extrajudicial ou falência.

Também no cheque é lícito ao emitente, ao endossante e ao avalista, lançar no título a cláusula *sem despesa* ou *sem protesto* (ou outra que seja equivalente), assinando-a, para dispensar o portador do protesto ou da declaração bancária para que possa promover a execução do título (artigo 51 da Lei 7.357/1985). Tal cláusula, porém, não dispensa o portador da apresentação do cheque no prazo estabelecido, nem mesmo de, diante da recusa de pagamento, avisar o emitente e seu endossante. Seus efeitos têm alcance relacionado ao autor estipulante da cláusula; assim, se foi lançada pelo emitente produz efeito em relação a todos os obrigados, mas se foi lançada por endossante ou por avalista produz efeito somente em relação ao que lançar. De qualquer sorte, a cláusula não impede o portador de promover o protesto, apenas o dispensa disso. Examinando o Recurso Especial 1.423.464/SC, sob a sistemática da repetitividade, o Superior Tribunal de Justiça entendeu que "sempre será possível, no prazo para a execução cambial, o protesto cambiário de cheque, com a indicação do emitente como devedor". Se, ainda assim, ele o promove, as respectivas despesas correm por sua conta; se a cláusula foi lançada por endossante ou avalista, pelas despesas do protesto respondem todos os demais coobrigados.

O protesto ou as declarações bancárias devem fazer-se no lugar de pagamento ou do domicílio do emitente, antes da expiração do prazo de apresentação; se a apresentação ocorrer no último dia do prazo, o protesto ou as declarações podem fazer-se no primeiro dia útil seguinte (artigo 48). A entrega do cheque para protesto deve ser prenotada em livro especial e o protesto tirado no prazo de três dias úteis a contar do recebimento do título; seu instrumento, depois de registrado em livro próprio, será entregue ao portador legitimado ou àquele que houver efetuado o pagamento, datado e assinado pelo oficial público competente, devendo conter: (a) a transcrição literal do cheque, com todas as declarações nele inseridas, na ordem em que se acham lançadas; (b) a certidão da intimação do emitente, de seu mandatário especial ou representante legal, e as demais pessoas obrigadas no cheque; (c) a resposta dada pelos intimados ou a declaração da falta de resposta; e (d) a certidão de não haverem sido encontrados ou de serem desconhecidos o emitente ou os demais obrigados, realizada a intimação, nesse caso, pela imprensa.

Nos quatro dias úteis seguintes ao protesto ou às declarações bancárias, o portador deverá avisar da falta de pagamento a seu endossante e ao emitente (artigo 49); se o título traz a cláusula *sem despesa* ou similar, que, como visto, dispensa seu protesto, esse prazo será contado da apresentação. Por seu turno, cada endossante deve, nos dois dias úteis seguintes ao do recebimento do aviso, comunicar seu teor ao endossante precedente, indicando os nomes e endereços dos que deram os avisos anteriores, e assim por diante, até o emitente, contando-se os prazos do recebimento do aviso precedente. Se o endossante tem sua obrigação garantida por aval, o aviso que lhe é dado deve estender-se, no mesmo prazo, a seu avalista. Também aqui, se o endossante não houver indicado seu endereço ou o tiver feito de forma ilegível, basta o aviso ao endossante que o preceder.

O aviso pode ser dado por qualquer forma, permitindo-se que seja caracterizado até pela simples devolução do cheque. De qualquer sorte, é dever daquele que avisa provar que se desonerou de sua obrigação dentro do prazo estipulado pela lei; essa prova pode ser feita, em se tratando de carta, pela demonstração de que a correspondência foi postada no correio dentro do prazo. Aquele que não avisou ou não o fez atempadamente não decai do direito de regresso (artigo 49), mas responde pelo dano causado por sua negligência, sem que a indenização exceda o valor do cheque.

Se a apresentação do cheque, o protesto ou a declaração equivalente forem impedidos de serem realizados nos prazos estabelecidos em lei, seja por disposição legal ou caso de força maior, os prazos consideram-se prorrogados (artigo 55). Mas não caracterizam motivo de força maior, fatos puramente pessoais relativos ao portador ou à pessoa por ele incumbida da apresentação do cheque, do protesto ou da obtenção da declaração equivalente. O portador é obrigado a dar aviso imediato da ocorrência do motivo de força maior (legal ou extralegal) a seu endossante, mediante declaração no cheque, datada e assinada; o endossante, por seu turno, avisará seu endossante, como na situação de protesto. Tão logo cesse o impedimento, o portador deverá apresentar o cheque para pagamento e, se couber, promover o protesto ou a declaração equivalente. Se o impedimento durar por mais de 15 dias, contados do dia em que o portador, mesmo antes de findo o prazo de apresentação, comunicou a ocorrência de força maior a seu endossante, poderá ser promovida a execução, sem necessidade da apresentação do protesto ou declaração equivalente.

Se o cheque é pago depois do protesto, esse protesto pode este ser cancelado, a pedido de qualquer interessado, mediante arquivamento de cópia autenticada da quitação que contenha perfeita identificação do título.

8.1 Prazo para ajuizamento

A cobrança judicial do cheque faz-se por execução, conforme o Código de Processo Civil. Parece-me, contudo, que o credor pode usar via processual menos célere, se assim o desejar o credor, movendo ação monitória ou, até, ação de cobrança. Por qualquer meio, a apresentação ao pagamento não é pressuposta para a sua exigência judicial; contudo, o portador que não apresentar o cheque em tempo hábil, ou não comprovar a recusa de pagamento, perde o direito de execução contra o emitente, se este tinha fundos disponíveis durante o prazo de apresentação e os deixou de ter, em razão de fato que não lhe seja imputável (artigo 47 da Lei 7.357/1985). Nessa direção apontou a Terceira Turma do Superior Tribunal de Justiça: "Não perde a força executiva quanto ao emitente o cheque apresentado posteriormente à data fixada para apresentação, salvo se provado que o emitente tinha fundos no período *e os deixou de ter em razão de fato que não lhe seja imputável.*" Foi o que se decidiu no julgamento do Recurso Especial 258.808/PR. Cabe ao sacador (devedor principal) provar que manteve fundos suficientes durante o prazo de apresentação e da sua perda posterior por fato que não lhe pode ser imputado, como um *congelamento* de fundos, entre nós já verificado.

O prazo máximo para o ajuizamento da execução é de seis meses, contados da expiração do prazo de apresentação (artigos 33 e 59) – e não da data de emissão, depois do que o título estará prescrito. Atenção: não se trata de prazo de 7 (sete) meses, quando emitido no lugar onde houver de ser pago, ou prazo de 8 (oito) meses, quando emitido em outro lugar do país ou no exterior. Conta-se o prazo de apresentação, em dias, e depois o prazo para execução, em meses. Isso conduz a diferenças, conforme se tenha mês com 28 (fevereiro), 29 (ano bissexto), 30 ou 31 dias.

O Superior Tribunal de Justiça já pacificou o entendimento de que, mesmo havendo apresentação do cheque, o prazo prescricional de seis meses conta-se do fim do prazo de apresentação e não da data em que foi apresentado (Recurso Especial 274.633/SP). Assim, se o cheque foi emitido em 1º de agosto, para pagamento na mesma praça, o prazo de apresentação começa no primeiro dia útil subsequente e terminará no trigésimo dia, mesmo que tenha havido apresentação (uma ou duas) ao longo do trintídio. O dia imediatamente seguinte é o primeiro dia do prazo de seis meses para a execução.

Se o cheque trouxer data posterior, o prazo para apresentação será considerado da data registrada na cártula como sendo data de emissão, embora, aqui, haja que se considerar a apresentação anterior, como decidiu a Terceira Turma do Superior Tribunal de Justiça no julgamento do Recurso Especial 620.218/GO: "O cheque emitido com data futura, popularmente conhecido como cheque 'pré-datado', não se sujeita à prescrição com base na data de emissão. O prazo prescricional deve ser contado, se não houve apresentação anterior, a partir de trinta dias da data nele consignada como sendo a da cobrança".

O cheque é documento que, necessariamente, deverá instruir o pedido executório, embora se registrem situações especiais, que foram reconhecidas pela jurisprudência. Um exemplo é o Recurso Especial 106.035/RS, julgado pela Quarta Turma do Superior Tribunal de Justiça, no qual se afirmou não se inviabilizar "a execução pelo só fato de a inicial não ter sido acompanhada do original do cheque em que se funda, em face de referido título encontrar-se em autos de inquérito policial". O relator do precedente foi o Ministro Cesar Asfor Rocha.

8.2   Sujeitos passivos

Satisfeitos os requisitos legais, como apresentação no prazo, protesto ou declaração bancária equivalente, todos os obrigados respondem solidariamente para com o portador do cheque, que tem o direito de demandar a todos, individual ou coletivamente, sem estar sujeito a observar a ordem em que se obrigaram. Pode, portanto, escolher se dirigirá a execução contra todos ou contra apenas um ou alguns, escolhendo entre os coobrigados aquele(s) contra o(s) qual(is) o fará. Tendo feito sua escolha, a ação que seja dirigida contra um ou alguns não impede sejam os outros demandados posteriormente, mesmo que se tenham obrigado posteriormente àquele. Se um dos coobrigados efetua o pagamento do cheque, sub-roga-se no direito do credor a quem pagou, tendo o mesmo direito de executar os que tenham obrigações que lhe sejam anteriores, ou seja, o emitente e os endossantes anteriores a si, bem como seus respectivos avalistas. Se ambas as pessoas obrigadas ocupam um mesmo grau na cadeia de coobrigados, as relações entre si reger-se-ão pelas normas das obrigações solidárias.

O credor poderá exigir a importância do saque somada aos juros legais desde o dia da apresentação e às despesas que fez, além da correção monetária (artigo 52 da Lei 7.357/1985). Se um coobrigado que paga a cártula, poderá exigir dos coobrigados anteriores ou do devedor principal a importância integral que pagou, os juros legais, a contar do dia do pagamento, as despesas que fez e, finalmente, a correção monetária devida da data do pagamento até o embolso de tais importâncias (artigo 53). Para tanto, poderá ele exigir, contra o pagamento, a entrega do cheque, com o instrumento de protesto ou da declaração equivalente e a conta de juros e despesas quitadas. Em se tratando de endossante, permite-lhe a lei que cancele seu endosso e os dos endossantes posteriores, preservando apenas as obrigações que lhe são anteriores e, assim, executáveis.

A ação de regresso de um obrigado ao pagamento do cheque contra outro prescreve em seis meses, contados do dia em que o obrigado pagou o cheque ou do dia em que foi demandado (artigo 59, parágrafo único). Na eventualidade de ocorrer qualquer causa de interrupção do prazo prescricional, seus efeitos somente serão produzidos contra o obrigado em relação ao qual foi promovido o ato interruptivo (artigo 60).

8.3   Exigibilidade do cheque prescrito

A prescrição do cheque não implica prescrição do negócio subjacente, tomando-se o princípio da autonomia por um ângulo inverso, razão pela qual é possível ao credor aforar uma ação de enriquecimento contra o emitente ou outros obrigados, que se locupletaram injustamente com o não pagamento da cártula, ação essa que tem prazo prescricional de dois anos, contados do dia em que se consumar a prescrição do cheque (artigos 888 do Código Civil e 61 da Lei 7.357/1985).

Trata-se de ação ordinária (processo de conhecimento). Prescrito o cheque, não há mais falar em declaração unilateral de vontade, nem nas garantias cambiais da autonomia, da independência e da abstração. A pretensão se funda no negócio subjacente, impedindo que uma parte se enriqueça indevidamente à custa da outra. Não é mais o cheque, por si, o fundamento da pretensão, mas o fato jurídico no qual foi emitido. No coloquialismo forense, fala-se em *ação de locupletamento* ou *ação de enriquecimento*. Seu objetivo é obter a condenação do emitente ao pagamento do valor da cártula, devidamente corrigido e acrescido de verbas acessórias, como juros moratórios.

A Lei 7.357/1985, contudo, se desatualizou com a criação da ação monitória, agora regulada pelos artigos 700 e seguintes do novo Código de Processo Civil. Meio processual mais eficaz, a ação monitória passou a ser preferida como meio para se evitar o enriquecimento indevido do devedor em face do cheque prescrito.

Prescrito o cheque, desaparecem as relações meramente cambiais, preservando-se apenas as obrigações resultantes dos negócios subjacentes à existência da cártula. As obrigações solidárias, designadamente o aval, extinguem-se, a exemplo da obrigação solidária do endossante, salvo particularidades do negócio fundamental. Na jurisprudência do Superior Tribunal de Justiça, encontra-se o Recurso Especial 200.492/MG, no qual se estabeleceu que, "prescrito o cheque, desaparece a relação cambial e, em consequência, o aval. Permanece responsável pelo débito apenas o devedor principal, salvo se demonstrado que o avalista se locupletou". Em seu voto, o relator, ministro Eduardo Ribeiro, realçou não haver dúvida que "o avalista é devedor solidário do título de crédito; ocorre que, como já se viu, está prescrito"; assim, o credor não mais dispõe de ação que obrigue o avalista a cártula "simplesmente porque a avalizou".

Parece-me que a denominada *ação de locupletamento*, assim como a ação monitória, deve obrigatoriamente girar em torno do negócio jurídico fundamental, descrevendo-o; o cheque prescrito vê-se rebaixado à mera condição de *uma prova* do fato do qual se originara a obrigação de pagar. A *causa debendi* ganha importância, já que, com a prescrição do cheque, não mais se aplicam os princípios do Direito Cambiário. Assim, a ação para impedir o enriquecimento sem causa do emissor do cheque torna-se um amplo espaço para a rediscussão do fato gerador da obrigação.

O Superior Tribunal de Justiça, contudo, entende que o cheque é, por si só, uma prova robusta da existência de uma obrigação a saldar e do enriquecimento sem causa de seu devedor, dispensando narração e prova do negócio fundamental, como se lê, entre outros, do acórdão que decidiu o Recurso Especial 262.657/MG: "sendo documento escrito comprobatório do débito, o cheque prescrito dá sustentação à ação monitória, pouco importando a causa de sua emissão". Completou-se: "O cheque, por si só, é elemento suficiente para comprovar a existência da dívida e a busca do título executivo pela via da ação monitória. Dir-se-á que com procedimento não existirá mais o cheque prescrito porque ele poderá ganhar executividade pelo título formado pela via da ação monitória. Mas, esse aspecto não creio seja relevante. E não creio que seja porque a lei é que estabeleceu a possibilidade de transformar um documento sem a característica de título executivo em título executivo, com o que não é possível admitir-se que o argumento seria suficiente para afastar o cheque prescrito como documento hábil para instruir a ação monitória".

Por esse ângulo, o cheque prescrito, por si só, é prova constitutiva do direito pleiteado na ação em que se exige o valor da cártula prescrita, impedindo que o devedor nele se locupletasse. Essa lógica, entendo, exige permitir ao réu alegar e provar a existência de fato impeditivo, modificativo ou extintivo do direito do autor, entre os quais a prescrição do direito, conforme o fato gerador da cártula. Esse entendimento permite resolver uma situação que se tornaria difícil na exegese ora superada: o direito do endossatário do cheque onde há nomeação de beneficiário, ou do portador, no cheque em que não há tal nomeação, de recorrer à ação para impedir o enriquecimento indevido do emitente, sem que, contudo, tivessem participado do negócio fundamental e, portanto, sem que pudessem descrever detalhes do mesmo ou fazer prova correspondente. Afinal, se por ventura a cártula houver circulado, o endossatário (em sentido estrito) ou seu portador têm legitimidade ativa para o aforamento da ação em que busca impedir que o emitente se locuplete indevidamente com a prescrição do cheque.

Tem-se, portanto, o direito do credor do cheque de cobrar o seu valor, por via ordinária (*ação por locupletamento*), em dois anos após a verificação da prescrição (artigo 61). Não é o mesmo que se passa com a ação monitória. De acordo com a Súmula 503/STJ, "o prazo para ajuizamento de ação monitória em face do emitente de cheque sem força executiva é quinquenal, a contar do dia seguinte à data de emissão estampada na cártula". Julgando o Recurso Especial 1.101.412/SP, sob a sistemática da repetitividade, decidiu o Superior Tribunal de Justiça que "o prazo para ajuizamento de ação monitória em face do emitente de cheque sem força executiva é quinquenal, a contar do dia seguinte à data de emissão estampada na cártula." Trata-se de uma presunção geral, insisto. A meu ver, é necessário atentar para o prazo de prescrição do negócio de base, certo que, com a prescrição, houve desincorporação cambiária: a obrigação não é mais representada pela cártula que apenas faz prova da sua existência.

Para além da ação de enriquecimento (ou ação de locupletamento) e da ação monitória, é lícito ao credor manejar ação de cobrança (artigo 62 da Lei nº 7.357/1985): a emissão ou a transferência do cheque, quando não comprovado ser ato que caracterize novação, não exclui a ação fundada na relação causal, feita a prova do não pagamento. Destarte, a lei enuncia uma presunção relativa (*iuris tantum*) de que o chegue não salda a obrigação havida no negócio fundamental, não se tratando de ato *pro soluto*; pelo contrário, presume-se que a emissão e/ou transferência da cártula para o credor não é *ato de pagamento* (*pro soluto*), mas ato para o pagamento (*pro solvendo*). Presume-se que o cheque não salda o débito, mas determina que seja ele saldado pela instituição financeira sacada; presunção, contudo, que comporta prova em contrário, cujo ônus é do emitente-devedor.

O valor do cheque prescrito que é cobrado por via de ação de locupletamento, ação monitória ou ação de cobrança. No Recurso Especial 1556834/SP, julgado sob a sistemática dos recursos repetitivos, afirmou o Superior Tribunal de Justiça: "Em qualquer ação utilizada pelo portador para cobrança de cheque, a correção monetária incide a partir da data de emissão estampada na cártula, e os juros de mora a contar da primeira apresentação à instituição financeira sacada ou câmara de compensação".

21
Duplicata

1 CONCEITO

A duplicata é um título que é emitido pelo credor, declarando existir, a seu favor, um crédito de determinado valor em moeda corrente, fruto – obrigatoriamente – de um negócio empresarial subjacente de compra e venda de mercadorias ou de prestação de serviços, cujo pagamento é devido em determinada data (termo). É um título causal, vale dizer, um título cuja emissão está diretamente ligada a um negócio empresarial que lhe é subjacente e necessário. A declaração da existência do crédito se faz contra o devedor indicado e a favor do próprio emitente, razão pela qual não me parece haver nesse ato uma promessa de pagamento. Ao criar a duplicata e mantê-la em sua contabilidade como crédito, isto é, parte do patrimônio bruto (ativo), o credor nada promete; apenas declara. Somente se põe o título em circulação, se o endossa a outrem, sua declaração assume o contorno de uma promessa, que é, contudo, aferível mais no ato jurídico de endossar do que no ato de emitir. É um título de crédito de criação genuinamente brasileira,[1] e que, hoje, encontra regulamento na Lei 5.474/1968.

O empresário deve emitir uma fatura dos bens vendidos ou serviços prestados, diz a norma. Hodiernamente, emite-se uma nota fiscal/fatura. Se o pagamento não foi à vista, a partir da emissão da fatura, dela se poderá extrair uma duplicata correspondente para representação do crédito, título que declara o crédito respectivo, permitindo circulação via endosso, protesto e execução. Embora o *caput* do artigo

---

[1] BULGARELLI, Waldírio. *Contratos e títulos empresariais*: as novas perspectivas. São Paulo: Atlas, 2001. p. 432.

2º diga que, "no ato da emissão da fatura, dela poderá ser extraída uma duplicata", não se está a exigir que a emissão se faça concomitantemente à fatura; a data da fatura é, apenas, o limite temporal inicial para a emissão da duplicata.

Tenha-se em relevo que o artigo 2º da Lei das Duplicatas afirma não ser admitida qualquer outra espécie de título de crédito para documentar o saque do vendedor pela importância faturada ao comprador. A norma interpreta-se restritivamente, ou seja, como vedação à emissão simultânea de títulos. Assim, se o devedor emite um cheque ou uma nota promissória, não poderá o credor emitir a duplicata. De outra face, o artigo 2º da Lei 5.474/1968 também não impede que créditos representados por duplicatas sejam novados, com a emissão de outros títulos de crédito, ou mesmo constituição de instrumento de confissão de dívida, para representar a obrigação novada.

De quem é a responsabilidade pela emissão da cártula se a venda se faz por intermédio de uma outra pessoa, que detém a mercadoria em consignação para a venda, ou que trabalha pelo sistema de comissão? Se a venda ou a prestação de serviço, contratada por um consignatário ou por um comissário, foi faturada em nome e por conta do consignante ou comitente, a emissão da duplicata se fará no nome deste último. É a regra inscrita no artigo 4º da Lei de Duplicatas. Todavia, quando a mercadoria for vendida por conta do consignatário, a emissão da fatura e da correspondente duplicata faz-se em seu nome, estando obrigado, por força do artigo 5º, a comunicar a venda ao consignante quando da extração de tais documentos. Recebendo a comunicação, e em respeito ao § 1º do artigo 5º, o consignante expedirá fatura e duplicata correspondente à mesma venda, a fim de ser essa assinada pelo consignatário, mencionando-se o prazo estipulado para a liquidação do saldo da conta. Contudo, fica o consignatário dispensado de emitir duplicata quando na comunicação da venda ficar declarado que o produto líquido apurado está à disposição do consignante.

O artigo 20 da Lei 5.474/1968 permite a emissão de duplicata de prestação de serviços, devidamente acompanhada da respectiva fatura, pelas empresas individuais ou coletivas, fundações ou sociedades civis que se dediquem à prestação de serviços, bem como pelo transportador autônomo de cargas (Lei 11.442/2007). Em tais situações, exige-se que a fatura discrimine a natureza dos serviços prestados, bem como o respectivo valor, visto que a soma a pagar em dinheiro pela duplicata deverá corresponder ao preço dos serviços prestados, em similaridade ao que se vê em relação às mercadorias vendidas, na duplicata de venda. Aliás, aplicam-se à fatura e à duplicata ou triplicata de prestação de serviços as disposições referentes à fatura e à duplicata ou triplicata de venda mercantil, naturalmente, procedendo-se a eventuais adaptações que se façam necessárias e cabíveis. Entre tais adaptações, tem-se a previsão anotada no artigo 20, § 3º, da Lei de Duplicatas, com a redação que lhe deu o Decreto-lei 436/1969, a considerar como documento hábil para transcrição do instrumento de protesto qualquer documento que comprove a efetiva prestação dos serviços e o vínculo contratual que a autorizou. É fundamental atentar-se para o que caracteriza prestação de serviço, vez que não se admite a extração de duplicata para representar outros tipos de contrato, como seria o caso da locação.

2 REQUISITOS DA DUPLICATA

A Lei 5.474/1968 estabelece, no artigo 2º, § 1º, quais são os requisitos específicos da duplicata, a serem estudados na sequência. São requisitos mínimos conceituais, que traçam as diretrizes legais do instrumento, a serem observadas na confecção dos documentos. Para além desses, o artigo 24 previu a possibilidade de constarem outras indicações, desde que não alterem sua feição característica.

A mesma Lei das Duplicatas, em seu artigo 27, atribuiu poder e competência ao Conselho Monetário Nacional (CMN), por proposta do Ministério da Indústria e do Comércio, para baixar normas para padronização formal dos títulos e documentos referidos pelo legislador. Deu-se, assim, base jurídica para a edição da Resolução nº 102/1968 do Banco Central do Brasil, tomada à luz do que decidira o CMN.

A duplicata deve conter, antes de mais nada, a denominação *duplicata*, deixando clara a natureza jurídica do documento. Nos modelos disciplinados pela Resolução nº 102/1968/Bacen, há um campo específico para o número da duplicata; ademais, tem-se o termo *duplicata* no texto da declaração de aceite: "Reconheço(emos) a exatidão desta duplicata de VENDA MERCANTIL [ou de PRESTAÇÃO DE SERVIÇO] na importância acima que pagarei(emos) a [nome do emitente] ou à sua ordem na praça e vencimento indicados."

A data de emissão da duplicata é, pelas razões já reiteradamente vistas na parte geral deste livro e no exame dos títulos anteriores, um requisito necessário. Julgando o Recurso Especial 985.083/RS, a Terceira Turma do Superior Tribunal de Justiça pontificou que "a indicação equivocada da data de emissão da duplicata não torna o título nulo, tanto mais quando o erro material está comprovado". Confirmou-se, assim, acórdão proferido pelo Tribunal de Justiça gaúcho, para quem "datas consignadas nos títulos para vencimento prevalecem ante a alegação de equívoco nas datas de emissão. Erro material flagrante e que não descaracteriza o título".

Não se refere a lei ao local de emissão, mas ele só pode ser a sede ou o estabelecimento do sacador; de qualquer sorte, a Resolução nº 102/1968/Bacen fez constar dos modelos que instituiu a necessidade de que os impressos tragam dados relativos à firma emitente, entre os quais endereço, inscrição no CGC e inscrição estadual. Por fim, deve indicar o número de ordem correspondente, constituído a partir de uma sequência numérica que permita ao emitente organizar sua contabilidade.

Falei, há pouco, em indicação do número de ordem de cada duplicata, correspondente à contabilidade respectiva. Com efeito, o artigo 19 da Lei das Duplicatas afirma que a adoção do regime de vendas ou prestação de serviços com extração de fatura e a emissão de correspondente duplicata obriga o comerciante (vendedor ou prestador de serviço) a ter e manter devidamente escriturado um Livro de Registro de Duplicatas. Nesse livro serão escrituradas, cronologicamente, todas as duplicatas emitidas, com o número de ordem, data e valor das faturas originárias e data de sua expedição; nome e domicílio do comprador; anotações das reformas; prorrogações e outras circunstâncias necessárias.

O Livro de Registro de Duplicatas não é livro contábil obrigatório para todo e qualquer empresário ou empresa, podendo simplesmente não existir para os que não fazem uso de duplicatas. Todavia, a qualquer momento em que se queira passar a utilizar-se de tais títulos, será obrigatório providenciar a autenticação de tal livro e passar a manter sua contabilidade adequada, visto que é exigido que tais livros sejam conservados nos próprios estabelecimentos correspondentes; note que a Lei fala em estabelecimentos e não na sede da empresa. Em fato, atendendo ao artigo 1.181 do Código Civil, tais livros ou fichas, antes de postos em uso, devem ser autenticados no Registro Público de Empresas Mercantis. Os registros constantes do Livro de Duplicatas deverão estar organizados numericamente, não podendo conter emendas, borrões, rasuras ou entrelinhas, sendo feitos em idioma e moeda corrente nacionais e em forma contábil, por ordem cronológica de dia, mês e ano, sem intervalos em branco, respeitado o artigo 1.183 do Código Civil. Ressalte-se, ademais, ser obrigação do empresário e da sociedade empresária tal escrituração, enquanto não ocorrer prescrição dos atos nele consignados, *ex vi* do artigo 1.194.

A Lei 5.474/1968 permite que o Livro de Registro seja substituído por qualquer sistema mecanizado, como fichas, desde que os requisitos anteriormente examinados sejam observados. O artigo 19 dessa Lei, portanto, harmoniza-se com o artigo 1.179 do Código Civil, a referir-se à obrigação do empresário e da sociedade empresarial de seguir um sistema de contabilidade, mecanizado ou não, com base na escrituração uniforme de seus livros, em correspondência com a documentação respectiva, permitindo o artigo 1.180 a substituição dos livros por fichas no caso de escrituração mecanizada ou eletrônica.

Como a duplicata é tirada a partir da conta assinada, isto é, da fatura, deverá trazer o número dessa fatura. Uma duplicata somente pode referir-se a única fatura; não se pode emitir uma duplicata para mais de uma fatura, como assevera o artigo 2º, § 2º, da Lei das Duplicatas. Esse número pode ser o mesmo da nota-fiscal, em se tratando da chamada nota fiscal-fatura, documento que cumpre tanto a finalidade de duplicata, quanto de fatura, e que traz as informações necessárias a ambas (identificação do empresário que vende a mercadoria ou presta o serviço, discriminação das mercadorias ou serviços prestados, data de emissão, data de vencimento, condições de vencimento, número de ordem da duplicata, se emitida conjuntamente, espaço para que se assine a conta, ou seja, para que o contratante – ou seu preposto – declare ter recebido a mercadoria ou serviço discriminado).

A duplicata deve trazer a data certa do vencimento ou a declaração de ser a duplicata a vista. É fundamental observar que a lei se refere a data certa, não contemplando a hipótese de prazo certo. Portanto, ainda que a venda tenha-se verificado com a contratação de prazos – e não termos – para o pagamento do total ou de parcelas (o que é muito comum: 30 dias, 30 e 60 dias etc.), o emitente deverá efetuar o cálculo correspondente e criar o título, já definindo a data correspondente para o pagamento. Se, nesse cálculo, o emitente equivoca-se, definindo data que não atenda ao ajustado, poderá o devedor sacado recusar a duplicata, como lhe autoriza o artigo 8º, III, da Lei 5.474/1968.

Sacador (vendedor ou prestador de serviço que é credor da importância relativa ao negócio, constante da fatura) e sacado (o comprador dos bens ou contratante do serviço, devedor da importância anotada na fatura) deverão estar qualificados na duplicata. A lei lista como necessários o nome e o domicílio de ambos; a Resolução nº 102/1968/Bacen fez mais, na definição dos modelos correspondentes: serão discriminados nome, inscrição no CNPJ (CPF, se pessoa física), inscrição estadual (se existente), e endereço completo, para ambos: sacador e sacado. A indicação precisa do nome de emitente e sacado é requisito indispensável para a validade do título; o mesmo, parece-me, não ocorre com o endereço que, uma vez equivocado, tem o condão apenas de dificultar as relações jurídicas, nunca de as desqualificar. Tal entendimento, a meu ver, harmoniza-se com a teoria geral dos títulos de crédito, bem como reflete o princípio de que a invalidade do acessório não tem o condão de invalidar o principal. O mesmo se diga, com maior legitimidade, em relação à inscrição fiscal (CNPJ, CPF e/ou inscrição estadual), pois não apenas cuida-se de elemento acessório, como sua exigência não foi estabelecida em lei, mas em norma regulamentar, fazendo incidir a garantia inscrita no artigo 5º, II, da Constituição. Obviamente, em se tratando de dolo, com o objetivo de prática ilícita ou fraude à lei, tem-se uma situação distinta, aplicando-se, então, o artigo 166 do Código Civil.

Exige a Lei que a duplicata traga expressa a importância a pagar, em algarismos e por extenso. A duplicata indicará sempre o valor total da fatura, por disposição do artigo 3º, *caput*. Isso mesmo se o comprador tenha direito a qualquer rebate, isto é, a algum abatimento, desconto pelo pagamento antecipado ou em dia ou qualquer outra vantagem similar. O vendedor indicará, ademais, o valor líquido que o comprador deverá reconhecer como obrigação de pagar, para o que a Resolução nº 102/1968/Bacen previu um espaço específico para eventual preenchimento, esclarecendo valor ou percentual do desconto, data até a qual é válido, bem como um espaço para condições especiais.

É preciso não confundir um eventual desconto dado sobre a compra com o desconto dado sobre o pagamento, pois são coisas distintas. Se o vendedor, no ato da compra, concede algum desconto ao comprador, esse será anotado na nota fiscal e na fatura ou na nota fiscal/fatura, da mesma forma que, em se tratando de fatura sobre diversas notas fiscais, pode fazê-lo apenas na fatura. Dispõe o artigo 3º, § 1º, da Lei de Duplicatas que não se incluem no valor total da duplicata os abatimentos de preços das mercadorias ou dos serviços, feitos pelo vendedor até o ato do faturamento, desde que constem da fatura. Daí falar-se que a duplicata, como dobrado que é da fatura, deverá indicar o valor total da fatura, tenha ou não havido concessão de descontos na compra. Esses descontos sobre a compra não constarão da duplicata, ainda que devam estar na fatura.

Dessa forma, somente serão anotados eventuais descontos na duplicata, bem como sua validade e suas condições, se as houver, se tal rebate se fizer sobre o pagamento da própria duplicata. De qualquer sorte, é fundamental que a duplicata, no que se refere ao valor da fatura, valor de pagamento, desconto, prazo de validade do desconto e condições especiais, mostre-se líquida e certa, sob pena de não atender ao requisito elementar dos títulos de crédito e perder sua executabilidade. Em fato, é *indispensável* que fique claro o valor final a pagar, que pode exsurgir de cálculos, desde que de aritmética simples e óbvia.

O ministro Ruy Rosado Aguiar, no âmbito do Recurso Especial 198.215/SP, julgado pela Quarta Turma do Superior Tribunal de Justiça, ponderou que, nos termos precisos do artigo 3º da Lei 5.474/1968, a duplicata deve indicar, sempre, o valor total da fatura. "Sendo assim, a importância constante da duplicata deve ser a reprodução do quantitativo indicado naquele documento. A extração de duplicata com valor excedente ao da fatura significa a possibilidade de ser criado um título, com a denominação de duplicata, que não corresponde ao preço da mercadoria ou do serviço prestado, o que não se ajusta ao sistema instituído pela lei." Afastou-se, assim, a possibilidade de o credor "emitir nova duplicata para cobrança da parcela correspondente à correção monetária do título anterior", realçando-se que, "se a vendedora da mercadoria puder criar documentos de dívida para cobrar a diferença pela sua atualização, também poderá fazê-lo para exigir juros, comissões, diferenças de preços, honorários, custas e despesas, desvirtuando o sistema e gerando insegurança quanto à presença dos requisitos de liquidez e certeza, pois poderão ser calculados pelos mais variados critérios, segundo o arbítrio do emitente. Isso não quer dizer que essas outras parcelas não possam ser cobradas em razão da subjacente operação de compra e venda, mas então estas serão devidas como acréscimos do título que corresponde ao valor da fatura, isto é, parcelas anexas à duplicata regularmente emitida, ou como dívida resultante de cláusulas contratuais que as estipulam. O que não é possível é emitir nova duplicata correspondente àquelas parcelas. Nesse caso, a duplicata não teria causa prevista em lei, pois a anterior compra e venda e sua fatura já estariam representadas na duplicata inicialmente extraída".

Se porventura for ajustado entre as partes que o pagamento da fatura se fará em parcelas, prevê o artigo 2º, § 3º, da Lei de Duplicatas, duas soluções distintas: poderá ser emitida duplicata única, em que se discriminarão todas as prestações e seus vencimentos, ou série de duplicatas, uma para cada prestação, distinguindo-se uma das outras no número de ordem, pois se acrescentará uma letra do alfabeto para cada parcela, em sequência; dessa forma, se for ajustado pagamento de R$ 3.000,00, em 30, 60 e 90 dias, e sendo a ordem, de acordo com o Livro de Registros de Duplicatas, o número 786, ter-se-ão três duplicatas, respectivamente 786-A (para pagamento de R$ 1.000,00 na data que corresponder ao trigésimo dia), 786-B (para pagamento de R$ 1.000,00 na data que corresponder ao sexagésimo dia) e 786-C (para pagamento de R$ 1.000,00 na data que corresponder ao nonagésimo dia).

Nas três duplicatas, contudo, o valor da fatura será indicado por seu total, na forma estudada. Também aqui, frise-se, é lícito prever desconto sobre o pagamento, com data de validade e condições.

Não obstante, a teor do artigo 1º da Lei 5.474/1968, não seja obrigatória a emissão de fatura para venda mercantil a vista, contra entrega ou prazo inferior a trinta dias, a extração de duplicata para representar o crédito correspondente, quando não houve pronto desembolso pelo contratante, é lícita. Nessa direção aponta o artigo 3º, § 2º, afirmando que a venda mercantil para pagamento contra a entrega da mercadoria ou do conhecimento de transporte, sejam ou não da mesma praça vendedor e comprador, ou para pagamento em prazo inferior a 30 (trinta) dias, contado da entrega ou despacho das mercadorias, poderá representar-se, também, por duplicata, em que se declarará que o pagamento será feito nessas condições. A regra aplica-se, também, ao prestador de serviço.

A duplicata deverá indicar o lugar de pagamento que, respeitado o artigo 327 do Código Civil, será, em regra, o domicílio do devedor, salvo se as partes convencionarem diversamente, ou se o contrário resultar da lei, da natureza da obrigação ou das circunstâncias. É dever do emitente que indica outro lugar que não o domicílio do devedor provar ser lícita a utilização da exceção em oposição à regra e, embora o artigo 8º da Lei de Duplicatas não seja específico sobre o tema, parece-me lógico, por interpretação analógica, ser lícito ao devedor recusar a duplicata que traga como praça de pagamento outro lugar que não seu domicílio. A meu ver, aplicam-se à duplicata as regras dos artigos 329 e 330 do Código Civil; assim, ocorrendo motivo grave para que se não efetue o pagamento no lugar determinado, poderá o devedor fazê-lo em outro, sem prejuízo para o credor. Ademais, se o pagamento for reiteradamente feito em outro local, faz presumir renúncia do credor relativamente ao previsto no contrato. Tendo o credor remetido o título para cobrança bancária (por endosso-mandato), o pagamento poderá ser feito de acordo com as instruções constantes do respectivo boleto, desde que não desrespeitem a praça indicada no título; assim, se foi indicado por praça um município que não tenha agência bancária ou não a tenha do banco endossatário-mandatário, não sendo possível efetuar-se o pagamento na instituição eventualmente ali existente (utilizando-se do sistema de compensação), estará caracterizada a *mora accipiendi* (mora de quem deve receber o pagamento, o credor e seu mandatário), vez não ser legítimo ao mandatário alterar a cláusula de domicílio para atender às suas conveniências. Por fim, não se deve esquecer que, em razão da eleição do endossatário-mandatário e do dever de vigiar seus atos, o credor, endossante-mandante, vincula-se às instruções que sejam anotadas no boleto, bem como responde pelos atos da instituição bancária.

Exige a Lei 5.474/1968 que a duplicata traga a cláusula à ordem, não contemplando a possibilidade de inserção da cláusula *não à ordem*. Submete-se, assim, ao regime geral do Código Civil, estudado na parte geral.

Questão relevante passa a ser o contraste entre, de um lado, o artigo 2º, § 1º, VII, da Lei das Duplicatas, em suas relações com o artigo 890 do Código Civil, e, de outro lado, o artigo 25 da mesma Lei das Duplicatas, prevendo aplicarem-se à duplicata e à triplicata, no que couber, os dispositivos da legislação sobre emissão, circulação e pagamento das Letras de Câmbio. Isso porque lê-se no artigo 11 da Lei Uniforme de Genebra sobre letras de câmbio que, quando o sacador tiver inserido na letra as palavras *não à ordem*, ou uma expressão equivalente, a letra só é transmissível pela forma e com os efeitos de uma cessão ordinária de créditos. A mesma norma, um pouco adiante (artigo 15), prevê que o endossante pode proibir um novo endosso, e, nesse caso, não garante o pagamento às pessoas a quem a letra for posteriormente endossada.

A meu ver, a necessidade da cláusula *à ordem*, tal qual se apura no artigo 2º, VII, da Lei 5.474/1968, retira a duplicata do regime instituído, a esse respeito, pela Lei Uniforme de Genebra; ou seja, não é possível que o emitente ou qualquer endossatário vede novo endosso na cártula. Essa interpretação parece ser a mesma do Conselho Monetário Nacional, considerando que, nos modelos de formulário para o título, não previu qualquer espaço para que fosse expressada a cláusula *não à ordem*.

A duplicata trará, ainda, uma declaração do reconhecimento de sua exatidão e da obrigação de pagá-la, a ser assinada pelo comprador, como aceite cambial. Essa declaração, na forma da Resolução nº 102/1968/Bacen, será: "Reconheço(emos) a exatidão desta duplicata de VENDA MERCANTIL [ou de PRESTAÇÃO DE SERVIÇO] na importância acima que pagarei(emos) a [nome do emitente] ou à sua ordem na praça e vencimento indicados." Essa declaração, embora não seja indispensável para a execução judicial do título, tem, sem sombra de dúvida, o condão de afastar dúvidas sobre a exigibilidade do título, facilitando sua circulação.

Por fim, a duplicata trará a assinatura do emitente, sendo lícito que a chancela seja aposta por representante que tenha poderes para tanto.

Como na duplicata tem-se uma declaração de crédito que emana do próprio credor, torna-se extremamente fácil sua emissão fraudulenta, isto é, quando um vendedor ou prestador de serviço, sem que tenha havido um negócio subjacente que dê causa à emissão da duplicata, providencie sua criação simulada para, posteriormente, beneficiar-se de sua circulação. Tamanha é a gravidade de tal comportamento que o legislador decidiu transformá-lo em crime, estando previsto no artigo 172 do Código Penal, com a redação que lhe deu a Lei 8.137/1990,[2] ser crime emitir fatura, duplicata ou nota de venda que não corresponda à mercadoria vendida, em quantidade ou qualidade, ou ao serviço prestado, sendo punido com detenção, de 2 (dois) a 4 (quatro) anos, e multa.

---

[2] A redação anterior fora prevista na própria lei de duplicatas: "Expedir ou aceitar duplicata que não corresponda, juntamente com a fatura respectiva, a uma venda efetiva de bens ou a uma real prestação de serviço. Pena: detenção de um a cinco anos, e multa equivalente a 20% sobre o valor da duplicata."

3 REMESSA E DEVOLUÇÃO DA DUPLICATA

Uma vez criada a duplicata pelo credor, seja ele o vendedor ou o prestador de serviço, deverá ser providenciada sua remessa para o devedor, num prazo de 30 (trinta) dias, contado da data de sua emissão. Essa remessa poderá ser feita diretamente pelo vendedor ou por seus representantes, ou mesmo por intermédio de instituições financeiras, procuradores ou correspondentes que se incumbam de apresentá-la ao comprador na praça ou no lugar de seu estabelecimento, podendo os intermediários devolvê-la, depois de assinada, ou conservá-la em seu poder até o momento do resgate, segundo as instruções de quem lhes cometeu o encargo. É o que estipula o artigo 6º da Lei de Duplicatas. Se a remessa for feita por intermédio de representantes, instituições financeiras, procuradores ou correspondentes, esses deverão apresentar o título ao comprador dentro de 10 (dez) dias, contados da data de seu recebimento na praça de pagamento.

Essa remessa tem por intuito não o pagamento, mas a assinatura pelo sacado, que, reconhecendo a existência do débito, nos contornos em que lançado na duplicata, deverá firmar a declaração do reconhecimento de sua exatidão e da obrigação de pagá-la, impressa no título, tornando, assim, inequívoca a existência da obrigação de pagar. Essa assinatura tem o efeito de um aceite. De qualquer sorte, seja conduzida ou levada pelo próprio emitente, seja por preposto, seja por intermédio de representante, instituições financeiras, procuradores ou correspondentes, a apresentação é obrigação do credor, que deve levar o título ao devedor; não está o devedor obrigado a dirigir-se, a qualquer prazo, ao estabelecimento do credor para assinar a duplicata.

Tendo recebido a duplicata, o devedor poderá assiná-la, reconhecendo o débito ali assinalado, com os contornos ali determinados (legitimidade do sacador, número e valor da fatura, número de prestações e seu valor, data de vencimento, desconto contratado – com respectivo prazo de validade e condições), ou recusar o aceite, fazendo-o por declaração escrita e devidamente assinada. Nas duas hipóteses, o título e, eventualmente, a declaração de recusa deverão ser devolvidos ao credor dentro do prazo de 10 (dez) dias, contado da data de apresentação.

Se o credor não tem interesse em colocar o título em circulação, tendo-o entregado a uma instituição financeira *para cobrança* (o que caracteriza endosso-mandato), poderá o sacado reter a duplicata em seu poder até a data do vencimento, desde que haja expressa concordância da instituição financeira cobradora e que se providencie, por escrito, uma comunicação à apresentante do aceite e da retenção para pagamento. A regra está inscrita no artigo 7º da Lei de Duplicatas que ainda prevê, em razão de alterações promovidas pela Lei 6.458/1977, que a comunicação de aceite e retenção substituirá, quando necessário, no ato do protesto ou na execução judicial, a duplicata a que se refere.

3.1   Aceite e recusa de aceite

Uma vez tendo recebido a duplicata para assinar a declaração reconhecendo sua exatidão e comprometer-se a pagá-la ao emitente ou a qualquer endossatário, na praça e no vencimento nela indicados. Uma vez aceitando, o título perde sua qualidade causal, como já reconheceu a Quarta Turma do Superior Tribunal de Justiça, do Recurso Especial 668.682/MG: "Ainda que a duplicata mercantil tenha por característica o vínculo à compra e venda mercantil ou prestação de serviços realizada, ocorrendo o aceite – como verificado nos autos –, desaparece a causalidade, passando o título a ostentar autonomia bastante para obrigar a recorrida ao pagamento da quantia devida, independentemente do negócio jurídico que lhe tenha dado causa."

Em oposição, é lícito ao comprador deixar de aceitá-la, desde que o faça pelos seguintes motivos: (1) não ter recebido a mercadoria ou tê-la recebido avariada, desde que sua expedição e transporte não estivessem sob a responsabilidade do próprio comprador, hipótese em que não lhe é lícito transferir ao vendedor o risco que assumiu; (2) existência de vícios, defeitos ou diferenças na qualidade ou na quantidade das mercadorias; e (3) divergência nos prazos ou preços ajustados. Em se tratando de duplicata correspondente à prestação de serviços, o artigo 21 considera como motivos para que o sacado deixe de aceitar a duplicata: (1) não correspondência da fatura com os serviços efetivamente contratados; (2) vícios ou defeitos na qualidade dos serviços prestados, devidamente comprovados; (3) divergências nos prazos ou nos preços ajustados.

A recusa será firmada em documento à parte, tirado por escrito, onde se declarará o motivo, pormenorizando-o. Será, portanto, preciso afirmar que não recebeu a mercadoria ou que a recebeu avariada, e que a mesma foi remetida de volta ou está à disposição do vendedor. Se a recusa se dá pela existência de vícios, defeitos ou diferenças de qualidade ou quantidade, igualmente será necessário indicar o problema, pormenorizadamente; ademais, se há vícios, defeitos ou diferença de qualidade, será necessário providenciar a devolução da mercadoria ou colocá-la à disposição do vendedor, não sendo lícito simplesmente alegar sua existência. Em se tratando de diferença de quantidade, é lícito ao comprador aceitar a menor quantidade, exigindo simplesmente a emissão de nova fatura e da duplicata correspondente, em que o negócio e seu valor sejam ajustados à entrega efetiva, como lhe é lícito exigir a entrega da parte subsequente. A entrega de parte, por fim, não é faculdade do vendedor, salvo se assim ficou ajustado, sendo lícito ao comprador recusar a parte que lhe foi remetida, caso mais tenha sido contratado.

A lista deve ser entendida como exemplificativa e não *numerus clausus*, isto é, taxativa, o que não é. É lícito ao comprador ou contratante do serviço invocar como causa de recusa da duplicata qualquer motivo que seja adequado para desfazer o negócio e determinar a devolução da mercadoria. Veja a hipótese de mercadorias que tenham sido contratadas para entrega em prazo certo, pois aproveitar-se-iam em evento a realizar-se em data certa; não está o comprador, nesse caso, obrigado a aceitar a entrega depois do prazo máximo acordado, podendo recusar seu recebimento e, via de consequência, deixar de assinar a duplicata, listando o motivo como a razão de seu comportamento omissivo.

Se a entrega das mercadorias ou a prestação dos serviços foi correta, ainda assim é possível deixar legitimamente de assinar a duplicata, se porventura essa contiver vícios, e não a fatura ou a mercadoria e sua entrega, ou mesmo a prestação do serviço. A lei fala em divergência nos prazos ou preços ajustados, mas, uma vez mais, não deve ser compreendida como taxativa. Outras imperfeições, como a indicação de outra praça para o pagamento que não a acordada ou, na ausência de acordo, a correspondente ao domicílio do devedor, podem ser igualmente invocadas.

Outra, porém, é a posição de Fran Martins: "De fato, o artigo 8º da Lei 5.474 menciona os motivos pelos quais o comprador 'poderá deixar de aceitar a duplicata'. Esses são motivos taxativos, já que referido inciso legal declara que 'o comprador só poderá deixar de aceitar a duplicata...', sendo que a palavra só não apenas afasta a possibilidade de ser recusado o aceite por outros motivos como torna evidente que o aceite na duplicata é obrigatório."[3] O argumento é sólido, mas desconhece que o dispositivo sob comento deixa claro haver três ordens de motivo para recusar o aceite:

1. problemas na operação de compra e venda ou de prestação de serviço;
2. problemas com a mercadoria entregue ou o serviço prestado;
3. problemas com a duplicata e seus elementos constitutivos.

O adjetivo *só*, portanto, deve ser interpretado em relação a tais ordens e não em relação às situações paradigmas que foram listadas. Se o vendedor envia ao comprador uma duplicata *ao portador*, o que não lhe é lícito fazer, a recusa será legítima por problemas com a duplicata, ainda que a situação não tenha sido descrita; esse é um exemplo gritante dessa realidade.

De acordo com o artigo 16 da Lei de Duplicatas, com a redação que lhe foi dada pela Lei 6.458/1977, aplica-se o procedimento ordinário previsto no Código de Processo Civil à ação que o credor pode ajuizar contra o devedor para ilidir as razões pelo devedor invocadas para o não aceite do título.

4 ADIMPLEMENTO

A duplicata, como todo título de crédito, tem por fim último o pagamento, isto é, o adimplemento da obrigação que nela está anotada e que por ela é representada. Esse pagamento poderá ser feito até mesmo antes da data do vencimento do título; é lícito, até mesmo, ao comprador resgatar o título, isto é, pagar o débito ali inscrito, no momento em que a duplicata lhe é apresentada para aceite, como lhe faculta o artigo 9º

---

[3] *Títulos de crédito*. 13. ed. Rio de Janeiro: Forense, 2002. v. 2, p. 165.

da Lei 5.474/1968. Tem-se, portanto, e na forma do artigo 903 do Código Civil, uma exceção à regra geral, disposta no artigo 902, *caput*, do mesmo Código, a disciplinar não ser o credor obrigado a receber o pagamento antes do vencimento do título.

O pagamento é provado, como sói acontecer com os títulos de crédito, por meio de um recibo, passado pelo legítimo portador ou por seu representante com poderes especiais, no verso do próprio título. O artigo 9º, em seu § 1º, permite que o recibo seja passado em documento separado, o qual faça referência expressa à duplicata. Redobrado cuidado deve ter-se com a interpretação dessa disposição, certo que o título conserva suas características de cambial, a valorizar sua potencialidade de circulação facilitada pelo mercado, bem como a qualidade de *documento de apresentação*, sendo certo que o credor é conhecido à vista da cártula, como já tive ocasião de abordar anteriormente. Dessa forma, ainda que a quitação seja dada em documento em separado, o devedor deve exigir que a duplicata lhe seja entregue, guardando-a com o documento de quitação. Se aceita simplesmente o documento avulso de quitação, assume o risco de ser afrontado por terceiro que, na posse legítima do título, exija o pagamento. Se isso ocorre, o devedor suportará o pagamento em dobrado, tendo que se contentar com a possibilidade jurídica de, posteriormente, regressar contra credor originário (endossante), a quem pagou indevidamente.

Aceita-se, ainda, como prova do pagamento, total ou parcial, da duplicata, a liquidação de cheque, a favor do estabelecimento endossatário, no qual conste, no verso, que seu valor se destina à amortização ou liquidação da duplicata nele caracterizada. Tal regra, disposta no artigo 9º, § 2º, tem iguais inconvenientes: o cheque liquidado só provará o pagamento em relação àquele que se beneficiou do mesmo, não podendo ser oposto a terceiros. O devedor corre o risco de a duplicata ter sido endossada sem que nela fosse inscrito o pagamento total ou parcial; o terceiro, que a adquiriu de boa-fé, poderá exigir-lhe o pagamento, e ele terá que tornar a fazê-lo, voltando-se depois para cobrar do que recebeu o pagamento sem ser credor (já que endossara o título).

Permite-se ao devedor, quando do pagamento da duplicata, deduzir créditos resultantes de devolução de mercadorias, diferenças de preço, enganos verificados, pagamentos por conta e outros motivos assemelhados, desde que devidamente autorizados. A regra, anotada no artigo 10 da Lei 5.474/1968, pressupõe, por necessário, que o pagamento se faça diretamente ao emitente da duplicata, a seu favor, já que somente a esse o devedor pode opor tais exceções, que são pessoais, próprias do negócio subjacente. Tendo circulado o título, o endossatário, sendo terceiro em relação ao negócio formador da cártula, não está obrigado a aceitar qualquer compensação, já que o crédito do devedor não tem, nele, terceiro de boa-fé, o sujeito passivo.

4.1   Pagamento parcial

A Lei º.478/1968 não fala expressamente ser direito do devedor efetuar pagamento parcial do título, ao qual não se pode opor o credor, ao contrário do que se vê, por exemplo, em relação à letra de câmbio ou à nota promissória. Contudo, o pagamento parcial é, sim, um direito do devedor, antes de mais nada, em razão da norma geral, inscrita no artigo 902, § 1º, do Código Civil, segundo a qual, no vencimento, não pode o credor recusar pagamento, ainda que parcial, hipótese na qual não opera a tradição do título, mas deverá ser firmada, além da quitação em separado, outra no próprio título.

Como se só não bastasse, o artigo 9º, § 2º, há pouco estudado, deixa claro que, se o legislador não explicitou tal direito do devedor, a ele se referiu indiretamente quando afirmou a possibilidade de se provar o pagamento, total ou parcial, da duplicata por meio de cheque liquidado. Como se só não bastasse, tem-se ainda a regra inscrita no artigo 25 da Lei, asseverando aplicar-se à duplicata e à triplicata, no que couber, os dispositivos da legislação sobre emissão, circulação e pagamento das Letras de Câmbio.

Destarte, poderá o devedor oferecer ao credor pagamento parcial do valor da duplicata e esse não o poderá recusar, devendo lançar no título um recibo do valor que lhe foi entregue, bem como firmar um outro recibo, em documento à parte, que será entregue ao devedor. A recusa caracterizará *mora accipiendi*, autorizando ao devedor recorrer aos procedimentos de consignação em pagamento, tal qual estipulado no Código de Processo Civil.

4.2 Reforma ou prorrogação

Um instituto jurídico que é original da duplicata é a reforma ou prorrogação, disciplinada no artigo 11 da Lei 5.478/1968. A reforma da duplicata é faculdade do credor, que poderá, se assim o quiser, prorrogar o prazo de vencimento do título. É uma figura *sui generis*, que traduz uma alternativa negocial para credor e devedor que rompe com a ideia de imutabilidade da declaração cambial; a expressão *re-formar* é, nesse contexto, muito feliz, pois transmite a ideia de dar nova forma. No entanto, esse poder de re-formação, de re-criação da obrigação cambial é limitado à modalização temporal do título, que, como se sabe, tem sua executividade (a efetividade do crédito) submetida a um termo, que, na forma do artigo 131 do Código Civil, suspende o exercício, mas não a aquisição do direito. Vinculada que a duplicata está à fatura, seus demais elementos são imutáveis; quando muito, se admite o pagamento fora da praça indicada no título, se ambas as partes anuírem.

A reforma da obrigação cambial pela prorrogação do prazo de vencimento da duplicata faz-se por meio de uma declaração passada pelo credor. Essa declaração poderá ser passada em documento separado ou escrita na própria cártula, devendo ser assinada pelo credor, seja ele o próprio vendedor, que ainda conserva o título em seu poder (isto é, que não endossou o título), ou, tendo o título circulado, o endossatário. Obviamente, aceita-se que a declaração seja firmada por representante com poderes especiais. A prorrogação concedida por meio de declaração assinada em separado só pode ser oposta ao signatário; se esse, após conceder a prorrogação, põe o título em circulação, o terceiro que o recebeu em boa-fé não se vincula ao prazo prorrogado, mas ao vencimento anotado na cártula. Melhor, portanto, será que a reforma se faça por meio de declaração assinada no próprio papel da duplicata.

A reforma é, a seu modo, uma moratória parcial da obrigação cambial, ainda que limitada ao aspecto temporal. Assim, seguindo um princípio jurídico que, por exemplo, se lê, em relação à fiança, no artigo 838, I, do Código Civil, faz-se necessária a adesão de todos os coobrigados (avalistas e endossantes), vez que suas declarações cambiais foram emitidas à luz da obrigação com seu contorno original. Essa anuência deve ser expressa e, a meu ver, concretizada em documento escrito que, contudo, não precisa, em nada, ser feita no próprio título.

4.3   Aval

Também a duplicata comporta garantia cambial de pagamento, ou seja, aceita a dação de aval, instituto que já tivemos ocasião de estudar. Tal garantia pode ser dada tanto a favor do devedor sacado, quanto do emitente, quando do endosso da cártula a terceiro; em qualquer hipótese, o avalista se equipara àquele cujo nome indicar, nos moldes já estudados. O aval pode ser prestado a qualquer momento até a satisfação da obrigação cambial (isto é, o pagamento); mesmo que seja dado posteriormente ao vencimento do título, produzirá os mesmos efeitos que o prestado anteriormente àquela ocorrência. Não se admite, para a duplicata, dação parcial de aval, aplicando-se, à falta de norma específica, a regra geral, disposta no artigo 897, parágrafo único, do Código Civil.

Não há regra específica sobre a localização do aval na cártula, razão pela qual se deve aplicar o regime geral, previsto no Código Civil e anteriormente estudado. Dessa forma, o aval deverá ser dado no verso ou no anverso do próprio título, desde que acompanhado de texto que esclareça tratar-se de outorga de garantia (*Em aval de Fulano*, *Avalizo Beltrano* ou qualquer outra fórmula equivalente); se dado no anverso (isto é, na face, na parte da frente) do título, sua validade decorre da simples assinatura do dador, e qualquer firma que esteja assim disposta na cártula pressupõe-se como caracterizadora de aval. Também em relação à duplicata o aval pode ser cancelado, considerando-se, então, não escrito.

O artigo 12 da Lei de Duplicatas cria, em relação a esse título, uma situação especial para o aval que seja prestado sem a indicação do garantido, será considerado como dado a favor daquele abaixo de cuja firma o avalista lançar a sua. Apenas se não for possível aferir tal solução, se utilizará da regra geral, pressupondo que o aval tenha se dado a favor do devedor principal, ou seja, o sacado, se o título tem aceite, ou o sacador, se não houver aceite. Se o avalista for casado em regime distinto da separação absoluta de bens, a prestação do aval exige autorização do outro cônjuge, por força do artigo 1.647, III, do Código Civil; na ausência de tal autorização, poderá o cônjuge, o marido ou a esposa demandar a invalidação do aval, como expressamente prevê o artigo 1.642, IV, do mesmo Código.

O aval deve ser obrigatoriamente lançado na duplicata, ou quando muito, se assim se fizer necessário, numa folha de alongamento, isto é, num papel que, unido ao título originário, no qual não há mais lugar para lançamento de novas declarações cambiais, permite a ampliação de espaço para tanto. Não serve para caracterizá-lo a garantia que seja aposta em outro documento, ainda que vinculado à emissão do título.

5 ENDOSSO

Por determinação legal, a duplicata é um título à ordem: deve trazer indicado seu beneficiário (o próprio emitente), mas permite que o pagamento se faça à ordem, ou seja, que o beneficiário endosse o título a outrem. O endosso se dá por declaração posta na cártula (*endosso, transfiro a* ou qualquer fórmula equivalente), assinada pelo credor: o emitente ou um endossatário posterior. Também aqui, a assinatura no verso (isto é, na parte de trás) do título torna dispensável a cláusula expressa. Não veda a Lei que seja dado endosso em branco, isto é, sem a indicação do beneficiário, permitindo que, a partir de então, o título circule como se fosse ao portador. O portador de título fruto da aposição de endosso em branco tem a faculdade de mudá-lo para endosso em preto, seja completando-o com seu nome, seja completando-o a quem o título seja transferido, entregando-lhe a cártula. Também pode simplesmente endossar outra vez o título, seja em branco ou em preto, mesmo sabendo que o anterior endosso em branco lhe autoriza a simplesmente transferi-lo sem novo endosso. Diante da sequência de endossos, considera-se legítimo possuidor da duplicata, e credor da obrigação por ela representada, o último endossatário. O devedor está obrigado a verificar a regularidade dessa série, ou seja, aferir a existência de uma sequência regular e ininterrupta de endossos, mas não a autenticidade das assinaturas.

Também a duplicata pode ser transferida por endosso-mandato, que confere ao endossatário o exercício dos direitos inerentes ao título, salvo restrição expressamente estatuída, da mesma forma que é possível haver endosso-penhor, com os contornos jurídicos já estudados. De qualquer sorte, independentemente da natureza, não há endosso parcial de duplicata e, ademais, a transferência deve ser pura e simples, vale dizer, não comportando submissão a qualquer condição.

Ao contrário do regime geral, disposto no artigo 914 do Código Civil, a regra específica para a duplicata é que o endossante responde pelo cumprimento da prestação constante do título, como se afere do artigo 15, § 1º, com a redação que lhe deu a Lei 6.458/1977, e o artigo 18, II e III, ambos da Lei de Duplicatas. Assim, o endossante é devedor solidário da cártula e, pagando-a, tem ação de regresso contra os coobrigados anteriores.

As obrigações decorrentes do endosso são autônomas. O devedor, além das exceções fundadas em eventuais relações pessoais que tenha com o portador, não lhe pode opor exceções que tenha em relação ao emitente. Sua defesa, destarte, fica limitada às questões relativas à forma do título e ao seu conteúdo literal, bem como à completa inexistência do negócio subjacente, já que se trata de título causal, ou seja, à afirmação de que se trata de título simulado.

Frise-se que essa baliza comporta mesmo aplicação reversa, a impedir que o endossatário pretenda se imiscuir nas relações havidas entre as partes do negócio de base, batendo-se por sua validade para, assim, preservar a higidez do contexto de geração da cártula. Essa situação fez o pano de fundo do Recurso Especial 997.054/SP, julgado pelo Superior Tribunal de Justiça.

6 PROTESTO

Admite-se o protesto da duplicata em três situações específicas: (1) por falta de aceite; (2) por falta de devolução pelo devedor que a recebe para assinar a declaração de reconhecimento da existência do débito, nos contornos em que foram lançados na duplicata, no prazo de dez dias, contado da data de sua apresentação, conforme estipulação do artigo 7º da Lei de Duplicatas; e (3) por falta de pagamento. É o que estipula o artigo 13, com a redação que lhe deu o Decreto 436/1969. O protesto será tirado conforme o caso, isto é, protesto por falta de aceite, protesto por falta de devolução da duplicata e protesto por falta de pagamento, pois se trata de situações distintas.

O protesto por falta de aceite é, entre as possibilidades listadas na lei, uma hipótese interessante, pois reafirma ser obrigação própria do devedor sacado firmar o reconhecimento de adequação da duplicata (da declaração unilateral da existência do crédito mercantil, feita pelo credor, o sacador), não podendo-se furtar a tanto. Não é lícito, contudo, ao credor providenciar o protesto do título por falta de aceite quando houve recusa motivada dele, correspondendo à realidade. Se o faz, cria um dano moral ao protestado, fruto de um ato ilícito (desconsiderar o problema existente na operação, na mercadoria ou serviço ou na duplicata, insistindo em sua cobrança indevida). Se, porém, a recusa deu-se por motivo inverídico, não possui a declaração assinada pelo devedor, fundada em fatos falsos, o poder de impedir o exercício do direito ao protesto, podendo o credor levá-lo a termo. De qualquer sorte, se o credor, considerando-se correto, leva a protesto por falta de aceite duplicata recusada e o devedor faz prova de que a recusa foi legítima, correspondendo a fatos verdadeiros, caracterizado estará o ato ilícito por culpa, na forma de negligência ou imprudência, conforme o caso, e, via de consequência, a responsabilidade civil do emitente e, havendo excesso na representação, de seu representante.

O protesto será tirado na praça de pagamento constante do título. Se o título foi remetido para aceite e foi devolvido sem que estivesse assinada a declaração de reconhecimento de sua legitimidade, ou se houve sua retenção, a ausência de protesto por falta de aceite ou de devolução não elide a possibilidade de protesto por falta de pagamento. E o protesto por falta de pagamento, tirado em forma regular e dentro do prazo de 30 (trinta) dias, contado da data de seu vencimento, é requisito para o exercício do direito de cobrar a duplicata de endossantes e respectivos avalistas; se não há protesto, ou se ele foi tirado para além desse prazo, o portador perde o direito de ação contra os coobrigados.

6.1   Triplicata ou indicação

Em se tratando de protesto por falta de aceite ou por falta de pagamento, deverá o credor apresentar a cártula respectiva, se a detém; se por acaso a duplicata se perdeu, ou se por acaso o devedor a reteve, o que é comum quando se trata de protesto por falta de devolução do título, poderá o credor providenciar a emissão de uma triplicata ou, ainda, fazer o protesto por simples indicações do portador.

A triplicata encontra previsão no artigo 23, que prevê sua emissão nas hipóteses de perda ou extravio da duplicata, situações em que o vendedor poderá extraí-la, tendo os mesmos efeitos e requisitos da duplicata e obedecendo às mesmas finalidades daquela. Se não há extravio, mas retenção do título, não há, *ipso facto*, um dever de emissão, mas apenas uma faculdade colocada à disposição do sacador, como decidiu o Superior Tribunal de Justiça, examinando o Recurso Especial 174.221/SP.

Não havendo emissão de triplicata, faz-se o protesto por indicação, sendo de se destacar que o artigo 8º, parágrafo único, da Lei 9.492/1997, permite sejam recepcionadas para protesto pelos Tabelionatos respectivos as indicações a protestos das Duplicatas Mercantis e de Prestação de Serviços, por meio magnético ou de gravação eletrônica de dados, sendo de inteira responsabilidade do apresentante os dados fornecidos, ficando a cargo dos Tabelionatos sua mera instrumentalização.

6.2   Protesto de duplicata simulada

O sistema de criação e emissão da duplicata, trazendo uma declaração unilateral emanada do próprio credor, facilita fraudes: o título pode ser emitido sem que haja negócio fundamental a dar-lhe causa, sendo depois endossado a terceiro o que constitui crime, viu-se anteriormente. Ainda assim, muitos ainda são surpreendidos na condição de vítimas de duplicatas simuladas. Quando tais títulos são apontados para protesto, a solução é, no prazo de três dias para o pagamento, a contar da intimação do Tabelionato de Protestos, pedir a sustação do protesto, ajuizando, depois, ação pedindo a declaração da nulidade do título por ausência de causa para a sua emissão. O problema não é tão simples, certo que a situação pode envolver terceiros de boa-fé.

Essencialmente, a duplicata simulada é a representação de um ato nulo, seja por ter objeto ilícito (artigo 166, II), seja por ter o objetivo de fraudar lei imperativa (artigo 166, VI), seja pelo fato de que a lei define tal comportamento como ilícito (artigo 166, VII, todos do Código Civil). E o que é nulo não gera efeitos jurídicos válidos (*quod nullum est, nullum producit effectum*). Ora, o princípio da autonomia não tem alcance tão amplo que o transforme em via para criação ilícita de obrigação jurídica sobre outrem (o sacado); uma tal interpretação romperia não só com a ideia de segurança jurídica, de importância vital no Direito Cambiário, mas também se afastaria do princípio da função social das faculdades (e relações) jurídicas. Não há justificativa para proteger o endossatário, que negocia com o fraudador endossante, em prejuízo do sacado, que nenhuma relação manteve com esse. Situações análogas seriam a de uma nota promissória com a assinatura falsificada e que, mesmo circulando, não pode ter o pagamento exigido do pretenso emitente, já que nenhuma responsabilidade possui na emissão, nem direta, nem indireta.

Diante desse quadro, protestar o sacado é ato jurídico ilícito e o dano moral decorrente justificará a determinação do dever de indenização. O problema é que o artigo 13, § 4º, da Lei de Duplicatas exige o protesto do título para que o endossatário possa se voltar contra o endossante. O dilema foi reconhecido pela Terceira Turma do Superior Tribunal de Justiça, no Recurso Especial 171.381/RJ, tendo por relator o ministro Eduardo Ribeiro: "o endossatário há de proceder ao protesto do título, sob pena de perder o direito de regresso contra o endossante. E sucede que, embora desse ato não resulte, do ponto de vista jurídico, prejuízo algum para o sacado que não aceitou, o certo é que são gravíssimas as consequências para o crédito". No precedente, a Corte ratifica o entendimento de que "o protesto não cria direitos. Presta-se apenas para documentar solenemente a apresentação do título. [...] E assim sendo, ter-se-ia que admitir como inaceitável a sustação do protesto, nas circunstâncias. Para o sacado não podem advir prejuízos e o endossatário fica exposto a ser privado do regresso. [...] Malgrado tudo isso, não há como fechar os olhos aos fatos. Teoricamente nenhum prejuízo pode advir para o sacado não aceitante. [...] Entretanto, a realidade é bem outra e de nada vale insistir-se, como faz Eunápio Borges, que se trata apenas de preconceito o 'doentio pavor', quanto ao protesto, por parte de comerciantes que pagam o que não devem, assessorados por advogados bisonhos. O certo é que o protesto, ainda que despido de consequências jurídicas para o sacado, tem devastadoras consequências práticas. Injustificadamente, embora, o certo é que seu crédito fica seriamente abalado. Não pode o julgador deixar de atentar para esse dado da vida comercial". No exame da demanda, "reconheceu-se que não havia fundamento para o saque. Inexistiu operação que o justificasse. A permanência do protesto, com todas as consequências que disso resultam, significaria lesão que à autora nada deve".

O defeito está em nossa legislação que simplesmente não se preparou para a duplicata fria, para além da tipificação, como crime, de sua emissão. Faz-se necessário, urgentemente, alterar os artigos 13 e 15 da Lei 5.474/1968 para tornar dispensável o protesto para o exercício do direito de regresso contra o emitente (sacador) e seus garantes. Enquanto isso não ocorre, a jurisprudência consolidou-se no sentido de ser devida a indenização pelo protesto indevido, mesmo que produzido com tal finalidade. O endossatário, destarte, deverá proteger-se por meio de contrato paralelo à cártula, no qual o endossante assuma a obrigação de pagar pela cártula caso o sacado não o faça.

A duplicata simulada, portanto, não pode ser protestada. Se houve protesto, será ele um ato ilícito e, assim, dará margem à indenização por danos morais que decorrem, *ipso facto*, da negativação do nome do sacado. Portanto, aquele que aponta o título simulado a protesto. Essa regra é clara em relação ao emitente. Em relação ao endossatário, parece-me aplicar-se apenas quando, sendo advertido de que o título não tem causa, insiste no protesto, negativando indevidamente o nome do sacado. Essa solução, creio, tem validade para todo e qualquer tipo de endosso, incluindo o endosso-mandato, no qual o endossatário, em regra no exercício de sua atividade econômica, é mandatário do pretenso credor na cobrança do débito. Afinal, como dito, não há relação entre sacador (endossante) e sacado; o nome do sacado é apenas uma referência da qual se apossou o fraudador da duplicata. Há relação negocial entre o endossante (sacador) e o endossatário que, diante do ajuste, deve redobrar os cuidados para evitar prejudicar terceiros. Cuidados, aliás, que sequer são extremados: exigir uma cópia da nota fiscal correspondente, do recibo de entrega da mercadoria ou de recebimento do serviço, bem como acautelar-se quando avisado da inexistência de negócio fundamental.

A jurisprudência do Superior Tribunal de Justiça, todavia, consolidou-se noutra direção: reconheceu a responsabilidade civil do emitente da duplicata e do endossatário, quando haja endosso translatício (que transfere a titularidade da cártula), afastando o dever de indenizar quando se tenha endosso/mandato. Julgando o Agravo Regimental no Agravo de Instrumento 833.814/SP, a Quarta Turma do Superior Tribunal de Justiça pontificou que "procedendo o banco réu a protesto de duplicata, recebida mediante endosso translativo, torna-se ele responsável pelo ato ilícito causador da lesão, se verificado que a cártula não dispunha de causa à sua emissão, assumindo, pois, o recorrente, o risco negocial". O relator, Ministro Aldir Passarinho Junior destacou que, no caso, "o banco não atuou como mandatário, pois não recebeu a duplicata pura e simplesmente para cobrança em nome do sacador, mas sim fez uma operação de desconto, ou seja, o pagamento ao sacador foi feito antecipadamente pelo endossatário, que recebeu o título para cobrá-lo em seu interesse próprio, tratando-se portanto do endosso translativo, o que torna o banco responsável. O entendimento do STJ é no sentido de que como o endosso-mandato de duplicata não transfere a propriedade da cambial ao banco endossatário, indevida sua inclusão na lide como litisconsorte passivo do endossante, em demanda em que se postula exclusivamente a anulação de título sem aceite e sem causa jurídica e que o banco só é responsável quando advertido previamente sobre a falta de higidez da cobrança e, mesmo assim, nela prossegue. No entanto, o presente caso diz respeito ao endosso translativo e a despeito da alegação do recorrente de que se trata de endosso-mandato, o que não poderia acarretar sua responsabilidade por prejuízos causados ao sacado, esta Corte tem entendimento de que, cuidando-se de contrato de desconto de duplicatas, trata-se do endosso translativo, pelo qual se transfere o próprio crédito constante da cártula ao endossatário". Foram citados diversos precedentes no mesmo sentido, entre os quais os acórdãos proferidos nos Recursos Especiais 629433/ RJ e 541.460/RS.

O Recurso Especial 1.105.012/RS levou ao Superior Tribunal de Justiça a pretensão de que fosse declarada a inexistência de débito, a nulidade de duplicatas emitidas sem causa, bem como a condenação da emitente/endossante e da instituição financeira endossatária, pelos danos morais suportados, decorrentes do protesto dos títulos, e a inscrição do nome do sacado nos órgãos de proteção ao crédito. A Alta Corte se manifestou assim: "(2) Impossibilidade de desvinculação dos títulos de crédito causais da relação jurídica subjacente, ante a mitigação da teoria da abstração. Reconhecimento da responsabilização civil da endossatária, que apresenta a protesto duplicatas mercantis desprovidas de aceite e de *causa debendi*. (3) A duplicata é título de crédito causal, vinculado a operações de compra e venda de mercadorias ou de prestação de serviços, não possuindo a circulação da cártula, via endosso translativo, o condão de desvinculá-la da relação jurídica subjacente. Tribunal *a quo* que expressamente consignou a inexistência de *causa debendi* a corroborar a emissão dos títulos de crédito. (4) Aplicação do direito à espécie, porquanto é entendimento desta Corte Superior, assentado em julgamento de recurso repetitivo, ser devida a indenização por danos morais pelo endossatário na hipótese em que, recebida a duplicata mercantil por endosso translativo, efetua o seu protesto mesmo inexistindo contrato de venda mercantil ou de prestação de serviços subjacente ao título de crédito, tampouco aceite. A ausência de lastro à emissão da duplicata torna o protesto indevido. Precedentes."

Já no que diz respeito ao endosso-mandato, o entendimento pacificado pelo Superior Tribunal de Justiça, como reiterado no julgamento do Recurso Especial 921.495/SP, é o seguinte: "quem recebe título de crédito por endosso-mandato só responde pelos danos causados por sua atuação quando excede culposamente os poderes recebidos do mandante". No corpo de seu voto, o relator, Ministro Humberto Gomes de Barros, desenvolveu a tese: "quem recebe título de crédito por endosso-mandato só responde pelos danos causados por sua atuação quando excede culposamente os poderes recebidos do mandante. Essa orientação foi recentemente ratificada pela Terceira Turma". Citou o julgamento do Recurso Especial 255.634: "endossatário, tratando-se de endosso-mandato, age em nome do endossante. Não deve figurar, em nome próprio, em ação de sustação de protesto ou de anulação do título". Também transcreveu o julgado no Recurso Especial 149.365: "o endossatário, tratando-se de endosso-mandato, age em nome do endossante. Não deve figurar, em nome próprio, em ação de sustação de protesto ou de anulação do título".

Note-se que esse precedente, tomado à unanimidade, ainda traz uma particularidade; decidiu-se que "o sacado não pode dar ordem ao mandatário, substituindo o mandante. Portanto, a comunicação feita pelo sacado da falta de origem do título não produz efeitos em relação ao mandatário que deve obediência apenas ao mandante". No caso, o Tribunal de Justiça paulista concluiu pela legitimidade do banco/mandatário por excesso de mandato, já que teria agido "por ato próprio, na medida que foi alertado pela apelada sobre a falta de origem do título de que ele era o portador da cobrança". Para o Superior Tribunal de Justiça, esse aviso não teria qualquer eficácia, já que, como visto, somente o próprio endossante/mandante pode dar instruções ao endossatário/mandatário, não o devedor/sacado.

Uma última hipótese deve ser colocada: o saque (e protesto) de duplicata em valor superior ao negócio jurídico subjacente. Surpreendentemente, o Superior Tribunal de Justiça considera não se tratar de hipótese de caracterização de dano moral, já que há a dívida, ainda que em valor menor. É o que resultou decidido no Recurso Especial 1.437.66/MS: "(4) A duplicata é título de crédito causal que, pela sua lei de regência (Lei 5.474/1968) só pode ser emitida, para circulação como efeito comercial, no ato de extração de fatura ou conta decorrente de compra e venda mercantil ou de prestação de serviços. (5) Além de corresponder a um efetivo negócio de compra e venda mercantil ou prestação de serviços, a duplicata deve refletir, com precisão, a qualidade e quantidade da mercadoria vendida ou do serviço prestado, sob pena de irregularidade apta a justificar a recusa do aceite (art. 8º da Lei 5.474/1968), podendo configurar, ainda, no âmbito penal, o crime de duplicata simulada (art. 172 do CP). (6) Hipótese dos autos em que, conforme soberanamente apurado pelo Tribunal de origem, a duplicata foi emitida em valor superior ao dos serviços prestados, o que torna indevido o apontamento do título a protesto. (7) Cuidando--se de protesto irregular de título de crédito, o reconhecimento do dano moral está atrelado à ideia do abalo do crédito causado pela publicidade do ato notarial, que, naturalmente, faz associar ao devedor a pecha de 'mau pagador' perante a praça. (8) Todavia, na hipótese em que o protesto é irregular por ter como objeto título de crédito sacado em valor superior ao efetivamente devido não há se falar em abalo de crédito, pois, em maior ou menor grau, o obrigado (*in casu*, o sacado da duplicata) permanece na condição de devedor, estando de fato impontual no pagamento da dívida, embora em patamar inferior ao apontado na cártula. (9) Não se extraindo, no particular, agressão à reputação pessoal da recorrente, à sua honorabilidade e credibilidade perante seus concidadãos, não se tem por configurado o dano moral".

7 EXECUÇÃO DA DUPLICATA

A duplicata é um título executivo extrajudicial e, destarte, passível de instruir ação executória contra seus obrigados, isto é, contra o devedor principal, os endossatários e seus eventuais avalistas. O foro competente para tal cobrança judicial da duplicata ou da triplicata, como previsto pelo artigo 17 da Lei de Duplicatas (com redação dada pela Lei 6.458/1977), é o da praça de pagamento constante do título; a Lei, todavia, ainda permite que o credor afore a cobrança em outro lugar, desde que domicílio do comprador. A mesma regra vale para a hipótese de ação regressiva: o foro competente, em regra, é a praça que o título traz indicada, mas permite-se que o ajuizamento se faça no domicílio dos sacadores, dos endossantes e respectivos avalistas.

A duplicata ou triplicata que esteja aceita, ou seja, que conte com a assinatura do devedor reconhecendo a exatidão da obrigação que lhe é imputada no documento, pode ser executada independentemente do protesto, se o feito é dirigido diretamente ao devedor principal, signatário do documento, ou contra seu avalista. Pretendendo-se executar os demais coobrigados, o protesto se fará necessário. Se não houve aceite da duplicata ou da triplicata, a execução demanda que, cumulativamente, tenha sido o título protestado por falta de pagamento e esteja acompanhado de documento hábil comprobatório da entrega e recebimento da mercadoria; e o sacado não tenha, comprovadamente, recusado o aceite, no prazo, nas condições e pelos motivos previstos na Lei de Duplicatas.

O protesto é necessário para que sejam acionados o sacador, demais endossantes eventualmente existentes e respectivos avalistas, referindo o artigo 15, § 1º, da Lei de Duplicatas, com a redação que lhe é dada pela Lei 6.458/1977, que o requisito será satisfeito quaisquer que sejam a forma e as condições do protesto. Atendidos tais requisitos, a cobrança judicial poderá ser proposta contra um ou contra todos os coobrigados, sem observância da ordem em que figurem no título.

Se o protesto se faz para que sejam exercidos os direitos contra o sacador, endossantes e respectivos avalistas, não há necessidade de apresentação de documento hábil comprobatório da entrega e recebimento da mercadoria, exigível apenas quando se pretende executar o sacado (o devedor indicado no título). No entanto, um entendimento jurisprudencial ganha força e se mostra juridicamente irrepreensível, a meu ver: a afirmação de não ser necessário o protesto para que a duplicata que se prova simulada seja cobrada do sacador (o emitente) que a endossou a terceiro de boa-fé. A exigência de protesto se faz presente nas hipóteses de emissão regular do título. Se a duplicata foi emitida sem base fática, isto é, sem que efetivamente houvesse um negócio subjacente que lhe desse causa, despiciendo se torna o protesto para exercer o direito de regresso contra o emitente endossante, pois o que subsiste do título é a promessa de pagar, que, como visto no início deste capítulo, é inerente ao endosso da duplicata pelo credor-emitente, já que a declaração da existência do crédito é falsa.

O entendimento pode parecer estranho, mas guarda coerência com as particularidades do título estudado, cuja emissão é própria do credor, que declara unilateralmente a obrigação de outrem, melhor, a obrigação de seu devedor. Essa declaração feita por alguém, afirmando que outrem lhe deve determinada importância, torna-se promessa de pagamento, sempre que o título é endossado pelo emitente. Dessa forma, no endosso da duplicata pelo emitente, não há simplesmente uma transferência do crédito, mas uma correspondente afirma – e garantia – da existência desse crédito, com o que não é lícito ao emitente endossante de *duplicata simulada, duplicata fria,* invocar a ausência de protesto para eximir-se da execução pela promessa direta da existência do crédito, ínsita ao endosso.

7.1   Execução de duplicata ou triplicata não devolvida

Se o devedor, ao receber a duplicata que lhe foi enviada pelo vendedor ou prestador de serviços, a retém, seu protesto poderá ser feito, como visto, pela emissão de triplicata ou mediante indicações do credor ou do apresentante do título. A execução, em tal hipótese, poderá fundar-se seja na triplicata, seja no instrumento de protesto que se tirou com base nas indicações, forte na regra que não obriga ao sacador emitir a triplicata se não houve extravio; apenas se exige que a triplicata ou o instrumento de protesto tirado a partir das indicações estejam acompanhados de documento hábil comprobatório da entrega e recebimento da mercadoria, e que o sacado não tenha, comprovadamente, recusado o aceite, no prazo, nas condições e pelos motivos legais.

Esse entendimento, porém, não esvazia a importância da duplicata, cuja emissão é obrigatória, atendendo a todos os requisitos que se viu anteriormente. Se a duplicata não foi emitida, nem foi remetida, como manda a lei, ao devedor para que a aceite ou, sendo o caso, a recuse motivadamente, não há falar em execução de triplicata ou de indicações feitas ao cartório de protestos, pois não se atenderam aos requisitos legais elementares dos títulos de crédito. Voltarei ao tema no final deste capítulo, quando abordarei a chamada *duplicata escritural.*

7.2   Correção monetária e juros

O inadimplemento da obrigação representada pela duplicata caracteriza ato ilícito e, destarte, autoriza ao credor, em sua execução, pleitear a cobrança dos juros moratórios, cobrados nos limites permitidos pelo Código Civil. A duplicata, contudo, não comporta o estabelecimento de multa moratória.[4] Os juros são apenas os moratórios, já que a Lei 5.474/1968 não contempla a possibilidade de serem estipulados juros compensatórios (remuneratórios); se houver na duplicata ou na folha de alongamento qualquer estipulação nesse sentido, ainda que contando com a anuência do devedor, que assina a cláusula correspondente, deve ser tida como

---

[4]   Recorde-se de que a multa é um valor (ainda que calculado sob a forma de percentual sobre o total do débito; p. ex.: 2%) que se cobra no momento do vencimento, se não há pagamento. Os juros moratórios são a compensação, mês a mês, pelo não pagamento, isto é, pela mora do devedor.

não escrita. Se, pelo prazo concedido para pagamento, foi feita a cobrança de juros, esses devem ser lançados e calculados na fatura, e o total da operação (que é o total da fatura), lançado como valor certo a pagar na duplicata.

Também é devida a correção monetária, salvo norma expressa, de ordem pública, que a vede, como já se verificou em alguns momentos da história brasileira. A correção monetária é devida desde o momento em que o pagamento era devido, isto é, desde o vencimento do título não pago, pois era então que o valor deveria ter sido transferido ao credor e é a partir de então que o montante nominal do título passa a ser corroído por eventual fenômeno inflacionário.

7.3   Ação ordinária ou monitória

Se a duplicata ou triplicata não preenche os requisitos legais para a execução, pode seu credor recorrer ao procedimento ordinário, ou seja, ao processo de conhecimento, aforando uma ação de cobrança. A mesma alternativa processual socorre o credor na hipótese de prescrição do título. De qualquer sorte, tem-se ainda a possibilidade de manejo da ação monitória, instrumento de previsão mais recente no Direito brasileiro.

No exame do Recurso Especial 281.284/RJ, a Terceira Turma do Superior Tribunal de Justiça disse que "as triplicatas sem aceite, acompanhadas das respectivas notas fiscais e dos instrumentos de protesto, sem impugnação, servem como títulos hábeis para o ajuizamento da ação monitória". Em seu voto, o Ministro Carlos Alberto Menezes Direito ponderou que a triplicata sem aceite, "sem dúvida, é documento que serve de prova para o ajuizamento da ação monitória. Se os documentos foram emitidos pelo credor e se os mesmos não refletem o débito, é matéria que será examinada ao tempo dos embargos, possibilidade aberta pelo Código aos devedores. O que não tem cabimento é considerar que a duplicata e as notas fiscais sejam impróprias para o pedido monitório. Tais documentos são, sim, prova escrita suficiente para o ajuizamento da ação monitória". Noutra oportunidade, quando do julgamento do Recurso Especial 204.894/MG, a mesma Turma examinou a possibilidade de a ação monitória ser instruída com duplicatas protestadas, sem aceite e sem o recibo de entrega das mercadorias, tendo pontificado que "o documento escrito a que se refere o legislador não precisa ser obrigatoriamente emanado do devedor, sendo suficiente, para admissibilidade da ação monitória, a prova escrita que revele razoavelmente a existência da obrigação". O precedente teve relator no Ministro Waldemar Zveiter.

7.4   Prescrição

São previstos prazos distintos para a extinção, pela prescrição, do direito de exigir judicialmente o adimplemento da obrigação representada pela duplicata.

Assim, a pretensão do credor, seja emitente, seja endossatário, de exigir do sacado e de seus eventuais avalistas o crédito prescreve em três anos, contados da data do vencimento. Se a pretensão é dirigida contra endossante e seus avalistas, prescreve em um ano, contado da data do protesto. Se o título foi cobrado de um coobrigado que o pagou, seu direito de exercer ação executória de regresso contra qualquer dos coobrigados anteriores, inclusive o devedor principal, prescreve em um ano, contado da data em que haja sido efetuado o pagamento do título. De resto, também no que diz respeito à duplicata, aplicam-se os princípios jurídicos relativos à suspensão e à interrupção do prazo prescricional.

8 DUPLICATA RURAL

O Decreto-lei 167/1967 prevê, em seus artigos 46 e seguintes, a possibilidade de emissão de duplicata mercantil nas vendas a prazo de quaisquer bens de natureza agrícola, extrativa ou pastoril, quando efetuadas diretamente por produtores rurais ou por suas cooperativas. São requisitos dessa modalidade de duplicata:

1. denominação "Duplicata Rural";
2. data do pagamento, ou a declaração de dar-se a tantos dias da data da apresentação ou de ser a vista;
3. nome e domicílio do vendedor;
4. nome e domicílio do comprador;
5. soma a pagar em dinheiro, lançada em algarismos e por extenso, que corresponderá ao preço dos produtos adquiridos;
6. praça do pagamento;
7. indicação dos produtos objeto da compra e venda;
8. data e lugar da emissão;
9. cláusula à ordem;
10. reconhecimento de sua exatidão e obrigação de pagá-la, para ser firmada do próprio punho do comprador ou de representante com poderes especiais;
11. assinatura do próprio punho do vendedor ou de representante com poderes especiais.

O vendedor, ao emiti-la, deve enviá-la ao comprador, que a devolverá depois de assiná-la; a remessa poderá ser feita diretamente pelo vendedor ou por seus representantes, por intermédio de instituições financiadoras, procuradores ou correspondentes, que se incumbam de apresentá-la ao comprador, na praça ou no lugar de seu domicílio, podendo os intermediários devolvê-la depois de assinada ou conservá-la em seu poder até o momento do resgate, conforme as instruções de quem lhe cometeu o encargo. Não devolvida com a declaração de exatidão e assunção da obrigação de pagá-la, torna-se possível o protesto por falta de aceite. Se o título perde-se ou extravia-se, o vendedor está obrigado a extrair novo documento que contenha a expressão "segunda via" em linhas paralelas que cruzem o título.

Uma vez não sendo providenciado o pagamento na data aprazada, cabe ação executiva para cobrança da duplicata rural, sendo que, por força do artigo 53 do Decreto-lei 167/1967, a duplicata rural goza de privilégio de crédito, na forma do artigo 1.563 do Código Civil de 1916, o que nos remete, na atualidade, aos artigos 963 c/c 965, VIII, do Código Civil de 2002.

Note-se que, por força do artigo 60, § 2º, do Decreto-lei 167/1967, é nulo o aval dado em duplicata rural, salvo quando dado pelas pessoas físicas participantes da empresa emitente ou por outras pessoas jurídicas. Também são nulas quaisquer outras garantias, reais ou pessoais, salvo quando prestadas pelas pessoas físicas participantes da empresa emitente, por esta ou por outras pessoas jurídicas. Tais regras só são excepcionadas na hipótese de transações realizadas entre produtores rurais, e entre eles e suas cooperativas não se aplicam as disposições dos parágrafos anteriores.

A extração de duplicata rural que não corresponda a uma venda efetiva de quaisquer bens de natureza agrícola, extrativa ou pastoril constitui crime, para o qual o artigo 54 do Decreto-lei 167/1967 prevê pena de reclusão por um a quatro anos, além da multa de 10% (dez por cento) sobre o respectivo montante. O dispositivo, porém, permite que a expedição da duplicata corresponda à entrega simbólica dos bens, não sendo indispensável haver entrega real.

Já o artigo 74 permite que, dentro do prazo da duplicata rural, poderão ser feitos pagamentos parciais. Nesse caso, o credor declarará, no verso do título, sobre sua assinatura, a importância recebida e a data do recebimento, tornando-se exigível apenas o saldo.

9 DUPLICATA ELETRÔNICA

A desmaterialização dos títulos de crédito é uma tendência que começou a ganhar corpo no último quarto do século XX, com o avanço da eletrônica e dos meios de comunicação. O avanço e a modernização dos registros eletrônicos (ditos virtuais) vão colocando em cheque a figura do *papel* e, via de consequência, da *cártula*. A duplicata eletrônica, assim, passou a ser uma tendência muito forte, o que culminou com a edição da Lei 13.775/18, dispondo sobre a emissão de duplicata sob a forma escritural. Todas as dúvidas judiciárias e doutrinárias, assim, foram afastadas: a duplicata de que trata a Lei 5.474/1968 pode ser emitida sob a forma escritural, para circulação como efeito comercial, observadas as disposições da Lei 13.775/18. Aliás, por força do artigo 10 da Lei 13.775/18, são nulas de pleno direito as cláusulas contratuais que vedam, limitam ou oneram, de forma direta ou indireta, a emissão ou a circulação de duplicatas emitidas sob a forma cartular ou escritural.

A emissão de duplicata sob a forma escritural (duplicata eletrônica) não é tão simples como a duplicata em papel. Sua escrituração não se faz no âmbito do próprio sacador. A emissão faz-se mediante lançamento em sistema eletrônico de escrituração gerido por quaisquer das entidades que exerçam a atividade de escrituração de duplicatas escriturais (artigo 3º). Portanto, não se trata de escrituração do próprio empresário, mas de escrituração de terceiro, entidade que atua por meio de autorização de órgão ou entidade da administração federal direta ou indireta a exercer a atividade de escrituração de duplicatas. Aliás, os lançamentos no sistema eletrônico previsto na Lei 13.775/18, por força do seu artigo 9º, substituem o Livro de Registro de Duplicatas, previsto no artigo 19 da Lei de Duplicatas.

A Lei refere-se expressamente à Central Nacional de Registro de Títulos e Documentos, esclarecendo que a escrituração do título cabe ao oficial de registro do domicílio do emissor da duplicata, prestigiando a estrutura notarial existente no país. No entanto, se o oficial de registro não estiver integrado ao sistema central, a competência será transferida para a capital da respectiva entidade federativa (artigo 3º, §§ 2º e 3º). A emissão eletrônica se fará por meio do recolhimento dos respectivos emolumentos, cobrados pela central nacional. Esse valor será fixado pelos Estados e pelo Distrito Federal, observado o valor máximo de R$ 1,00 (um real) por duplicata, limitação inscrita no § 4º do mesmo artigo 3º.

Segundo a previsão do artigo 4º da Lei 13.775/18, a emissão da duplicata virtual deverá se fazer lançando no sistema eletrônico, no mínimo, os seguintes aspectos: (1) apresentação, aceite, devolução e formalização da prova do pagamento; (2) controle e transferência da titularidade; (3) prática de atos cambiais sob a forma escritural, tais como endosso e aval; (4) inclusão de indicações, informações ou de declarações referentes à operação com base na qual a duplicata foi emitida ou ao próprio título; e (5) inclusão de informações a respeito de ônus e gravames constituídos sobre as duplicatas. Como tais elementos estão lançados no sistema eletrônico de escrituração, cabe ao seu gestor realizar as comunicações ao devedor e aos demais interessados dos atos respectivos, quando praticados, a exemplo do endosso ou do aval.

Obviamente, a prática de tais atos, incluindo a previsão de comunicação aos interessados, são aspectos que desafiam a segurança das relações creditícias envolvidas. Essencialmente, importa observar os efeitos que venham a ser produzidos sobre os patrimônios envolvidos ou que venham a ser envolvidos (terceiros). O legislador procurou resolver isso remetendo diversas questões para normas regulamentares. Assim, segundo o § 2º do artigo 4º, a Central Nacional de Registro de Títulos e Documentos (ou outro órgão a quem se dê igual autorização, eventualmente) poderá definir a forma e os procedimentos que deverão ser observados para a realização das referidas comunicações. Mais do que isso, o § 3º prevê que o sistema eletrônico de escrituração deve dispor de mecanismos que permitam ao sacador e ao sacado comprovarem, por quaisquer meios de prova admitidos em direito, a entrega e o recebimento das mercadorias ou a prestação do serviço, devendo a apresentação das provas ser efetuada em meio eletrônico. A redundância do "comprovarem por quaisquer meios de prova" está na lei.

Adiante, o artigo 11 prevê a possibilidade de a Administração Pública Federal regulamentar outros aspectos (o que, aliás, é óbvio: para isso servem os decretos), destacando um deles: a forma e periodicidade do compartilhamento de registros, à fiscalização da atividade de escrituração de duplicatas escriturais, aos requisitos de funcionamento do sistema eletrônico de escrituração e às condições de emissão, negociação, liquidação e escrituração da duplicata emitida sob a forma escritural.

A apresentação da duplicata escritural será efetuada por meio eletrônico, em dois dias úteis contados de sua emissão (se não houver estipulação casuística de outro prazo em norma regulamentar), por força do artigo 12, § 1º, da Lei 13.775/18. A obrigação de fornecer endereço eletrônico confiável para tanto é do credor que solicita a emissão do título. Recebendo o título, o devedor poderá, por meio eletrônico, recusar, no prazo, nas condições e pelos motivos previstos na Lei de Duplicatas, a duplicata escritural apresentada ou, no mesmo prazo acrescido de sua metade, aceitá-la (§ 2º). Para fins de protesto, a praça de pagamento das duplicatas escriturais deverá coincidir com o domicílio do devedor, segundo a regra geral do § 1º do artigo 75 e do artigo 327 do Código Civil, salvo convenção expressa entre as partes que demonstre a concordância inequívoca do devedor (artigo 12, § 3º, da Lei 13.775/18).

Prevê o artigo 5º que constituirá prova de pagamento, total ou parcial, da duplicata emitida sob a forma escritural a liquidação do pagamento em favor do legítimo credor, utilizando-se qualquer meio de pagamento existente no âmbito do Sistema de Pagamentos Brasileiro. Essa prova de pagamento deverá ser informada no sistema eletrônico de escrituração, com referência expressa à duplicata amortizada ou liquidada. A lei não afirma de quem é tal obrigação, mas resulta claro ser do credor: antes de mais nada, porque a obrigação do devedor é saldar seu débito e, ao pagar, ele o fez. Ademais, a estrutura de escrituração eletrônica serve ao credor: ele é o emissor do título, ou seja, ele remete a relação creditícia para o sistema eletrônico de escrituração e pagamento. Embora seja uma obrigação do credor, parece-me que, como não há impedimento legal, nada impede que o devedor informe o pagamento, apresentando a prova respectiva.

Os gestores dos sistemas eletrônicos de escrituração ou os depositários centrais, na hipótese de a duplicata emitida sob a forma escritural ter sido depositada de acordo com a Lei 12.810/13, expedirão, a pedido de qualquer solicitante, extrato do registro eletrônico da duplicata (artigo 6º). Desse extrato deverá constar, no mínimo: (1) a data da emissão e as informações referentes ao sistema eletrônico de escrituração no âmbito do qual a duplicata foi emitida; (2) os elementos necessários à identificação da duplicata, nos termos do artigo 2º da Lei 5.474/1968; (3) a cláusula de inegociabilidade, se houver; e as informações acerca dos ônus e gravames, se existirem. Também constarão do extrato, por força do artigo 4º, § 4º, os endossantes e avalistas indicados pelo apresentante ou credor como garantidores do cumprimento da obrigação. Esse extrato pode ser emitido em forma eletrônica, observados requisitos de segurança que garantam a autenticidade do documento (§ 2º do artigo 6º). De qualquer sorte, o sistema eletrônico de escrituração deverá manter em seus arquivos cópia eletrônica dos extratos emitidos. Por fim, anote-se a previsão constante no § 4º, de que será gratuita a qualquer solicitante a informação, prestada por meio da rede mundial de computadores, de inadimplementos registrados em relação a determinado devedor.

A duplicata emitida sob a forma escritural e o extrato de que trata o artigo 6º da Lei 13.775/18 são títulos executivos extrajudiciais, devendo-se observar, para sua cobrança judicial, o disposto na Lei de Duplicatas, conforme previsão do artigo 7º. Ademais, às duplicatas escriturais aplicam-se, de forma subsidiária, as disposições da Lei 5.474/1968, segundo previsão do artigo 12 da Lei 13.775/18.

22
Notas e Cédulas de Crédito

1 CONCEITO

Cédulas e notas de crédito são títulos representativos de operações de financiamento, tendo por negócio de base empréstimos concedidos por instituições financeiras, ou entidade a essas equiparadas.

As cédulas e as notas são títulos de crédito causais que surgem de negócio jurídico necessário e que têm ambiente negocial próprio, uma vez que somente pode originar-se de operação financeira que tem por credor, obrigatoriamente, um banco ou instituição assemelhada. Esse credor, aliás, após o ajuste do negócio, abrirá, com o valor do financiamento, conta vinculada à operação, que o financiado movimentará por meio de cheques, saques, recibos, ordens, cartas ou quaisquer outros documentos, na forma e no tempo previstos na cédula ou no orçamento a ela anexo, caso a instituição credora o tenha exigido. Aliás, a destinação do empréstimo, nas cédulas e notas temáticas (rural, industrial, comercial e de exportação), é elemento essencial do título e de sua formação, não sendo lícita a emissão em circunstâncias outras que não as previstas nas legislações de regência.

As cédulas e as notas de crédito são títulos de crédito, por expressa disposição legal, mas apresentam estrutura formal de contratos, trazendo cláusulas diversas. Portanto, são contratos com natureza jurídica (*ex vi legis*) de títulos de crédito, comungando dos princípios e das regras do Direito Contratual e do Direito Cambial. Assim, apesar de serem inequivocamente títulos executivos, comportam revisão judiciária, mormente por serem suas cláusulas previamente elaboradas pela instituição bancária, caracterizando um contrato de adesão.

Sua emissão faz-se por escrito, em tantas vias quantas forem as partes que nela intervierem, sendo assinadas pelo emitente e pelo terceiro garantidor, se houver, ou por seus respectivos mandatários, devendo cada parte receber uma via na qual estará impressa a expressão *não negociável*, uma vez que somente a via do credor pode ser transferida, por endosso ou cessão de crédito. Não se exigem assinaturas de testemunhas e mesmo a assinatura do credor é considerada despicienda, pois o título, por si e por seu registro na respectiva contabilidade, prova a vinculação da instituição financeira ao documento elaborado por seus prepostos. Em acréscimo, manifestando uma vez mais sua característica contratual, a cédula e a nota de crédito podem ser aditadas, retificadas ou ratificadas mediante documento escrito, datado e assinado pelo devedor, pelo terceiro garantidor, se houver, ou por seus respectivos mandatários, devendo cada parte receber uma via.

A situação geradora das cédulas e notas de crédito, bem como sua estrutura jurídica, mitigam o princípio da autonomia cambiária. Afinal, o negócio de base está expresso na cártula e em seus anexos, em minúcias. A solução, porém, varia caso a caso, e não é adequado pretender tratar-se de uma regra geral. Não obstante a cédula e a nota de crédito encontrem variações nas diversas legislações que se encarregaram de prevê-las, bem como de definir-lhes o regime específico, há um conjunto de elementos comuns que definem requisitos mínimos que devem ser apresentados em todos os títulos, requisitos facultativos e, finalmente, requisitos que sejam próprios de determinados títulos. Os requisitos comuns são os seguintes:

1. denominação;
2. promessa de adimplemento;
3. forma de pagamento;
4. indicação do credor;
5. valor do crédito;
6. finalidade do financiamento;
7. definição da garantia real;
8. encargos financeiros;
9. praça de pagamento;
10. data, local e assinatura.

É fundamental ter em mente que as cédulas e as notas de crédito, por se apresentarem e estruturarem como contratos, comportam a estipulação de outras cláusulas, desde que essas não desrespeitem os requisitos mínimos estipulados em lei, não desnaturem a caracterização jurídica do instituto, nem desrespeitem normas e princípios de Direito.

Emitido pelo próprio devedor, ainda que conjuntamente com o credor, as cédulas e as notas de crédito constituem uma promessa de pagamento ou entrega de coisa certa (no caso específico da cédula de produto rural). Tem-se, portanto, que na criação, o devedor emitente promete adimplir (pagar o valor ou entregar os bens) o crédito, conforme estipulado no título. Essa promessa não se dá de forma *pura e simples*, vez que as cédulas e as notas trazem um conjunto de cláusulas que definem os contornos da obrigação por ela representada. Seu objeto, portanto, pode não ser definido, mas definível, exigindo cálculos aritméticos que definam o valor devido, respeitados os encargos financeiros contratados, de forma líquida e certa. Aliás, liquidez e certeza são requisitos indispensáveis para a execução do título, o que não se substitui pela simples afirmação legal de que a cédula é um título líquido e certo. Liquidez e certeza são questões de fato, não presunções jurídicas. O valor total do débito deve ser apurável de forma simples, por meros cálculos aritméticos. Qualquer dúvida que seja lançada quanto ao débito lhe retirará a executabilidade, tornando-o mera prova escrita para o ajuizamento de ação monitória ou ordinária de cobrança.

As formas e as condições de pagamento deverão estar expressas de forma clara e inequívoca no instrumento. Não se exige, nas cédulas e nas notas de crédito, um pagamento único, feito em data precisa. É lícito estipular pagamento em prestações periódicas e, até, prorrogações de vencimento. Em tais casos, os artigos 14 e 27 do Decreto-lei 167/1967 determinam que seja acrescentado ao título que o pagamento será feito "nos termos da cláusula Forma de Pagamento abaixo" ou "nos termos da cláusula Ajuste de Prorrogação abaixo"; os artigos 14 e 16 do Decreto-lei 413/1969, por seu turno, apenas exigem cláusula discriminando valor e data de pagamento das prestações. As cédulas e as notas de crédito necessariamente indicarão o nome do credor, que é a instituição financiadora da operação: aquela que disponibilizou o numerário para o devedor. A cláusula à ordem, por seu turno, permitindo o endosso do título, é uma faculdade dos títulos, que não se descaracterizam caso não a tragam expressa. Essa qualidade fica claro do artigo 29, IV, da Lei 10.931/2004 que, não obstante se refira especificamente à cédula de crédito bancário, permite interpretação extensiva aos demais títulos assemelhados – notas e cédulas de crédito – pela própria particularidade do ambiente de geração e circulação desses títulos. Tem-se, portanto, que o título não é necessariamente à ordem, podendo ser emitido sob a forma nominativa, registrada a operação financeira na instituição credora.

Cédulas e notas de crédito são títulos causais, originados obrigatoriamente em operações de financiamento feitas por intermédio de instituição bancária ou assemelhada. O valor do crédito que foi deferido e disponibilizado para o devedor, base negocial necessária para a emissão do título, é elemento que deve ser indicado no título. Esse valor é a base de cálculo para chegar-se ao valor exigido que deverá corresponder, de forma líquida, ao valor do empréstimo, acrescido das verbas contratualmente previstas, por seus respectivos índices. Para as cédulas de crédito bancário (tenham função de cédula, tenham função de nota de crédito), como se verá adiante, não há tal vigência. Nas cédulas em que o valor for requisito de emissão, bem como naquelas em que, não obstante alternativo, seja lançado no documento, estipula a legislação que será grafado de duas formas: em algarismos e por extenso. Também aqui, por aplicação analógica das regras gerais do Direito Cambiário, a existência de dissídios entre tais valores resolve-se levando-se em conta o valor por extenso.

Nas cédulas e notas temáticas, emitidas para o financiamento de atividade determinada (rural, industrial, comercial e de exportação), não bastará a indicação do valor do mútuo, determinando-se que seja ainda indicada a razão de sua concessão. Não se trata aqui de simplesmente repetir o que o rótulo já diz, ou seja, que o empréstimo destina-se à atividade rural, ou industrial, ou comercial ou de exportação. Deve-se detalhar o emprego do capital que é disponibilizado, indicando a que se destina o financiamento concedido e a forma de sua utilização. A regra não se aplica à Cédula de Crédito Bancário, já que seu objeto é amplo, não se aproveitando a fim específico, nem servindo a qualquer política pública em especial. Também não se aplica à Cédula de Produto Rural, pois se presume nessas que o valor será empregado justamente na produção dos bens que, ao final, deverão ser entregues ao credor. De acordo com as legislações, o título é emitido pelo(s) beneficiário(s) do financiamento, que fica obrigado a aplicar o montante que recebeu nos fins que foram ajustados, o que deverá ser comprovado no prazo e na forma exigidos pela instituição financiadora.

Para garantir a aplicação pertinente dos recursos financiados, as legislações referem-se à confecção de um orçamento assinado pelo financiado e autenticado pelo financiador, em duas vias, e dele deve constar, expressamente, qualquer alteração convencionada; na cédula correspondente, far-se-á menção ao orçamento que a ela ficará vinculado. Esse orçamento é uma faculdade da instituição financeira, que nele possui um controle do emprego adequado do capital que foi financiado. Não é requisito de validade (Recurso Especial 46.386/SP).

A descrição dos bens vinculados à garantia real poderá ser feita em documento à parte, em duas vias, assinadas pelo emitente e autenticadas pelo credor, fazendo-se, na cédula, menção a essa circunstância. A especificação dos imóveis hipotecados, pela descrição pormenorizada, será substituída pela anexação à cédula de seus respectivos títulos de propriedade, hipótese na qual haverá na cédula menção expressa à anexação dos títulos de propriedade e a declaração de que eles farão parte integrante da cédula até sua final liquidação. Anoto, por fim, a decisão tomada pelo Superior Tribunal de Justiça quando examinou o Recurso Especial 1.327.643: por força da Lei 8.929/1994, os bens dados em garantia por meio de Cédula de Produto Rural são impenhoráveis. Assim, os bens garantidores não podem ser constritos para satisfazer outros créditos, ainda que trabalhistas.

Julgando o Recurso Especial 1.621.032/AM, o Superior Tribunal de Justiça entendeu que o pagamento de parcelas de cédula de crédito rural após as datas previstas no título constitui inadimplemento contratual apto a ensejar o vencimento antecipado da integralidade da dívida, nos termos do artigo 11 do Decreto-Lei 167/1967. "(3) A cédula de crédito rural, instituída pelo Decreto-Lei 167/1967, teve como objetivo conferir maior agilidade jurídica e simplicidade aos financiamentos rurais, sendo o título mais utilizado pelos agentes financeiros para a formalização de contratos de mútuo rural. (4) O crédito rural tem características peculiares e especiais, com regramento normativo próprio e específico. Tal circunstância se justifica pela importância dessa modalidade de financiamento na conjuntura socioeconômica do Brasil, vital para o fomento da produção rural, o que revela seu interesse público. (5) As partes contratantes (instituição financeira e mutuário) não dispõem da natural liberdade de estipulação das avenças contratuais da forma que lhes aprouver, como ocorre nas relações de caráter privado. O poder público, por intermédio do Conselho Monetário Nacional, possui atribuição expressa para regular e fiscalizar as disposições insertas nos contratos de financiamento rural. (6) Para que o crédito rural possa atingir seu propósito, o ordenamento jurídico pátrio impôs ao financiador (instituição financeira) a prática de encargos – especialmente no tocante à taxa de juros – menos onerosos do que os usualmente praticados no mercado, de modo que o cumprimento do contrato de financiamento se torne mais viável para o mutuário. (7) Levando em consideração todos os benefícios concedidos ao financiamento rural e as limitações impostas ao agente financiador, o legislador impôs sanção rigorosa para o caso de inadimplência contratual do mutuário, ao consignar, no art. 11 do Decreto-Lei 167/1967 que importa vencimento da cédula de crédito rural, independentemente de aviso ou interpelação judicial ou extrajudicial, a inadimplência de qualquer obrigação convencional ou legal do emitente do título ou, sendo o caso, do terceiro prestante da garantia real. (8) O pagamento de parcelas do débito contraído no referido título, em cédula de crédito rural, após as respectivas datas de vencimento aprazadas na título, constitui inadimplemento contratual apto a configurar a antecipação da integralidade da dívida, nos termos do art. 11 do Decreto-Lei 167/1967".

O título deve trazer especificados os juros que incidirão sobre o título, devendo estar indicados: seja uma taxa determinada, seja uma forma jurídico-contábil de determinação não arbitrária dos mesmos, além de eventuais outras verbas incidentes, sempre em consonância com as regulamentações do Banco Central do Brasil. Também, as verbas moratórias, devidas nas hipóteses de inadimplemento, devem ser contratualmente previstas, fixando-se nos limites que são autorizados pela legislação. Ademais, a inadimplência constitui ato civil ilícito, por descumprimento de obrigação contratualmente assumida, e é lícito prever-se sanção específica, qual seja, a multa moratória. A multa moratória distingue-se dos juros moratórios pelo fato de ser uma sanção de incidência única, em tempo certo, punindo a inadimplência em si, ao passo que os juros moratórios, embora sejam igualmente uma sanção, têm incidência ao longo do tempo que medeia o vencimento e o adimplemento voluntário ou forçado (ou seja, fruto de execução forçada); pune, portanto, não o fato em si da inadimplência, mas a continuidade da inadimplência no tempo.

Ademais, sobre os valores mutuados incidirá correção monetária, antes e após o vencimento do título. Trata-se de elemento necessário que, no entanto, não carece de expressa previsão contratual, ou seja, de cláusula expressa na cártula – já que a correção monetária nada mais é do que um mecanismo de conservação do valor pela alteração de sua expressão monetária, assimilando o movimento inflacionário eventualmente verificado e recompondo o capital, impedindo que haja enriquecimento ilícito do mutuário.

2 GARANTIA

Como visto, as cédulas de crédito, ao contrário das notas, comportam uma garantia real para a obrigação assumida por seu emitente, e que pode ser prestada pelo oferecimento de penhor ou de hipoteca. Também se permite a utilização da alienação fiduciária como forma de garantir o pagamento do credor. Já a garantia da Cédula de Crédito Bancário poderá ser fidejussória ou real, neste último caso constituída por bem patrimonial de qualquer espécie, disponível e alienável, móvel (penhor ou alienação fiduciária) ou imóvel (hipoteca), material ou imaterial, presente ou futuro, fungível ou infungível, consumível ou não, cuja titularidade pertença ao próprio emitente ou a terceiro garantidor da obrigação principal.

Tais garantias têm seu surgimento jurídico a partir da assinatura da cédula de crédito na qual estejam devidamente previstas e descritas, produzindo efeitos imediatos entre as partes contratantes; perante terceiros, faz-se necessário providenciar a inscrição da cédula notarial e, sendo o caso, averbação no registro de imóveis. Quando do penhor ou da alienação fiduciária fizerem parte veículos automotores, embarcações ou aeronaves, o gravame será anotado nos assentamentos próprios da repartição competente para expedição de licença ou registro dos veículos.

Os bens onerados podem ser objeto de nova garantia cedular e o simples registro da respectiva cédula equivalerá à averbação, à margem anterior, do vínculo constituído em grau subsequente. Aliás, em caso de mais de um financiamento, sendo eles o emitente da cédula, o credor e os bens onerados, poderá estender-se aos financiamentos subsequentes o vínculo originariamente constituído, mediante menção da extensão nas cédulas posteriores, reputando-se uma só garantia com cédulas distintas;[1] essa extensão será apenas averbada à margem da inscrição anterior, não impedindo que sejam vinculados outros bens à garantia. Havendo, porém, vinculação de novos bens, além da averbação, estará a cédula também sujeita à inscrição no cartório do registro de imóveis.

Como esclarece o artigo 1.422 do Código Civil, o credor hipotecário e o pignoratício têm o direito de excutir a coisa hipotecada ou empenhada, e preferir, no pagamento, a outros credores, observada, quanto à hipoteca, a prioridade no registro; somente as dívidas que, em virtude de outras leis, devam ser pagas precipuamente a quaisquer outros créditos excetuam-se de tal regra. Note-se que, se estipulando o pagamento da cédula em várias prestações, o pagamento de uma ou mais dessas não importa, na forma do artigo 1.421 do Código Civil, exoneração correspondente da garantia, ainda que ela compreenda vários bens, salvo disposição expressa no título ou na quitação. Dentro do prazo da cédula, ou seja, antes de seu vencimento, é facultado ao credor, se assim o desejar, autorizar o emitente a dispor de parte ou de todos os bens da garantia, na forma e condições que convencionarem.

---

[1] Não será possível a extensão da garantia se tiver havido endosso ou se os bens vinculados já houverem sido objeto de nova gravação para com terceiros.

Garantia pignoratícia – Nas cédulas pignoratícias, um bem móvel é dado em garantia do pagamento da obrigação. Constitui-se um vínculo direto entre o direito obrigacional de honrar o título (principal, juros, comissões, pena convencional, despesas legais e convencionais) e o direito real sobre a coisa móvel, vínculo esse que apenas se desfaz com o cumprimento da obrigação ou com a desoneração consensual ou judicial. Essa garantia pode ser oferecida pelo próprio devedor, beneficiário do financiamento e emitente da cédula de crédito, como pode ser dada por terceiro, que não obstante não seja emitente, nem devedor, comparece ao título para oferecer a garantia real, devendo, para tanto, assinar a cártula, anuindo com o ônus. O terceiro que oferece bem de sua propriedade não se equipara ao avalista; não há, em relação a si, uma obrigação pessoal de pagamento da dívida; apenas seu direito de propriedade sobre determinado bem ou bens móveis estará onerado com a garantia oferecida. Insuficientes os bens diante do montante final do débito, não poderá o terceiro dador da garantia (penhor) ser responsabilizado por mais, salvo se compareceu também na condição de avalista.

Os bens dados em garantia, e cuja propriedade passa a vincular-se à obrigação representada pela cédula de crédito, continuam na posse imediata do garantidor, na condição de fiel depositário. Antes da liquidação da cédula (pagamento do principal e dos encargos), os bens apenhados não poderão ser removidos das respectivas propriedades, anotadas no anexo à cédula, sob qualquer pretexto e para onde quer que seja, sem prévio consentimento escrito do credor. Tal disposição, por razões óbvias, não se aplica a veículos que, por sua própria função, tenham que ser retirados temporariamente de seu lugar de situação. Quando o penhor for constituído por animais, nas cédulas rurais pignoratícias, o emitente da cédula ficará obrigado a manter todo o rebanho, inclusive os animais adquiridos com o financiamento, se for o caso, protegidos pelas medidas sanitárias e profiláticas recomendadas em cada caso, contra a incidência de zoonoses, moléstias infecciosas ou parasitárias de ocorrência frequente na região.

O Decreto-lei 167/1967 determinou que o prazo do penhor agrícola não excederá de três anos, prorrogável por até mais três, e o do penhor pecuário não admite prazo superior a cinco anos, prorrogável por até mais três, e embora vencidos permanece a garantia, enquanto subsistirem os bens que a constituem. Vencidos os prazos de seis anos para o penhor agrícola e de oito anos para o penhor pecuário, deveriam esses penhores ser reconstituídos, mediante lavratura de aditivo, se não executados. Nesse contexto, o artigo 1.439 do novo Código Civil, revogando nesse particular todas essas legislações, fixa um prazo máximo de três anos para o penhor agrícola, renovável por igual período, no que mantém a disciplina do Decreto-lei 167/1967. Porém, alterando o que se encontra disposto no artigo 61 do Decreto-lei nº 167/67, reduz o prazo do penhor pecuário de cinco para quatro anos, ampliando o prazo de prorrogação de três para quatro anos. De qualquer sorte, continua válido o parágrafo único do artigo 61, estipulando que, vencidos os prazos de seis anos para o penhor agrícola e de oito anos para o penhor pecuário, devem esses penhores ser reconstituídos, mediante lavratura de aditivo, se não executados.

De acordo com o artigo 44 do Decreto-lei 413/1969, quando, do penhor cedular, fizer parte matéria-prima, o emitente obriga-se a manter em estoque, na vigência da cédula, uma quantidade desses mesmos bens ou dos produtos resultantes de sua transformação suficiente para a cobertura do saldo devedor por ela garantido. A transformação da matéria-prima oferecida em penhor cedular não extingue o vínculo real, que se transfere para os produtos e subprodutos. Como se só não bastasse, o penhor dos bens resultantes da transformação industrial poderá ser substituído pelos títulos de crédito representativos da comercialização daqueles produtos, a critério do credor, mediante endosso pleno.

Garantia hipotecária – Na cédula de crédito hipotecária, a obrigação de pagar está garantida por uma propriedade imóvel, com a qual é criado um vínculo jurídico. Esse vínculo adere à relação de propriedade, seguindo-a mesmo que haja transferência, destacando que o artigo 1.475 do Código Civil afirma ser nula a cláusula que proíbe ao proprietário alienar imóvel hipotecado, embora possa se convencionar que vencerá o crédito hipotecário, se o imóvel for alienado. Podem ser objeto de hipoteca, de acordo com o artigo 1.473 do Código Civil, (1) os imóveis e os acessórios dos imóveis conjuntamente com eles; (2) o domínio direto; (3) o domínio útil; (4) as estradas de ferro; (5) os recursos naturais a que se refere o artigo 1.230, independentemente do solo onde se acham; (6) os navios; (7) as aeronaves.[2]

A hipoteca abrange todas as acessões, melhoramentos ou construções do imóvel, bem como maquinismos. Aliás, incorporam-se na hipoteca constituída as instalações e construções, adquiridas ou executadas com o crédito, assim como quaisquer outras benfeitorias acrescidas aos imóveis na vigência da cédula, as quais, uma vez realizadas, não poderão ser retiradas ou destruídas sem o consentimento do credor, por escrito. Aliás, faculta-se ao credor exigir que o emitente faça averbar, à margem da inscrição principal, a constituição de direito real sobre os bens e benfeitorias referidos neste artigo.

Alienação fiduciária – As cédulas de crédito industrial, comercial, à exportação, bem como as cédulas de crédito bancário e as cédulas de produto rural comportam garantia por meio de alienação fiduciária. Assim, para garantir o cumprimento da obrigação, transfere-se ao credor o domínio resolúvel e a posse indireta de uma coisa, que pode ser algo que já pertence ao patrimônio do devedor, bem como coisa que foi adquirida usando o capital objeto do financiamento cuja obrigação incorporou-se à cédula. Propriedade resolúvel, friso: extingue-se, em favor do alienante fiduciário (dador da garantia) quando haja o adimplemento da obrigação garantida.

---

[2] A hipoteca dos navios e das aeronaves reger-se-á pelo disposto em lei especial. Conferir MAMEDE, Gladston. *Código Civil comentado*: penhor, hipoteca e anticrese: artigos 1.419 a 1.510. São Paulo: Atlas, 2003. v. 14.

Essa transferência prescinde de tradição efetiva do bem, ficando o alienante ou devedor na condição de possuidor direto e, ademais, de depositário com todas as responsabilidades e encargos que lhe incumbem de acordo com a lei civil e penal. No caso de inadimplemento da obrigação garantida, prevê a Lei 4.728/1965, com a redação que lhe deu o Decreto-lei 911/1969, que o proprietário fiduciário poderá vender a coisa a terceiros e aplicar o preço da venda no pagamento do seu crédito e das despesas decorrentes da cobrança, entregando ao devedor o saldo porventura apurado, se houver. Se o preço da venda da coisa não bastar para pagar o crédito do proprietário fiduciário e despesas, na forma do parágrafo anterior, o devedor continuará pessoalmente obrigado a pagar o saldo devedor apurado. De outra face, entende-se por nula a cláusula que autoriza o proprietário fiduciário a ficar com a coisa alienada em garantia, se a dívida não for paga no seu vencimento.

Depósito – Pretendeu o legislador transformar os que estivessem na posse dos bens dados em garantia de cédulas de crédito em fiéis depositários e, desse modo, permitir o requerimento da prisão civil quando o bem não fosse entregue ao credor. Contudo, o sistema jurídico brasileiro evoluiu para compreender que a prisão civil do garantidor é incompatível com a Constituição da República.

Indenização do bem garantidor – Se o bem constitutivo da garantia for desapropriado, ou se for danificado ou perecer por fato imputável a terceiro, o credor sub-rogar-se-á no direito à indenização devida pelo expropriante ou pelo terceiro causador do dano, até o montante necessário para liquidar ou amortizar a obrigação garantida. Em se tratando de cédula de crédito bancário, faculta-se ao credor exigir a substituição da garantia, ou seu reforço, renunciando ao direito à percepção do valor relativo à indenização. Não é só. O credor também poderá exigir que o bem constitutivo da garantia seja coberto por seguro até a efetiva liquidação da obrigação garantida, em que o credor será indicado como exclusivo beneficiário da apólice securitária e estará autorizado a receber a indenização para liquidar ou amortizar a obrigação garantida.

Substituição da garantia – O credor pode exigir a substituição ou o reforço da garantia, em caso de perda, deterioração ou diminuição de seu valor, notificando por escrito o emitente e, se for o caso, o terceiro garantidor, para que substituam ou reforcem a garantia no prazo de 15 dias, sob pena de vencimento antecipado da dívida garantida. Nos casos de substituição de animais por morte ou inutilização, assiste ao credor o direito de exigir que os substituídos sejam da mesma espécie e categoria dos substituídos.

Tais previsões precisam ser aplicadas com a cautela de não desrespeitar os princípios do devido processo legal e da ampla defesa com os meios a ela inerentes; assim, tal exigência não pode ser fruto de uma avaliação unilateral e arbitrária feita pelo credor, ao que estaria submetido, sem defesa, o credor. Portanto, a notificação deve vir fundamentada, comportando contranotificação, o que exigirá o credor recorrer ao Judiciário; somente ali, por força do artigo 5º, XXXV, da Constituição, se decidirá se a pretensão de executar antecipadamente o título é legítima, ou se esse carece de exigibilidade por não estar vencido, respondendo o vencido pelos ônus processuais.

Reforça esse entendimento o artigo 1.425 do Código Civil, quando afirma que se considera vencida a dívida se, deteriorando-se, ou depreciando-se o bem dado em segurança, desfalcar a garantia, e o devedor, intimado, não a reforçar ou substituir. Ora, intimação é ato do Poder Judiciário, e não das partes.

Impenhorabilidade – Os bens dados em penhor ou hipoteca em cédula de crédito não serão penhorados, arrestados ou sequestrados por outras dívidas do emitente ou do terceiro empenhador ou hipotecante, cumprindo ao emitente ou ao terceiro empenhador ou hipotecante denunciar a existência da cédula às autoridades incumbidas da diligência ou a quem a determinou, sob pena de responderem pelos prejuízos resultantes de sua omissão.

Aval – O Superior Tribunal de Justiça pacificou o entendimento de que "a interpretação sistemática do artigo 60 do Decreto-Lei 167/1967 permite inferir que o significado da expressão 'também são nulas outras garantias, reais ou pessoais', disposta no seu § 3º, refere-se diretamente ao § 2º, ou seja, não se dirige às cédulas de crédito rural, mas apenas às notas e duplicatas rurais". É o que consta do Recurso Especial 1.483.853/MS. Na mesma perspectiva o Recurso Especial 1.715.067/SP: "A jurisprudência do Superior Tribunal de Justiça firmou-se no sentido de ser válido o aval prestado por pessoa física nas cédulas de crédito rural, pois a vedação contida no § 3º do art. 60 do Decreto-Lei 167/1967 não alcança o referido título, sendo aplicável apenas às notas promissórias e duplicatas rurais". Soma-se, por derradeiro, o Agravo Interno no Agravo em Recurso Especial 1.179.283/RS, no qual se decidiu que "é válido o aval prestado por terceiro, pessoa física, em nota de crédito rural emitida também por pessoa física, nos termos do art. 60, § 3º, do Decreto-Lei n. 167/1967".

3 TRANSFERÊNCIA

A cédula e a nota de crédito comportam transferência por endosso; a declaração correspondente será lançada no próprio título, na via do credor, única que é negociável entre as que foram emitidas, servindo as vias dos devedores e, existindo, do terceiro prestador da garantia como mera prova do contrato estabelecido entre as partes.

O artigo 29, § 1º, da Lei 10.931/2004 determinou que tal endosso deverá ser dado em preto; ademais, permitiu que o endossatário, mesmo não sendo instituição financeira ou entidade a ela equiparada, pode exercer todos os direitos por ela conferidos, até cobrar os juros e demais encargos na forma pactuada na cédula. A norma é esclarecedora em relação ao endosso, pois a determinação de que seja dado *em preto* é conforme aos interesses que gravitam em torno ao crédito em questão, certo que cédulas e notas de crédito são, por natureza, títulos bancários, devendo submeter-se ao controle – inclusive contábil – do Banco Central do Brasil.

O mais curioso é a licença para que seja endossada a terceiro que não seja instituição financeira ou entidade a ela equiparada, bem como a licença para que tal endossatário exija os encargos tal como contratados. Com efeito, os juros no Brasil devem ser cobrados no limite legal, havendo exceção apenas para as instituições financeiras e assemelhadas, que atuam sobre o controle e a fiscalização do Banco Central do Brasil, nos limites permitidos pelas leis e pelas resoluções que são emitidas à luz das deliberações do Conselho Monetário Nacional. Assim, a cobrança de juros acima dos limites legais é *ex personae*, isto é, justifica-se em razão da pessoa ou, mais precisamente, da condição excepcional de entidade financeira ou assemelhada, com atuação policiada pelo Banco Central. No entanto, seguindo a tendência mundial de permitir a securitização de ativos qualquer forma de ativo, nomeadamente os ativos financeiros, tais operações têm sido aceitas, embora reste o debate sobre a questão da limitação de juros quando o credor não seja instituição financeira ou assemelhada.

Autorizou o legislador que o endosso da cédula e da nota de crédito se desse por valor diverso da soma declarada no título, como se verifica da leitura do artigo 10, § 2º, do Decreto-lei 167/1967, também do artigo 10, § 2º, do Decreto-lei 413/1969. O endosso, portanto, deverá indicar o valor do crédito transferido, com o que se permite ao endossante fazê-lo abatendo valores que não mais componham o valor do crédito concedido, seja porque não se levantou qualquer parcela do crédito deferido, ou porque foram feitos pagamentos parciais. Se não consta do endosso o valor pelo qual se transfere a cédula, prevalecerá o da soma declarada no título, acrescido dos acessórios.

O endossante da cédula de crédito é responsável solidário pelo pagamento da mesma, podendo ser acionado pelo endossatário, e dispensado, porém, o protesto para garantir o direito de regresso contra endossantes e avalistas, de acordo com os artigos 60 do Decreto-lei 167/1967 e 52 do Decreto-lei 413/1969. Entretanto, o Decreto-lei 167/1967 excepciona dessa regra o primeiro endossante da cédula de crédito rural, que não está obrigado ao pagamento diante da inadimplência do devedor principal. O dispositivo, artigo 60, § 1º, fala, ainda, em *seus avalistas*, no que incorre em *contradictio in terminis*: se o primeiro endossante não possui obrigação cambial, não há aval a ser prestado.

O endosso, porém, não é a única via pela qual o crédito pode ser transmitido. Pode ser feita, igualmente, mediante escritura pública de cessão de direitos, inclusive coletiva: vários (ou todos) os títulos de uma instituição para um cessionário.

4 EXIGIBILIDADE

Uma vez vencida a obrigação de pagar, torna-se essa exigível. Esse vencimento pode dar-se em parcela única ou corresponder a uma multiplicidade de parcelas, cada qual com sua data específica, até o que fica suspensa a possibilidade de execução, judicial ou não, pelo credor. Em se tratando de cédulas e notas temáticas, a inadimplência de qualquer parcela, bem como de qualquer outra obrigação legitimamente estabelecida no título, bem como de obrigações estabelecidas em lei, importa vencimento antecipado da dívida resultante da cédula ou da nota de crédito, independentemente de aviso ou de interpelação judicial.

Os Decretos-leis n<u>os</u> 167/1967 e 413/1969 autorizam o financiador considerar vencidos antecipadamente todos os financiamentos, de mesma natureza, concedidos ao emitente e dos quais seja credor, se verificado o inadimplemento. Esse vencimento dos demais financiamentos, contudo, não se completa com a mesma simplicidade que o vencimento do próprio título em que se verificou a inadimplência de um título. Assim, no Recurso Especial 55.286/RS, a Terceira Turma do Superior Tribunal de Justiça esclareceu que o vencimento antecipado dos demais financiamentos (e respectivos títulos) não é consequência necessária do inadimplemento ocorrido em outro financiamento, exigindo, pois, prévia notificação do devedor. No corpo do acórdão, lê-se que o vencimento antecipado dos demais financiamentos constitui "vencimento extraordinário e excepcional, não se constituindo, assim, em consequência necessária do inadimplemento ocorrido em outros financiamentos. Razão por que, embora importando em vencimento antecipado da cédula onde ocorreu o inadimplemento, para os demais empréstimos, face à extraordinariedade da regra permitindo a faculdade de o credor os considerar antecipadamente vencidos, não se pode cogitar dessa prerrogativa sem que o devedor seja advertido através de notificação específica, não podendo ser substituída sequer pela citação, para a caracterização do vencimento antecipado, permitindo, assim, a execução". Não se trata de entendimento isolado: Recursos Especiais 63.535/RS e 87.765/RS.

Ademais, a inadimplência, além de acarretar o vencimento antecipado da dívida resultante da cédula ou da nota, e permitir igual procedimento em relação a todos os financiamentos concedidos pelo financiador ao emitente e dos quais seja credor, facultará ao financiador a capitalização dos juros e da comissão de fiscalização, ainda que se trate de crédito fixo. Não há norma similar em relação às cédulas de crédito bancário; a inadimplência eventual de qualquer prestação, destarte, tem por único efeito o vencimento antecipado do título.

O pagamento (adimplemento) da cédula e da nota de crédito, consistente na entrega do dinheiro correspondente ou dos produtos rurais, em se tratando de cédula de produto rural, deve ocorrer no vencimento indicado no título, seja um único, sejam vencimentos de parcelas, como é possível estipular-se. Em função da autorização legal para que as cédulas e notas de crédito comportem a incidência de encargos financeiros, inclusive verbas que incidem na hipótese de inadimplemento, sua liquidez e certeza não se caracteriza pela existência de um valor certo, mas pelo cálculo de um valor devido, para o qual são considerados juros, comissão de fiscalização, se houver, e demais despesas que o credor fizer para segurança, regularidade e realização de seu direito creditório. Portanto, é de sua mecânica que o valor devido (*quantum debeatur*) seja resultado de cálculos, que, no entanto, deverão consistir em simples operações aritméticas, sem remissão a qualquer outro elemento externo de prova, sob pena de corromper, por completo, a necessidade de liquidez e certeza que se encontra disciplinada no artigo 586 do Código de Processo Civil. Para esse cálculo, pode-se – mais: deve-se – levar em conta os abatimentos sobre o valor do mútuo concedido, se o emitente houver deixado de levantar qualquer parcela do crédito deferido, ou tiver feito pagamentos parciais, descontando-os da soma declarada na cédula. O pagamento, portanto, se fará sobre o saldo. Igualmente, se há pagamento de parcelas, seja pela entrega do dinheiro correspondente, seja, na cédula de produto rural, pela entrega de parte da quantidade dos bens nela anotados, o credor as anotará, sucessivamente, no verso da cédula, tornando-se exigível apenas o saldo.

Note-se que, dentro do prazo estabelecido para utilização do crédito, admite-se que o credor permita a reutilização, pelo devedor, das parcelas entregues para amortização do débito para novas aplicações. Essa possibilidade, contudo, deve ser exercida com o cuidado de não se perder a liquidez e a certeza do título, o que aconteceria se a demonstração do valor dependesse de outros elementos de prova, nomeadamente extratos produzidos pelo próprio credor, que não servem a essa finalidade.

A cédula e a nota de crédito, se apresentadas de forma certa e líquida, são títulos extrajudiciais, autorizando ao credor movimentar execução forçada de seu crédito. Em diversas oportunidades, a legislação de regência das cédulas e das notas de crédito faz questão de deixar claro que se tratam de títulos líquidos, certos e exigíveis. Contudo, liquidez e certeza resultam dos fatos, não comportando presunção *iuris et de iure,* resultado de previsão legal. Dessa maneira, sempre será necessário, em cada caso dado em concreto, aferir a existência dos requisitos para a executabilidade do título.

As legislações que regulam as notas e cédulas de crédito não especificam prazo de prescrição, razão pela qual se lhes aplica a regra geral, inscrita no artigo 206, § 3º, VIII, do Código Civil, segundo o qual prescreve em três anos a pretensão para haver o pagamento de título de crédito, a contar do vencimento, ressalvadas as disposições de lei especial. Neste contexto, é preciso particular atenção para o julgamento do Agravo Regimental 439.427/SP pela Terceira Turma do Superior Tribunal de Justiça, do qual foi relator o Ministro Humberto Gomes de Barros. Cuidava-se de uma execução fundada em nota de crédito comercial, tendo o devedor deixado de adimplir a obrigação a partir da 13ª prestação, o que permitiu o vencimento antecipado das parcelas posteriores. O juízo primeiro e, após ele, o Tribunal de Justiça de São Paulo, reconheceram a prescrição do direito ao crédito, considerando que o início do prazo prescricional seria o vencimento extraordinário do débito representado pela cártula, aplicando o artigo 70, *caput,* da Lei Uniforme de Genebra. A Corte Federal, contudo, assim não entendeu: "O vencimento antecipado das obrigações contraídas, não altera o termo inicial para a contagem do prazo prescricional da ação cambial, que se conta do vencimento do título, tal como inscrito na cártula." Aplicou-se, para tanto, o princípio da literalidade.

Em direção oposta, ou seja, no que diz respeito ao direito do devedor de cobrar o que eventualmente pagou a mais (repetição de indébito), em julgamento de recurso repetitivo (Recurso Especial 1.361.730/RS), a Segunda Seção do Superior Tribunal de Justiça (STJ) estabeleceu a tese de que, nos contratos de cédula de crédito rural firmados sob a vigência do Código Civil de 2002, a pretensão de repetição de indébito prescreve no prazo de três anos. O colegiado também consolidou o entendimento de que o marco inicial para contagem da prescrição do pedido de repetição em contratos dessa modalidade é a data da efetiva lesão, isto é, o dia do pagamento contestado. O repetitivo foi cadastrado como Tema 919.

5 CÉDULAS DE CRÉDITO BANCÁRIO

A cédula de crédito bancário é um título de crédito emitido, por pessoa física ou jurídica, em favor de instituição financeira ou de entidade a essa equiparada, representando promessa de pagamento em dinheiro, decorrente de operação de crédito, de qualquer modalidade (artigo 26 da Lei 10.931/2004). A instituição credora deve integrar o Sistema Financeiro Nacional, sendo admitida a emissão da Cédula de Crédito Bancário em favor de instituição domiciliada no exterior, desde que a obrigação esteja sujeita exclusivamente à lei e ao foro brasileiros, hipótese para a qual se admite a emissão em moeda estrangeira. A exemplo das demais cédulas e notas de crédito, a cédula bancária é um título causal, surgindo de negócio jurídico necessário: uma operação dada no sistema financeiro, embora não haja tematização desse financiamento, podendo, inclusive, dizer respeito aos setores para os quais se previram cédulas temáticas: rural, comercial, industrial, exportação.

O legislador não teve o cuidado de diferenciar a cédula da nota de crédito bancário, referindo-se apenas à primeira: cédula de crédito bancário com ou sem garantia, real ou fidejussória, *cedularmente constituída*, ou seja, estipulada no corpo do próprio título que, como já visto, apresenta estrutura de um contrato, com estipulações anotadas em cláusulas, devendo respeitar a legislação comum sobre a garantia utilizada (por exemplo, o Código Civil, em se tratando de hipoteca ou penhor). Se não houver a garantia, o título terá natureza e eficácia de nota de crédito, ainda que o legislador não se tenha utilizado de tal nomenclatura. De resto, a cédula de crédito bancário deve conter os seguintes requisitos essenciais, listados no artigo 29 da Lei 10.931/2004:

1. a denominação *Cédula de Crédito Bancário*; o legislador não exigiu que a expressão conste expressamente do texto do próprio título; todavia, deve-se interpretar como requisito essencial, evitando-se, assim, que o devedor seja induzido a erro, não compreendendo a exatidão da declaração de crédito que faz;

2. a promessa do emitente de pagar a dívida em dinheiro, certa, líquida e exigível no seu vencimento ou, no caso de dívida oriunda de contrato de abertura de crédito bancário, a promessa do emitente de pagar a dívida em dinheiro, certa, líquida e exigível, correspondente ao crédito utilizado;

3. a data e o lugar do pagamento da dívida e, no caso de pagamento parcelado, as datas e os valores de cada prestação, ou os critérios para essa determinação;

4. o nome da instituição credora, podendo conter cláusula à ordem;

5. a data e o lugar de sua emissão; e

6. a assinatura do emitente e, se for o caso, do terceiro garantidor da obrigação, ou de seus respectivos mandatários.

Em suas cláusulas, o artigo 28, § 1º, da Lei 10.931/2004, permite sejam pactuados (1) os juros sobre a dívida, capitalizados ou não, os critérios de sua incidência e, se for o caso, a periodicidade de sua capitalização, bem como as despesas e os demais encargos decorrentes da obrigação; (2) os critérios de atualização monetária ou de variação cambial como permitido em lei; (3) os casos de ocorrência de mora e de incidência das multas e penalidades contratuais, bem como as hipóteses de vencimento antecipado da dívida; demonstrada a ocorrência de relação de consumo, essa multa não poderá exceder 2%, obedecido assim o artigo 52, § 1º, do Código de Defesa do Consumidor; (4) os critérios de apuração e de ressarcimento, pelo emitente ou por terceiro garantidor, das despesas de cobrança da dívida e dos honorários advocatícios, judiciais ou extrajudiciais, sendo que os honorários advocatícios extrajudiciais não poderão superar o limite de 10% do valor total devido; (5) quando for o caso, a modalidade de garantia da dívida, sua extensão e as hipóteses de substituição de tal garantia; (6) as obrigações a serem cumpridas pelo credor; (7) a obrigação do credor de emitir extratos da conta-corrente ou planilhas de cálculo da dívida, ou de seu saldo devedor, de acordo com os critérios estabelecidos na própria Cédula de Crédito Bancário, bem como o § 2º do artigo 28 da Lei 10.931/2004, do qual se falará adiante; (8) outras condições de concessão do crédito, suas garantias ou liquidação, obrigações adicionais do emitente ou do terceiro garantidor da obrigação, desde que não contrários ao Direito.

A Cédula de Crédito Bancário será emitida por escrito, em tantas vias quantas forem as partes que nela intervierem, assinadas pelo emitente e pelo terceiro garantidor, se houver, ou por seus respectivos mandatários, devendo cada parte receber uma via. Somente a via do credor será negociável, devendo constar nas demais vias a expressão *não negociável*. Se as partes acordarem, livre e conscientemente, a alteração das cláusulas ajustadas, o artigo 29, § 4º, da Lei 10.931/2004 permite que a cédula seja aditada, retificada e ratificada mediante documento escrito, datado, e que deverá atender aos requisitos genéricos do título, ou seja, deverá trazer todas as informações essenciais do título, deixando claro dizer respeito à cártula que passará a integrar para todos os fins.

6 LIQUIDEZ, CERTEZA E EXIGIBILIDADE

Segundo o artigo 28 da Lei 10.931/2004, a cédula de crédito bancário é título executivo extrajudicial e representa dívida em dinheiro, certa, líquida e exigível, seja pela soma nela indicada, seja pelo saldo devedor demonstrado em planilha de cálculo, ou nos extratos da conta-corrente. A questão, todavia, não é assim tão simples; como se afere do artigo 29, II, da mesma Lei, no que se refere ao valor do título, duas hipóteses distintas se colocam: em primeiro lugar, a cédula poderá trazer a promessa do emitente de pagar a dívida em dinheiro, certa, líquida e exigível no seu vencimento; é o que se tem no chamado *contrato de abertura de crédito fixo*, no qual um valor determinado é colocado à disposição do devedor, depositado em sua conta bancária, devendo esse efetuar o pagamento em certo prazo ou termo, incluindo-se a possibilidade de pagamento em parcelas. A cédula de crédito bancário, nesses casos, traz valor certo, e sua liquidez é fruto de mera operação aritmética: o valor do mútuo e seus acréscimos contratados (juros remuneratórios, correção monetária), eventualmente subtraídos de parcelas pagas. Em oposição, o mesmo artigo e inciso permitem que a cédula de crédito bancária traga a promessa do emitente de pagar a dívida em dinheiro, certa, líquida e exigível, "correspondente ao crédito utilizado", no caso de dívida oriunda de contrato de abertura de crédito bancário. Essa licença legal para que as cédulas não tragam um valor de base criará, por certo, uma dificuldade para a instituição financeira credora, pois exigirá dela que apresente um valor certo e líquido para o débito, sem contar com um valor do qual partirão seus cálculos. Não é de todo impossível chegar-se a um valor certo e líquido em tal cenário, mas, certamente, é bastante difícil. Se o credor não consegue fazê-lo, mormente quando seus cálculos se escorem em elementos e fatos externos à relação, impugnados pelo devedor, esvair-se-ão a necessária certeza e segurança na formação do *quantum debeatur* que permitem a execução de títulos extrajudiciais.

Para dar solução a esse problema, o artigo 28, § 2º, da Lei 10.931/2004 estipulou que, sempre que necessário, a apuração do valor exato da obrigação, ou de seu saldo devedor, representado pela cédula de crédito bancário, será feita pelo credor, por meio de planilha de cálculo e, quando for o caso, de extrato emitido pela instituição financeira, em favor da qual a cédula de crédito bancário foi originalmente emitida, documentos esses que integrarão o título, observado que: (1) os cálculos realizados deverão evidenciar de modo claro, preciso e de fácil entendimento e compreensão, o valor principal da dívida, seus encargos e despesas contratuais devidos, a parcela de juros e os critérios de sua incidência, a parcela de atualização monetária ou cambial, a parcela correspondente a multas e demais penalidades contratuais, as despesas de cobrança e de honorários advocatícios devidos até a data do cálculo e, por fim, o valor total da dívida; e (2) a cédula de crédito bancário representativa de dívida oriunda de contrato de abertura de crédito bancário em conta-corrente será emitida pelo valor total do crédito posto à disposição do emitente, competindo ao credor, nos termos deste parágrafo, discriminar nos extratos da conta-corrente ou nas planilhas de cálculo, que serão anexados à Cédula, as parcelas utilizadas do crédito aberto, os aumentos do limite do crédito inicialmente concedido, as eventuais amortizações da dívida e a incidência dos encargos nos vários períodos de utilização do crédito aberto.

Esses parâmetros, todavia, não resolvem a questão; em primeiro lugar, em se tratando de contrato de abertura de crédito em conta-corrente, tende-se a encontrar lançamentos diversos na formação do principal da dívida; esses lançamentos diversos corresponderiam, ao menos em tese, ao dinheiro que pretensamente foi entregue, em mútuo, pela instituição credora ao devedor. A impugnação de qualquer desses elementos implicaria a transformação da via executiva em rito de conhecimento – ainda que no âmbito dos embargos do devedor –, subvertendo completamente a lógica do Processo Civil Brasileiro. Não se trata, friso, de problema que se resolva refazendo-se as contas; refiro-me à verificação de cada lançamento que formou o principal da dívida: cheques emitidos, contas pagas pelo sistema de débito automático, saques que teriam sido feitos em caixas eletrônicos, transferências eletrônicas, cobrança – devida ou indevida – por serviços bancários etc. Se o devedor embarga a execução colocando questões dessa ordem, exercendo o seu direito constitucional à defesa, não haverá alternativa ao reconhecimento da incerteza do título: incerteza quanto ao valor e, mesmo, incerteza sobre a exigibilidade dos elementos trazidos como formadores da dívida. Os embargos serão julgados procedentes, exigindo-se da instituição financeira que recorra ao procedimento monitório ou à ação de cobrança para que ali sejam discutidos todos os pontos sobre os quais as partes não acordaram, provando-os satisfatoriamente. Entender o contrário seria atribuir a entes privados uma fé pública que, entre nós, detém o Estado e seus agentes, mesmo assim, não raro, merecendo revisão pelo Judiciário, diante dos abusos que se verificam.

De qualquer sorte, para além da questão relativa à formação do principal da dívida, resta o problema dos acessórios certo que, como visto, o legislador foi pródigo ao autorizar a incidência de encargos. A planilha juntada à cédula de crédito bancário deverá ser inquestionavelmente clara, permitindo a fácil compreensão de como se chegou ao valor total da dívida executada. Isso fica claro do próprio texto do artigo 28, § 2º, I, da Lei 10.931/2004, que ao se referir aos *encargos e despesas contratuais devidos*, bem como à *parcela de juros*, é expresso em exigir que sejam igualmente esclarecidos *os critérios de sua incidência*. Não satisfazem à lei, via de consequência, lançamentos que simplesmente listem o acessório e o respectivo valor; não basta dizer: *"Juros remuneratórios: R$ 345.693,59."* Cada lançamento deverá especificar os critérios de exigibilidade, bem como a maneira como incidiu nos cálculos: percentual, forma como se contabilizou etc. Tudo que permita ao julgador compreender, inequivocamente, a formação do total da dívida. Se o julgador não consegue compreender essa formação, se não consegue compreender (1) como se formou aquele acessório ou (2) se não consegue refazer, com uma simples calculadora, as contas, chegando ao mesmo valor, não haverá liquidez, o que, pelo sistema do Código de Processo Civil, determina a extinção da execução, inclusive, conforme o caso, pelo provimento da exceção de executividade.

Julgando o Recurso Especial 1.291.575/PR, sob a sistemática dos recursos repetitivos, o Superior Tribunal de Justiça decidiu: "A Cédula de Crédito Bancário é título executivo extrajudicial, representativo de operações de crédito de qualquer natureza, circunstância que autoriza sua emissão para documentar a abertura de crédito em conta-corrente, nas modalidades de crédito rotativo ou cheque especial. O título de crédito deve vir acompanhado de claro demonstrativo acerca dos valores utilizados pelo cliente, trazendo o diploma legal, de maneira taxativa, a relação de exigências que o credor deverá cumprir, de modo a conferir liquidez e exequibilidade à Cédula (art. 28, § 2º, incisos I e II, da Lei 10.931/2004)".

6.1   Cobrança indevida

Para tentar garantir a confiabilidade do sistema que institui, a Lei 10.931/2004 previu em seu artigo 28, § 3º, uma sanção específica para a hipótese de serem elaborados cálculos que determinem, por meio da cédula de crédito bancário, a cobrança de valores indevidos. Segundo o dispositivo, "o credor que, em ação judicial, cobrar o valor do crédito exequendo em desacordo com o expresso na cédula de crédito bancário, fica obrigado a pagar ao devedor o dobro do cobrado a maior, que poderá ser compensado na própria ação, sem prejuízo da responsabilidade por perdas e danos".

A leitura do dispositivo, em primeiro lugar, deixa claro que a lei define como pressuposto da sanção um comportamento objetivo, independentemente de elementos subjetivos. Assim, basta ao credor *cobrar o valor do crédito exequendo em desacordo com o expresso na cédula de crédito bancário*, para que fique *obrigado a pagar ao devedor o dobro do cobrado a maior*. Não se exige má-fé ou intuito fraudatório; não é preciso provar a ocorrência de dolo, já que se trata de hipótese de comportamento culposo, fruto do próprio contexto legal dos fatos. Em verdade, ao entregar às instituições financeiras e assemelhadas o poder de dizer o *valor total da dívida*, engendrando os cálculos a partir do qual será ele formado, o legislador atribui-lhe um dever de bem proceder, vale dizer, uma obrigação de ofício de proceder com cuidado, prudência e perícia na construção dessa equação e na determinação de seu valor. Não é uma obrigação de meio, mas uma obrigação de fim, já que independente de comportamentos ou fatores alheios. Justamente por isso, a instituição financeira credora, por seus prepostos, deve ser prudente, cautelosa, ciente de que à falha, *de per se*, corresponde uma sanção legal específica. Prudência e cautela, aliás, justamente por estar formulando, unilateralmente, uma imputação – em qualidade e quantidade – de débito contra outrem e, para agravar ainda mais o quadro, a seu favor. Nesse contexto, a demonstração de dolo, incluindo a má-fé e o intuito de fraudar, ou mesmo o abuso de direito sob a forma de culpa grave, caracterizará um *plus*, um elemento a mais: ato ilícito, conforme os artigos 186 e 187 do Código Civil, do qual, decorrendo dano, econômico ou moral, advirá a obrigação de indenizá-los, segundo o texto do artigo 927 do Código Civil. Aliás, a definição do valor total da dívida para a execução encaixa-se, bem, na previsão anotada no artigo 927, parágrafo único, do Código Civil, a prever que "haverá obrigação de reparar o dano, independentemente de culpa, nos casos especificados em lei, ou quando a atividade normalmente desenvolvida pelo autor do dano implicar, por sua natureza, risco para os direitos de outrem".

De qualquer sorte, essa afirmação objetiva da ilicitude do ato de *cobrar o valor do crédito exequendo em desacordo com o expresso na cédula de crédito bancário* está limitada à ação judicial, mais precisamente à ação de execução. Nesse sentido, destaca-se não só o aposto *em ação judicial*, colocado logo no princípio do § 3º do artigo 28 da Lei 10.931/2004, mas também a expressão *crédito exequendo*, que não só confirma que a previsão traduz uma sanção processual, como igualmente limita, ainda mais, o seu conteúdo: a regra aplica-se especificamente à ação de execução, o que se justifica, aliás, com os fundamentos acima impostos, harmonizando a exegética construída. A sanção processual justifica-se justamente pela gravidade de se permitir à instituição financeira o poder de dizer *o valor total da dívida*, o que, no processo de execução, orienta não só a constrição, uma vez que o bem a ser penhorado deverá ter valor correspondente ao do crédito executado, mas igualmente o pagamento.

Portanto, a regra inscrita no artigo 28, § 3º, da Lei 10.931/2004 define um ato ilícito processual, um comportamento objetivo do exequente, como visto, independente de dolo, má-fé, intuito fraudatório. Sua responsabilização por atos extraprocessuais, nesse contexto, não é juridicamente impossível, mas não se resolve pela aplicação do dispositivo legal ora estudado, mas pela aplicação dos artigos 186 ou 187, cominados com o artigo 927 do Código Civil, ou, em se tratando de relação de consumo, pelas regras e princípios do Código de Defesa do Consumidor, lembrando-se de que a cédula de crédito bancário nasce inequivocamente de uma prestação de serviço financeiro, que será relação de consumo se atendida a estrutura jurídica prevista nos artigos 1º a 3º daquele Código (Lei 8.078/1990).

6.2   Natureza jurídica do valor cobrado a maior

Será proveitoso questionar qual a natureza jurídica do valor *cobrado a maior*, no contexto do artigo 28, § 3º, da Lei 10.931/2004. O parágrafo fala em *valor do crédito exequendo em desacordo com o expresso na cédula de crédito bancário*. O período indubitavelmente contrasta duas referências: (1) o que esse artigo chama de *valor do crédito exequendo* nada mais é que o valor pelo qual o credor executa a cédula de crédito bancário, vale dizer, na dicção do artigo 28, § 2º e seu inciso II, da mesma Lei, o resultado final dos cálculos elaborados pelo credor, a quem compete discriminar nos extratos da conta-corrente ou nas planilhas de cálculo, que serão anexados à Cédula, as parcelas utilizadas do crédito aberto, os aumentos do limite do crédito inicialmente concedido, as eventuais amortizações da dívida e a incidência dos encargos nos vários períodos de utilização do crédito aberto. Em contraste, tem-se (2) o valor *expresso na cédula de crédito bancário*, ou seja, o valor efetivamente e juridicamente devido, aplicando-se as cláusulas ajustadas entre as partes no título e, igualmente, o valor da movimentação financeira verificada entre as partes. O desacordo entre esses dois valores pode dar-se a maior, em desfavor do exequente, hipótese que foge à previsão do artigo 28, § 3º, ou em desfavor do executado, correspondendo ao fato gerador da sanção processual, com efeitos civis (na medida em que constitui um crédito a favor do executado).

Nada mais disse o legislador; nada mais diz a lei. Isso deixa claro que a investigação da natureza do valor *cobrado a maior* extrapola o contexto do mecanismo legal instituído. Vale dizer, é indiferente se o desacordo é fruto de erro jurídico ou de erro matemático. Assim, haverá *desacordo com o expresso na cédula de crédito bancário* se o exequente utiliza em seus cálculos valores oriundos de rubricas que o Judiciário considere indevidas, seja por considerá-las inconstitucionais ou ilegais, seja por considerar que o credor a elas não teria direito, como na cobrança por serviço que não foi efetivamente prestado. De outra face, tem-se igual desacordo quando o credor utiliza cifras equivocadas, erradas, mesmo que sem a intenção de prejudicar o executado ou fraudar a execução, já que é sua obrigação técnica apresentar cálculos adequados.

6.3   Declaração, compensação e execução

Verificado que o valor executado – vale dizer, que *o valor do crédito exequendo* – supera o valor real da obrigação, ou, ainda repetindo as palavras da lei, que está *em desacordo com o expresso na cédula de crédito bancário*, completa-se, objetivamente, a hipótese legal de sanção processual, como visto, independentemente de investigação do universo subjetivo do exequente. Mesmo que tenha sido uma falha no computador ou dolo por parte de um preposto (hipótese na qual o credor terá, contra esse, ação de regresso). Trata-se de ônus processual decorrente diretamente do bônus de determinar o valor do crédito a partir de planilhas unilateralmente constituídas. Assim, o valor a mais que se pretendeu crédito do credor tornar-se--á, por decisão judicial obrigatória, crédito do devedor, pelo dobro de seu valor. O legislador não facultou ao juiz aplicar a sanção; sua aplicação decorre não de um juízo de valor do magistrado, mas da simples verificação da hipótese prevista. Com efeito, o § 3º do artigo 28 da Lei 10.931/2004 afirmou a verificação do fato típico (*cobrar o valor do crédito exequendo em desacordo com o expresso na cédula de crédito bancário*) como único elemento condicionante para a definição da sanção processual, que se constitui, por determinação legal, em benefício àquele que fora vitimado pela cobrança a maior. Ao juiz, vê-se, cabe apenas verificar a ocorrência do fato processual típico, declarando-a em decisão fundamentada jurídica e/ou matematicamente, para então declarar, como decorrência necessária, que o exequente é punido e o executado é beneficiado: não só abate-se do montante do *valor total da dívida* que foi cobrado pelo exequente o que está a mais, como também afirma-se um crédito do executado, contra o exequente, em montante igual *ao dobro do cobrado a maior*.

A leitura da norma ainda revela outra particularidade: a sanção não foi condicionada a pedido formulado pelo devedor. Decorre, reitero, da simples verificação do fato típico e justifica-se como medida de proteção à seriedade do processo executório, no momento em que se entrega ao exequente uma atribuição de extrema gravidade: determinar o valor pelo qual se fará a execução e, via de consequência, a constrição. Comporta, portanto, declaração de ofício. Por outro ângulo, como o pedido a maior foi feito com o pedido inicial da execução, o crédito a favor do executado – *o dobro do cobrado a maior* – será devido a partir da citação, quando se estabilizou a relação processual executiva, contabilizando-se daí os juros de mora e, sendo cabível, a correção monetária.

Por fim, é preciso aferir o impacto da declaração de tal direito sobre as relações entre as partes. Três hipóteses se colocam, uma das quais, apenas, com tratamento jurídico expressado pelo legislador no artigo 28, § 3º, da Lei 10.931/2004: (1) se o crédito a favor do executado – *o dobro do cobrado a maior* – for menor do que o crédito do credor para com esse, proceder-se-á à compensação *na própria ação*, isto é, na própria execução. Será essa a solução sempre que o valor cobrado a maior for inferior a 50% do valor do crédito executado. Mas é preciso examinar as duas outras hipóteses. Nessa senda, (2) se forem iguais o valor remanescente do crédito executado e o valor do crédito determinado a favor do exequente pela declaração de execução em desacordo com a cédula, o que acontecerá se o valor cobrado a maior for igual a 50% do valor do crédito executado, a execução será extinta, aplicando-se os artigos 368 e seguintes do Código Civil, já que, compensadas as obrigações, não restou crédito a ser executado pela instituição financeira que, outrora, fora credora. Note-se, nesse contexto, que a dívida da exequente para com o executado, uma vez declarada judicial, será líquida e já estará vencida, atendendo plenamente ao requisito do artigo 369 do Código Civil; aliás, se a instituição financeira tinha seu crédito oriundo de título executivo extrajudicial, o executado terá o seu crédito oriundo de título executivo judicial. Essa característica, aliás, dá solução à última hipótese: (3) se o valor correspondente ao *dobro do cobrado a maior* superar o valor do crédito executado, o que ocorrerá, matematicamente, sempre que o valor cobrado a maior superar 50% do valor do crédito executado, a compensação das obrigações se concretizará em favor do executado. Nesse caso, a sentença, após reconhecer estar *o valor do crédito exequendo em desacordo com o expresso na cédula de crédito bancário*, declarará o direito do executado ao *dobro do cobrado a maior*, fará os cálculos de compensação e, por fim, declarará a existência de saldo favorável ao executado, extinguindo a execução. Aquele que era, até então, devedor, ver-se-á credor, podendo executar tal sentença pelo valor do saldo verificado a seu favor.

7 ENDOSSO

A cédula de crédito bancário poderá *conter cláusula à ordem*, caso em que "será transferível mediante endosso em preto, ao qual se aplicarão, no que couberem, as normas do direito cambiário, caso em que o endossatário, mesmo não sendo instituição financeira ou entidade a ela equiparada, poderá exercer todos os direitos por ela conferidos, inclusive cobrar os juros e demais encargos na forma pactuada na cédula" (artigo 29, IV e § 1º, da Lei 10.931/2004). A norma implica alguns desafios. Antes de mais nada, é preciso afastar o *princípio da cartularidade*, certo que as cédulas de crédito bancário não são títulos de apresentação: o pagamento do crédito não se faz à vista da cártula mas, via de regra, por depósitos na conta bancária vinculada ao financiamento documentado (e não representado) pelo título. Não tem o papel, base física da representação gráfica do título, a função de elemento viabilizador dos direitos nele inscritos: cuida-se de título impróprio no qual o documento físico não dá uma existência material ao crédito.

Na prática, as cédulas de crédito bancário têm sido endossadas para fundos (FIDC – fundo de direitos creditórios) cujas quotas são negociadas entre investidores. O fundo paga à instituição financeira endossante o valor do crédito, mas essa continua recendo os pagamentos feitos pelos devedores, embora transferindo-os para o fundo/endossatário. Não há previsão de pagamento feito diretamente ao endossatário. Se houvesse, seria preciso aplicar o artigo 290 do Código Civil, já que não há falar em aplicação do princípio da cartularidade no caso. Aplicável, igualmente, o artigo 292, ou seja, fica desobrigado o devedor que, antes de ter conhecimento da cessão, paga ao credor primitivo.

Outro desafio é a questão da autonomia das obrigações cambiárias. As cédulas de crédito bancário são, essencialmente, contratos de financiamento, devendo ser completadas, para execução, com uma planilha de cálculos relativa à movimentação da conta, definindo *quantum debeatur*. Assim, mesmo em relação a cédulas endossadas, não se aplica o *princípio da autonomia das obrigações cambiárias*, já que desprezadas as bases sobre as quais tal metanorma se assenta. Por suas particularidades técnicas, as cédulas de crédito devem ser compreendidas como parte de um negócio de financiamento, cuja história comporá o título, necessariamente. Portanto, o endossatário será contaminado pelas questões relativas ao contrato de financiamento (incluindo o *contrato de abertura de crédito em conta-corrente*). Não há objetividade na declaração cambiária que autorize aplicar, em favor do endossatário, o princípio da autonomia cambiária.

Neste sentido, a jurisprudência do Superior Tribunal de Justiça vista no Capítulo 2 deste livro. Some-se o acórdão que solucionou o Recurso Especial 111.961/RS, a dizer "a nota promissória que contenha no verso expressa vinculação ao contrato subjacente perde a característica de abstração, podendo ao endossatário ser oposta defesa que o devedor teria em razão do contrato". Ora, no âmbito das cédulas e notas de crédito, tal vinculação é da essência do título, que, como já visto, nada mais é do que um contrato de financiamento. Não há, portanto, independência; o título não basta por si mesmo, estando intimamente ligado ao negócio do qual se originou; a cédula ou nota não traduz, por si só, o crédito, independentemente de qualquer outro documento. Não há, igualmente, abstração possível, já que não há como abstrair o negócio que deu origem à cártula como forma de garantir-lhe a autonomia. E como a abstração é uma característica do título de crédito que serve à sua autonomia, não há aplicação viável do *princípio da autonomia das obrigações cambiárias*, deixando claro que ao endossatário se poderá opor as mesmas exceções que se tinha à instituição financeira endossante, discutindo amplamente a formação do crédito cobrado ou executado.

O endossatário, por seu turno, na condição de exequente, submete-se à regra do artigo 28, § 3º, da Lei 10.931/2004, ou seja, é sujeito passivo legítimo para a sanção por execução em valor *em desacordo com o expresso na cédula de crédito bancário*. Verificado tal desacordo, a declaração do direito do executado ao *dobro do cobrado a maior* se fará contra o endossatário/exequente que, destarte, suportará a compensação, nos moldes acima estudados. Obviamente, se o erro que dá margem a tal condenação teve por responsabilidade a instituição financeira endossante, a quem o artigo 28, § 2º, da mesma Lei 10.931/2004 atribuiu competência e poder para elaboração de planilha e cálculos para determinação do *valor total da dívida*, o endossatário terá direito de regresso contra essa, direito esse que se afirma, por certo, por aplicação direta dos artigos 186 e 927 do Código Civil.

O último ponto que merece destaque refere-se à parte final do dispositivo, a estabelecer que "o endossatário, mesmo não sendo instituição financeira ou entidade a ela equiparada, poderá exercer todos os direitos por ela conferidos, inclusive cobrar os juros e demais encargos na forma pactuada na cédula". A disposição compreende-se no plano de conflito entre, de um lado, os artigos 406 e 591 do Código Civil, a limitarem os juros remuneratórios em taxa correspondente àquela que esteja em vigor para o pagamento de impostos devidos à Fazenda Nacional, e, de outro lado, a Lei 4.595/1964, que dispõe sobre a Política e as Instituições Monetárias, Bancárias e Creditícias, além de criar o Conselho Monetário Nacional, a prever liberdade de fixação de juros para as instituições financeiras que, assim, não são alcançadas pela limitação anotada no Código Civil. Ora, a Lei 4.595/1964 criou no Direito Brasileiro uma curiosa situação de limitação *ex personae* (em função da pessoa) de juros, distinguindo entre as instituições monetárias, bancárias e creditícias, autorizadas a fixar juros sem limitação, e as demais pessoas, submetidas ao limite do Código Civil. A previsão do artigo 29, § 1º, destarte, mostra-se inconstitucional, como demonstrado na seção 5 deste capítulo, por não atender ao artigo 192 da Constituição da República, intervindo no Sistema Financeiro Nacional sem utilizar-se de lei complementar, como ali determinado. Não é só; acrescentem-se os demais argumentos desenvolvidos naquele item.

8 GARANTIAS

A constituição de garantia da obrigação representada pela Cédula de Crédito Bancário é disciplinada pela Lei 10.931/2004, em seus artigos 30 e seguintes, aplicando-se-lhe, subsidiariamente, a legislação comum ou especial, nos aspectos que não forem com ela conflitantes. A garantia da Cédula de Crédito Bancário poderá ser fidejussória ou real, neste último caso constituída por bem patrimonial de qualquer espécie, disponível e alienável, móvel ou imóvel, material ou imaterial, presente ou futuro, fungível ou infungível, consumível ou não, cuja titularidade pertença ao próprio emitente ou a terceiro garantidor da obrigação principal. A constituição da garantia poderá ser feita na própria Cédula de Crédito Bancário ou em documento separado, neste caso fazendo-se, na Cédula, menção a tal circunstância. O bem constitutivo da garantia deverá ser descrito e individualizado de modo que permita sua fácil identificação, permitindo-se, alternativamente, a remissão a documento ou certidão expedida por entidade competente, que integrará a Cédula de Crédito Bancário para todos os fins.

A garantia da obrigação abrangerá, além do bem principal constitutivo da garantia, todos os seus acessórios, benfeitorias de qualquer espécie, valorizações a qualquer título, frutos e qualquer bem vinculado ao bem principal por acessão física, intelectual, industrial ou natural. Por isso, o credor poderá averbar, no órgão competente para o registro do bem constitutivo da garantia, a existência de qualquer outro bem por ela abrangido. Até a efetiva liquidação da obrigação garantida, os bens abrangidos pela garantia não poderão, sem prévia autorização escrita do credor, ser alterados, retirados, deslocados ou destruídos, nem poderão ter sua destinação modificada, exceto quando a garantia for constituída por semoventes ou por veículos, automotores ou não, e a remoção ou o deslocamento desses bens for inerente à atividade do emitente da Cédula de Crédito Bancário, ou do terceiro prestador da garantia.

Os bens constitutivos de garantia pignoratícia ou objeto de alienação fiduciária poderão, a critério do credor, permanecer sob a posse direta do emitente ou do terceiro prestador da garantia, nos termos da cláusula de constituto possessório, caso em que as partes deverão especificar o local em que o bem será guardado e conservado até a efetiva liquidação da obrigação garantida. O emitente e, se for o caso, o terceiro prestador da garantia responderão solidariamente pela guarda e conservação do bem constitutivo da garantia; se a garantia for prestada por pessoa jurídica, esta indicará representantes para responder por essa guarda e conservação. Ademais, o credor poderá exigir que o bem constitutivo da garantia seja coberto por seguro até a efetiva liquidação da obrigação garantida, em que o credor será indicado como exclusivo beneficiário da apólice securitária e estará autorizado a receber a indenização para liquidar ou amortizar a obrigação garantida; essa regra, todavia, não pode ser aplicada de forma a determinar o enriquecimento indevido do credor, havendo que se reconhecer que o seu direito à indenização securitária está limitado ao valor de seu crédito garantido pelo bem segurado. Se a indenização superar o valor do débito, o *plus* deve ser compreendido como o *reliquum* nas garantias reais (penhor ou hipoteca), sendo devolvido ao devedor.[3] O mesmo se dará se o bem constitutivo da garantia for desapropriado, ou se for danificado ou perecer por fato imputável a terceiro: o credor sub-rogar-se-á no direito à indenização devida pelo expropriante ou pelo terceiro causador do dano, até o montante necessário para liquidar ou amortizar a obrigação garantida. O artigo 38 da Lei 10.931/2004, no entanto, faculta ao credor, seja na hipótese de indenização securitária, seja na hipótese de indenização devida pela Fazenda expropriadora ou por terceiro responsável pelo ato ilícito, renunciar ao direito à percepção do valor relativo à indenização, facultar-se-á ao credor exigir a substituição da garantia, ou o seu reforço. O credor também poderá exigir a substituição ou o reforço da garantia, em caso de perda, deterioração ou diminuição de seu valor, casos em que notificará por escrito o emitente e, se for o caso, o terceiro garantidor, para que substituam ou reforcem a garantia no prazo de 15 dias, sob pena de vencimento antecipado da dívida garantida.

Tradicionalmente se compreendeu que a alienação fiduciária teria por objeto bens infungíveis e não consumíveis, ou seja, bens que, sendo passíveis de identificação, pudessem ser apreendidos e entregues ao credor fiduciário. Em se tratando de bens fungíveis, não é possível determinar, entre diversos de mesma natureza e qualidade, qual foi e qual não foi alienado. A percepção deste problema está, aliás, na raiz do artigo 645 do Código Civil, segundo o qual o depósito de coisas fungíveis, em que o depositário se obrigue a restituir objetos do mesmo gênero, qualidade e quantidade, regular-se-á pelo disposto acerca do mútuo. Tem-se, aqui, um problema de fato e não de direito: como determinar qual quilograma de arroz é meu e qual não é.

A Lei 10.931/2004, todavia, alterou a legislação regulamentadora do instituto da alienação fiduciária, introduzindo um artigo 66-B na Lei 4.728/1965, a prever, em seu § 3º, a possibilidade de alienação fiduciária em garantia de coisa fungível ou mesmo a cessão fiduciária de direitos sobre coisas móveis, bem como de títulos de crédito, "hipóteses em que, salvo disposição em contrário, a posse direta e indireta do bem objeto da propriedade fiduciária ou do título representativo do direito ou do crédito é atribuída ao credor, que, em caso de inadimplemento ou mora da obrigação garantida, poderá vender a terceiros o bem objeto da propriedade fiduciária independente de leilão, hasta pública ou qualquer outra medida judicial ou extrajudicial, devendo aplicar o preço da venda no pagamento do seu crédito e das despesas decorrentes da realização da garantia, entregando ao devedor o saldo, se houver, acompanhado do demonstrativo da operação realizada".

Em primeiro lugar, estranha a previsão de que *a posse direta e indireta do bem objeto da propriedade fiduciária ou do título representativo do direito ou do crédito é atribuída ao credor*; tem-se, portanto, uma hipótese especialíssima, sem que haja

---

[3]   Conferir MAMEDE, Gladston. *Código Civil comentado*: penhor, hipoteca e anticrese: artigos 1.419 a 1.510. São Paulo: Atlas, 2003. v. 14, p. 97-100.

posse direta, pelo devedor, do bem garantidor, fiduciariamente alienado. O credor fiduciário conservará a posse, direta e indireta do bem. Mas é posse precária, deve--se reconhecer, intimamente ligada à garantia a que serve: com o adimplemento da obrigação, não só se revolve a propriedade fiduciária, como também se torna de imediato precária a posse, a exigir pronta restituição do bem ao devedor. Portanto, até o adimplemento, o credor reúne em seu patrimônio a propriedade (*proprietas*), ainda que resolúvel, além da posse direta e indireta (*ius possidendi*); em face dessa transferência, titularizará também o direito de reivindicar a coisa (*ius vindicandi*) de quem a detenha ilegitimamente, mesmo utilizando-se dos interditos possessórios. Mas é forçoso observar que o legislador não lhe conferiu propriedade plena, o que não se limita à constatação da resolutividade do domínio; não há qualquer norma que lhe transfira o direito de uso da coisa (*ius utendi*), nem o direito de fruição (*ius fruendi*, também chamado de direito de gozo), o que lhe impede, via de consequência, de mesmo ceder posse ou uso a terceiros, gratuita ou onerosamente.

Se o credor fiduciário ceder posse ou uso a terceiros, gratuita ou onerosamente, deverá remunerar o devedor fiduciário por seu ato. Recomenda-se, aqui, a aplicação do artigo 1.435, III, do Código Civil, devendo imputar o valor dos frutos, de que se apropriar, nos juros e no capital da obrigação garantida, sucessivamente, não havendo autorização legal para que impute ao devedor fiduciário as *despesas de guarda e conservação da coisa*, sem previsão no âmbito específico da alienação fiduciária em garantia. Nesse sentido, o artigo 66-B, § 6º, da Lei 4.728/1965, com a redação definida pela mesma Lei 10.931/2004, estabelecendo não se aplicar alienação fiduciária e à cessão fiduciária o artigo 644 do Código Civil, dispositivo que cuida justamente da indenização das despesas feitas com a conservação da coisa e o direito de retenção (*ius retentionis*) que lhe é acessório. Como se não bastasse, é forçoso reconhecer que, conservando o credor fiduciário, a propriedade (ainda que resolúvel) e a posse do bem alienado fiduciariamente, embora podendo dispor do *ius possidendi* ao devedor, como é comum na alienação fiduciária, as despesas de conservação fazem-se em seu próprio benefício, não sendo legítimo imputá-las ao devedor fiduciário.

Se o credor fiduciário não conservou a posse direta e indireta do bem infungível (ou *bem não identificado*, na expressão da Lei 8.929/1994) alienado fiduciariamente, a afirmação de seus direitos encontrará dificuldades de fato e de direito: será extremamente difícil identificar qual seja o seu bem, permitindo-lhe a efetivação dos direitos correspondentes. Procurando resolver o problema, a Lei 10.931/2004 inscreveu na Lei 4.728/1965 um § 1º ao já citado artigo 66-B, estabelecendo que, "se a coisa objeto de propriedade fiduciária não se identifica por números, marcas e sinais no contrato de alienação fiduciária, cabe ao proprietário fiduciário o ônus da prova, contra terceiros, da identificação dos bens do seu domínio que se encontram em poder do devedor". É norma de dificílima implementação, face às próprias características determinadoras da fungibilidade, mormente quando os bens tenham sido transferidos a terceiros.

Para impedir essa ocorrência, o legislador resolveu criminalizar o ato de o devedor alienar, ou dar em garantia a terceiros, coisa que já alienara fiduciariamente em garantia, sujeitando-o à pena prevista no artigo 171, § 2º, I, do Código Penal; esse dispositivo pune com pena de reclusão de um a cinco anos, além de multa, aquele que "vende, permuta, dá em pagamento ou garantia coisa própria inalienável, gravada de ônus ou litigiosa, ou imóvel que prometeu vender a terceiro, mediante pagamento em prestações, silenciando sobre qualquer dessas circunstâncias". A solução é esdrúxula, revelando pouca maturidade política e jurídica do Estado brasileiro, na medida em que dá solução penal para uma questão civil, desconhecendo não só as particularidades jurídicas e psicológicas que distinguem os ilícitos civil e penal, como igualmente desconhecendo a maturidade jurídica internacional, que repudia tais soluções.

Aliás, uma disposição no mínimo hipócrita, já que não houve denunciação do *Pacto de San José da Costa Rica*, ao qual o país aderiu, sendo aprovado pelo Decreto Legislativo nº 678/1992, e que proíbe a prisão por dívidas. Excetuada a hipótese de demonstração e prova de que o agente teve fim específico de, pela prática daquele comportamento típico, atender ao modelo do *caput* do artigo 171 do Código Penal, ou seja, a finalidade consciente – dolosa – de "obter, para si ou para outrem, vantagem ilícita, em prejuízo alheio, induzindo ou mantendo alguém em erro, mediante artifício, ardil, ou qualquer outro meio fraudulento". Hipócrita, igualmente, no momento em que o Estado brasileiro implementa diversas medidas para resolver o seu déficit penitenciário, buscando a redução de uma superpopulação carcerária que apenas afirma a incapacidade do Estado de construir e manter penitenciárias em condições mínimas – leia-se, respeitando minimamente a dignidade humana – e, ainda assim, atribui-se a um ilícito civil pena de reclusão que pode chegar a cinco anos. Todos esses aspectos, por certo, põem em dúvida a licitude e a constitucionalidade da medida, discussão que, no entanto, perde o foro do Direito Privado – designadamente, do Direito Empresarial –, para alojar-se no âmbito do Direito Penal.

Outro ponto que merece redobrada cautela é a previsão, no já citado artigo 66-B, § 3º, da Lei 4.728/1965, cujo texto foi introduzido pela Lei 10.931/2004, de que, *em caso de inadimplemento ou mora da obrigação garantida*, o credor *poderá vender a terceiros o bem objeto da propriedade fiduciária independente de leilão, hasta pública ou qualquer outra medida judicial ou extrajudicial*. Embora não haja qualquer dúvida quanto à parte final do dispositivo, prevendo que o credor deverá *aplicar o preço da venda no pagamento do seu crédito e das despesas decorrentes da realização da garantia, entregando ao devedor o saldo, se houver, acompanhado do demonstrativo da operação realizada*, todas as dúvidas gravitam em torno da própria venda *a terceiros do bem objeto da propriedade fiduciária*, já que dispensados *leilão, hasta pública ou qualquer outra medida judicial ou extrajudicial*. A única interpretação possível desse dispositivo é aquela que, por óbvio, respeita a Constituição da República, designadamente o artigo 1º, II, III e IV, definindo fundamentos do Estado Democrático de Direito: respeito à cidadania, à dignidade da pessoa humana, bem como aos valores sociais do trabalho e da livre iniciativa, aos quais se somam o artigo 5º, XXII e XXIII, garantindo o direito de propriedade (lembrando-se de que a propriedade resolúvel do credor está diretamente relacionada aos interesses do devedor que cedeu o domínio do bem para a garantia de obrigação contra si), bem como a sua função social (lembrando-se, aqui, do artigo 421 do Código Civil, que estabelece a função social do contrato, casando negócio e propriedade, como no caso da alienação fiduciária em garantia). Essencialmente, a alienação pelo credor fiduciário deve respeitar os direitos do respectivo devedor fiduciário, certo de que o valor apurado para o bem compensa-se com o débito daquele, podendo (1) reduzir-lhe o montante, (2) igualar-se no montante, pagando a dívida e resolvendo a situação entre as partes ou (3) superar o valor do débito, definindo a favor do devedor fiduciário – ou do terceiro que por ele alienou fiduciariamente em garantia bem de sua propriedade – saldo positivo, permitindo-lhe reembolsar-se, em parte, pela perda do bem.

Nesse contexto, impõe-se afirmar a prevalência, uma vez mais, da Constituição da República, nomeadamente de seu artigo 5º, XXXV, LIV e LV, não se permitindo, em hipótese alguma, que tal venda extrajudicial imponha prejuízos para o devedor fiduciário ou o terceiro que, por ele, aliena fiduciariamente em garantia bem de sua propriedade. Dessa forma, não se pode deixar de reconhecer ser direito constitucional do devedor fiduciário questionar judicialmente o valor da venda extrajudicial do bem, efetuada pelo credor fiduciário, pedindo que o Judiciário reconheça que essa se fez por valor inferior à média de mercado (*valor venal médio*), reconhecendo a responsabilidade do credor pelas perdas sofridas com a venda, determinando-lhe o dever de indenizar pela diferença entre o valor apontado como da venda e o *valor venal médio*, do que, uma vez mais, se afirmarão as três hipóteses: (1) ampliar a redução do saldo contrário ao devedor; (2) definir-se, enfim, que os valores de débito e venda se equivalem, extinguindo-se a relação entre as partes com satisfação mútua; ou (3) determinação ou aumento do saldo positivo favorável ao devedor fiduciário ou ao terceiro que, pelo devedor, alienou a coisa para o credor fiduciário, garantindo o seu crédito.

No tocante à *cessão fiduciária de direitos sobre coisas móveis ou sobre títulos de crédito*, igualmente permitidos para as cédulas de crédito, aplicam-se os artigos 18 a 20 da Lei 9.514/1997, por força do novo artigo 66-B, § 4º, da Lei 4.728/1965, bem como os artigos 1.421, 1.425, 1.426, 1.435 e 1.436 do Código Civil (esses igualmente aplicáveis à alienação fiduciária), segundo o § 5º do mesmo artigo. O artigo 18 da Lei 9.514/1997 estabelece os requisitos que devem constar do contrato de cessão fiduciária em garantia de direitos sobre coisa móvel e sobre direitos creditórios ou aquisitivos decorrentes de contratos de venda ou promessa de venda de imóveis. O artigo 19 define os direitos que competem ao credor fiduciário, quais sejam: (1) conservar e recuperar a posse dos títulos representativos dos créditos cedidos, contra qualquer detentor, inclusive o próprio cedente; (2) promover a intimação dos devedores que não paguem ao cedente, enquanto durar a cessão fiduciária; (3) usar das ações, recursos e execuções, judiciais e extrajudiciais, para receber os créditos cedidos e exercer os demais direitos conferidos ao cedente no contrato de alienação do imóvel; (4) receber diretamente dos devedores os créditos cedidos fiduciariamente, importâncias essas que, depois de deduzidas as despesas de cobrança e de administração, serão creditadas ao devedor cedente, na operação objeto da cessão fiduciária, até final liquidação da dívida e encargos, responsabilizando-se o credor fiduciário perante o cedente, como depositário, pelo que receber além do que este lhe devia; se tais importâncias não bastarem para o pagamento integral da dívida e seus encargos, bem como das despesas de cobrança e de administração daqueles créditos, o devedor continuará obrigado a resgatar o saldo remanescente nas condições convencionadas no contrato.

Note-se que a validade e eficácia da Cédula de Crédito Bancário não dependem de registro, mas as garantias reais, por ela constituídas, ficam sujeitas, para valer contra terceiros, a registros ou averbações previstos na legislação aplicável, com as alterações introduzidas pela Lei 10.931/2004.

9   PAGAMENTO E INADIMPLEMENTO

De acordo com o artigo 40 da Lei 10.931/2004, nas operações de crédito rotativo, o limite de crédito concedido será recomposto, automaticamente e durante o prazo de vigência da Cédula de Crédito Bancário, sempre que o devedor, não estando em mora ou inadimplente, amortizar ou liquidar a dívida. Nas cédulas que traduzam *contrato de abertura de crédito fixo*, não há essa recomposição, devendo o credor efetuar o pagamento em tempo e no modo ajustados com o credor: pagamento por boleto bancário (que não se confunde com a cédula ou nota de crédito, sendo mera guia de pagamento), desconto em conta-corrente etc. Verificado o inadimplemento, o artigo 44 da Lei 10.931/2004 dispensa o protesto para garantir o direito de cobrança contra endossantes, seus avalistas e terceiros garantidores. O protesto é, portanto, facultativo, excetuada a hipótese de pedido de falência, em face do que dispõe o artigo 94, § 3º, da Lei de Falências. Para tais hipóteses, a Cédula de Crédito Bancário poderá ser protestada por indicação, desde que o credor apresente declaração de posse da sua única via negociável, inclusive no caso de protesto parcial. No Recurso Especial 1.398.356/MG, julgado sob a sistemática dos recursos repetitivos, o Superior Tribunal de Justiça asseverou: "É possível, à escolha do credor, o protesto de cédula de crédito bancário garantida por alienação fiduciária, no tabelionato em que se situa a praça de pagamento indicada no título ou no domicílio do devedor".

23
Títulos do Agronegócio

1 AGRONEGÓCIO

A importância que o agronegócio tem para a economia brasileira fez com que houvesse uma preocupação em especializar um conjunto de cártulas que atendesse ao setor. Esse esforço teve seu último lance relevante com a edição da Lei 13.986/2020, a colocar instrumentos novos, além de fazer ajustes e apontamentos em mecanismos e títulos já existentes.

Entre as novidades, destaca-se a constituição de um Fundo Garantidos Solidário (FGS) para a garantia facultativa (pode garantir, não é obrigatório) de crédito realizadas por produtores rurais, incluídas as resultantes de consolidação de dívidas, incluindo financiamento para implantação e operação de infraestruturas de conectividade rural (artigo 1º). Não é um instrumento de Direito Público, mas privado. Em fato, cada Fundo Garantidor Solidário pode ser composto de (1) dois devedores, no mínimo (é lícito à União limitar, por norma regulamentar, o número máximo), (2) o credor e, se houver, (3) o garantidor. Fica claro serem fundos privados, embora constituídos segundo as normas anotadas na Lei 13.986/2020. O Estatuto do Fundo disporá sobre a forma de constituição do FGS e sua administração, a remuneração do administrador, a utilização dos recursos e sua forma de atualização, a representação ativa e passiva do fundo, entre outras disposições necessárias ao seu funcionamento (artigo 3º, § 6º).

Em tais fundos, alocam-se recursos integralizados pelas partes, titulares das respectivas quotas, nas proporções definidas legalmente. Tais recursos, uma vez integralizados, não responderão por outras dívidas ou obrigações, presentes ou futuras, contraídas pelos participantes, independentemente da natureza dessa dívida ou obrigação, enquanto não quitadas todas as operações garantidas pelo fundo (artigo 3º, § 4º). Em oposição, a garantia que é prestada pelo fundo fica limitada aos recursos existentes nos respectivos fundos constituídos; não se pode exigir dos seus quotistas, nessa qualidade, que respondam por mais, salvo se houver prática de ato ilícito, a incluir abuso de Direito, hipótese em que se estará diante de responsabilidade contratual e, portanto, de natureza diversa daquela prevista no regulamento de tais fundos.

Como facilmente se verifica, o instituto foge ao *corpus* epistemológico deste livro. Cuida-se, isso sim, de figura do Direito Financeiro, que não é apenas disciplina diversa, mas fundada em princípios diversos, a demandar tratamento que siga eixo didático – ou temático – variante do que orienta o Direito Cambiário. Deixo a notícia, contudo, já que essa figura será usada dentro de operações cambiárias do agronegócio.

Outra figura não cambiária, mas jusfinanceira, é o patrimônio rural em afetação, sobre o qual também tecerei algumas linhas, não mais do que isso. O artigo 7º da Lei 13.986/2020 faculta ao proprietário de imóvel rural, pessoa natural ou jurídica, submeter seu imóvel rural ou fração dele ao regime de afetação. Nessa hipótese, o terreno, as acessões e as benfeitorias nele fixadas, exceto as lavouras, os bens móveis e os semoventes, constituirão patrimônio rural em afetação, destinado a prestar garantias por meio da emissão de cédula de produto rural (CPR), título cambiário que é regulado pela Lei 8.929/1994. O patrimônio rural em afetação também pode ser utilizado em operações financeiras contratadas pelo proprietário por meio de cédula imobiliária rural (CIR). Excepcionam-se alguns bens: (i) imóvel já gravado por hipoteca, por alienação fiduciária de coisa imóvel ou por outro ônus real, ou, ainda, que tenha registrada ou averbada em sua matrícula qualquer uma das informações de que trata o artigo 54 da Lei 13.097/15; (ii) pequena propriedade rural de que trata o artigo 4º, II, "a", da Lei 8.629/1993; (iii) área de tamanho inferior ao módulo rural ou à fração mínima de parcelamento, o que for menor (artigo 8º da Lei 5.868/1972); ou (iv) o bem de família, definido no Código Civil, salvo na situação do artigo 4º, § 2º, da Lei 8.009/1990.

A afetação se faz por meio de registro em cartório de registro de imóveis (artigo 9º da Lei 13.986/2020) e, uma fez constituída, os bens e os direitos integrantes do patrimônio rural em afetação não se comunicam com os demais bens, direitos e obrigações do patrimônio geral do proprietário ou de outros patrimônios rurais em afetação por ele constituídos, nas seguintes condições: (i) desde que vinculado o patrimônio rural em afetação a cédula de produto rural ou cédula imobiliária rural; (ii) na medida das garantias expressas na cédula imobiliária rural ou em cédula de produto rural a ele vinculadas. O afetante usará, até a efetiva liquidação da obrigação garantida, a suas expensas e risco, o imóvel rural objeto do patrimônio rural em afetação, conforme a sua destinação, e deverá empregar, na sua guarda, a diligência exigida por sua natureza (artigo 24). Na hipótese de o bem constitutivo da garantia ser desapropriado ou danificado por fato imputável a terceiro, o credor será sub-rogado no direito à indenização devida pelo expropriante ou pelo terceiro causador do dano, até o montante necessário para liquidar ou amortizar a obrigação garantida (artigo 25).

Não se admitem outras garantias reais sobre o patrimônio afetado, assim como, durante o regime de afetação, bens do patrimônio não poderão ser vendidos, doados, parcelados ou objeto de qualquer outro ato translativo de propriedade por iniciativa do proprietário, ainda que de modo parcial. Não é só: o patrimônio rural em afetação é impenhorável e não poderá ser objeto de constrição judicial, não sendo atingido pelos efeitos da decretação de falência, insolvência civil ou recuperação judicial do proprietário de imóvel rural; o bens afetados não integram massa concursal de qualquer natureza. No entanto, o legislador teve a sabedoria de excetuar obrigações trabalhistas, previdenciárias e fiscais do proprietário rural.

É possível cancelar a afetação do patrimônio (imóvel ou sua fração), requerendo--o o titular ao cartório de registro de imóvel a partir da comprovação de que há mais cédula imobiliária rural ou cédula de produto rural a ele vinculadas (artigo 15). Até que isso ocorra, incumbe ao seu titular (i) promover os atos necessários à administração e à preservação do patrimônio rural em afetação, inclusive por meio da adoção de medidas judiciais; e (ii) manter-se adimplente com as obrigações tributárias e os encargos fiscais, previdenciários e trabalhistas de sua responsabilidade, incluída a remuneração dos trabalhadores rurais.

2   CÉDULA IMOBILIÁRIA RURAL

A cédula imobiliária rural (CIR) foi instituída pela Lei 13.986/2020: um título de crédito nominativo, transferível e de livre negociação, representativa de: (i) promessa de pagamento em dinheiro, decorrente de operação de crédito de qualquer modalidade; e (ii) obrigação de entregar, em favor do credor, bem imóvel rural, ou fração deste, vinculado ao patrimônio rural em afetação, e que seja garantia da operação de crédito, nas hipóteses em que não houver o pagamento da operação até a data do vencimento (artigo 17). Veja que, embora definida como título do agronegócio, a cártula pode representar, segundo a definição legal, *operação de crédito de qualquer modalidade*. No entanto, o uso do vocábulo *modalidade*, em lugar de *natureza* ou *finalidade*, desafia o intérprete. As modalidades de crédito dizem respeito à estrutura da operação creditícia: crédito à vista, crédito consignado etc. A natureza é diversa, assim como a finalidade. E o legislador não se referiu a natureza e finalidade. Pior, a norma foi inscrita no âmbito de uma norma que, expressamente, trabalha com o agronegócio, conceituando e regulamentando institutos que lhe sejam próprios, razão pela qual é de perguntar se o uso da cédula imobiliária rural, em qualquer modalidade, para operação que não tenha natureza ou finalidade agropecuária, é lícita ou constitui desvio de finalidade, mormente considerados os impactos da garantia específica.

A emissão da cédula imobiliária rural faz-se pelo proprietário de imóvel rural, pessoa natural ou jurídica, que houver constituído patrimônio rural em afetação (artigo 18), como se estudou anteriormente. Não se exige que o emissor crie o título, ou seja, que lhe defina os termos e, sabe-se, essa criação é essencialmente ato do credor, use forma física ou escritural (eletrônica, por meio de sistema de escrituração autorizado a funcionar pelo Banco Central do Brasil). Assim, a emissão a que se refere a lei é a mera assinatura que, como visto, deve ser aposta por titular de patrimônio rural em afetação. Se não há afetação válida e eficaz, da forma como foi redigido o dispositivo, a emissão será nula por ilegitimidade. Outro requisito legal é o registro ou o depósito do título no prazo de cinco dias úteis, contado da data de sua emissão, em entidade autorizada pelo Banco Central do Brasil a exercer a atividade de registro ou depósito centralizado de ativos financeiros e de valores mobiliários (Lei 12.810/13). E o legislador foi redundante no § 1º do artigo 19 da Lei 13.986/2020: "o registro ou o depósito realizado no prazo estabelecido é condição necessária para que a CIR tenha eficácia executiva sobre o patrimônio rural em afetação a ela vinculado".

A cédula imobiliária rural é título executivo extrajudicial e representa dívida em dinheiro, certa, líquida e exigível, correspondente ao valor nela indicado ou ao saldo devedor da operação de crédito que representa, dispensado o protesto para assegurar o direito de regresso contra endossantes (se há a cláusula à ordem, que é permitida e não inerente ao título) e avalistas (artigo 21). O patrimônio rural de afetação não é sua única garantia possível. Ela poderá ser garantida por terceiros, inclusive por instituição financeira ou por seguradora. O legislador não limitou a natureza de tal garantia que, assim, poderá ser pessoal (fidejussória, incluindo a figura do aval, que deve constar do registro do título) ou real (hipoteca ou penhor), além da hipótese expressada de garantia securitária, situação na qual será preciso casar os regimes jurídicos envolvidos, vale dizer, financeiro (a CRI) e securitário (a garantia), nomeadamente em face às peculiaridades deste último.

Sempre que trouxer a cláusula à ordem que, como dito, é facultativa (artigo 22, III: *permitida a cláusula à ordem*), a cédula imobiliária rural poderá ser negociada. O artigo 23 da Lei 13.986/2020 diz que essa negociação *somente nos mercados regulamentados de valores mobiliários quando registrada ou depositada em entidade autorizada pelo Banco Central do Brasil a exercer a atividade de registro ou depósito centralizado de ativos financeiros e de valores mobiliários*. Não é uma boa redação, creio. Dá a impressão de que a negociação só pode ser feita como ativo mobiliário e isso será desmentido pelo artigo 29: aplicam-se ao título, no que couber, as normas de direito cambial, com as seguintes modificações: (i) os endossos deverão ser completos; e (ii) os endossantes responderão somente pela existência da obrigação. Portanto, o *somente* não limita a negociabilidade ao *mercados regulamentados de valores mobiliários*, senão impõe um requisito de registro ou depósito *em entidade autorizada pelo Banco Central do Brasil*.

A cédula imobiliária rural vence na data e nas circunstâncias assinaladas no título. Haverá vencimento antecipado, independentemente de aviso ou interpelação judicial ou extrajudicial (artigo 26), nas hipóteses de: (i) descumprimento das obrigações administração e à preservação do patrimônio rural em afetação; (ii) insolvência civil, falência ou recuperação judicial do emitente; ou (iii) existência de prática comprovada de desvio de bens e administração ruinosa do imóvel rural que constitui o patrimônio rural em afetação a ela vinculado. A previsão parece simples, mas não é. Afinal, nas hipóteses I e III há situações em que fatos são qualificados. E o que o credor pode entender como *administração ruinosa* ou *falta de preservação*, o devedor ou até um terceiro pode entender de forma diversa. Constituir ou desfazer-se de área de preservação é ruinoso? Adotar formas biodinâmicas de utilização da propriedade rural é ruinoso? Parece-me, portanto, que as hipóteses, para se caracterizarem, demandam inquestionabilidade no descumprimento das obrigações administração e à preservação do patrimônio rural em afetação, no desvio de bens e administração ruinosa do imóvel rural, respondendo civilmente o credor pelos danos que resultem dos erros de avaliação, se comprovado dolo, culpa ou abuso de direito.

Ainda mais cuidado será preciso com a hipótese II, mormente na hipótese de recuperação judicial; como se estudará no volume de Falência e Recuperação de Empresas, a questão estará atraída pelo juízo universal, o juízo concursal, que deverá avaliar em que medida é possível dar atendimento aos princípios e valores recuperatórios com o vencimento antecipado e com a pretensão de acesso exclusivo ao patrimônio de afetação. O próprio legislador o reconheceu, viu-se, no que diz respeito às obrigações trabalhistas, previdenciárias e fiscais do proprietário rural. Como se não bastasse, ainda se colocará para o Judiciário a questão de avaliar a viabilidade da pretensão recuperatória e a atenção a credores de outra natureza (ou classe) em face dos movimentos do credor da cédula imobiliária rural; afinal, como prevê o artigo 187 do Código Civil, também comete ato ilícito o titular de um direito que, ao exercê-lo, excede manifestamente os limites impostos pelo seu fim econômico ou social, pela boa-fé ou pelos bons costumes. E o fim econômico e social de uma propriedade e/ou empresa agropecuária é a produção. O impasse se resolve pelo Judiciário e pela Assembleia Geral de Credores, na forma da Lei 11.101/2005.

Havendo pagamento, o credor fica obrigado a informar à entidade autorizada no artigo 19 desta Lei, sobre a liquidação da cédula no prazo máximo de cinco dias úteis após sua efetivação (artigo 27). Se o crédito representado pelo título não é liquidado, o credor poderá exercer de imediato o direito à transferência, para sua titularidade, do registro da propriedade da área rural que constitui o patrimônio rural em afetação, ou de sua fração, vinculado à cártula no cartório de registro de imóveis correspondente. Não é ato judicial, mas cartorário, razão pela qual, uma vez mais, parece-me não se aplicar às hipóteses de vencimento antecipado, seja pela subjetividade própria da pretensão de caracterizar descumprimento das obrigações administração e preservação do patrimônio rural em afetação, desvio de bens e administração ruinosa do imóvel rural. E, finalmente, em face do princípio do juízo universal que é inerente à falência, recuperação judicial e insolvência civil.

Assim, acredito, apenas no vencimento ajustado no título, aplica-se a execução cartorária da garantia, lembrando que, quando a área rural constitutiva do patrimônio rural em afetação vinculado à CIR estiver contida em imóvel rural de maior área, ou quando apenas parte do patrimônio rural em afetação estiver vinculada à CIR, o oficial de registro de imóveis, de ofício e à custa do beneficiário final, efetuará o desmembramento e estabelecerá a matrícula própria correspondente (§ 1º). Seja uma parte, seja a totalidade, essa execução cartorária se faz após aplicação dos artigos 26 e 27 da Lei 9.514/1997, ou seja, consolidando a propriedade em nome do credor e promovendo-se leilão para a alienação do imóvel. Obviamente, como já reconheceu o Judiciário para situações de alienação fiduciária, entre outras, todo o procedimento extrajudicial se faz à responsabilidade do credor que, se comete erros (por dolo, culpa ou abuso de direito), deve responder pelos danos correspondentes, sejam econômicos (por muitos definidos como *materiais*), sejam morais.

3   CÉDULA DE PRODUTO RURAL

A cédula de produto rural é regulamentada pela Lei 8.929/1994, com alterações feitas pela Lei 13.986/2020. A CPR é título representativo de promessa de entrega de produtos rurais, com ou sem garantias cedularmente constituídas, sendo permitido sua liquidação financeira, desde que observados os termos da lei. Para tanto, consideram-se produtos rurais aqueles obtidos nas atividades: (i) agrícola, pecuária, de floresta plantada e de pesca e aquicultura, seus derivados, subprodutos e resíduos de valor econômico, inclusive quando submetidos a beneficiamento ou primeira industrialização; (ii) relacionadas à conservação de florestas nativas e dos respectivos biomas e ao manejo de florestas nativas no âmbito do programa de concessão de florestas públicas, ou obtidos em outras atividades florestais definidas pelo Poder Executivo como ambientalmente sustentáveis. Outra particularidade é que a entrega do produto antes da data prevista na cédula depende da anuência do credor (artigo 13). Para sua cobrança, prevê o artigo 15, cabe a ação de execução para entrega de coisa incerta.

Estão legitimados a emitir cédula de produto rural o produtor rural, a pessoa natural ou jurídica, inclusive aquela com objeto social que compreenda em caráter não exclusivo a produção rural, a cooperativa agropecuária e a associação de produtores rurais que tenha por objeto a produção, a comercialização e a industrialização dos produtos rurais já listados. Mas o artigo 2º, § 1º, faculta a emissão do título por outras pessoas naturais ou jurídicas desde que explorem floresta nativa ou plantada ou que beneficiem ou promovam a primeira industrialização dos produtos rurais de que cuida a Lei 8.929/1994, embora com aspectos financeiros e fiscais próprios.

O título deverá atender aos seguintes requisitos, lançados em seu contexto: (i) denominação "Cédula de Produto Rural" ou "Cédula de Produto Rural com Liquidação Financeira", conforme o caso; (ii) data da entrega ou vencimento e, se for o caso, cronograma de liquidação; (iii) nome e qualificação do credor e cláusula à ordem; (iv) promessa pura e simples de entrega do produto, sua indicação e as especificações de qualidade, de quantidade e do local onde será desenvolvido o produto rural; (v) local e condições da entrega; (vi) descrição dos bens cedularmente vinculados em garantia, com nome e qualificação dos seus proprietários e nome e qualificação dos garantidores fidejussórios; (vii) data e lugar da emissão; (viii) nome, qualificação e assinatura do emitente e dos garantidores, que poderá ser feita de forma eletrônica; (ix) forma e condição de liquidação; e (x) critérios adotados para obtenção do valor de liquidação da cédula.

Sem caráter de requisito essencial, a cédula, emitida sob a forma cartular (física) ou escritural, poderá conter outras cláusulas lançadas em seu contexto; afinal, como dito anteriormente, cédulas tendem a se apresentar como contratos e, justo por isso, submetem-se também às regras do Direito Contratual. Havendo emissão meramente escritural, ou seja, sem base física, admite-se o uso de assinatura eletrônica, senha eletrônica, biometria e código de autenticação emitido por dispositivo pessoal e intransferível, inclusive para fins de validade, eficácia e executividade. Como se não bastasse, física ou escritural, a cédula poderá ser aditada, ratificada e retificada por termo aditivo que a integre, datado e assinado pelo emitente, pelo garantidor e pelo credor, com a formalização e o registro na forma do título original, fazendo-se, na cédula, menção a essa circunstância. Se emitida sob a forma cartular, a cédula assumirá a forma escritural enquanto permanecer depositada em entidade autorizada pelo Banco Central do Brasil a exercer a atividade de depósito centralizado de ativos financeiros ou de valores mobiliários. Isso ocorre porque a finalidade precípua do título é compor as negociações no mercado de valores mobiliários (bolsa de valores e futuros), sendo considerada ativo financeiro, para os fins de registro e de depósito em entidades autorizadas pelo Banco Central do Brasil a exercer tais atividades.

A cédula de produto rural é um título líquido e certo, exigível pela quantidade e qualidade de produto ou pelo valor nela previsto, no caso de liquidação financeira (que deve atender a requisitos específicos listados pela Lei 8.929/1994), mesmo admitindo prestação única ou parcelada, hipótese em que as condições e o cronograma de cumprimento das obrigações deverão estar previstos no título (artigo 4º). Para cobrança do título com liquidação financeira, cabe ação de execução por quantia certa, usa-se o resultado da multiplicação da quantidade do produto pelo preço praticado para o produto, aplicados eventuais índices de preços ou de conversão de moedas apurados segundo os critérios legais. Como se está diante de *comodities* com cotação internacional, o artigo 4º-A, § 3º, chega a admitir cláusula de correção pela variação cambial, matéria cuja regulamentação cabe ao Conselho Monetário Nacional.

O título admite a constituição de quaisquer dos tipos de garantia previstos na legislação, devendo ser observado o disposto nas normas que as disciplinam; na hipótese de conflito normativo, prevalece a Lei 8.929/1994; isso, é claro, se não houver descaracterização essencial do outro instituto jurídico. Isso quer dizer que pode ser garantida por hipoteca? Sim. Imóveis rurais e urbanos (artigo 6º). Penhor, por igual (artigo 7º), ficando os bens apenhados na posse imediata do prestador da garantia, emitente ou terceiro, salvo se forem títulos de crédito. Ressalte-se, ainda, que os bens vinculados à cédula não serão penhorados ou sequestrados por outras dívidas do emitente ou do terceiro prestador da garantia real, cumprindo a qualquer deles denunciar a existência da cédula às autoridades incumbidas da diligência, ou a quem a determinou, sob pena de responderem pelos prejuízos resultantes de sua omissão (artigo 18).

De resto, aplica-se à cédula de produto rural, no que for cabível, as normas do direito cambiário (artigo 10), com as seguintes modificações: (i) os endossos devem ser completos; (ii) os endossantes não respondem pela entrega do produto, mas, tão somente, pela existência da obrigação; (iii) é dispensado o protesto cambial para assegurar o direito de regresso contra avalistas. Se há emissão escritural, a transferência de titularidade da cédula produz os mesmos efeitos jurídicos do endosso. Detalhe: a emissão desde 1º de janeiro de 2021, bem como seus aditamentos, para ter validade e eficácia, deve ser registrada ou depositada, em até 10 dias úteis da data de emissão ou aditamento, em entidade autorizada pelo Banco Central do Brasil a exercer a atividade de registro ou de depósito centralizado de ativos financeiros ou de valores mobiliários. Ademais, a hipoteca, o penhor rural e a alienação fiduciária sobre bem imóvel garantidores da cédula serão levados a registro no cartório de registro de imóveis em que estiverem localizados os bens dados em garantia; essa exigência, se não atendida, não afeta a validade e a eficácia do título, mas a validade e eficácia da garantia perante terceiros.

O vencimento se dá no prazo anotado na cártula, embora possa haver vencimento antecipado se há inadimplemento de qualquer das obrigações do emitente, como a adequada conservação de bens dados em garantia. Vencida, o pagamento se faz pela entrega do produto agropecuária, nas condições estipuladas no título ou pelo valor previsto, no caso de liquidação financeira.

4   CERTIFICADO DE DEPÓSITO AGROPECUÁRIO E *WARRANT* AGRONEGÓCIO

A Lei 11.076/2004 instituiu o Certificado de Depósito Agropecuário – CDA e o *Warrant* Agropecuário – WA. O CDA é título de crédito representativo de promessa de entrega de produtos agropecuários, seus derivados, subprodutos e resíduos de valor econômico, depositados em conformidade com a Lei 9.973/2000. Já o WA é título de crédito representativo de promessa de pagamento em dinheiro que confere direito de penhor sobre o CDA correspondente, assim como sobre o produto nele descrito. Ambos são títulos executivos extrajudiciais, sendo emitidos simultaneamente pelo depositário, a pedido do depositante, podendo ser transmitidos unidos ou separadamente, mediante endosso. Podem ser emitidos sob a forma cartular (física) ou escritural (sistema eletrônico de escrituração gerido por entidade autorizada pelo Banco Central do Brasil a exercer atividade de escrituração)[1] e a ambos se aplicam as normas de direito cambial no que forem cabíveis e o seguinte: (i) os endossos devem ser completos; (ii) os endossantes não respondem pela entrega do produto, mas, tão somente, pela existência da obrigação; (iii) é dispensado o protesto cambial para assegurar o direito de regresso contra endossantes e avalistas.

Na raiz dos títulos está o depósito de bens em armazéns gerais. Afinal, são títulos emissíveis por empresas de armazéns gerais, sempre que tanto lhes for pedido por aquele que utiliza de seus serviços, representando as mercadorias que ali foram depositadas, nos moldes do Decreto 1.102/1903. Armazéns gerais são empresas (pessoas naturais ou jurídicas), devidamente registradas nas juntas comerciais, que têm por fim a guarda e a conservação de mercadorias, serviço que prestam de acordo com a lei, um regulamento interno, sendo remunerados por tarifa correspondente. Sua existência e funcionamento são regulamentados pelo Decreto 1.102/1903, em normas rígidas que, assim, garantem a confiabilidade e a segurança dos títulos cambiais correspondentes. Basta lembrar que o armazém geral responde pelas perdas e avarias da mercadoria, ainda mesmo no caso de força maior; ademais, exige o artigo 1º, § 2º, do Decreto 1.102/1903 que o empresário assine termo de responsabilidade, como fiel depositário dos gêneros e mercadorias que receber, e só depois de preenchida essa formalidade poderão ser iniciados os serviços e as operações que constituem objeto da empresa. Das mercadorias confiadas a sua guarda, os armazéns gerais passarão, por força do artigo 6º do Decreto 1.102/1903, um recibo, declarando nele a natureza, quantidade, número e marcas, fazendo pesar, medir ou contar, no ato do recebimento, as que forem suscetíveis de ser pesadas, medidas ou contadas. Sempre que o depositante efetuar retiradas parciais dessas mercadorias, durante o período de depósito, as retiradas serão anotadas pelo armazém no verso desse recibo. Esse movimento de bens deve ser registrado num livro de entrada e saída de mercadorias, escriturado rigorosamente dia a dia, no qual se anotarão as consignações em pagamento, as vendas e todas as circunstâncias que ocorrem relativamente às mercadorias depositadas.

A novidade trazida pelo Certificado de Depósito Agropecuário – CDA e pelo *Warrant* Agropecuário – WA é a transferência de tais operações para um sistema eletrônico para permitir que, na qualidade de *commodities*, tais bens e direitos sejam objeto de operações em bolsas nacionais e/ou estrangeiras. Justo por isso, mesmo o pagamento se comprova por meio eletrônico (Sistema de Pagamentos Brasileiro

---

[1]   O CDA e o WA emitidos sob a forma cartular assumirão a forma escritural enquanto permanecerem depositados em depositário central (artigo 3º, § 2º; incluído pela Lei 13.986/2020).

e sistema eletrônico de escrituração gerido por entidade autorizada pelo Banco Central do Brasil a exercer atividade de escrituração), conforme regulamentação anotada nos artigos 3º a 3º-C da Lei 11.076/2004, com as alterações introduzidas pela Lei 13.986/2020. Nesse sistema em que os títulos são emitidos para circularem como valores mobiliários, considera-se depositário a pessoa jurídica apta a exercer as atividades de guarda e conservação dos produtos de terceiros (armazéns gerais) e cooperativas; depositante é a pessoa física ou jurídica responsável legal pelos produtos que são entregues a um depositário para guarda e conservação. Mas há mais: entidade registradora autorizada é entidade autorizada pelo Banco Central do Brasil ou pela Comissão de Valores Mobiliários, no âmbito de suas competências, a exercer a atividade de registro de ativos financeiros e de valores mobiliários, ao passo que depositário central é entidade autorizada pelo Banco Central do Brasil ou pela Comissão de Valores Mobiliários, no âmbito de suas competências, a exercer a atividade de depósito centralizado de ativos financeiros e de valores mobiliários (Lei 12.810/2013 e Lei 13.986/2020).

Quem emite o certificado de depósito agropecuário *warrant* agropecuário é o depositário, a pedido do depositante e o título deve conter as seguintes informações: (i) denominação do título; (ii) número de controle, que deve ser idêntico para cada conjunto de CDA e WA; (iii) menção de que o depósito do produto sujeita-se à Lei 9.973/2000, à Lei 11.076/2004 e, no caso de cooperativas, à Lei 5.764/1971; (iv) identificação, qualificação e endereços do depositante e do depositário; (v) identificação comercial do depositário; (vi) cláusula à ordem; (vii) endereço completo do local do armazenamento; (viii) descrição e especificação do produto; (ix) peso bruto e líquido; (x) forma de acondicionamento; (xi) número de volumes, quando cabível; (xii) valor dos serviços de armazenagem, conservação e expedição, a periodicidade de sua cobrança e a indicação do responsável pelo seu pagamento; (xiii) identificação do segurador do produto e do valor do seguro; (xiv) qualificação da garantia oferecida pelo depositário, quando for o caso; (xv) data do recebimento do produto e prazo do depósito;[2] (xvi) data de emissão do título; (xvii) identificação, qualificação e assinatura dos representantes legais do depositário; e (xviii) identificação precisa dos direitos que conferem. Detalhe, por força do parágrafo único deste artigo 5º, o depositante e o depositário poderão acordar que a responsabilidade pelo pagamento do valor dos serviços (n. xii) será do endossatário da cédula de depósito agropecuário. O depositante tem o direito de pedir ao depositário a divisão do produto em tantos lotes quantos lhe convenha e solicitar a emissão de títulos correspondentes a cada um dos lotes (artigo 10)

Detalhe: o depositário é responsável, civil e criminalmente, inclusive perante terceiros, pelas irregularidades e inexatidões eventualmente lançadas nos títulos.

---

2   O prazo do depósito a ser consignado no CDA e no WA será de até 1 ano, contado da data de sua emissão, podendo ser prorrogado pelo depositário a pedido do credor, os quais, na oportunidade, ajustarão, se for necessário, as condições de depósito do produto (artigo 13 da Lei 11.076/2004).

Não é só. O emitente é responsável pela existência, liquidez, certeza e exigibilidade dos direitos indicados na cédula de depósito agropecuário e no warrant agropecuário. E não lhe é lícito opor a terceiro a quem tenham sido transferidos exceções pessoais oponíveis ao depositante. Ao solicitar a emissão dos títulos, o depositante deverá declarar, sob as penas da lei, que o produto é de sua propriedade e está livre e desembaraçado de quaisquer ônus; além de dever outorgar, em caráter irrevogável, poderes ao depositário para transferir a propriedade do produto ao endossatário do certificado de depósito agropecuário. Por seu turno, o depositário assume a obrigação de guardar, conservar, manter a qualidade e a quantidade do produto recebido em depósito e de entregá-lo ao credor na quantidade e qualidade consignadas nos títulos, sendo certo que, por força do artigo 12, sempre da Lei 11.076/2004, o produto não poderá sofrer embargo, penhora, sequestro ou qualquer outro embaraço que prejudique a sua livre e plena disposição.

Essas previsões justificam-se pela necessidade de proteção do mercado aberto em que tais bens circularão. Afinal, como deixa claro o artigo 16 da Lei 11.076/2004, o certificado de depósito agropecuário e o *warrant* agropecuário são negociados nos mercados de bolsa e de balcão como ativos financeiros. Há que se proteger tal mercado e sua confiabilidade a bem de todo um sistema. Investidores nacionais e estrangeiros que compram bens como forma de investimento precisam ter a certeza de que fazem negócios seguros. Se o mercado não é confiável, não atrai investidores e toda a economia nacional sofre com isso. Falta de confiança é fatal para o sistema inteiro e para o país, enfim. Daí todas as proteções anotadas na legislação de regência. Justo por isso, na hipótese de o titular dos títulos diferir do depositante, o produto objeto desses títulos não poderá ser confundido com bem de propriedade do depositante ou sujeitar-se aos efeitos de sua recuperação judicial ou falência, prevalecendo os direitos de propriedade sobre a coisa ao endossatário final que se apresentar ao depositário.

5 CERTIFICADO DE DIREITOS CREDITÓRIOS DO AGRONEGÓCIO, LETRA DE CRÉDITO DO AGRONEGÓCIO E CERTIFICADO DE RECEBÍVEIS DO AGRONEGÓCIO

A Lei 11.076/2004 ainda instituiu (artigo 23) três outros títulos de crédito: (i) Certificado de Direitos Creditórios do Agronegócio – CDCA; (ii) Letra de Crédito do Agronegócio – LCA; e (iii) Certificado de Recebíveis do Agronegócio – CRA. Os três são títulos vinculados a direitos creditórios originários de negócios realizados entre produtores rurais, ou suas cooperativas, e terceiros, inclusive financiamentos ou empréstimos, relacionados com a produção, a comercialização, o beneficiamento ou a industrialização de produtos ou insumos agropecuários ou de máquinas e implementos utilizados na atividade agropecuária. Como facilmente se percebe, são cártulas cuja circulação dá-se essencialmente em ambiente financeiro – bancos e entidades assemelhadas –, razão pela qual o legislador chegou a prever que o Conselho Monetário Nacional pode dispor acerca da sua emissão. Ainda assim, vou dar uma noção dos instrumentos nos parágrafos que se seguirão.

Em primeiro lugar, há o Certificado de Direitos Creditórios do Agronegócio – CDCA que é título de crédito nominativo, de livre negociação, representativo de promessa de pagamento em dinheiro e constitui título executivo extrajudicial (artigo 24 da Lei 11.076/2004), sendo de emissão exclusiva de cooperativas agropecuárias e de outras pessoas jurídicas que exerçam a atividade de comercialização, beneficiamento ou industrialização de produtos, insumos, máquinas e implementos agrícolas, pecuários, florestais, aquícolas e extrativos. Os direitos creditórios a si vinculados: (i) serão registrados ou depositados em entidade autorizada pelo Banco Central do Brasil ou pela Comissão de Valores Mobiliários a exercer a atividade de registro ou de depósito centralizado de ativos financeiros e de valores mobiliários; (ii) serão custodiados em instituições financeiras ou outras instituições autorizadas pela Comissão de Valores Mobiliários a prestar serviço de custódia de valores mobiliários; e (iii) poderão ser formalizados em meio físico ou eletrônico e, quando correspondentes a títulos de crédito, sob a forma cartular ou escritural. Justamente por se estar, uma vez mais, em ambiente de *comodities*, ou seja, de produtos com cotação internacional, a emissão do certificado de direitos do agronegócio pode conter cláusula de correção pela variação cambial; isso, desde que (i) integralmente vinculado a direitos creditórios com cláusula de correção na mesma moeda; e (ii) emitido em favor de: (a) investidor não residente no Brasil ou (b) companhia securitizadora de direitos creditórios do agronegócio, para o fim exclusivo de vinculação a CRA com cláusula equivalente.

Já Letra de Crédito do Agronegócio – LCA é título de crédito nominativo, de livre negociação, representativo de promessa de pagamento em dinheiro e constitui título executivo extrajudicial (artigo 26 da Lei 11.076/2004), sendo título de emissão exclusiva de instituições financeiras públicas ou privadas. A ideia central é que a letra reúna direitos creditórios diversos – dívidas diversas – permitindo ser negociada no mercado de valores, ou seja, permitindo que sejam transferidas para investidores que, assim, assumem a titularidade daquele conjunto de créditos. Isso permite à instituição emitente capitalizar-se para estar apta a fazer mais operações.

O certificado de direitos creditórios do agronegócio e a letra de crédito do agronegócio têm alguns elementos comuns, a começar pelo fato de poderem ser emitidos sob a forma escritural (eletrônica). Nenhum deles pode exceder o valor total dos direitos creditórios do agronegócio a eles vinculados e seus emitentes respondem pela origem e autenticidade dos direitos creditórios a eles vinculados. Em ambos os casos, a identificação dos direitos creditórios vinculados poderá ser feita em documento à parte, do qual conste a assinatura dos representantes legais do emitente, fazendo-se menção a essa circunstância no certificado ou nos registros da instituição responsável pela manutenção dos sistemas de escrituração. Ambos permitem a inclusão de cláusulas sobre outros temas, cláusulas essas que constarão de documento à parte, com a assinatura dos representantes legais do emitente, fazendo-se menção a essa circunstância em seu contexto dos títulos, assim como ambos conferem direito de penhor sobre os direitos creditórios a eles vinculados, independentemente de convenção (o artigo 32 da Lei 11.076/2004 afasta expressamente os artigos 1.452 e 1.453 do Código Civil); e, sim, é lícita a previsão de quaisquer garantias adicionais livremente pactuadas entre as partes, podendo ser constituídas no próprio título ou em documento à parte. Por fim, lembre que os direitos creditórios vinculados a qualquer um dos títulos não serão penhorados, sequestrados ou arrestados em decorrência de outras dívidas do emitente desses títulos, a quem caberá informar ao juízo, que tenha determinado tal medida, a respeito da vinculação de tais direitos aos respectivos títulos, sob pena de responder pelos prejuízos resultantes de sua omissão (artigo 34).

Por fim, há o certificado de recebíveis do agronegócio – CRA, título de crédito de forma escritural, nominativo, de livre negociação, representativo de promessa de pagamento em dinheiro e constitui título executivo extrajudicial (artigo 36), sendo de emissão exclusiva das companhias securitizadoras de direitos creditórios do agronegócio, ou seja, é inteiramente voltado para o mercado de valores mobiliários. As companhias securitizadoras de direitos creditórios do agronegócio são instituições não financeiras constituídas sob a forma de sociedade por ações e têm por finalidade a aquisição e securitização desses direitos e a emissão e colocação de Certificados de Recebíveis do Agronegócio no mercado financeiro e de capitais.

Bibliografia

ABRÃO, Carlos Henrique. *Do protesto*. São Paulo: Leud, 1999.

ACADEMIA BRASILEIRA DE LETRAS JURÍDICAS. *Dicionário jurídico*. 4. ed. Rio de Janeiro: Forense Universitária, 1997.

ARAGÃO NETO, Orlando. *O penhor no direito brasileiro*. Belo Horizonte: Mandamentos, 2002.

ASCARELLI, Túlio. *Teoria geral dos títulos de crédito*. Tradução de Benedicto Giacobbini. Campinas: Red Livros, 1999.

ASSIS, Araken. *Manual do processo de execução*. 7. ed. São Paulo: Revista dos Tribunais, 2001.

BARBI, Otávio Vieira. *Composição de interesses no aumento de capital das sociedades limitadas*. Rio de Janeiro: Forense, 2007.

BARROS, Francisco Carlos Rocha de. *Comentários à lei do inquilinato*. 2. ed. São Paulo: Saraiva, 1997.

BENSOUSSAN, Fabio Guimarães. *Intervenção estatal na empresa privatizada*: análise das *golden shares*. Porto Alegre: Sergio Antonio Fabris Editor, 2007.

BORGHI, Hélio. *Teoria da aparência no direito brasileiro*: aparência de direito e aparência no direito, no direito privado e no direito processual civil: confrontações e aplicações, inclusive na jurisprudência. São Paulo: Lejus, 1999.

BOUZON, Emanuel. *Uma coleção de direito babilônico pré-hamurabiano*: leis do reino de Ešnunna. Petrópolis: Vozes, 2001.

BULGARELLI, Waldirio. *Contratos e títulos empresariais*: as novas perspectivas. São Paulo: Atlas, 2001.

BULGARELLI, Waldirio. *Contratos mercantis*. 14. ed. São Paulo: Atlas, 2001.

BULGARELLI, Waldirio. *Direito Comercial*. 16. ed. São Paulo: Atlas, 2001.

BULGARELLI, Waldirio. *Títulos de crédito*. 18. ed. São Paulo: Atlas, 2001.

CAMINHA, Uinie. *Securitização*. São Paulo: Saraiva, 2005.

CAMPOS, Francisco. Nome comercial (parecer). *Revista Forense*, Rio de Janeiro, v. LXVIII, ano XXXIII, p. 63-73, jul./set. 1936.

CAMUS, Albert. *A queda*. Tradução de Valerie Rumjanek. São Paulo: Círculo do Livro, [1983].

CARLETTI, Amilcare. *Dicionário de latim forense*. 6. ed. São Paulo: Leud, 1995.

CARVALHOSA, Modesto. *Comentários ao Código Civil*: artigos 1.052 a 1.195. São Paulo: Saraiva, 2003. v. 13. (Coleção coordenada por Antônio Junqueira de Azevedo.)

CASTRO, Torquato. *Teoria da situação jurídica em direito privado nacional*: estrutura, causa e título legitimário do sujeito. São Paulo: Saraiva, 1985.

CASTRO JÚNIOR, Armindo de. *Títulos de crédito*: doutrina e legislação. Cuiabá: [s/n], 2003.

COELHO, Fábio Ulhoa. *Curso de direito comercial*. 2. ed. São Paulo: Saraiva, 1999.

COELHO, Fábio Ulhoa. *Curso de direito comercial*. 7. ed. São Paulo: Saraiva, 2003.

COELHO, Fábio Ulhoa. *Manual de direito comercial*. 4. ed. São Paulo: Saraiva, 1993.

CONTENAU, Georges. *A vida quotidiana na Babilônia e na Assíria*. Tradução de Leonor de Almeida et. al. Lisboa: Livros do Brasil, s/d.

CRETELLA NETO, José. *Do contrato internacional de* franchising. Rio de Janeiro: Forense, 2000.

D'ALBUQUERQUE, Aloísio Monteiro. Firma comercial. *Revista Forense*, Rio de Janeiro, v. 182, ano 56, p. 416-430, mar./abr. 1959.

DAVIES, Glyn. *A history of money*: from ancient times to the present day. Cardiff (Great Britain): University of Wales, 1994.

DE LUCCA, Newton. *A cambial-extrato*. São Paulo: Revista dos Tribunais, 1985.

DE LUCCA, Newton; SIMÃO FILHO, Adalberto (Coord.). *Direito e Internet*: aspectos jurídicos relevantes. 2. ed. São Paulo: Quartier Latin, 2005.

DUARTE, Ronnie Press. *Teoria da empresa à luz do novo Código Civil brasileiro*. São Paulo: Método, 2004.

ENCICLOPÉDIA MIRADOR INTERNACIONAL. São Paulo, Rio de Janeiro: Encyclopaedia Britannica do Brasil, [s.d.]

EPSZTEIN, Léon. *A justiça social no antigo oriente médio e o povo da Bíblia*. Tradução de Maria Cecília de M. Duprat. São Paulo: Paulinas, 1990.

FABBRINI, Isidoro. *Assessoria contábil para advogados das áreas comercial e empresarial*. São Paulo: Atlas, 2003.

FABIAN, Christoph. *O dever de informar no direito civil*. São Paulo: Revista dos Tribunais, 2002.

FARIA, Ernesto. *Dicionário escolar latino-português*. Rio de Janeiro: FAE, 1988.

FAZZIO JÚNIOR, Waldo. *Manual de direito comercial*. 2. ed. São Paulo: Atlas, 2002.

FERNANDES, Jean Carlos. *Ilegitimidade do boleto bancário* (protesto, execução e falência). Belo Horizonte: Del Rey, 2003.

FERNANDES, Lina. *Do contrato de franquia*. Belo Horizonte: Del Rey, 2000.

FERREIRA, Aurélio Buarque de Holanda. *Novo dicionário da língua portuguesa*. 2. ed. Rio de Janeiro: Nova Fronteira: 1997.

FIÚZA, Ricardo (Org.). *Novo Código Civil comentado*. São Paulo: Saraiva, 2002.

FLANDRIN, Jean-Louis; MONTANARI, Massimo. *História da alimentação*. Tradução de Luciano Vieira Machado. São Paulo: Estação Liberdade, 1998.

FONSECA, Arnaldo Medeiros. *Direito de retenção*. 3. ed. Rio de Janeiro: Forense, 1957.

FRASÃO, Stanley Martins. *A responsabilidade civil do administrador da sociedade limitada*. 2003. Dissertação (Mestrado em Direito Empresarial) – Faculdade de Direito Milton Campos, Belo Horizonte.

FUNDAÇÃO INSTITUTO DE PESQUISAS CONTÁBEIS, ATUARIAIS E FINANCEIRAS (FIPECAFI). *Manual de contabilidade das sociedades por ações*: aplicável às demais sociedades. 5. ed. São Paulo: Atlas, 2000.

FURTADO, Jorge Henrique da Cruz Pinto. *Títulos de crédito*: letra, livrança, cheque. Coimbra: Almedina, 2000.

GABRICH, Frederico de Andrade. *Contrato de franquia e direito de informação*. Rio de Janeiro: Forense, 2002.

GALVÃO, Ramiz. *Vocabulário etimológico, ortográfico e prosódico das palavras portuguesas derivadas da língua grega*. Rio de Janeiro, Belo Horizonte: Garnier, 1994.

GARCIA, Rubem. *Protesto de títulos* (procedimentos – incidentes). São Paulo: Revista dos Tribunais, 1981.

GONÇALVES NETO, Alfredo de Assis. *Aval*: alcance da responsabilidade do avalista. 2. ed. São Paulo: Revista dos Tribunais, 1993.

GRINOVER, Ada Pellegrini et al. *Código de Defesa do Consumidor*: comentado pelos autores do anteprojeto. 5.ed. Rio de Janeiro: Forense Universitária, 1998.

HAMURABI. *Código de Hamurabi*. Introdução, tradução e comentários de E. Bouzon. Petrópolis: Vozes, 1976.

HERRMANN JUNIOR, Frederico. *Análise de balanços para administração financeira (análise econômica e financeira do capital das empresas)*. 9. ed. São Paulo: Atlas, 1972.

HERRMANN JUNIOR, Frederico. *Contabilidade superior (teoria econômica da contabilidade)*. 10. ed. São Paulo: Atlas, 1978.

HERRMANN JUNIOR, Frederico. *Custos industriais*: organização administrativa e contábil das empresas industriais. 7. ed. São Paulo: Atlas, 1974.

HERRMANN JUNIOR, Frederico. *Elementos de administração*. 4. ed. São Paulo: Atlas, 1960.

HOFF, Luiz Alberto. *Teoria e prática da sustação de protesto*. Rio de Janeiro: Aide, 1985.

HOUAISS, Antônio; VILLAR, Mauro Salles. *Dicionário Houaiss da língua portuguesa*. Rio de Janeiro: Objetiva, 2001.

IUDÍCIBUS, Sérgio de (Org.). *Contabilidade introdutória*. São Paulo: Atlas, 1998.

IUDÍCIBUS, Sérgio de; MARION, José Carlos. *Dicionário de termos de contabilidade*: breves definições, conceitos e palavras-chave de contabilidade e áreas correlatas. São Paulo: Atlas, 2001.

JUSTINIANUS, Flavius Petrus Sabbatus. *Institutas do Imperador Justiniano*: manual didático para uso dos estudantes de direito de Constantinopla, elaborado por ordem do Imperador Justiniano, no ano de 533 d.C. Tradução de José Cretella Júnior e Agnes Cretella. São Paulo: Revista dos Tribunais, 2000.

LEICKY, Gwendolyn. *Mesopotâmia*: a invenção da cidade. Tradução de Álvaro Cabral. Rio de Janeiro: Imago, 2003.

LEONARDOS, Luiz. A proteção ao nome comercial no Direito brasileiro. *Revista Forense*, Rio de Janeiro, ano 69, v. 244, p. 31-15, out./dez. 1973.

LIMA, João Batista de Souza. *As mais antigas normas de direito*. 2. ed. Rio de Janeiro: Forense, 1983.

LIMA FILHO, Alberto de Oliveira. *Shopping centers*: EUA vs. Brasil: uma análise mercadológica comparativa. Rio de Janeiro: Fundação Getulio Vargas, 1971.

MAIA JÚNIOR, Mairan Gonçalves. *A representação no negócio jurídico*. São Paulo: Revista dos Tribunais, 2001.

MAMEDE, Gladston. *A advocacia e a Ordem dos Advogados do Brasil*. 4. ed. São Paulo: Atlas, 2010.

MAMEDE, Gladston. *A advocacia e a Ordem dos Advogados do Brasil*. 2. ed. São Paulo: Atlas, 2003.

MAMEDE, Gladston. *Agências, viagens e excursões*: regras jurídicas, problemas e soluções. São Paulo: Manole, 2003.

MAMEDE, Gladston. Cobrança de IPTU sobre túmulos e similares. *Opinião Jurídica*. Fortaleza: Faculdade Christus, ano 2, no 4, p. 106-119, 2004.

MAMEDE, Gladston. *Código Civil comentado*: penhor, hipoteca e anticrese: artigos 1.419 a 1.510. São Paulo: Atlas, 2003. v. 14. (Coleção coordenada por Álvaro Villaça Azevedo.)

MAMEDE, Gladston. *Contrato de locação em shopping center*: abusos e ilegalidades. Belo Horizonte: Del Rey, 2000.

MAMEDE, Gladston. *Direito do consumidor no turismo*. São Paulo: Atlas, 2003.

MAMEDE, Gladston. *Direito do consumidor no turismo*: Código de Defesa do Consumidor aplicado aos contratos, aos serviços e ao marketing do turismo. São Paulo: Atlas, 2004.

MAMEDE, Gladston. *Direito do turismo*: legislação específica aplicada. 3. ed. São Paulo: Atlas, 2004.

MAMEDE, Gladston. *Direito empresarial brasileiro*: direito societário (sociedades simples e empresárias). 4. ed. São Paulo: Atlas, 2010. v. 2.

MAMEDE, Gladston. *Direito empresarial brasileiro*: empresa e atuação empresarial. São Paulo: Atlas, 2004. v. 1.

MAMEDE, Gladston. *Direito empresarial brasileiro*: falência e recuperação de empresas. 4. ed. São Paulo: Atlas, 2010. v. 4.

MAMEDE, Gladston. *Direito empresarial brasileiro*: sociedades simples e empresárias. São Paulo: Atlas, 2004. v. 2.

MAMEDE, Gladston. *Direito empresarial brasileiro*: teoria geral dos contratos. São Paulo: Atlas, 2006. v. 5.

MAMEDE, Gladston. *Direito empresarial brasileiro*: títulos de crédito. 5. ed. São Paulo: Atlas, 2009. v. 3.

MAMEDE, Gladston. *IPVA*: imposto sobre a propriedade de veículos automotores. São Paulo: Revista dos Tribunais, 2002.

MAMEDE, Gladston. *Manual de direito empresarial*. 5. ed. São Paulo: Atlas, 2010.

MAMEDE, Gladston. *Manual de direito empresarial*. São Paulo: Atlas, 2005.

MAMEDE, Gladston. *Manual de direito para administração hoteleira*: incluindo análise dos problemas e dúvidas jurídicas, situações estranhas e as soluções previstas no Direito. São Paulo: Atlas, 2002.

MAMEDE, Gladston. *O trabalho acadêmico em Direito*: monografias, dissertações e teses. Belo Horizonte: Mandamentos, 2001.

MAMEDE, Gladston. *Semiologia do direito*: tópicos para um debate referenciado pela animalidade e pela cultura. 3. ed. São Paulo: Atlas, 2010.

MAMEDE, Gladston. *Semiologia do direito*: tópicos para um debate referenciado pela animalidade e pela cultura. 2. ed. Porto Alegre: Síntese, 2000.

MAMEDE, Gladston; MAMEDE, Eduarda Cotta. *Blindagem patrimonial de planejamento jurídico*. 2. ed. São Paulo: Atlas, 2012.

MAMEDE, Gladston; MAMEDE, Eduarda Cotta. *Divórcio, dissolução e fraude na partilha dos bens*: simulações empresariais e societárias. 2. ed. São Paulo: Atlas, 2011.

MAMEDE, Gladston; MAMEDE, Eduarda Cotta. *Empresas familiares*: administração, sucessão e prevenção de conflitos entre sócios. São Paulo: Atlas, 2012.

MAMEDE, Gladston; MAMEDE, Eduarda Cotta. Holding *familiar e suas vantagens*: planejamento jurídico e econômico do patrimônio e da sucessão familiar. 3. ed. São Paulo: Atlas, 2012.

MAMEDE, Gladston; MAMEDE, Eduarda Cotta. *Manual de redação de contratos sociais, estatutos e acordos de sócios*. 2. ed. São Paulo: Atlas, 2014.

MARCONDES, Sylvio. *Questões de direito mercantil*. São Paulo: Saraiva, 1977.

MARCONDES, Sylvio. Sociedades e exercício da atividade mercantil. *Revista Forense*, Rio de Janeiro, ano 62, v. 210, p. 28-38, maio/jun. 1965.

MARION, José Carlos. *Contabilidade básica*. 6. ed. São Paulo: Atlas, 1998.

MARION, José Carlos. *Contabilidade empresarial*. 10. ed. São Paulo: Atlas, 2003.

MARTINS, Fran. *Títulos de crédito*. 13. ed. Rio de Janeiro: Forense, 2002.

MARX, Karl. *Karl Marx*. Tradução de Edgard Malagodi. São Paulo: Nova Cultural, 1996. (Coleção *Os Pensadores*.)

MELLO, José Carlos Martins F. de. *Negociação baseada em estratégia*. São Paulo: Atlas, 2003.

MENDONÇA, José Xavier Carvalho de. *Tratado de direito comercial*. 5. ed. Rio de Janeiro: Freitas Bastos, 1953.

MIRANDA, Pontes de. *Comentários ao Código de Processo Civil*. Rio de Janeiro: Forense, 1949.

MIRANDA, Pontes de. *Tratado de direito cambiário*. Campinas: Bookseller, 2001.

MORAES, Alexandre de. *Constituição do Brasil interpretada e legislação constitucional*. São Paulo: Atlas, 2002.

MORAES, Alexandre de. *Direito constitucional*. 11. ed. São Paulo: Atlas, 2002.

MUNIZ, Marco Antônio (Coord.). *Direito e processo inflacionário*. Belo Horizonte: Del Rey, 1994.

NERY JUNIOR, Nelson; NERY, Rosa Maria de Andrade. *Código de Processo Civil comentado e legislação processual civil extravagante em vigor*. 5. ed. São Paulo: Revista dos Tribunais, 2001.

NEVES, Edson Alvisi. *Magistrados e negociantes na corte do Império do Brasil*: o Tribunal do Comércio. Rio de Janeiro: Jurídica do Rio de Janeiro: Faperj, 2008.

NEVES, Rubia Carneiro. *Cédula de crédito*: doutrina e jurisprudência. Belo Horizonte: Del Rey, 2002.

NUNES, Pedro. *Dicionário de tecnologia jurídica*. 13. ed. Rio de Janeiro: Renovar, 1999.

OLIVEIRA, Amanda Flávio. *O direito da concorrência e o poder judiciário*. Rio de Janeiro: Forense, 2002.

OLIVEIRA, Hilário. *Os créditos documentários, as cartas de crédito e os usuais instrumentos financeiros do comércio internacional*. 2005. Tese (Doutoramento) – PUC – SP.

PACHECO, José da Silva. *Tratado das locações, ações de despejo e outras*. 11. ed. São Paulo: Revista dos Tribunais, 2000.

PAMPLONA, Claudia. *A engenharia do* franchising. Rio de Janeiro: Qualitymark, 1999.

PARIZATTO, João Roberto. *Protesto de títulos de crédito*. 2. ed. Ouro Fino: Edipa, 1999.

PEIXOTO, Carlos Fulgêncio da Cunha. *O cheque*: doutrina, jurisprudência, legislação e prática. Rio de Janeiro: Forense, 1952.

PEREIRA, Caio Mário da Silva. Código de obrigações. *Revista Forense*, Rio de Janeiro, ano 62, v. 211, p. 21-26, jul./set. 1965.

PEREIRA, Caio Mário da Silva. *Lesão nos contratos*. 6. ed. Rio de Janeiro: Forense, 1994.

PETIT, Paul. *História antiga*. Tradução de Moacyr Campos. 4. ed. São Paulo: Difel, 1979.

PINTAUDI, Silvana Maria; FRÚGOLI JÚNIOR, Heitor (Org.). *Shoppping centers*: espaço, cultura e modernidade nas cidades brasileiras. São Paulo: Unesp, 1992.

PÔRTO, Mário Moacir. Os fundamentos estéticos do direito. *Revista Forense*. Rio de Janeiro, ano 60, v. 203, p. 371-374, jul./set. 1963.

REQUIÃO, Rubens. *Curso de direito comercial*. 15. ed. São Paulo: Saraiva, 1985.

RESTIFFE, Paulo Sérgio; RESTIFFE NETO, Paulo. *Lei do cheque*. 4. ed. São Paulo: Revista dos Tribunais, 2000.

ROBERTS, J. M. *O livro de ouro da história do mundo*. Tradução de Laura Alves e Aurélio Rebello. Rio de Janeiro: Ediouro, 2001.

ROCCO, Alfredo. *Princípios de direito comercial*. Tradução de Ricardo Rodrigues Gama. Campinas: LZN, 2003.

RODRIGUES, Silvio. *Direito civil*. 32. ed. São Paulo: Saraiva, 2002.

ROLIM, Luiz Antonio. *Instituições de direito romano*. São Paulo: Revista dos Tribunais, 2000.

ROTH, Martha T. *Law collections from Mesopotamia and Asia Minor*. 2. ed. Georgia: Scholars Press, 2000.

SÁ, A. Lopes de. *Contabilidade e o novo Código Civil de 2002*. Belo Horizonte: UNA, 2002.

SÁ, A. Lopes de. *Princípios fundamentais de contabilidade*. 3. ed. São Paulo: Atlas, 2000.

SÁ, A. Lopes de. *Teoria da contabilidade*. 3. ed. São Paulo: Atlas, 2002.

SÁ, A. Lopes de; SÁ, Ana M. Lopes de. *Dicionário de contabilidade*. 9. ed. São Paulo: Atlas, 1995.

SANTOS, Ernane Fidélis dos. *Manual de direito processual civil*. 4. ed. São Paulo: Saraiva, 1996.

SANTOS, J. M. de Carvalho. *Repertório enciclopédico do direito brasileiro*. Rio de Janeiro: Borsoi, [s.d.].

SANTOS, Moacyr Amaral dos. *Prova judiciária no cível e comercial*. 2. ed. São Paulo: Max Limonad, 1952.

SARAIVA, F. R. dos Santos. *Dicionário latino-português*. 11. ed. Rio de Janeiro, Garnier, 2000.

SARAIVA, José A. *A cambial*. Edição revista, atualizada e ampliada por Osny Duarte Pereira. Rio de Janeiro: José Konfino Editor, 1947.

SCHELESINGER, Hugo. *Dicionário enciclopédico das religiões*. Petrópolis: Vozes, 1995.

SCHMIDT, Paulo; SANTOS, José Luiz dos. *Avaliação de ativos intangíveis*. São Paulo: Atlas, 2002.

SEABRA, Décio dos Santos. A unificação do direito privado e o projeto do Código das Obrigações. *Revista Forense*, Rio de Janeiro, ano 62, v. 212, p. 7-9, out./dez. 1965.

SENA, Adriana Goulart de. *A nova caracterização da sucessão trabalhista*. São Paulo: LTr, 2000.

SHAW, George Bernard. *Socialismo para milionários*. Tradução de Paulo Rónai. Rio de Janeiro: Ediouro, [s.d.].

SHIMURA, Sérgio Seiji. *Arresto cautelar*. 2. ed. São Paulo: Revista dos Tribunais, 1997.

SILVA, De Plácido e. *Vocabulário jurídico*. 10. ed. Rio de Janeiro: Forense, 1987.

SIMÃO FILHO, Adalberto. *Franchising*: aspectos jurídicos e contratuais: comentários à Lei de *franchising*, com jurisprudências. 4. ed. São Paulo: Atlas, 2000.

SOARES, José Carlos Tinoco. *Lei de patentes, marcas e direitos conexos*: Lei 9.279 – 14.05.1996. São Paulo: Revista dos Tribunais, 1997.

SOUZA, Simone Letícia de Souza. *Regime jurídico da concorrência*: as diferenças entre concorrência desleal e infração à ordem econômica. 2. ed. Curitiba: Juruá, 2008.

SPINA, Segismundo. *A lírica trovadoresca*. São Paulo: Edusp, 1996.

STAJN, Rachel. *Teoria jurídica da empresa*: atividade empresária e mercados. São Paulo: Atlas, 2004.

THE COLUMBIA ENCYCLOPEDIA. 5. ed. Columbia University Press, 1993. Disponível em: <http://www.infoplease.com>.

TORRES, Antônio Eugênio Magarinos. *Nota promissória*: estudos da lei, da doutrina e da jurisprudência cambial brasileira. 4. ed. São Paulo: Saraiva, 1935.

TOYNBEE, Arnold Joseph. *Um estudo da história*. Tradução de Isa Silveira Leal e Miroel Silveira. Brasília: Editora Universidade de Brasília; São Paulo: Martins Fontes, 1987.

TZIRULNIK, Luiz. *Empresas & empresários* – no novo Código Civil – Lei 10.406, de 10.01.2002. São Paulo: Revista dos Tribunais, 2003.

VASCONCELOS, Justino. Da composição da firma de sociedade em nome coletivo. *Revista Forense*, Rio de Janeiro, ano 52, v. 158, p. 473, mar./abr. 1955.

VASCONCELOS, Pedro Pais de. *Contratos atípicos*. Coimbra: Almedina, 1995.

VENOSA, Sílvio de Salvo. *Direito civil*. 3. ed. São Paulo: Atlas, 2003.

VENOSA, Sílvio de Salvo. *Direito civil*. 5. ed. São Paulo: Atlas, 2005.

VENOSA, Sílvio de Salvo. *Lei do inquilinato comentada*. 5. ed. São Paulo: Atlas, 2001.

VENOSA, Sílvio de Salvo. *Novo Código Civil*: texto comparado. São Paulo: Atlas, 2002.

VERRI, Maria Elisa Gualandi. *Shopping centers*: aspectos jurídicos e suas origens. Belo Horizonte: Del Rey, 1996.

VIVANTE, Cesare. *Instituições de direito comercial*. Tradução de Ricardo Rodrigues Gama. 3. ed. Campinas, SP: LZN Editora, 2003.

WEATHERFORD, Jack. *A história do dinheiro*. Tradução de June Camargo. São Paulo: Negócio, 1999.

WILDMANN, Igor Pantuzza. *Crédito rural*: teoria, prática, legislação e jurisprudência. Belo Horizonte: Del Rey, 2001.

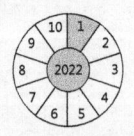